LE PREMIER LIVRE DES PSAUMES

Texte hébreu et texte grec
Traductions et commentaires

ÉDITIONS BIBLI'O

6, rue Lhomond
75005 Paris, France

Visuel couverture

ISBN 978-2-85300-870-9 (SB7005)
www.editionsbiblio.fr

LE PREMIER LIVRE DES PSAUMES

Table des matières

AVANT-PROPOS

Nous avons la chance d'avoir de nombreux ouvrages de qualité sur les Psaumes. Comme nous constatons que les traductions qui se sont multipliées sont fondées principalement sur l'hébreu, ici, nous avons pris le parti de traduire aussi le texte grec de la Septante.

Savoir que la traduction grecque de la Bible est le reflet de textes antérieurs au texte massorétique donne envie de s'y intéresser, de comparer et donc, de traduire.

La Septante rappelle au chrétien qui lit les Psaumes que ce texte a influencé les lectures postérieures de la Bible : celle d'écrivains juifs, des auteurs du Nouveau Testament et aussi des Pères de l'Église. Elle lui rappelle également que, de nos jours, des Églises d'Orient lisent et prient la Parole de Dieu dans la Septante.

Cet ouvrage contient les psaumes 1 à 41 (40) qui constituent le premier livre du psautier. L'ensemble des 150 psaumes est organisé en cinq livres, avec une formule de bénédiction à la fin de chacun d'eux.

Pour chacun de ces psaumes, 1–41 (40), le lecteur trouvera :

- Le texte massorétique (T.M.) et le texte grec de la Septante (LXX) accompagnés des traductions. Le texte hébreu est celui de la Biblia Hebraica Stuttgartensia (BHS) et le texte de la Septante celui de l'édition d'Alfred Rahlfs.
- Un commentaire.
- Une aide à la lecture du texte grec.

L'ouvrage s'organise ainsi :

- Pour chaque page occupée par les textes et les traductions, le lecteur peut lire, verset par verset, à gauche le texte massorétique, et à droite le texte de la Septante. L'un et l'autre sont suivis d'une traduction dont la typographie permet de visualiser rapidement les correspondances et les différences.
- Suit un commentaire libre, au fil du texte, avec l'objectif d'éviter de redire ce que nous lisons dans les notes de nos Bibles. Nous précisons que, si nous n'avons pas voulu christianiser les Psaumes, des références du Nouveau Testament sont données dans ce commentaire, signifiantes pour un mot ou une forme verbale qu'un lecteur chrétien saura apprécier.
- L'aide à la lecture du texte grec comporte le vocabulaire et les formes verbales. Elle peut servir de lexique mais non de grammaire. D'autre part, le lecteur qui souhaiterait une aide à la lecture du texte hébreu peut consulter la bibliographie.

***

Ce travail peut sembler s'adresser à des initiés. Cependant, tout être humain peut se reconnaître dans les Psaumes, avec les joies, les questions, les souffrances et les violences qui l'habitent, devant quelqu'un qui écoute, répond ou garde le silence, Dieu. Parce que les Psaumes permettent aux hommes et aux femmes de toute génération d'espérer, ce livre ne peut être qu'un livre ouvert à tous.

Nous le savons, les Psaumes qui sont la prière d'Israël sont devenus la prière des chrétiens. Ils demandent d'y appliquer son intelligence et son cœur ; c'est le prix à y mettre pour en savourer tous les fruits.

***

Réalisé dans le cadre d'une vie de solitude, ce travail n'était pas destiné à être publié. Encouragée dès le départ à l'entreprendre par le père Ghislain Lafont*, moine de l'Abbaye de la Pierre-qui-Vire, j'ai été amenée, au fil du temps, à penser que ce travail pouvait rendre service, ou donner envie d'approfondir la lecture des Psaumes dans les deux langues bibliques.

Je suis donc redevable au père Lafont d'avoir bien voulu relire l'ensemble avec amitié, attention, et d'avoir ainsi bénéficié de ses remarques, principalement sur la traduction de la Septante.

Puis, grande est ma dette envers Francine Leclerc, membre de l'Église protestante unie de Saint-Germain-en-Laye. Chargée de cours en hébreu biblique à l'Institut catholique de Paris, et en grec du Nouveau Testament à l'Institut protestant de Théologie de Paris, elle a aussi travaillé pour l'Alliance biblique française, de 1999 à 2015, comme bibliste et traductrice, pour plusieurs ouvrages. Dès qu'elle fut mise au courant de ce travail elle s'y est activement intéressée. Toujours disponible pour répondre à mes questions, elle a fait un travail minutieux de relecture. J'ai été enrichie de ses judicieuses remarques, nous entraînant souvent dans de longues discussions grammaticales et sur l'intérêt d'une telle publication de ce travail.

On comprendra aisément le bonheur qui nous a été donné de travailler ensemble sur ces quarante psaumes. Une amitié s'est ainsi tissée qui vient confirmer que traduire et encore traduire nos textes bibliques crée de la fraternité, et dans le cas présent témoigne d'un heureux travail œcuménique.

Au père Lafont et à Francine Leclerc, sans lesquels cet ouvrage n'aurait pas vu le jour, j'exprime ici toute ma gratitude.

Si le souci de traduire au plus près T.M. et LXX est resté présent à l'esprit de chacun de nous, nous sommes bien conscients des imperfections de ce travail. Au terme, nous pouvons même les ressentir plus vivement. Au lecteur, cet ensemble, traductions, commentaires et aide à la lecture du texte grec, sont offerts avec joie comme un livre-outil et une invitation à aller plus loin.

***

Je tiens à remercier Danielle Ellul qui a bien voulu relire trois psaumes avec la rigueur que ses anciens étudiants connaissent et ont pu apprécier ; et sœur Emmanuel-Marie Saulquin pour ses indications bibliographiques et ses encouragements fidèles et fraternels.

Je remercie chaleureusement les éditions Bibli'O d'intégrer cet ouvrage dans leur catalogue.

La mise en page de l'ouvrage a été réalisée par Marine Levy. Un gros et minitieux travail où ont été conjuguées technicité et initiative. Merci Marine.

Sœur Marie-Vincent
Septembre 2019

* Le père Ghislain Lafont est décédé à son monastère en *en mai 2021*

DES PRÉCISIONS SUR LES TRADUCTIONS

L'originalité principale de cet ouvrage concerne les traductions en français du T.M. et de la LXX. Une entreprise difficile mais fascinante. Difficile parce que, d'une part, les différences entre les langues hébraïque et grecque sont considérables tant sur le plan grammatical que pour la poésie ; et, d'autre part, parce que les deux langues ne répondent pas à la même logique linguistique que le français. Tout au long de ce travail, nous n'avons pas cherché à rendre un effet littéraire. Nous nous sommes attachés à une rigueur au niveau des termes, en suivant fidèlement le texte. Ici, le texte hébreu ne comporte pas tous les accents qui servent à la récitation modulée du psaume. Le lecteur les trouvera dans la B.H.S.

D'une manière générale, le même mot hébreu ou grec a été traduit par le même mot français. Toutefois, d'un psaume à l'autre, d'une part, il n'a pas toujours été possible de le faire dans le contexte donné ; d'autre part, nous avons parfois lu le verset de manière fluide avec l'un des synonymes possibles français.

Nous avons pris le parti de traduire tous les mots à l'exception du tétragramme יהוה que nous avons transcrit avec les quatre lettres : IHWH. Le lecteur pourra s'habituer à lire Adonaï comme les juifs le prononcent dans la liturgie de la synagogue. Dans la vie courante, quand un juif parle du Nom divin יהוה, il dit couramment : « le Nom ».

Dans les traductions, nous avons fait certains choix lexicaux que nous faisons connaître pour les mots ci-dessous :

ἔλεος	miséricorde	חֶסֶד	amour

Dans les Psaumes, ce mot grec traduit חֶסֶד. Le mot **ἔλεος** qui peut être traduit par « pitié » ne recouvre pas tout le champ de signification du mot חֶסֶדqui exprime la bonté divine avec la nuance de fidélité et qui renvoie au Dieu de l'Alliance. Notre traduction par le mot « amour » permet de garder le couple « amour » et « fidélité ». Nous gardons la racine אמןpour le mot « fidélité ».

νόμος	loi	תּוֹרָה	enseignement

Le mot hébreu vient de la racine ירה au Hiphil signifiant désigner ou indiquer une direction, enseigner ; d'où notre traduction par le mot « enseignement ». Il ne s'agit donc pas d'un fardeau de prescriptions. Cet enseignement est un don de Dieu qui inspire une manière de se conduire.

ὅσιος	fidèle	חָסִיד	fidèle

Les deux mots, hébreu et grec, peuvent s'appliquer à Dieu et à l'homme. Quand il caractérise l'homme, le חָסִיד est l'homme pieux, le fidèle à l'alliance. Nous lisons le mot **ὅσιος** dans le même sens biblique.

ψυχή âme נֶפֶשׁ âme

Le substantif נֶפֶשׁ veut dire : l'âme, la vie, la respiration, toute la personne.

ψυχή, qui en grec classique peut désigner la partie spirituelle de l'homme par opposition au corps, signifie le plus souvent, et sous l'influence sémitique, la vie, le principe vital. Par extension, l'âme désigne toute la personne.

Nous avons donc maintenu le mot âme dans tout l'ouvrage tout en sachant que notre langue française n'emploie pas ce mot dans tous les sens de **ψυχή** / נֶפֶשׁ.

ABRÉVIATIONS DES LIVRES BIBLIQUES CITÉS

AUTRES ABRÉVIATIONS

Act.	Actif
Acc.	Accusatif
Adj.	Adjectif
Adv.	Adverbe
Ao.	Aoriste
A.T.	Ancien Testament
Attr.	Attribut
Conj.	Conjonction
Dat.	Datif
ex.	Exemple
Fém.	Féminin
fut.	Futur
Gén.	Génitif
Gr.	Grec
Hb.	Hébreu
Imparf.	Imparfait
Impér.	Impératif
Ind.	Indicatif
Indéf.	Indéfini
Indir.	Indirect
Inf.	Infinitif
Interj.	Interjection
Interr.	Interrogatif
Intr.	Intransitif
Litt.	Littéralement
Loc.	Locution
Masc.	Masculin
Mss	Manuscrits
nég.	Négatif
Nom.	Nominatif
N.T.	Nouveau Testament
Obj.	Objet
Opt.	Optatif
Parf.	Parfait
Part.	Participe
Pass.	Passif
Plur.	Pluriel
poss.	Possessif
Pqpf.	Plus-que-parfait
Prép.	Préposition
Prés.	Présent
Pron.	Pronom
relat.	Relatif
sg.	Singulier
Subj.	Subjonctif
Subst.	Substantif
Superl.	Superlatif
Voc.	Vocatif

– Tout au long de l'ouvrage la numérotation hébraïque des psaumes a été maintenue ; elle est suivie de celle de la LXX entre parenthèses.

– Dans les psaumes alphabétiques la graphie du nom des lettres reprend celle de la T.O.B.

– Chaque fois que « la concordance » est mentionnée dans le commentaire, sans autre indication, il s'agit de la Concordance de la LXX, 2 volumes Hatch-Redpath.

ANCIEN TESTAMENT

Genèse .... Gn
Exode .... Ex
Lévitique Lv
Nombres .... Nb
Deutéronome .... Dt

Josué .... Jos
Juges .... Jg
Ruth .... Rt
Livres de Samuel .... 1 S ; 2 S
Livres des Rois .... 1 R ; 2 R
Livres des Chroniques .... 1 Ch ; 2 Ch
Esdras .... Esd
Judith .... Jdt
Esther .... Est
Livre des Maccabées .... 1 M ; 2 M

Job .... Jb
Psaumes .... Ps
Proverbes .... Pr
Ecclésiaste (Qohélet) .... Qo
Sagesse .... Sg
Ecclésiastique (Siracide) .... Si

Ésaïe .... Es
Jérémie .... Jr
Lamentations .... Lm
Ézéchiel .... Ez

Joël .... Jl
Amos .... Am
Abdias .... Ab
Daniel .... Dn
Jonas .... Jon
Michée .... Mi
Habaquq .... Ha
Zacharie .... Za

NOUVEAU TESTAMENT

Évangile selon Matthieu .... Mt
Évangile selon Marc .... Mc
Évangile selon Luc Lc
Évangile selon Jean .... Jn
Actes des Apôtres .... Ac
Épître aux Romains .... Rm
Épîtres aux Corinthiens .... 1 Co ; 2 Co
Épître aux Galates .... Ga
Épître aux Éphésiens .... Ep
Épître aux Philippiens .... Ph
Épître aux Colossiens .... Col
Épîtres aux Thessaloniciens .... 1 Th ; 2 Th
Épîtres à Timothée .... 1 Tm ; 2 Tm
Épître à Tite .... Tt
Épître aux Hébreux .... He
Épître de Jacques .... Jc
Épîtres de Pierre .... 1 P ; 2 P
Épîtres de Jean .... 1 Jn ; 2 Jn ; 3 Jn
Épître de Jude .... Jude
Apocalypse .... Ap

PSAUME 1

Verset 1

אַשְׁרֵי־הָאִישׁ
אֲשֶׁר ׀ לֹא הָלַךְ בַּעֲצַת רְשָׁעִים
וּבְדֶרֶךְ חַטָּאִים לֹא עָמָד
וּבְמוֹשַׁב לֵצִים לֹא יָשָׁב׃

Bonheurs de **l'homme,**
qui n'est pas allé dans le conseil des impies
et dans le chemin des pécheurs ne s'est pas tenu
et dans la demeure des railleurs il n'a pas demeuré.

Μακάριος ἀνήρ,
ὃς οὐκ ἐπορεύθη ἐν βουλῇ ἀσεβῶν
καὶ ἐν ὁδῷ ἁμαρτωλῶν οὐκ ἔστη
καὶ ἐπὶ καθέδραν λοιμῶν οὐκ ἐκάθισεν,

Heureux **l'homme,**
qui n'est pas allé dans le conseil des impies
et dans le chemin des pécheurs ne s'est pas tenu
et dans la *chaire des pestilents ne s'est pas assis,*

Verset 2

כִּי אִם בְּתוֹרַת יהוה חֶפְצוֹ
וּבְתוֹרָתוֹ יֶהְגֶּה יוֹמָם וָלָיְלָה׃

mais dans l'enseignement **de IHWH [est]** son désir
et son enseignement **il** murmure **jour et nuit.**

ἀλλ'ἢ ἐν τῷ νόμῳ κυρίου τὸ θέλημα αὐτοῦ,
καὶ ἐν τῷ νόμῳ αὐτοῦ μελετήσει ἡμέρας καὶ νυκτός.

rien que **dans** *la Loi* **du Seigneur [est]** *sa volonté,*
et *dans sa Loi* **il** *méditera* **jour et nuit.**

Verset 3

וְהָיָה כְּעֵץ
שָׁתוּל עַל־פַּלְגֵי מָיִם
אֲשֶׁר פִּרְיוֹ ׀ יִתֵּן בְּעִתּוֹ
וְעָלֵהוּ לֹא־יִבּוֹל
וְכֹל אֲשֶׁר־יַעֲשֶׂה יַצְלִיחַ׃

Et il sera comme un arbre
planté près des cours d'eau
qui donnera son fruit en son temps
et son feuillage ne *fanera pas ;*
et tout ce qu'il fera réussira.

καὶ ἔσται ὡς τὸ ξύλον
τὸ πεφυτευμένον παρὰ τὰς διεξόδους τῶν ὑδάτων,
ὃ τὸν καρπὸν αὐτοῦ δώσει ἐν καιρῷ αὐτοῦ
καὶ τὸ φύλλον αὐτοῦ οὐκ ἀπορρυήσεται
καὶ πάντα, ὅσα ἂν ποιῇ, κατευοδωθήσεται.

Et il sera comme *l'***arbre**
planté près des *passages des eaux,*
qui donnera son fruit en son temps
et son feuillage ne *tombera pas ;*
et tout, *autant* **qu'il fera, réussira.**

Verset 4

לֹא־כֵן הָרְשָׁעִים
כִּי אִם־כַּמֹּץ
אֲשֶׁר־תִּדְּפֶנּוּ רוּחַ׃

Pas ainsi [pour] les impies
mais **comme la** bale
que dispersera **le vent**.

οὐχ οὕτως οἱ ἀσεβεῖς, οὐχ οὕτως,
ἀλλ' ἢ ὡς ὁ χνοῦς,
ὃν ἐκριπτεῖ ὁ ἄνεμος ἀπὸ προσώπου τῆς γῆς

Pas ainsi [pour] les impies, *pas ainsi,*
rien d'autre que, **comme la** *poussière,*
que le vent *jette loin de la face de la terre.*

Verset 5

עַל־כֵּן ׀ לֹא־יָקֻמוּ
רְשָׁעִים בַּמִּשְׁפָּט
וְחַטָּאִים בַּעֲדַת צַדִּיקִים׃

C'est pourquoi ils ne se lèveront pas
les impies au jugement
et **les pécheurs dans** l'assemblée **des justes.**

διὰ τοῦτο οὐκ ἀναστήσονται
ἀσεβεῖς ἐν κρίσει
οὐδὲ ἁμαρτωλοὶ ἐν βουλῇ δικαίων ·

C'est pourquoi ils ne se lèveront pas
les impies au jugement
ni **les pécheurs dans** *le conseil* **des justes.**

Verset 6

כִּי־יוֹדֵעַ יהוה דֶּרֶךְ צַדִּיקִים
וְדֶרֶךְ רְשָׁעִים תֹּאבֵד׃

Car il connaît IHWH le chemin des justes,
et le chemin des impies se perdra.

ὅτι γινώσκει κύριος ὁδὸν δικαίων,
καὶ ὁδὸς ἀσεβῶν ἀπολεῖται.

Car il connaît le Seigneur le chemin des justes,
et le chemin des impies se perdra.

« En marche » ....

C'est la traduction de אַשְׁרֵי par Chouraqui qui a préféré donner à ce mot l'autre sens possible de la racine : marcher, aller de l'avant. Le vocabulaire du psaume peut justifier ce choix rédactionnel.

Notre traduction donne au mot, toujours dans une écriture plurielle, le sens de « béatitudes » ou « bonheurs » qui est celui le plus classique. Comme le premier mot commence par la première lettre de l'alphabet hébreu : Alef, le lecteur qui ouvre le Psautier peut, dès le premier mot, entendre une promesse de bonheur pour l'homme. « **Μακάριος ἀνήρ** » : Heureux est l'homme.

Des versets 1 à 3, nous avons devant nous le portrait de l'homme juste.

Verset 1 : Son comportement qui est décrit en termes négatifs : « n'est pas allé ; ne s'est pas tenu ; n'a pas demeuré » sert à nous le présenter comme un homme dont le passé n'est pas entaché par le péché. De ce comportement émergent, en opposition, des hommes qui ont pour noms : רְשָׁעִים / **ἀσεβῶν** : impies ; חַטָּאִים / **ἁμαρτωλῶν** : pécheurs ; לֵצִים : railleurs ; **λοιμῶν** dans la LXX : « des pestilents » dans notre traduction pour qualifier ceux qui enseignent une doctrine pernicieuse. Le substantif **λοιμός** est ici un hapax dans le Psautier.

Mais ce n'est pas tout. Cet homme qui suit le chemin de IHWH se tient jour et nuit dans son enseignement : verset 2. Parce qu'il vient du verbe « enseigner », nous préférons traduire le mot תּוֹרָה / Torah par « enseignement » pour éviter de l'interpréter comme un fardeau de prescriptions. La Torah enseigne la voie juste par laquelle aller à Dieu. Comme nous le voyons dans ce psaume, elle est source de bonheur, de plaisir.

Les verbes יֶהְגֶּה de la racine הגה et **μελετάω** ne sont pas faciles à traduire avec un seul mot français. Dans le T.M., l'homme murmure, médite, lit à mi-voix l'enseignement divin ; dans la LXX, celui-ci s'occupe avec soin, s'exerce à méditer dans la Loi.

Enraciné dans la méditation continuelle de l'enseignement de IHWH, le juste sera solide, vigoureux, fécond comme un arbre : verset 3. Dans ce verset, nous remarquons les verbes au futur pour un seul en participe passif : שָׁתוּל / planté. Mannati, Vesco ont traduit שָׁתוּל par le verbe « transplanté ». Pour Mannati, l'arbre transplanté, c'est Israël transplanté par Dieu d'Égypte en Canaan ; ou le peuple revenu de déportation comme en Ez 19.10-12. Quant à Vesco il justifie sa traduction à partir du participe passif qui indiquerait un nouvel état. Meschonnic a traduit : « replanté » sans faire de commentaire. Dans la LXX, ce n'est pas un arbre quelconque : il s'agit de l'arbre : **τὸ ξύλον**, dont le feuillage ne tombera pas. Nous pouvons penser à l'arbre de vie. Le Targum l'interprète dans ce sens. Le verbe **ἀπορρέω** est peu employé par la LXX. À l'exception de Maccabées, on le lit dans le Livre des Juges 6.38 pour l'hébreu מצה / presser, serrer ; en Jb 37.1 pour נָתַר / bondir, palpiter ; et ici dans le psaume 1. Enfin, la fin du verset nous dit que l'amant de la Torah réussira en tout ce qu'il fera.

Il n'en est pas ainsi pour les impies : verset 4. La répétition de **οὐχ οὕτως** dans la LXX qui donne un effet littéraire, marque aussi l'insistance. En effet, les רְשָׁעִים ou les **ἀσεβεῖς** sont inconsistants comme la bale ou la poussière que le vent disperse partout et nulle part. Dans la LXX, le sort des impies ressemble déjà à une disparition. Le verbe **ἐκρίπτω** (ou **ἐκριπτέω**) est un hapax dans le Psautier. De plus, les traducteurs grecs en ajoutant « loin de la face de la terre » au rejet exprimé par le verbe **ἐκρίπτω**, mettent les impies dans un état proche de celui d'un « non être ».

Le verset 5 vient prolonger le sort des impies. Au [jour] du jugement, ils ne se lèveront pas. Puis, tandis que les traducteurs grecs reprennent le mot **βουλῇ** du v.1 pour dire qu'il en sera de même pour les pécheurs dans le conseil des justes, nous avons la racine עדה / assemblée, à l'état construit dans le T.M.

Au v.2, nous avons vu IHWH dont l'enseignement est ruminé jour et nuit par le juste, maintenant au verset 6, IHWH est celui qui connaît / יוֹדֵעַ. Une connaissance permanente exprimée par le participe. Il connaît le chemin des justes dans le présent et il le connaîtra encore dans le futur. À l'inverse du chemin des justes que Dieu reconnaîtra, le chemin des impies se perdra. Et c'est le dernier mot du psaume avec la dernière lettre de l'alphabet hébreu : Taw.

Dans ce psaume, qui, d'une part, commence par Alef et finit par Taw et, d'autre part, commence et finit avec le mot « chemin », tout serait-il dit entre le bonheur de celui qui se tient dans le chemin de la Torah ou de la loi de Dieu et celui qui se tient dans le chemin où l'on se perd ?

Comme le texte de la LXX l'exprime avec le verbe **μελετάω** / s'exercer à méditer, ne pourrait-on pas voir dans ce premier psaume une invitation à un art pour bien vivre ? S'exercer à bien vivre. Le v.3 avec l'image de l'arbre plein de vie peut suggérer de voir où mène le chemin de l'homme qui fait ce choix.

PSAUME 2

Verset 1

לָמָּה רָגְשׁוּ גוֹיִם
וּלְאֻמִּים יֶהְגּוּ־רִיק׃

Ἵνα τί ἐφρύαξαν ἔθνη
καὶ λαοὶ ἐμελέτησαν κενά ;

Pourquoi s'agitent-elles **les nations**

et les populations murmurent-elles à vide ?

Pourquoi *ont- elles piaffé* **les nations**
et les *peuples ont-ils médité [des choses] vides ?*

Verset 2

יִתְיַצְּבוּ ׀ מַלְכֵי־אֶרֶץ
וְרוֹזְנִים נוֹסְדוּ־יָחַד
עַל־יהוה וְעַל־מְשִׁיחוֹ׃

παρέστησαν οἱ βασιλεῖς τῆς γῆς,
καὶ οἱ ἄρχοντες συνήχθησαν ἐπὶ τὸ αὐτὸ
κατὰ τοῦ κυρίου καὶ κατὰ τοῦ χριστοῦ αὐτοῦ
διάψαλμα

Se dresseront **les rois de la terre**
et les princes se sont ligués **ensemble**
contre IHWH et contre son messie.

Les rois de la terre *se sont approchés,*
et les princes se sont *réunis* **ensemble**
contre le Seigneur et contre son messie.
intermède musical.

Verset 3

נְנַתְּקָה אֶת־מוֹסְרוֹתֵימוֹ
וְנַשְׁלִיכָה מִמֶּנּוּ עֲבֹתֵימוֹ׃

Διαρρήξωμεν τοὺς δεσμοὺς αὐτῶν
καὶ ἀπορρίψωμεν ἀφ'ἡμῶν τὸν ζυγὸν αὐτῶν.

Rompons leurs liens
et rejetons loin de nous leurs chaînes.

Rompons leurs liens
et rejetons loin de nous *leur joug.*

Verset 4

יוֹשֵׁב בַּשָּׁמַיִם יִשְׂחָק
אֲדֹנָי יִלְעַג־לָמוֹ׃

Celui qui demeure **dans les cieux rira**
le Seigneur se moquera d'eux.

ὁ κατοικῶν ἐν οὐρανοῖς ἐκγελάσεται αὐτούς,
καὶ ὁ κύριος ἐκμυκτηριεῖ αὐτούς.

Celui qui *habite* **dans les cieux** *s'en* **rira,**
et **le Seigneur** *les tournera en dérision.*

Verset 5

אָז יְדַבֵּר אֵלֵימוֹ בְאַפּוֹ
וּבַחֲרוֹנוֹ יְבַהֲלֵמוֹ׃

Alors il leur parlera dans sa colère
et dans sa fureur **il les** terrifiera.

τότε λαλήσει πρὸς αὐτοὺς ἐν ὀργῇ αὐτοῦ
καὶ ἐν τῷ θυμῷ αὐτοῦ ταράξει αὐτούς

Alors il leur parlera dans sa colère
et dans *son courroux* **il les** *agitera.*

Verset 6

וַאֲנִי נָסַכְתִּי מַלְכִּי
עַל־צִיּוֹן הַר־קָדְשִׁי׃

Et moi j'ai consacré mon roi
sur Sion ma **montagne sainte**

Ἐγὼ δὲ κατεστάθην βασιλεὺς ὑπ᾽αὐτοῦ
ἐπὶ Σιων ὄρος τὸ ἅγιον αὐτοῦ

Et moi j'ai *été établi roi par lui*
sur Sion *sa* **montagne sainte**

Verset 7

אֲסַפְּרָה אֶל חֹק יהוה
אָמַר אֵלַי בְּנִי אַתָּה
אֲנִי הַיּוֹם יְלִדְתִּיךָ׃

Je veux publier le décret **de IHWH**
il **m'a dit** : « **mon fils** [c'est] toi,
moi, aujourd'hui, je t'ai engendré ».

διαγγέλων τὸ πρόσταγμα κυρίου
Κύριος εἶπεν πρός με Υἱός μου εἶ σύ,
ἐγὼ σήμερον γεγέννηκά σε ·

publiant l'ordre **du Seigneur**
Le Seigneur **m'a dit** *: « toi tu es* **mon Fils,**
moi aujourd'hui, je t'ai engendré ».

Verset 8

שְׁאַל מִמֶּנִּי וְאֶתְּנָה
גוֹיִם נַחֲלָתֶךָ
וַאֲחֻזָּתְךָ אַפְסֵי־אָרֶץ׃

Demande-moi, et je donnerai
des nations [pour] ton héritage,
et [pour] ta possession les extrémités de la terre.

αἴτησαι παρ᾽ἐμοῦ καὶ δώσω σοι
ἔθνη τὴν κληρονομίαν σου
καὶ τὴν κατάσχεσίν σου τὰ πέρατα τῆς γῆς.

Demande-moi, et je *te* **donnerai**
des nations [pour] ton héritage
et [pour] ta possession les extrémités de la terre.

Verset 9

תְּרֹעֵם בְּשֵׁבֶט בַּרְזֶל
כִּכְלִי יוֹצֵר תְּנַפְּצֵם׃

Tu les briseras **avec un sceptre de fer**
comme un vase de potier, tu les mettras en pièces.

ποιμανεῖς αὐτοὺς ἐν ῥάβδῳ σιδηρᾷ,
ὡς σκεῦος κεραμέως συντρίψεις αὐτούς.

Tu les *feras paître* **avec un sceptre de fer,**
comme un vase de potier, tu les *briseras.*

Verset 10

וְעַתָּה מְלָכִים הַשְׂכִּילוּ
הִוָּסְרוּ שֹׁפְטֵי אָרֶץ׃

Et maintenant rois soyez sensés
laissez-vous corriger, **juges de la terre.**

καὶ νῦν, βασιλεῖς, σύνετε·
παιδεύθητε, πάντες οἱ κρίνοντες τὴν γῆν.

Et maintenant, rois, *comprenez ;*
laissez-vous *instruire, tous les* **juges de la terre.**

Verset 11

עִבְדוּ אֶת־יהוה בְּיִרְאָה
וְגִילוּ בִּרְעָדָה׃

Servez IHWH avec crainte
et exultez avec frisson.

δουλεύσατε τῷ κυρίῳ ἐν φόβῳ
καὶ ἀγαλλιᾶσθε αὐτῷ ἐν τρόμῳ.

Servez le Seigneur avec crainte
et exultez *à son sujet* **avec** *tremblement.*

Verset 12

נַשְּׁקוּ־בַר
פֶּן־יֶאֱנַף ׀
וְתֹאבְדוּ דֶרֶךְ
כִּי־יִבְעַר כִּמְעַט אַפּוֹ
אַשְׁרֵי כָּל־חוֹסֵי בוֹ׃

Embrassez la pureté
de peur qu'il ne se s'irrite
et que vous perdiez le **chemin**
car pour un peu **s'enflammera** sa colère.
Bonheurs de **tous ceux qui** se réfugient **en lui**

δράξασθε παιδείας,
μήποτε ὀργισθῇ κύριος
καὶ ἀπολεῖσθε ἐξ ὁδοῦ δικαίας.
ὅταν ἐκκαυθῇ ἐν τάχει ὁ θυμός αὐτοῦ,
μακάριοι πάντες οἱ πεποιθότες ἐπ᾽αὐτῷ.

Prenez en main l'instruction,
de peur *que le Seigneur ne se mette en colère*
et que vous *ne périssiez hors du* **chemin** *de justice.*
Lorsqu'en un instant **s'enflammera** *son courroux,*
heureux **tous ceux qui** *ont confiance* **en lui.**

Le psaume 2 est souvent considéré comme la suite du Ps 1. L'unité littéraire des deux psaumes est soutenue dans la tradition juive et la tradition chrétienne. Le v.7 du Ps 2 qui est cité par Luc dans le livre des Actes des Apôtres 13.33 est donné parfois en référence au psaume premier. En faveur de l'unité des deux psaumes, nous relevons l'absence d'un titre dans l'un et l'autre, une béatitude au début du Ps 1 et à la fin du Ps 2 et du vocabulaire commun.

Le lecteur commence par entendre une lamentation : verset 1. Pourquoi les nations s'agitent et les populations murmurent-elles des vanités, ou des choses vides... Dans la LXX, les nations ont une attitude peu commune ; elles ont frémi, piaffé / **ἐφρύαξαν**. À l'exception des deux citations dans II M 7.34 et III M 2.2 le verbe **φρυάσσω** ou **φρυάττω** est ici le seul cas dans la LXX. Il est un hapax dans le N.T. dans les Actes des Apôtres 4.25 qui est une citation du psaume.

Après les nations, ce sont les rois de la terre et les princes qui s'opposent à IHWH et au roi-messie : verset 2. Les deux verbes **παρίστημι** et **συνάγω** suggèrent une opposition des rois et des princes plus faible que celle exprimée par les verbes hébreux. Le verbe **συνάγω** traduit la racine יסד uniquement ici et dans le Ps 31 (30).14.

À la fin du verset, un **διάψαλμα** dans la LXX, peut indiquer une pause ou un changement de ton.

Dans le verset 3 b, tandis qu'on veut rejeter les chaînes ou les cordes / עֲבֹת dans le T.M., la LXX parle du joug / **ζυγόν**. Un mot qui n'est employé que deux fois dans le Psautier. Ici, et dans le Ps 62 (61).10 où il traduit le mot מֹאזְנַיִם qui signifie « balance ». En effet, si « joug » est le sens premier de **ζυγός**, nous voyons qu'il a également le sens de « balance ». Dans les six occurrences du N.T. **ζυγός** est employé dans le sens de « balance » en Ap 6.5 et dans celui de « joug » en Mt 11.29.30 ; Ac 15.10 ; Ga 5.1 et 1 Tm 6.1.

Aux rebelles qui veulent rejeter le joug de l'enseignement divin, Dieu adresse un avertissement. Dans sa demeure « des cieux » il rira et se moquera : verset 4 et il leur parlera dans sa colère : verset 5. Dans la LXX, le verbe **ἐκγελάω** est peu employé. Nous le retrouvons dans les psaumes 37 (36).13 et 59 (58).9 pour cette racine שׂחק Quant à **ἐκμυκτηρίζω**, il est employé dans les psaumes 22 (21).8 et 35 (34).16.

Dans le N.T. nous avons seulement **ἐκμυκτηρίζω** dans l'Évangile de Luc : 16.14 à propos de la sentence sur l'argent : les pharisiens qui aimaient l'argent se moquaient, ricanaient / **ἐξεμυκτήριζον** et 23.35 lors de la crucifixion ce sont les chefs qui tournent Jésus en dérision.

Cet avertissement divin, qui s'exprime par le rire, la colère, la parole, prépare l'annonce solennelle du plan de IHWH, verset 6 : *« et Moi » « j'ai consacré mon roi »* T.M. Remarquons le verbe נָסַכְתִּי de la racine נסך ; il signifie « verser une libation » d'où l'emploi du mot « consacré » qui est différent de « sacré » et de « saint » dont la racine se trouve au stique suivant. Dans la LXX, c'est le roi lui-même qui parle, au passif, de son installation comme roi. Ici, le tour est moins solennel que dans le T.M. où le « Moi » est divin. Le lieu n'est pas quelconque : nous sommes à Sion, la Montagne sainte, la colline de Jérusalem ; le lieu des bénédictions et des promesses faites au roi David.

Des versets 7 à 9 le lecteur entend l'annonce et le contenu d'une prescription formelle et détaillée. Avec le cohortatif au début du v.7 אֲסַפְּרָה le roi s'exhorte lui-même à raconter cette prescription ou comme traduit Mannati, que nous suivons, ce « décret ». Dans la LXX, le participe **διαγγέλων** affaiblit le cohortatif du T.M.

Selon Mannati, *« tu es mon fils »* du v.7 reprendrait la formule par laquelle en Égypte les dieux consacraient un roi ; le Pharaon était appelé fils de (tel dieu). En admettant qu'Israël aurait repris cette formule nous voyons bien ici que le roi du v.6 et fils au v.7, n'est pas dieu.

Nous savons que Luc dans les Actes des Apôtres 13.33 cite le verset 7 du psaume pour dire que s'accomplit cette parole dans la résurrection de Jésus. Dieu en ressuscitant le Christ l'a intronisé comme 'Seigneur'. De même, l'auteur de la lettre aux Hébreux cite, à deux reprises, ce verset 7 pour l'appliquer à la glorification du Christ : He 1.5 et 5.5 où le Christ glorifié est le parfait grand prêtre. Luc encore, dans son évangile 3.22, nous rappelle ce verset 7 du psaume, lors du baptême du Christ au début de sa mission, pour exprimer son intronisation messianique. Notre lecture de ce verset de Luc suit celle d'anciens témoins car d'autres manuscrits donnent le même texte que celui de Marc : *« Tu es mon fils, l'aimé, en toi je me plais »*.

Dans le verset 8 où le roi est victorieux sur les nations et les extrémités de la terre, relevons le substantif **κατάσχεσιν**. Il est un hapax dans le Psautier.

Dans le N.T. il a deux occurrences dans les Actes des Apôtres au ch.7, v.5 : Étienne, dans son discours rappelle la promesse de Dieu à Abraham de lui donner le pays en possession / **κατάσχεσιν** ; puis, au v.45, il rappelle que les pères qui avaient reçu la tente du témoignage l'introduisirent sous la conduite de Josué dans le pays conquis sur les nations ou, littéralement, dans la possession / **κατασχέσει** des nations.

L'avertissement qui est donné au verset 9, et sous forme de menace rigoureuse, contribue à donner de ce roi-messie l'image d'un roi pasteur dont la houlette est un sceptre de fer. Les traducteurs grecs avec le verbe **ποιμαίνω** adoucissent le sort des nations qui refusent de se soumettre, exprimé dans le T.M. avec les deux verbes : « briser » et « mettre en pièces »

Dans le N.T. nous retrouvons la même image messianique : en Ap 2.27 où le vainqueur est associé au pouvoir royal du Christ sur les nations dans les mêmes termes que ceux du v.9 du psaume selon l'écriture de la LXX ; et dans l'enfant mis au monde par la femme du ch. 12 v.5 de l'Apocalypse.

L'exhortation qui suit est pour maintenant : וְעַתָּה / **καὶ νῦν**. De plus, les deux conjonctions וְ et **καὶ**, donnent une valeur consécutive à tout ce qui vient d'être dit.

Verset 10 : les rois sont invités à être sensés et les juges de la terre à se laisser corriger. Dans la LXX, il y a une invitation à comprendre avec le verbe **συνίημι** et tous les juges de la terre doivent se laisser instruire, éduquer ou corriger. Les deux verbes : **παιδεύω** et הִוָּסְרוּ ont le même sens ; seulement, avec le verbe grec, c'est une invitation à se laisser instruire, on pourrait dire, comme un enfant.

Et, au verset 11, ils sont invités à un service et à une exultation avec sagesse : dans la crainte. Au stique b, c'est une crainte qui s'exprime avec frisson ou avec tremblement. Le mot **τρόμος** est employé trois fois dans les Psaumes. Ici et dans les Ps 48 (47).7 et 55 (54).6.

Devant le début du verset 12 le lecteur-traducteur est bien embarrassé avec le mot בַר dont le sens est discuté. Pour certains, il a le sens de « fils » et ils traduisent : *« Embrassez le fils »* ; c'est la traduction de l'interlinéaire hébreu-français qui suit le texte. En ce cas, nous pouvons entendre un appel à rendre hommage au fils comme l'exprime la traduction de la T.O.B. D'autres, comme Dhorme, Osty, Mannati, prennent en compte les leçons données dans l'apparat critique de BHS et lisent : *« Baisez ses pieds »*. À cause de l'emploi du mot בֵּן / fils au v.7, notre traduction suit celle de Vesco, de Meschonnic, de Patrick Calame. Autrement dit, nous gardons בַר avec le sens de « pur » en reconnaissant que cette interprétation ne fait pas l'unanimité. Vesco parle du Talmud de Babylone dans lequel le mot בַר est parfois interprété dans le sens de « blé » qui peut symboliser la « loi ». Dans la LXX, les rois et juges de la terre sont invités non pas à *« embrasser »* mais *« à prendre l'instruction »* avec le verbe **δράσσομαι.**

Dans le N.T. **δράσσομαι** est un hapax en 1 Co 3.19 pour dire qu'il est écrit : *« Il prend /* **δρασσόμενος** *les sages à leur astuce »*. C'est une citation libre de Jb 5.13 où là nous avons le verbe **καταλαμβάνω**.

La fin de ce v.12 attire également l'attention. Dans le T.M., l'accent disjonctif אַתְנָח sur le mot « colère » marque une interruption et la séparation avec le stique suivant. Tandis que dans la LXX, la béatitude finale pourrait être lue dans le prolongement de la phrase précédente. C'est la lecture de Vigouroux et de Giguet qui, avec la Vulgate, ajoutent un verset 13 devant *«* **ὅταν** *»*.

La finale du psaume qui se termine sur un bonheur pour ceux qui se réfugient en IHWH, ou qui ont confiance en lui dans la LXX, met en évidence la victoire du messie qui assure sécurité et protection à ceux qui se soumettent à ce roi-messie. C'est une finale qui peut ouvrir sur un « commencement ».

Le psalmiste qui nous rappelle la prophétie de Natân à David ne pensait pas à Jésus de Nazareth, messie, fils et roi. Mais les quatre versets du psaume qui sont cités dans le N.T. nous parlent bien aujourd'hui de ce messie, Fils engendré dans un éternel présent.

Psaume 2	N.T.
v.1	Ac 4.25-26
v.7	Lc 3.22
	Ac 13.32-33
	He 1.5 ; 5.5
v.8.9	Ap 2.26-27
v.9	Ap 12.5 ; 19.15.

PSAUME 3

Verset 1

מִזְמוֹר לְדָוִד
בְּבָרְחוֹ מִפְּנֵי ׀ אַבְשָׁלוֹם בְּנוֹ׃

Psaume de David

dans sa fuite **de la face d'Absalom son fils.**

Ψαλμὸς τῷ Δαυιδ,
ὁπότε ἀπεδίδρασκεν ἀπὸ προσώπου
Αβεσσαλωμ τοῦ υἱοῦ αὐτοῦ.

Psaume de David,

quand il s'enfuyait loin **de la face d'Absalom, son fils.**

Verset 2

יהוה מָה־רַבּוּ צָרָי
רַבִּים קָמִים עָלָי׃

IHWH qu'ils sont nombreux mes oppresseurs

nombreux ceux qui **se** lèvent **contre moi ;**

Κύριε, τί ἐπληθύνθησαν οἱ θλίβοντές με ;
πολλοὶ ἐπανίστανται ἐπ' ἐμέ ·

Seigneur, *pourquoi se sont multipliés ceux qui m'oppressent ?*

nombreux *ils* **se** *sont soulevés* **contre moi ;**

Verset 3

רַבִּים אֹמְרִים לְנַפְשִׁי
אֵין יְשׁוּעָתָה לּוֹ בֵאלֹהִים
סֶלָה׃

Nombreux ceux qui **disent à mon âme**

« Point de salut pour lui en Dieu ».

Pause.

πολλοὶ λέγουσιν τῇ ψυχῇ μου
Οὐκ ἔστιν σωτηρία αὐτῷ ἐν τῷ θεῷ αὐτοῦ.
διάψαλμα.

nombreux *ils* **disent à mon âme**

« *il n'y a* **point de salut pour lui en** *son* **Dieu ».**

Intermède musical.

Verset 4

וְאַתָּה יהוה מָגֵן בַּעֲדִי כְּבוֹדִי וּמֵרִים רֹאשִׁי׃	***σὺ δέ, κύριε, ἀντιλήμπτωρ μου εἶ, δόξα μου καὶ ὑψῶν τὴν κεφαλήν μου.***
Et **toi, IHWH,** bouclier pour moi **ma gloire et celui qui** relève **ma tête.**	*Mais* **toi, Seigneur,** *tu es mon protecteur,* **ma gloire et celui qui** *hausse* **ma tête.**

Verset 5

קוֹלִי אֶל־יהוה אֶקְרָא וַיַּעֲנֵנִי מֵהַר קָדְשׁוֹ סֶלָה׃	***φωνῇ μου πρὸς κύριον ἐκέκραξα, καὶ ἐπήκουσέν μου ἐξ ὄρους ἁγίου αὐτοῦ. διάψαλμα.***
ma voix : vers IHWH j'appelle **et il** me répond **de sa montagne sainte.** Pause.	*De* **ma voix vers le Seigneur** *j'ai crié,* **et il** *m'a entendu* **de sa montagne sainte.** *Intermède musical.*

Verset 6

אֲנִי שָׁכַבְתִּי וָאִישָׁנָה הֱקִיצוֹתִי כִּי יהוה יִסְמְכֵנִי׃	***ἐγὼ ἐκοιμήθην καὶ ὕπνωσα· ἐξηγέρθην, ὅτι κύριος ἀντιλήμψεταί μου.***
Moi, je me suis couché, et j'ai dormi **je me suis réveillé** **car IHWH me** soutient.	**Moi, je me suis couché et j'ai dormi ;** **je me suis réveillé,** **car le Seigneur me** *prendra en protection.*

Verset 7

לֹא־אִירָא מֵרִבְבוֹת עָם אֲשֶׁר סָבִיב שָׁתוּ עָלָי׃	***οὐ φοβηθήσομαι ἀπὸ μυριάδων λαοῦ τῶν κύκλῳ συνεπιτιθεμένων μοι.***
Je ne craindrai pas **des** multitudes **du peuple** qui autour se sont mis **contre moi.**	**Je ne craindrai** *point* **des** *myriades* **du peuple** *ceux qui, en cercle, se mettent ensemble* **contre moi.**

Verset 8

קוּמָה יהוה ׀ הוֹשִׁיעֵנִי אֱלֹהַי כִּי־הִכִּיתָ אֶת־כָּל־אֹיְבַי לֶחִי שִׁנֵּי רְשָׁעִים שִׁבַּרְתָּ׃	*ἀνάστα, κύριε, σῶσον με, ὁ θεός μου,* *ὅτι σὺ ἐπάταξας πάντας τοὺς ἐχθραίνοντάς μοι ματαίως,* *ὀδόντας ἁμαρτωλῶν συνέτριψας.*
Lève-toi IHWH, sauve-moi mon Dieu,	**Lève-toi, Seigneur, sauve-moi, mon Dieu,**
car tu as frappé tous mes ennemis à la joue,	**car tu as frappé tous** *ceux qui me nuisent pour rien,*
les dents des impies **tu as brisé.**	**les dents des** *pécheurs* **tu as brisé.**

Verset 9

לַיהוה הַיְשׁוּעָה עַל־עַמְּךָ בִרְכָתֶךָ סֶּלָה׃	*τοῦ κυρίου ἡ σωτηρία,* *καὶ ἐπὶ τὸν λαόν σου ἡ εὐλογία σου.*
À **IHWH le salut,**	*Du* **Seigneur le salut,**
sur ton peuple ta bénédiction.	*et* **sur ton peuple ta bénédiction.**
Pause.	

Le psalmiste peut sourire à ceux qui disent : *« Pas de salut pour lui en son Dieu ».*

Avec le psaume 3 commencent les titres ou suscriptions qui ne font pas partie intégrante du psaume. Ce sont des titres donnés dans la Massore ou les versions. Nous y trouvons des termes techniques interprétés différemment et aussi, comme dans ce psaume, des indications rappelant un fait historique. Ici, le titre renvoie à l'histoire entre David et son fils Absalom en 2 S 15-16. De plus, nous remarquons l'indication סֶלָה / Pause, à trois reprises tandis que **δίαψαλμα** / intermède musical, n'est employé que deux fois.

Le Nom divin ouvre et clôt le psaume. Au v.2, IHWH est témoin de la situation du psalmiste et au v.9 c'est de Lui que vient le salut.

Dès le <u>verset 2</u> le psalmiste est devant des oppresseurs en grand nombre. Dans la LXX, d'une part : ceux-ci sont plus que nombreux ; ils se sont multipliés / **ἐπληθύνθησαν** ; et d'autre part, le psalmiste demande à Dieu le « pourquoi » du comportement des oppresseurs qui se dressent ou se soulèvent contre lui.

La même abondance des ennemis revient au <u>verset 3</u>. Là, au stique a, deux lectures sont possibles : on peut comprendre qu'ils sont nombreux *« ceux qui disent <u>de</u> mon âme »* ou *<u>à</u> mon âme ».* De plus, nous savons que le mot נֶפֶשׁ que nous traduisons « âme », signifie le souffle vital, toute la personne. La parole blasphématoire qui suit : *« pas de salut pour lui »* est plus forte dans la LXX qui ajoute le possessif « son » ; *« en **son** Dieu ».*

Le verset 4, avec l'image du bouclier dans le T.M, vient ridiculiser ceux qui parlent ainsi. Le mot **ἀντιλήμπτωρ** / protecteur dans la LXX a été préféré à מָגֵן qui fait de Dieu un homme armé. Dans l'A.T., ce mot grec a presque toutes ses occurrences dans les Psaumes où il traduit seulement deux fois מָגֵן. Ici et dans le psaume 119 (118).114. Puis, au stique b du verset, le Dieu protecteur est celui qui donne valeur et honneur au psalmiste en lui relevant la tête.

De la montagne sainte, Sion, la réponse de IHWH à l'appel de son psalmiste verset 5 s'explicite dans les versets suivants. Il y a d'abord la nuit mystérieuse du verset 6 avec le sommeil et un réveil extasié en présence de Dieu qui accorde son soutien. Dans la LXX, le soutien du T.M. est exprimé avec le verbe **ἀντιλαμβάνομαι** qui rappelle le substantif **ἀντιλήμπτωρ** du v.4. Ici donc, le Seigneur s'emparera de son psalmiste, il le prendra sous sa protection et il ne pourra rien craindre des myriades du peuple contre lui : verset 7.

Un dernier combat pour que Dieu se lève face à ceux qui se sont levés contre le psalmiste au v.2 et qui nuisent pour rien, sans raison : verset 8. **Ματαίως** est la leçon de la LXX. Le T.M. par le coup porté à la joue ou à la mâchoire / לְחִי exprime plus que le mépris. C'est comme si une bête féroce s'acharnait sur les rebelles. La victoire de IHWH est violente. Après les coups et avec les dents brisées, ceux qui ont osé dire qu'il n'y a pas de salut en Dieu sont anéantis.

L'expérience personnelle du psalmiste exprimée dans les v.5-6 est celle d'un peuple, du peuple. En lui accordant la bénédiction, Dieu lui dit qu'Il est le Sauveur, qu'en Lui, est le Salut : verset 9.

Le lecteur du psaume peut goûter à l'abondance des verbes grecs dans une forme composée : **ἀπεδιδρασκεν** (v.1) ; **ἐπανίστανται** (v.2) ; **ἐπήκουσεν** (v.5) ; **ἐξηγέρθην** (v.6) ; **ἀντιλήμψεταί** (v.6) ; **συνεπιτιθεμένων** (v.7) ; **ἀνάστα, συνέτριψας** (v.8).

Il peut visualiser schématiquement le contenu du psaume :

v.2.3 — **IHWH** — *Une multitude contre le psalmiste*

Pas de salut en Dieu

v.4.5 — **IHWH**
bouclier / défenseur
qui relève,
qui entend

v.6 Le sommeil,

le réveil

IHWH un soutien

		Qui prend sous sa protection	
v.7	Plus de crainte		*en présence des myriades*
v.8		**IHWH lève-toi**	*frappe tous mes ennemis*
v.9		**À IHWH**	***le salut***
		Bénédiction	***sur ton peuple.***

PSAUME 4

Verset 1

לַמְנַצֵּ֥חַ בִּנְגִינ֗וֹת מִזְמ֥וֹר לְדָוִֽד׃	***Εἰς τὸ τέλος, ἐν ψαλμοῖς ·*** ***ᾠδὴ τῷ Δαυιδ.***
Du chef de chœur. Avec instruments à cordes.	*Pour la fin, en psalmodies ;*
Psaume **de David.**	*Cantique* **de David**.

Verset 2

בְּקָרְאִ֡י עֲנֵ֤נִי ׀ אֱלֹ֘הֵ֤י צִדְקִ֗י בַּ֭צָּר הִרְחַ֣בְתָּ לִּ֑י חָ֝נֵּ֗נִי וּשְׁמַ֥ע תְּפִלָּתִֽי׃	***Ἐν τῷ ἐπικαλεῖσθαί με εἰσήκουσέν μου*** ***ὁ θεὸς τῆς δικαιοσύνης μου·*** ***ἐν θλίψει ἐπλάτυνάς μοι·*** ***οἰκτίρησόν με καὶ εἰσάκουσον τῆς προσευχῆς μου.***
Quand j'appelle, réponds-moi,	*Tandis que j'invoquais, [il] m'a exaucé*
Dieu de ma justice,	*le* **Dieu de ma justice ;**
dans l'oppression tu donnes **du large pour moi ;**	**dans l'oppression tu** *as mis* **du large pour moi ;**
fais-moi grâce **et** écoute **ma prière.**	*aie compassion de moi* **et** *exauce* **ma prière.**

Verset 3

בְּנֵי אִישׁ	*υἱοὶ ἀνθρώπων,*
עַד־מֶה כְבוֹדִי לִכְלִמָּה	*ἕως πότε βαρυκάρδιοι ;*
תֶּאֱהָבוּן רִיק	*ἵνα τί ἀγαπᾶτε ματαιότητα*
תְּבַקְשׁוּ כָזָב	*καὶ ζητεῖτε ψεῦδος ;*
סֶלָה׃	*διάψαλμα.*

Fils d'homme	**Fils** *des hommes,*
Jusqu'à quand ma gloire pour l'infamie	**jusqu'à quand** *des cœurs lourds ?*
aimerez-vous le vide,	*pourquoi aimez-vous la vanité*
recherchercherez-vous **le mensonge ?**	*et cherchez-vous* **le mensonge ?**
Pause.	*Intermède musical.*

Verset 4

וּדְעוּ כִּי־הִפְלָה יהוה	***καὶ γνῶτε ὅτι ἐθαυμάστωσεν κύριος***
חָסִיד לוֹ	***τὸν ὅσιον αὐτοῦ ·***
יהוה יִשְׁמַע	***κύριος εἰσακούσεταί μου***
בְּקָרְאִי אֵלָיו׃	***ἐν τῷ κεκραγέναι με πρὸς αὐτόν.***

Et sachez **que IHWH a** mis à part	**Et** *reconnaissez* **que le Seigneur a** *rendu admirable*
un **fidèle** pour lui,	*son* **fidèle** *;*
IHWH écoute	**le Seigneur** *m'exaucera*
quand j'appelle **vers lui.**	**quand** *je crierai* **vers lui.**

Verset 5

רִגְזוּ וְאַל־תֶּחֱטָאוּ	***ὀργίζεσθε καὶ μὴ ἁμαρτάνετε ·***
אִמְרוּ בִלְבַבְכֶם	***λέγετε ἐν ταῖς καρδίαις ὑμῶν***
עַל־מִשְׁכַּבְכֶם וְדֹמּוּ	***καὶ ἐπὶ ταῖς κοίταις ὑμῶν κατανύγητε.***
סֶלָה׃	***διάψαλμα.***

Frémissez **et ne péchez pas**	*Mettez-vous en colère* **et ne péchez pas** *;*
dites dans votre cœur	**dites dans** *vos cœurs*
sur votre couche, et taisez-vous.	*et* **sur** *vos couches soyez repentants.*
Pause.	*Intermède musical.*

Verset 6

זִבְחוּ זִבְחֵי־צֶדֶק
וּבִטְחוּ אֶל־יהוה׃

θύσατε θυσίαν δικαιοσύνης
καὶ ἐλπίσατε ἐπὶ κύριον.

Sacrifiez des sacrifices **de justice**
et ayez confiance en **IHWH**.

Sacrifiez *un sacrifice* **de justice**
et *espérez dans* **le Seigneur**.

Verset 7

רַבִּים אֹמְרִים
מִי־יַרְאֵנוּ טוֹב
נְסָה־עָלֵינוּ אוֹר פָּנֶיךָ יהוה׃

πολλοὶ λέγουσιν
Τίς δείξει ἡμῖν τὰ ἀγαθά ;
ἐσημειώθη ἐφ᾽ἡμᾶς τὸ φῶς τοῦ προσώπου σου, κύριε.

Nombreux, ceux qui **disent**
« qui nous fera voir le bon[heur] ? »
lève **sur nous la lumière de ta face, IHWH.**

Nombreux *ils* **disent**
« qui nous fera voir *les bonnes choses ?»*
la lumière de ta face *a été marquée* **sur nous, Seigneur.**

Verset 8

נָתַתָּה שִׂמְחָה בְלִבִּי
מֵעֵת
דְּגָנָם וְתִירוֹשָׁם רָבּוּ׃

ἔδωκας εὐφροσύνην εἰς τὴν καρδίαν μου ·
ἀπὸ καιροῦ
σίτου καὶ οἴνου καὶ ἐλαίου αὐτῶν ἐπληθύνθησαν.

Tu as donné joie à mon cœur,
plus qu'au temps
[où] **leur blé et** leur moût abondaient.

Tu as donné *[la]* **joie à mon cœur** *;*
plus qu'au temps
[où] *ils ont été remplis de* **leur blé et** *vin et huile.*

Verset 9

בְּשָׁלוֹם יַחְדָּו
אֶשְׁכְּבָה וְאִישָׁן
כִּי־אַתָּה יהוה לְבָדָד
לָבֶטַח תּוֹשִׁיבֵנִי׃

ἐν εἰρήνῃ ἐπὶ τὸ αὐτὸ
κοιμηθήσομαι καὶ ὑπνώσω,
ὅτι σύ, κύριε, κατὰ μόνας
ἐπ᾽ἐλπίδι κατῴκισάς με.

En paix ensemble
je me coucherai et je dormirai
car toi IHWH seul
en confiance **tu** me fais **habiter.**

En paix *tout ensemble*
je me coucherai et je dormirai,
car toi, Seigneur, seul
dans l'espérance **tu** *m'as fait* **habiter.**

S'il y a du bonheur à méditer chacun des versets du psaume, il y a de l'aridité pour le lecteur-traducteur. Certains versets sont difficiles.

Dans le titre, verset 1, nous traduisons *« Du chef de chœur »* le mot לַמְנַצֵּחַ qui pourrait également être traduit : *« Au chef de chœur »*. D'autres interprétations sont avancées ; le Talmud de Babylone y voit une allusion à Dieu qui rend victorieux : *« celui qui rend victorieux »*. Dans ce parti pris, la traduction de la LXX : *« pour la fin »* pourrait peut-être s'éclairer. En allant voir dans les bibliographies sur les titres des Psaumes, on trouvera la documentation pour en savoir plus.

Le psalmiste qui commence par un appel vers Dieu est oppressé, serré dans l'angoisse : verset 2. Dieu lui répond en lui donnant du large ; c'est notre traduction. Dans le T.M. avec les impératifs qui encadrent la phrase, on pourrait traduire par un autre impératif : *« donne-moi du large »*. Dans la LXX, avec **ἐν τῷ** suivi de l'infinitif, l'invocation du psalmiste et la réponse de Dieu sont simultanées. De plus, au verset 4 b le psalmiste nous dit que Dieu l'exauce quand il crie vers lui.

Entre ces v.2 et 4, une question surgit en termes de reproches sans qu'il soit dit de qui vient l'apostrophe : verset 3. Avec le contenu et le mode d'expression ressemblant à celui des prophètes dans ce verset, on pourrait imaginer un intervenant autre que le psalmiste. La leçon de la LXX : *« jusqu'à quand des cœurs lourds »* attire l'attention du lecteur sur *« ma gloire pour l'infamie »* du T.M. En effet, qui peut parler de sa gloire outragée sinon Dieu ? Si la question se soulève, les traducteurs grecs nous proposent leur lecture dans laquelle nous pouvons remarquer l'emploi de l'adjectif **βαρυκάρδιος** qui est un hapax dans la Bible. Comme l'ont compris les traducteurs grecs *« pourquoi aimez-vous la vanité »*, l'interrogation « *jusqu'à quand* » dans le T.M. est sous-entendue devant les verbes suivants.

De façon solennelle nous sommes appelés à entrer dans le choix divin : verset 4. Celui qui a été exaucé a été mis à part. Il est le חָסִיד / le fidèle de IHWH. Un mot hébreu difficilement traduisible en français. Dans la LXX, le Seigneur a rendu admirable son **ὅσιος**. Dans l'apparat critique de BHS nous trouvons l'explication de la leçon de la LXX avec l'emploi du verbe **θαυμαστόω**. Elle suit des manuscrits hébreux qui ont lu פלא / faire quelque chose d'extraordinaire, de merveilleux, d'admirable, au lieu de פלה/ mettre à part. Dans la Bible, sur les sept occurrences du verbe **θαυμαστόω**, cinq se trouvent dans les Psaumes : ici et dans les psaumes 15, 16, 30 et 138. Le terme **ὅσιος** correspondant au חָסִיד est souvent traduit par le mot « saint » ; or, **ὅσιος** caractérise l'attitude de l'homme envers Dieu. Dans la LXX, il est lié à l'idée de « piété » ; il est l'homme pieux ou le fidèle dans notre traduction. Nous préférons garder le terme **ἅγιος** / saint, pour traduire l'hébreu קדשׁ.

Suivent encore deux autres exhortations. Verset 5 : Frémir, méditer dans son cœur, et faire silence. La LXX parle de se mettre en colère ou de s'irriter sans pécher et d'être repentant de ce qui est médité dans le cœur, d'en être pénétré de componction. C'est un peu curieux d'être invité à « se mettre en colère sans pécher ». Cette contradiction pourrait être le reflet d'un parallélisme sapientiel classique opposant le comportement du juste à celui de l'impie.

Dans le N.T. Paul cite textuellement le stique a de ce v.5 dans la lettre aux Éphésiens 4.26, que la T.O.B. traduit par un indicatif : *« Êtes-vous en colère ? Ne péchez pas »*. Une traduction qui peut éclairer la remarque faite ci-dessus. Et, dans les Actes des Apôtres 2.37 le verbe **κατανύσσω** est un hapax ; après le discours de Pierre, les auditeurs furent piqués / **κατενύγησαν** au cœur.

Ainsi, après l'exhortation du v.5 avec le silence (T.M.) et la repentance (LXX), peut suivre l'offrande des sacrifices en toute justice et dans la confiance verset 6.

Seconde interrogation : verset 7 a. Où est le bien ? le bonheur ? les bonnes choses ? et qui nous les fera voir ? des questions fiévreuses intensifiées par les deux mots : **רַבִּים** et **πολλοὶ**. Une réponse en douceur stique b : la lumière de la face de Dieu. Dans le T.M. nous suivons le manuscrit donné dans l'apparat critique de BHS pour lire *« lève sur nous »* avec la racine **נשׂא** / lever, faire lever, au lieu de **נסה**. La LXX donne une autre leçon, au passif et avec le verbe **ἐσημειώθη**. Ici, elle brille et durera cette lumière qui a été comme imprimée, marquée avec un sceau. Ce verbe **σημειόω** est ici un hapax dans l'A.T. Il est également un hapax dans le N.T. en 2 Th 3.14 où il faut signaler / **σημειοῦσθε** celui qui n'obéit pas à ce qui est dit dans la lettre de l'apôtre.

Il faut maintenant dire la joie qui coule de la lumière : verset 8. Elle est bien plus grande que celle qui s'exprime au temps de la moisson et des vendanges. Dans la LXX, nous remarquons dans l'apparat critique que : **ἀπὸ καιροῦ** a pu être lu : **ἀπὸ καρποῦ** et c'est ce que donne la concordance. Nous le voyons, l'écriture de la LXX n'est pas facile à traduire, ni à interpréter. On pourrait comprendre que Dieu a donné une joie qui n'a rien à voir avec le temps où les hommes ont été dans la surabondance avec leur blé, vin et huile. Mais nous gardons la réserve sur notre traduction et de notre interprétation incertaines.

Si tout se conclut dans une grande paix intérieure, le verset 9 n'est pas facile non plus à traduire. Il y a au début du verset יַחְדָּו / ensemble, qui peut faire comprendre que le psalmiste se couchera et aussitôt s'endormira. Mais on pourrait l'imaginer en paix, unifié, pour se coucher et s'endormir. Au stique suivant, avec l' אַתָּה après IHWH, c'est bien Dieu qui fait habiter son psalmiste en toute sérénité et sécurité. Dans la LXX, nous lisons **ἐπὶ τὸ αὐτὸ** comme dans le T.M. où l'action de se coucher et de s'endormir est simultanée. Quant à la locution **κατὰ μόνας** elle peut se rapporter, non au Seigneur, mais au psalmiste à qui Dieu accorde la faveur personnelle d'habiter dans la confiance.

***

Voilà un psaume pour bien s'endormir le soir à condition d'oublier les tournures de phrases complexes.

Dans le silence, laissez tomber l'agitation. Se blottir dans le Nom divin pour se sentir bien au large et retrouver son cœur véritable. C'est un si grand bonheur de se reconnaître choisi, marqué à tout jamais de la lumière de la Face divine. Entrer dans le sommeil comme dans une habitation que Dieu a réservée pour moi. Là, dans la confiance prononcer le mot : éternité.

PSAUME 5

Verset 1

לַמְנַצֵּחַ אֶל־הַנְּחִילוֹת
מִזְמוֹר לְדָוִד׃

Du chef de chœur. Pour les flûtes.

Psaume de David.

Εἰς τὸ τέλος, ὑπὲρ τῆς κληρονομούσης ·
ψαλμὸς τῷ Δαυιδ.

Pour la fin, pour l'héritière ;

Psaume de David.

Verset 2

אֲמָרַי הַאֲזִינָה ׀ יהוה
בִּינָה הֲגִיגִי׃

Prête **l'oreille** à **mes mots IHWH,**
comprends mon aspiration.

Τὰ ῥήματά μου ἐνώτισαι, κύριε,
σύνες τῆς κραυγῆς μου ·

Mets-toi dans **l'oreille mes mots, Seigneur,**
comprends mon *cri.*

Verset 3

הַקְשִׁיבָה ׀ לְקוֹל שַׁוְעִי
מַלְכִּי וֵאלֹהָי
כִּי־אֵלֶיךָ אֶתְפַּלָּל׃

Sois attentif à la voix de mon appel au secours
mon roi et mon Dieu,
car vers toi je prie.

πρόσχες τῇ φωνῇ τῆς δεήσεώς μου,
ὁ βασιλεύς μου καὶ ὁ θεός μου,
ὅτι πρὸς σὲ προσεύξομαι, κύριε ·

Sois attentif à la voix de *ma supplication,*
mon roi et mon Dieu,
car vers toi je *prierai, Seigneur.*

Verset 4

יהוה
בֹּקֶר תִּשְׁמַע קוֹלִי
בֹּקֶר אֶעֱרָךְ־לְךָ וַאֲצַפֶּה׃

τὸ πρωὶ εἰσακούσῃ τῆς φωνῆς μου,
τὸ πρωὶ παραστήσομαί σοι καὶ ἐπόψομαι.

IHWH

au **matin tu** écouteras **ma voix,**

au **matin, je** préparerai pour toi **et** je guetterai.

le **matin tu** *exauceras* **ma voix,**

le **matin, je** *me placerai auprès de toi* **et** *je surveillerai.*

Verset 5

כִּי ׀ לֹא אֵל־חָפֵץ רֶשַׁע ׀ אָתָּה
לֹא יְגֻרְךָ רָע׃

ὅτι οὐχὶ θεὸς θέλων ἀνομίαν σὺ εἶ,
οὐδὲ παροικήσει σοι πονηρευόμενος·

Car tu n'es pas un Dieu désirant l'impiété, toi

le mal **ne séjourne pas chez toi.**

Car *toi* **tu n'es pas un Dieu** *voulant l'iniquité,*

le *mauvais* **ne séjourne***ra* **pas chez toi.**

Verset 6

לֹא־יִתְיַצְּבוּ הוֹלְלִים
לְנֶגֶד עֵינֶיךָ
שָׂנֵאתָ כָּל־פֹּעֲלֵי אָוֶן׃

οὐ διαμενοῦσιν παράνομοι
κατέναντι τῶν ὀφθαλμῶν σου,
ἐμίσησας πάντας τοὺς ἐργαζομένους τὴν ἀνομίαν.

Ils ne tiendront pas les vantards

devant tes yeux,

tu hais **tous les** faiseurs d'**iniquité**.

les transgresseurs de loi ne dureront pas

devant tes yeux,

tu *as en haine* **tous les** *fabricants de l'***iniquité.**

Verset 7

תְּאַבֵּד דֹּבְרֵי כָזָב
אִישׁ־דָּמִים וּמִרְמָה יְתָעֵב ׀ יְהוָה׃

ἀπολεῖς πάντας τοὺς λαλοῦντας τὸ ψεῦδος·
ἄνδρα αἱμάτων καὶ δόλιον βδελύσσεται κύριος.

Tu feras périr les parleurs de **mensonge**

l'homme de sangs et de fraude **IHWH** l'abomine.

Tu feras périr *tous ceux qui disent le* **mensonge** *;*

le **Seigneur** *abominera* **l'homme de sangs et** *le trompeur.*

Verset 8

וַאֲנִי בְּרֹב חַסְדְּךָ
אָבוֹא בֵיתֶךָ
אֶשְׁתַּחֲוֶה אֶל־הֵיכַל־קָדְשְׁךָ
בְּיִרְאָתֶךָ׃

Et moi dans l'abondance **de** ton amour
j'entrerai dans ta maison
je me prosternerai vers ton temple saint
dans ta crainte.

ἐγὼ δὲ ἐν τῷ πλήθει τοῦ ἐλέους σου
εἰσελεύσομαι εἰς τὸν οἶκόν σου,
προσκυνήσω πρὸς ναὸν ἅγιόν σου
ἐν φόβῳ σου.

Et moi dans *la multiplicité* **de** *ta miséricorde*
j'entrerai dans ta maison,
je me prosternerai vers ton temple saint
dans ta crainte.

Verset 9

יהוה ׀ נְחֵנִי בְצִדְקָתֶךָ
לְמַעַן שׁוֹרְרָי
הושר [הַיְשַׁר] לְפָנַי דַּרְכֶּךָ׃
(qéré) (kétib)

IHWH conduis-moi dans ta justice
à cause de ceux qui m'observent ;
rends droit **devant moi ton chemin.**

κύριε, ὁδήγησόν με ἐν τῇ δικαιοσύνῃ σου
ἕνεκα τῶν ἐχθρῶν μου,
κατεύθυνον ἐνώπιόν μου τὴν ὁδόν σου.

Seigneur, **conduis-moi dans ta justice**
à cause de *mes ennemis,*
redresse **devant moi ton chemin.**

Verset 10

כִּי אֵין בְּפִיהוּ נְכוֹנָה
קִרְבָּם הַוּוֹת
קֶבֶר־פָּתוּחַ גְּרוֹנָם
לְשׁוֹנָם יַחֲלִיקוּן׃

Car rien **dans leur bouche** n'est sûr,
leur intérieur : des désirs de malheur
sépulcre ouvert leur gosier,
ils rendent flatteuse leur langue.

ὅτι οὐκ ἔστιν ἐν τῷ στόματι αὐτῶν
ἀλήθεια,
ἡ καρδία αὐτῶν ματαία ·
τάφος ἀνεῳγμένος ὁ λάρυγξ αὐτῶν,
ταῖς γλώσσαις αὐτῶν ἐδολιοῦσαν.

Car *de vérité il n'y en a pas* **dans leur bouche,**
leur cœur [est] vain ;
sépulcre ouvert leur gosier,
avec leurs langues ils trompaient.

Verset 11

הַאֲשִׁימֵם ׀ אֱלֹהִים
יִפְּלוּ מִמֹּעֲצוֹתֵיהֶם
בְּרֹב פִּשְׁעֵיהֶם הַדִּיחֵמוֹ
כִּי־מָרוּ בָךְ׃

κρῖνον αὐτούς, ὁ θεός ·
ἀποπεσάτωσαν ἀπὸ τῶν διαβουλίων αὐτῶν ·
κατὰ τὸ πλῆθος τῶν ἀσεβειῶν αὐτῶν ἔξωσον αὐτούς,
ὅτι παρεπίκρανάν σε, κύριε.

Déclare-les coupables, **Dieu,**	*Juge-les, ô* **Dieu**,
Ils tomberont **à cause de leurs projets**	*qu'ils tombent* **à cause de leurs projets** ;
dans l'abondance **de leurs** rébellions **chasse-les**	*selon la multiplicité* **de leurs** *impiétés,* **chasse-les**,
car ils se sont révoltés contre toi.	**car ils** *t'ont irrité, Seigneur.*

Verset 12

וְיִשְׂמְחוּ כָל־חוֹסֵי בָךְ
לְעוֹלָם יְרַנֵּנוּ
וְתָסֵךְ עָלֵימוֹ
וְיַעְלְצוּ בְךָ
אֹהֲבֵי שְׁמֶךָ׃

καὶ εὐφρανθήτωσαν πάντες οἱ ἐλπίζοντες ἐπὶ σέ ·
εἰς αἰῶνα ἀγαλλιάσονται,
καὶ κατασκηνώσεις ἐν αὐτοῖς,
καὶ καυχήσονται ἐν σοὶ
πάντες οἱ ἀγαπῶντες τὸ ὄνομά σου.

Et ils se réjouiront **tous ceux qui** se réfugient **en toi**	**Et** *que se réjouissent* **tous ceux qui** *espèrent* **en toi**,
pour toujours **ils** crieront de joie	**pour** *l'éternité* **ils** *exulteront,*
et tu feras un abri sur **eux**,	**et tu** *demeureras en* **eux**,
et ils jubileront **en toi**	**et ils** *triompheront* **en toi**
ceux qui aiment ton Nom.	*tous* **ceux qui aiment ton Nom.**

Verset 13

כִּי־אַתָּה תְּבָרֵךְ צַדִּיק יְהוָה
כַּצִּנָּה
רָצוֹן תַּעְטְרֶנּוּ׃

ὅτι σὺ εὐλογήσεις δίκαιον ·
κύριε, ὡς ὅπλῳ
εὐδοκίας ἐστεφάνωσας ἡμᾶς.

Car toi tu bénis **le juste** IHWH,	**car toi tu** *béniras* **le juste** ;
comme d'un pavois	*Seigneur,* **comme d'un** *bouclier*
de bienveillance tu l'entoures.	**de bienveillance tu** *nous as couronnés.*

Une prière matinale au carrefour de l'abondance. Abondance d'amour, abondance de mal.

Dans le titre verset 1, notre traduction du mot הַנְּחִילוֹת / les flûtes, suit d'autres traductions ; le terme est de sens incertain. La leçon de la LXX avec « pour l'héritière », se réfère au verbe נָחַל de la racine נחל signifiant : recevoir en héritage. Cette interprétation donne une dimension nationale au psaume ; l'héritière pouvant être la communauté d'Israël.

Des versets 2 à 4, le psalmiste prie avec insistance pour que Dieu l'écoute avec une succession de verbes à l'impératif. Au verset 2 remarquons qu'il demande à Dieu de comprendre son הֲגִיג ; un mot à ne pas confondre avec celui des Ps 1.2 et 2.1 / הגה. Ici, ce n'est pas un murmure de pensée. Meschonnic définit le terme comme *« ce après quoi on soupire »* d'où notre traduction *« mon aspiration »*. Nous retrouverons cette même écriture dans le Ps 39.4 et ce sont là, les deux seuls cas dans l'A.T. Pour les traducteurs grecs, c'est un cri / **κραυγή** que Dieu doit comprendre. Inversement, au verset 3, le psalmiste demande à son roi et à son Dieu d'être attentif à son appel au secours dans le T.M., tandis qu'il formule une demande instante, une supplication, dans la LXX. Ici, la fin du verset se termine avec **κύριε**, tandis que dans le T.M. le Nom divin, placé au début du verset suivant, est invoqué par le psalmiste dès le matin.

Verset 4 : Nous sommes témoins d'une prière matinale, avec le lever du soleil peut-être. Une heure où l'on peut oser tout demander à Dieu et tout en attendre. Le psalmiste est là, dans la proximité du Temple. Dans le T.M. il a préparé pour son roi et son Dieu. La LXX nous dit qu'il se placera auprès de lui et qu'il surveillera avec le verbe **ἐφοράω**. C'est ici le seul cas où ce verbe grec traduit la racine **צפה**.

Dans cette pureté de l'aube et dans la proximité du Temple saint, le psalmiste présente, en quelque sorte, à Dieu : le Mal.

Des versets 5 à 7, ce mal est personnifié par 7 mots.

Verset 5 : il est *l'impiété* ; le principe du refus de Dieu qui s'étend à ceux qui lui sont attachés. Au stique b, *le mal*, qui est le contraire du bien, n'a pas sa place en Dieu. La LXX qui décrit Dieu comme celui qui ne veut pas l'iniquité, un comportement illégal, sans référence de justice, parle, au stique b, du *« mauvais »*, de celui qui agit avec méchanceté / **πονηρευόμενος**.

Au verset 6, tandis que la LXX insiste sur une attitude opposée à la Loi avec **παράνομοι**, ce sont des fous de prétention, des *vantards* dans le T.M. / הוֹלְלִים qui ne tiendront pas devant les yeux de IHWH qui hait tous les fabricants et *faiseurs d'iniquité* ou de néant. Dans le T.M. avec le seul mot אָוֶן, est exprimé tout un ensemble d'individus habités par l'instinct du mal et par ce qui ne mène à rien : au néant.

Enfin, avec *les diseurs de mensonge*, *le criminel*, *l'homme de la fraude*, du verset 7, nous avons un registre complet sur le mal. En opposition à leur comportement, il y a l'agir de Dieu en conformité avec son être qui est justice et vérité.

Toute cette description litanique sur le mal met en évidence la conduite requise pour entrer dans l'intimité de Dieu et ici, dans le temple : verset 8. Le psalmiste y entre dans une crainte révérencielle car Dieu est surabondance d'amour. Pour exprimer l'immensité de cet amour au-delà de la mesure, les traducteurs grecs ont employé le mot **πλήθει**. Autrement dit, c'est un amour dont la grandeur se multiplie à l'infini.

Et maintenant, à cause de ceux qui observent (T.M.), des ennemis (LXX), que le Dieu de justice rende droit son chemin devant le psalmiste, qu'il le redresse dans la LXX, pour qu'il le suive dans la droiture : verset 9.

Vraiment, il y a une absolue incompatibilité entre le Dieu de justice et d'amour et ceux qui fabriquent le Mal. Au verset 10, le psalmiste revient avec insistance sur leur comportement qui ne peut mener qu'au sépulcre. Dans le T.M. nous lisons qu'il n'y a rien de sûr dans sa bouche. Notre traduction *« dans leur bouche »* suit des manuscrits donnés en référence dans l'apparat critique de B.H.S. C'est la lecture de la LXX. Celle-ci donne aussi un caractère négatif plus radical que le T.M. des propos qui peuvent sortir de la bouche des impies. L'absence de vérité dans leur bouche les situe en opposition à Dieu qui est vérité. Leur cœur / **καρδία** pour קֶרֶב est vide, sans consistance. Tandis qu'au v.7, ils parlaient le mensonge, ici ils trompaient / **ἐδολιοῦσαν** avec leurs langues. Dans le T.M., ils rendent flatteuse / יַחֲלִיקוּן leur langue. Littéralement, ils la rendent « lisse ». Imaginons ce qu'il peut advenir quand la langue est rendue lisse au point de faire glisser !

Dans la Lettre aux Romains 3.13, Paul cite mot à mot les deux derniers stiques de ce v.10 pour dire que tous - juifs ou grecs - sont sous l'emprise du péché.

Suit une imprécation pour que Dieu rétablisse la justice en supprimant le mal : verset 11. L'impératif Hiphil הַאֲשִׁימֵם est un hapax dans la Bible. La condamnation exprimée dans le T.M. a été comprise dans le sens d'un jugement par la LXX. C'est le seul cas dans la Bible où le verbe **κρίνω** traduit la racine hébraïque אשׁם. L'abondance de rébellions des coupables et la multiplicité de leurs impiétés s'opposent à l'abondance et à la multiplicité de l'amour de Dieu qui entourent le psalmiste (v.8).

Y-a-t-il eu une liturgie dans le Temple pour que tout finisse dans la jubilation et une bénédiction ? Dans le verset 12 trois verbes synonymes viennent exprimer la joie débordante de tous ceux qui sont amoureux du Nom divin. Dieu qui fera un abri pour ceux qui se réfugient en Lui (T.M.) viendra demeurer en eux, ou plus littéralement : il viendra dresser sa tente en eux, pour ceux de la LXX.

Dieu bénit le juste qui, tôt le matin, le suppliait : verset 13. Et comme un grand bouclier / צִנָּה entoure tout le corps pour le protéger, c'est de bienveillance que IHWH l'entoure. La LXX, en terminant par un pronom pluriel : *« de bienveillance tu nous as couronnés »*, peut éclairer le lecteur sur la mention *« pour l'héritière »* du v.1.

***

En psalmodiant les versets du psaume, nous sommes dans notre univers réel. Comment ne pas voir le tragique du Mal qui détruit l'ordre de la vie si belle ? Cependant, le psalmiste nous invite à ne pas nous en arrêter au Mal car au-delà, il y aura une prière matinale qui sera purement jubilation, exultation, cris de joie, bénédiction et faveur divine. Avec une finale sur le juste qui est béni et nous qui formons un peuple couronné de bienveillance, la LXX ouvre sur une lecture christologique et eschatologique du psaume.

PSAUME 6

Verset 1

לַמְנַצֵּחַ בִּנְגִינוֹת עַל־הַשְּׁמִינִית מִזְמוֹר לְדָוִד׃

Du chef de chœur avec instruments à cordes **sur l'octave.**

Psaume de David.

Εἰς τὸ τέλος, ἐν ὕμνοις, ὑπὲρ τῆς ὀγδόης· ψαλμὸς τῷ Δαυιδ.

Pour la fin, en hymnes, **sur l'octave**.

Psaume de David.

Verset 2

יהוה אַל־בְּאַפְּךָ תוֹכִיחֵנִי וְאַל־בַּחֲמָתְךָ תְיַסְּרֵנִי׃

IHWH ne me punis pas dans ta colère,

et ne me corrige pas dans ta fureur.

Κύριε, μὴ τῷ θυμῷ σου ἐλέγξῃς με μηδὲ τῇ ὀργῇ σου παιδεύσῃς με.

Seigneur, ne me reprend pas dans ton courroux

et ne me corrige pas dans ta *colère.*

Verset 3

חָנֵּנִי יהוה כִּי אֻמְלַל אָנִי רְפָאֵנִי יהוה כִּי נִבְהֲלוּ עֲצָמָי׃

Fais-moi grâce **IHWH car je suis** étiolé,

guéris-moi IHWH car mes os sont terrifiés,

ἐλέησόν με, κύριε, ὅτι ἀσθενής εἰμι· ἴασαί με, κύριε, ὅτι ἐταράχθη τὰ ὀστᾶ μου,

Prends-moi en pitié, **Seigneur, car je suis** *faible ;*

guéris-moi, Seigneur, car mes os sont *agités,*

Verset 4

וְנַפְשִׁי נִבְהֲלָה מְאֹד
ואת [וְאַתָּה] יהוה עַד־מָתָי׃
(qéré) (kétib)

καὶ ἡ ψυχή μου ἐταράχθη σφόδρα ·
καὶ σύ, κύριε, ἕως πότε ;

et mon âme est terrifiée excessivement,
et toi, IHWH, jusqu'à quand ?

et mon âme est *agitée extrêmement ;*
et toi, Seigneur, jusqu'à quand ?

Verset 5

שׁוּבָה יהוה חַלְּצָה נַפְשִׁי
הוֹשִׁיעֵנִי לְמַעַן חַסְדֶּךָ׃

ἐπίστρεψον, κύριε, ῥῦσαι τὴν ψυχήν μου,
σῶσόν με ἕνεκεν τοῦ ἐλέους σου.

Retourne**, IHWH,** libère **mon âme,**
sauve-moi à cause de ton amour.

Reviens, **Seigneur,** *délivre* **mon âme,**
sauve-moi à cause de *ta miséricorde.*

Verset 6

כִּי אֵין בַּמָּוֶת זִכְרֶךָ
בִּשְׁאוֹל
מִי יוֹדֶה־לָּךְ׃

ὅτι οὐκ ἔστιν ἐν τῷ θανάτῳ ὁ μνημονεύων σου ·
ἐν δὲ τῷ ᾅδῃ
τίς ἐξομολογήσεταί σοι ;

Car dans la mort point de souvenir **de toi** ;
dans le séjour des morts
qui rend **grâce pour toi ?**

Car dans la mort *il n'y a personne qui se souvienne* **de toi** *;*
et **dans le séjour des morts**
qui *rendra* **grâce pour toi ?**

Verset 7

יָגַעְתִּי ׀ בְּאַנְחָתִי
אַשְׂחֶה בְכָל־לַיְלָה מִטָּתִי
בְּדִמְעָתִי עַרְשִׂי אַמְסֶה׃

ἐκοπίασα ἐν τῷ στεναγμῷ μου,
λούσω καθ' ἑκάστην νύκτα τὴν κλίνην μου,
ἐν δάκρυσίν μου τὴν στρωμνήν μου βρέξω.

Je me suis épuisé **dans mon gémissement,**
je baigne en toute **nuit mon lit,**
avec mes larmes je fais fondre **ma couche.**

Je m'épuisai **dans mon gémissement,**
je baignerai chaque **nuit mon lit,**
avec mes larmes je *tremperai* **ma couche.**

Verset 8

עָשְׁשָׁה מִכַּעַס עֵינִ֑י עָתְקָה בְּכָל־צוֹרְרָֽי׃	*ἐταράχθη ἀπὸ θυμοῦ ὁ ὀφθαλμός μου,* *ἐπαλαιώθην ἐν πᾶσιν τοῖς ἐχθροῖς μου.*
Mon œil est obscurci **de** chagrin	**Mon œil** *a été agité* **de** *courroux,*
il a **vieilli** à cause de **tous mes** oppresseurs.	*j'ai été* **vieilli** *par* **tous mes** *ennemis.*

Verset 9

ס֣וּרוּ מִ֭מֶּנִּי כׇּל־פֹּ֣עֲלֵי אָ֑וֶן כִּֽי־שָׁמַ֥ע יְ֝הוָ֗ה ק֣וֹל בִּכְיִֽי׃	*ἀπόστητε ἀπ'ἐμοῦ,* *πάντες οἱ ἐργαζόμενοι τήν ἀνομίαν,* *ὅτι εἰσήκουσεν κύριος τῆς φωνῆς τοῦ κλαυθμοῦ μου ·*
Écartez-vous de moi	**Écartez-vous de moi,**
tous les faiseurs d'**iniquité**,	**tous les** *fabricants de l'***iniquité***,*
car il **a** écouté **IHWH la voix de** mes pleurs.	**car le Seigneur a** *exaucé* **la voix de** *mon sanglot.*

Verset 10

שָׁמַ֣ע יְ֭הוָה תְּחִנָּתִ֑י יְ֝הוָ֗ה תְּֽפִלָּתִ֥י יִקָּֽח׃	*εἰσήκουσεν κύριος τῆς δεήσεώς μου,* *κύριος τὴν προσευχήν μου προσεδέξατο.*
IHWH a écouté mon appel à la pitié,	**Le Seigneur a** *exaucé ma supplication,*
IHWH prendra **ma prière.**	**le Seigneur** *a reçu* **ma prière.**

Verset 11

יֵבֹ֤שׁוּ ׀ וְיִבָּהֲל֣וּ מְ֭אֹד כׇּל־אֹיְבָ֑י יָ֝שֻׁ֗בוּ יֵבֹ֥שׁוּ רָֽגַע׃	*αἰσχυνθείησαν* *καὶ ταραχθείησαν σφόδρα* *πάντες οἱ ἐχθροί μου,* *ἀποστραφείησαν* *καὶ καταισχυνθείησαν σφόδρα διὰ τάχους.*
Ils seront honteux	*Puissent-ils avoir honte*
et terrifiés excessivement	*et puissent-ils être agités extrêmement*
tous mes ennemis,	**tous mes ennemis,**
ils retourneront,	*puissent-ils être retournés*
ils seront honteux **en un instant**.	*et être couverts de honte extrêmement* **en un instant**

Quand tout va mal au physique et au moral, l'espérance peut renaître dans l'invocation du Nom divin.

La supplication du psalmiste qui commence par demander à Dieu de ne pas réagir avec colère verset 2, pourrait suggérer au lecteur l'idée d'une faute commise. Or, à aucun moment, le suppliant n'emploie les mots de faute ou de péché. Avec ce verset qui est repris au v.2 du psaume 38 (37) nous avons les deux seuls cas de l'emploi du verbe **ἐλέγχω** dans le Psautier.

De ce verset au v.5, nous remarquons le Nom divin dans chacun d'eux ; et si nous ajoutons les trois autres mentions des v.9 b et 10, nous arrivons à huit emplois du Nom IHWH dans un psaume de onze versets. De quoi écouter nous aussi, les demandes du psalmiste.

Celle de son appel à le prendre en pitié : verset 3, recevra une réponse au v.10 : IHWH a écouté sa prière. Avant d'en arriver à cette conclusion, le lecteur entend la supplication d'un homme complètement délabré.

v.3 a : Il est étiolé. L'écriture אֻמְלַל est un hapax dans la Bible et le mot **ἀσθενής** / faible, est un hapax dans le Psautier. Suit un état de terreur extrême qui touche les os et l'âme exprimé avec la racine בהל / terrifier, au Niphal, et au passif pour **ταράσσω** / agiter : stique b et verset 4. Ici, v.4 b, en une plainte interrogative qui ne reçoit pas de réponse : *« Et toi IHWH jusqu'à quand ?»* le psalmiste semble trouver que Dieu est long à intervenir.

Au verset 5, nous pouvons remarquer les impératifs שׁוּבָה / retourne et **ἐπίστρεψον** / reviens. Dans la LXX, l'hébreu שׁוב est lu soit avec le verbe **ἀποστρέφω** soit avec **ἐπιστρέφω**. Nous le voyons dans ce psaume avec ce verset-ci et le verset 11. Ces verbes décrivent un mouvement de retour. Un pécheur doit se détourner (**ἀπό-στρέφω**) d'une mauvaise conduite ou bien, Dieu lui-même peut être interpellé pour revenir (**ἐπί-στρέφω**) d'une colère ou pour faire œuvre de libération. Le lecteur peut se laisser toucher par la demande du psalmiste. D'une part, elle est faite au nom de l'amour divin : *« sauve-moi à cause de ton amour / ta miséricorde ».* D'autre part, la préposition « car » qui ouvre le verset 6 met en évidence un impensable : la disparition de la louange et de l'action de grâce au séjour des morts. Dieu, pourrait-il laisser aller celui qui l'invoque dans un lieu où l'action de grâce qui lui revient a disparu ? Non, bien sûr. Alors ? Que Dieu prenne en considération son épuisement.

Versets 7 et 8 : c'est pendant la nuit. Il baigne son lit. Le verbe **λούω** est ici un hapax dans le Psautier et dans la Bible c'est le seul cas où il traduit la racine שׂחה.

Ce verbe grec est également un hapax dans le corpus évangélique en Jn 13.10, Jésus dit à Pierre : *« Celui qui s'est baigné /* **λελουμένος** *n'a pas besoin d'être lavé ».*

Le mot עֶרֶשׂ / couche, est traduit par **στρωμνή** uniquement dans ce psaume et dans le livre d'Amos 6.4. Et, dans la Bible, c'est ici le seul cas où **βρέχω** traduit la racine מסה du verbe אַמְסֶה ; ce verbe hébreu signifie littéralement : « faire fondre ou dissoudre ». Le lit du psalmiste est tellement trempé par les larmes qu'il fond comme de la neige.

Au v.8 a, l'œil est obscurci, affaibli d'irritation ou de chagrin dans le T.M. Les interprétations du mot et du verbe varient. Dans la LXX, nous retrouvons le verbe **ταράσσω** des v.3 et 4 et le substantif **θυμοῦ** du v.2. Les traducteurs grecs mettent l'œil du psalmiste dans le même état d'agitation que celui des os et de l'âme. Autrement dit, c'est son être tout entier qui est dans le bouillonnement. Au stique b, l'œil a vieilli ; il est usé. Là, nous apprenons la part des ennemis dans le dépérissement qui accable le psalmiste.

Versets 9 à 11 : la situation se retourne. Le psalmiste est sûr de son Dieu d'amour. V.9 : Avec autorité il donne l'ordre à ses oppresseurs qualifiés de faiseurs d'iniquité de s'écarter de lui car IHWH a écouté ses pleurs. Le psalmiste peut avoir de l'assurance car le Nom divin devient maintenant le sujet des verbes.

Le verset 10 confirme avec assurance que Dieu a répondu aux appels du psalmiste exprimés directement ou par la description de son état. Les formes verbales à l'inaccompli et à l'aoriste font du psalmiste un convaincu : Dieu ne pouvait que l'exaucer !

Le psaume se termine sur une interpellation en direction des ennemis : verset 11. Ils n'ont plus qu'à s'en retourner honteux / יֵבֹשׁוּ. À deux reprises le T.M. emploie le même verbe, tandis que dans la LXX, la fin souhaitée aux ennemis est plus intensive avec le verbe **καταισχύνω** pour **αἰσχύνω** du stique a et l'adverbe **σφόδρα**. À leur tour, les ennemis seront terrifiés ou agités comme le fut le psalmiste.

Au terme de la lecture de ce psaume qualifié dans l'Église de « premier psaume de pénitence », les mots « amour, bonté, miséricorde » du v.5 peuvent revenir à l'esprit. À cause de l'amour de Dieu, le psalmiste a pu dire sa détresse extrême et son angoisse d'être privé de la présence divine sans louange. Avec Dieu qui « revient », qui écoute et exauce, les faiseurs de néant ou d'iniquité retournent, eux, à leur néant. L'espérance du psalmiste qui est forte trace un chemin dans une situation douloureuse.

PSAUME 7

Verset 1

שִׁגָּיוֹן לְדָוִד אֲשֶׁר־שָׁר לַיהוָה עַל־דִּבְרֵי־כוּשׁ בֶּן־יְמִינִי׃	***Ψαλμὸς τῷ Δαυιδ, ὃν ᾖσεν τῷ κυρίῳ ὑπὲρ τῶν λόγων Χουσι υἱοῦ Ιεμενι.***
Complainte **de David qu'il chanta à IHWH au sujet des paroles de Koush** Benjaminite.	*Psaume* **de David, qu'il chanta au Seigneur au sujet des paroles de** *Xousi fils de Iemini.*

Verset 2

יהוה אֱלֹהַי בְּךָ חָסִיתִי
הוֹשִׁיעֵנִי מִכָּל־רֹדְפַי
וְהַצִּילֵנִי׃

Κύριε ὁ θεός μου, ἐπὶ σοὶ ἤλπισα·
σῶσόν με ἐκ πάντων τῶν διωκόντων με
καὶ ῥῦσαί με,

IHWH mon Dieu, en toi je me réfugie,

sauve-moi de tous mes poursuivants

et délivre-moi,

Seigneur mon Dieu, en toi *j'ai espéré,*

sauve-moi de tous *ceux qui me poursuivent*

et délivre-moi,

Verset 3

פֶּן־יִטְרֹף כְּאַרְיֵה נַפְשִׁי
פֹּרֵק וְאֵין מַצִּיל׃

μήποτε ἁρπάσῃ ὡς λέων τὴν ψυχήν μου
μὴ ὄντος λυτρουμένου μηδὲ σῴζοντος.

de peur qu'il ne déchire **comme un lion mon âme**,

déchiquetant et personne ne délivrant.

de peur qu'il *ne ravisse* **comme un lion mon âme**

n'étant personne qui rachète et qui sauve.

Verset 4

יהוה אֱלֹהַי אִם־עָשִׂיתִי זֹאת
אִם־יֶשׁ־עָוֶל בְּכַפָּי׃

κύριε ὁ θεός μου, εἰ ἐποίησα τοῦτο,
εἰ ἔστιν ἀδικία ἐν χερσίν μου,

IHWH mon Dieu si j'ai fait cela,

si il y a injustice dans mes paumes,

Seigneur mon Dieu, si j'ai fait cela,

si il y a injustice dans mes *mains,*

Verset 5

אִם־גָּמַלְתִּי שׁוֹלְמִי רָע
וָאֲחַלְּצָה צוֹרְרִי רֵיקָם׃

εἰ ἀνταπέδωκα τοῖς ἀνταποδιδοῦσίν μοι κακά,
ἀποπέσοιν ἄρα ἀπὸ τῶν ἐχθρῶν μου κενός,

si j'ai rendu le mal à celui qui est ma paix

et dépouillé mon oppresseur sans cause,

si j'ai rendu *des maux à ceux qui m'en avaient fait,*

que je tombe alors devant mes ennemis vidé,

Verset 6

יִרַדֹּף אוֹיֵב ׀ נַפְשִׁי	***καταδιώξαι ἄρα ὁ ἐχθρὸς τὴν ψυχήν μου***
וְיַשֵּׂג	***καὶ καταλάβοι***
וְיִרְמֹס לָאָרֶץ חַיָּי	***καὶ καταπατήσαι εἰς γῆν τὴν ζωήν μου***
וּכְבוֹדִי ׀ לֶעָפָר יַשְׁכֵּן	***καὶ τὴν δόξαν μου εἰς χοῦν κατασκηνώσαι.***
סֶלָה׃	***διάψαλμα.***
que l'ennemi poursuive mon âme	**que l'ennemi poursuive** *alors* **mon âme**
et qu'il l'atteigne	**et qu'il** *la saisisse*
et qu'il piétine à terre ma vie	**et qu'il piétine à terre ma vie**
et ma gloire dans la poussière qu'il la **fasse demeurer.**	**et qu'il fasse demeurer ma gloire dans la poussière.**
Pause.	*Intermède musical.*

Verset 7

קוּמָה יהוה ׀ בְּאַפֶּךָ	***ἀνάστηθι, κύριε, ἐν ὀργῇ σου,***
הִנָּשֵׂא בְּעַבְרוֹת צוֹרְרָי	***ὑψώθητι ἐν τοῖς πέρασι τῶν ἐχθρῶν μου ·***
וְעוּרָה אֵלַי	***ἐξεγέρθητι, κύριε ὁ θεός μου,***
מִשְׁפָּט צִוִּיתָ׃	***ἐν προστάγματι, ᾧ ἐνετείλω,***
Lève-toi, IHWH, dans ta colère,	**Lève-toi, Seigneur, dans ta colère,**
élève-toi contre les débordements de mes oppresseurs,	*hausse-toi aux frontières de mes ennemis*,
et **éveille** vers moi	**éveille-toi,** *Seigneur mon Dieu*,
le jugement **que tu as ordonné** ;	*selon le commandement,* **que tu as ordonné**,

Verset 8

וַעֲדַת לְאֻמִּים תְּסוֹבְבֶךָּ	***καὶ συναγωγὴ λαῶν κυκλώσει σε,***
וְעָלֶיהָ לַמָּרוֹם שׁוּבָה׃	***καὶ ὑπὲρ ταύτης εἰς ὕψος ἐπίστρεψον.***
et une assemblée de populations t'entourera	**et une assemblée de** *peuples t'environnera*,
et au-dessus d'elle sur la hauteur retourne.	**et au-dessus d'elle sur la hauteur** *reviens*.

Verset 9

יהוה יָדִין עַמִּים שָׁפְטֵנִי יהוָה כְּצִדְקִי וּכְתֻמִּי עָלָי׃	*κύριος κρινεῖ λαούς ·* *κρῖνόν με, κύριε,* *κατὰ τὴν δικαιοσύνην μου* *καὶ κατὰ τὴν ἀκακίαν μου ἐπ᾽ἐμοί.*
IHWH fais un procès **des peuples**	**Le Seigneur** *jugera* **des peuples** ;
juge-moi IHWH	**juge-moi, Seigneur,**
selon ma justice	**selon ma justice**
et selon mon intégrité **à moi.**	**et selon mon** *innocence* **à moi.**

Verset 10

יִגְמָר־נָא רַע ׀ רְשָׁעִים וּתְכוֹנֵן צַדִּיק וּבֹחֵן לִבּוֹת וּכְלָיוֹת אֱלֹהִים צַדִּיק	*συντελεσθήτω δὴ πονηρία ἁμαρτωλῶν,* *καὶ κατευθυνεῖς δίκαιον ·* *ἐτάζων καρδίας καὶ νεφροὺς* *ὁ θεός.*
Que se termine **donc** le mal **des** impies	**Que** *prenne fin* **donc** *la méchanceté* **des** *pécheurs,*
et tu affermiras **le juste**	**et tu** *redresseras* **le juste,**
testant **les cœurs et les reins**	*[toi] qui examines* **les cœurs et les reins**
Dieu juste.	*ô* **Dieu**.

Verset 11

מָגִנִּי עַל־אֱלֹהִים מוֹשִׁיעַ יִשְׁרֵי־לֵב׃	*δικαία ἡ βοήθειά μου παρὰ τοῦ θεοῦ* *τοῦ σῴζοντος τοὺς εὐθεῖς τῇ καρδίᾳ.*
Mon bouclier [est] auprès **de Dieu,**	*Juste [est]* **mon** *secours qui vient* **de Dieu**
qui sauve ceux qui sont droits de cœur.	*lui* **qui sauve ceux qui sont droits** *dans le* **cœur.**

Verset 12

אֱלֹהִים שׁוֹפֵט צַדִּיק וְאֵל זֹעֵם בְּכָל־יוֹם׃	*ὁ θεὸς κριτὴς δίκαιος* *καὶ ἰσχυρὸς καὶ μακρόθυμος* *μὴ ὀργὴν ἐπάγων καθ᾽ ἑκάστην ἡμέραν.*
Dieu [est] **juste juge**	**O Dieu juge juste** *et fort et patient*
et un Dieu s'irritant **chaque jour.**	*n'appliquant pas de colère* **chaque jour.**

Verset 13

אִם־לֹא יָשׁוּב חַרְבּוֹ יִלְטוֹשׁ
קַשְׁתּוֹ דָרַךְ וַיְכוֹנְנֶהָ׃

ἐὰν μὴ ἐπιστραφῆτε, τήν ῥομφαίαν αὐτοῦ στιλβώσει·
τὸ τόξον αὐτοῦ ἐνέτεινεν καὶ ἡτοίμασεν αὐτὸ

S'il ne retourne **pas il** aiguisera **son épée,**

il a bandé **son arc et il l'a** affermi

Si vous ne vous revenez **pas il** *polira* **son épée,**

il a *tendu* **son arc et il l'a** *préparé*

Verset 14

וְלוֹ הֵכִין כְּלֵי־מָוֶת
חִצָּיו לְדֹלְקִים יִפְעָל׃

καὶ ἐν αὐτῷ ἡτοίμασεν σκεύη θανάτου,
τὰ βέλη αὐτοῦ τοῖς καιομένοις ἐξειργάσατο.

et pour lui il a préparé des engins **de mort,**

il fait **ses flèches** brûlantes.

et pour lui il a préparé des *armes* **de mort,**

il *a fabriqué* **ses flèches** *avec des brandons ardents.*

Verset 15

הִנֵּה יְחַבֶּל־אָוֶן
וְהָרָה עָמָל
וְיָלַד שָׁקֶר׃

ἰδοὺ ὠδίνησεν ἀδικίαν,
συνέλαβεν πόνον
καὶ ἔτεκεν ἀνομίαν·

Voici il est en travail d'iniquité,

et il conçoit de la peine

et il enfante le mensonge.

Voici il *a enfanté l'injustice,*

il a conçu la douleur

et il *a mis au monde l'iniquité.*

Verset 16

בּוֹר כָּרָה וַיַּחְפְּרֵהוּ
וַיִּפֹּל בְּשַׁחַת יִפְעָל׃

λάκκον ὤρυξεν καὶ ἀνέσκαψεν αὐτὸν
καὶ ἐμπεσεῖται εἰς βόθρον, ὃν εἰργάσατο·

Il a foré **un trou et il l'a creusé**

et il est tombé **dans la fosse qu'il** faisait.

Il a *percé* **un trou et il l'a creusé**

et il *tombera* **dans la fosse, qu'il** *a fabriquée.*

Verset 17

יָשׁוּב עֲמָלוֹ בְרֹאשׁוֹ וְעַל קָדְקֳדוֹ חֲמָסוֹ יֵרֵד׃	***ἐπιστρέψει ὁ πόνος αὐτοῦ εἰς κεφαλὴν αὐτοῦ,*** ***καὶ ἐπὶ κορυφὴν αὐτοῦ ἡ ἀδικία αὐτοῦ καταβήσεται.***
Sa peine retournera **sur sa tête,** **et sur son crâne** sa violence **descendra.**	**Sa** *douleur* reviendra **sur sa tête,** **et sur son crâne** *son injustice* **descendra.**

Verset 18

אוֹדֶה יהוה כְּצִדְקוֹ וַאֲזַמְּרָה שֵׁם־יהוה עֶלְיוֹן׃	***ἐξομολογήσομαι κυρίῳ κατὰ τήν δικαιοσύνην αὐτοῦ*** ***καὶ ψαλῶ τῷ ὀνόματι κυρίου*** ***τοῦ ὑψίστου.***
Je rendrai grâce à IHWH selon sa justice, **et je psalmodierai** le **nom de IHWH,** **le Très- Haut.**	**Je rendrai grâce au Seigneur selon sa justice** **et je psalmodierai** *au* **nom du Seigneur** **le Très-Haut.**

Avec la mention de « Koush benjaminite » dans le titre de ce psaume, peuvent venir à l'esprit des épisodes de la vie de David. Cependant, les traducteurs s'accordent pour reconnaître dans ce nom propre un personnage difficile à identifier avec exactitude.

Le premier mot שִׁגָּיוֹן, fait l'objet, au moins, de deux interprétations possibles compte tenu que le sens reste incertain. La plus courante y voit un terme technique : un instrument de musique comme en Ha 3.1 où nous avons le mot au pluriel. La LXX a traduit par le mot **ψαλμός**. Cependant, dans le texte d'Aquila שִׁגָּיוֹן est traduit par **ἀγνόημα** / erreur. Nous voyons tout de suite la seconde interprétation possible et qui est celle de Meschonnic : *« erreur de David »*. Notre traduction suit celle d'Osty et de l'interlinéaire hébreu-français.

Accusé injustement, le psalmiste commence par dire sa confiance en IHWH son Dieu verset 2. C'est une confiance en Dieu protecteur dans le T.M., avec le verbe חָסִיתִי. Comme dans le Ps 5.12, la LXX emploie **ἐλπίζω** pour la racine hébraïque חסה / se réfugier ou s'abriter. Ce verbe grec traduit חסה uniquement dans des psaumes. La demande qui suit avec les impératifs des verbes « sauver » et « délivrer » annonce un danger. Les poursuivants ressemblent à un lion.

Verset 3. Au stique a, alors qu'on attend un verbe au pluriel, l'inaccompli יִטְרֹף / déchire, est au singulier. En conséquence, le sujet du verbe est discuté. Ceux qui admettent comme sujet « les poursuivants » l'interprètent comme un collectif. D'autres, comme Dhorme, donne le participe פֹּרֵק du stique b comme sujet de la proposition du stique a. Nous gardons l'écriture du T.M. Dans la LXX nous avons l'image d'un ennemi moins redoutable avec le seul verbe **ἁρπάζω**, et, au stique b, le génitif absolu exprime l'absence d'un rachat et d'un salut.

Les versets 4 à 6 constituent la protestation de l'accusé dans une formule classique d'imprécation contre lui-même.

Verset 4 le psalmiste commence par une formule qui ne nous apprend rien et qui appelle à être complétée. Le mot עָוֶל au stique b caractérise un comportement opposé à tout ce que Dieu peut attendre de l'homme. Il peut s'agir d'un tort, d'une injustice, et même de perversion. La LXX l'a compris dans le sens strict d'une injustice. Dans le Psautier, nous n'avons qu'un seul autre cas où **ἀδικία** est employé pour עָוֶל: Ps 82 (81).2.

Le verset 5 est difficile pour le lecteur-traducteur. Au stique a, le psalmiste semble se situer comme celui qui n'aurait pas fait le mal à celui qui est en paix avec lui, autrement dit, avec son ami. Et au stique b, il aurait même fait du bien à son oppresseur. C'est une supposition fictive qui entraînera cependant une conséquence dramatique : il y aura élimination ou de lui ou des ennemis. En traduisant la racine hébraïque חלץ par le verbe « dépouiller » dans ce stique b, nous comprenons que le psalmiste se défend. Il n'a pas dépouillé son oppresseur. Cependant, une autre lecture est possible du verbe וָאֲחַלְּצָה avec le sens d'une « délivrance » ou « d'un secours ». C'est l'interprétation de Meschonnic. En ce cas, non seulement le psalmiste n'a pas fait de mal à celui qui est son ami de paix stique a, mais il est même venu à son secours. Dans la LXX, nous avons le cas de celui qui aurait rendu le mal à ceux qui lui en avaient fait au stique a ; et au stique suivant, que le châtiment lui arrive alors comme il le mérite : *« qu'il tombe alors devant ses ennemis vidé »*.

Donc, si le psalmiste est dans son tort, que son ennemi réagisse en conséquence : verset 6. Qu'il le poursuive, l'atteigne, et le piétine jusqu'à ce que mort s'en suive. À la fin du verset, dans le mot כָּבוֹד / gloire, est sous-entendu tout ce qui fait la noblesse d'un homme : son honneur. Dans la LXX, nous remarquons la répétition de **ἄρα** mentionnée au verset précédent et l'emploi du verbe **καταλαμβάνω** qui donne une action plus forte à l'ennemi que celle exprimée par le mot hébreu נשׂג / atteindre, attraper. De plus, le verbe **κατάσκηνόω** qui exprime un mouvement vers le bas, renforce le simple verbe **σκηνόω** / habiter. On peut penser à un enfouissement dans la poussière. Vigouroux accompagne sa traduction *« qu'il ensevelisse ma gloire dans la poussière »* de la note suivante : *« "qu'il ensevelisse" c'est le sens du grec et de l'hébreu qui portent à la lettre "qu'il fasse habiter" »*.

Ce verset est intéressant à comparer avec le v.3 du psaume 143 (142).

Des versets 7 à 10, le psalmiste fait appel à Dieu, le juge des peuples.

Verset 7. Dans le T.M. le psalmiste demande à Dieu d'intervenir contre les débordements de ses oppresseurs et d'éveiller vers lui ou pour lui (le psalmiste) le jugement ; c'est notre interprétation. D'autres, comme Dhorme, Osty, Vesco ont suivi la LXX et ont lu אֵלִי / mon Dieu au lieu de vers moi אֵלַי, le verbe suivant pouvant être compris comme un impératif : *« réveille-toi mon Dieu, décrète un jugement »* (trad. Osty). La LXX donne également sa propre leçon du début du verset, en localisant l'intervention de Dieu. Le psalmiste lui demande de s'élever aux frontières ou sur le territoire de ses ennemis.

Quelle est l'assemblée des populations ou des peuples du verset 8 ? Les ennemis ? Une assemblée des dieux ? Ce qui est sûr, c'est que le psalmiste fait appel à Dieu comme juge souverain et universel.

Au verset 9, dans le verbe יָדִין (דין) est exprimée l'idée de prendre en cause l'innocent, et aussi de punir, d'exécuter la sentence. Le psalmiste qui demande à Dieu de faire le procès se dit sûr de son intégrité ou de sa perfection / תֻּמִּי. La LXX emploie le mot **ἀκακίαν**. Le psalmiste se déclarant sans mal, sans méchanceté, innocent. Dans l'A.T. **ἀκακία** n'est employé que dans les Psaumes et dans le livre de Job, et dans tous les cas, il traduit la racine תֹּם.

Le substantif **ἀκακία** est absent du N.T. Nous lisons **ἄκακος** uniquement en Rm 16.18 dans l'exhortation finale de Paul contre ceux qui séduisent par leurs paroles les cœurs sans malice et dans la lettre aux Hébreux 7.26 pour décrire les qualités du Grand-Prêtre qu'il nous fallait.

Dieu est un juge juste, il ne saurait se tromper car il va jusqu'au fond des cœurs : verset 10. Dans le T.M. il affermira le juste tandis qu'il le redressera, le remettra droit dans la LXX. Et il examinera les profondeurs de l'être humain : les cœurs et les reins. Le verbe **ἐτάζω** n'est employé que deux fois dans le Psautier. Ici et dans le psaume 139 (138).23.

Dans le N.T. le verbe **κατευθύνω** est un hapax dans le corpus évangélique en Lc 1.79, le cantique prophétique de Zacharie : l'astre d'en-haut viendra redresser / diriger les pieds vers un chemin de paix. Et Paul l'emploie deux fois dans ses lettres aux Thessaloniciens : 1 Th 3.11 pour que Dieu et le Seigneur Jésus dirigent le chemin des apôtres vers les Thessaloniciens ; et 2 Th 3.5 pour que le Seigneur dirige les cœurs des Thessaloniciens vers l'amour de Dieu.

Dans le T.M. le mot « juste » qui clôt le verset réaffirme le qualificatif de Dieu.

La LXX qui place le mot au début du verset 11 fait du secours divin un secours juste. Ici, nous avons le seul cas où les traducteurs grecs emploient le substantif **βοήθεια** pour מָגֵן/ bouclier qui évoque un homme en armes.

Au verset 12 selon la leçon de la LXX Dieu n'est pas seulement un juge. Il est celui qui prend patience comme s'il attendait le retour du pécheur. La fin du verset diffère également du T.M. si nous la lisons dans une interprétation négative : Dieu n'amenant pas ou n'appliquant pas sa colère chaque jour. Cependant, on pourrait lire la phrase dans un sens interrogatif. C'est l'interprétation de Vigouroux qui donne à l'interrogation : *« est-ce qu'il s'irrite tous les jours ? »* une réponse affirmative car Dieu, dit-il, s'irrite toujours contre le pécheur. Nous suivons la ponctuation non interrogative de la fin du verset pour lire la phrase dans un sens négatif. Nous le savons le Dieu patient de la Bible peut revenir aussi de sa colère et pardonner.

Les versets 13 et 14 sont également difficiles. Quel est le sujet de tous les verbes dans le T.M. ? Nous suivons l'éclairage donné dans la leçon de la LXX qui interpelle directement les impies et nous voyons dans l'impie ou le pécheur le sujet du premier verbe : *« s'il ne retourne »*. Pour les verbes suivants, Dieu serait le sujet. Nous sommes dans un contexte de jugement et c'est Lui qui l'exerce en juge juste. Dans la Bible, on retrouve des images semblables aussi fortes que celles exprimées dans ces versets, par exemple, au Ps 18 (17).14.15 : du ciel Dieu envoie des braises de feu, et lance ses flèches.

Dans l'image du verset 15 inspirée de la réalité biologique de l'enfantement se trouve décrit tout le mal conçu et nourri dans le cœur des impies. À la fin du verset, c'est le mensonge / שָׁקֶר qui est enfanté dans le T.M. et l'iniquité / **ἀνομίαν** dans la LXX.

Pour finir, l'ennemi ou le pécheur reçoit ce qu'il a mérité : versets 16-17. Vigouroux commente ainsi le v.16 : *«'il est tombé dans la fosse qu'il avait faite'. Allusion à un ancien stratagème usité à la chasse et à la guerre de creuser des fosses, qu'on couvrait ensuite de branches et d'un peu de terre, afin que l'homme ou les bêtes y tombassent ».*

Dans le T.M. c'est la propre violence de l'impie qui descendra sur son crâne ; c'est son injustice dans la LXX.

***

Le psalmiste « accusé innocent » a espéré dès le début en IHWH son Dieu juge juste, fort et patient ; il sort du jugement divin affermi. Il fait une promesse : Il rendra grâce ; il chantera le Nom du Seigneur le Très-Haut. C'est merveilleux. Dieu, qui, depuis la création, fait des promesses à l'homme, entend l'homme lui promettre son action de grâce.

PSAUME 8

Verset 1

לַמְנַצֵּחַ עַל־הַגִּתִּית מִזְמוֹר לְדָוִד׃	***Εἰς τὸ τέλος, ὑπὲρ τῶν ληνῶν · ψαλμὸς τῷ Δαυιδ.***
Du chef de chœur. Sur la guittit. **Psaume de David.**	*Pour la fin, sur les pressoirs ;* **Psaume de David.**

Verset 2

יהוה אֲדֹנֵינוּ
מָֽה־אַדִּיר שִׁמְךָ בְּכָל־הָאָרֶץ
אֲשֶׁר תְּנָה הוֹדְךָ
עַל־הַשָּׁמָיִם׃

Κύριε ὁ κύριος ἡμῶν,
ὡς θαυμαστὸν τὸ ὄνομά σου ἐν πάσῃ τῇ γῇ,
ὅτι ἐπήρθη ἡ μεγαλοπρέπειά σου
ὑπεράνω τῶν οὐρανῶν.

IHWH notre Seigneur,

qu'**il est** magnifique **ton nom par toute la terre !**

de sorte que ta majesté s'étend

au-dessus des cieux.

Seigneur, ô **notre Seigneur,**

comme **il est** *admirable* **ton nom par toute la terre,**

car ta magnificence s'est élevée

au-dessus des cieux.

Verset 3

מִפִּי עוֹלְלִים ׀ וְיֹנְקִים
יִסַּדְתָּ עֹז לְמַעַן צוֹרְרֶיךָ
לְהַשְׁבִּית אוֹיֵב וּמִתְנַקֵּם׃

ἐκ στόματος νηπίων καὶ θηλαζόντων
κατηρτίσω αἶνον ἕνεκα τῶν ἐχθρῶν σου
τοῦ καταλῦσαι ἐχθρὸν καὶ ἐκδικητήν.

De la bouche des tout- petits et des nourrissons

tu as fondé un lieu fort **à cause de tes** oppresseurs,

pour faire cesser l'**ennemi et** le **vengeur.**

De la bouche des tout-petits et des nourrissons

tu *formeras une louange* **à cause de tes** *ennemis*

pour *anéantir* **ennemi et vengeur.**

Verset 4

כִּי־אֶרְאֶה שָׁמֶיךָ
מַעֲשֵׂי אֶצְבְּעֹתֶיךָ
יָרֵחַ וְכוֹכָבִים אֲשֶׁר כּוֹנָנְתָּה׃

ὅτι ὄψομαι τοὺς οὐρανούς,
ἔργα τῶν δακτύλων σου,
σελήνην καὶ ἀστέρας, ἃ σὺ ἐθεμελίωσας.

Lorsque je vois tes **cieux,**

les œuvres de tes doigts,

la lune et les étoiles que tu as affermies…

Lorsque je *regarderai les* **cieux,**

les œuvres de tes doigts,

la lune et les étoiles que tu as *fondées.*

Verset 5

מָה־אֱנוֹשׁ כִּי־תִזְכְּרֶנּוּ
וּבֶן־אָדָם כִּי תִפְקְדֶנּוּ׃

Qu'est-ce qu'un mortel **que tu te souviennes de lui,**

et **un fils** d'humain **que tu le visites ?**

τί ἐστιν ἄνθρωπος, ὅτι μιμνῄσκῃ αὐτοῦ,
ἢ υἱὸς ἀνθρώπου, ὅτι ἐπισκέπτῃ αὐτόν ;

Qu'est-ce qu'un homme, **que tu te souviennes de lui,**

ou **un fils** *d'homme*, **que tu le visites ?**

Verset 6

וַתְּחַסְּרֵהוּ מְּעַט מֵאֱלֹהִים
וְכָבוֹד וְהָדָר תְּעַטְּרֵהוּ׃

Et **tu l'as** fait manquer de peu **par rapport aux** dieux,

et **de gloire et** de splendeur **tu** le couronnes.

ἠλάττωσας αὐτὸν βραχύ τι παρ' ἀγγέλους,
δόξῃ καὶ τιμῇ ἐστεφάνωσας αὐτόν ·

Tu l'as *abaissé quelque peu* **par rapport aux** *anges,*

de gloire et *d'honneur* **tu** *l'as couronné.*

Verset 7

תַּמְשִׁילֵהוּ בְּמַעֲשֵׂי יָדֶיךָ
כֹּל שַׁתָּה תַחַת־רַגְלָיו׃

Tu le fais dominer **sur les œuvres de tes mains,**

tu as tout mis **sous ses pieds,**

καὶ κατέστησας αὐτὸν ἐπὶ τὰ ἔργα τῶν χειρῶν σου,
πάντα ὑπέταξας ὑποκάτω τῶν ποδῶν αὐτοῦ,

Et **tu** *l'as établi* **sur les œuvres de tes mains,**

tu as tout *soumis* **sous ses pieds,**

Verset 8

צֹנֶה וַאֲלָפִים כֻּלָּם
וְגַם בַּהֲמוֹת שָׂדָי׃

brebis et bœufs, eux tous

et même **les bêtes** des champs,

πρόβατα καὶ βόας πάσας,
ἔτι δὲ καὶ τὰ κτήνη τοῦ πεδίου,

les **brebis et** *tous les* **bœufs,**

et *puis encore* **les bêtes** *de la plaine,*

Verset 9

צִפּוֹר שָׁמַיִם
וּדְגֵי הַיָּם
עֹבֵר אָרְחוֹת יַמִּים׃

oiseaux des cieux

et poissons de la mer,

ce qui passe **les sentiers des mers.**

τὰ πετεινὰ τοῦ οὐρανοῦ
καὶ τοὺς ἰχθύας τῆς θαλάσσης,
τὰ διαπορευόμενα τρίβους θαλασσῶν.

les **oiseaux** *du ciel*

et *les* **poissons de la mer,**

ceux qui traversent **les sentiers des mers.**

Verset 10

יהוה אֲדֹנֵינוּ מָה־אַדִּיר שִׁמְךָ בְּכָל־הָאָרֶץ׃	*κύριε ὁ κύριος ἡμῶν,* *ὡς θαυμαστὸν τὸ ὄνομά σου ἐν πάσῃ τῇ γῇ.*
IHWH, **notre Seigneur,** qu'**il est** magnifique **ton nom par toute la terre.**	*Seigneur, ô* **notre Seigneur,** *comme* **il est admirable ton nom par toute la terre.**

Qu'est-ce qu'un homme pour que Dieu se souvienne de lui ? L'homme et Dieu. Dans le psaume 8, le psalmiste nous offre de quoi méditer sur la grandeur de Dieu et la grandeur de l'homme. Un refrain à la louange du Nom Divin encadre le psaume et cinq versets se rapportent à l'homme situé dans un cadre cosmique.

Nous commençons par faire une remarque sur le mot **ληνῶν** pour l'hébreu הַגִּתִּית : verset 1. Deux interprétations du mot hébreu sont possibles. L'une le comprenant comme un instrument de musique ou un ton musical ; l'autre, qui est celle de la LXX, relie le mot à celui de גַּת signifiant : « pressoir à vin, fouler au pressoir ». Nous retrouvons ces deux termes : גִּתִּית / **ληνῶν** dans les titres des psaumes 81 (80) et 84 (83).

La LXX, en Gn 30.38.41, emploie le mot pour désigner des « auges » destinées à abreuver le bétail.

Le substantif **ληνός** est un hapax dans le corpus évangélique en Mt 21.33 : la parabole des vignerons. Marc, dans le récit parallèle en 12.1, emploie le substantif **ὑπολήνιον** qui est un hapax dans le N.T.- Les deux autres occurrences de **ληνός** sont dans le livre de l'Apocalypse : 14.19-20 et 19.15 où le mot est traduit habituellement par « cuve » et se rapporte à la colère de Dieu.

Le psalmiste qui commence par une acclamation pleine de vénération pour le Nom Divin : verset 2 ne peut que se répéter à la fin du psaume tant il est dépassé par cette présence divine sur tout le cosmos. Le stique final de ce verset 2 pose un problème de lecture. Aucune proposition ne peut prétendre être la plus juste interprétation de : אֲשֶׁר תְּנָה / « que donne ». Cazelles, suggère de lire : *« je veux chanter ta majesté ».* Vesco, qui traduit : *« je vais célébrer ta majesté au-dessus des cieux »,* s'explique ainsi : *« Nous y voyons la première personne de l'imparfait Pi du verbe shrt, qui désigne le service liturgique du temple, suivie de nâ' cohortatif. Nous relions le v.3 au v.2 ... ».* Quant à Meschonnic il traduit : *« toi dont l'éclat s'étend sur le ciel ».* Et Chouraqui : *« ... quelle majesté, ton Nom, par toute la terre, que ta magnificence donne aux ciels ! ».* Notre traduction suit le T.M. en gardant la racine נתן que nous lisons à l'accompli Qal 2ème sg. La LXX donne sa propre leçon avec le verbe **ἐπαίρω** à la forme passive : « *car ta magnificence s'est élevée* ».

Le verset 3 également est interprété différemment. Vesco, nous l'avons noté, lie la fin du v.2 avec celui-ci : *« ...plus que ne le fit la bouche des enfants... ».* La LXX suit le T.M. et sépare le verset du précédent. Nous savons que le Christ a cité en partie ce verset en Mt 21.16. Mais on peut se questionner sur ce que peut être une louange de nourrissons ? Dans un article paru dans « *Mélanges J. Weber - Parole de Dieu et Sacerdoce -* » H. Cazelles écrit que « *la vieille poésie cananéenne connaissait le cri ou le chant des astres enfants dans un mythe de création* ». Nous avons aussi écouté Ghislain Lafont (o.s.b.) : « *Dans la pensée ancienne, y compris chez les grecs, le monde des astres est animé, il est la demeure des anges. Après la victoire mythique des anges (les tout-petits) il y a contemplation des cieux, puis admiration de l'homme* ».

Au stique b, le T.M., avec le verbe יסד : fonder, nous met en présence d'un acte créateur. Fonder une puissance qui vaincra les forces adverses : les oppresseurs, les ennemis, le revendicatif, celui qui venge. Bien sûr, on peut se demander comment Dieu peut fonder un lieu fort contre des ennemis à partir de la bouche des nourrissons ? Dieu n'a nullement besoin de fonder une forteresse pour se protéger.

La leçon de la LXX : « *tu formeras une louange en face de tes ennemis* » peut aider à l'interprétation du verset. La louange qui sort de la bouche des tout-petits, des êtres célestes, serait une forteresse contre les ennemis. En Mt 21.16, nous entendons Jésus s'attribuer cette louange. Ceux qui l'écoutent et qui connaissent le psaume peuvent sentir la menace prophétique sur ses ennemis. Le dernier mot du verset מִתְנַקֵּם participe Hithpael de la racine נקם: celui qui revendique / le vengeur est le **ἐκδικητήν**. Cette forme verbale de l'hébreu avec le substantif **ἐκδικητής** sont le seul cas, et ce mot grec est ici un hapax pour toute la Bible.

Au verset 4, כּוֹנַנְתָּה, racine כון : établir, fixer, affermir, et le verbe **θεμελιόω** : fonder donnent l'occasion de repérer les quatre cas hébreu/grec qui se trouvent uniquement dans les psaumes : Ps 8.4 ; 48 (47),9 ; 87 (86),5 ; 119 (118),90. Pour les autres occurrences, **θεμελιόω** traduit la racine יסד.

Dans le N.T. le verbe **θεμελιόω** est utilisé en Mt 7.25 pour décrire la maison fondée sur le roc. Avec la même idée de « fondement », on trouve encore le verbe en Ep 3.17 ; Col 1.23 ; He 1.10 ; 1 P 5.10.

Dans la contemplation des cieux étoilés et de l'œuvre divine qui donne une stabilité au monde créé, nous pouvons nous questionner sur l'homme comme les versets qui suivent nous y invitent.

Verset 5 : Oui, qu'est-ce qu'un mortel / אֱנוֹשׁ et un fils d'humain ? Dans le T.M. nous remarquons deux termes différents pour parler de l'homme. Le mot אֱנוֹשׁ le caractérise dans sa fragilité. Mais ce mortel, fils d'humain - tiré de la terre -, fils d'homme, si fragile, est grand parce que Dieu se souvient de lui et le visite comme il s'est souvenu de son peuple et l'a visité. Il lui donne la dignité d'un roi.

Verset 6 : אֱלֹהִים qui désigne Dieu peut être lu ici comme un pluriel signifiant des êtres célestes. La leçon de la LXX donne : « *Tu l'as abaissé quelque peu par rapport* ***aux anges*** ». Dieu qui accorde à l'homme le pouvoir de dominer en le couronnant de gloire, de splendeur, d'honneur lui a imposé une infériorité : « *tu l'as fait manquer de peu* » « *tu l'as abaissé quelque peu* ». De plus, ici et au verset 7, avec Dieu comme sujet des verbes, nous ne pouvons nous tromper sur le pouvoir de l'homme. Il le reçoit de Dieu. Dans le v.7 a, nous remarquons

καθίστημι (installer, établir) car c'est le seul cas où il traduit מָשַׁל (dominer, régner). Et au stique b, les traducteurs grecs, avec **ὑποτάσσω** suivi de l'adverbe **ὑποκάτω**, renforcent l'état de soumission. L'expression *« tu as tout mis sous ses pieds »* se réfère *« à une coutume royale du Proche-Orient ancien où le monarque s'assurait symboliquement la domination de ses ennemis en piétinant leur effigie ou leur nom gravés sur les marches de son trône » (Vesco. Le Psautier de David).*

En rappelant que les v.5-7 du psaume dans l'écriture de la LXX sont cités par l'auteur de la lettre aux Hébreux 2.6 et ss, nous attirons l'attention sur le verset 7 stique a du psaume : « *et tu l'as établi sur les œuvres de tes mains* » ; il ne figure pas dans l'épître aux Hébreux. Cependant, certains manuscrits proposent la citation complète du verset psalmique.

Au verset 8 : Notons la forme poétique שָׂדָי de שָׂדֶה: champs. Cette écriture est traduite par **πεδίον** trois fois seulement ; dans ce psaume 8, le Ps 96 (95).12 et en Jl 2.22.

Verset 9 : צִפּוֹר: ce singulier « oiseau », précisément « petit oiseau » du genre « passereau » peut être lu dans un sens collectif. C'est notre traduction qui suit le contexte pluriel des versets 8 et 9. Qui est le « passant » ou « ceux qui traversent » les mers de la fin du verset ? Nombreux sont ceux qui y reconnaissent les poissons. Le Targum y voit le monstre Léviatan, symbole du Mal. Il y a aussi ceux qui pensent à l'homme.

Le lecteur du psaume 8 reçoit un souffle comme au commencement de la création. Il fait sienne l'exclamation : Qu'il est admirable le Nom de notre Seigneur !

Devant tant de majesté et de transcendance d'une part et la louange cosmique et humaine d'autre part, l'ennemi n'a pas de prise.

Seulement, il y a un questionnement adressé à Dieu, toujours d'actualité, sur l'homme et qui vient de l'homme. *« Qu'est-ce qu'un mortel, un homme, que tu te souviennes de lui, et un fils d'Adam, fils d'homme que tu le visites ? »*. Une question forte qui peut s'éclairer en lisant et en méditant les versets 5 et suivants du ch. 2 de la lettre aux Hébreux.

Un psaume aussi qui peut inviter à mettre à sa juste place le pouvoir de l'homme. Les pronoms personnels « tu » des versets 6 et 7 sont là pour dire que l'exercice du pouvoir vient de plus haut et de plus loin que l'homme lui-même.

Enfin, dans la nuit, sous un beau ciel étoilé, passer d'un questionnement à la contemplation en égrenant les versets du psaume.

PSAUMES 9 - 10

Verset 1

לַמְנַצֵּחַ עַלְמוּת לַבֵּן מִזְמוֹר לְדָוִד׃	*Εἰς τὸ τέλος, ὑπὲρ τῶν κρυφίων τοῦ υἱοῦ ·* *ψαλμὸς τῷ Δαυιδ.*
Du chef de chœur sur « meurs pour le fils »	*Pour la fin, sur les secrets du fils ;*
Psaume de David.	**Psaume de David.**

Verset 2

Alef

אוֹדֶה יהוה בְּכָל־לִבִּי אֲסַפְּרָה כָּל־נִפְלְאוֹתֶיךָ׃	*Ἐξομολογήσομαί σοι, κύριε, ἐν ὅλῃ καρδίᾳ μου,* *διηγήσομαι πάντα τὰ θαυμάσιά σου ·*
Je rendrai grâce à **IHWH de tout mon cœur,**	**Je** *te* **rendrai grâce, Seigneur, de tout mon cœur,**
je raconterai toutes tes merveilles.	**je raconterai toutes tes merveilles.**

Verset 3

אֶשְׂמְחָה וְאֶעֶלְצָה בָךְ אֲזַמְּרָה שִׁמְךָ עֶלְיוֹן׃	*εὐφρανθήσομαι καὶ ἀγαλλιάσομαι ἐν σοί,* *ψαλῶ τῷ ὀνόματί σου, ὕψιστε.*
je me réjouirai et j'exulterai en toi	**Je me réjouirai et j'exulterai en toi,**
je psalmodierai ton Nom, Très-Haut.	**Je psalmodierai** *en* **ton Nom, Très-Haut.**

Verset 4

Beth

בְּשׁוּב־אוֹיְבַי אָחוֹר יִכָּשְׁלוּ וְיֹאבְדוּ מִפָּנֶיךָ׃	*ἐν τῷ ἀποστραφῆναι τὸν ἐχθρόν μου εἰς τὰ ὀπίσω* *ἀσθενήσουσιν καὶ ἀπολοῦνται ἀπὸ προσώπου σου,*
quand retournent mes ennemis en **arrière**	**quand** *retourne mon ennemi* **vers** *l'***arrière**
ils trébucheront **et périront devant ta face,**	**ils** *seront affaiblis* **et périront devant ta face,**

Verset 5

כִּי־עָשִׂיתָ מִשְׁפָּטִי וְדִינִי
יָשַׁבְתָּ לְכִסֵּא שׁוֹפֵט צֶדֶק׃

car tu as fait mon jugement et ma cause,
tu as siégé sur un trône, juge de justice.

ὅτι ἐποίησας τὴν κρίσιν μου καὶ τὴν δίκην μου,
ἐκάθισας ἐπὶ θρόνου, ὁ κρίνων δικαιοσύνην.

car tu as fait mon jugement et ma cause,
tu as siégé sur un trône, juge de justice.

Verset 6

Guimel

גָּעַרְתָּ גוֹיִם אִבַּדְתָּ רָשָׁע
שְׁמָם מָחִיתָ
לְעוֹלָם וָעֶד׃

Tu as menacé **les nations,** tu as fait périr **l'impie,**
leur nom, tu as effacé
pour toujours et à jamais.

ἐπετίμησας ἔθνεσιν, καὶ ἀπώλετο ὁ ἀσεβής,
τὸ ὄνομα αὐτῶν ἐξήλειψας
εἰς τὸν αἰῶνα καὶ εἰς τὸν αἰῶνα τοῦ αἰῶνος ·

Tu as *rabroué* **les nations, et l'impie** *a péri,*
leur nom tu as effacé
pour *les siècles et les siècles des siècles.*

Verset 7

הָאוֹיֵב ׀ תַּמּוּ חֳרָבוֹת לָנֶצַח
וְעָרִים נָתַשְׁתָּ
אָבַד זִכְרָם הֵמָּה׃

L'ennemi, ils sont achevés, ruines à perpétuité
et tu as détruit des villes
il a péri leur souvenir, eux.

τοῦ ἐχθροῦ ἐξέλιπον αἱ ῥομφαῖαι εἰς τέλος,
καὶ πόλεις καθεῖλες,
ἀπώλετο τὸ μνημόσυνον αὐτῶν μετ᾽ἤχους.

Les épées de **l'ennemi** *ont cessé jusqu'à la fin,*
et tu as détruit des villes,
il a péri leur souvenir *avec éclat.*

Verset 8

וַיהוָה לְעוֹלָם יֵשֵׁב
כּוֹנֵן לַמִּשְׁפָּט כִּסְאוֹ׃

Et IHWH siège **pour** toujours,
il a affermi **pour le jugement son trône.**

καὶ ὁ κύριος εἰς τὸν αἰῶνα μένει,
ἡτοίμασεν ἐν κρίσει τὸν θρόνον αὐτοῦ,

Et le Seigneur *demeure* **pour** *les siècles,*
il a *préparé* **pour le jugement son trône,**

Verset 9

וְהוּא יִשְׁפֹּט־תֵּבֵל בְּצֶדֶק
יָדִין לְאֻמִּים בְּמֵישָׁרִים׃

et lui jugera le monde **avec justice**

il prononcera [le verdict] sur les populations **avec droiture.**

καὶ αὐτὸς κρινεῖ τῆν οἰκουμένην ἐν δικαιοσύνῃ,
κρινεῖ λαοὺς ἐν εὐθύτητι.

et lui jugera *la terre habitée* **avec justice,**

il *jugera les peuples* **avec droiture.**

Verset 10

Waw

וִיהִי יְהוָה מִשְׂגָּב לַדָּךְ
מִשְׂגָּב לְעִתּוֹת בַּצָּרָה׃

Que **IHWH** soit une forteresse pour l'opprimé,

une forteresse pour les temps **dans l'oppression**.

καὶ ἐγένετο κύριος καταφυγὴ τῷ πένητι,
βοηθὸς ἐν εὐκαιρίαις ἐν θλίψει·

Et **le Seigneur** *fut un refuge à l'indigent,*

un secours aux moments opportuns **dans l'oppression.**

Verset 11

וְיִבְטְחוּ בְךָ
יוֹדְעֵי שְׁמֶךָ
כִּי לֹא־עָזַבְתָּ
דֹרְשֶׁיךָ יְהוָה׃

Et qu'ils se confient **en toi**

ceux qui connaissent ton Nom,

car tu n'abandonnes **pas**

ceux qui te cherchent **IHWH.**

καὶ ἐλπισάτωσαν ἐπὶ σὲ
οἱ γινώσκοντες τὸ ὄνομά σου,
ὅτι οὐκ ἐγκατέλιπες
τοὺς ἐκζητοῦντάς σε, κύριε.

Et qu'ils *espèrent* **en toi**

ceux qui connaissent ton Nom,

car tu *n'as* **pas** *abandonné*

ceux qui te *recherchent* **Seigneur.**

Verset 12

Zaïn

זַמְּרוּ לַיהוָה יֹשֵׁב צִיּוֹן
הַגִּידוּ בָעַמִּים עֲלִילוֹתָיו׃

Psalmodiez pour IHWH, qui siège à **Sion,**

annoncez parmi les peuples **ses** exploits,

ψάλατε τῷ κυρίῳ τῷ κατοικοῦντι ἐν Σιων,
ἀναγγείλατε ἐν τοῖς ἔθνεσιν τὰ ἐπιτηδεύματα αὐτοῦ,

Psalmodiez pour le Seigneur qui *habite en* **Sion,**

annoncez parmi les *nations* **ses** *intentions*,

Verset 13

כִּי־דֹרֵשׁ דָּמִים אוֹתָם זָכָר
לֹא־שָׁכַח צַעֲקַת עניים [עֲנָוִים]:
(qéré) (kétib)

ὅτι ἐκζητῶν τὰ αἵματα αὐτῶν ἐμνήσθη,
οὐκ ἐπελάθετο τῆς κραυγῆς τῶν πενήτων.

Car cherchant **les sangs, d'eux il** se souvient

il n'oublie **pas le cri des** humbles.

car *celui qui recherche* **les sangs, d'eux il** *s'est souvenu,*

il *n'a* **pas** *oublié* **le cri des** *indigents.*

Verset 14

Heth

חָנְנֵנִי יהוה
רְאֵה עָנְיִי מִשֹּׂנְאָי
מְרוֹמְמִי מִשַּׁעֲרֵי מָוֶת:

ἐλέησόν με, κύριε,
ἰδὲ τὴν ταπείνωσίν μου ἐκ τῶν ἐχθρῶν μου,
ὁ ὑψῶν με ἐκ τῶν πυλῶν τοῦ θανάτου,

Fais-moi grâce, **IHWH**,

vois mon humiliation [qui vient] **de** ceux qui me haïssent ;

[toi] **qui me** relèves **des portes de la mort,**

Prends-moi en pitié, **Seigneur**,

vois mon humiliation [qui vient] **de** *mes ennemis,*

[toi] **qui me** *hausses hors* **des portes de la mort,**

Verset 15

לְמַעַן אֲסַפְּרָה כָּל־תְּהִלָּתֶיךָ
בְּשַׁעֲרֵי בַת־צִיּוֹן
אָגִילָה בִּישׁוּעָתֶךָ:

ὅπως ἂν ἐξαγγείλω πάσας τὰς αἰνέσεις σου
ἐν ταῖς πύλαις τῆς θυγατρὸς Σιων ·
ἀγαλλιάσομαι ἐπὶ τῷ σωτηρίῳ σου.

afin que je raconte **toutes tes louanges**

aux portes de la fille de Sion,

j'exulterai en ton salut.

afin que *j'annonce* **toutes tes louanges**

aux portes de la fille de Sion *;*

j'exulterai en ton salut.

Verset 16

Teth

טָבְעוּ גוֹיִם
בְּשַׁחַת עָשׂוּ
בְּרֶשֶׁת־זוּ טָמָנוּ
נִלְכְּדָה רַגְלָם׃

ἐνεπάγησαν ἔθνη
ἐν διαφθορᾷ ᾗ ἐποίησαν,
ἐν παγίδι ταύτῃ, ᾗ ἔκρυψαν,
συνελήμφθη ὁ ποὺς αὐτῶν·

Elles se sont **enfoncées les nations**

dans la fosse **qu'elles ont faite**

dans ce filet qu'elles ont dissimulé,

leur pied s'est **pris.**

Elles *ont été* **enfoncées les nations**

dans la *destruction* **qu'elles ont faite**,

dans ce filet, qu'elles ont *caché*,

leur pied *a été* **pris.**

Verset 17

נוֹדַע ׀ יהוה מִשְׁפָּט עָשָׂה
בְּפֹעַל כַּפָּיו נוֹקֵשׁ רָשָׁע
הִגָּיוֹן סֶלָה׃

γινώσκεται κύριος κρίματα ποιῶν,
ἐν τοῖς ἔργοις τῶν χειρῶν αὐτοῦ
συνελήμφθη ὁ ἁμαρτωλός.
ᾠδὴ διαψάλματος.

IHWH s'est **fait connaître**, il a fait le jugement,

par l'œuvre **de ses** paumes il a capturé l'impie.

Murmure. Pause.

Le Seigneur *se* **fait connaître** *faisant les jugements,*

dans les œuvres **de ses** *mains le pécheur a été pris.*

Cantique d'intermède musical.

Verset 18

Yod

יָשׁוּבוּ רְשָׁעִים לִשְׁאוֹלָה
כָּל־גּוֹיִם שְׁכֵחֵי אֱלֹהִים׃

ἀποστραφήτωσαν οἱ ἁμαρτωλοὶ εἰς τὸν ᾅδην,
πάντα τὰ ἔθνη τὰ ἐπιλανθανόμενα τοῦ θεοῦ ·

Ils retourneront les impies au **séjour des morts,**

toutes les nations oublieuses de Dieu.

Qu'ils retournent les pécheurs vers le **séjour des morts,**

toutes les nations oublieuses de Dieu *;*

Verset 19

Kaf

כִּי לֹא לָנֶצַח יִשָּׁכַח אֶבְי֑וֹן	*ὅτι οὐκ εἰς τέλος ἐπιλησθήσεται ὁ πτωχός,*
תִּקְוַת ענוים [עֲנִיִּים] (qéré) (kétib)	*ἡ ὑπομονὴ τῶν πενήτων*
תֹּאבַד לָעַד׃	*οὐκ ἀπολεῖται εἰς τὸν αἰῶνα.*
car le pauvre ne sera pas oublié à perpétuité	**car** *jusqu'à la fin* **le pauvre ne sera pas oublié**,
l'espérance **des** humiliés	*la constance* **des** *indigents*
ne se perdra pas à jamais.	**ne se perdra pas** *pour les siècles.*

Verset 20

קוּמָה יהוה	*ἀνάστηθι, κύριε,*
אַל־יָעֹז אֱנ֑וֹשׁ	*μὴ κραταιούσθω ἄνθρωπος,*
יִשָּׁפְטוּ גוֹיִם עַל־פָּנֶֽיךָ׃	*κριθήτωσαν ἔθνη ἐνώπιόν σου·*
Lève-toi IHWH	**Lève-toi**, **Seigneur,**
qu'il n'ait pas de force l'être humain	**qu'il** *ne se rende pas fort l'homme,*
que soient jugées les nations auprès de ta face.	**que soient jugées les nations** *devant toi.*

Verset 21

שִׁיתָה יהוה ׀ מוֹרָה לָהֶם	*κατάστησον, κύριε, νομοθέτην ἐπ᾽αὐτούς,*
יֵדְעוּ גוֹיִ֑ם	*γνώτωσαν ἔθνη*
אֱנוֹשׁ הֵמָּה	*ὅτι ἄνθρωποί εἰσιν.*
סֶּלָה׃	*διάψαλμα.*
Mets IHWH, la peur pour eux	**Mets**, **Seigneur**, *un législateur sur eux,*
qu'elles connaissent les nations	**qu'elles connaissent les nations**
qu'elles sont des êtres humains.	**qu'elles sont** *des hommes.*
Pause.	*Intermède musical.*

PSAUME 10

Verset 1

Lamed

לָמָה יהוה תַּעֲמֹד בְּרָחוֹק
תַּעְלִים לְעִתּוֹת בַּצָּרָה׃

Pour quoi **IHWH** te tiens-tu **au loin,**

te caches-tu pour les temps dans l'oppression **?**

Verset 2

בְּגַאֲוַת רָשָׁע יִדְלַק עָנִי
יִתָּפְשׂוּ ׀
בִּמְזִמּוֹת זוּ חָשָׁבוּ׃

Par l'**orgueil** de **l'impie** l'humilié **brûle**,

qu'ils soient **pris**

dans les intrigues qu'ils ont pensées.

Verset 3

כִּי־הִלֵּל רָשָׁע
עַל־תַּאֲוַת נַפְשׁוֹ
וּבֹצֵעַ בֵּרֵךְ נִאֵץ ׀ יהוה׃

Car l'impie **se loue**

sur le désir **de son âme,**

et convoiteur il bénit, il méprise IHWH.

Verset 4

רָשָׁע
כְּגֹבַהּ אַפּוֹ
בַּל־יִדְרֹשׁ
אֵין אֱלֹהִים כָּל־מְזִמּוֹתָיו׃

L'impie

du haut de son nez

ne cherche **rien**

« pas de Dieu » [voilà] toutes ses intrigues.

PSAUME 9 (suite)

Verset 22

ἵνα τί, κύριε, ἀφέστηκας μακρόθεν,
ὑπερορᾷς ἐν εὐκαιρίαις ἐν θλίψει ;

En vue de quoi, **Seigneur,** *t'es-tu tenu* **au loin,**

regardes-tu de haut aux moments opportuns dans l'oppression ?

Verset 23

ἐν τῷ ὑπερηφανεύεσθαι τὸν ἀσεβῆ
ἐμπυρίζεται ὁ πτωχός,
συλλαμβάνονται
ἐν διαβουλίοις, οἷς διαλογίζονται.

*Tandis que s'enfle d'***orgueil l'impie** *le pauvre* **brûle**,

ils sont **pris**

dans les *délibérations, celles qu'ils calculent.*

Verset 24

ὅτι ἐπαινεῖται ὁ ἁμαρτωλὸς
ἐν ταῖς ἐπιθυμίαις τῆς ψυχῆς αὐτοῦ,
καὶ ὁ ἀδικῶν ἐνευλογεῖται ·

Car *le pécheur* **se loue**

dans les désirs **de son âme,**

et l'injuste se bénit ;

Verset 25

παρώξυνεν τὸν κύριον ὁ ἁμαρτωλός
Κατὰ τὸ πλῆθος τῆς ὀργῆς αὐτοῦ
οὐκ ἐκζητήσει ·
οὐκ ἔστιν ὁ θεὸς ἐνώπιον αὐτοῦ.

Le pécheur a irrité le Seigneur

selon la grandeur de sa colère

il **ne** *recherchera* **rien ;**

Dieu n'est pas devant lui.

Verset 5

יָחִילוּ דרכו ׀ [דְּרָכָיו] בְּכָל־עֵת

(qéré) *(kétib)*

מָרוֹם מִשְׁפָּטֶיךָ מִנֶּגְדּוֹ

כָּל־צוֹרְרָיו יָפִיחַ בָּהֶם׃

Ses chemins se maintiendront **en tout temps,**

[la] hauteur de **tes jugements** loin **devant** lui,

tous ses oppresseurs, il souffle sur eux.

Verset 26

βεβηλοῦνται αἱ ὁδοὶ αὐτοῦ ἐν παντὶ καιρῷ,

ἀνταναιρεῖται τὰ κρίματά σου ἀπὸ προσώπου αὐτοῦ,

πάντων τῶν ἐχθρῶν αὐτοῦ κατακυριεύσει ·

Ses chemins *sont souillés* **en tout temps,**

il enlève **tes jugements** *de* **devant** *sa face,*

de **tous ses** *ennemis, il sera maître.*

Verset 6

אָמַר בְּלִבּוֹ בַּל־אֶמּוֹט

לְדֹר וָדֹר

אֲשֶׁר לֹא־בְרָע׃

Il a dit dans son cœur : « je ne chancellerai pas

de génération en génération,

qu'il n'aura pas de **malheur ».**

Verset 27

εἶπεν γὰρ ἐν καρδίᾳ αὐτοῦ Οὐ μὴ σαλευθῶ,

ἀπὸ γενεᾶς εἰς γενεὰν

ἄνευ κακοῦ.

Car **il a dit dans son cœur : « je ne** *serai pas ébranlé,*

de génération en génération :

[je serai] **sans malheur».**

Verset 7

אָלָה

Pé

פִּיהוּ מָלֵא וּמִרְמוֹת וָתֹךְ

תַּחַת לְשׁוֹנוֹ עָמָל וָאָוֶן׃

D'imprécation

sa bouche est pleine et de tromperies **et de** violence ;

sous sa langue peine et iniquité.

Verset 28

οὗ ἀρᾶς

τὸ στόμα αὐτοῦ γέμει καὶ πικρίας καὶ δόλου,

ὑπὸ τὴν γλῶσσαν αὐτοῦ κόπος καὶ πόνος.

D'imprécation

sa bouche est pleine et *d'amertume* **et de** *ruse,*

sous sa langue peine et *douleur.*

Verset 8

יֵשֵׁב ׀ בְּמַאְרַב חֲצֵרִים
בְּמִסְתָּרִים יַהֲרֹג נָקִי

Aïn

עֵינָיו לְחֵלְכָה יִצְפֹּנוּ׃

Il est assis à l'**embuscade** des villages,
dans des caches il tue **l'innocent ;**
ses yeux sur le miséreux épient.

Verset 29

ἐγκάθηται ἐνέδρᾳ μετὰ πλουσίων
ἐν ἀποκρύφοις ἀποκτεῖναι ἀθῷον,

οἱ ὀφθαλμοὶ αὐτοῦ εἰς τὸν πένητα ἀποβλέπουσιν ·

Il est *posté en* **embuscade** *avec des riches*
dans des *lieux cachés pour tuer* **l'innocent,**
ses yeux *observent l'indigent.*

Verset 9

יֶאֱרֹב בַּמִּסְתָּר ׀
כְּאַרְיֵה בְסֻכֹּה
יֶאֱרֹב לַחֲטוֹף עָנִי
יַחְטֹף עָנִי בְּמָשְׁכוֹ בְרִשְׁתּוֹ׃

Il s'embusque dans une **cache,**
comme un lion dans sa caverne,
il s'embusque pour attraper l'humilié,
il attrape l'humilié en l'attirant dans son filet.

Verset 30

ἐνεδρεύει ἐν ἀποκρύφῳ
ὡς λέων ἐν τῇ μάνδρᾳ αὐτοῦ,
ἐνεδρεύει τοῦ ἁρπάσαι πτωχόν,
ἁρπάσαι πτωχὸν ἐν τῷ ἑλκύσαι αὐτόν ·

Il s'embusque en *un lieu caché*
comme un lion dans sa caverne,
il s'embusque pour *s'emparer du pauvre,*
s'emparer du pauvre tandis qu'il l'attire ;

Verset 10

ודכה [יִדְכֶּה] יָשֹׁחַ
(qéré) (kétib)

וְנָפַל בַּעֲצוּמָיו חלכאים [חֵיל כָּאִים]׃
(qéré) (kétib)

Il se courbe, se tapit ;
et tombe dans ses griffes le miséreux.

Verset 31

ἐν τῇ παγίδι αὐτοῦ ταπεινώσει αὐτόν,
κύψει καὶ πεσεῖται

ἐν τῷ αὐτὸν κατακυριεῦσαι τῶν πενήτων.

dans son filet il le rabaissera,
il se *courbera et tombera*
tandis qu'il se fera maître des indigents.

Verset 11

אָמַר בְּלִבּוֹ שָׁכַח אֵל
הִסְתִּיר פָּנָיו
בַּל־רָאָה לָנֶצַח׃

Verset 32

εἶπεν γὰρ ἐν καρδίᾳ αὐτοῦ Ἐπιλέλησται ὁ θεός,
ἀπέστρεψεν τὸ πρόσωπον αὐτοῦ
τοῦ μὴ βλέπειν εἰς τέλος.

Il a dit dans son cœur : « Dieu a oublié,

il a caché **sa face,**

il ne voit pas à perpétuité ».

Car **il a dit dans son cœur : « Dieu a oublié,**

il a retourné **sa face**

pour ne pas voir jusqu'à la fin ».

Verset 12

Qof

קוּמָה יהוה אֵל נְשָׂא יָדֶךָ
אַל־תִּשְׁכַּח עניים [עֲנָוִים]׃

(qéré) *(kétib)*

Lève-toi, IHWH, Dieu, élève **ta main,**

n'oublie pas les humbles.

Verset 33

ἀνάστηθι, κύριε ὁ θεός, ὑψωθήτω ἡ χείρ σου,
μὴ ἐπιλάθῃ τῶν πενήτων ·

Lève-toi, Seigneur Dieu, *que se hausse* **ta main,**

n'oublie pas *les indigents.*

Verset 13

עַל־מֶה ׀ נִאֵץ רָשָׁה ׀ אֱלֹהִים
אָמַר בְּלִבּוֹ לֹא תִּדְרֹשׁ׃

Pour **quoi l'impie** méprise-t-il **Dieu ?**

Il a dit *en* **son cœur :** « tu **ne** chercheras **pas ».**

Verset 34

ἕνεκεν τίνος παρώξυνεν ὁ ἀσεβὴς τὸν θεόν ;
εἶπεν γὰρ ἐν καρδίᾳ αὐτοῦ Οὐκ ἐκζητήσει.

À cause de **quoi l'impie** *a-t-il irrité* **Dieu ?**

car **il a dit** *dans* **son cœur :** *« il* **ne** *recherchera* **pas ».**

Verset 14

Resh

רָאִתָה כִּי־אַתָּה ׀ עָמָל וָכַעַס ׀ תַּבִּיט
לָתֵת בְּיָדֶךָ
עָלֶיךָ יַעֲזֹב חֵלֶכָה
יָתוֹם אַתָּה ׀ הָיִיתָ עוֹזֵר׃

Tu as vu **car toi peine et** irritation **tu** regardes

pour donner de ta main ;

sur **toi s'abandonne le** miséreux

de l'orphelin toi, tu as été **le secours.**

Verset 35

βλέπεις, ὅτι σὺ πόνον καὶ θυμὸν κατανοεῖς
τοῦ παραδοῦναι αὐτοὺς εἰς χεῖράς σου ·
σοὶ οὖν ἐγκαταλέλειπται ὁ πτωχός,
ὀρφανῷ σὺ ἦσθα βοηθῶν.

Tu *vois*, **car toi peine et** *courroux* **tu** *remarques*

pour *les remettre dans tes mains ;*

à **toi**, *donc* **s'abandonne le** *pauvre,*

de l'orphelin toi tu *es* **le secours.**

Verset 15

Shîn

שְׁבֹר זְרוֹעַ רָשָׁע
וָרָע
תִּדְרוֹשׁ־רִשְׁעוֹ
בַל־תִּמְצָא׃

Brise le bras de l'impie

et du mauvais

tu chercheras son impiété,

tu ne trouveras pas.

Verset 16

יהוה מֶלֶךְ עוֹלָם וָעֶד
אָבְדוּ גוֹיִם מֵאַרְצוֹ׃

IHWH [est] roi toujours et à jamais**,**

périssent les **nations** loin **de sa terre**.

Verset 17

Taw

תַּאֲוַת עֲנָוִים שָׁמַעְתָּ יהוה
תָּכִין לִבָּם תַּקְשִׁיב אָזְנֶךָ׃

le désir des humbles, tu écoutes, **IHWH**,

tu affermis **leur cœur**, tu rends attentive **ton oreille**

Verset 18

לִשְׁפֹּט יָתוֹם וָדָךְ
בַּל־יוֹסִיף עוֹד
לַעֲרֹץ אֱנוֹשׁ מִן־הָאָרֶץ׃

pour juger **l'orphelin** et l'opprimé,

qu'il n'ajoute pas encore

pour terroriser, l'être humain issu **de la terre.**

Verset 36

σύντριψον τὸν βραχίονα τοῦ ἁμαρτωλοῦ
καὶ πονηροῦ,
ζητηθήσεται ἡ ἁμαρτία αὐτοῦ,
καὶ οὐ μὴ εὑρεθῇ δι᾽αὐτήν·

Brise le bras *du pécheur*

et du mauvais*,*

son péché sera cherché,

et il ne sera rien trouvé de lui.

Verset 37

βασιλεύσει κύριος εἰς τὸν αἰῶνα καὶ εἰς τὸν αἰῶνα τοῦ αἰῶνος,
ἀπολεῖσθε, ἔθνη, ἐκ τῆς γῆς αὐτοῦ.

Le Seigneur *régnera pour les siècles des siècles des siècles,*

vous **périrez, nations,** *hors* **de sa terre.**

Verset 38

τὴν ἐπιθυμίαν τῶν πενήτων εἰσήκουσεν κύριος,
τὴν ἑτοιμασίαν τῆς καρδίας αὐτῶν προσέσχεν τὸ οὖς σου

le désir des *indigents* **le Seigneur** *a exaucé,*

ton oreille *a été attentive à la préparation de* **leur cœur**

Verset 39

κρῖναι ὀρφανῷ καὶ ταπεινῷ,
ἵνα μὴ προσθῇ ἔτι
τοῦ μεγαλαυχεῖν ἄνθρωπος ἐπὶ τῆς γῆς.

pour *rendre justice à* **l'orphelin** *et à l'humilié,*

afin **qu'il n'ajoute pas encore**

pour s'exalter l'homme sur **la terre***.*

Devant ce psaume difficile le lecteur peut tâtonner pour trouver un fil conducteur de lecture. Le pauvre qui égrène ces versets lui, s'y reconnaît. Il dit : *« Dieu n'oublie pas le pauvre ».* Dieu n'oublie pas, mais l'homme, et plus précisément, l'impie, oublie Dieu et le pauvre.

En raison des versions grecques et latines qui ont gardé l'unité primitive - Psaume 9.1-39 - on peut parler d'un psaume « unique ». De fait, dans toutes les notes bibliques nous lisons que la plupart des versions ne suivent pas la coupure au v.21 du T.M.

Dans ce commentaire, nous allons considérer les psaumes 9 et 10 tels que nous les avons dans le T.M. Puis, nous verrons dans quelle mesure peut se justifier l'expression qualificative d'un psaume « double et unique » qui a pu être avancée par des commentateurs.

Psaume 9 (T.M.) – Psaume 9.1-21 (LXX).

Le titre comporte une indication obscure et traduite différemment : עַלְמוּת לַבֵּן : « sur meurs pour le fils », ou : « mourir pour le fils ». Pour être bref, l'expression a été comprise, le plus souvent, dans le sens d'une indication musicale. Mais d'autres interprétations ont été proposées comme celle de faire un rapprochement entre le titre et le contenu du psaume qui, dans ce cas, pourrait ouvrir à une lecture méditative du psaume sur la mort. La LXX qui a traduit : « sur les secrets » ou « sur les mystères du fils » rappelle le Midrash où, dans « les secrets du fils », serait évoquée la mort d'Absalom que Dieu aurait cachée à David.

Nous remarquons tout de suite l'acrostiche alphabétique du psaume. Seulement, au v.7 il manque la lettre daleth, ce qui laisse supposer que nous avons sans doute un texte défectueux ; et au v.8, une correction s'impose pour obtenir la lettre hé ; on a proposé de mettre la finale assez curieuse du v.7 : הֵמָּה, « eux », au début du v.8 moyennant de lire : הִנֵּה, « voici ». Ainsi serait rétablie la structure alphabétique. Notre traduction ne tient pas compte de cette proposition - correction.

Aux versets 2 et 3 qui nous donnent un ton d'action de grâce : la célébration des merveilles de Dieu, nous pouvons noter au stique a du v.2 de la LXX le pronom personnel 2e personne du singulier complément : *« je te rendrai grâce ».* Dans le T.M. le mode cohortatif des verbes : אֲזַמְּרָה, אֶעֶלְצָה, אֶשְׂמְחָה, אֲסַפְּרָה est très expressif pour formuler une action de grâce non effective, mais seulement en souhait. Une lecture continue du psaume permet de retrouver ce mode cohortatif au verset 15. Comme cette forme verbale peut s'identifier à un inachevé nous avons traduit ces différents verbes au futur. Nous pouvons comparer les versets 2b et 15a. Dans les deux cas, le T.M. emploie le verbe אֲסַפְּרָה : raconter ; raconter les merveilles au v.2 et les louanges au v.15. Quant à la LXX qui emploie le verbe **διηγήσομαι** au v.2, elle parle « d'annoncer » au v.15 avec **ἐξαγγείλω**. Or, dans la LXX, à l'exception de Pr 12.16 où nous avons le verbe **ἐξαγγέλλω** pour l'hébreu יָדַע, il traduit bien la racine ספר dans les seules huit autres occurrences : Psaumes 9.15 ; 56 (55).9 ; 71 (70).15 ; 73 (72).28 ; 79 (78).13 ; 107 (106).22 ; 119 (118).13 et 26.

Dans le N.T., le verbe **ἐξαγγέλλω** est un hapax en 1 P 2.9 : *« Mais vous, race élue, royale, communauté sacerdotale, nation sainte, peuple que Dieu s'est acquis pour que les merveilles* *vous proclamiez /* **ἐξαγγείλητε** »... Ici, Pierre applique à l'Église ce qui est dit du peuple de l'ancienne Alliance et cite Ex 19.5-6 et Es 43.21.

Le vocabulaire du psaume abonde sur le jugement, les méchants / les impies ; les pécheurs / les ennemis ; les nations / les païens ; les pauvres / les humbles / les indigents.

Le jugement de Dieu qui peut être compris comme l'objet de l'action de grâce du psalmiste peut également être pris comme un mot-clé unifiant les autres termes. Il est mentionné dès le v.5 où il est associé à la fonction royale de Dieu : *« tu as fait mon jugement, tu as siégé sur un trône : juge de justice ».*

Au verset 8 nous retrouvons exprimés le jugement et la fonction royale. Seulement, au stique a, tandis que le T.M. reprend **יָשַׁב** du v.5, la LXX emploie le verbe **μένω**. Dans la Bible, il y a quatre cas de cette correspondance : Gn 24.55 ; Ps 9.8 ; Ps 102 (101).13 ; Za 14.10.

Le comportement des impies, des méchants, des ennemis, des pécheurs appelle ce jugement divin.

Au verset 14, ils sont « ceux qui haïssent » dans le T.M. et « les ennemis » dans la LXX. Dans la Bible, celle-ci traduit le substantif de la racine hébraïque **שׂנא** par **ἐχθρός** en : Ex 23.5 ; Jb 8.22 ; 31.29 ; Ps 9.14 ; 41 (40),8 ; 81 (80),16 ; 118 (117),7 ; Pr 25.21 ; 26.24 ; 27.6.

Il y a aussi les nations, les peuples, les païens qui sont une autre pièce d'identité des impies. Nous relevons au verset 6 les verbes **גָּעַרְתָּ** et **ἐπετίμησας** : « Tu as rabroué les nations » ; ce verbe **ἐπιτιμάω** a peu d'occurrences dans la LXX : Gn 37.10 ; Rt 2.16 ; Ps 9.6 ; 68 (67).31 ; 106 (105).9 ; 119 (118).21 ; Za 3.2.

Dans le corpus évangélique **ἐπιτιμάω** est employé par les trois synoptiques. C'est un verbe fort : Jésus rabroue les vents et la mer. Il rabroue tout le monde : les guéris, les esprits impurs pour qu'ils ne le manifestent pas. Après la transfiguration, c'est au tour de Pierre de rabrouer Jésus qui parle de souffrance, de mort et de résurrection ; dans cet épisode, seul Marc donne la réplique dans les mêmes termes : « Il (Jésus) rabroue Pierre et dit 'Va-t'en, derrière moi, Satan' ». Jésus rabroue le possédé lunatique. Les disciples rabrouent les petits enfants qui vont à Jésus. La foule rabroue les aveugles qui demandent la guérison. Jésus, encore, rabroue Jacques et Jean qui veulent faire descendre un feu du ciel sur des Samaritains qui ne les accueillent pas. À l'entrée triomphale à Jérusalem sur l'ânon, ce sont des pharisiens qui demandent à Jésus de rabrouer les disciples devenus une multitude débordante d'allégresse. Puis, c'est au tour du bon larron sur la croix de rabrouer son compagnon qui n'a pas la crainte de Dieu.

En Paul, ce verbe grec est un hapax dans la seconde lettre à Timothée 4.2 où il fait partie de la Proclamation de la Parole.

Enfin, dans l'épître de Jude qui parle du jugement des impies. Au v.9, dans la dispute de Michel avec le diable, Jude donne la parole à l'archange avec les mots de Za 3.2 : **« Ἐπιτιμήσαι κύριος ἐν σοί, διάβολε ».**

Du jugement de Dieu sur les machinations des impies, des ennemis, des païens, se dégage une vision eschatologique dramatique.

Au verset 6 le méchant, à comprendre dans un sens collectif, périra, leur nom sera effacé pour toujours.

Au verset 7 le T.M. identifie l'ennemi à des ruines éternelles, ne laissant aucun souvenir. Pour la LXX, ce sont les épées de l'ennemi qui cesseront éternellement et la disparition du souvenir des ennemis se fera avec éclat ou avec bruit.

Au verset 18 il y a un retour au shéol de tout ce monde « impie » qui oublie Dieu.

Avec le T.M., au verset 21 a il y a un appel vers IHWH pour qu'Il mette la peur en eux ; tandis que la LXX demande un législateur sur eux. Au stique b nous voyons que ce législateur et cette peur sont demandés pour que, en finale, l'homme et les peuples connaissent ce qu'ils sont en vérité.

À l'opposé des nations qui oublient Dieu, Dieu, lui, n'oublie pas. Il n'oublie pas le cri des humbles, des indigents : verset 13 ; le pauvre ne sera jamais oublié verset 19. Qui est-il, cet homme sans défense, en situation de fragilité ?

Verset 10 a : Dans le T.M., il est le דַּךְ : l'opprimé, l'écrasé. Ce mot hébreu qui revient au v.18 du Ps 10 (T.M.) est également dans le Ps 74 (73),21. Dans la LXX, nous voyons au v.10 a du Ps 9, le mot **πένητι**, au v.39 : **ταπεινῷ** et au v.21 du psaume 73 : le participe parfait **τεταπεινωμένος**.

Pour cet opprimé, ce pauvre qui peine pour vivre, que IHWH soit sa forteresse / מִשְׂגָּב dans le T.M. Le Seigneur a été son lieu de refuge dans la LXX avec le substantif **καταφυγή**. Les psaumes 9.10 ; 94 (93).22 et Es. 25.12 sont les seuls trois cas de משׂגב / **καταφυγή**.

Dans le N.T., le substantif **πένης** est un hapax en 2 Co 9.9 qui est une citation du Ps 112 (111),9. Quant à **καταφυγή**, il ne s'y trouve pas. Il y a deux occurrences du verbe **καταφεύγω** / s'enfuir, se réfugier : Ac 14.6 à Iconium, les apôtres poursuivis cherchent refuge dans d'autres villes ; He 6.18 les héritiers de la Promesse ont tout laissé pour saisir l'espérance proposée.

Au stique b du v.10 : Tandis que le T.M. reprend le mot מִשְׂגָּב pour que IHWH soit une forteresse aux temps de l'oppression, la LXX fait de Dieu un secours / **βοηθός** pour ces moments-là.

Dans le N.T., le substantif **βοηθός** est un hapax en He 13.6 qui est une citation du Ps 118 (117).6.

Verset 13b : Ici, les pauvres sont les עֲנָוִים ; un mot synonyme de : humbles. La LXX a repris le substantif **πένης**.

Verset 19 : Au stique a, nous avons une autre désignation du pauvre avec אֶבְיוֹן et que la LXX a traduit par **πτωχός.** Le **πτωχός** exprime bien la situation de dépouillement portée par le mot hébreu ; ce pauvre אֶבְיוֹן est un nécessiteux et le **πτωχός** est un gueux, celui qui mendie. On peut sans doute rapprocher ce substantif grec du verbe **πτώσσω** : se blottir de peur.

Le pauvre du Psaume 9 T.M. ou Psaume 9.1-21 LXX, ne tombera pas dans l'oubli éternel.

Et Dieu, par son jugement, et en faveur du pauvre, se fait connaître à toutes les nations qui L'oublient.

Psaume 10 (T.M.) – Psaume 9.22-39 (LXX).

Nous remarquons tout de suite que le psaume ne comporte pas de titre et que l'alphabétisme qui débute avec le Lamed comporte des irrégularités avec l'absence de Noun, Samek et que des modifications s'imposent pour retrouver Mem et Çadé.

Le verset 1 / 22 donne le ton d'une lamentation ; et celui qui se lamente ne le fait pas pour lui-même. Il y a une situation générale qui appelle l'imploration.

Au stique a du verset, la traduction de la racine עמד par le verbe **ἀφίστημι** est l'un des trois cas ; les deux autres étant 2 S 2.28 et Es 59.14.

Dans les Évangiles, seul Luc emploie le verbe **ἀφίστημι**.

Lc 2.37 : La prophétesse Anne ne s'éloignait / **ἀφίστατο** pas du temple.

Lc 4.13 : Jésus dans la tentation. Le diable s'éloigna / **ἀπέστη** de lui. Mt dans le récit parallèle emploie le verbe **ἀφίημι.**

Lc 8.13 : Dans l'explication de la parabole sur la semence. Ceux qui s'éloignent / **ἀφίστανται** au moment de l'épreuve. Mt et Mc emploient le verbe **σκανδαλίζω**.

Lc 13.27 : Au questionnement sur ceux qui entreront dans le Royaume, il y aura ceux qui entendront : Éloignez-vous / **ἀπόστητε** de moi tous les ouvriers d'injustice. Mt 7.23 emploie le verbe **ἀποχωρέω**.

Au stique b du v.1/22, la racine עלם signifiant : se dissimuler, se cacher, est traduite par le verbe **ὑπεροράω**. Nous trouvons cette correspondance hébreu/grec en Na 3.11 et Es 58.7.

Dans le N.T., le verbe **ὑπεροράω** est un hapax en Ac 17.30 : Dieu regardant au-delà / par-dessus les temps d'ignorance des Juifs.

Nous relevons l'expression des **« temps dans l'oppression »** rencontrée au **verset 10 du Psaume 9.**

Verset 2 / 23 : Voici **l'humilié** avec עָנִי que la LXX a traduit par **πτωχός.**

Au stique b, **διαβούλιον** qui traduit מְזִמָּה la pensée rusée, est un hapax dans le Psautier. Ce substantif grec est absent du N.T.

Verset 3c / 24c : Le T.M. parle d'un cupide, d'un profiteur avec le participe Qal בֹּצֵעַ. Celui-ci '*bénit*' et méprise IHWH. En lisant « bénit », il faut comprendre l'injure : « il maudit ». Nous avons un exemple de cet euphémisme bénir pour maudire en 1 R 21.13. Naboth qui n'a pas voulu céder sa vigne au roi Achab sera lapidé pour avoir béni (maudit) Dieu et le roi.

Le cupide du T.M. est un injuste dans la LXX. C'est le seul cas où le verbe de la racine בצע est traduit par **ἀδικέω**.

La lecture du verset 4 / 25 est difficile. Dans le T.M., l'exaltation « du nez » de l'impie (*« du haut de son nez »)* exprime la colère ; peut-être même l'arrogance faisant suite au blasphème exprimé au v.3 avec la racine נאץ. Cet impie n'a souci de rien. En disant « pas d'Élohim », que nie-t-il ? Son existence ? Mais au verset 13 / 34 Élohim méprisé par l'impie est bien existant. Alors ? ne serait-ce pas plutôt sa non intervention dans l'existence humaine que l'impie a dans toutes ses pensées ? Nous retrouverons l'expression « pas d'Élohim » dans les Psaumes 14 (13) v.1 et 53 (52) v.2.

Dans la LXX le verset 25 commence avec la finale du verset 3 T.M. Nous y remarquons le verbe **παροξύνω** dont le sujet est toujours l'impie ou le pécheur et Dieu le complément. Un verbe qui affaiblit la racine נאץ.

Παροξύνω n'a que deux occurrences dans le N.T. : Ac 17.16 : À Athènes, Paul avait l'esprit irrité en voyant la ville pleine d'idoles. Et en 1 Co 13.5 : Dans l'hymne à l'Amour qui ne s'irrite pas.

Au dernier stique du v.4 / 25, les traducteurs grecs ont également adouci l'écriture du texte hébreu : « Dieu n'est pas devant lui ». On peut comprendre que l'impie agit purement et simplement sans se soucier de Dieu.

Verset 5 / 26 : Relevons les différences.
T.M. : Ses chemins se maintiendront / יָחִילוּ
LXX : Ses chemins sont souillés / **βεβηλοῦνται**

Le verbe **βεβηλόω** traduit habituellement la racine חלל qui, au Piel, a le sens de profaner.
Il a deux occurrences dans le N.T. : Mt 12.5 : La controverse à propos du sabbat dans les épis arrachés. Dans le temple, les prêtres profanent / **βεβηλοῦσιν** le sabbat sans être coupables.
Ac 24.6 : Paul accusé d'avoir tenté de profaner le temple.

Dans le T.M., la hauteur des jugements de Dieu devant lui (l'impie) peut exprimer une distance telle qu'il n'en a que faire. Tout cela est trop loin de lui ; alors tous ses oppresseurs : hop ! il souffle sur eux.

Le pécheur de la LXX, lui, il enlève, il supprime / **ἀνταναιρεῖται** les jugements de Dieu de devant sa face. Il sera le maître / verbe **κατακυριεύω** de tous ses ennemis.

Le verbe **ἀνταναιρέω** est absent du N.T. Le verbe **κατακυριεύω** a quatre occurrences :
Mt 20.25 // Mc 10.42 : après la demande des fils de Zébédée, Jésus met en garde pour ne pas prendre modèle sur les chefs des nations qui exercent la seigneurie / **κατακυριεύουσιν** sur elles.
Ac 19.16 : La mésaventure des exorcistes juifs. L'homme qu'habitait l'esprit mauvais maîtrisant / **κατακυριεύσας** les exorcistes, ils s'enfuirent nus et blessés.
1 P 5.3 : Dans l'exhortation de l'apôtre aux anciens qui ne doivent pas exercer un pouvoir en maîtres / **κατακυριεύοντες** sur ceux qui leur sont échus en partage.

L'impie continue ses affirmations présomptueuses dans les versets 6/27. 11/32 et 13/34. Elle est profonde cette présomption de l'impie. Elle vient d'une rumination dans son cœur. Dans les trois versets, nous lisons : « il a dit en son cœur ». De son cœur, vient le blasphème et les machinations contre le pauvre.

Verset 8 / 29 : Il est assis à l'embuscade des villages dans le T.M. ; il est en embuscade avec des riches dans la LXX, pour tuer l'**innocent.** Le mot « innocent » vient, en quelque sorte, qualifier le pauvre du psaume.

Dans le N.T., « innocent » est uniquement deux fois en Mt ch. 27 ; au v.4, le mot est dans la bouche de Judas : « j'ai péché en livrant un sang innocent » ; au v.24 : Pilate se lavant les mains en présence de la foule dit : « je suis innocent de ce sang ».

Verset 9 / 30 : Il est embuscade pour enlever **l'humilié : עָנִי** / **πτωχόν** et l'attirer. Le T.M. ajoute : « dans son filet » à la fin du verset.

Verset 10 / 31 : Dans la LXX, nous avons trois stiques. Le premier commence avec l'image du filet dans lequel l'humilié sera un peu plus rabaissé. Au stique b, remarquons le verbe **κύπτω** / se courber qui n'a que deux occurrences dans le N.T. : Mc 1.7, Jean-Baptiste n'étant pas digne en se courbant de délier la lanière des sandales de son cousin Jésus ; Jn 8.6 : Jésus lui-même, se courbant devant la femme adultère, écrit sur le sol.

Le sujet du verbe tomber peut être discuté. Dans le T.M., il semble que ce soit le malheureux qui tombe dans les griffes de l'impie ; עֲצוּמָיו exprime la force, la puissance avec un poids de quantité. Dans la LXX, on peut comprendre que ce soit l'impie le sujet du verbe **πίπτω** / il tombera [sur lui]. De plus, les traducteurs grecs parlent d'un pouvoir seigneurial sur les indigents avec le verbe **κατακυριεύω** rencontré au v.5.

Dans ce v.10, le pauvre s'identifie à un **chétif** ou un **miséreux** dans notre traduction du T.M. L'écriture et la lecture de חלכאים / חֵיל כָּאִים rendent difficile la traduction. Le Qéré חֵיל כָּאִים peut être interprété dans un sens pluriel, comme l'ont fait les traducteurs grecs. Nous pouvons également nous reporter au v.8 pour retrouver la même racine. Quant à la vocalisation, on peut la discuter ou la prendre telle quelle, un peu déroutante.

À partir du verset 14 / 35, le ton change. L'impie ne dira plus que אֵל / **ὁ θεός** oublie : verset 11 / 32 car Il a répondu à la supplication du verset 12 / 33 : Il n'oublie pas les **humbles / עֲנָוִים** ou les **πενήτων**.

Dans ce v.14 / 35, nous remarquons encore **le miséreux** / חֵלְכָה mais traduit par **πτωχός** dans la LXX. Il y a aussi l'arrivée d'une nouvelle classe de pauvreté avec **l'orphelin** dont Dieu est le secours, et auquel il rendra justice au verset 18.

Dans le N.T., l'orphelin / **ὀρφανῷ** n'a que deux occurrences : Jn 14.18, Jésus ne nous laissera pas orphelins ; Jc 1.27, visiter les orphelins fait partie du culte authentique.

Le début de ce verset 14 peut faire l'objet de quelques remarques.

Nous lisons le mot עָמָל déjà rencontré au verset 7, où là il est associé à אָוֶן. Les deux mots se rapportent à l'impie d'où sortent de la peine ou de la douleur et de l'iniquité. Dans ce verset 7/28, la LXX a traduit par **κόπος** : une douleur liée à de la lassitude, ou à de la fatigue et **πόνος**. Le mot אָוֶן que nous avons traduit par « iniquité » donne un sens plus moral que le mot « douleur » du texte grec. Dans le v.14 עָמָל est associé à כַעַס qui peut recouvrir le sens d'un chagrin, d'une offense mais aussi celui d'une douleur proche de la fâcherie et de l'irritation. De leurs côtés, les traducteurs grecs ont écrit **θυμόν** signifiant un emportement du cœur pouvant entraîner à la colère. Les deux mots se rapportent à l'action de Dieu. Cette peine, ce chagrin, cette offense dans l'interlinéaire hébreu-français, à la limite du supportable sans doute dans le T.M., une colère dans la LXX, Dieu voit, Dieu remarque, observe pour prendre cela en main ; pour donner de sa main ; » : לָתֵת בְּיָדֶךָ pour donner de ta main » - **τοῦ παραδοῦναι αὐτοὺς εἰς χεῖράς σου·** : « pour les remettre dans tes mains ». Selon les traductions, on peut comprendre différemment la finale de cette phrase du T.M. Pour exemple, voici cinq traductions :

Dhorme : « tu les regardes, pour leur donner la main » ;

Osty : « Tu vois la peine et le chagrin, pour les prendre en mains, tu regardes » ;

Mannati : « (oui), tu regardes, et ta main s'abat ».

Chouraqui : « tu les regardes pour donner de ta main ».

Vesco : « Tu as vu, car toi, peine et irritation tu regarderas pour les prendre en ta main ».

Les trois derniers versets 16 / 37 ; 17 / 38 ; 18 / 39 sont, en quelque sorte, une synthèse du contenu du psaume. Dieu est roi pour les siècles des siècles. Les nations, les impies disparaîtront. En rendant justice aux humbles, à l'innocent et à l'orphelin Dieu réajuste le tout de l'homme né de la terre.

Alors, avons-nous ici, deux psaumes ou un seul ?

Nous avons signalé l'absence d'un titre et la continuation de l'alphabétisme dans le psaume 10 selon le T.M. Dans ce psaume nous y remarquons un changement de ton. Nous n'y trouvons pas la louange personnelle exprimée dans le psaume 9. Le psaume 10 ressemble à une lamentation qui viendrait après une action de grâces. Cette contradiction pourrait donner l'idée à des grammairiens de compliquer le travail d'un traducteur. Le psalmiste qui rend grâce est-il dans un présent, dans un passé ou dans un futur ?

Plus que les différences entre les deux psaumes, il y a les correspondances qui manifestent l'**unité.** Le jugement de Dieu est source d'action de grâces pour le psalmiste du psaume 9. L'homme de tous les temps de détresse est aux prises avec le Mal. Il y aura un jugement divin final.

De part et d'autre, nous avons un registre de termes semblables autour de l'impie et du pauvre. Tandis que les méchants retourneront vers le shéol, et que toutes les nations oublieuses d'Élohim v.18 disparaîtront de sa terre v.37, Dieu est et sera le secours du pauvre v.35, il ne sera pas oublié à jamais v.19. Un pauvre qui sera devant nos yeux jusqu'à la fin.

Ici, nous prenons le parti de la LXX et des versions anciennes, pour reconnaître un unique psaume 9. Cependant, comme nous le savons, commence le décalage de la numérotation hébraïque / Septante.

Le tableau qui suit est : « pour ne pas conclure ». Autrement dit : Pour donner envie de continuer à regrouper les intéressantes répétitions contenues dans ce psaume 9.1-39. Des répétitions de vocabulaire, d'actions au fil des versets et de parallélismes syntaxiques.

Versets	T.M.	Traduction	LXX	Traduction
10	דָּךְ	opprimé	**πένητι**	**indigent**
13	עֲנָוִים	humbles	**πενήτων**	**indigents**
14	עָנְיִי	humiliation	ταπείνωσιν	humiliation
19	אֶבְיוֹן	*pauvre*	πτωχός	*pauvre*
	עֲנִוִּים	humiliés	**πενήτων**	**indigents**
23	עָנִי	humilié	πτωχός	*pauvre*
29	נָקִי	innocent	**ἀθῷον**	innocent
	חֵלְכָה	miséreux	**πένητα**	**indigent**
30	עָנִי	humilié	πτωχόν	*pauvre*
31	חֵלְכָּאִים	miséreux	**πενήτων**	**indigents**
33	עֲנָוִים	humbles	**πενήτων**	**indigents**
35	חֵלֶכָה	miséreux	πτωχός	*pauvre*
	יָתוֹם	**orphelin**	**ὀρφανῷ**	**orphelin**
38	עֲנָוִים	humbles	**πενήτων**	**indigents**
39	יָתוֹם	**orphelin**	**ὀρφανῷ**	**orphelin**
	דָּךְ	opprimé	ταπεινῷ	humilié

Que serions-nous ?
sans les pauvres qui seront toujours avec nous
pour nous faire connaître Dieu
et tracer un chemin d'humanité sous les cieux.

PSAUME 11 (10)

Verset 1

לַמְנַצֵּחַ לְדָוִד
בַּיהוה ׀ חָסִיתִי
אֵיךְ תֹּאמְרוּ לְנַפְשִׁי
נודו [נוּדִי] הַרְכֶם צִפּוֹר׃

(qéré) (kétib)

Εἰς τὸ τέλος· ψαλμὸς τῷ Δαυιδ.
Ἐπὶ τῷ κυρίῳ πέποιθα·
πῶς ἐρεῖτε τῇ ψυχῇ μου
Μεταναστεύου ἐπὶ τὰ ὄρη ὡς στρουθίον ;

Du chef de chœur. **De David.**

En **IHWH** je me réfugie,

comment direz-vous à mon âme

« Fuis [à] votre *montagne* oiseau **? »**

Pour la fin. Psaume **de David.**

Dans le **Seigneur** *j'ai mis ma confiance ;*

comment direz-vous à mon âme :

« Émigre vers les montagnes comme un moineau ? **»**

Verset 2

כִּי הִנֵּה הָרְשָׁעִים יִדְרְכוּן קֶשֶׁת
כּוֹנְנוּ חִצָּם עַל־יֶתֶר
לִירוֹת בְּמוֹ־אֹפֶל לְיִשְׁרֵי־לֵב׃

ὅτι ἰδοὺ οἱ ἁμαρτωλοὶ ἐνέτειναν τόξον,
ἡτοίμασαν βέλη εἰς φαρέτραν
τοῦ κατατοξεῦσαι ἐν σκοτομήνῃ τοὺς εὐθεῖς τῇ καρδίᾳ.

Car voici les impies banderont **un arc,**

ils ont ajusté leurs **flèches** sur la corde

pour tirer **dans** l'obscurité sur **les** cœurs **droits.**

car voici les *pécheurs ont bandé* **un arc,**

ils ont *préparé des* **flèches** *dans un carquois*

pour *abattre* **dans** *la nuit obscure* **les** *droits dans le cœur.*

Verset 3

כִּי הַשָּׁתוֹת יֵהָרֵסוּן
צַדִּיק מַה־פָּעָל׃

ὅτι ἃ κατηρτίσω, καθεῖλον·
ὁ δὲ δίκαιος τί ἐποίησεν ;

Quand les fondements sont détruits,

le juste qu'a-t-il fait ?

car ce que tu as organisé, ils l'ont détruit ;

mais **le juste, qu'a-t-il fait ?**

Verset 4

יהוה ׀ בְּהֵיכַל קָדְשׁוֹ יהוה בַּשָּׁמַיִם כִּסְאוֹ עֵינָיו יֶחֱזוּ עַפְעַפָּיו יִבְחֲנוּ בְּנֵי אָדָם׃	*κύριος ἐν ναῷ ἁγίῳ αὐτοῦ·* *κύριος, ἐν οὐρανῷ ὁ θρόνος αὐτοῦ.* *οἱ ὀφθαλμοὶ αὐτοῦ εἰς τὸν πένητα ἀποβλέπουσιν,* *τὰ βλέφαρα αὐτοῦ ἐξετάζει τοὺς υἱοὺς τῶν ἀνθρώπων.*
IHWH dans son temple saint, **IHWH dans les cieux son trône ;** **ses yeux** regardent **ses paupières** testent **les fils** d'humain.	**Le Seigneur dans son temple saint,** **le Seigneur, dans les cieux son trône ;** **ses yeux observent** *l'indigent* **ses paupières** *scrutent* **les fils** *des hommes.*

Verset 5

יהוה צַדִּיק יִבְחָן וְרָשָׁע וְאֹהֵב חָמָס שָׂנְאָה נַפְשׁוֹ׃	*κύριος ἐξετάζει τὸν δίκαιον καὶ τὸν ἀσεβῆ* *ὁ δὲ ἀγαπῶν ἀδικίαν* *μισεῖ τὴν ἑαυτοῦ ψυχήν.*
IHWH teste **le juste et l'impie** et **celui qui aime** la violence elle [le] hait son **âme.**	**Le Seigneur** *scrute* **le juste et l'impie,** *mais* **celui qui aime** *l'injustice* *hait sa propre* **âme.**

Verset 6

יַמְטֵר עַל־רְשָׁעִים פַּחִים אֵשׁ וְגָפְרִית וְרוּחַ זִלְעָפוֹת מְנָת כּוֹסָם׃	*ἐπιβρέξει ἐπὶ ἁμαρτωλοὺς παγίδας,* *πῦρ καὶ θεῖον καὶ πνεῦμα καταιγίδος* *ἡ μερὶς τοῦ ποτηρίου αὐτῶν.*
Qu'il fasse **pleuvoir sur les** impies **des pièges,** **feu et soufre et vent** ardent **la part de leur coupe.**	*Il fera* **pleuvoir sur les** *pécheurs* **des pièges,** **feu et soufre et vent** *de tempête* **la part de leur coupe.**

Verset 7

כִּי־צַדִּיק יהוה צְדָקוֹת אָהֵב יָשָׁר יֶחֱזוּ פָנֵימוֹ׃	*ὅτι δίκαιος κύριος καὶ δικαιοσύνας ἠγάπησεν,* *εὐθύτητα εἶδεν τὸ πρόσωπον αὐτοῦ.*
Car juste est IHWH il aime **les** choses justes [ceux qui sont] droits regarderont sa **face.**	**Car juste est le Seigneur** *et* **il a** *aimé* **les** *justices,* *sa* **face** *a vu la droiture.*

Dans le Psaume 11 (10), après la lecture d'une profession de foi verset 1 : En Dieu, je me réfugie (T.M.), j'ai mis ma confiance (LXX), on pressent un danger pour le psalmiste. Dans le T.M., avec חסה, IHWH lui est une protection, tandis que dans la LXX avec le verbe **πείθω**, le psalmiste s'en remet à IHWH avec forte conviction.

La suite du verset n'est pas facile à interpréter. Certains traducteurs lisent le Kétib : *« fuyez »*, les autres le Qéré : *« fuis » ;* puis, on tente de reconstituer une phrase compréhensible. Nous ne pouvons avoir la prétention de traduire mieux. Nous lisons le Qéré du verbe « fuir » : impératif féminin, 2e sg. C'est la lecture de la LXX mais avec l'emploi d'un verbe rare : **μεταναστεύω** / émigrer. Ce verbe n'a que trois occurrences dans la Bible : ici, et dans les psaumes 51.7 et 61.7. Une invitation pressante donc à s'en aller. Mais de qui vient-elle ?

Quant au danger, il est identifié aux impies ou aux pécheurs : verset 2. Dans le T.M. ceux-ci ont ajusté / כּוֹנְנוּ leurs flèches sur la corde. Dans la LXX, ils les ont préparées / **ἡτοίμασαν** dans un carquois. C'est avec ce verbe que la LXX traduit le plus souvent la racine כון. Et ils agissent dans l'obscurité. Le verbe **κατατοξεύω** / abattre, percer de flèches, n'a que cinq occurrences dans la Bible dont deux dans les Psaumes. Ici et Ps 63.5. Le substantif **σκοτομήνῃ** qui évoque une nuit sans lune est ici un hapax dans la Bible.

Devant la disparition des fondements du droit et de la justice que peut bien faire le juste ? : verset 3. On peut se demander aussi qui est ce juste : l'homme droit ? : Qu'a-t-il fait pour être mêlé à cet effondrement ? Dieu ? : Qui laisse aller le cours des événements sans intervenir ? Dans la leçon de la LXX le psalmiste s'adresse directement à Dieu : *« ce que tu as organisé ils l'ont détruit »*. Alors que peut bien faire le juste ?

Avec le verset 4, qui vient en réponse, on pourrait penser que ce Juste en question est bien Dieu. Depuis son temple saint, les cieux où il a son trône, il agit : ses yeux regardent et ses paupières examinent, testent, sondent, scrutent les fils d'Adam. Dans la LXX, nous avons un regard de Dieu plus doux puisque ses yeux prennent en considération le **πένητα**. Cette proximité divine *« vers l'indigent »* se conjugue avec des yeux qui observent de loin pour prendre en considération : «**ἀπο-βλέπουσιν**». Ce verbe grec n'est employé que deux fois dans le Psautier pour dire exactement la même chose dans les mêmes termes : Ici et dans le Ps 9.29.

Dans le N.T. **ἀποβλέπω** est un hapax dans la lettre aux Hébreux 11.26 : Par la foi, Moïse estima l'opprobre du Christ plus grande richesse que les trésors de l'Égypte car il regardait / **ἀπέβλεπεν** vers la récompense.

Dans la LXX, la mise à l'épreuve des fils des hommes, est exprimée avec le verbe **ἐξετάζω**. Nous avons dans ce psaume les deux seuls emplois de ce verbe dans le Psautier.

Dans le N.T., **ἐξετάζω** est employé trois fois. Mt 2.8 : Hérode demande de prendre des renseignements / **ἐξετάσατε** au sujet de l'Enfant de Bethléem. Mt 10.11 : c'est Jésus qui demande aux douze envoyés en mission de s'informer / **ἐξετάσατε** pour savoir qui est digne de recevoir. Et Jn 21.12 : Jésus ressuscité se tient au bord de la mer ; personne n'osait le questionner / **ἐξετάσαι**.

Au verset 5 où il est dit clairement que IHWH teste le juste on peut penser que le Juste du verset 3 b est bien Dieu. Il éprouve le juste et hait l'ami de la violence.

Sur les impies, tombera une pluie foudroyante : verset 6. L'image d'une pluie de pièges sur les impies ou les pécheurs fait réagir. Des propositions ont été faites dont celle de lire פַּחֲם au pluriel état construit / charbons ardents au lieu de פַּחִים. Dhorme, Osty, Chouraqui, Vesco suivent cette lecture. Meschonnic garde le T.M. La LXX, nous le voyons, suit également le T.M. Mannati suggère un éclairage sur la difficulté, à partir des versets 17 et suivants du chapitre 13 d'Ézéchiel où le prophète dénonce ceux qui prennent au piège les âmes comme des oiseaux.

L'image du « feu et du soufre » qui suit, rappelle bien sûr la destruction de Sodome et de Gomorrhe. Elle est un hapax dans le corpus évangélique en Lc 17.29 pour dire ce qu'il adviendra au jour du Fils de l'homme.

Au stique b : Dans le T.M. la fureur du vent est brûlante avec le mot זַלְעָפָה. La LXX l'exprime avec le substantif **καταιγίδος** : un vent de tempête, un ouragan. Deux fois, dans la Bible, nous avons cette correspondance hébreu / grec ; ici et en Lm 5.10.

Le sort des impies, la part de leur coupe sera le jugement de Dieu Juste.

Verset 7 : IHWH est juste et il aime les choses justes, littéralement : « les justices ». Au stique b, nous remarquons l'emploi du même verbe qu'au v.4 dans le T.M. : יֶחֱזוּ, tandis que la LXX emploie **ὁράω**. Le sujet de ce verbe au pluriel dans le T.M. est discuté, et suggère à certains de comprendre que c'est le visage de Dieu qui regardera ceux qui sont droits. C'est la leçon de la LXX où la face de Dieu a vu la droiture de l'homme.

***

Le lecteur du psaume peut suivre le psalmiste : se réfugier, mettre sa confiance en Dieu juste qui voit l'homme droit, l'indigent, précise la LXX. Nous l'avons vu, la face divine est expressive et purificatrice :

Verset 4	T.M.		LXX	
ses yeux	יֶחֱזוּ	regardent	**ἀποβλέπουσιν**	observent
ses paupières	יִבְחֲנוּ	testent	**ἐξετάζει**	scrutent

Au terme, cette confiance en Dieu de l'homme droit et le regard de Dieu juste qui aime les choses justes seront source d'une intimité entre l'homme et Dieu et triompheront du mal.

PSAUME 12 (11)

Verset 1

לַמְנַצֵּחַ עַל־הַשְּׁמִינִית מִזְמוֹר לְדָוִד׃	*Εἰς τὸ τέλος, ὑπὲρ τῆς ὀγδόης ·* *ψαλμὸς τῷ Δαυιδ.*
Du chef de chœur. **Sur l'octave.**	*Pour la fin,* **sur l'octave.**
Psaume de David.	**Psaume de David.**

Verset 2

הוֹשִׁיעָה יהוה כִּי־גָמַר חָסִיד כִּי־פַסּוּ אֱמוּנִים מִבְּנֵי אָדָם׃	*Σῶσόν με, κύριε, ὅτι ἐκλέλοιπεν ὅσιος,* *ὅτι ὠλιγώθησαν αἱ ἀλήθειαι ἀπὸ τῶν υἱῶν τῶν ἀνθρώπων.*
Sauve IHWH car c'en est fini du **fidèle**	**Sauve**-*moi,* **Seigneu**r, *car le* **fidèle** *a disparu,*
car ont **disparu les** croyants de chez **les fils** d'humain.	**car les** *vérités ont été amoindries par* **les fils** *des hommes.*

Verset 3

שָׁוְא ׀ יְדַבְּרוּ אִישׁ אֶת־רֵעֵהוּ שְׂפַת חֲלָקוֹת בְּלֵב וָלֵב יְדַבֵּרוּ׃	*μάταια ἐλάλησεν ἕκαστος πρὸς τὸν πλησίον αὐτοῦ,* *χείλη δόλια* *ἐν καρδίᾳ καὶ ἐν καρδίᾳ ἐλάλησαν.*
Vanité ! ils parlent : un homme à son compagnon	*Vanités chacun à son prochain a parlé,*
lèvres flatteuses,	**lèvre**s *trompeuses*
avec un cœur et un cœur, ils parlent.	**avec un cœur et un cœur ils** *ont parlé.*

Verset 4

יַכְרֵת יהוה כָּל־שִׂפְתֵי חֲלָקוֹת לָשׁוֹן מְדַבֶּרֶת גְּדֹלוֹת׃	*ἐξολεθρεύσαι κύριος πάντα τὰ χείλη τὰ δόλια* *καὶ γλῶσσαν μεγαλορήμονα*
Que **IHWH** retranche **toutes lèvres** flatteuses,	*Puisse le* **Seigneur** *exterminer* **toutes** *les* **lèvres** *trompeuses*
langue parlant grandeurs	*et la* **langue** *grandiloquente.*

Verset 5

אֲשֶׁר אָמְרוּ ׀ לִלְשֹׁנֵנוּ נַגְבִּיר שְׂפָתֵינוּ אִתָּנוּ מִי אָדוֹן לָנוּ׃	*τοὺς εἰπόντας* *Τὴν γλῶσσαν ἡμῶν μεγαλυνοῦμεν,* *τὰ χείλη ἡμῶν παρ'ἡμῶν ἐστιν ·* *τίς ἡμῶν κύριός ἐστιν ;*
qui ont dit : « par **notre langue nous** deviendrons forts, **nos lèvres** avec **nous,** **qui** [serait] **seigneur** sur nous **? »**	*ceux* **qui** *disent :* « **nous** *agrandirons* **notre langue**, ***nos lèvres*** *sont à* **nous ;** **qui** *est notre* **seigneur ? »**

Verset 6

מִשֹּׁד עֲנִיִּים מֵאַנְקַת אֶבְיוֹנִים עַתָּה אָקוּם יֹאמַר יְהוָה אָשִׁית בְּיֵשַׁע יָפִיחַ לוֹ׃	***Ἀπὸ τῆς ταλαιπωρίας τῶν πτωχῶν*** ***καὶ ἀπὸ τοῦ στεναγμοῦ τῶν πενήτων*** ***νῦν ἀναστήσομαι, λέγει κύριος,*** ***θήσομαι ἐν σωτηρίᾳ, παρρησιάσομαι ἐν αὐτῷ.***
À cause de la dévastation des humbles **du gémissement des** pauvres, **maintenant je me** lève **dit IHWH** **j'établirai dans** [le] **salut** celui contre qui on souffle.	**À cause de** *l'affliction des pauvres* *et à cause* **du gémissement des** *indigents* **maintenant je me** *lèverai*, **dit le Seigneur,** **je** *[les]* **établirai dans** [le] **salut,** *en cela j'agirai librement.*

Verset 7

אִמֲרוֹת יהוה אֲמָרוֹת טְהֹרוֹת כֶּסֶף צָרוּף בַּעֲלִיל לָאָרֶץ מְזֻקָּק שִׁבְעָתָיִם׃	***τὰ λόγια κυρίου λόγια ἁγνά,*** ***ἀργύριον πεπυρωμένον δοκίμιον τῇ γῇ*** ***κεκαθαρισμένον ἑπταπλασίως.***
Les dires de **IHWH des** dires purifiés **argent** épuré dans le creuset de **la terre**, raffiné **sept fois.**	**Les** *paroles du* **Seigneur** *[sont]* **des** *paroles pures,* **argent** *passé au feu, éprouvé dans* **la terre** *purifié par* **sept fois.**

Verset 8

אַתָּה־יְהוָה תִּשְׁמְרֵם תִּצְּרֶנּוּ ׀ מִן־הַדּוֹר זוּ לְעוֹלָם׃	***σύ, κύριε, φυλάξεις ἡμᾶς*** ***καὶ διατηρήσεις ἡμᾶς ἀπὸ τῆς γενεᾶς ταύτης*** ***καὶ εἰς τὸν αἰῶνα.***
Toi IHWH tu les **garderas**	**Toi, Seigneur, tu** *nous* **garderas**
tu le **préserveras loin de cette génération**	*et* **tu** *nous* **préserveras loin de cette génération**
pour toujours.	*et* **pour** *l'éternité.*

Verset 9

סָבִיב רְשָׁעִים יִתְהַלָּכוּן כְּרֻם זֻלּוּת לִבְנֵי אָדָם׃	***κύκλῳ οἱ ἀσεβεῖς περιπατοῦσιν·*** ***κατὰ τὸ ὕψος σου ἐπολυώρησας τοὺς υἱοὺς τῶν ἀνθρώπων.***
Autour des **impies vont et viennent,**	**Autour** *les* **impies vont et viennent** *;*
quand se hausse la bassesse des **fils** d'humain.	*de ta hauteur tu as entouré d'attentions les* **fils** *des hommes.*

Quand nous lisons le psaume 12 (11) d'un bout à l'autre, nous remarquons que, au début et à la fin, Dieu est invoqué.

Une invocation pour demander le salut au début du verset 2. Le verbe « sauver » à la forme impérative, est sans complément dans le T.M. ; une écriture qui rend plus intense et plus universelle la demande à la différence de celle de la LXX où le complément « moi » lui donne un ton personnel.

Au verset 8, l'invocation est sur une autre tonalité. De la demande du v.2, nous sommes passés à une certitude. Elle est exprimée à l'inaccompli et au futur par deux verbes qui permettent de retrouver le psalmiste confiant dans le salut. Le suffixe « nous » de ces deux verbes « garder, préserver » dans la LXX se trouve dans quelques manuscrits hébreux. Notons que le verbe **διατηρέω** est un hapax pour les Psaumes, et dans le N.T., seul, Luc l'emploie : Lc 2.51 pour dire que Marie conservait tous ces événements dans son cœur ; et Ac 15.29 lors du débat sur la circoncision à Jérusalem où en gardant les décisions données on agira bien.

Ce n'est pas tout. Au centre du psaume, verset 6 d, Dieu lui-même s'exprime dans une promesse de salut : « J'établirai dans le salut celui contre qui l'on souffle » (T.M.). On peut comprendre que Dieu établira dans le salut l'humble que l'on souffle ou l'humble qui serait à bout de souffle d'être persécuté ; c'est notre traduction de la racine **פוח**. Mais elle peut également être lue dans le sens de « soupirer, aspirer » comme nous le voyons, par exemple, dans les traductions de Meschonnic et de Chouraqui. La fin du verset a été lue différemment par les traducteurs grecs : « Je (les) établirai dans le salut, en cela j'agirai librement / ***παρρησιάσομαι***

ἐν αὐτῷ ». Le verbe **παρρησιάζομαι**, un peu difficile à traduire ici, est peu employé dans la LXX. Il n'a que deux occurrences dans le Psautier. Ici, et au v.1 du Ps 94 (93).

Cette promesse de salut a un caractère solennel. Elle est précédée d'une parole de IHWH de style prophétique : « *maintenant, je me lève dit IHWH* » et suivie d'une garantie : les paroles de Dieu sont pures et véridiques verset 7. Dans le T.M. la Parole divine est d'une pureté parfaite ; elle est passée au creuset / בַּעֲלִיל de la terre. Le mot עֲלִיל est un hapax dans la Bible. Et du côté de la LXX, nous remarquons que ce terme hébreu est traduit par **δοκίμιον** qui est un hapax dans le Psautier.

La véracité des paroles divines est en opposition aux paroles mensongères exprimées dans les versets 3 à 5. Ces paroles viennent d'un cœur double autrement dit de quelqu'un qui a double face. Elles s'expriment par les lèvres et par la langue. Lèvres flatteuses, littéralement « lisses », et la langue qui est celle de la grandeur dans le T.M. ou qui émet une parole grandiloquente dans la LXX. Dans la Bible, l'adjectif **μεγαλορ(ρ)ήμονα** ne se trouve que dans ce psaume et en 3 Maccabées 6.4.

Au verset 5, la langue laisse passer un orgueil fou avec le pouvoir de régner en « seigneur » ou en « maître ». La LXX insiste sur cette grandeur arrogante / **μεγαλυνοῦμεν** en reprenant le thème **μέγα** du v.4 : **μεγαλορ(ρ)ήμονα**.

Le psaume se termine sur une triste réalité. Le verset 9 nomme clairement « impies » ceux qui ont parlé avec orgueil. La mention des « fils d'humain » fait inclusion avec la fin du v.2 : « *car ont disparu les croyants de chez les fils d'humain* ». Dans le T.M., nous lisons le verbe פַּסּוּ de la racine פסס signifiant « disparaître » qui est un hapax ; cependant dans l'apparat critique de BHS nous remarquons une autre lecture possible avec le verbe פָּצוּde la racine פוץ signifiant « être dispersé ».

Ce verbe du v.2 est suivi du mot אֱמוּנִים masc. plur. qui exprime de la solidité, de la fermeté, et aussi de la fidélité. Il est traduit différemment. D'une manière générale, nous avons pris le parti de rendre אֵמוּן par l'idée de fidélité ; ici, à cause du mot חָסִיד / fidèle qui précède, nous préférons traduire אֱמוּנִים par un autre mot ; celui de : « croyants » nous semble prendre bien en compte l'idée de la fidélité.

Dans la LXX, ce sont les vérités qui sont amoindries, qui diminuent. Le verbe **ὀλιγόω** est le seul cas pour l'hébreu פסס ; et dans le Psautier ce verbe grec n'a qu'une autre occurrence dans le psaume 107 (106),39 pour l'hébreu מעט.

Tandis qu'au v.2 les hommes fiables, les croyants, ont disparu de chez les fils d'humain, au verset 9 les impies vont et viennent et la bassesse se hausse chez les fils d'humain. Le mot זֻלּוּת est un hapax. Il peut être traduit par : « vice, vilenie, débauche, bassesse » ; la racine זלל signifiant : se conduire mal, mais aussi : être léger, sans valeur. Ce mot est précédé du verbe רום à l'infinitif construit, lui-même précédé de la préposition כְּ. On peut donc lire : « comme » ou, « quand » s'élève / s'exalte la vilenie ou la bassesse chez les fils d'humain. La finale du T.M.

qui met en évidence une actualité que l'on connaît bien peut inviter le lecteur à faire confiance à la Parole divine qui porte une promesse de salut.

La leçon de la LXX apporte sa lumière. Le verbe **πολυωρέω** est employé ici, dans le psaume 138 (137).3 et dans le livre du Deutéronome 30.9. Il est précédé de la préposition **κατά** suivie du substantif **ὕψος**. Pour la traduction présente, nous avons retenu le sens d'un mouvement venant du haut pour la préposition **κατά** : du haut de ta hauteur. Avec le verbe **πολυωρέω** dont le sujet est Dieu, nous sommes dans une autre compréhension du stique que celle donnée par le T.M. où le vice triomphe. Les traducteurs grecs eux, opposent le va et vient des impies aux fils des hommes que Dieu entoure d'attentions et terminent en faisant triompher l'action de Dieu en faveur des fils des hommes.

Pour conclure, à partir des deux thèmes, du salut et de la parole, nous risquons ce schéma :

v.2a	**Une demande de salut**		**Sauve / Sauve-moi**
v.2b	Les croyants ont disparu		*chez les fils d'humain*
	Les vérités sont amoindries		*par les fils des hommes*
v.3,4,5	Des vanités,	)	
	des lèvres de flatterie,	(	Les paroles de l'impie
	une grande langue.	)	
	Qui serait notre seigneur ?	(	
	v.6	*Dieu se lève*	
		pour l'humilié, l'indigent	
		Une promesse de salut	J'établirai dans le **salut**
	v.7	Les paroles de IHWH sont pures	Les paroles de Dieu
v.8	**La sécurité du salut.**		tu garderas, tu préserveras
v.9	L'exaltation du vice (T.M.)		*chez les fils d'humain.*
	L'exaltation de l'action de Dieu (LXX)		*pour les fils des hommes.*

PSAUME 13 (12)

Verset 1

לַמְנַצֵּחַ מִזְמוֹר לְדָוִד׃	***Εἰς τὸ τέλος · ψαλμὸς τῷ Δαυιδ.***
Du chef de chœur. **Psaume de David.**	*Pour la fin.* **Psaume de David.**

Verset 2

עַד־אָנָה יהוה	***Ἕως πότε, κύριε,***
תִּשְׁכָּחֵנִי נֶצַח	***ἐπιλήσῃ μου εἰς τέλος ;***
עַד־אָנָה ׀	***ἕως πότε***
תַּסְתִּיר אֶת־פָּנֶיךָ מִמֶּנִּי׃	***ἀποστρέψεις τὸ πρόσωπόν σου ἀπ᾽ἐμοῦ ;***
Jusqu'où **IHWH,**	**Jusqu**'*à quand,* **Seigneur**,
m'oublieras-tu toujours ?	**m'oublieras-tu** *jusqu'à la fin ?*
Jusqu'où	**Jusqu**'*à quand*
cacheras-tu **ta face loin de moi ?**	*retourneras-tu* **ta face loin de moi ?**

Verset 3

עַד־אָנָה	***ἕως τίνος***
אָשִׁית עֵצוֹת בְּנַפְשִׁי	***θήσομαι βουλὰς ἐν ψυχῇ μου,***
יָגוֹן בִּלְבָבִי יוֹמָם	***ὀδύνας ἐν καρδίᾳ μου ἡμέρας ;***
עַד־אָנָה ׀	***ἕως πότε***
יָרוּם אֹיְבִי עָלָי׃	***ὑψωθήσεται ὁ ἐχθρός μου ἐπ᾽ἐμέ ;***
Jusqu'où	**Jusqu**'*à quoi*
mettrai-je des plans **dans mon âme,**	**mettrai-je des** *desseins* **dans mon âme,**
l'affliction **dans mon cœur le jour,**	*des souffrances* **dans mon cœur** *[durant]* **le jour ?**
jusqu'où	**jusqu**'*à quand*
s'élèvera **mon ennemi sur moi ?**	*se haussera* **mon ennemi sur moi ?**

Verset 4

הַבִּיטָה עֲנֵנִי יהוה אֱלֹהָי	***ἐπίβλεψον, εἰσάκουσόν μου, κύριε ὁ θεός μου·***
הָאִירָה עֵינַי	***φώτισον τοὺς ὀφθαλμούς μου,***
פֶּן־אִישַׁן הַמָּוֶת׃	***μήποτε ὑπνώσω εἰς θάνατον,***
Regarde, réponds-moi, **IHWH mon Dieu,**	*Pose ton regard, exauce-moi,* **Seigneur mon Dieu,**
illumine mes yeux,	**illumine mes yeux,**
de peur que je ne m'endorme : **la mort**	**de peur que je ne m'endorme** *dans* **la mort**,

Verset 5

פֶּן־יֹאמַר אֹיְבִי	***μήποτε εἴπῃ ὁ ἐχθρός μου***
יְכָלְתִּיו	***Ἴσχυσα πρὸς αὐτόν ·***
צָרַי יָגִילוּ כִּי אֶמּוֹט׃	***οἱ θλίβοντές με ἀγαλλιάσονται, ἐὰν σαλευθῶ.***
de peur que ne dise mon ennemi	**de peur que ne dise mon ennemi**
« **j'ai** eu pouvoir sur **lui** ».	*«* **j'ai** *prévalu contre* **lui** *» ;*
[que] mes oppresseurs n'exultent quand je chancellerai.	*ceux qui m'oppressent se réjouiront si je suis ébranlé.*

Verset 6

וַאֲנִי ׀ בְּחַסְדְּךָ בָטַחְתִּי	***ἐγὼ δὲ ἐπὶ τῷ ἐλέει σου ἤλπισα,***
יָגֵל לִבִּי בִּישׁוּעָתֶךָ	***ἀγαλλιάσεται ἡ καρδία μου ἐπὶ τῷ σωτηρίῳ σου ·***
אָשִׁירָה לַיהוָה	***ᾄσω τῷ κυρίῳ***
כִּי גָמַל עָלָי׃	***τῷ εὐεργετήσαντί με***
	καὶ ψαλῶ τῷ ὀνόματι κυρίου τοῦ ὑψίστου.
Et moi, dans ton amour **j'ai** confiance	**Et moi dans** *ta miséricorde* **j'ai** *espéré,*
mon cœur exultera **dans ton salut**	**mon cœur** *se réjouira* **dans ton salut** *;*
je veux chanter pour **IHWH**	**je** *chanterai au* **Seigneur**
car il **m'a** rétribué.	*lui qui* **m'a** *fait du bien*
	et je psalmodierai au nom du Seigneur le Très-Haut.

Comme nous le savons, il y a un temps pour tout sous le ciel. Ici, avec le psaume 13, il y a un temps pour expérimenter le tourment de l'oubli de la part de Dieu.

L'interrogation angoissée « jusqu'à quand » ou « jusqu'où » - l'adverbe hébreu אָנָה pouvant être lu dans un sens spatial ou temporel -, répétée au début des stiques des versets 2 et 3 met en évidence l'intensité et la durée de l'épreuve.

Effectivement, au verset 2, à l'interrogation sur l'oubli s'ajoute celle sur le : *« toujours »* ou *« jusqu'à la fin »*. De plus, quand Dieu cache sa face comme le dit la suite du verset, une distance s'installe entre Dieu et l'homme. La LXX, avec le verbe **ἀποστρέφω**, exprime cette distance encore plus radicalement.

Verset 3, le psalmiste en vient à échafauder des plans dans son âme, et le jour l'affliction est dans son cœur. Nous traduisons le mot עֵצוֹת dans son sens le plus habituel et comme l'a compris la LXX avec le substantif **βουλάς**.

Certains traducteurs, Dhorme par exemple, suivent la proposition donnée dans l'apparat critique et lisent עַצָּבוֹת de la racine עצב ; ils traduisent alors par « souffrances » parallèlement à l'affliction יָגוֹן du stique suivant. Vesco et Osty qui prennent également en compte cette leçon ont choisi le mot : soucis, parce qu'il peut dire à la fois peine ou souffrance et projet. Plusieurs manuscrits grecs ont ajouté « **καὶ νυκτός** / et la nuit » après le mot « jour » ; une addition qui souligne un peu plus le caractère long et pénible de ce qui se passe dans le cœur du suppliant.

Nous notons que le substantif **ὀδύνας** / **ὀδύνη** du stique b n'a que deux occurrences dans le N.T. – Dans l'épître aux Romains 9.2 : Paul a au cœur une grande tristesse et une incessante douleur / **ὀδύνη** parce qu'Israël a méconnu la réalisation de la Promesse en Jésus Christ ; et en 1 Tm 6.10 : ceux qui se sont laissés égarés par l'amour de l'argent ont été transpercés de douleurs / **ὀδύναις**.

Le dernier stique du verset fait apparaître un ennemi qui s'élève. Ce n'est pas un ennemi quelconque. C'est celui, essentiellement, du psalmiste dont le verset 5 lui donne un pouvoir redoutable. Dans ce verset, la LXX emploie le verbe **ἰσχύω** qui est un hapax dans le Psautier.

Le verset 4 peut nous éclairer sur le sens de l'interrogation anxieuse des versets 2 et 3. Après les impératifs « regarde, réponds-moi, illumine mes yeux », c'est de s'endormir dans la mort que le psalmiste a peur. Qu'il s'agisse d'une mort physique ou de la mort au sens moral et spirituel, l'illumination des yeux est essentielle et elle sera la réponse de IHWH. Dans l'épreuve du visage de Dieu qui se cache ou qui se retourne, se détourne, le psalmiste demande : *« Regarde »*. La LXX avec le verbe **ἐπιβλέπω** appelle le regard divin sur le psalmiste lui-même.

Dans le N.T. **ἐπιβλέπω** n'a que trois occurrences. Luc est le seul des évangélistes à l'employer : Lc 1.48 et 9.38. Et nous avons le troisième cas en Jc 2.3.

La confiance dans l'amour de Dieu, dans sa fidélité, sa bienveillance, sa miséricorde du verset 6 vient faire tomber la distance ressentie au v.2 entre Dieu et le psalmiste. C'est une confiance qui célèbre déjà la victoire du salut. Ici, le mot « salut » est lié au verbe גמל qui, au Qal, signifie : faire du bien, faire mûrir, sevrer, mener à terme, mais aussi : donner en retour, rétribuer. C'est le choix rédactionnel de Meschonnic et Vesco que nous suivons. Au psalmiste qui a eu confiance dans l'amour divin, sera donné en retour le salut.

À ce verset final, la LXX ajoute *« et je psalmodierai au Nom du Seigneur le Très-Haut »* qui rappelle le dernier verset du psaume 7.

***

Le lecteur du psaume a pu remarquer que l'interrogation *« jusqu'où / jusqu'à quand »* des versets 2 et 3, se porte d'abord sur IHWH : son oubli durera-t-il encore longtemps avec sa face cachée ? puis, au cœur et à l'âme du suppliant tourmentés par cet oubli d'une durée inconnue ; et enfin à son ennemi ; celui-ci aura-t-il le dessus ?

Dans les versets 4 à 6, le psalmiste demande à IHWH son regard et sa réponse ; que son ennemi ne triomphe pas car il est dans l'angoisse de la mort ; lui, le psalmiste a confiance dans l'amour de Dieu et il veut chanter pour lui. Ce chant de reconnaissance est le dernier mot du psalmiste de la LXX.

Un chant qui met fin au parcours d'un long chemin dans le tourment avec seulement six versets.

PSAUME 14 (13)

Verset 1

לַמְנַצֵּחַ לְדָוִד	***Εἰς τὸ τέλος · ψαλμὸς τῷ Δαυιδ.***
אָמַר נָבָל בְּלִבּוֹ אֵין אֱלֹהִים	***Εἶπεν ἄφρων ἐν καρδίᾳ αὐτοῦ Οὐκ ἔστιν θεός ·***
הִשְׁחִיתוּ הִתְעִיבוּ עֲלִילָה	***διέφθειραν καὶ ἐβδελύχθησαν ἐν ἐπιτηδεύμασιν,***
אֵין עֹשֵׂה־טוֹב׃	***οὐκ ἔστιν ποιῶν χρηστότητα, οὐκ ἔστιν ἕως ἑνός.***
Du chef de chœur. **De David.**	*Pour la fin. Psaume* **de David.**
Le fou **a dit dans son cœur : «** Pas de Dieu **».**	*L'insensé* **a dit dans son cœur :** *« Dieu n'est pas ».*
Ils ont corrompu, ils ont rendu abominable leur action,	*Ils ont été corrompus et ont été abominables en comportements,*
personne ne faisant **le bien**.	*il n'y en a pas qui fasse* **le bien**, *il n'y en a pas même un.*

Verset 2

יהוה מִשָּׁמַיִם הִשְׁקִיף עַל־בְּנֵי־אָדָם לִרְאוֹת הֲיֵשׁ מַשְׂכִּיל דֹּרֵשׁ אֶת־אֱלֹהִים׃	***κύριος ἐκ τοῦ οὐρανοῦ*** ***διέκυψεν ἐπὶ τοὺς υἱοὺς τῶν ἀνθρώπων*** ***τοῦ ἰδεῖν εἰ ἔστιν συνίων*** ***ἢ ἐκζητῶν τὸν θεόν.***
IHWH depuis les cieux	**Le Seigneur depuis** *le ciel,*
a jeté son regard **sur les fils** d'humain	*s'est penché pour regarder* **sur les fils** *des hommes*
pour voir s'il y a un intelligent	**pour voir s'il** *en est [un] qui comprenne*
cherchant **Dieu**	*ou qui recherche* **Dieu.**

Verset 3

הַכֹּל סָר יַחְדָּו נֶאֱלָחוּ אֵין עֹשֵׂה־טוֹב אֵין גַּם־אֶחָד׃	***πάντες ἐξέκλιναν, ἅμα ἠχρεώθησαν,*** ***οὐκ ἔστιν ποιῶν χρηστότητα,*** ***οὐκ ἔστιν ἕως ἑνός.***
Tous ils s'écartent**, ensemble** ils se sont pervertis,	**Tous** *se sont écartés,* **ensemble** *ils sont devenus bons à rien,*
personne ne faisant **le bien,**	*il n'y en a pas qui fasse* **le bien,**
personne **pas même un**.	*il n'y en a* **pas même un**.

τάφος ἀνεῳγμένος ὁ λάρυγξ αὐτῶν,
ταῖς γλώσσαις αὐτῶν ἐδολιοῦσαν ·
ἰὸς ἀσπίδων ὑπὸ τὰ χείλη αὐτῶν,
ὧν τὸ στόμα ἀρᾶς καὶ πικρίας γέμει ·
ὀξεῖς οἱ πόδες αὐτῶν ἐκχέαι αἷμα ·
σύντριμμα καὶ ταλαιπωρία ἐν ταῖς ὁδοῖς αὐτῶν,
καὶ ὁδὸν εἰρήνης οὐκ ἔγνωσαν ·
οὐκ ἔστιν φόβος θεοῦ ἀπέναντι τῶν ὀφθαλμῶν αὐτῶν.

Un sépulcre ouvert leur gosier,
avec leurs langues ils trompaient ;
un venin d'aspics sous leurs lèvres,
dont la bouche est pleine de malédiction et d'amertume ;
rapides leurs pieds pour verser le sang ;
la ruine et la misère [sont] **sur leurs chemins,**
et le chemin de la paix ils n'ont pas connu ;
la crainte de Dieu n'est pas devant leurs yeux.

Verset 4

הֲלֹא יָדְעוּ	οὐχὶ γνώσονται
כָּל־פֹּעֲלֵי אָוֶן	πάντες οἱ ἐργαζόμενοι τὴν ἀνομίαν ;
אֹכְלֵי עַמִּי	οἱ κατεσθίοντες τὸν λαόν μου
אָכְלוּ לֶחֶם	βρώσει ἄρτου
יְהוָה לֹא קָרָאוּ׃	τὸν κύριον οὐκ ἐπεκαλέσαντο.
Est-ce qu'ils ne connaîtront pas	*Ne connaîtront-ils pas*
tous les faiseurs d'**iniquité ?**	**tous** *ceux qui pratiquent l'***iniquité ?**
Mangeant **mon peuple**	*ceux qui dévorent* **mon peuple**
ils ont mangé du **pain**,	*[comme] un morceau de* **pain**
IHWH ! ils n'ont pas appelé.	**le Seigneur. ils n'ont pas** *invoqué.*

Verset 5

שָׁם ׀ פָּחֲדוּ פָחַד	ἐκεῖ ἐδειλίασαν φόβῳ,
	οὗ οὐκ ἦν φόβος,
כִּי־אֱלֹהִים בְּדוֹר צַדִּיק׃	ὅτι ὁ θεὸς ἐν γενεᾷ δικαίᾳ.
Là ils ont été effrayés de frayeur	**Là ils ont été effrayés** *de crainte,*
	là où n'était pas [la] crainte,
car Dieu [est] dans une génération juste.	**car Dieu [est] dans une génération juste.**

Verset 6

עֲצַת־עָנִי תָבִישׁוּ	βουλὴν πτωχοῦ κατῃσχύνατε,
כִּי יְהוָה מַחְסֵהוּ׃	ὅτι κύριος ἐλπὶς αὐτοῦ ἐστιν.
Le plan de l'humble **vous** lui ferez honte	**vous** *avez couvert de honte le dessein du pauvre,*
car IHWH est son refuge.	**car le Seigneur est son** *espérance.*

Verset 7

מִי יִתֵּן מִצִּיּוֹן יְשׁוּעַת יִשְׂרָאֵל בְּשׁוּב יהוה שְׁבוּת עַמּוֹ יָגֵל יַעֲקֹב יִשְׂמַח יִשְׂרָאֵל׃	***τίς δώσει ἐκ Σιων τὸ σωτήριον τοῦ Ισραηλ ;*** ***ἐν τῷ ἐπιστρέψαι κύριον τὴν αἰχμαλωσίαν τοῦ λαοῦ αὐτοῦ*** ***ἀγαλλιάσθω Ιακωβ καὶ εὐφρανθήτω Ισραηλ.***
Qui donnera depuis Sion le salut d'Israël ? **quand IHWH retournera** la destinée **de son peuple** **Jacob** exultera, **Israël** se réjouira.	**Qui donnera depuis Sion le salut d'Israël ?** **quand le Seigneur retournera** *la captivité* **de son peuple** *que* **Jacob** *soit dans l'allégresse et qu'***Israël** *se réjouisse.*

Le psaume commence par présenter un personnage peu sympathique : le נָבָל / **ἄφρων**. Deux mots du vocabulaire sapientiel que nous avons traduits par « fou » et « in-sensé » ; un être sans intelligence au point de dire dans son cœur qu'il n'y a pas de Dieu. Déjà, au psaume 10.4 (9.25), nous avons rencontré cette forme d'athéisme de la part de l'impie. Ici, c'est un fou, sans morale, « ni Dieu, ni loi », fier de sa dépravation. Il est déjà du côté du châtiment. Les verbes au pluriel qui suivent nous le font considérer comme représentatif d'un « collectif ». Dans la description des agissements de tous ces insensés, relevons, au verset 3, le verbe נֶאֱלָחוּ accompli Niphal de la racine אלח signifiant : pervertir, corrompre. Ce verbe n'a que trois occurrences : ici, dans le psaume 53 (52) - qui reproduit avec quelques variantes le psaume 14, et en Jb 15.16. Dans la LXX, il est traduit par le verbe **ἀχρειόω**, également rare. Outre les deux psaumes 14 (13) et 53 (52), on le lit en 2 R 3.19 où il traduit la racine כאבdans le sens d'abîmer, d'endommager ; et en Jr 11.16 où il traduit רעע dans le sens de saccager, ou de briser.

Dans le N. T., seul Paul emploie le verbe **ἀχρειόω** dans l'épître aux Romains ch.3, v.12. Cette citation nous amène, bien sûr, à souligner l'insertion dans la LXX, entre les versets 3 et 4, de tout un passage que l'on peut relire dans ce chapitre 3 v.10-18 de la lettre aux Romains. Paul rassemble là différents versets de psaumes et du prophète Ésaïe pour exprimer un état de corruption désespérant. (cf. Ps 5.10b ; 139.4b ; 35.2 et Es 59.7ss).

Au verset 4, le comportement des insensés, qui font œuvre d'iniquité, est obscur. « Mangeurs de mon peuple ou mangeant mon peuple, ils ont mangé du pain ». Le lecteur peut comprendre que ces insensés exploitent le peuple de Dieu - notons bien le possessif « mon » peuple - aussi naturellement qu'ils mangent du pain. En Mi 3.3, nous avons une image semblable : « *eux qui mangent la chair de mon peuple* ».

Ce stique b qui exprime la voracité des insensés est fort. En effet, il est encadré par deux autres comportements négatifs. Au stique a : ils ne savent pas, ils ne comprennent pas, tous ces faiseurs d'iniquité ; au stique c : ils n'ont pas invoqué le Seigneur. Pas d'intelligence, pas d'invocation ; résultat : il leur adviendra un état de frayeur, où la terreur de IHWH tombera sur eux, comme l'exprime le stique a du verset 5. Ici, la LXX souligne un peu plus l'état de frayeur et sa conséquence en ajoutant : « *là où n'était pas la crainte* ».

Le verset 6 est un peu difficile à interpréter. Certains traducteurs ont donné un tour interrogatif au stique a : Rendrez-vous honteux le plan de l'humble ? Ici, nous avons compris que les insensés se moquent du plan de l'humble ou du dessein du pauvre qui est d'avoir en Dieu son refuge ou son espérance. Ce stique b introduit par la préposition « car » peut être rapproché du stique b du verset précédent, également introduit par « car » ; au verset 5, Dieu est dans une génération juste ou du juste et au verset 6, Dieu est le refuge du pauvre qui peut être considéré comme un juste.

Verset 7 : 1re remarque, stique a : une interrogation. Le psalmiste s'interroge sur le salut d'Israël.
2e remarque, « Israël » est le dernier mot du verset.
Dieu donnera le salut à Israël et Israël se réjouira.

Entre le salut qui sera donné et la joie, il y a le stique intermédiaire : tout cela adviendra quand IHWH ramènera les captifs de son peuple. Deux interprétations de ce stique sont possibles.

Dans l'écriture du T.M. que l'on pourrait traduire littéralement : « dans le retourner de IHWH du retour de son peuple », on pense au retour de l'exil avec la formule stéréotypée : « quand IHWH ramènera les captifs de son peuple ». Une expression que l'on retrouve aux psaumes : 53 (52).7 ; 85 (84).2 ; 126 (125)1.4 mais dont les traductions peuvent variées en raison de la vocalisation de la racine שׁוב. Ce retour des captifs fera revenir la situation d'autrefois pour le peuple d'Israël. Ainsi, on pourrait également traduire : « quand IHWH restaurera / fera revenir la situation de son peuple ».

Avec les traducteurs grecs qui emploient le substantif **αἰχμαλωσίαν** nous pouvons comprendre : quand le Seigneur ramènera son peuple de la captivité.

Ce substantif grec n'a que deux occurrences dans le N.T. : Ep 4.8 ; Paul l'emploie dans son exhortation et son enseignement sur le mystère de l'Église qui est une citation du psaume 68 (67) v.19. Et en Ap 13.10 dans un passage difficile sur les « deux bêtes ».

Il est intéressant aussi de connaître la traduction de ce stique par Vigouroux : « *Lorsque le Seigneur aura mis fin à la captivité de son peuple* ». Son interprétation se réfère à la racine שׁבת.

Ce verset 7 avec l'exultation d'Israël pour le salut donné par Dieu, met en lumière le verset 2. Depuis les cieux, Dieu a jeté son regard / s'est penché pour regarder sur les hommes pour voir un intelligent en opposition à l'insensé du verset précédent. Les deux verbes הִשְׁקִיף / **διέκυψεν** qui expriment un mouvement du haut vers le bas pour regarder par une ouverture renforcent מִשָּׁמַיִם et **ἐκ τοῦ οὐρανοῦ** / depuis les cieux, qui précède. Dieu qui observe les hommes pour trouver le מַשְׂכִּיל et le **συνίων**, - celui qui a l'intelligence de la loi, qui comprend, qui a le sens du bien -, donne raison au pauvre ou à l'humilié qui a son espérance et son refuge en son Dieu. Il n'aura pas à craindre la honte. Et tant qu'il y aura un juste pour faire le bien, le peuple de Dieu peut espérer en Dieu sauveur. Et dans la pensée du lecteur de ce psaume aujourd'hui, la figure d'un Juste se lève.

PSAUME 15 (14)

Verset 1

מִזְמוֹר לְדָוִד יְהוָה מִי־יָגוּר בְּאָהֳלֶךָ מִי־יִשְׁכֹּן בְּהַר קָדְשֶׁךָ׃	***Ψαλμὸς τῷ Δαυιδ.*** ***Κύριε, τίς παροικήσει ἐν τῷ σκηνώματί σου*** ***καὶ τίς κατασκηνώσει ἐν τῷ ὄρει τῷ ἁγίῳ σου ;***
Psaume de David. **IHWH qui séjournera dans ta tente ?** **Qui** demeurera **sur ta montagne sainte ?**	**Psaume de David.** **Seigneur, qui séjournera dans ta tente** *et* **qui** *plantera sa tente* **sur ta montagne sainte ?**

Verset 2

הוֹלֵךְ תָּמִים וּפֹעֵל צֶדֶק וְדֹבֵר אֱמֶת בִּלְבָבוֹ׃	***πορευόμενος ἄμωμος καὶ ἐργαζόμενος δικαιοσύνην,*** ***λαλῶν ἀλήθειαν ἐν καρδίᾳ αὐτοῦ,***
Celui qui marche intègre **et** fait [la] **justice** et **parle** [la] **vérité dans son cœur,**	**Celui qui marche** *irréprochable* **et** *pratique* [la] **justice,** *qui* **parle** [la] **vérité dans son cœur,**

Verset 3

לֹא־רָגַל ׀ עַל־לְשֹׁנוֹ לֹא־עָשָׂה לְרֵעֵהוּ רָעָה וְחֶרְפָּה לֹא־נָשָׂא עַל־קְרֹבוֹ׃	***ὃς οὐκ ἐδόλωσεν ἐν γλώσσῃ αὐτοῦ*** ***οὐδὲ ἐποίησεν τῷ πλησίον αὐτοῦ κακὸν*** ***καὶ ὀνειδισμὸν οὐκ ἔλαβεν ἐπὶ τοὺς ἔγγιστα αὐτοῦ ·***
il ne va pas çà et là sur **sa langue,** il n'a pas **fait de mal à son** compagnon **et n'a pas** levé d'**insulte contre** son proche.	*qui n'a pas trompé par* **sa langue** *ni* **fait de mal à son** *prochain* **et n'a pas** *accueilli l'***insulte contre** *ses plus proches ;*

Verset 4

נִבְזֶה ׀ בְּעֵינָיו נִמְאָס וְאֶת־יִרְאֵי יהוה יְכַבֵּד נִשְׁבַּע לְהָרַע וְלֹא יָמִר׃	*ἐξουδένωται ἐνώπιον αὐτοῦ πονηρευόμενος,* *τοὺς δὲ φοβουμένους κύριον δοξάζει ·* *ὁ ὀμνύων τῷ πλησίον αὐτοῦ καὶ οὐκ ἀθετῶν*
Méprisable à ses yeux [est] le réprouvé,	*Sera* **méprisable** *devant lui celui qui agit mal,*
et **ceux qui craignent IHWH il** glorifiera **;**	*mais* **il** *glorifie* **ceux qui craignent le Seigneur ;**
Il **a juré** pour le mal et il ne changera pas ;	*celui qui* **a juré** *à son prochain et qui n'a pas annulé*

Verset 5

כַּסְפּוֹ ׀ לֹא־נָתַן בְּנֶשֶׁךְ וְשֹׁחַד עַל־נָקִי לֹא לָקָח עֹשֵׂה אֵלֶּה לֹא יִמּוֹט לְעוֹלָם׃	*τὸ ἀργύριον αὐτοῦ οὐκ ἔδωκεν ἐπὶ τόκῳ* *καὶ δῶρα ἐπ'ἀθῴοις οὐκ ἔλαβεν.* *ὁ ποιῶν ταῦτα οὐ σαλευθήσεται εἰς τὸν αἰῶνα.*
il n'a pas donné son argent avec intérêt	**il n'a pas donné son argent** *à usure*
et il **n'a pas** pris **de** cadeau sur l'innocent.	**et n'a pas** *accueilli* **de** *dons aux dépens des innocents.*
Celui qui fait ces choses ne chancellera **jamais.**	**Celui qui fait ces choses ne** *sera* **jamais** *ébranlé.*

Psaume 15 : voici l'homme modèle. Le premier mot est le Nom divin IHWH auquel est posée une question fondamentale : celle d'être admis dans le sanctuaire ou la tente. Avec l'expression « ta montagne sainte » au stique suivant de ce verset 1 le lecteur est mis dans une ambiance de pèlerinage.

Au stique b du verset 1 de la LXX, nous pouvons remarquer le verbe **κατασκηνώσει** car au stique précédent les traducteurs grecs ont employé le substantif **σκηνώματι**. Dans le T.M., nous lisons le verbe יִשְׁכֹּן de la racine שכן signifiant : s'installer, demeurer ; on aurait pu s'attendre au verbe אהל correspondant au mot אֹהֶל du stique a. Notons que ce verbe אהל n'est employé qu'en Gn 13.12.18 : Lot et Abraham se séparant plantent chacun leurs tentes.

Voyons les deux verbes du v.1 dans le N.T. : **παροικέω** n'a que deux occurrences. Lc 24.18 dans le récit des deux disciples d'Emmaüs et He 11.9 : Par la foi, Abraham séjourna / **παρῴκησεν** dans la terre de la promesse. Le verbe **κατασκηνόω** est en Mt 13.32 // Mc 4.32 // Lc 13.19 dans la parabole du grain de moutarde devenu un grand arbre si bien que les oiseaux du ciel viennent faire leur nid / **κατασκηνοῦν** dans ses branches. Et en Ac 2.26 qui est une citation du psaume 16 (15).9 : habiter, reposer en confiance.

La question du v.1 étant posée à IHWH, c'est de lui qu'il faut attendre une réponse. Celle-ci commence au verset 2 en termes d'exigence de sainteté. Nous avons là tout un programme de vie.

Marcher intègre : c'est l'état de celui qui est sans tache, tout entier à Dieu.

Faire la justice, ou être pleinement accordé à soi-même, à Dieu et au prochain.

Parler vérité dans son cœur, c'est-à-dire parler « vrai », ce qui oblige à dire exactement ce que l'on pense.

De plus, l'emploi du participe pour les trois verbes caractéristiques du comportement de l'homme parfait : marchant, faisant, parlant, exprime une exigence de durée.

Nous pouvons lire le mot **ἄμωμος** / irréprochable, sans tache, dans la lettre aux Hébreux ch. 9 v.14 : C'est le Christ lui-même qui s'est offert sans tache / **ἄμωμον** à Dieu.

Au verset 3, les conditions requises pour demeurer dans l'intimité de la tente ou du temple sont exprimées en termes négatifs.

L'écriture du stique a du T.M. est intéressante.

לֹא־רָגַל ׀ עַל־לְשֹׁנוֹ : La plupart des traducteurs ont compris : « Il n'a pas calomnié par sa langue » ; la racine רגל à l'accompli Qal n'étant employée qu'ici. Cependant au verbe qui est bien appliqué à la langue, nous pouvons avancer une idée se rapportant au « pied » (racine du mot hébreu) et traduire dans le sens de : « il ne laisse pas aller sa langue » ou « il ne trébuche pas par sa langue ». Osty a traduit : « qui ne circule pas l'infamie sur la langue ». Notre traduction suit cette seconde interprétation. Nous comprenons bien ce que veut dire la non-maîtrise de sa langue. Or, « celui qui marche intègre » au v.2, celui-là ne va pas marcher en laissant aller sa langue dans tous les sens pour nuire à son prochain.

Nous remarquons la lecture de ce stique par les traducteurs grecs ; ils ont employé le verbe **δολόω** : frauder, tromper, ruser.

Ce verbe grec est un hapax dans le N.T. en 2 Co 4.2 ; Paul affirmant la droiture dans l'exercice du ministère apostolique : « ne falsifiant / **δολοῦντες** pas la parole de Dieu ».

Les stiques b et c de ce v.3 expriment le comportement du juste à l'égard du prochain avec deux mots différents. רֵעֵהוּ / **πλησίον** au stique a ; קְרֹבוֹ / **ἔγγιστα** au stique b.

Le רֵעַ c'est le compagnon en humanité ; tous deux ont même origine et même destin.

Le קָרֵב est celui qui s'approche et s'approche de plus en plus. Il y a un contact, une relation. Les traducteurs grecs, eux, ont exprimé cette proximité du T.M. avec le superlatif « **ἔγγιστα** » : ceux qui sont tout près. Le mot hébreu apporte une nuance de mouvement au sens locatif du mot grec qu'il est cependant difficile de rendre en français.

Les deux verbes de ce stique c peuvent être commentés.

T.M. : Il n'a pas levé / נָשָׂא d'insulte contre son prochain.

LXX : Il n'a pas reçu ou accueilli / **ἔλαβεν** l'insulte sur ses proches.

Le verbe נָשָׂא signifiant : lever, porter, amène à des compréhensions différentes du stique. Mannati en suggère la lecture suivante : *« l'expression : "ne pas lever l'outrage" demeure obscure. Peut-être pouvons-nous l'interpréter de ces étiquettes sous lesquelles nous classons si facilement les autres, pétrifiant ainsi un être en devenir, par cette détermination "levée" sur lui »*.

Nous avons une expression semblable en Jr 15.15 : *« sache que je supporte l'opprobre à cause de toi »*. Dans ce cas, נשא est employé dans le sens de « supporter ». En suivant ce sens du verbe, nous aurions une toute autre compréhension du stique et ce n'est pas la majoritaire.

Cependant, voyons maintenant l'interprétation des traducteurs grecs.

Avec le verbe **λαμβάνω** ceux-ci donnent une leçon différente de celle donnée par le T.M. : Le juste n'a pas accueilli, n'a pas pris l'injure sur ou contre ses proches.

L'interprétation du verset 4 n'est pas toute simple ; le stique c est difficile à traduire. Une traduction littérale du T.M. comme : « il a juré pour le mal et il ne changera pas » a besoin d'un peu d'explication. Si ce juste, qui est du côté de Dieu comme le stique a nous le laisse entendre, jure à ses dépens il restera fidèle à son serment quoi qu'il lui advienne, et c'est peut-être à ce prix-là qu'il tiendra parole pour Dieu et pour lui-même.

La LXX a lu différemment : « celui qui a juré à son prochain » ; celui-là ne reviendra pas sur le serment.

On peut prolonger la recherche d'une compréhension de la phrase en se reportant à la lettre aux Hébreux ch 10 v.28 où nous avons le verbe **ἀθετέω** employé dans le sens d'une violation de la loi.

C'est ici le seul cas dans la Bible où la racine **מור** est rendue par le verbe **ἀθετέω**.

De même au stique a, nous avons le seul cas du verbe **πονηρεύομαι** (participe) pour l'hébreu **נִמְאָס**, le réprouvé, le rejeté.

Il faut sans doute relire les chapitres 22, 23 de l'Exode et 25 du Lévitique pour retrouver le sens des interdictions exprimées aux stiques a et b du verset 5.

La conclusion du psaume est donnée dans le dernier stique par une formule que l'on pourrait paraphraser ainsi : Celui qui fait ces choses ne pourra chanceler ; il a sa demeure dans le temple. Ou : celui qui fait ces choses accomplit la loi, il ne chancellera jamais. Ou encore : celui-là, il aura bonheur et longue vie.

PSAUME 16 (15)

Verset 1

מִכְתָּם לְדָוִד שָׁמְרֵנִי אֵל כִּי־חָסִיתִי בָךְ׃	*Στηλογραφία τῷ Δαυιδ.* ***Φύλαξόν με, κύριε, ὅτι ἐπὶ σοὶ ἤλπισα.***
À mi-voix **de David.**	*Épigraphe.* **De David.**
Garde-moi, Dieu, car je me réfugie **en toi.**	**Garde-moi, Seigneur, car en toi** *j'ai espéré.*

Verset 2

אָמַרְתְּ לַיהוה אֲדֹנָי אָתָּה טוֹבָתִי בַּל־עָלֶיךָ׃	***εἶπα τῷ κυρίῳ Κύριός μου εἶ σύ,*** ***ὅτι τῶν ἀγαθῶν μου οὐ χρείαν ἔχεις.***
Tu as dit à **IHWH** : « **mon Seigneur** [c'est] toi	*J'ai dit au* **Seigneur** *: « tu es* **mon Seigneur,**
mon bon[heur] n'est pas au-dessus de toi ».	*parce que tu n'as pas besoin de mes biens ».*

Verset 3

לִקְדוֹשִׁים אֲשֶׁר־בָּאָרֶץ הֵמָּה וְאַדִּירֵי כָּל־חֶפְצִי־בָם׃	***τοῖς ἁγίοις τοῖς ἐν τῇ γῇ αὐτοῦ ἐθαυμάστωσεν πάντα τὰ θελήματα αὐτοῦ ἐν αὐτοῖς.***
Pour les saints qui [sont] **sur** la **terre**, eux	**Pour les saints** [*ceux* **qui sont**] **sur** *sa* **terre**
et les puissants, tout mon désir [est] **en eux.**	*il a rendu admirables toutes ses volontés* **en eux.**

Verset 4

יִרְבּוּ עַצְּבוֹתָם	***ἐπληθύνθησαν αἱ ἀσθένειαι αὐτῶν,***
אַחֵר מָהָרוּ	***μετὰ ταῦτα ἐτάχυναν***
בַּל־אַסִּיךְ נִסְכֵּיהֶם מִדָּם	***οὐ μὴ συναγάγω τὰς συναγωγὰς αὐτῶν ἐξ αἱμάτων***
וּבַל־אֶשָּׂא אֶת־שְׁמוֹתָם עַל־שְׂפָתָי׃	***οὐδὲ μὴ μνησθῶ τῶν ὀνομάτων αὐτῶν διὰ χειλέων μου.***
Sont nombreuses leurs douleurs	*Leurs faiblesses se sont multipliées,*
ils courent [vers] un autre,	*après cela ils se sont hâtés ;*
je ne verserai pas leurs libations **de sang (s),**	*que jamais plus je n'assemble leurs assemblées* **de sang(s**)
et je ne porterai pas **leurs noms** sur **mes lèvres.**	*ni ne me souvienne de* **leurs noms** *par* **mes lèvres**.

Verset 5

יהוה מְנָת־חֶלְקִי וְכוֹסִי אַתָּה תּוֹמִיךְ גּוֹרָלִי׃	***κύριος ἡ μερὶς τῆς κληρονομίας μου καὶ τοῦ ποτηρίου μου· σὺ εἶ ὁ ἀποκαθιστῶν τὴν κληρονομίαν μου ἐμοί.***
IHWH la part de mon lot **et ma coupe**	**Seigneur la part de mon** *héritage* **et** *de* **ma coupe** ;
toi tu maintiens mon sort.	*tu es celui qui me rendras mon héritage.*

Verset 6

חֲבָלִים נָפְלוּ־לִי בַּנְּעִמִים אַף־נַחֲלָת שָׁפְרָה עָלָי׃	***σχοινία ἐπέπεσάν μοι ἐν τοῖς κρατίστοις· καὶ γὰρ ἡ κληρονομία μου κρατίστη μοί ἐστιν.***
Les cordeaux sont tombés pour moi dans des délices,	**Les cordeaux sont tombés pour moi dans** *les meilleurs endroits,*
même l'**héritage est** plaisant **pour moi.**	*et ainsi mon* **héritage est** *le meilleur* **pour moi.**

Verset 7

אֲבָרֵךְ אֶת־יְהוָה אֲשֶׁר יְעָצָנִי
אַף־לֵילוֹת יִסְּרוּנִי כִלְיוֹתָי׃

Je bénirai IHWH qui me conseille

même les nuits **mes reins** m'avertissent.

εὐλογήσω τὸν κύριον τὸν συνετίσαντά με ·
ἔτι δὲ καὶ ἕως νυκτὸς ἐπαίδευσάν με οἱ νεφροί μου.

Je bénirai le Seigneur qui *m'a fait comprendre :*

et **même** *jusque dans la nuit* **mes reins** *m'ont instruit.*

Verset 8

שִׁוִּיתִי יְהוָה לְנֶגְדִּי תָמִיד
כִּי מִימִינִי בַּל־אֶמּוֹט׃

Je place **IHWH** devant **moi continuellement**

car [il est] **à ma droite** je ne chancellerai pas.

προωρώμην τὸν κύριον ἐνώπιόν μου διὰ παντός,
ὅτι ἐκ δεξιῶν μού ἐστιν, ἵνα μὴ σαλευθῶ.

Je voyais **le Seigneur** *en face de* **moi continuellement,**

car il est à ma droite, *afin que je ne sois pas ébranlé.*

Verset 9

לָכֵן ׀ שָׂמַח לִבִּי
וַיָּגֶל כְּבוֹדִי
אַף־בְּשָׂרִי יִשְׁכֹּן לָבֶטַח׃

C'est pourquoi mon cœur se réjouit

et ma gloire exulte

même ma chair demeurera en confiance.

διὰ τοῦτο ηὐφράνθη ἡ καρδία μου,
καὶ ἠγαλλιάσατο ἡ γλῶσσά μου,
ἔτι δὲ καὶ ἡ σάρξ μου κατασκηνώσει ἐπ᾽ἐλπίδι,

C'est pourquoi mon cœur *s'est réjoui,*

et ma *langue a exulté*

et **même ma chair demeurera** *dans l'espérance,*

Verset 10

כִּי ׀ לֹא־תַעֲזֹב נַפְשִׁי לִשְׁאוֹל
לֹא־תִתֵּן חֲסִידְךָ לִרְאוֹת שָׁחַת׃

car tu n'abandonneras pas mon âme au séjour des morts

tu **ne donneras pas à ton fidèle de voir** la fosse.

ὅτι οὐκ ἐγκαταλείψεις τὴν ψυχήν μου εἰς ᾅδην
οὐδὲ δώσεις τὸν ὅσιόν σου ἰδεῖν διαφθοράν.

car tu n'abandonneras pas mon âme au séjour des morts

ni **ne donneras à ton fidèle de voir** *une corruption.*

Verset 11

תּוֹדִיעֵנִי אֹרַח חַיִּים שֹׂבַע שְׂמָחוֹת אֶת־פָּנֶיךָ נְעִמוֹת בִּימִינְךָ נֶצַח׃	*ἐγνώρισάς μοι ὁδοὺς ζωῆς ·* *πληρώσεις με εὐφροσύνης μετὰ τοῦ προσώπου σου,* *τερπνότητες ἐν τῇ δεξιᾷ σου εἰς τέλος.*
Tu me feras **connaître** le sentier **de vie**, satiété de joies **avec ta face,** **délices à ta droite** à perpétuité.	**Tu** *m'as fait* **connaître** *les chemins* **de vie** *;* *tu me rempliras de joie* **avec ta face,** **délices à ta droite** *jusqu'à la fin.*

Un homme de la tribu sacerdotale des Lévites nous parle de son expérience. Choisir Dieu c'est avoir part au bonheur.

Les mots מִכְתָּם et **στηλογραφία** dans le titre se retrouvent dans les suscriptions de cinq autres psaumes : 56 (55) ; 57 (56) ; 58 (57) ; 59 (58) ; 60 (59). Plusieurs traductions du mot hébreu sont possibles. Dhorme, par exemple, qui a traduit « à mi-voix » rapproche le mot de l'akkadien katamu signifiant « couvrir ». Un verbe employé avec le mot « lèvres » dans des expressions comme : « lèvres closes, lèvres fermées ». Ainsi se justifierait la traduction « à mi-voix » et aussi celle de Meschonnic : « prière secrète ». D'autres, comme Osty, ont lu כֶּתֶם « or », « poème d'or ». Dans ce cas, on pourrait comprendre que ce psaume serait un poème précieux. Enfin, ce mot hébreu a été lu aussi מִכְתָּב : « Écrit ». C'est la lecture de Chouraqui, avec le terme « graphie ». Comme il s'agit seulement d'un mot du titre nous n'entrons pas davantage dans toutes les explications qui ont pu être données.

Verset 2 a : Nous gardons le pronom personnel « tu » (tu as dit) du T.M. bien que dans de nombreuses traductions c'est la leçon de la LXX et de quelques manuscrits hébreux qui est adoptée avec le pronom personnel 1re singulier : « j'ai dit au Seigneur ». Avec le pronom personnel « tu », fém. sg. le T.M. laisse entendre un dialogue. Le psalmiste s'adresse à quelqu'un. Ce quelqu'un est peut-être son âme. Les traducteurs grecs, eux, avec le pronom personnel « je », expriment plus franchement un dialogue intérieur. Cette leçon de la LXX pourrait justifier une graphie défective de la 1re personne du verbe de la racine אמרdans le T.M.

Stique b : Tandis que nous lisons dans la LXX « parce que tu n'as pas besoin de mes biens », le T.M. dit : « mon bien « ou « mon bonheur » n'est pas au-dessus de toi » ou, selon le targum : « n'est pas en dehors de toi ». D'un côté comme de l'autre, la supériorité de Dieu est exprimée ; le psalmiste du T.M. professe que son plus grand bien ou bonheur est Dieu, celui de la LXX professe la seigneurie de celui qui n'a nullement besoin de biens parce qu'Il est le Bien par excellence. Les versets suivants continuent d'éclairer la personnalité du psalmiste, seulement, les versets 3 et 4 particulièrement sont un peu difficiles à lire dans le T.M. et l'interprétation diffère selon la lecture et les corrections qui seront faites.

<u>Verset 3</u> : Des corrections ont été proposées pour rendre la phrase cohérente :
* La suppression de « eux / הֵמָּה à la fin du stique a « pour les saints qui [sont] sur la terre eux ».
* La suppression du waw / וְ au début du stique b « et les puissants, tout mon désir en eux ».
« les saints » dont il est question peuvent désigner des divinités païennes.

<u>Verset 4 a</u> : Le mot עַצְּבוֹתָם est traduit soit par « douleurs » ou par un synonyme, soit par « idoles ». La racine עצב pouvant justifier les deux choix de lecture. Si l'on admet que le mot « saints » du verset précédent signifie des divinités païennes, le terme « idoles » a bien sa place ici. Toutefois, on pourrait également comprendre que si l'on trouve du plaisir dans les « faux dieux » qui sont sur la terre, et dans les puissants, (v.3) on en arrivera à multiplier ses douleurs. Notons ici, que dans la T.O.B, l'Ancien Testament interlinéaire hébreu-français, nous avons le mot « ravages » qui concilie assez bien les deux idées de « idoles, et douleurs ».

Plusieurs lectures sont également proposées pour la fin du stique אַחֵר מָהָרוּ. Les versions anciennes mais aussi Chouraqui lisent : « ils se sont hâtés (derrière) un autre », sous- entendu : un autre dieu. Mais la racine מהר peut signifier : « payer le prix pour acquérir ». Dans ce cas, on lirait : « ils ont payé le prix pour acquérir un autre (dieu) ».

Complétons ces remarques à la lumière de la leçon de la LXX.
v.3 : *« Pour les saints ceux qui sont sur sa terre,*
il a rendu admirables toutes ses volontés en eux »
v.4 : *« Leurs faiblesses se sont multipliées,*
après cela ils se sont hâtés ».

Nous le voyons dans le stique 3 b, pour les traducteurs grecs, les « saints » ne sont pas des « faux dieux », et c'est cette interprétation que l'on a dans le Targum.

Au v.4 b, la traduction présente de **μετὰ ταῦτα** : *« après cela »* s'inspire de celle de Vigouroux : *« ensuite »*. Giguet a traduit : *« et cependant ils ont couru rapidement »*.

La différence entre le T.M. et la LXX se poursuit jusqu'à la fin du verset 4. Tandis que le texte hébreu parle de ne pas verser de libations de sang, nous lisons : « que je n'assemble pas leurs assemblées de sang » dans le texte grec ; le lecteur peut comprendre que ces assemblées de sang sont des lieux où on offrira le sang. Enfin, au dernier stique du verset, le verbe **μνησθῶ** donne un tour plus absolu, - c'est définitif : il ne se souviendra plus de leurs noms - que le verbe אֶשָּׂא / lever, porter, du T.M.

Dieu étant « la part, l'héritage » du psalmiste, regardons les mots qui l'expriment dans les versets 5 et 6.
À trois reprises, la LXX emploie le substantif **κληρονομία** : héritage.
Dans le T.M., nous avons trois mots différents :
<u>Verset 5 a</u> : חֶלְקִי : Part, partage, lot. C'est ici le seul cas חֵלֶק / **κληρονομία**.

Verset 5 b : גּוֹרָלִי: sort : le sort que Dieu peut réserver à ses fidèles. Avec ce sens, on pourrait aller jusqu'à traduire le mot par « destinée » ou « destin » ; c'est le choix de Vesco. En Es 17.4 on retrouve ce mot hébreu traduit par **κληρονομία**. Ce sont les deux cas de correspondance hébreu – grec.

Verset 6 b : נַחֲלָת qu'il faut sans doute lire נַחֲלָתִי ou נַחֲלָה : Possession, patrimoine, héritage.

Quelques remarques encore sur ces versets 5 et 6.

Le verbe תּוֹמִיךְ du verset 5 b signifiant : saisir, prendre, tenir, soutenir, a été lu par la LXX comme dans plusieurs manuscrits תּוֹמֵךְ : Participe Qal masculin singulier. Le lévite est ainsi assuré du soutien permanent de Dieu. On peut comprendre que Dieu prend en main le sort du lévite comme a traduit la T.O.B. : « mon destin est dans ta main ».

Avec les deux verbes de ce stique b, nous pouvons sentir deux regards un peu différents sur Dieu qui maintient dans le T.M., et qui restitue ou qui rend l'héritage pour les traducteurs grecs.

Au verset 6 : tandis que nous avons les superlatifs **κρατίστοις** (stique a) et **κρατίστη** (stique b), nous lisons l'adjectif substantivé נְעִמִים: lieux agréables, délicieux au stique a ; et le verbe שָׁפְרָה, accompli Qal (racine שפר) signifiant : être beau ou plaire au stique b ; ce verbe hébreu est un hapax.

Verset 7 : יְעָצָנִי (racine יעץ) : « me conseille » est traduit dans le texte de la LXX par le verbe **συνετίζω** de **συνετός** : un être intelligent, perspicace, qui comprend, clairvoyant, sage. Nous avons ici le seul cas **συνετίζω** pour la racine יעץ. Ce verbe grec traduit habituellement l'hébreu בין.

Dans le N.T. nous pouvons retrouver les mots **σύνεσις** et **συνετός** mais non pas le verbe **συνετίζω**.

Au verset 8, nous remarquons **προωρώμην** / Je voyais, tandis que le T.M. nous dit que le psalmiste a placé / שִׁוִּיתִי (accompli Piel de la racine שוה) IHWH devant lui.

Au verset 9 b, c'est la langue du psalmiste qui est dans l'allégresse dans la LXX ; dans le T.M. c'est sa gloire, son honneur, son « foie », autrement dit : ce qui est digne ou noble en lui, jubilera.

Au stique c, comme nous y sommes habitués, la LXX emploie le mot **ἐλπίδι** : espérance, là où le T.M parle de confiance, ou de sécurité. Comme il s'agit de la chair qui résidera dans l'espérance, la nuance entre les deux mots peut être soulignée.

Verset 10 : Le mot שַׁחַת pourrait être traduit par « corruption » ; nous pensons cependant qu'il est mieux rendu par « fosse » ; la fosse nous renvoie à l'image du tombeau autrement dit à la mort. La LXX, avec le substantif **διαφθοράν** parle de « corruption » ou de « destruction ». Nous gardons l'idée propre à chacun des deux termes.

Nous avons également le mot חֲסִידְךָ / ton hassid que nous traduisons par « fidèle », faute de trouver meilleur mot ; il est le **ὅσιος** / l'homme pieux, le fidèle également, dans la LXX.

Au verset 11 a, remarquons le pluriel **ὁδοὺς** pour le singulier אֹרַחà l'état construit. De plus, nous sommes plus habitués à voir ce substantif grec pour la racine דרךְ. Dans le cas présent, après les mots de « shéol » et de « fosse », le « sentier » ou « les chemins » que Dieu fera connaître ne peuvent être que du côté de la vie et même exprimer une manière de vivre.

Au stique b, tandis que le T.M. parle avec un substantif שֹׂבַע : « satiété », les traducteurs grecs, avec l'emploi du verbe **πληρώσεις**, renforcent l'idée d'un Dieu qui a l'initiative de remplir de joie son lévite.

Les versets 8-11 pourraient être médités en écoutant Pierre dans Ac 2.25-28 ; 2.31. L'apôtre cite ces versets du psaume en les appliquant au Christ ressuscité.

Ce lévite, après avoir été lui-même instruit durant les nuits, sait dire son expérience. Il a même de l'audace ; par exemple,

Verset 8 : « Il est à ma droite, je ne chancellerai pas » : Dieu est à sa droite.

Verset 11 : « délices à ta droite ... » : C'est lui, le lévite, qui serait à la droite de Dieu.

C'est impressionnant ; surtout quand on a en mémoire le verset 3 du ch.1 de la lettre aux Hébreux où le Fils, après avoir accompli la purification des péchés s'est assis à la droite de la Majesté dans les hauteurs.

PSAUME 17 (16)

Verset 1

תְּפִלָּה לְדָוִד	*Προσευχὴ τοῦ Δαυιδ.*
שִׁמְעָה יהוה ׀ צֶדֶק	*Εἰσάκουσον, κύριε, τῆς δικαιοσύνης μου,*
הַקְשִׁיבָה רִנָּתִי	*πρόσχες τῇ δεήσει μου,*
הַאֲזִינָה תְפִלָּתִי	*ἐνώτισαι τῆς προσευχῆς μου*
בְּלֹא שִׂפְתֵי מִרְמָה׃	*οὐκ ἐν χείλεσιν δολίοις.*

Prière. De David.	**Prière de David.**
Écoute **IHWH**, **justice**,	*Exauce*, **Seigneur**, *ma* **justice,**
sois attentif à ma clameur	**sois attentif à ma** *supplication,*
prête l'oreille à ma prière	**prête l'oreille à ma prière**
sans **lèvres** de tromperie.	*non [proférée] avec des* **lèvres** *trompeuses.*

Verset 2

מִלְּפָנֶיךָ מִשְׁפָּטִי יֵצֵא עֵינֶיךָ תֶּחֱזֶינָה מֵישָׁרִים׃	***ἐκ προσώπου σου τὸ κρίμα μου ἐξέλθοι, οἱ ὀφθαλμοί μου ἰδέτωσαν εὐθύτητας.***
De ta face mon jugement sortira ; tes **yeux** observeront **la droiture.**	[Que] **de ta face** *puisse sortir* **mon jugement,** *mes* **yeux** *qu'ils voient* **la droiture.**

Verset 3

בָּחַנְתָּ לִבִּי ׀ פָּקַדְתָּ לַּיְלָה צְרַפְתַּנִי בַל־תִּמְצָא זַמֹּתִי בַּל־יַעֲבָר־פִּי׃	***ἐδοκίμασας τὴν καρδίαν μου, ἐπεσκέψω νυκτός · ἐπύρωσάς με, καὶ οὐχ εὑρέθη ἐν ἐμοὶ ἀδικία.***
Tu as testé mon cœur, tu as visité [la] **nuit,** **tu m'as** épuré, sans rien trouver ; [ce que] j'ai pensé ne franchira pas ma bouche.	**Tu as testé mon cœur, tu as visité** *de* **nuit,** **tu m'as** *passé au feu,* *et il n'a pas été trouvé en moi d'injustice.*

Verset 4

לִפְעֻלּוֹת אָדָם בִּדְבַר שְׂפָתֶיךָ אֲנִי שָׁמַרְתִּי אָרְחוֹת פָּרִיץ׃	***ὅπως ἂν μὴ λαλήσῃ τὸ στόμα μου τὰ ἔργα τῶν ἀνθρώπων, διὰ τοὺς λόγους τῶν χειλέων σου ἐγὼ ἐφύλαξα ὁδοὺς σκληράς.***
Pour les actions **des** humains dans la parole **de tes lèvres** **moi**, je me suis gardé des sentiers du brigand.	*Afin que ma bouche ne parle pas* *les œuvres* **des** *hommes,* *à cause des paroles* **de tes lèvres** **moi** *j'ai gardé des chemins abrupts.*

Verset 5

תָּמֹךְ אֲשֻׁרַי בְּמַעְגְּלוֹתֶיךָ בַּל־נָמוֹטּוּ פְעָמָי׃	***κατάρτισαι τὰ διαβήματά μου ἐν ταῖς τρίβοις σου, ἵνα μὴ σαλευθῶσιν τὰ διαβήματά μου.***
Mes pas tiennent ferme **dans tes** ornières, mes pieds n'ont pas chancelé.	*Remets* **mes pas dans tes** *sentiers,* *afin que mes pas ne soient pas ébranlés.*

Verset 6

אֲנִי־קְרָאתִיךָ כִי־תַעֲנֵנִי אֵל	*ἐγὼ ἐκέκραξα, ὅτι ἐπήκουσάς μου, ὁ θεός·*
הַט־אָזְנְךָ לִי	*κλῖνον τὸ οὖς σου ἐμοὶ*
שְׁמַע אִמְרָתִי׃	*καὶ εἰσάκουσον τῶν ῥημάτων μου.*
Moi je t'ai appelé **car tu** me répondras **Dieu** ;	**Moi** *j'ai crié,* **car tu** *m'as entendu, ô* **Dieu** *;*
tends **ton oreille vers moi**,	*incline* **ton oreille vers moi**
écoute mon dire.	*et exauce mes mots.*

Verset 7

הַפְלֵה חֲסָדֶיךָ	*θαυμάστωσον τὰ ἐλέη σου,*
מוֹשִׁיעַ חוֹסִים	*ὁ σῴζων τοὺς ἐλπίζοντας ἐπὶ σέ*
מִמִּתְקוֹמְמִים בִּימִינֶךָ׃	*ἐκ τῶν ἀνθεστηκότων τῇ δεξιᾷ σου.*
Rends merveilleux ton amour	**Rends** admirables *tes miséricordes,*
sauveur de ceux qui ont refuge	*toi qui sauves ceux qui espèrent en toi*
loin **de ceux qui** se dressent, en **ta droite**.	**de ceux qui** *s'opposent à* **ta droite**.

Verset 8

שָׁמְרֵנִי כְּאִישׁוֹן בַּת־עָיִן	*φύλαξόν με ὡς κόραν ὀφθαλμοῦ·*
בְּצֵל כְּנָפֶיךָ תַּסְתִּירֵנִי׃	*ἐν σκέπῃ τῶν πτερύγων σου σκεπάσεις με*
Garde-moi comme la pupille, fille de l'œil,	**Garde-moi comme la pupille de l'œil**,
dans l'ombre **de tes ailes** cache-moi	*à l'abri* **de tes ailes** *tu m'abriteras*

Verset 9

מִפְּנֵי רְשָׁעִים זוּ שַׁדּוּנִי	*ἀπὸ προσώπου ἀσεβῶν τῶν ταλαιπωρησάντων με.*
אֹיְבַי בְּנֶפֶשׁ יַקִּיפוּ עָלָי׃	*οἱ ἐχθροί μου τὴν ψυχήν μου περιέσχον·*
loin de la face des impies qui m'ont ravagé,	**loin de la face des impies qui** *me font souffrir.*
mes ennemis d'âme cernent contre moi.	**Mes ennemis** *ont entouré mon âme ;*

Verset 10

חֶלְבָּמוֹ סָּגְרוּ
פִּימוֹ דִּבְּרוּ בְגֵאוּת׃

τὸ στέαρ αὐτῶν συνέκλεισαν,
τὸ στόμα αὐτῶν ἐλάλησεν ὑπερηφανίαν.

leur graisse les enferme,
[de] **leur bouche** ils ont **parlé** avec **arrogance**.

[avec] **leur graisse** *ils se sont enfermés,*
leur bouche *a* **parlé** *l'***arrogance**.

Verset 11

אַשֻּׁרֵינוּ עַתָּה סבבוני [סְבָבוּנוּ]
(qéré) (kétib)
עֵינֵיהֶם יָשִׁיתוּ לִנְטוֹת בָּאָרֶץ׃

ἐκβάλλοντές με νυνὶ περιεκύκλωσάν με,
τοὺς ὀφθαλμοὺς αὐτῶν ἔθεντο ἐκκλῖναι ἐν τῇ γῇ.

Ils m'épient, **maintenant ils** m'entourent,
ils fixent **leurs yeux pour** étendre **dans la terre**,

Me rejetant **maintenant ils** *m'ont encerclé,*
ils *ont fixé* **leurs yeux pour** *incliner* **dans la terre.**

Verset 12

דִּמְיֹנוֹ כְּאַרְיֵה יִכְסוֹף לִטְרוֹף
וְכִכְפִיר יֹשֵׁב בְּמִסְתָּרִים׃

ὑπέλαβόν με ὡσεὶ λέων ἕτοιμος εἰς θήραν
καὶ ὡσεὶ σκύμνος οἰκῶν ἐν ἀποκρύφοις.

sa ressemblance : **comme un lion** qui se languit de déchiqueter
et comme un lionceau tapi **dans des** cachettes.

Ils m'ont surpris **comme un lion** *prêt pour une proie*
et comme un lionceau *habitant* **dans des** *lieux cachés.*

Verset 13

קוּמָה יהוה
קַדְּמָה פָנָיו הַכְרִיעֵהוּ
פַּלְּטָה נַפְשִׁי מֵרָשָׁע חַרְבֶּךָ׃

ἀνάστηθι, κύριε,
πρόφθασον αὐτοὺς καὶ ὑποσκέλισον αὐτούς,
ῥῦσαι τὴν ψυχήν μου ἀπὸ ἀσεβοῦς,
ῥομφαίαν σου ἀπὸ ἐχθρῶν τῆς χειρός σου.

Lève-toi, IHWH
va au-devant de sa face, fais-le plier ;
délivre **mon âme** de l'impie [par] ton épée,

Lève-toi, Seigneur,
devance-les et renverse-les,
délivre **mon âme** *des impies,*
ton épée des ennemis de ta main.

Verset 14

מִמְתִים יָדְךָ ׀ יהוה מִמְתִים מֵחֶלֶד	***κύριε, ἀπὸ ὀλίγων ἀπὸ γῆς***
חֶלְקָם בַּחַיִּים	***διαμέρισον αὐτοὺς ἐν τῇ ζωῇ αὐτῶν.***
וצפינך [וּצְפוּנְךָ] תְּמַלֵּא בִטְנָם *(qéré)* *(kétib)*	***καὶ τῶν κεκρυμμένων σου ἐπλήσθη ἡ γαστὴρ αὐτῶν,***
יִשְׂבְּעוּ בָנִים	***ἐχορτάσθησαν υἱῶν***
וְהִנִּיחוּ יִתְרָם לְעוֹלְלֵיהֶם׃	***καὶ ἀφῆκαν τὰ κατάλοιπα τοῖς νηπίοις αὐτῶν.***
des gens par ta main, IHWH, des gens de ce monde	*Seigneur, loin de ce qui est petit de la terre*
leur lot l[est] dans la vie,	*sépare-les pendant leur vie,*
et de ce qui sera ta réserve tu rempliras leur ventre,	*et leur ventre sera rempli de tes [biens] cachés,*
les fils seront rassasiés	*ils ont été rassasiés de fils*
et ils laisseront leur reste à leurs nourrissons.	*et ils ont laissé les restes à leurs petits enfants.*

Verset 15

אֲנִי בְּצֶדֶק אֶחֱזֶה פָנֶיךָ	***ἐγὼ δὲ ἐν δικαιοσύνῃ ὀφθήσομαι τῷ προσώπῳ σου,***
אֶשְׂבְּעָה בְהָקִיץ תְּמוּנָתֶךָ׃	***χορτασθήσομαι ἐν τῷ ὀφθῆναι τὴν δόξαν σου.***
Moi dans la justice je contemplerai **ta face**,	*Mais* **moi dans la justice** *j'apparaîtrai à* **ta face,**
je me rassasierai au réveil de ton image.	**je** *serai rassasié quand m'apparaîtra ta gloire.*

Entre le verset 2 où les yeux du psalmiste (selon la LXX) contempleront le juste jugement de Dieu et le verset 15 où, dans la justice, ces mêmes yeux contempleront le visage divin (T.M.), on peut imaginer un cheminement. De son côté, le traducteur du psaume va devoir se frayer un chemin notamment dans les obscurités des versets 3-4 et 13-14. Avant d'aborder les difficultés de traduction dues sans doute à un texte corrompu, nous pouvons, malgré tout, suivre le psalmiste dans sa supplication, sa protestation, sa confiance aussi.

Au niveau de la conjugaison : une enfilade d'impératifs donne le ton d'une supplique. Le premier d'entre eux, verset 1 : **εἰσάκουσον**, ouvre le psaume ; Le préverbe **εἰς**, dont le sens local indique une direction vers l'intérieur, demande au lecteur de suivre le psalmiste dans sa demande d'écoute en profondeur ; il demande à Dieu d'être exaucé. De plus, dans ce verset 1 deux autres impératifs viennent renforcer la demande d'écoute initiale. L'impératif **πρόσχες** demande à Dieu une écoute attentive et **ἐνώτισαι** fait intervenir l'organe de l'oreille.

Dans le N.T., le verbe **ἐνωτίζομαι** est un hapax en Ac 2.14 : le discours de Pierre après la venue de l'Esprit.

Le psalmiste du T.M. emploie également trois impératifs différents : שִׁמְעָה de la racine שׁמע ; הַקְשִׁיבָה de la racine קשב signifiant : être attentif et אזן / הַאֲזִינָה : prêter l'oreille. Dans les quatre verbes du verset 6, nous retrouvons deux impératifs du registre de l'écoute. Stique a : l'aoriste **ἐπήκουσας** dont le préverbe **ἐπί** fait pressentir que Dieu a vraiment rejoint en profondeur le psalmiste comme l'impératif **εἰσάκουσον** du v.1 l'exprimait.

Le verbe **ἐπακούω** est un hapax en 2 Co 6.2 qui est une citation d'Es. 49.8.

Dans le T.M., nous lisons le verbe תַעֲנֵנִי de la racine ענהà partir duquel nous pouvons sentir que Dieu a été poussé à répondre par la manière dont il a écouté.

Stique b : Le psalmiste de la LXX demande à Dieu d'incliner son oreille avec le verbe **κλῖνω**, celui du T.M. avec le verbe הַט de la racine נטה dont le sens premier est : tendre, étendre.

Enfin, nous retrouvons **εἰσακούω** et la racine שׁמע.

Au terme de cette recension sur les verbes se rapportant à l'écoute, nous remarquons l'inclusion à l'intérieur de laquelle, le psalmiste tente d'exprimer son innocence dans les versets 3-5.

Mais, revenons au verset 2. Dans le T.M. ce sont les yeux de IHWH : עֵינֶיךָ qui verront la droiture ou l'équité ; dans la LXX ce sont les yeux du psalmiste qui sont interpellés pour voir la droiture. Nous pouvons étendre cette remarque en nous reportant au v.15. Là, le psalmiste du T.M. contemplera, se rassasiera de l'image de IHWH tandis que celui de la LXX, dans la justice il apparaîtra devant la face du Seigneur et quand la gloire divine lui apparaîtra, il sera rassasié.

Comme à deux reprises, v.2 et v.11, le psalmiste parle des yeux, nous pouvons essayer d'éclairer les expressions : כְּאִישׁוֹן בַּת־עָיִן/ **κόραν ὀφθαλμοῦ** du verset 8.

Le mot אִישׁוֹן, diminutif de אִישׁ : « petit homme » est lié à l'expression « fille de l'œil » qui suit et que l'on peut retrouver en Lm 2.18 et Za 2.12. La traduction littérale serait : *« Garde-moi comme le petit homme fille de l'œil »*.

En grec, la **κόρη**, qui peut désigner une jeune fille / **θυγάτηρ**, ou une poupée, est également employée pour parler de la pupille de l'œil à cause de la petite image qui s'y réfléchit.

Nous pouvons penser que l'essentiel à comprendre dans ce stique a, c'est que le psalmiste demande à Dieu de le garder avec beaucoup de soin comme la pupille de l'œil d'un homme demande une attention rigoureuse.

Notons également au stique b de ce v.8 la racine צל / ombre, lue dans la LXX avec le substantif **σκέπη** / un abri, là où l'on aurait pu s'attendre au mot **σκιά**. Les traducteurs grecs insistent sur le sens d'être abrité, protégé avec le verbe **σκεπάζω**. Dans le T.M., après בְּצֵל nous lisons le verbe תַּסְתִּירֵנִי de la racine סתר / cacher, à l'inaccompli Hiphil. Il est bien évident que le psalmiste transporte le lecteur dans le Temple, là où les ailes des chérubins ombrageaient le propitiatoire.

Le verbe **σκεπάζω** et le substantif **σκέπη** sont absents du N.T. ; le mot **σκέπασμα** est un hapax en 1 Tm 6.8 où il a le sens concret de « vêtements ».

Au verset 7, relevons le verbe peu commun : **θαυμάστωσον** et reportons-nous au psaume 4 v.4 pour nous remémorer les occurrences. Le T.M. emploie la racine קום au stique b : « loin de ceux qui se dressent », là où les traducteurs grecs emploient le verbe **ἀνθίστημι** exprimant la résistance et l'opposition. Dans la Bible, nous avons 6 occurrences קום / **ἀνθίστημι**, dont le psaume présent est le seul cas pour le participe Hithpolel מִמִּתְקוֹמְמִים. Les cinq autres références sont : Lv 26.37 ; Dt 28.7 ; Jos 7.13 ; Mi 2.8 ; Na 1.6.

Verset 9 b. Avec « mes ennemis d'âme », le T.M. donne une idée plus forte que la LXX sur l'hostilité des ennemis. En effet, nous lisons dans le texte grec : mes ennemis entourent, encerclent mon âme. Nous savons ce qu'il en est. Dans le T.M. nous pouvons imaginer l'âme ou la vie du psalmiste en danger mortel.

Verset 10, il faut bien relever l'image de la « graisse » aussi grossière que significative. C'est comme si les ennemis ressemblaient à des bêtes sauvages comme d'ailleurs la comparaison avec le lion du v.12 le confirme. De plus, cette graisse חֶלְבָּמוֹ pose un problème de traduction.

Dhorme suit la leçon notée dans l'apparat critique de B.H.S. et lit : חֵלֶב לִבָּמוֹ: « de graisse leur cœur ».

Osty : « de graisse ils se bardent le cœur ».

Mannati : « la graisse leur ferme le cœur ».

Vesco : « dans leur graisse ils se sont enfermés ».

La T.O.B : « ils sont bouffis de graisse ».

L'interlinéaire Hébreu-Français : « leur graisse ils referment ».

Notre traduction suit l'interprétation de Meschonnic et de Chouraqui.

La LXX qui emploie le verbe **συγκλείω** exprime bien que les ennemis sont liés à leur graisse.

Il est clair que, dans le contexte et dans toutes les traductions, la graisse paralyse, endurcit, enferme et rend inintelligent, grotesque.

Le début du verset 11 du T.M. est lu différemment. Certains traducteurs dont Dhorme, Osty, Vesco traduisent : « ils m'épient ». Ils suivent un manuscrit dans lequel le mot אַשֻּׁרֵינוּ est lu avec le verbe de la racine שׁוּר et le suffixe 1re sg. Ensuite, ils gardent le Kétib ; une lecture que le stique b peut justifier avec les yeux fixés pour mettre à terre.

Notre traduction suit cette leçon ; en nous tenant au plus près du T.M., on peut comprendre que les ennemis sont sur les pas du psalmiste ; alors « épier » ou être « sur les talons de quelqu'un » donne bien un résultat semblable.

Dans la LXX, avec le verbe **ἐκβάλλω** les ennemis sont encore plus virulents que dans le T.M. ; cependant, au stique b avec l'infinitif נְטוֹת le psalmiste est en plus grand danger que celui de la LXX avec le verbe **ἐκκλίνω**. D'un côté, il risque d'être étendu à terre, abattu ; de l'autre, il y a seulement un détournement du côté de la terre.

Au verset 12, le T.M. compare l'attitude de chaque ennemi à celle du lion avec le mot דִּמְיֹנוֹ : sa ressemblance, qui est un hapax. Du côté de la LXX, les ennemis passent à l'acte avec le verbe **ὑπέλαβόν** dans lequel nous pressentons un agir par surprise : « ils m'ont saisi / ils m'ont surpris comme un lion ».

Il nous reste maintenant à entrer dans les difficultés de traduction des versets 3 – 4 et 13 – 14.

Le verbe זַמֹּתִי du verset 3 b a été lu par certains traducteurs, Dhorme par exemple, comme un nom et ils le rattachent au verbe תִּמְצָא qui précède ; ce qui nécessite de déplacer l'accent אַתְנָח qui sépare le verbe et le nom complément. De plus la fin de ce verset 3 b est rattachée au verset 4. Voici donc la traduction de Dhorme :

« ....tu ne trouveras rien de honteux en moi.
Ma bouche ne transgresse pas, v.4 à la façon des hommes ;
suivant la parole de tes lèvres, je garde les voies du Souverain ».

Dans cette traduction nous remarquons également la lecture du mot פָּרִיץ/brigand, par עָרִיץ/puissant souverain ou tyran.

Notre traduction s'inspire de celle de Vesco.

Au verset 4 nous comprenons que c'est en demeurant dans les paroles de Dieu que le psalmiste s'est gardé du sentier du brigand par rapport aux actions humaines du début du verset.

Du côté de la LXX maintenant ; au verset 3 b nous lisons qu'il n'a pas été trouvé d'injustice / **ἀδικία** dans le psalmiste ; le verset 4 intègre la fin du verset 3 du T.M. en exprimant la défense ; et les traducteurs grecs, eux, nous disent que le psalmiste a gardé des chemins abrupts ou durs /**σκληράς** pour les sentiers du brigand dans le T.M.

Verset 13 : Là où le T.M. emploie le verbe הַכְרִיעֵהוּ impératif Hiphil de la racine כרע, faire plier les genoux, la LXX donne l'impératif **ὑποσκέλισον**. Nous avons ici le seul cas où le verbe **ὑποσκελίζω** est employé pour la racine כרע. Ce verbe grec n'a que sept occurrences : Ps 37 (36).31 pour מָעַד ; Ps 140 (139).5 et Jr 23.12 pour la racine דחה ; les trois autres cas sont en Pr 10.8 ; 26.18 et 29.25. Il est absent du N.T.

Le verset 14 est obscur ; toutes les lectures sont conjecturales.

1re difficulté : comment lire מְמְתִים qui apparaît deux fois dans le texte. Dans les traductions, nous remarquons deux catégories de lecture. Ceux qui lisent le mot à partir de la racine מת qui est employée au pluriel seulement ; en ce cas, ce sont des hommes ou des gens. La seconde catégorie de lecteurs comprend le verset dans le sens de : faire mourir, avec la racine מות ; Chouraqui, Osty, Dhorme également se rangent dans cette dernière catégorie.

2e difficulté : Quelle est donc cette réserve dont les fils seront rassasiés ? Une réserve de biens matériels ou de châtiments ? L'interprétation n'est vraiment pas simple. Dans le prolongement du verset 13 où le mot « épée » renvoie à un thème prophétique, nous lisons l'ensemble du verset 14 comme un châtiment des impies.

On pourra s'éclairer sur ce verset en allant voir les traductions et les notes qui les accompagnent par exemple, dans la Bible de Jérusalem, la T.O.B. et la N.B.S.

Meschonnic traduit ainsi le verset :
« Des gens ta main Adonaï des gens de ce monde
leur part dans la vie
et ce que tu as dissimulé tu leur en rempliras le ventre
ils seront rassasiés les fils
et ils laisseront leur trop-plein à leurs tout petits ».

Les traducteurs grecs, eux, parleraient de « biens cachés » dont le ventre sera rempli. Mais l'interprétation de la LXX varie aussi. Giguet traduit ainsi :
« Séparez-les dès leur vie, de la terre promise et du petit nombre ;
car leur ventre est rempli de choses ravies à vos trésors cachés ;
ils sont rassasiés de chairs impures,
et ils ont laissé leurs restes à leurs petits enfants ».

La traduction liturgique du Monastère de la Théotokos et Saint Martin faite à partir des travaux de Mr le Chanoine Rose fait chanter le psalmiste en ces termes :
« Seigneur retranche-les en plein milieu de leur vie,
ceux dont tu as rempli le sein de tes trésors,
qui ont été rassasiés de fils
et qui ont laissé leur surplus à leurs petits enfants ».

Voici encore la traduction de Vigouroux :
« aux ennemis de votre main
Seigneur, séparez-les pendant leur vie du petit nombre de ceux qui sont à vous sur la terre ;
leur sein est rempli de vos biens cachés
ils sont rassasiés d'enfants,
et ils laissent le reste de leurs biens à leurs petits enfants ».

Après le châtiment des impies qui laisseront leur iniquité à leurs descendants, nous retrouvons, au verset 15, le juste innocent du début du psaume. Il faut remarquer le mot « justice » : l'un des premiers et des derniers mots du psaume. On pourrait même faire tout un commentaire sur cette justice qui, ici, apparaît coïncider avec une vision de Dieu comblante.

Ne manquons pas non plus la forme passive du verbe **ὁράω** dans la LXX où c'est le sujet du verbe passif qui décide de l'action.

Dans ce psaume, les versets obscurs, difficiles à traduire et à interpréter peuvent amener le lecteur à se tenir humblement devant la Parole de Dieu. Elle est si proche et si autre, si infinie.

Demain, elle se révélera un peu plus qu'aujourd'hui.

PSAUME 18 (17)

Verset 1

לַמְנַצֵּחַ ׀ לְעֶבֶד יהוה לְדָוִד	***Εἰς τὸ τέλος · τῷ παιδὶ κυρίου τῷ Δαυιδ,***
אֲשֶׁר דִּבֶּר ׀ לַיהוה	***ἃ ἐλάλησεν τῷ κυρίῳ***
אֶת־דִּבְרֵי הַשִּׁירָה הַזֹּאת	***τοὺς λόγους τῆς ᾠδῆς ταύτης***
בְּיוֹם הִצִּיל־יהוה	***ἐν ἡμέρᾳ, ᾗ ἐρρύσατο αὐτὸν κύριος***
אוֹתוֹ מִכַּף כָּל־אֹיְבָיו	***ἐκ χειρὸς πάντων τῶν ἐχθρῶν αὐτοῦ***
וּמִיַּד שָׁאוּל׃	***καὶ ἐκ χειρὸς Σαουλ,***
Du chef de chœur. **Du serviteur de IHWH, de David**	*Pour la fin.* **Du serviteur du Seigneur de David,**
qui a parlé à IHWH	**qui a parlé au Seigneur**
les paroles de ce chant	**les paroles de ce** *cantique*
au jour où IHWH le délivra	**au jour où le Seigneur** *l'a délivré*
de la poigne **de tous ses ennemis**	**de la** *main* **de tous ses ennemis**
et de la main de Saül.	**et de la main de Saül,**

Verset 2

וַיֹּאמַר	***καὶ εἶπεν***
אֶרְחָמְךָ יהוה חִזְקִי׃	***Ἀγαπήσω σε, κύριε ἡ ἰσχύς μου.***
Il dit :	*et* **il** *a* **dit :**
Je t'aime tendrement **IHWH, ma force.**	**Je** *t'aimerai,* **Seigneur ma force.**

Verset 3

יהוה ׀ סַלְעִי
וּמְצוּדָתִי וּמְפַלְטִי
אֵלִי צוּרִי אֶחֱסֶה־בּוֹ
מָגִנִּי וְקֶרֶן־יִשְׁעִי
מִשְׂגַּבִּי׃

κύριος στερέωμά μου
καὶ καταφυγή μου καὶ ῥύστης μου,
ὁ θεός μου βοηθός μου, καὶ ἐλπιῶ ἐπ᾽αὐτόν,
ὑπερασπιστής μου καὶ κέρας σωτηρίας μου,
ἀντιλήμπτωρ μου.

IHWH mon rocher
et ma forteresse **et** mon libérateur,
mon Dieu, mon roc, je me réfugie **en lui**,
mon bouclier **et la corne de mon salut,**
mon haut refuge.

Seigneur mon *solide appui*
et *mon refuge* **et** *celui qui me délivre,*
mon Dieu mon *secours, et j'espèrerai* **en lui**,
mon *défenseur* **et la corne de mon salut,**
mon *protecteur.*

Verset 4

מְהֻלָּל אֶקְרָא יְהוָה
וּמִן־אֹיְבַי אִוָּשֵׁעַ׃

αἰνῶν ἐπικαλέσομαι κύριον
καὶ ἐκ τῶν ἐχθρῶν μου σωθήσομαι.

[IHWH] loué ! j'appelle **IHWH**,
et de mes ennemis je suis **sauvé.**

En louant j'invoquerai **le Seigneur**
et de mes ennemis je *serai* **sauvé.**

Verset 5

אֲפָפוּנִי חֶבְלֵי־מָוֶת
וְנַחֲלֵי בְלִיַּעַל יְבַעֲתוּנִי׃

περιέσχον με ὠδῖνες θανάτου,
καὶ χείμαρροι ἀνομίας ἐξετάραξάν με

Elles m'avaient enserré **les** cordes **de la mort**
et les **torrents** de Bélial m'épouvantaient.

les *douleurs* **de la mort** *m'ont entouré,*
et *des* **torrents** *d'iniquité m'ont agité.*

Verset 6

חֶבְלֵי שְׁאוֹל סְבָבוּנִי
קִדְּמוּנִי מוֹקְשֵׁי מָוֶת׃

ὠδῖνες ᾅδου περιεκύκλωσάν με,
προέφθασάν με παγίδες θανάτου.

les cordes **du séjour des morts** m'avaient entouré
les filets de la mort m'avaient **devancé**.

les *douleurs* **du séjour des morts** *m'ont encerclé,*
les filets de la mort *m'ont* **devancé**.

Verset 7

בַּצַּר־לִי ׀ אֶקְרָא יהוה	*καὶ ἐν τῷ θλίβεσθαί με ἐπεκαλεσάμην τὸν κύριον*
וְאֶל־אֱלֹהַי אֲשַׁוֵּעַ	*καὶ πρὸς τὸν θεόν μου ἐκέκραξα ·*
יִשְׁמַע מֵהֵיכָלוֹ קוֹלִי	*ἤκουσεν ἐκ ναοῦ ἁγίου αὐτοῦ φωνῆς μου,*
וְשַׁוְעָתִי לְפָנָיו ׀	*καὶ ἡ κραυγή μου ἐνώπιον αὐτοῦ*
תָּבוֹא בְאָזְנָיו׃	*εἰσελεύσεται εἰς τὰ ὦτα αὐτοῦ.*
Dans mon oppression j'ai appelé **IHWH**	*Et* **dans mon oppression j'ai** *invoqué* **le Seigneur**
et vers mon Dieu j'ai crié au secours,	**et vers mon Dieu j'ai crié ;**
il a écouté, de son temple, **ma voix**	**il a écouté de son temple** *saint* **ma voix,**
et mon cri vers sa face	**et mon cri** *devant lui*
est arrivé à **ses oreilles.**	*entrera dans* **ses oreilles.**

Verset 8

וַתִּגְעַשׁ וַתִּרְעַשׁ ׀ הָאָרֶץ	*καὶ ἐσαλεύθη καὶ ἔντρομος ἐγενήθη ἡ γῆ,*
וּמוֹסְדֵי הָרִים יִרְגָּזוּ	*καὶ τὰ θεμέλια τῶν ὀρέων ἐταράχθησαν*
וַיִּתְגָּעֲשׁוּ כִּי־חָרָה לוֹ׃	*καὶ ἐσαλεύθησαν, ὅτι ὠργίσθη αὐτοῖς ὁ θεός.*
Et elle a vacillé et tremblé **la terre**	**Et la terre** *a été ébranlée et elle devint tremblante,*
et les fondements des montagnes ont frémi	**et les fondements des montagnes ont** *été agités*
et ils ont vacillé **car** il s'enflammait.	**et** *ont été ébranlés,* **car** *Dieu s'est mis en colère contre eux.*

Verset 9

עָלָה עָשָׁן ׀ בְּאַפּוֹ	*ἀνέβη καπνὸς ἐν ὀργῇ αὐτοῦ,*
וְאֵשׁ־מִפִּיו תֹּאכֵל	*καὶ πῦρ ἀπὸ προσώπου αὐτοῦ κατεφλόγισεν,*
גֶּחָלִים בָּעֲרוּ מִמֶּנּוּ׃	*ἄνθρακες ἀνήφθησαν ἀπ᾽αὐτοῦ.*
Monta **une fumée dans** son nez	**Dans** *sa colère* **une fumée** *a monté,*
et un feu de sa bouche dévorait,	**et de sa** *face* **un feu** *a flambé,*
de lui **des charbons** s'embrasaient.	**des charbons** *en ont été embrasés.*

Verset 10

וַיֵּט שָׁמַיִם וַיֵּרַד
וַעֲרָפֶל תַּחַת רַגְלָיו׃

Il a penché les cieux **et est descendu,**

et ténèbres épaisses **sous ses pieds.**

καὶ ἔκλινεν οὐρανὸν καὶ κατέβη,
καὶ γνόφος ὑπὸ τοὺς πόδας αὐτοῦ.

Il a *incliné le ciel* **et est descendu,**

une sombre nuée **sous ses pieds.**

Verset 11

וַיִּרְכַּב עַל־כְּרוּב וַיָּעֹף
וַיֵּדֶא עַל־כַּנְפֵי־רוּחַ׃

Et il a chevauché **sur** un chérubin **et** il a volé

il a plané **sur les ailes du vent.**

καὶ ἐπέβη ἐπὶ χερουβιν καὶ ἐπετάσθη,
ἐπετάσθη ἐπὶ πτερύγων ἀνέμων.

et il *est monté* **sur** *des chérubins* **et** *s'est déployé,*

il *s'est déployé* **sur les ailes du vent.**

Verset 12

יָשֶׁת חֹשֶׁךְ ׀ סִתְרוֹ
סְבִיבוֹתָיו סֻכָּתוֹ
חֶשְׁכַת־מַיִם עָבֵי שְׁחָקִים׃

Il établit **ténèbre** sa cache

autour de lui sa cabane

ténèbres d'eaux, nuages de nuées.

καὶ ἔθετο σκότος ἀποκρυφὴν αὐτοῦ ·
κύκλῳ αὐτοῦ ἡ σκηνὴ αὐτοῦ,
σκοτεινὸν ὕδωρ ἐν νεφέλαις ἀέρων.

et il a établi **ténèbre** *son lieu caché*

autour de lui sa *tente*

eau ténébreuse dans les nuées des airs.

Verset 13

מִנֹּגַהּ נֶגְדּוֹ עָבָיו עָבְרוּ
בָּרָד וְגַחֲלֵי־אֵשׁ׃

De l'éclat devant lui ses nuages **ont** passé

grêle et charbons de feu.

ἀπὸ τῆς τηλαυγήσεως ἐνώπιον αὐτοῦ αἱ νεφέλαι διῆλθον,
χάλαζα καὶ ἄνθρακες πυρός.

De l'éclat devant lui *les nuées* **ont** *traversé,*

grêle et charbons de feu.

Verset 14

וַיַּרְעֵם בַּשָּׁמַיִם ׀ יהוה וְעֶלְיוֹן יִתֵּן קֹלוֹ בָּרָד וְגַחֲלֵי־אֵשׁ׃	*καὶ ἐβρόντησεν ἐξ οὐρανοῦ κύριος,* *καὶ ὁ ὕψιστος ἔδωκεν φωνὴν αὐτοῦ ·*
Et il **a tonné** dans les cieux **IHWH,**	**Et** *du ciel* **le Seigneur a tonné,**
et le Très-Haut donne **[de] sa voix ;**	**et le Très-Haut** *a donné* **[de] sa voix.**
grêle et charbons de feu.	

Verset 15

וַיִּשְׁלַח חִצָּיו וַיְפִיצֵם וּבְרָקִים רָב וַיְהֻמֵּם׃	*καὶ ἐξαπέστειλεν βέλη καὶ ἐσκόρπισεν αὐτοὺς* *καὶ ἀστραπὰς ἐπλήθυνεν καὶ συνετάραξεν αὐτούς.*
et il a envoyé ses **flèches et les a dispersées,**	**et il a** *fait partir des* **flèches et les a dispersées**
et des **éclairs** en abondance **et** il **les a déroutés.**	**et** *il a multiplié les* **éclairs et les a déroutés.**

Verset 16

וַיֵּרָאוּ ׀ אֲפִיקֵי מַיִם וַיִּגָּלוּ מוֹסְדוֹת תֵּבֵל מִגַּעֲרָתְךָ יהוה מִנִּשְׁמַת רוּחַ אַפֶּךָ׃	*καὶ ὤφθησαν αἱ πηγαὶ τῶν ὑδάτων,* *καὶ ἀνεκαλύφθη τὰ θεμέλια τῆς οἰκουμένης* *ἀπὸ ἐπιτιμήσεώς σου, κύριε,* *ἀπὸ ἐμπνεύσεως πνεύματος ὀργῆς σου.*
et les lits **des eaux ont été** vus	**Et les** *sources* **des eaux ont été** *vues,*
et découverts **les fondements** du monde	**et** *ont été dévoilés* **les fondements** *de la terre habitée*
à **ta menace IHWH**	*de [par]* **ta menace, Seigneur,**
à l'expiration du **souffle** de ton nez.	*de [par] le* **souffle** *du vent de ta colère.*

Verset 17

יִשְׁלַח מִמָּרוֹם יִקָּחֵנִי יַמְשֵׁנִי מִמַּיִם רַבִּים׃	*ἐξαπέστειλεν ἐξ ὕψους καὶ ἔλαβέν με,* *προσελάβετό με ἐξ ὑδάτων πολλῶν.*
Il envoie **d'en haut il** me prend	**Il a** *fait partir* **d'en haut** *et* **il** *m'a pris,*
il me retire **des eaux abondantes.**	**il** *m'a tiré hors* **des eaux abondantes.**

Verset 18

יַצִּילֵנִי מֵאֹיְבִי עָז
וּמִשֹּׂנְאַי
כִּי־אָמְצוּ מִמֶּנִּי׃

ῥύσεταί με ἐξ ἐχθρῶν μου δυνατῶν
καὶ ἐκ τῶν μισούντων με,
ὅτι ἐστερεώθησαν ὑπὲρ ἐμέ.

Il me délivre **de** mon ennemi puissant
et de ceux qui me haïssent
car ils sont plus forts **que moi**.

Il me *délivrera* **de** *mes ennemis puissants*
et de ceux qui me haïssent,
car ils *ont été solides plus* **que moi.**

Verset 19

יְקַדְּמוּנִי בְיוֹם־אֵידִי
וַיְהִי־יהוה לְמִשְׁעָן לִי׃

προέφθασάν με ἐν ἡμέρᾳ κακώσεώς μου,
καὶ ἐγένετο κύριος ἀντιστήριγμά μου

Ils étaient devant moi **au jour de** ma ruine
et IHWH a été un **appui** pour moi.

Ils *m'ont devancé* **au jour de** *mon affliction,*
et le Seigneur *devint mon* **appui**

Verset 20

וַיּוֹצִיאֵנִי לַמֶּרְחָב
יְחַלְּצֵנִי כִּי חָפֵץ בִּי׃

καὶ ἐξήγαγέν με εἰς πλατυσμόν,
ῥύσεταί με, ὅτι ἠθέλησέν με.
[ῥύσεταί με ἐξ ἐχθρῶν μου δυνατῶν
καὶ ἐκ τῶν μισούντων με.]

Il m'a fait sortir au **large,**
il me dégage **car il a** du désir **en moi**.

il m'a fait sortir *vers le* **large,**
il me *délivrera* **car il a** *du plaisir* **en moi**.
[Il me délivrera de mes ennemis puissants
et de ceux qui me haïssent.]

Verset 21

יִגְמְלֵנִי יהוה כְּצִדְקִי
כְּבֹר יָדַי יָשִׁיב לִי׃

καὶ ἀνταποδώσει μοι κύριος κατὰ τήν δικαιοσύνην μου
καὶ κατὰ τήν καθαριότητα τῶν χειρῶν μου ἀνταποδώσει μοι,

IHWH me rétribuera **selon ma justice,**
selon la pureté de mes mains il me donnera en retour,

Et **le Seigneur me** *rendra* **selon ma justice**
et **selon la pureté de mes mains il me** *rendra,*

Verset 22

כִּי־שָׁמַרְתִּי דַּרְכֵי יְהוָה
וְלֹא־רָשַׁעְתִּי מֵאֱלֹהָי׃

car j'ai gardé les chemins de IHWH

et je n'ai pas été impie loin de mon Dieu ;

ὅτι ἐφύλαξα τὰς ὁδοὺς κυρίου
καὶ οὐκ ἠσέβησα ἀπὸ τοῦ θεοῦ μου,

car j'ai gardé les chemins du Seigneur

et je n'ai pas été impie loin de mon Dieu,

Verset 23

כִּי כָל־מִשְׁפָּטָיו לְנֶגְדִּי
וְחֻקֹּתָיו לֹא־אָסִיר מֶנִּי׃

car tous ses jugements [sont] devant moi,

et ses prescriptions **je** ne les ai **pas** écartées **de moi** ;

ὅτι πάντα τὰ κρίματα αὐτοῦ ἐνώπιόν μου,
καὶ τὰ δικαιώματα αὐτοῦ οὐκ ἀπέστησα ἀπ᾽ἐμοῦ.

car tous ses jugements [sont] devant moi,

et je *n'ai* **pas** *écarté* **de moi ses** *actes de justice.*

Verset 24

וָאֱהִי תָמִים עִמּוֹ
וָאֶשְׁתַּמֵּר מֵעֲוֺנִי׃

Et j'ai été intègre **avec lui**

et je **me** suis gardé **de** ma faute.

καὶ ἔσομαι ἄμωμος μετ᾽αὐτοῦ
καὶ φυλάξομαι ἀπὸ τῆς ἀνομίας μου.

Et *je serai irréprochable* **avec lui**

et me *garderai* **de** *mon iniquité.*

Verset 25

וַיָּשֶׁב־יהוה לִי כְצִדְקִי
כְּבֹר יָדַי
לְנֶגֶד עֵינָיו׃

Et IHWH m'a donné en retour **selon ma justice,**
selon la pureté de mes mains
devant ses yeux.

καὶ ἀνταποδώσει μοι κύριος κατὰ τὴν δικαιοσύνην μου
καὶ κατὰ τὴν καθαριότητα τῶν χειρῶν μου
ἐνώπιον τῶν ὀφθαλμῶν αὐτοῦ.

Et le Seigneur *me rendra* **selon ma justice**
et **selon la pureté de mes mains**
devant ses yeux.

Verset 26

עִם־חָסִיד תִּתְחַסָּד
עִם־גְּבַר תָּמִים תִּתַּמָּם׃

μετὰ ὁσίου ὁσιωθήσῃ
καὶ μετὰ ἀνδρὸς ἀθῴου ἀθῷος ἔσῃ

Avec le fidèle tu te montres **fidèle**
avec l'homme intègre **tu** te montres intègre,

avec le fidèle tu *seras* **fidèle**
et **avec l'homme** *innocent* **tu** *seras innocent*

Verset 27

עִם־נָבָר תִּתְבָּרָר
וְעִם־עִקֵּשׁ תִּתְפַּתָּל׃

καὶ μετὰ ἐκλεκτοῦ ἐκλεκτὸς ἔσῃ
καὶ μετὰ στρεβλοῦ διαστρέψεις.

avec le pur **tu** te montres pur
et avec le pervers tu te montres tortueux.

et **avec** *l'élu* **tu** *seras l'élu*
et avec le pervers tu *useras de détours.*

Verset 28

כִּי־אַתָּה עַם־עָנִי תוֹשִׁיעַ
וְעֵינַיִם רָמוֹת תַּשְׁפִּיל׃

ὅτι σὺ λαὸν ταπεινὸν σώσεις
καὶ ὀφθαλμοὺς ὑπερηφάνων ταπεινώσεις.

Car toi tu sauves **un peuple** humilié
et les yeux élevés haut tu **[les]** abaisses.

Car toi tu *sauveras* **un peuple** *humble*
et les yeux *des arrogants* **tu [les]** *humilieras.*

Verset 29

כִּי־אַתָּה תָּאִיר נֵרִי
יהוה אֱלֹהַי יַגִּיהַּ חָשְׁכִּי׃

ὅτι σὺ φωτιεῖς λύχνον μου, κύριε·
ὁ θεός μου, φωτιεῖς τὸ σκότος μου.

Car toi tu éclaires **ma lampe,**
IHWH mon Dieu illumine **ma ténèbre**.

Car toi tu *éclaireras* **ma lampe, Seigneur** *;*
mon Dieu, *tu éclaireras* **ma ténèbre**.

Verset 30

כִּי־בְךָ אָרֻץ גְּדוּד
וּבֵאלֹהַי אֲדַלֶּג־שׁוּר׃

ὅτι ἐν σοὶ ῥυσθήσομαι ἀπὸ πειρατηρίου
καὶ ἐν τῷ θεῷ μου ὑπερβήσομαι τεῖχος.

Car avec toi je cours une troupe,
et avec mon Dieu je saute **le mur**.

Car avec toi je *serai délivré de l'épreuve*
et avec mon Dieu je *passerai par-dessus* **le mur**.

Verset 31

הָאֵל תָּמִים דַּרְכּוֹ אִמְרַת־יהוה צְרוּפָה מָגֵן הוּא לְכֹל ׀ הַחוֹסִים בּוֹ׃	ὁ θεός μου, ἄμωμος ἡ ὁδὸς αὐτοῦ, τὰ λόγια κυρίου πεπυρωμένα, ὑπερασπιστής ἐστιν πάντων τῶν ἐλπιζόντων ἐπ᾽αὐτόν.
Dieu, **son chemin** [est] intègre,	*Mon* **Dieu**, *irréprochable* **son chemin**,
la parole **de IHWH** [est] purifiée	*les paroles* **du Seigneur** *[sont] passées par le feu,*
lui, un bouclier pour **tous ceux qui** se réfugient **en lui**.	*il est défenseur de* **tous ceux qui** *espèrent* **en lui**.

Verset 32

כִּי מִי אֱלוֹהַּ מִבַּלְעֲדֵי יהוה וּמִי צוּר זוּלָתִי אֱלֹהֵינוּ׃	ὅτι τίς θεὸς πλὴν τοῦ κυρίου ; καὶ τίς θεὸς πλὴν τοῦ θεοῦ ἡμῶν ;
Car qui [est] **Dieu** à part **IHWH ?**	**Car qui** [est] **Dieu** *excepté* **le Seigneur ?**
et qui [est] roc sinon **notre Dieu ?**	**et qui** [est] *Dieu excepté* **notre Dieu ?**

Verset 33

הָאֵל הַמְאַזְּרֵנִי חָיִל וַיִּתֵּן תָּמִים דַּרְכִּי׃	ὁ θεὸς ὁ περιζωννύων με δύναμιν καὶ ἔθετο ἄμωμον τὴν ὁδόν μου,
Le Dieu celui **qui** me **ceint de** vigueur	**Le Dieu qui** *m'a* **ceint de** *puissance*
et rend intègre **mon chemin**.	**et** *a établi* **mon chemin** *irréprochable,*

Verset 34

מְשַׁוֶּה רַגְלַי כָּאַיָּלוֹת וְעַל בָּמֹתַי יַעֲמִידֵנִי׃	ὁ καταρτιζόμενος τοὺς πόδας μου ὡς ἐλάφου καὶ ἐπὶ τὰ ὑψηλὰ ἱστῶν με,
disposant **mes pieds comme** des biches	*qui dirige* **mes pieds comme** *[ceux] d'une biche*
et sur mes **hauteurs** il me fait tenir,	**et** *me dresses* **sur** *les* **hauteurs**,

Verset 35

מְלַמֵּד יָדַי לַמִּלְחָמָה
וְנִחֲתָה קֶשֶׁת־נְחוּשָׁה זְרוֹעֹתָי׃

διδάσκων χεῖράς μου εἰς πόλεμον
καὶ ἔθου τόξον χαλκοῦν τοὺς βραχίονάς μου ·

éduquant **mes mains à la guerre**

et mes bras à bander l'**arc de bronze**.

instruisant **mes mains à la guerre**

et *tu as établi* **mes bras** *[comme] un* **arc de bronze** *;*

Verset 36

וַתִּתֶּן־לִי מָגֵן יִשְׁעֶךָ
וִימִינְךָ תִסְעָדֵנִי
וְעַנְוַתְךָ תַרְבֵּנִי׃

καὶ ἔδωκάς μοι ὑπερασπισμὸν σωτηρίας μου,
καί ἡ δεξιά σου ἀντελάβετό μου,
καὶ ἡ παιδεία σου ἀνώρθωσέν με εἰς τέλος,
καὶ ἡ παιδεία σου αὐτή με διδάξει.

Et tu m'as donné le boucli**er de** ton **salut**

et ta droite me soutient

et ta sollicitude me grandit.

et tu m'as donné *la protection* **de** *mon* **salut,**

et ta droite *a été mon soutien,*

et ta *correction m'a redressé jusqu'à la fin, et ta correction c'est elle qui m'instruira.*

Verset 37

תַּרְחִיב צַעֲדִי תַחְתָּי
וְלֹא מָעֲדוּ קַרְסֻלָּי׃

ἐπλάτυνας τὰ διαβήματά μου ὑποκάτω μου,
καὶ οὐκ ἠσθένησαν τὰ ἴχνη μου.

Tu élargis mon pas **sous moi**

et mes chevilles n'ont pas chancelé.

Tu *as élargi mes pas* **sous moi,**

et mes *pieds n'ont pas faibli.*

Verset 38

אֶרְדּוֹף אוֹיְבַי וְאַשִּׂיגֵם
וְלֹא־אָשׁוּב עַד־כַּלּוֹתָם׃

καταδιώξω τοὺς ἐχθρούς μου καὶ καταλήμψομαι αὐτοὺς
καὶ οὐκ ἀποστραφήσομαι, ἕως ἂν ἐκλίπωσιν ·

Je poursuis **mes ennemis et je les** atteins

et je ne retournerai pas jusqu'à les avoir achevés.

Je *poursuivrai* **mes ennemis et je les** *saisirai*

et je ne retournerai pas jusqu'à *ce qu'ils soient défaits.*

Verset 39

אֶמְחָצֵם וְלֹא־יֻכְלוּ קוּם יִפְּלוּ תַּחַת רַגְלָי׃	***ἐκθλίψω αὐτούς, καὶ οὐ μὴ δύνωνται στῆναι,*** ***πεσοῦνται ὑπὸ τοὺς πόδας μου.***
Je les pourfends **et ils ne** peuvent **se** lever **ils** tombent **sous mes pieds.**	**Je les** *écraserai,* **et ils ne** *pourront pas* **se** *dresser,* **ils** *tomberont* **sous mes pieds.**

Verset 40

וַתְּאַזְּרֵנִי חַיִל לַמִּלְחָמָה תַּכְרִיעַ קָמַי תַּחְתָּי׃	***καὶ περιέζωσάς με δύναμιν εἰς πόλεμον,*** ***συνεπόδισας πάντας τοὺς ἐπανιστανομένους ἐπ᾽ἐμὲ ὑποκάτω μου***
Tu m'as ceint de vigueur **pour la guerre** **tu** fais s'agenouiller **ceux qui se** lèvent **contre moi, sous moi.**	*Et* **tu m'as ceint de** *puissance* **pour la guerre,** **tu** *as entravé tous* **ceux qui se** *soulèvent* **contre moi, sous moi**

Verset 41

וְאֹיְבַי נָתַתָּה לִּי עֹרֶף וּמְשַׂנְאַי אַצְמִיתֵם׃	***καὶ τοὺς ἐχθρούς μου ἔδωκάς μοι νῶτον*** ***καὶ τοὺς μισοῦντάς με ἐξωλέθρευσας.***
Et [de] **mes ennemis tu m'as donné** la nuque **et ceux qui me haïssent** je **les** anéantirai.	**et tu m'as donné** *le dos* **de mes ennemis** **et ceux qui me haïssent** *tu* **les** *as exterminés.*

Verset 42

יְשַׁוְּעוּ וְאֵין־מוֹשִׁיעַ עַל־יהוה וְלֹא עָנָם׃	***ἐκέκραξαν, καὶ οὐκ ἦν ὁ σῴζων,*** ***πρὸς κύριον, καὶ οὐκ εἰσήκουσεν αὐτῶν.***
Ils crient au secours **et pas de sauveur,** **vers IHWH et il ne** leur **a pas** répondu.	**Ils** *ont crié,* **et** *il n'y a* **pas de sauveur,** **vers le Seigneur**, **et il ne** *les* **a pas** *exaucés.*

Verset 43

וְאֶשְׁחָקֵם כְּעָפָר עַל־פְּנֵי־רוּחַ
כְּטִיט חוּצוֹת אֲרִיקֵם׃

Et je les broie **comme poussière** à la **face du vent**

comme la boue des rues **je les** vide.

καὶ λεπτυνῶ αὐτοὺς ὡς χοῦν κατὰ πρόσωπον ἀνέμου,
ὡς πηλὸν πλατειῶν λεανῶ αὐτούς.

Et je les *broierai* **comme poussière** *en* **face du vent**,

comme la boue des *chemins* **je les** *pulvériserai.*

Verset 44

תְּפַלְּטֵנִי מֵרִיבֵי עָם
תְּשִׂימֵנִי לְרֹאשׁ גּוֹיִם
עַם לֹא־יָדַעְתִּי יַעַבְדוּנִי׃

Tu me fais échapper aux querelles **du peuple**,

tu me places **à la tête de nations,**

un peuple que je ne connais pas me sert.

ῥύσῃ με ἐξ ἀντιλογιῶν λαοῦ,
καταστήσεις με εἰς κεφαλὴν ἐθνῶν ·
λαός, ὃν οὐκ ἔγνων, ἐδούλευσέν μοι,

Tu me *délivreras des contestations* **du peuple,**

tu me *placeras* **à la tête de nations ;**

un peuple, que je *n'ai pas connu, m'a servi,*

Verset 45

לְשֵׁמַע אֹזֶן יִשָּׁמְעוּ לִי
בְּנֵי־נֵכָר יְכַחֲשׁוּ־לִי׃

À **l'écoute de l'oreille** ils sont à mon écoute,

[des] **fils** d'étranger me flattent.

εἰς ἀκοὴν ὠτίου ὑπήκουσέν μοι ·
υἱοὶ ἀλλότριοι ἐψεύσαντό μοι,

à **l'écoute de l'oreille** *il m'a obéi ;*

[des] **fils** *étrangers m'ont menti.*

Verset 46

בְּנֵי־נֵכָר יִבֹּלוּ
וְיַחְרְגוּ מִמִּסְגְּרוֹתֵיהֶם׃

[Des] **fils** d'étranger s'épuisent

et sortent en tremblant **hors de leurs** retranchements.

υἱοὶ ἀλλότριοι ἐπαλαιώθησαν
καὶ ἐχώλαναν ἀπὸ τῶν τρίβων αὐτῶν.

[Des] **fils** *étrangers ont vieilli*

et *ont boité* **hors de leurs** *sentiers.*

Verset 47

חַי־יהוה וּבָרוּךְ צוּרִי
וְיָרוּם אֱלוֹהֵי יִשְׁעִי׃

Vivant [est] **IHWH et béni mon** roc

et que soit exalté le Dieu de mon salut.

ζῇ κύριος, καὶ εὐλογητὸς ὁ θεός μου,
καὶ ὑψωθήτω ὁ θεὸς τῆς σωτηρίας μου,

le Seigneur *vit*, **et béni** *[est]* **mon** Dieu,

et que soit exalté le Dieu de mon salut,

Verset 48

הָאֵל הַנּוֹתֵן נְקָמוֹת לִי וַיַּדְבֵּר עַמִּים תַּחְתָּי׃	*ὁ θεὸς ὁ διδοὺς ἐκδικήσεις ἐμοὶ* *καὶ ὑποτάξας λαοὺς ὑπ᾽ἐμέ,*
Le Dieu celui qui me donne des vengeances,	**le Dieu celui qui me donne des vengeances**
et qui a conduit **des peuples sous moi** ;	**et** *celui* **qui a soumis des peuples sous moi,**

Verset 49

מְפַלְּטִי מֵאֹיְבָי אַף מִן־קָמַי תְּרוֹמְמֵנִי מֵאִישׁ חָמָס תַּצִּילֵנִי׃	*ὁ ῥύστης μου ἐξ ἐχθρῶν μου ὀργίλων,* *ἀπὸ τῶν ἐπανιστανομένων ἐπ᾽ἐμὲ ὑψώσεις με,* *ἀπὸ ἀνδρὸς ἀδίκου ῥύσῃ με.*
celui qui me fait échapper à **mes ennemis**,	**celui qui me** *délivre de* **mes ennemis** *coléreux,*
même **de ceux qui se** lèvent **contre moi**, **tu** m'exaltes ;	**de ceux qui se** *soulèvent* **contre moi tu** *m'exalteras,*
de l'homme de violence **tu me** délivres.	**de l'homme** *injuste* **tu me** *délivreras.*

Verset 50

עַל־כֵּן ׀ אוֹדְךָ בַגּוֹיִם ׀ יְהוָה וּלְשִׁמְךָ אֲזַמֵּרָה׃	*διὰ τοῦτο ἐξομολογήσομαί σοι ἐν ἔθνεσιν, κύριε,* *καὶ τῷ ὀνόματί σου ψαλῶ,*
C'est pourquoi je te rendrai grâce parmi les nations IHWH	**C'est pourquoi je te rendrai grâce parmi les nations, Seigneur,**
et pour ton Nom, je psalmodierai ;	**et pour ton Nom je psalmodierai,**

Verset 51

מגדל [מַגְדִּיל] יְשׁוּעוֹת מַלְכּוֹ *(qéré)* *(ketib)* וְעֹשֶׂה חֶסֶד ׀ לִמְשִׁיחוֹ לְדָוִד וּלְזַרְעוֹ עַד־עוֹלָם׃	*μεγαλύνων τὰς σωτηρίας τοῦ βασιλέως αὐτοῦ* *καὶ ποιῶν ἔλεος τῷ χριστῷ αὐτοῦ,* *τῷ Δαυιδ καὶ τῷ σπέρματι αὐτοῦ ἕως αἰῶνος.*
Lui qui grandit **les actes de salut de son roi,**	**Lui qui** *magnifie* **les actes de salut de son roi**
et fait œuvre d'amour pour **son messie**	**et fait** *miséricorde à* **son messie,**
pour **David et** pour **sa descendance jusqu'à** toujours.	*à* **David et** *à* **sa descendance jusqu**'*aux siècles.*

Le familier de la Bible sait que ce psaume est dans la bouche de David au chapitre 22 du Second Livre de Samuel. Nous commentons ici le psaume 18.

David, qui est mentionné dans le titre du psaume réapparaît dans le verset final ; c'est dire combien son histoire en éclairera la lecture.

Nous faisons deux remarques sur le verset 1 du titre.

* הַשִּׁירָה : Dans les Psaumes, ce mot n'est pas employé ailleurs sous sa forme féminine.

* Tandis que dans la LXX nous avons deux fois le substantif **χειρός** / main, le TM. parle la première fois de la paume ou de la poigne de la main avec le mot כַּף et la seconde fois, de la main proprement dite, avec יָד.

Verset 2, le psaume commence par une déclaration d'amour : Je t'aime / אֶרְחָמְךָ de la racine רחם. Nous avons ici le seul cas de la forme verbale inaccompli Qal. Il faut remarquer cette entrée en matière. Le verbe que nous avons traduit par « aimer » est fort. Le substantif de la même racine signifie : utérus, sein maternel, matrice, entrailles, d'où la traduction très littérale du verbe par Chouraqui : *« Je te matrice, IHWH »*. Pour exprimer cet amour qui vient du plus profond de l'être, Meschonnic a traduit : *« je t'aimerai du fond de mon ventre »*. Nous comprenons bien qu'il s'agit d'un amour venant des entrailles comme celui d'une mère pour son enfant. Puis, nous pouvons retenir la force de Dieu qui est exprimée dès ce verset 2, car nous allons la sentir tout au long du psaume avec des mots et des images prégnants et variés.

Verset 3 : Sept mots déjà, accompagnés du possessif « mon » et accrochés à deux Noms divins, sont à interpréter comme des attributs de Dieu fort.

סַלְעִי mon rocher **στερέωμά μου** mon solide appui

La LXX traduit également le mot hébreu par ce substantif dans le Ps 71 (70).3.

Dans le N.T. **στερέωμα** se trouve uniquement en Col 2.5 ; Paul constate la solidité de la foi au Christ des Colossiens.

מְצוּדָתִי ma forteresse **καταφυγή μου** mon refuge

מְצוּדָה / **καταφυγή** se trouve encore uniquement dans ces psaumes : 31 (30).3 ; 71 (70).3 ; 91 (90).2 et 144 (143).2.

Ce substantif grec est absent du N.T.

מְפַלְטִי mon libérateur **ῥύστης μου** celui qui me délivre

ῥύστης n'a que quatre occurrences et pour cette racine hébraïque : Ps 18 (17).3.49 ; 70 (69).6 ; 144 (143).2.

Il est absent du N.T.

צוּרִי	mon roc	**βοηθός μου**	mon secours

צוּר / **βοηθός** se trouve uniquement dans les psaumes qui sont : celui-ci ; 19 (18),15 ; 78 (77).35 et 94 (93).22.

Dans le N.T. le substantif **βοηθός** est un hapax en He 13.6 qui est une citation du Ps 118 (117).6.

מָגִנִּי	mon bouclier	**ὑπερασπιστής μου**	mon défenseur

Outre 2 S 22, **ὑπερασπιστής** traduit מָגֵן encore au v.31 de ce psaume, puis dans les psaumes : 28 (27).7 ; 33 (32).20 ; 59 (58).12 ; 84 (83).10 ; 115.9 (113.17) ; 115.10 (113.18) ; 115.11 (113.19) ; et 144 (143).2.
Ce substantif grec est absent du N.T.

קֶרֶן־יִשְׁעִי	**corne de mon salut**	**κέρας σωτηρίας μου**	**corne de mon salut**

L'expression n'a que trois occurrences dans toute la Bible. 2 S, ici et en Lc 1.69.

מִשְׂגַּבִּי	mon haut refuge	**ἀντιλήμπτωρ μου**	mon protecteur

מִשְׂגָּב / **ἀντιλήμπτωρ** se trouve ici, en 2 S et dans les psaumes suivants : 46 (45),8.12 ; 59 (58),10.17.18 ; 62 (61),3.7 ; 144 (143),2.
Prolongeons l'inventaire. Nous avons déjà signalé dans les références le <u>verset 31</u> où מָגֵן est traduit par **ὑπερασπιστής**.

<u>Verset 36</u> : מָגֵן est traduit par **ὑπερασπισμόν**.

<u>Verset 32 b</u> : Le T.M. dit : « qui est <u>roc</u> / **צוּר** sinon notre Dieu ? »
La LXX : « qui est **Dieu / θεὸς** excepté notre Dieu ? »

<u>Verset 47 a</u> : T.M. : « béni mon <u>roc</u> / **צוּרִי** »
LXX : « béni mon **Dieu** / **θεός** »

À l'exception de « la corne de mon salut », les traducteurs grecs n'ont pas exprimé la force de Dieu avec les mots « rocher, roc, bouclier » du T.M. ; un vocabulaire qui était utilisé dans les traités d'alliance du Proche-Orient ancien.
Encore quelques mots pour dire la force :

<u>Verset 2</u> :

חִזְקִי	**ma force**	**ἰσχύς μου**	**ma force**

Verset 18 :

עָז	**puissant**	**δυνατῶν**	**puissants**
אָמְצוּ	fort	**ἐστερεώθησαν**	solides

Versets 33 et 40 :

חָיִל	vigueur	**δύναμιν**	puissance

Aux versets 5 et 6, la mort, beliya'al et le shéol expriment des forces dangereuses pour le psalmiste.

V.5 a : חֶבְלֵי מָוֶת traduit ici par « les cordes de la mort » a aussi été lu « douleurs de la mort » ; les deux traductions se défendent. En effet le mot hébreu signifie également les douleurs de l'enfantement ; c'est ainsi que l'ont compris les traducteurs grecs avec **ὠδῖνες**.

Au stique b, בְלִיַּעַל associé ici à la mort, aux torrents et au shéol peut évoquer une force infernale souterraine. Rapporté à un homme, il signifierait un homme de rien, un vaurien. La LXX qui donne « iniquité » affaiblit peut-être le mot hébreu.

Dans le N.T., nous avons le mot « Béliar », hapax en 2 Co 6.15. La plupart des Bibles le signalent dans leurs notes.

Nous pouvons remarquer le verbe grec **ἐξετάραξάν** / **ἐκταράσσω** pour l'hébreu יְבַעֲתוּנִי que nous n'avons que dans ce psaume ; au verset 8 nous relirons **ἐταράχθησαν** / **ταράσσω** là où le T.M. écrit יִרְגָּזוּ. Dans les deux verbes grecs on peut prendre en compte l'idée de « trouble » qui peut adoucir celle de la terreur exprimée dans le T.M.

Dans le N.T. **ἐκταράσσω** est un hapax en Ac 16.20 où Paul et Silas sont accusés de jeter le trouble dans la ville de Philippes.

Les versets 8-20 décrivent l'intervention de Dieu avec un vocabulaire théophanique qui rappelle des passages du livre de l'Exode.

Le tremblement de terre ; la LXX emploie un adjectif rare : **ἔντρομος**. Il est aussi dans le psaume 77 (76) v.19 c ; là, dans le texte grec, nous retrouvons le stique a de ce v.8.

Dans le N.T., **ἔντρομος** a trois occurrences : Ac 7.32 : Le discours d'Étienne parlant de Moïse « tout tremblant ». Ac 16.29 : c'est le geôlier de la prison qui tremble devant Paul et Silas qu'il trouve déliés de leurs chaînes. He 12.21 : c'est encore Moïse que l'auteur décrit librement « tout tremblant » devant la théophanie décrite en Ex 19.

Verset 10 : le substantif **γνόφος** pour l'hébreu עֲרָפֶל se trouve également dans le Ps 97 (96),2 et ce sont les deux seuls cas dans le Psautier.

Dans le N.T., il est un hapax en He 12.18 où nous sommes encore dans l'évocation des faits impressionnants lors de la révélation au Sinaï.

Verset 11 : Tandis que la LXX emploie deux fois le verbe **πετάννυμι**, le T.M. s'exprime avec deux verbes : voler, de la racine עוף et planer, de la racine דאה. On peut en faire la remarque car le verbe grec ici ne dit pas : « voler » mais bien : « déployer, étendre, ouvrir, épanouir ». L'action de voler proprement dite est exprimée avec le verbe **πέτομαι**. Dans les Psaumes nous avons un seul autre cas du verbe **πετάννυμι** pour עוף 55.(54).7.

Dans le N.T., il n'y a que le verbe **πέτομαι** et seulement 5 fois dans le livre de l'Apocalypse : 4.7 ; 8.13 ; 12.14 ; 14.6 et 19.17.

Au verset 12, nous avons traduit סֻכָּתוֹ par « cabane » dans le sens de la « tente » comme l'a compris la LXX, mais le mot hébreu signifie aussi le fourré, l'abri, le repaire du lion.

Verset 15 b : comme ont compris les traducteurs grecs, « les », complément du verbe יְהֻמֵּם se rapporte aux ennemis et non pas aux éclairs. De plus, remarquons que רָב / en grand nombre ou en abondance, a été lu avec un verbe dans la LXX : **ἐπλήθυνεν**.

Au verset 17, le verbe יַמְשֵׁנִי de la racine משה à l'inaccompli Hiphil n'a que deux occurrences : ici, et en 2 S 22.17 ; et à l'accompli Qal il n'y a qu'un seul cas en Ex 2.10. Cet hapax (accompli Qal) est traduit par la LXX avec le verbe **ἀναιρέω** et c'est le seul cas de correspondance hébreu/grec. Le verbe יַמְשֵׁנִי / il m'a retiré rappelle le nom de Moïse : מֹשֶׁה.

Pour exprimer le verbe hébreu יַמְשֵׁנִי / il m'a retiré, les traducteurs grecs emploient **προσλαμβάνω** suivi de la préposition **ἐκ** : « il m'a pris » ou « il m'a tiré hors des grandes eaux ».

Stique c verset 18 : C'est le seul cas où la racine אמץ est traduite par le verbe **στερεόω**. Un verbe grec qui ne se trouve que dans les Actes des Apôtres pour le N.T. – Ac 3.7 ; 3.16 et 16.5.

Après le vocabulaire caractéristique propre à exprimer la théophanie, nous passons à celui qui se rapporte à la Loi : les jugements, les prescriptions, la fidélité, la pureté, l'intégrité. Nous avons déjà rencontré le mot « intègre » au psaume 15 (14). Il revient ici à quatre reprises.

Verset 24 a : Le psalmiste a été intègre, a été absolu / תָמִים avec Dieu ; comme il sera irréprochable / **ἄμωμος** dans la LXX.

Verset 26 b : T.M. : « avec l'homme intègre tu te montres intègre ».
LXX : « et avec l'homme **innocent** tu seras **innocent** ».

La LXX a lu « l'homme innocent » ; le radicalisme contenu dans la racine תמם est moins souligné. C'est d'ailleurs le seul cas où le mot hébreu est traduit par **ἀθῷος** ; nous sommes plus habitués à voir l'innocent avec נָקִי et ἀθῷος. Ici, dans l'une ou l'autre écriture, il ressort bien que la conduite de Dieu est en harmonie avec celle de l'homme.

Verset 31 : Dieu seul a un chemin ou une conduite parfaite / intègre

Verset 33 : et il met le psalmiste sur ce chemin absolu.

Il rend ses pieds semblables à ceux des biches ou les place comme les biches au verset 34 ; et dans ce verset, la LXX, qui a lu **καταρτιζόμενος** le participe Piel מְשַׁוֶּה, exprime une remise en place des pieds ; ils sont orientés, dirigés. C'est ici le seul cas שוה / **καταρτίζω**. Au stique b, le mot « hauteurs » qui peut évoquer des hauts lieux géographiques a été lu « les » hauteurs par la LXX et « mes » hauteurs par le T.M.

Au verset 35 b, les Alexandrins qui emploient le verbe **τίθημι** à la 2e personne du singulier de l'aoriste ne facilitent pas la tâche du traducteur ; cependant, cela lui permet de remarquer l'alternance du style direct et indirect dans le psaume pour s'adresser à Dieu.

Au verset 36, la LXX, avec les substantifs **παιδεία** et les verbes **ἀνώρθωσεν** et **διδάξει**, reste dans le même registre de vocabulaire ; quant au T.M., וְעַנְוַתְךָ a été traduit différemment. Littéralement le substantif se traduit : « ton humilité ». La racine ענה a été comprise par certains dans le sens d'une réponse (Vesco) ou d'un appel (Chouraqui). De plus, la racine רב, « grandir, multiplier » peut prendre le sens d'éduquer quand elle se rapporte à un enfant. Dans le prolongement de la phrase qui précède : « et ta droite me soutient » nous comprenons « et ta *sollicitude* me grandit », donnant au mot « humilité » le sens d'une bienveillance. Cette traduction qui reste discutable par rapport à la stricte littéralité est celle de la T.O.B. qui l'accompagne d'une note.

L'élan, la frénésie, on peut en parler car dans le psaume il y a du mouvement du côté du psalmiste comme du côté de Dieu, et d'un autre ordre que celui de la théophanie dont nous avons parlé. On court, on poursuit, on saute, on fracasse, on broie comme la poussière du sol vole à la face du vent.

Au verset 30, en Dieu tous les obstacles semblent franchis. Nous gardons le sens de « courir » au verbe אָרֻץ, inaccompli Qal de la racine רוץ. Ceux qui traduisent ce verbe dans le sens « d'écraser, d'enfoncer, de fracasser » interprètent avec une autre racine : רצץ; ce qui donne : « en toi, j'enfonce, j'écrase la troupe » ; גְּדוּד que nous avons traduit par « troupe » a aussi le sens de « fossé » ou de « muraille ». Au stique b, remarquons : le verbe אֲדַלֶּג inaccompli Piel de la racine דלג. Dans la Bible, nous le trouvons en : So 1.9 ; Ct 2.8 ; Es 35.6 et 2 S 22.30 // Ps 18 (17).30. Et שׁוּר / mur ; hormis le psaume 18 et 2 S 22, le mot ne se trouve qu'en Gn 49.22.

Dans la LXX, le psalmiste sera arraché ou délivré de l'épreuve avec le verbe **ῥύομαι** au passif.

Le substantif neutre **πειρατήριον** est en Gn 49.19 et en Jb 19.12 pour l'hébreu גדוד ; et en Jb 7.1 ; 10.17 pour l'hébreu **צבא**. Il est absent du N.T.

Le verbe **ὑπερβαίνω** pour l'hébreu דלג ne se trouve qu'ici et en 2 S 22.30. Il est un hapax dans le N.T. en 1 Th 4.6 où il est employé dans le sens de « causer du tort ».

Le substantif **τεῖχος** pour l'hébreu שׁור est en 2 S 22.30 et en Esd 4.12.13.16.

Verset 37 : T.M., les chevilles n'ont pas chancelé. Le mot קַרְסֻלָּי est un hapax dans le Psautier. On le trouve également dans le texte de 2 S 22.37. Quant au mot **ἴχνη** employé par la LXX il apparaît ici pour la 1re fois dans les Psaumes. Le second et dernier cas dans le Psautier est au v.20 du Ps 77 (76) ; là, il est employé dans le sens de « traces » et pour l'hébreu עָקֵב.

Dans le N.T., nous avons trois fois ce mot grec, et employé au sens figuré :

Rm 4.12 : marcher sur les traces de la foi de notre père Abraham.

2 Co 12.18 : Dans son inquiétude envers les chrétiens de Corinthe, Paul leur rappelle qu'ils ont marché dans le même esprit et sur les mêmes traces.

1 P 2.21 : Le Christ qui a souffert laisse un exemple afin de suivre ses traces.

Verset 39 : Le verbe אֶמְחָצֵם de la racine מחץ / fracasser, massacrer, a été lu par les traducteurs grecs avec le verbe **ἐκθλίβω** dans lequel nous sentons l'idée d'extraire par un écrasement ou en écrasant, en pressant, et c'est le seul cas de correspondance hébreu-grec. **'Εκθλίβω** est absent du N.T.

Au verset 40 b : dans le T.M. nous voyons les ennemis à genoux avec le verbe תַּכְרִיעַ inaccompli Hiphil de la racine כרע, tandis que dans la LXX, avec le verbe **συμποδίζω**, ceux-ci ont les pieds entravés ; ils sont comme enchaînés. La nuance est intéressante à remarquer.

Verset 46 b : Le verbe יַחְרְגוּ de la racine » חרגsortiront en tremblant » est un hapax. Selon la LXX, les fils d'étrangers ont boité / **ἐχώλαναν** hors de leurs sentiers. On peut se rappeler que les traducteurs grecs ont employé le verbe « entraver » au verset 40. **Χωλός** est dans le N.T. mais non le verbe **χωλαίνω**.

Versets 48-49 : C'est fait. Les ennemis du psalmiste qui est roi, sont sous lui. וַיַּדְבֵּר du v.48 b est traduit le plus souvent par le verbe « soumettre ». Cependant, Meschonnic traduit : *« et qui poussera des peuples sous moi. »* ; et dans l'explication de sa traduction il dit : « *vayadber*. Mot rare, et rarement compris. Il s'agit de l'homonyme de *daber*, « parler » qui signifiait « pousser les bêtes pour les mener paître au désert ». D'où *midbar*, « désert » – en réalité lieu où paissaient les bêtes ». Le prophète Michée 2.12 éclaire dans ce sens.

Ce sens de : « conduire ou mener » du verbe דבר est bien attesté en hébreu rabbinique. Chouraqui écrit : « subjugue des peuples sous moi ».

Osty : « qui range des peuples sous moi ».
L'interlinéaire hébreu-français : « et il ramène des peuples sous moi ».

Au v.49, nous traduisons אַף par « même » en le rattachant au stique suivant. Nous remarquons la traduction d'Osty : *« tu me délivres d'ennemis en colère »*. Il ne la commente pas mais elle s'éclaire par la traduction dans la LXX où nous trouvons des ennemis enclins à la colère avec « **ὀργίλων** ». Un mot grec qui, dans le N.T., est un hapax en Tt 1.7 : l'épiscope ne doit pas être coléreux !

L'homme de violence de ce verset (T.M.) est l'homme injuste dans la LXX.

Encore dans ce v.49, Dieu exalte son roi qui, lui-même, au verset 47 dans son action de grâce pour Dieu son roc, nous dit que son Dieu sera exalté.

L'intervention de Dieu rappelée dans ces versets 48-49, suscite l'action de grâce exprimée dans le verset 50 et donne du poids au verset 51 où éclate la victoire messianique.

Nous faisons deux remarques sur ce verset final.

* Comment traduire le pluriel יְשׁוּעוֹת/ **σωτηρίας** ? Une traduction littérale : « les saluts » pour exprimer le salut divin bien sûr, coule assez mal dans notre langue courante. Pourtant, c'est le choix de Chouraqui. Dans les traductions fidèles au pluriel nous trouvons : « les victoires » (Dhorme) ; « d'éclatantes victoires » (Osty) ; « des sauvetages » (Meschonnic) ; « les délivrances » (B.J.) ; « des actes de salut » (l'interlinéaire hébreu-français). Dans l'autre catégorie de traductions (Vesco, Mannati) le mot hébreu est traduit par un singulier : « le salut ». De même, Giguet pour la LXX, donne un singulier.

Il s'agit ici d'un pluriel d'abstraction : *« Un nom abstrait est assez souvent exprimé par un pluriel, lequel vise proprement les diverses manifestations concrètes d'une qualité ou d'un état ; ainsi* בַּטֻּחוֹת *sécurité signifie originairement les circonstances sûres, les choses sûres (.......)* יְשׁוּעוֹת *salut Es 26.18 ; Ps 18.51 ; 28.8 ; 42.6 ; 44.5 etc. (sg. fréquent) ». (cf. Joüon page 417 §136 g).*

* Dieu donc, grandit les actes de salut de son roi faisant חֶסֶד / grâce, miséricorde, œuvre d'amour, de fidélité pour son messie ; Au verset 26, Dieu, avec son חָסִיד/ fidèle, avec l'homme pieux, se montre lui-même tel : תִּתְחַסָּד. C'est une réciprocité qui a saveur d'alliance.

Au terme de la lecture de ce psaume historique et de tous les temps, on peut méditer sur les attributs de Dieu, entendre la souffrance d'un peuple en détresse, entendre Dieu à travers ses actes de salut. On peut relire le psaume d'un trait en se laissant emporter par la puissance et la répétition des mots. On peut le lire en parlant à Dieu comme le fit David et comparer les textes du psaume avec 2 S 22.1-51.

PSAUME 19 (18)

Verset 1

לַמְנַצֵּחַ מִזְמוֹר לְדָוִד׃

Du chef de chœur. **Psaume de David.**

Εἰς τὸ τέλος · ψαλμὸς τῷ Δαυιδ.

Pour la fin. **Psaume de David.**

Verset 2

הַשָּׁמַיִם מְסַפְּרִים כְּבוֹד־אֵל
וּמַעֲשֵׂה יָדָיו מַגִּיד הָרָקִיעַ

Les cieux racontent la gloire de Dieu

et l'œuvre de ses mains, le déploiement **céleste** l'**annonce.**

Οἱ οὐρανοὶ διηγοῦνται δόξαν θεοῦ,
ποίησιν δὲ χειρῶν αὐτοῦ ἀναγγέλλει τὸ στερέωμα ·

Les cieux racontent la gloire de Dieu,

et *la voûte* **céleste annonce l'œuvre de ses mains.**

Verset 3

יוֹם לְיוֹם יַבִּיעַ אֹמֶר
וְלַיְלָה לְּלַיְלָה יְחַוֶּה דָּעַת׃

Le jour au jour fait jaillir **un mot,**

et la nuit à la nuit communique **une connaissance.**

ἡμέρα τῇ ἡμέρᾳ ἐρεύγεται ῥῆμα,
καὶ νὺξ νυκτὶ ἀναγγέλει γνῶσιν.

Le jour au jour *proclame* **un mot**,

et la nuit à la nuit *annonce* **une connaissance.**

Verset 4

אֵין־אֹמֶר וְאֵין דְּבָרִים
בְּלִי נִשְׁמָע קוֹלָם׃

Pas de mot et pas de **paroles**

leur voix n'est **pas entendue**.

οὐκ εἰσίν λαλιαὶ οὐδὲ λόγοι,
ὧν οὐχὶ ἀκούονται αἱ φωναὶ αὐτῶν ·

Ce ne sont ni langages ni **paroles,**

dont **leur***s voix ne soient* **pas entendue***s.*

Verset 5

בְּכׇל־הָאָרֶץ ׀ יָצָא קַוָּם
וּבִקְצֵה תֵבֵל מִלֵּיהֶם
לַשֶּׁמֶשׁ שָׂם־אֹהֶל בָּהֶם׃

εἰς πᾶσαν τὴν γῆν ἐξῆλθεν ὁ φθόγγος αὐτῶν
καὶ εἰς τὰ πέρατα τῆς οἰκουμένης τὰ ῥήματα αὐτῶν.
ἐν τῷ ἡλίῳ ἔθετο τὸ σκήνωμα αὐτοῦ ·

Sur **toute la terre est** sortie **leur** mesure

et à l'extrémité du monde **leurs** propos

pour **le soleil il a placé** une **tente** en eux.

Vers **toute la terre est** *sorti* **leur** *son*

et *vers les limites de la terre habitée* **leurs** *mots,*

dans **le soleil il a placé** *sa* **tente.**

Verset 6

וְהוּא כְּחָתָן יֹצֵא מֵחֻפָּתוֹ
יָשִׂישׂ כְּגִבּוֹר לָרוּץ אֹרַח׃

καὶ αὐτὸς ὡς νυμφίος ἐκπορευόμενος ἐκ παστοῦ αὐτοῦ,
ἀγαλλιάσεται ὡς γίγας δραμεῖν ὁδὸν αὐτοῦ.

Et lui comme un époux sortant de son pavillon **nuptial**

se réjouira **comme un** héros **de courir** le sentier.

Et lui comme un époux sortant de *sa chambre* **nuptial**e,

il *exultera* **comme un** *géant* **de courir** *son chemin.*

Verset 7

מִקְצֵה הַשָּׁמַיִם ׀ מוֹצָאוֹ
וּתְקוּפָתוֹ עַל־קְצוֹתָם
וְאֵין נִסְתָּר מֵחַמָּתוֹ׃

ἀπ' ἄκρου τοῦ οὐρανοῦ ἡ ἔξοδος αὐτοῦ,
καὶ τὸ κατάντημα αὐτοῦ ἕως ἄκρου τοῦ οὐρανοῦ,
καὶ οὐκ ἔστιν ὃς ἀποκρυβήσεται τὴν θέρμην αὐτοῦ.

D'une extrémité des cieux **sa sortie**

et son circuit **jusqu'à** leurs extrémités.

Et rien n'étant caché **à sa chaleur.**

D'une extrémité *du ciel* **sa sortie,**

et *le terme [de sa course]* **jusqu'à** *[l'autre] extrémité du ciel,*

et *il n'y a personne qui se soustraira* **à sa chaleur.**

Verset 8

תּוֹרַת יהוה תְּמִימָה	*ὁ νόμος τοῦ κυρίου ἄμωμος,*
מְשִׁיבַת נָפֶשׁ	*ἐπιστρέφων ψυχάς ·*
עֵדוּת יהוה נֶאֱמָנָה	*ἡ μαρτυρία κυρίου πιστή,*
מַחְכִּימַת פֶּתִי׃	*σοφίζουσα νήπια ·*
L'enseignement **de IHWH** [est] intègre	*La loi* **du Seigneur** [est] *irréprochable,*
retournant l'âme ;	**retournant l'âme ;**
le témoignage de IHWH est fiable	**le témoignage du Seigneur est** *sûr,*
rendant sage le simple.	**rendant sage** *les petits enfants.*

Verset 9

פִּקּוּדֵי יהוה יְשָׁרִים	*τά δικαιώματα κυρίου εὐθεῖα,*
מְשַׂמְּחֵי־לֵב	*εὐφραίνοντα καρδίαν ·*
מִצְוַת יהוה בָּרָה	*ἡ ἐντολὴ κυρίου τηλαυγής,*
מְאִירַת עֵינָיִם׃	*φωτίζουσα ὀφθαλμούς ·*
Les préceptes **de IHWH sont droits**	**Les** *actes de justice* **du Seigneur sont droits,**
réjouissant le cœur ;	**réjouissant le cœur ;**
le commandement de IHWH est pur	**le commandement du Seigneur est** *clarté,*
illuminant les yeux.	**illuminant les yeux.**

Verset 10

יִרְאַת יהוה ׀ טְהוֹרָה	*ὁ φόβος κυρίου ἁγνός,*
עוֹמֶדֶת לָעַד	*διαμένων εἰς αἰῶνα αἰῶνος ·*
מִשְׁפְּטֵי־יהוה אֱמֶת	*τὰ κρίματα κυρίου ἀληθινά,*
צָדְקוּ יַחְדָּו׃	*δεδικαιωμένα ἐπὶ τὸ αὐτό,*
La crainte de IHWH est pureté	**La crainte du Seigneur est** *pure,*
se maintenant à jamais ;	*demeurant pour les siècles des siècles ;*
les jugements de IHWH sont vérité	**les jugements du Seigneur** ***sont*** *véridiques,*
ils sont justes ensemble.	*se justifiant eux-mêmes.*

Verset 11

הַנֶּחֱמָדִים מִזָּהָב וּמִפַּז רָב וּמְתוּקִים מִדְּבַשׁ וְנֹפֶת צוּפִים׃	***ἐπιθυμητὰ ὑπὲρ χρυσίον καὶ λίθον τίμιον πολὺν καὶ γλυκύτερα ὑπὲρ μέλι καὶ κηρίον.***
Désirables plus que l'or	**Désirables plus que l'or**
et plus qu'or fin abondant,	**et** *la pierre de grande valeur*
et doux plus que miel	**et doux plus que le miel**
et que suc des rayons.	**et** *du rayon de miel.*

Verset 12

גַּם־עַבְדְּךָ נִזְהָר בָּהֶם בְּשָׁמְרָם עֵקֶב רָב׃	***καὶ γάρ ὁ δοῦλός σου φυλάσσει αὐτά · ἐν τῷ φυλάσσειν αὐτὰ ἀνταπόδοσις πολλή.***
Aussi ton serviteur est averti par eux	*et* **aussi ton serviteur** *les garde ;*
à les garder profit abondant.	**à les garder** *abondante récompense.*

Verset 13

שְׁגִיאוֹת מִי־יָבִין מִנִּסְתָּרוֹת נַקֵּנִי׃	***παραπτώματα τίς συνήσει ; ἐκ τῶν κρυφίων μου καθάρισόν με.***
Les **erreurs qui comprendra ?**	*Des* **erreurs qui comprendra ?**
des [choses] **cachées** innocente-moi.	**des** [choses] **cachées** *de moi purifie-moi.*

Verset 14

גַּם מִזֵּדִים ׀ חֲשֹׂךְ עַבְדֶּךָ אַל־יִמְשְׁלוּ־בִי אָז אֵיתָם וְנִקֵּיתִי מִפֶּשַׁע רָב׃	***καὶ ἀπὸ ἀλλοτρίων φεῖσαι τοῦ δούλου σου · ἐὰν μή μου κατακυριεύσωσιν, τότε ἄμωμος ἔσομαι καὶ καθαρισθήσομαι ἀπὸ ἁμαρτίας μεγάλης.***
Aussi des [choses] orgueilleuses préserve **ton serviteur**	*Et des étrangers épargne* **ton serviteur,**
qu'elles ne dominent pas en moi ;	*et s'ils ne sont pas maîtres de moi,*
alors je serai intègre	**alors je serai** *irréprochable*
et innocenté **d'une** rébellion abondante.	**et** *je serai purifié* **d'une** *grande faute.*

Verset 15

יִהְיוּ לְרָצוֹן ׀ אִמְרֵי־פִי	***καὶ ἔσονται εἰς εὐδοκίαν τὰ λόγια τοῦ στόματός μου***
וְהֶגְיוֹן לִבִּי לְפָנֶיךָ	***καὶ ἡ μελέτη τῆς καρδίας μου ἐνώπιόν σου διὰ παντός,***
יהוה צוּרִי וְגֹאֲלִי׃	***κύριε βοηθέ μου καὶ λυτρωτά μου.***
Que soient agréés les mots **de ma bouche**	*et les paroles* **de ma bouche** *seront pour le plaisir*
et le murmure **de mon cœur devant** ta face,	**et** *la méditation* **de mon cœur devant** *toi toujours,*
IHWH mon roc **et mon racheteur.**	**Seigneur mon** *secours* **et mon racheteur.**

Par le Psaume 19 (18), nous recevons une révélation des cieux et une loi ou un enseignement sur la voie par laquelle l'homme peut aller à Dieu.

À la partie lyrique des versets 2-7, suit un éloge de la loi dans un style didactique à partir du verset 8. Nous ne redirons pas ici ce qui est dit dans les notes de la plupart des Bibles sur les parallèles qui peuvent être faits entre le psaume et la littérature assyro-babylonienne.

Si le style détermine deux parties distinctes 2-7 et 8-15, une unité se dégage et s'articule autour d'un **message.** Tout au long du psaume des mots et des verbes se rapportent à la Parole. Une Parole qui impose une Loi à tout le cosmos et une Parole qui propose une Loi à l'homme.

Première Partie : versets 2-7.

Verset 2 : Les cieux racontent avec le participe Piel **מְסַפְּרִים** et l'indicatif présent moyen **διηγοῦνται.**

Le déploiement céleste dans le T.M., différent de la voûte céleste qui exprime l'idée d'une fixation dans la LXX, annonce, avec le participe Hiphil **מַגִּיד** de la racine **נגד** et le présent actif de **ἀναγγέλλω.**

Verset 3 : Le jour au jour fait jaillir un mot. Le verbe **יַבִּיעַ** inaccompli Hiphil de la racine **נבע**, traduit par « fait jaillir » présente le seul cas où il est traduit par le verbe **ἐρεύγομαι** / proclamer, publier. Un verbe grec peu utilisé dans la Bible. En dehors du psaume présent, on le retrouve en Lv 11.10 ; Os 11.10 ; Am 3.4 et 3.8 ; Ez 22.25 (dans certaines versions) et 1 M 3.4.

Dans le N.T., **ἐρεύγομαι** est un hapax en Mt 13.35 : Si Jésus s'exprime en parabole c'est pour que s'accomplisse ce qui avait été dit par le prophète. Matthieu met dans la bouche de Jésus le v.2 du Ps 78 (77) ; seulement, nous voyons que l'évangéliste emploie le verbe **ἐρεύγομαι** pour le verbe **φθέγγομαι** dans le psaume.

Nous pouvons remarquer les compléments **אֹמֶר** et **ῥῆμα** des deux verbes **יַבִּיעַ** et **ἐρεύγεται** car, tandis que le mot hébreu revient trois fois dans le psaume, **ῥῆμα** n'est employé que dans ce verset pour la racine **אמר.**

Et la nuit à la nuit communique un savoir ou une connaissance avec le verbe יְחַוֶּה inaccompli Piel de la racine חוה que la LXX a traduit par **ἀναγγέλλει**.

Dans le Livre de Job au ch. 32, nous avons deux fois, v.6 et v.10, le verbe **ἀναγγέλλω** pour la racine חוה. Les autres occurrences de correspondance hébreu/grec sont dans le livre de Daniel.

Verset 4 : Il n'y a pas de mot et il n'y a pas de paroles. אֹמֶר du T.M. a été traduit **λαλιαί**. Nous relevons également le mot « voix » en raison de son rapport à la parole, en prenant bien note que les voix de ce message céleste ne s'entendent pas avec l'organe de l'ouïe.

Verset 5 : Le stique a du T.M. est traduit différemment dans les Bibles en raison du mot קַוָּם. Il signifie : corde, cordeau, mesure. Dans ce sens et dans le contexte, le mot voudrait dire : La ligne d'horizon. La traduction de Dhorme avec le mot « rythme » pour exprimer le sens de la « mesure » est intéressante. L'autre interprétation possible du mot hébreu, et qui est celle de Meschonnic, est rendue par « rumeur » ; une traduction qui se rapproche de la lecture de la LXX. Nous avons traduit ce mot par « mesure » pour donner de la souplesse à l'interprétation de קַוָּם.

Dans le texte de la LXX, nous avons le mot **φθόγγος** qui n'a que deux occurrences dans la Bible : Ici et au ch. 19 v.18 du livre de la Sagesse.

Dans le N.T. **φθόγγος** n'est employé que par Paul. En Rm 10.18 qui est une citation du psaume 19.5 ; et en 1 Co 14.7 dans le chapitre sur les dons de l'Esprit où les instruments de musique doivent rendre des sons / **φθόγγοις** distincts pour reconnaître ce qui est joué.

Le langage des astres est inaudible mais c'est un langage qui s'étend jusqu'à l'extrémité du monde.

Au stique b, un nouveau mot apparaît dans le T.M. : מִלֵּיהֶם / propos tandis que les traducteurs grecs ont employé **ῥήματα**.

Dans la Bible, les autres cas **ῥῆμα** / מלה se trouvent dans les Livre de Job et de Daniel.

Le stique c du T.M. nous dit que Dieu a placé une tente dans les cieux pour le soleil ; בָּהֶם / eux, se rapporte aux cieux, tandis que dans la LXX il a placé ou dressé sa tente dans le soleil.

Les versets 6-7 personnifient le soleil qui parcourt les cieux d'une extrémité à l'autre sans interruption : il sort, il court, il tourne. À deux reprises, nous avons l'idée d'un mouvement / sortir, avec les mots מוֹצָאוֹ et **ἔξοδος** ; et au v.7, תְּקוּפָתוֹ son circuit est son « issue » ou son « terme » / **κατάντημα** dans la LXX : un point d'arrivée ici, pour un circuit continuel dans le T.M.

Le mot **κατάντημα** est un hapax. Il est absent du N.T.

Dans ces versets 2-7, il y a bien une révélation de Dieu dans un langage qui ne s'entend pas avec l'oreille, à partir des **cieux** ; le mot fait inclusion,

Dans la deuxième partie : versets 8-15, l'enseignement divin est intègre ou irréprochable, autrement dit : parfait. Les deux mots qui qualifient l'enseignement de Dieu au 1er stique du v.8, font inclusion avec le v.14 où l'homme qui observera et gardera cet enseignement deviendra lui-même intègre ou irréprochable.

IHWH, qui est l'origine de la Loi (v.8) fait également inclusion avec le v.15 où le psalmiste pourra murmurer la Loi grâce à IHWH son roc qui l'a racheté. Dans ces versets (8-15), le psalmiste va répéter sept fois le Nom divin.

La plénitude de l'enseignement et les bienfaits qui en découlent sont exprimés par des noms, des qualificatifs, des verbes suivis d'un complément.

Verset 8 : **L'enseignement / La loi** est intègre / irréprochable.

Le témoignage de IHWH rend sage le simple dans le T.M. Il rend sage les petits enfants dans la LXX. Littéralement, le mot grec signifie : un enfant qui ne parle pas ; il peut cependant prendre un sens figuré pour décrire une personne infantile, sans discernement.

Verset 9 : **Les préceptes** / פִּקּוּדֵי sont droits dans le T.M. Dans la LXX, ce sont les **actes de justice** / **δικαιώματα** qui sont droits. Dans la Bible, six fois **δικαίωμα** traduit l'hébreu פקודי (toujours pluriel) ; ici et uniquement dans le psaume 119 (118).

Le commandement est pur ou transparent / בָּרָה, c'est-à-dire d'une pureté sans mélange ; **τηλαυγής** employé par les traducteurs grecs pour qualifier la clarté du commandement se trouve six fois dans la Bible dont 4 dans le Lévitique, où il traduit בַּהֶרֶת ; une dans le livre de Job (37.21) où il traduit בָּהִיר et dans ce psaume.

Dans le N.T., il n'y a que l'adverbe **τηλαυγῶς** en Mc 8.25 : l'aveugle voit distinctement / **τηλαυγῶς** après une deuxième imposition des mains de Jésus sur ses yeux.

Verset 10 : **La crainte** de IHWH, ou le sens de sa sainteté, est pure, pureté / טְהוֹרָה ; **ἁγνός** est très peu employé dans la LXX. Nous l'avons rencontré dans le psaume 12 (11).7 pour le même mot hébreu ; il y a 4 cas dans les Proverbes et on le trouve aussi dans les livres des Maccabées.

Dans le N.T., **ἁγνός** n'est employé par aucun évangéliste. Il est sous la plume de Paul : 2 Co 7.11 ; 11.2 ; Ph 4.8 : 1 Tm 5.22 ; Tt 2.5 ; de Jacques : 3.17 ; de Pierre : 1 P 3.2 et de Jean dans sa 1re lettre 3.3.

Les jugements de IHWH sont vérité ou véridiques. Dans la LXX, nous lisons le mot **ἀληθινά** qui n'est pas le vocabulaire psalmique ; il est seulement dans le psaume 86 (85).15.

Dans le N.T., Luc est le seul des synoptiques à employer **ἀληθινός** dans la sentence sur l'argent trompeur et le bien véritable : ch.16 v.11. Les autres occurrences sont dans l'Évangile de Jean, dans la 1re lettre aux Thessaloniciens, dans la lettre aux Hébreux, dans la 1re lettre de Jean et dans l'Apocalypse.

Toute la Loi contenue dans ces mots est désirable plus que l'or le plus pur. La LXX parle de « pierre de grande valeur ». Le serviteur, celui qui l'observe, averti par tous les enseignements qui constituent cette loi et qui les garde, recevra en abondance. Dans ce verset 12 la LXX emploie deux fois le verbe **φυλάσσω** / garder. Là où le serviteur est éclairé, « averti » avec un verbe à la forme Niphal dans le T.M., « il garde » tous les enseignements dans la LXX avec le verbe au présent actif.

Dans le T.M., l'abondance qu'apporte la pratique de la Loi se rapporte au mot עֵקֶב. Nous ne suivons pas les traducteurs (dont Chouraqui, Mannati) qui ont traduit עֵקֶב dans le sens d'une observance rigoureuse ; le mot hébreu qui exprime également la conséquence de l'observance de la Loi peut être traduit comme l'a compris la LXX dans le sens d'une rétribution ou d'un avantage avec le mot **ἀνταπόδοσις**. C'est le seul cas de correspondance hébreu / grec dans la Bible.

Dans le N.T., **ἀνταπόδοσις** est un hapax en Col 3.24, où en travaillant de bon cœur comme pour le Seigneur on recevra la récompense / **ἀνταπόδοσιν** de l'héritage.

Après cette litanie de la Loi ne faisant qu'un avec le Nom Divin, on peut comprendre la prière du psalmiste qui suit.

Au verset 13, dans le T.M. il demande à Dieu de « le rendre innocent » / נַקֵּנִי des erreurs qu'il aurait pu commettre.

Au verset 14, « des orgueilleux » ou « des choses orgueilleuses » il demande d'être préservé. Ainsi, il sera « intègre » et, « innocenté ».

Dans le texte de la LXX, avec le verbe **καθαρίζω** / purifier, qui revient deux fois, puis la demande d'être épargné des étrangers / **ἀλλοτρίων**, on peut penser que les traducteurs grecs, eux, font demander au psalmiste d'être purifié des idoles.

Innocenté ou purifié, devenu intègre, le psalmiste murmure cette loi dans son cœur et devant le visage divin verset 15. Dans ce verset אִמְרֵי rappelle אֹמֶר du v.3 : les « mots » ou « les dires » silencieux du jour et de la nuit. Les traducteurs de la LXX ont préféré mettre le mot « **λόγια** » dans la bouche du psalmiste ; sa parole est devenue si proche de la Parole.

Il faut relever le dernier mot du psaume : « et mon racheteur » : וְגֹאֲלִי / **καὶ λυτρωτά μου**. Il désigne la personne la plus proche d'une victime à laquelle incombe le devoir de la venger, de la défendre, de la protéger et aussi de la racheter si elle avait été vendue. Ici, le psalmiste professe que Dieu est son **go'êl** : son racheteur, son rédempteur. Il en a fait un homme libéré.

Dans ces quinze versets, le psalmiste chante Dieu créateur, Dieu législateur et Dieu rédempteur. Une magnifique révélation.

Ce psaume rappelle bien sûr le psaume 8 et aussi des versets du psaume 148 où la Loi divine fait partie de la création comme elle est donnée à l'homme.

Pour conclure, nous donnons la parole à Rabbi Aqiba : « La Tora vient des cieux » ; c'est un bel enseignement à recevoir et à écouter pour méditer sur la Loi qui fait l'unité du psaume 19.

PSAUME 20 (19)

Verset 1

לַמְנַצֵּחַ מִזְמוֹר לְדָוִד׃

Du chef de chœur. **Psaume de David.**

Εἰς τὸ τέλος · ψαλμὸς τῷ Δαυιδ.

Pour la fin. **Psaume de David.**

Verset 2

יַעַנְךָ יהוה בְּיוֹם צָרָה
יְשַׂגֶּבְךָ שֵׁם ׀ אֱלֹהֵי יַעֲקֹב׃

Qu'il te réponde **IHWH au jour de l'oppression**

qu'il te protège **le Nom du Dieu de Jacob.**

Ἐπακούσαι σου κύριος ἐν ἡμέρᾳ θλίψεως,
ὑπερασπίσαι σου τὸ ὄνομα τοῦ θεοῦ Ιακωβ.

Puisse **le Seigneur** *t'entendre* **au jour de l'oppression,**
puisse-t-il te protéger **le Nom du Dieu de Jacob.**

Verset 3

יִשְׁלַח־עֶזְרְךָ מִקֹּדֶשׁ
וּמִצִּיּוֹן יִסְעָדֶךָּ׃

Qu'il envoie ton **secours, du sanctuaire**

et de Sion qu'il te soutienne.

ἐξαποστείλαι σοι βοήθειαν ἐξ ἁγίου
καὶ ἐκ Σιων ἀντιλάβοιτό σου.

Puisse-t-il t'envoyer un **secours du sanctuaire**

et de Sion *puisse-t-il te soutenir.*

Verset 4

יִזְכֹּר כָּל־מִנְחֹתֶךָ
וְעוֹלָתְךָ יְדַשְּׁנֶה סֶלָה׃

Qu'il se souvienne [de] toutes tes offrandes

et ton holocauste qu'il le trouve **gras.** Pause.

μνησθείη πάσης θυσίας σου
καὶ τὸ ὁλοκαύτωμά σου πιανάτω.
διάψαλμα.

Puisse-t-il se souvenir de tout ton sacrifice

et ton holocauste qu'il le *rende* **gras.**

Intermède musical.

Verset 5

יִתֶּן־לְךָ כִלְבָבֶךָ
וְכָל־עֲצָתְךָ יְמַלֵּא׃

Qu'il te donne **selon ton cœur**

et tout ton plan qu'il le remplisse.

δῴη σοι κατὰ τὴν καρδίαν σου
καὶ πᾶσαν τὴν βουλήν σου πληρώσαι.

Puisse-t-il te donner **selon ton cœur**

et *puisse-t-il remplir* **tout ton** *dessein.*

Verset 6

נְרַנְּנָה ׀ בִּישׁוּעָתֶךָ	***ἀγαλλιασόμεθα ἐν τῷ σωτηρίῳ σου***
וּבְשֵׁם־אֱלֹהֵינוּ נִדְגֹּל	***καί ἐν ὀνόματι θεοῦ ἡμῶν μεγαλυνθησόμεθα.***
יְמַלֵּא יהוה כָּל־מִשְׁאֲלוֹתֶיךָ׃	***πληρώσαι κύριος πάντα τὰ αἰτήματά σου.***
Nous crierons de joie **dans ton salut**	**Nous** *exulterons* **dans ton salut**
et au **Nom de notre Dieu nous** lèverons l'étendard.	**et** *dans le* **Nom de notre Dieu nous** *serons magnifiés.*
Qu'il remplisse **IHWH toutes tes demandes.**	*Puisse* **le Seigneur** *remplir* **toutes tes demandes.**

Verset 7

עַתָּה יָדַעְתִּי	***νῦν ἔγνων***
כִּי הוֹשִׁיעַ ׀ יהוה מְשִׁיחוֹ	***ὅτι ἔσωσεν κύριος τὸν χριστὸν αὐτοῦ ·***
יַעֲנֵהוּ מִשְּׁמֵי קָדְשׁוֹ	***ἐπακούσεται αὐτοῦ ἐξ οὐρανοῦ ἁγίου αὐτοῦ ·***
בִּגְבֻרוֹת יֵשַׁע יְמִינוֹ׃	***ἐν δυναστείαις ἡ σωτηρία τῆς δεξιᾶς αὐτοῦ.***
Maintenant je sais	**Maintenant je** *connais*
que IHWH a sauvé son messie ;	**que le Seigneur a sauvé son messie ;**
il lui répondra des cieux **de sa sainteté**	**il** *l'entendra du ciel* **de sa sainteté** *;*
par les prouesses de **salut de sa droite**.	*dans les puissances [sera] le* **salut de sa droite.**

Verset 8

אֵלֶּה בָרֶכֶב וְאֵלֶּה בַסּוּסִים	***οὗτοι ἐν ἅρμασιν καὶ οὗτοι ἐν ἵπποις,***
וַאֲנַחְנוּ ׀ בְּשֵׁם־יהוה אֱלֹהֵינוּ	***ἡμεῖς δὲ ἐν ὀνόματι κυρίου θεοῦ ἡμῶν***
נַזְכִּֽי׃	***μεγαλυνθησόμεθα.***
Ceux-ci par le char **et ceux-ci** par **les chevaux**	**Ceux-ci** *dans les chars* **et ceux-ci** *dans* **les chevaux,**
et nous par **le Nom de IHWH notre Dieu**	**et nous** *dans* **le Nom du Seigneur notre Dieu**
nous nous souviendrons.	*nous serons magnifiés.*

Verset 9

הֵמָּה כָּרְעוּ וְנָפָלוּ וַאֲנַחְנוּ קַּמְנוּ וַנִּתְעוֹדָד׃	*αὐτοὶ συνεποδίσθησαν καὶ ἔπεσαν,* *ἡμεῖς δὲ ἀνέστημεν καὶ ἀνωρθώθημεν.*
Eux ils plient **et** tombent **et nous, nous nous sommes levés et nous** tenons debout.	**Eux ils** *se sont entravés* **et** *sont tombés,* **et nous, nous nous sommes levés et nous** *avons été redressés.*

Verset 10

יהוה הוֹשִׁיעָה הַמֶּלֶךְ יַעֲנֵנוּ בְיוֹם־קָרְאֵנוּ׃	*κύριε, σῶσον τὸν βασιλέα σου* *καὶ ἐπάκουσον ἡμῶν ἐν ᾗ ἂν ἡμέρᾳ* *ἐπικαλεσώμεθά σε.*
IHWH sauve, le **roi** qu'il nous réponde **au jour** de notre appel.	**Seigneur, sauve** *ton* **roi** *et entends-nous* **au jour** *où nous t'invoquerons.*

Le psaume 20 (19) : tout demander et tout espérer dans le Nom de Dieu.

À l'exception du v.9, tous les versets du psaume mentionnent le Nom de IHWH ou un pronom se rapportant à lui. Le psalmiste exprime des souhaits à l'intérieur desquels le verbe « répondre » fait inclusion : v.2 et v.10 ; et au v.7, c'est sûr, Dieu répondra, ou il entendra dans le texte de la LXX avec le verbe **ἐπακούω**.

Nous faisons deux remarques d'ensemble.

* Le psalmiste dont la confiance est totale dans le Nom divin ne s'adresse pas directement à lui, à l'exception du verset 10 b dans la LXX.
* Les souhaits du psalmiste (v.2-6) sont exprimés dans le T.M. avec des verbes à l'inaccompli au sens jussif, et dans la LXX avec des verbes à l'optatif.

Au <u>verset 2</u> le Nom de IHWH est identifié au nom du Dieu de Jacob ; un nom qui rappelle l'époque patriarcale.

Le verbe **ὑπερασπίζω** est un hapax dans les Psaumes, et dans la Bible c'est le seul cas où il traduit la racine hébraïque שׂגב dont le sens premier est de placer en haut, de mettre en sécurité donc, de protéger. C'est la racine גנן qui est habituellement traduite par **ὑπερασπίζω**. Un verbe qui n'est pas employé dans le N.T.

Ce v.2 avec les verbes שׂגב et **ὑπερασπίζω** et avec la mention du Nom du Dieu de Jacob donne le ton du psaume. Nous sommes dans un contexte de combat. Le psalmiste en appelle au Nom du Dieu de Jacob pour qu'il réponde en donnant la victoire.

<u>Verset 3</u> et <u>verset 4</u> : C'est depuis le sanctuaire et de Sion que IHWH va donner son appui ; et qu'il va se souvenir des offrandes et des holocaustes.

Le substantif **ὁλοκαύτωμα** n'a que deux occurrences dans le N.T. ; Mc 12.33 : la mise en pratique du premier commandement vaut mieux que tous les holocaustes et Hb 10.6,8 qui est une citation du psaume 40 (39).7.

Au verset 6 le Dieu de Jacob qui intervient depuis son sanctuaire (v.2-3) est le Dieu du peuple : au Nom de **notre** Dieu **nous lèverons l'étendard** dans le T.M.

Le verbe נִדְגֹּל de la racine דגל est un hapax à l'inaccompli Qal. « Lever l'étendard » c'est exprimer la jubilation.

Dans le texte de la LXX, le verbe hébreu a été lu « nous serons magnifiés » parallèlement à « nous exulterons » du stique précédent. Et les traducteurs grecs ont bien compris l'expression « lever l'étendard » dans le sens d'une allégresse du peuple.

Le signe de la victoire est le salut qui vient de la confiance dans le Nom divin.

Au verset 7 Le ton change avec « maintenant je sais ». Solennellement, quelqu'un parle et avec certitude. Dieu sauvera son messie et lui répondra cette fois depuis les cieux de sa sainteté.

Le verset 8 confirme que la victoire viendra de la puissance du Nom de Dieu et de sa droite et non des chevaux et des chars de guerre. À la fin du verset le verbe נַזְכִּיר de la racine זכר a été traduit ici « nous nous souviendrons » car il y a la même racine au v.4 pour que Dieu se souvienne / יִזְכֹּר des offrandes. D'autres traductions sont possibles dans le sens d'avoir recours, de faire appel au Nom de IHWH. La LXX traduit « nous serons magnifiés » avec le verbe **μεγαλυνθησόμεθα** rappelant son interprétation du verset 6 b.

Ceux qui mettent leur confiance dans les chars et les chevaux se mettent à genoux et tombent : verset 9 a. Le « nous » du stique b qui gouverne les deux verbes קַמְנוּ / nous nous sommes levés et וַנִּתְעוֹדָד / et nous tenons debout, est le « nous » du peuple dont la force est dans le Nom de IHWH du v.8 b.

Le verbe כָּרְעוּ / se mettre à genoux a été lu **συνεποδίσθησαν** / ont été entravés, dans la LXX. Dans le psaume 18 (17) v.40 b nous avons déjà remarqué cette correspondance hébreu / grec. Elle se retrouve également dans le psaume 78 (77) v.31. Ce sont les seuls trois cas dans les Psaumes.

Le verset 10 est l'objet de lectures différentes. Dans le T.M. l'accent disjonctif אַתְנָח, placé sous le verbe הוֹשִׁיעָה / sauve, sépare le verbe du mot « roi » qui suit ; cette écriture se lit : « IHWH sauve ! le roi qu'il nous réponde ou nous répondra au jour de notre appel ». Ici, le roi est interpellé directement pour qu'il réponde et peut s'identifier au messie du v.7. Ceux qui lisent le texte en plaçant l'accent disjonctif sous le mot « roi » font de ce mot un complément d'objet direct du verbe « sauver » et interprètent comme les traducteurs grecs. Seulement, avec le pronom personnel « ton », la LXX exprime une intimité entre Dieu et « son » roi – messie. La demande du stique b avec le verbe **ἐπακούω** s'adresse alors à IHWH.

Essayons de visualiser les correspondances entre les versets 2-6 et 7-10.

Verset 2	Qu'il **te réponde**	IHWH	
	Qu'Il te protège	*le Nom du Dieu de Jacob*	
Verset 3	Qu'il envoie	depuis son sanctuaire	
			depuis Sion
Verset 4	Qu'Il se souvienne		
Verset 6	nous crierons de joie		**dans ton salut**
		au Nom de ***notre Dieu*** nous lèverons l'étendard (T.M.)	
		nous serons magnifiés (LXX)	
Verset 7	**Maintenant je sais**		
		IHWH	**sauvera**
	Il **lui répondra**	depuis les cieux de sa sainteté	
	par les prouesses de		**salut de sa droite**.
Verset 8	nous	*dans le Nom de* IHWH ***notre Dieu***	
	nous nous souviendrons	(T.M.) *nous serons magnifiés* (LXX)	
Verset 9	nous nous sommes levés et nous tenons debout		
Verset 10		IHWH **sauve** ton roi (LXX)	le roi (T.M.)
	qu'Il nous réponde (LXX) : *entends-nous*		

***

Ce psaume, qui peut faire penser à une célébration rituelle avant de partir au combat, est toujours d'actualité. La confiance dans le Nom de Dieu est la seule arme qui puisse apporter le salut יְשׁוּעָה / c'est-à-dire, la paix / שָׁלוֹם.

PSAUME 21 (20)

Verset 1

לַמְנַצֵּחַ מִזְמוֹר לְדָוִד׃ | ***Εἰς τὸ τέλος · ψαλμὸς τῷ Δαυιδ.***

Du chef de chœur. **Psaume de David.** | *Pour la fin.* **Psaume de David.**

Verset 2

יהוה בְּעָזְּךָ יִשְׂמַח־מֶלֶךְ
וּבִישׁוּעָתְךָ מַה־יָּגֶיל(*) מְאֹד׃

(*) Dans certains mss : kétib יָגֶיל qéré יָגֶל

Κύριε, ἐν τῇ δυνάμει σου εὐφρανθήσεται ὁ βασιλεὺς
καὶ ἐπὶ τῷ σωτηρίῳ σου ἀγαλλιάσεται σφόδρα.

IHWH dans ta force **le roi** se réjouira
et dans ton salut comme **il exultera beaucoup.**

Seigneur, dans ta *puissance* **le roi** *sera réjoui*
et dans ton salut il exultera beaucoup.

Verset 3

תַּאֲוַת לִבּוֹ נָתַתָּה לּוֹ
וַאֲרֶשֶׁת שְׂפָתָיו בַּל־מָנַעְתָּ
סֶּלָה׃

τήν ἐπιθυμίαν τῆς ψυχῆς αὐτοῦ ἔδωκας αὐτῷ
καὶ τὴν θέλησιν τῶν χειλέων αὐτοῦ οὐκ ἐστέρησας αὐτόν.
διάψαλμα.

Le désir de son cœur **tu lui as donné**
et la requête **de ses lèvres tu ne l'as pas empêchée.**
Pause.

Le désir de son *âme* **tu lui as donné**
et la *volonté* **de ses lèvres tu ne l'as pas** *enlevée.*
Intermède musical.

Verset 4

כִּי־תְקַדְּמֶנּוּ בִּרְכוֹת טוֹב
תָּשִׁית לְרֹאשׁוֹ עֲטֶרֶת פָּז׃

ὅτι προέφθασας αὐτὸν ἐν εὐλογίαις χρηστότητος,
ἔθηκας ἐπὶ τὴν κεφαλὴν αὐτοῦ στέφανον ἐκ λίθου τιμίου.

Car tu le devances **avec des bénédictions de** bon[heur],
tu mets **sur sa tête une couronne** d'or fin.

Car tu *l'as devancé* **avec des bénédictions de** *bonté,*
tu *as mis* **sur sa tête une couronne** *de pierre précieuse.*

Verset 5

חַיִּים שָׁאַל מִמְּךָ נָתַתָּה לּוֹ
אֹרֶךְ יָמִים עוֹלָם וָעֶד׃

ζωὴν ᾐτήσατό σε, καὶ ἔδωκας αὐτῷ,
μακρότητα ἡμερῶν εἰς αἰῶνα αἰῶνος.

La vie qu'**il a demandé**e de toi **tu lui as donnée**,
longueur de jours toujours et à jamais.

Il *t'a* **demandé la vie**, *et* **tu lui as donnée**,
une **longueur de jours** *pour les siècles des siècles.*

Verset 6

גָּדוֹל כְּבוֹדוֹ בִּישׁוּעָתֶךָ
הוֹד וְהָדָר תְּשַׁוֶּה עָלָיו׃

μεγάλη ἡ δόξα αὐτοῦ ἐν τῷ σωτηρίῳ σου,
δόξαν καὶ μεγαλοπρέπειαν ἐπιθήσεις ἐπ᾽αὐτόν ·

Grande sa gloire en ton salut,
splendeur **et** majesté **tu** places **sur lui.**

Grande sa gloire en ton salut,
gloire **et** *magnificence* **tu** *placeras* **sur lui.**

Verset 7

כִּי־תְשִׁיתֵהוּ בְרָכוֹת לָעַד
תְּחַדֵּהוּ בְשִׂמְחָה אֶת־פָּנֶיךָ׃

ὅτι δώσεις αὐτῷ εὐλογίαν εἰς αἰῶνα αἰῶνος,
εὐφρανεῖς αὐτὸν ἐν χαρᾷ μετὰ τοῦ προσώπου σου.

Car tu le constitues **bénédiction**s à jamais
tu le ravis dans la **joie avec ta face.**

Car tu *lui donneras* **bénédiction** *pour les siècles des siècles,*
tu le *réjouiras de* **joie avec ta face.**

Verset 8

כִּי־הַמֶּלֶךְ בֹּטֵחַ בַּיהוָה
וּבְחֶסֶד עֶלְיוֹן בַּל־יִמּוֹט׃

ὅτι ὁ βασιλεὺς ἐλπίζει ἐπὶ κύριον
καὶ ἐν τῷ ἐλέει τοῦ ὑψίστου οὐ μὴ σαλευθῇ.

Car le roi a confiance **en IHWH**
et dans l'amour **du Très-Haut il ne** chancellera pas.

Car le roi *espère* **dans le Seigneur**
et dans *la miséricorde* **du Très-Haut il ne** *sera pas ébranlé.*

Verset 9

תִּמְצָא יָדְךָ לְכָל־אֹיְבֶיךָ
יְמִינְךָ תִּמְצָא שֹׂנְאֶיךָ׃

εὑρεθείη ἡ χείρ σου πᾶσιν τοῖς ἐχθροῖς σου,
ἡ δεξιά σου εὕροι πάντας τοὺς μισοῦντάς σε.

Elle trouvera, **ta main**, **tous tes ennemis**
ta droite trouvera **ceux qui te haïssent**.

Puisse **ta main** *trouver* **tous tes ennemis,**
Puisse **ta droite** *trouver tous* **ceux qui te haïssent.**

Verset 10

תְּשִׁיתֵמוֹ ׀ כְּתַנּוּר אֵשׁ
לְעֵת פָּנֶיךָ יהוה
בְּאַפּוֹ יְבַלְּעֵם
וְתֹאכְלֵם אֵשׁ׃

Tu les mettras comme un four en feu
au temps de ta face IHWH
dans sa colère il **les** engloutira
et un feu les dévorera.

θήσεις αὐτοὺς ὡς κλίβανον πυρὸς
εἰς καιρὸν τοῦ προσώπου σου ·
κύριος ἐν ὀργῇ αὐτοῦ συνταράξει αὐτούς,
καὶ καταφάγεται αὐτοὺς πῦρ.

Tu les mettras comme un four en feu
au temps de ta face ;
le Seigneur dans sa colère les *épouvantera,*
et un feu les dévorera.

Verset 11

פִּרְיָמוֹ מֵאֶרֶץ תְּאַבֵּד
וְזַרְעָם מִבְּנֵי אָדָם׃

Leur fruit hors de la terre, tu [le] **feras périr**
et leur semence hors des fils d'humain.

τὸν καρπὸν αὐτῶν ἀπὸ γῆς ἀπολεῖς
καὶ τὸ σπέρμα αὐτῶν ἀπὸ υἱῶν
ἀνθρώπων,

Tu feras périr leur fruit hors de la terre
et leur semence hors des fils *d'hommes,*

Verset 12

כִּי־נָטוּ עָלֶיךָ רָעָה
חָשְׁבוּ מְזִמָּה בַּל־יוּכָלוּ׃

Car ils ont tendu **sur toi** le malheur
ils ont pensé **un** complot **ils ne pourront** rien.

ὅτι ἔκλιναν εἰς σὲ κακά,
διελογίσαντο βουλήν, ἣν οὐ μὴ
δύνωνται στῆσαι.

car ils ont *fait pencher* **sur toi** *des maux,*
ils ont *calculé* **un** *dessein, qu'***ils ne pourront** *tenir.*

Verset 13

כִּי תְּשִׁיתֵמוֹ שֶׁכֶם
בְּמֵיתָרֶיךָ תְּכוֹנֵן
עַל־פְּנֵיהֶם׃

Car tu les mettras [de] **dos**
avec les cordes de ton arc tu viseras
sur **leur face.**

ὅτι θήσεις αὐτοὺς νῶτον ·
ἐν τοῖς περιλοίποις σου ἑτοιμάσεις
τὸ πρόσωπον αὐτῶν.

car tu les mettras [de] **dos** ;
dans tes restes tu prépareras
leur face.

Verset 14

רוּמָה יהוה בְעֻזֶּךָ
נָשִׁירָה וּנְזַמְּרָה גְּבוּרָתֶךָ׃

ὑψώθητι, κύριε, ἐν τῇ δυνάμει σου· ᾄσομεν καὶ ψαλοῦμεν τὰς δυναστείας σου.

Élève-**toi Seigneur dans ta** force
nous chanterons et nous psalmodierons ta vaillance.

Hausse-**toi, Seigneur, dans ta** *puissance ;*
nous chanterons et nous psalmodierons *tes hauts faits.*

Dans le psaume 21 (20), IHWH le Très-Haut, met devant nous un roi « bénédiction » et porteur de la bénédiction qu'il reçoit.

Le verset 2 donne le ton. Le roi se réjouit dans la puissance de Dieu ; il exulte dans son salut. Force et puissance sont également les derniers mots du v.14, encadrant ainsi le psaume.

Au verset 8, le roi se confie en IHWH et dans l'amour du Très-Haut.
De son côté, Dieu donne, et comble.

Verset 3 : La requête des lèvres (du roi) Dieu ne l'a pas refusée, repoussée, enlevée. Le mot אֲרֶשֶׁת / requête, est un hapax ; il a été lu **θέλησιν** / volonté ou souhait, par la LXX. Ce substantif est peu employé dans la Bible grecque. Il est un hapax dans les Psaumes.

Dans le N.T., **θέλησιν** est un hapax dans la lettre aux Hébreux, ch.2 v.4 : il faut prendre au sérieux le salut annoncé par Dieu dans ses signes et ses dons de l'Esprit répartis selon sa volonté / **θέλησιν**.

Verset 4 : Avec le verbe תְקַדְּמֶנּוּ / tu le devances, nous voyons Dieu aller à la rencontre de son roi avec des bénédictions de bonheur.

Dans la LXX, le verbe hébreu est rendu par **προέφθασας** / **προφθάνω**. Les occurrences de ce verbe sont principalement dans les Psaumes.

Dans le N.T. il est un hapax en Mt 17.25 : Jésus devança / **προέφθασεν** Pierre pour lui demander son avis sur le paiement de l'impôt.

Au stique b, Dieu qui met sur sa tête une couronne d'or agit en souverain.

La couronne d'or fin dans le T.M. est une couronne de pierre précieuse, une pierre de valeur dans la LXX avec l'adjectif **τιμίου**. Dans les Psaumes ce mot grec n'est employé que trois fois. Ici, dans le Ps 19 (18).11 où il se rapporte aux jugements de Dieu désirables plus qu'une pierre de grande valeur, et dans le Ps 116 (115).6 où la mort de ceux qui plaisent à Dieu est précieuse devant lui.

Au verset 7 : Dieu, maintenant, rend son roi porteur des bénédictions. Littéralement, il le met bénédictions à jamais, et il le comblera de joie par sa proximité, sa face. Les deux verbes hébreu / grec rappellent ceux du v.2 où le roi s'est réjoui dans la force de Dieu. Seulement, nous remarquons ici que dans le T.M. c'est un nouveau verbe qui est employé : תְּחַדֵּהוּ et l'insistance sur cette joie comblante est exprimée avec le mot de la racine שׂמח que nous avons vue dans le verbe du v.2. Les traducteurs grecs expriment la surabondance de la joie avec le mot **χαρά**. Ce verset est chargé d'un don de plénitude : les bénédictions pour les siècles, la surabondance de la joie, la présence divine.

Puis, au verset 8, quelqu'un prend la parole. Il dit l'attitude de confiance du roi en IHWH qui lui assurera une stabilité exprimée par la négation : il ne chancellera pas, il ne sera pas ébranlé.

Ce verset ne facilite pas l'identification du locuteur dans la suite des versets. Dieu ? Le roi ? Ceux qui voient dans ce psaume une cérémonie d'intronisation royale proposent d'entendre les versets 9-13 comme un oracle. Ils forment le deuxième volet du psaume avec l'anéantissement des ennemis.

Au verset 10 b c'est bien IHWH, dans sa colère, qui engloutira / יְבַלְּעֵם les ennemis. La LXX emploie le verbe **συνταράξει** qui accorderait aux ennemis un sort moins dramatique que le verbe hébreu. C'est ici le seul cas de correspondance hébreu/grec.

Le verbe **συνταράσσω** n'est pas employé dans le N.T.

La colère divine qui anéantit les ennemis atteint leur descendance : verset 11 ; dans le contexte du v.10, les prépositions מִן et **ἀπό** dans les deux stiques : « hors de la terre et hors des fils d'humain » laissent bien entendre une suppression totale de la descendance.

Au verset 12 a, מְזִמָּה / complot, a été lu par la LXX avec le substantif **βουλήν** et c'est le seul cas. Ce mot grec traduit le plus souvent la racine hébraïque יעץ. Pour ces deux substantifs מְזִמָּה et **βουλήν** des manuscrits suggèrent de lire un pluriel.

L'interprétation du verset 13 est difficile. Dans le T.M., le mot שֶׁכֶם est traduit dans les Bibles par « épaule », « nuque » ou « dos ». Au stique a, les ennemis sont mis de dos mais c'est le visage qui est visé au stique b. Plutôt que de chercher une cohérence dans la description de la scène, il faut peut-être tout simplement voir une mise à mort des ennemis.

La lecture de la LXX est encore plus compliquée au stique b du verset. Que veut dire : *« dans tes restes tu prépareras leur face »* ? Vigouroux a traduit : *« quant à ceux que vous laisserez survivre vous disposerez leur visage à recevoir ».* On pourrait peut-être comprendre que Dieu va préparer le visage des ennemis pour ceux qui continueront son œuvre de purification.

Tout au long du psaume (v.4, 6, 7, 10, 13) on a pu voir Dieu agir en souverain avec les verbes : mettre, placer, constituer, donner. Dans le T.M. des nuances ont été mises en évidence dans la traduction de ces verbes.

Et au verset 14, tous les hauts faits et la vaillance de IHWH sont chantés et célébrés par tout le peuple. Avec **τὰς δυναστείας** la LXX exprime bien le triomphe de IHWH dans ses actes de vaillance ou de force.

***

À travers les images, la composition et le style, des commentateurs voient dans ce psaume un cérémonial d'intronisation royale. Pour le familier de la Bible, c'est un psaume qui rappelle l'histoire de la royauté en David et Salomon.

Le lecteur peut être lui-même comblé de joie dans le salut de Dieu, dans la vie qu'il lui a donnée toujours et à jamais, être ravi de joie en présence de sa face. Cependant, en suivant le psalmiste jusqu'au bout il est aussi devant un Dieu au visage de colère qui épouvante ses ennemis jusqu'à supprimer leur descendance.

Le temps du visage de Dieu avec sa colère et sa parole sont un appel et un rappel :

* Le pouvoir est dans la force de Dieu.
* En mettant sa confiance dans le Très-Haut, on ne chancellera pas.
* C'est dans la reconnaissance de la transcendance de Dieu qu'on recevra bonheur, bénédiction et le salut.

PSAUME 22 (21)

Verset 1

לַמְנַצֵּחַ עַל-אַיֶּלֶת הַשַּׁחַר מִזְמוֹר לְדָוִד׃	***Εἰς τὸ τέλος, ὑπὲρ τῆς ἀντιλήμψεως τῆς ἑωθινῆς ·*** ***ψαλμὸς τῷ Δαυιδ.***
Du chef de chœur. Sur « la biche de l'aube ».	*Pour la fin, pour la protection du matin ;*
Psaume de David.	**Psaume de David.**

Verset 2

אֵלִי אֵלִי לָמָה עֲזַבְתָּנִי רָחוֹק מִישׁוּעָתִי דִּבְרֵי שַׁאֲגָתִי׃	***Ὁ θεὸς ὁ θεός μου,*** ***πρόσχες μοι · ἵνα τί ἐγκατέλιπές με ;*** ***μακρὰν ἀπὸ τῆς σωτηρίας μου*** ***οἱ λόγοι τῶν παραπτωμάτων μου.***
Mon **Dieu mon Dieu**	*(ô)* **Dieu,** *(ô)* **mon Dieu**,
pour quoi **m'as-tu abandonné,**	*sois attentif à moi ; en vue de quoi* **m'as-tu abandonné ?**
loin de mon salut	**loin de mon salut**
les paroles de mon rugissement.	**les paroles de** *mes erreurs.*

Verset 3

אֱלֹהַי אֶקְרָא יוֹמָם וְלֹא תַעֲנֶה
וְלַיְלָה וְלֹא־דוּמִיָּה לִי׃

ὁ θεός μου, κεκράξομαι ἡμέρας, καὶ οὐκ εἰσακούσῃ,
καὶ νυκτός, καὶ οὐκ εἰς ἄνοιαν ἐμοί.

Mon Dieu j'appelle le **jour et tu** ne réponds **pas** ;

et la **nuit et pas** de silence pour **moi**.

Mon Dieu, *je crierai de* **jour**, **et tu** *n'exauceras* **pas**,

et *de* **nuit**, **et** *ce n'est* **pas** *de* **moi** *une folie*

Verset 4

וְאַתָּה קָדוֹשׁ
יוֹשֵׁב תְּהִלּוֹת יִשְׂרָאֵל׃

σὺ δὲ ἐν ἁγίοις κατοικεῖς,
ὁ ἔπαινος Ισραηλ.

Et toi le Saint

tu demeures louanges **d'Israël** ;

Et toi *tu habites dans les lieux saints,*

ô louange **d'Israël**.

Verset 5

בְּךָ בָּטְחוּ אֲבֹתֵינוּ
בָּטְחוּ וַתְּפַלְּטֵמוֹ׃

ἐπὶ σοὶ ἤλπισαν οἱ πατέρες ἡμῶν,
ἤλπισαν, καὶ ἐρρύσω αὐτούς ·

En toi nos pères ont eu confiance,

ils ont eu confiance **et tu les as** fait échapper.

En toi nos pères ont *espéré,*

ils ont *espéré*, **et tu les as** *délivrés ;*

Verset 6

אֵלֶיךָ זָעֲקוּ וְנִמְלָטוּ
בְּךָ בָטְחוּ וְלֹא־בוֹשׁוּ׃

πρὸς σὲ ἐκέκραξαν καὶ ἐσώθησαν,
ἐπὶ σοὶ ἤλπισαν καὶ οὐ κατῃσχύνθησαν.

Vers toi ils ont crié et ils ont réchappé,

en toi ils ont eu confiance **et** ils **n'ont pas** eu honte.

Vers toi ils ont crié et ils ont *été sauvés,*

en toi ils ont *espéré* **et n'ont pas** *été honteux.*

Verset 7

וְאָנֹכִי תוֹלַעַת וְלֹא־אִישׁ
חֶרְפַּת אָדָם וּבְזוּי עָם׃

ἐγὼ δέ εἰμι σκώληξ καὶ οὐκ ἄνθρωπος,
ὄνειδος ἀνθρώπου καὶ ἐξουδένημα λαοῦ.

Et **moi un ver et non un homme,**

opprobre de l'être humain **et** méprisé **du peuple.**

Mais **moi** *je suis* **un ver et non un homme,**

opprobre de *l'homme* **et** *objet de mépris* **du peuple.**

Verset 8

כָּל־רֹאַי יַלְעִגוּ לִי
יַפְטִירוּ בְשָׂפָה יָנִיעוּ רֹאשׁ׃

Tous ceux qui me voient se moquent de moi ;

ils grimacent de la lèvre, **ils** hochent **la tête** :

πάντες οἱ θεωροῦντές με
ἐξεμυκτήρισάν με,
ἐλάλησαν ἐν χείλεσιν, ἐκίνησαν κεφαλήν

Tous ceux qui me voient *m'ont raillé,*

ils *ont parlé dans les lèvres,* **ils** *ont hoché* **la tête**

Verset 9

גֹּל אֶל־יהוה יְפַלְּטֵהוּ
יַצִּילֵהוּ כִּי חָפֵץ בּוֹ׃

« Roule vers **IHWH** ! il le fera échapper,

il **le** délivrera **car il le désire** ».

Ἤλπισεν ἐπὶ κύριον, ῥυσάσθω αὐτόν ·
σωσάτω αὐτόν, ὅτι θέλει αὐτόν.

« Il a espéré dans **le Seigneur***, qu'il le délivre,*

qu'il **le** *sauve,* **car il le désire** *».*

Verset 10

כִּי־אַתָּה גֹחִי מִבָּטֶן
מַבְטִיחִי עַל־שְׁדֵי אִמִּי׃

Car toi tu m'as **tiré du ventre,**

me mettant en confiance sur **les seins de ma mère**.

ὅτι σὺ εἶ ὁ ἐκσπάσας με ἐκ γαστρός,
ἡ ἐλπίς μου ἀπὸ μαστῶν τῆς μητρός μου ·

Car toi tu *es celui qui m'a* **tiré du ventre,**

mon espérance dès **les seins de ma mère***.*

Verset 11

עָלֶיךָ הָשְׁלַכְתִּי מֵרָחֶם
מִבֶּטֶן אִמִּי אֵלִי אָתָּה׃

Sur toi j'ai été jeté de la matrice,

depuis le ventre **de ma mère** c'est toi **mon Dieu.**

ἐπὶ σὲ ἐπερρίφην ἐκ μήτρας,
ἐκ κοιλίας μητρός μου θεός μου εἶ σύ.

Sur toi j'ai été jeté de la matrice,

depuis *les entrailles* **de ma mère** *tu es* **mon Dieu.**

Verset 12

אַל־תִּרְחַק מִמֶּנִּי
כִּי־צָרָה קְרוֹבָה
כִּי־אֵין עוֹזֵר׃

Ne sois **pas** loin **de moi**

car l'oppression est proche,

car personne qui secourt.

μὴ ἀποστῇς ἀπ᾽ἐμοῦ,
ὅτι θλῖψις ἐγγύς,
ὅτι οὐκ ἔστιν ὁ βοηθῶν.

Ne *t'écarte* **pas de moi,**

car l'oppression est proche,

car *il n'y a* **personne qui secourt.**

Verset 13

סְבָבוּנִי פָּרִים רַבִּים
אַבִּירֵי בָשָׁן כִּתְּרוּנִי׃

Des taureaux **nombreux** m'ont entouré

des puissants de Bashân **m'ont cerné**.

περιεκύκλωσάν με μόσχοι πολλοί,
ταῦροι πίονες περιέσχον με ·

Des *taurillons* **nombreux** *ont fait cercle autour de moi,*

des *taureaux gras* **m'ont cerné**.

Verset 14

פָּצוּ עָלַי פִּיהֶם
אַרְיֵה טֹרֵף וְשֹׁאֵג׃

Ils ont ouvert sur moi leur gueule,

lion déchirant **et rugissant.**

ἤνοιξαν ἐπ'ἐμὲ τὸ στόμα αὐτῶν
ὡς λέων ὁ ἁρπάζων καὶ ὠρυόμενος.

Ils ont ouvert sur moi leur gueule

comme un **lion** *ravisseur* **et rugissant.**

Verset 15

כַּמַּיִם נִשְׁפַּכְתִּי
וְהִתְפָּרְדוּ כָּל־עַצְמוֹתָי
הָיָה לִבִּי כַּדּוֹנָג
נָמֵס בְּתוֹךְ מֵעָי׃

Comme l'eau j'ai été répandu

et se sont disloqués **tous mes os.**

Mon cœur est comme la cire

il **se fond au milieu de mes** viscères.

ὡσεὶ ὕδωρ ἐξεχύθην,
καὶ διεσκορπίσθη πάντα τὰ ὀστᾶ μου,
ἐγενήθη ἡ καρδία μου ὡσεὶ κηρὸς τηκόμενος
ἐν μέσῳ τῆς κοιλίας μου ·

Comme l'eau j'ai été répandu,

et tous mes os *ont été dispersés,*

mon cœur est *devenu* **comme la cire** *qui* **se fond**

au milieu de mes *entrailles.*

Verset 16

יָבֵשׁ כַּחֶרֶשׂ ׀ כֹּחִי
וּלְשׁוֹנִי מֻדְבָּק מַלְקוֹחָי
וְלַעֲפַר־מָוֶת תִּשְׁפְּתֵנִי׃

Ma force se dessèche **comme l'argile**

et ma langue est **collée à** mes mâchoires

et à la poussière de la mort tu me déposes.

ἐξηράνθη ὡς ὄστρακον ἡ ἰσχύς μου,
καὶ ἡ γλῶσσά μου κεκόλληται τῷ λάρυγγί μου,
καὶ εἰς χοῦν θανάτου κατήγαγές με.

Ma force *s'est desséchée* **comme l'argile**,

et ma langue *s'est* **collée à** *mon gosier,*

et à la poussière de la mort tu *m'as fait descendre.*

Verset 17

כִּי סְבָבוּנִי כְּלָבִים
עֲדַת מְרֵעִים הִקִּיפוּנִי
כָּאֲרִי יָדַי וְרַגְלָי׃

ὅτι ἐκύκλωσάν με κύνες πολλοί,
συναγωγὴ πονηρευομένων περιέσχον με,
ὤρυξαν χεῖράς μου καὶ πόδας.

Car des chiens m'ont entouré,
une assemblée de malfaiteurs : ils m'ont encerclé
comme un lion **mes mains et mes pieds.**

Car des chiens *nombreux* **m'ont entouré,**
une assemblée de malfaiteurs *m'a cerné*
ils ont troué **mes mains et mes pieds.**

Verset 18

אֲסַפֵּר כָּל־עַצְמוֹתָי
הֵמָּה יַבִּיטוּ יִרְאוּ־בִי׃

ἐξηρίθμησα πάντα τὰ ὀστᾶ μου,
αὐτοὶ δὲ κατενόησαν καὶ ἐπεῖδόν με.

Je compterais **tous mes os,**
eux ils regardent, ils voient en moi.

J'ai compté **tous mes os,**
et **eux** *ils ont remarqué et m'ont surveillé.*

Verset 19

יְחַלְּקוּ בְגָדַי לָהֶם
וְעַל־לְבוּשִׁי יַפִּילוּ גוֹרָל׃

διεμερίσαντο τὰ ἱμάτιά μου ἑαυτοῖς
καὶ ἐπὶ τὸν ἱματισμόν μου ἔβαλον κλῆρον.

ils se partagent **mes habits**
et sur mon vêtement ils font **tomber le sort.**

Ils ont partagé **mes habits** *entre eux*
et sur mon *habillement ils ont laissé* **tomber le sort.**

Verset 20

וְאַתָּה יהוה אַל־תִּרְחָק
אֱיָלוּתִי לְעֶזְרָתִי חוּשָׁה׃

σὺ δέ, κύριε, μὴ μακρύνῃς τὴν βοήθειάν μου,
εἰς τὴν ἀντίλημψίν μου πρόσχες.

Et **toi IHWH** ne sois pas loin,
ma force, à mon secours, hâte-toi.

Mais **toi, Seigneur**, *n'éloigne pas mon secours,*
sois attentif à ma protection.

Verset 21

הַצִּילָה מֵחֶרֶב נַפְשִׁי
מִיַּד־כֶּלֶב יְחִידָתִי׃

ῥῦσαι ἀπὸ ῥομφαίας τὴν ψυχήν μου
καὶ ἐκ χειρὸς κυνὸς τὴν μονογενῆ μου ·

Délivre de l'épée mon âme
de la griffe du chien mon unique.

Délivre de l'épée mon âme
et **de la griffe du chien mon unique.**

Verset 22

הוֹשִׁיעֵנִי מִפִּי אַרְיֵה

וּמִקַּרְנֵי רֵמִים עֲנִיתָנִי׃

Sauve-moi de la gueule du lion ;

et des cornes des buffles

tu m'as répondu.

σῶσόν με ἐκ στόματος λέοντος

καὶ ἀπὸ κεράτων μονοκερώτων τὴν ταπείνωσίν μου.

Sauve-moi de la gueule du lion

et des cornes des *licornes*

mon humiliation.

Verset 23

אֲסַפְּרָה שִׁמְךָ לְאֶחָי

בְּתוֹךְ קָהָל אֲהַלְלֶךָּ׃

Je veux raconter **ton Nom à mes frères,**

au milieu de l'assemblée je te louerai.

διηγήσομαι τὸ ὄνομά σου τοῖς ἀδελφοῖς μου,

ἐν μέσῳ ἐκκλησίας ὑμνήσω σε.

Je *raconterai* **ton Nom à mes frères,**

au milieu de l'assemblée je te *chanterai des hymnes.*

Verset 24

יִרְאֵי יהוה ׀ הַלְלוּהוּ

כָּל־זֶרַע יַעֲקֹב כַּבְּדוּהוּ

וְגוּרוּ מִמֶּנּוּ

כָּל־זֶרַע יִשְׂרָאֵל׃

Ceux qui craignent IHWH louez-le

toute la descendance de Jacob glorifiez-le ;

et soyez dans la frayeur de lui

toute la descendance d'Israël.

Οἱ φοβούμενοι κύριον, αἰνέσατε αὐτόν,

ἅπαν τὸ σπέρμα Ιακωβ, δοξάσατε αὐτόν,

φοβηθήτωσαν αὐτὸν

ἅπαν τὸ σπέρμα Ισραηλ,

Ceux qui craignent le Seigneur, louez-le,

toute la descendance de Jacob, glorifiez-le,

qu'elle le craigne

toute la descendance d'Israël,

Verset 25

כִּי לֹא־בָזָה וְלֹא שִׁקַּץ	*ὅτι οὐκ ἐξουδένωσεν οὐδὲ προσώχθισεν*
עֱנוּת עָנִי	*τῇ δεήσει τοῦ πτωχοῦ*
וְלֹא־הִסְתִּיר פָּנָיו מִמֶּנּוּ	*οὐδὲ ἀπέστρεψεν τὸ πρόσωπον αὐτοῦ ἀπ᾿ἐμοῦ*
וּבְשַׁוְּעוֹ אֵלָיו שָׁמֵעַ׃	*καὶ ἐν τῷ κεκραγέναι με πρὸς αὐτὸν εἰσήκουσέν μου.*
Car il n'a pas méprisé et n'a pas exécré	**car il n'a pas méprisé** *ni été indigné*
l'humiliation de l'humilié	*par la supplication du pauvre*
et **il n'a pas** caché **sa face loin de** lui,	**il n'a pas** *retourné* **sa face loin de** *moi*
et quand il criait **vers lui**, **il** a écouté.	**et quand** *j'ai crié* **vers lui il** *m'a exaucé.*

Verset 26

מֵאִתְּךָ תְּהִלָּתִי בְּקָהָל רָב	*παρὰ σοῦ ὁ ἔπαινός μου ἐν ἐκκλησίᾳ μεγάλῃ,*
נְדָרַי אֲשַׁלֵּם	*τὰς εὐχάς μου ἀποδώσω*
נֶגֶד יְרֵאָיו׃	*ἐνώπιον τῶν φοβουμένων αὐτόν ·*
De toi ma louange dans une grande assemblée,	**De toi ma louange dans une grande assemblée,**
j'accomplirai **mes vœux**	*j'acquitterai* **mes vœux**
devant ceux qui le craignent.	**devant ceux qui le craignent.**

Verset 27

יֹאכְלוּ עֲנָוִים ׀ וְיִשְׂבָּעוּ	*φάγονται πένητες καὶ ἐμπλησθήσονται,*
יְהַלְלוּ יהוה דֹּרְשָׁיו	*καὶ αἰνέσουσιν κύριον οἱ ἐκζητοῦντες αὐτόν ·*
יְחִי לְבַבְכֶם לָעַד׃	*ζήσονται αἱ καρδίαι αὐτῶν εἰς αἰῶνα αἰῶνος.*
Les humbles **mangeront et ils seront rassasiés**	*Les indigents* **mangeront et ils seront rassasiés,**
ils loueront IHWH ceux qui le cherchent ;	*et* **ils loueront le Seigneur ceux qui le** *recherchent ;*
que vive votre cœur à jamais.	*leurs cœurs vivront dans les siècles des siècles.*

Verset 28

יִזְכְּרוּ ׀ וְיָשֻׁבוּ אֶל־יהוה
כָּל־אַפְסֵי־אָרֶץ
וְיִשְׁתַּחֲווּ לְפָנֶיךָ
כָּל־מִשְׁפְּחוֹת גּוֹיִם׃

μνησθήσονται καὶ ἐπιστραφήσονται πρὸς κύριον
πάντα τὰ πέρατα τῆς γῆς
καὶ προσκυνήσουσιν ἐνώπιόν σου
πᾶσαι αἱ πατριαὶ τῶν ἐθνῶν,

Ils se souviendront et retourneront **vers IHWH**
tous les confins de la terre
et elles se prosterneront devant ta face
toutes les familles des nations.

Ils se souviendront et *reviendront* **vers le Seigneur**
tous les confins de la terre
et elles se prosterneront devant *toi*
toutes les familles des nations,

Verset 29

כִּי לַיהוה הַמְּלוּכָה
וּמֹשֵׁל בַּגּוֹיִם׃

ὅτι τοῦ κυρίου ἡ βασιλεία,
καὶ αὐτὸς δεσπόζει τῶν ἐθνῶν.

Car à IHWH la royauté
et il **domine sur les nations.**

car au Seigneur la royauté,
et *lui* **domine sur les nations.**

Verset 30

אָכְלוּ וַיִּשְׁתַּחֲווּ ׀
כָּל־דִּשְׁנֵי־אֶרֶץ
לְפָנָיו יִכְרְעוּ
כָּל־יוֹרְדֵי עָפָר
וְנַפְשׁוֹ לֹא חִיָּה׃

ἔφαγον καὶ προσεκύνησαν
πάντες οἱ πίονες τῆς γῆς,
ἐνώπιον αὐτοῦ προπεσοῦνται
πάντες οἱ καταβαίνοντες εἰς τὴν γῆν.
καὶ ἡ ψυχή μου αὐτῷ ζῇ,

Ils ont mangé et se sont prosternés
tous les gras de la terre,
devant sa face se mettront à genoux
tous ceux qui descendent poussière
et son **âme** ne peut survivre.

Ils ont mangé et se sont prosternés
tous les gras de la terre,
devant *lui tomberont en avant*
tous ceux qui descendent vers la terre.
et *mon* **âme** *pour lui vit,*

Verset 31

זֶ֥רַע יַֽעַבְדֶ֑נּוּ יְסֻפַּ֖ר לַֽאדֹנָ֣י לַדּֽוֹר׃	*καὶ τὸ σπέρμα μου δουλεύσει αὐτῷ· ἀναγγελήσεται τῷ κυρίῳ γενεὰ ἡ ἐρχομένη,*
Une **descendance le servira** ;	*et ma* **descendance le servira** *;*
il sera raconté sur le Seigneur à **la génération**.	**la génération** *qui vient sera annoncée au Seigneur,*

Verset 32

יָ֭בֹאוּ וְיַגִּ֣ידוּ צִדְקָת֑וֹ לְעַ֥ם נ֝וֹלָ֗ד כִּ֣י עָשָֽׂה׃	*καὶ ἀναγγελοῦσιν τὴν δικαιοσύνην αὐτοῦ λαῷ τῷ τεχθησομένῳ, ὅτι ἐποίησεν ὁ κύριος.*
Ils viendront **et ils annonceront sa justice**	**et ils annonceront sa justice**
au peuple naissant car il **a fait**.	**au peuple** *qui sera enfanté car le Seigneur* **a fait**.

Au sage expérimenté du Psaume 37 (36).25 *« j'ai été jeune, j'ai vieilli ; jamais je n'ai vu le juste abandonné »* manquait-il l'expérience de l'homme du psaume 22 (21) ?

Le titre du psaume comporte une indication « sur la biche de l'aube » le plus souvent interprétée dans le sens d'une mélodie musicale. La LXX donne le mot **ἀντιλήμψεως** dans lequel, nous trouvons l'idée d'un secours, d'une défense, d'une protection.

Puis, verset 2, unique en son genre dans l'Ancien Testament par son redoublement avec le suffixe de la 1re personne du singulier, « mon Dieu mon Dieu » qui, selon les massorètes, doit être dit d'un seul souffle, exprime une émotion forte. Pénétrons-la pour lire les mots qui suivent.

לָמָה עֲזַבְתָּנִי est habituellement traduit : « pourquoi m'as-tu abandonné ? ». En traduisant « pour quoi » en deux mots nous souhaitons exprimer bien plus qu'une question pure et simple. L'appel initial qui porte une profonde intimité avec Dieu ne peut pas tromper ; la souffrance exprimée à la suite est profonde. Quel est donc le sens de cet abandon ?

Sur l'écriture de לָמָה certains traducteurs, Vesco et Meschonnic notamment, se réfèrent au commentaire de Samson Raphaël Hirsch (1808-1888) dans lequel il attire l'attention sur l'accent tonique de לָמָה ; cet accent se trouvant sur la seconde syllabe signifierait un « vers quoi » ou « à quoi », autrement dit : « dans quel dessein ». Cependant, Meschonnic ajoute qu'il a rencontré une objection grammaticale selon laquelle la place de l'accent n'entraînerait aucune différence de sens.

Intentionnellement, nous maintenons notre traduction du T.M. tout en laissant l'espace de l'interprétation entre : « pourquoi / à cause de quoi ou pour quoi /dans quel dessein ».

Si nous écoutons le psalmiste dans le texte de la LXX, nous percevons son cri vers Dieu en trois temps : « ô Dieu, ô mon Dieu - sois attentif à moi - en vue de quoi ». La formulation *«* **ἵνα τί ἐγκατέλιπές με** *; »* qui suit la demande d'attention particulière soulignerait-elle davantage la figure d'un homme abandonné au singulier ? Quant à notre traduction de « **ἵνα τί** / en vue de quoi », elle suit l'une de celles proposées dans le Bailly.

Nous le voyons, poser la question du sens de l'abandon c'est aussi poser une question sur l'homme qui va passer de la parole douloureuse sur l'abandon et l'éloignement de Dieu dans la solitude à la parole de louange dans une grande assemblée. Et c'est bien sûr, poser une question sur Dieu. Cheminons.

À trois reprises, versets 2, 12 et 20, nous avons la racine רחק qui exprime l'idée de l'éloignement.

Verset 2

T.M. : Les paroles de son rugissement le tiennent loin de son salut.

LXX : Ce sont les paroles de ses erreurs qui le tiennent loin de son salut.

Le rugissement dans le T.M. diffère de celui du lion qui est inarticulé comme nous le voyons au verset 14 avec le participe du verbe rugir / שׁאג. Ici, le rugissement comporte des mots qui laissent le psalmiste loin du Dieu de son salut.

Le texte de la LXX parle d'erreurs avec le mot **παράπτωμα**. Les paroles du psalmiste qui seraient des erreurs ou des fautes seraient-elles la cause de l'éloignement du salut ?

Dans les Évangiles, ce substantif grec n'est employé que par Matthieu (6.14-15) et Marc (11.25) pour que dans la prière on pardonne aux autres leurs fautes afin d'être soi-même pardonné par Dieu. Les autres occurrences de **παράπτωμα** sont dans les épîtres de Paul.

Verset 12, l'angoisse et le danger motivent la supplication.

T.M. : Ne sois pas loin / אַל־תִּרְחַק de moi car l'oppression est proche.

LXX : Les traducteurs grecs emploient le verbe **ἀφ-ίστημι**.

Verset 20 :

T.M. : La supplication reprend doublée d'un appel à l'aide.

LXX : Là, nous avons le verbe **μακρύνω** qui rappelle l'adverbe **μακρὰν** du v.2. Seulement, ici, l'appel vers Dieu est exprimé différemment. De plus, nous pouvons remarquer le substantif **ἀντίλημψίν** à l'accusatif que nous avons lu au génitif dans le titre et l'impératif **πρόσχες** rencontré au v.2. L'écriture de la LXX renforce l'inclusion formée par ces versets 2 et 20 où l'éloignement de Dieu est central.

Le verbe **μακρύνω** est absent du N.T.

Le psalmiste crie, se plaint, parle et Dieu ne répond pas.

Dès le verset 3 nous sommes face un Dieu qui se tait, un Dieu de silence. Et au stique b, l'abandonné du T.M. n'a pas le silence en lui et c'est de nuit. Tandis que l'homme de la LXX, il crie, il crie de jour et de nuit et ce n'est pas de la sottise, à la limite, il n'est pas fou ! / **καὶ οὐκ εἰς ἄνοιαν ἐμοί**.

Un appel, un silence, dans le temps : jour et nuit. Et dans une histoire aussi.

Verset 4 : Le Dieu personnel de l'invocation c'est le Dieu Saint lié aux louanges de son peuple Israël.

Dans le T.M., Il est le Saint qui demeure louanges d'Israël. On peut comprendre que Dieu ne fait qu'un avec le peuple qui le loue pour toutes ses actions de délivrance. C'est Lui la gloire d'Israël.

La LXX a compris différemment : Dieu est celui qui habite dans les lieux saints ; **ἐν ἁγίοις** est traduit le plus souvent : « dans le sanctuaire » ; mais le pluriel sans article évoque plutôt des « choses saintes ». La lecture « tu habites parmi les saints » n'est pas exclue.

Les versets 5 et 6 parlent maintenant des pères qui ont eu confiance et que Dieu a délivrés. Aux trois verbes caractérisant l'attitude des pères : בָּטְחוּ / **ἤλπισαν** correspondent trois verbes pour dire que Dieu est intervenu. Nous pouvons remarquer au v.6 a que les traducteurs grecs emploient le verbe **σῴζω** pour le verbe de la racine מלט. Dans les Psaumes, deux fois seulement nous trouvons **σῴζω** pour מלט; ici et au verset 17 du psaume 33 (32).

Le verbe **καταισχύνω** est un hapax en Lc 13.17 pour les Évangiles. Les adversaires de Jésus « étaient couverts de honte » après sa réponse au chef de la synagogue. Il vient de guérir une femme infirme le jour du Sabbat qu'il définit comme jour du salut.

Dans le contexte, les versets 4, 5 et 6 ont de l'importance. Comment se fait-il que Dieu abandonne cet homme qui s'exprime dans la transparence, sans discussion. N'est-il pas de la lignée de ses pères qui ont eu confiance et qui ont été délivrés ? On peut laisser résonner en soi la note à la clé de chacun des versets : « et toi – en toi – vers toi ». À ce Dieu si loin dans l'espace et le temps et qui ne répond pas, le psalmiste parle avec confiance, comme ses pères.

Mais au verset 7 s'ajoute à la parole une image avec laquelle le psalmiste se décrit. Il est comme un ver. Il n'a plus d'apparence humaine et devient un objet de mépris et de moqueries. On pense bien sûr à Job ch 25 v.6 : « le fils d'Adam est un ver ».

Le mot **ἐξουδένημα** se trouve également dans le texte **θ'** (Théodotion) du livre de Daniel 4.17.

Il ne se trouve pas dans le N.T.

Dans les Évangiles, le verbe, avec l'écriture **ἐξουθενέω**, est en Luc 18.9 : Jésus adresse la parabole du pharisien et du collecteur d'impôts montant au temple pour prier à ceux qui se croyaient justes et méprisant / **ἐξουθενοῦντας** les autres ; et 23.11 : c'est Hérode avec ses gardes qui traita Jésus avec mépris / **ἐξουθενήσας** au moment de la Passion. En Mc 9.12 : après la transfiguration, Jésus rappelle à ses disciples qu'il est écrit du Fils de l'homme qu'il doit souffrir et être méprisé avec le verbe **ἐξουδενέομαι**.

Le **σκώληξ** est un hapax dans l'Évangile de Marc ch.9 v.48 : Jésus met en garde pour ne pas être jeté dans la géhenne où le ver ne finit pas et où le feu ne s'éteint pas. C'est le seul emploi dans le N.T.

De même, **ὄνειδος** est un hapax en Lc 1.25 : c'est le Seigneur qui a jeté les yeux sur Elisabeth pour enlever son opprobre / **ὄνειδός** parmi les hommes.

Puis, aux versets 8 et 9 le psalmiste est face à face à l'adversité. Ceux qui le voient se moquent, ils l'ont raillé. Le verbe **ἐκμυκτηρίζω** est peu employé dans la Bible grecque. En ce qui concerne les Psaumes, nous le trouvons trois fois : ici ; 2.4 et 35 (34).16.

Au stique b du v.8, le T.M. emploie le verbe יַפְטִירוּ dont la forme Hiphil, de la racine פטר, est un hapax. Associé au mot lèvre, il peut signifier : « avoir un rictus ». Vesco parle d'un verbe évoquant « l'action d'ouvrir les lèvres toutes grandes pour vociférer des insultes ». Nous avons suivi sa traduction avec le verbe « grimacer » qui est aussi celle de Chouraqui et de Dhorme. Meschonnic traduit par l'expression « faire la lippe ».

Les traducteurs grecs font parler les railleurs dans les lèvres ou avec les lèvres avec le verbe **λαλέω**.

Dans les Psaumes, le verbe **κινέω** / hocher est un hapax dans ce psaume-ci. On le retrouve, mais seulement dans certains manuscrits, dans le psaume 104 (103).5.

Dans le N.T., **ἐκμυκτηρίζω** est employé deux fois par Luc, ch. 16.14 : Les pharisiens qui écoutaient les réflexions de Jésus sur l'argent se moquaient / **ἐξεμυκτήριζον** de lui ; et ch. 23.35 : Devant Jésus crucifié les chefs se moquaient ou le tournaient en dérision.

Dans le corpus évangélique, le verbe **κινέω** est en Mt 23.4 : les pharisiens ligotent des pesants fardeaux sur les épaules des hommes qu'eux-mêmes ne veulent pas remuer / **κινῆσαι** du doigt ; et en Mt 27.39 // Mc 15.29 : devant Jésus crucifié les passants l'insultaient, hochant / **κινοῦντες** leurs têtes.

Au verset 9, nous suivons le T.M. et lisons l'impératif גֹּל (racine גלל) : « roule vers IHWH ». Dhorme, Vesco ont lu un accompli et se rapprochent du texte de la LXX dans laquelle nous lisons : « il a espéré dans le Seigneur » ; Dhorme traduit : « il s'en remet à IHWH ; qu'il le délivre » ; Vesco : « il a roulé vers IHWH, qu'il le délivre ! ». Si avec l'impératif גֹּל, nous pouvons comprendre : « roule vers IHWH ta souffrance » que l'on pourrait formuler dans les termes d'une remise de lui-même à Dieu, l'humilié, dans la LXX, pour lui, c'est fait. Il a espéré avec le verbe à l'aoriste.

Au stique b du verset nous remarquons d'abord l'impératif aoriste du verbe **σῴζω** pour l'inaccompli Hiphil - auquel on peut donner un sens jussif - du verbe de la racine נצל. La lecture littérale de la fin du stique : « car il prend plaisir en lui » ou « il le désire » pose la question du sujet. Qui est « il » ? Dieu ou l'homme tourné en dérision qui exprimerait son attachement à Dieu ? La seconde hypothèse peut s'avérer être la bonne étant donné la relation intime du psalmiste avec Dieu exprimée dans les versets 10 et 11. Dieu est son Dieu depuis sa formation dans le sein de sa mère.

Nous voyons d'abord que ces deux versets, 10-11, rappellent la confiance des pères exprimée dans les v.5 et 6 : au « **en toi** nos pères ont eu confiance, **vers toi** ils ont crié », correspond ici : « **car toi** tu m'as tiré du ventre, **sur toi** j'ai été jeté ». Les « toi » de ces versets évoquent l'idée que pour les pères comme pour le psalmiste il y a eu un temps bienheureux. Oui, Dieu l'a mis en confiance sur / עלles seins de sa mère dans le T.M. ; Dieu est son espérance dès / depuis, les seins de sa mère dans la LXX.

Faisons quelques remarques sur le vocabulaire.

Le substantif בֶּטֶן dans les deux versets est traduit par **γαστρός** au v.10 et par **κοιλίας** au v.11. Avec le mot **μήτρας** qui précède **κοιλίας** et **μητρός** qui le suit nous pouvons sentir l'intention des traducteurs grecs : c'est du plus profond des entrailles de sa mère que Dieu est son Dieu. Et nous avons là tout ce qu'il peut dire de son lien viscéral avec Dieu.

Dans les Psaumes nous ne trouvons que deux fois le substantif **μήτρα**. Ici et dans le psaume 58 (57).4 où ce sont les pécheurs qui sont mal intentionnés depuis la matrice.

Dans le N.T., nous avons deux fois le substantif **μήτρα**. Lc 2.23 : la présentation de Jésus au temple où comme il est écrit dans la loi « tout mâle ouvrant la matrice sera appelé saint pour le Seigneur » (cf. Ex ch. 13) ; et Rm 4.19 : Abraham ne faiblit pas dans la foi en considérant son corps âgé de cent ans et l'état de mort du sein de Sara.

« Sur toi j'ai été jeté » rappelle la coutume pratiquée après la naissance d'un enfant. On le plaçait sur les genoux du père ou de la mère qui le reconnaissaient comme sien ; c'était un rite d'adoption. On peut retrouver cette coutume en Gn 30.3-6 ; 50.23 et aussi dans le livre de Job ch. 3 v.11-12.

Le stique b du v.11 « depuis le ventre / les entrailles de ma mère tu es mon Dieu » renvoie au v.2 : « mon Dieu mon Dieu ». Au fil du texte jusqu'à ce verset, l'appel a pris du poids. Il faut s'arrêter pour l'écouter et réentendre verset 12 la supplication. Dans ce verset, l'emploi du verbe **ἀφ-ίστημι** par les traducteurs de la LXX est à prendre en compte. Ce verbe exprime un éloignement avec l'idée d'une séparation ; un éloignement qui l'écarterait/ le séparerait du psalmiste.

Il faut peut-être supplier soi-même pour entrer dans la supplication : Mon Dieu mon Dieu, toi mon Dieu, ne sois pas loin de moi ; l'angoisse est là et, personne.

Du verset 13 au verset 22, tout s'emmêle : Les ennemis qui l'encerclent comme des bêtes, et lui, qui finit par se désagréger dans la poussière de la mort où Dieu l'a déposé.

Des ennemis qui sont dangereux. Au verset 13, ce sont des taureaux nombreux ; et au stique b, tandis que le T.M. parle des puissants de Bashân, les traducteurs de la LXX qui parlent de taureaux gras savaient bien que le pays de Bashân était riche en pâturages et en bêtes grasses.

Au verset 14 le lion est déchirant dans le T.M.- Dans la LXX les taureaux sont comme un lion ravisseur avec le participe **ἁρπάζων**.

Il y a même des chiens, et qui sont nombreux dans le texte grec : verset 17. Puis au verset 21 le psalmiste supplie Dieu d'arracher de l'épée son âme (et) de la griffe/patte du chien son unique : יְחִידָתִי/ **μονογενῆ**. Les deux mots au féminin s'identifient à l'âme, principe de vie et d'unité. Le mot hébreu venant de la racine יחד signifiant : unité, ensemble, se réunir.

Les cornes des buffles du verset 22 sont les cornes des licornes dans la LXX. Là, l'expression est associée au mot **ταπείνωσιν** ; une lecture différente de l'écriture du T.M. sur laquelle nous allons revenir.

Au milieu de toute cette adversité, qu'en est-il du psalmiste ? Tout y passe : ses os, son cœur, ses entrailles, sa force, sa langue, ses mâchoires ou son gosier, ses mains et ses pieds et, pour finir, ses habits.

Verset 15 : ses os ont été disloqués / הִתְפָּרְדוּ ou dispersés / **διεσκορπίσθη**. Nous maintenons la nuance entre les deux verbes hébreu/grec. Car, nous le voyons dans la Bible grecque, le verbe **διασκορπίζω** traduit habituellement celui de la racine פוץ, signifiant vraiment la dispersion qui peut intensifier la dislocation. D'ailleurs, dans la Bible, il n'y a que deux cas **διασκορπίζω** pour la racine פרד : ici et dans le psaume 92(91) v.10 où les artisans de néant seront dispersés.

Son cœur est comme de la cire il fond au milieu de ses entrailles. La LXX reprend le substantif **κοιλίας** déjà vu au v.8 tandis que nous lisons dans le T.M. מֵעָי, un nom masculin toujours pluriel, assez fort et cru pour parler des entrailles.

Dans le N.T., le verbe **τήκω** est un hapax dans la seconde lettre de Pierre 3.12 : ce sont les éléments embrasés qui fondront le jour de la venue du Seigneur.

Verset 18 : Son ossature est telle qu'il peut compter tous ses os. Dans la LXX, nous avons traduit **ἐξηρίθμησα** à la 1re personne du singulier selon l'écriture donnée ; cependant, des manuscrits grecs proposent de lire à la 3e personne du pluriel ; en ce cas, **ἐξηρίθμησαν** a pour sujet les malfaiteurs comme au verset précédent.

Dans le N.T., le verbe **ἐξαριθμέω** est absent. **Ἀριθμέω** est seulement en Mt 10.30 // Lc 12.7 : ce sont les cheveux de la tête qui sont tous comptés ; et Ap 7.9 : Personne ne pouvant dénombrer la foule immense des élus.

Verset 16 : Dans le T.M., sa force se dessèche comme l'argile, et sa langue est collée à ses mâchoires. Dans l'apparat critique de B.H.S. nous remarquons la proposition de lire non pas כֹּחִי / ma force, mais חִכִּי / mon palais pour mettre en évidence le parallélisme avec le mot « langue » qui suit. Nous traduisons le T.M.

La forme verbale Hophal מֻדְבָּק est un hapax. Le mot מַלְקוֹחָי duel / mâchoires est un hapax également.

Dans la LXX, il s'agit bien de la force avec **ἰσχύς**. Cependant, le verbe dessécher est un aoriste à la forme passive et c'est à son gosier / **λάρυγγί** que sa langue colle. Mâchoires ou gosier, le psalmiste se retrouve dans la poussière de la mort. Son Dieu, oui son Dieu l'a déposé / תִּשְׁפְּתֵנִי là. Dans la LXX, Il l'a conduit en bas, il l'a fait descendre à la poussière de la mort avec le verbe **κατάγω** : il faut peser et soutenir l'angoisse.

Verset 17 : Plusieurs traductions sont possibles pour la fin du verset ; « comme un lion », T.M., appelle un verbe pour la compréhension de la suite ; les versions ont donc lu non pas « comme un lion » / כָּאֲרִי mais le verbe כָּאֲרוּ signifiant : creuser ou percer. Dans la LXX, nous lisons le verbe **ὀρύσσω** qui a le sens de creuser, fouiller, trouer. La Vulgate qui traduit : « ils ont percé mes mains et mes pieds » évoque franchement la crucifixion du Christ. Le Targum dit : « ils ont mordu comme un lion ». Nous le voyons, il y a matière à discuter sur les différentes interprétations et traductions.

Ce verset qui évoque la passion du Christ n'est cité par aucun des évangélistes. Le verbe **ὀρύσσω** a ses trois occurrences dans le corpus évangélique et dans le sens de : creuser, faire un trou. Mt 21.33 // Mc 12.1 : dans la parabole des vignerons. Mt 25.18 : dans la parabole des talents.

Verset 19 : Avec le partage des habits entre les accusateurs, le sort du psalmiste est joué ; nous sommes devant une anticipation de sa mort.

Au verset 20 il y a un dernier appel et plus signifiant dans le T.M. que dans la LXX. « Hâte-toi », s'écrit le psalmiste. Tout ne serait donc pas fini. Dans le texte grec, l'appel est moins pressant. Notons cependant que l'on pourrait comprendre le verbe **μακρύνω** dans un sens temporel et traduire : *« mais toi, Seigneur, ne retarde pas mon secours ».*

Puis, à la fin du verset 22, dans le T.M. la traversée de l'agonie prend fin avec עֲנִיתָנִי / tu m'as répondu. Le verbe, à cette place du v.22, peut poser un point d'interrogation. La LXX, les versions ont lu : עֲנִיָּתִי : mon humiliation. La phrase devient plus compréhensible : le psalmiste faible, humilié, demanderait une libération hors des cornes des buffles ; mais par ailleurs, l'action de grâce qui arrive au verset 23 de manière abrupte peut aussi étonner.

Nous gardons « tu m'as répondu ». D'une part, il fait bien la charnière entre la longue supplication et l'action de grâce des versets 23 à 32. D'autre part, il rappelle le verset 3 : *« mon Dieu je crie le jour et **tu ne réponds pas** ».* Comment pourrait-il y avoir action de grâce sans une réponse de Dieu à l'appel douloureux qui est revenu trois fois : v.2 : *« pour quoi m'as-tu abandonné loin de mon salut les paroles de mon rugissement » (T.M.) « les paroles de mes erreurs (LXX)* ; v.12 : *« ne sois pas loin de moi » (T.M.) « ne t'écarte pas de moi » (LXX)* ; v.20 : *« ne sois pas loin, hâte-toi » (T.M.) « n'éloigne pas mon secours (LXX).* Tout le chemin parcouru semble aboutir dans ce « **tu m'as répondu** ».

De même, au **verset 25** : Dieu n'a pas méprisé celui qui était méprisé du peuple au v.7 et n'a pas exécré, dédaigné, « l'humiliation de l'humilié ». La LXX parle au passif avec le verbe

προσοχθίζω : Dieu n'a pas été indigné. « L'humiliation » du T.M. devient la « supplication » du pauvre dans la LXX.

Enfin, Dieu si loin est dès lors le Dieu qui n'a pas caché sa face loin du psalmiste dans le T.M. Le psalmiste de la LXX parle à la 1re personne du singulier : (Dieu) n'a pas retourné ou détourné sa face loin de moi et quand j'ai crié, il m'a répondu, il m'a exaucé.

Donc, si au verset 22, nous lisons : *« mon humiliation »* dans la LXX là où le T.M. écrit : *« tu m'as répondu »*, ici, au v.25, T.M. et LXX disent bien que Dieu a écouté, sous-entendu : il a répondu. La séparation entre Dieu et le psalmiste est brisée, plus d'éloignement, plus de silence ; le Dieu Saint demeurant louanges d'Israël (v.4), est là maintenant dans la louange au milieu de l'assemblée : verset 23.

En prenant la mesure de l'ampleur de la louange du v.23, nous pouvons faire une remarque semblable à celle exprimée à propos du parcours entre le silence et la réponse de Dieu. Au v.4 « Dieu louange d'Israël » était comme l'expression de la profession de foi d'un homme d'Israël seul et éprouvé. La référence aux lieux saints / **ἁγίοις** par les traducteurs grecs souligne là une louange dans le cadre du sanctuaire ou du temple. Au v.23 le psalmiste est avec des frères ; sa louange s'exprime maintenant dans le cadre d'une assemblée et même, v.26, dans celui d'une grande assemblée. Pour en arriver à cette louange déployée ou éclatée, Dieu a bien écouté le psalmiste.

Dans cette grande assemblée, verset 26, la louange est motivée par les bienfaits de Dieu : *« car le Seigneur a fait, a agi, a œuvré »* ; ce sont les derniers mots du psaume : v.32. C'est vraiment une assemblée universelle et qui dépasse le temps présent. On y trouve, versets 24 et 26 : les craignants-Dieu. Dans le v.24, ceux-ci sont associés à la descendance de Jacob, descendance d'Israël. Nous y remarquons le verbe **φοβέω** à deux reprises, tandis que le T.M. emploie la racine גור dans la seconde partie du verset. Une racine qui fait trembler jusqu'à effrayer.

Au v.26, le psalmiste, qui s'acquitte de ses vœux devant ceux qui craignent Dieu, évoque maintenant un culte auquel ont part les humbles qui mangeront et seront rassasiés : verset 27 ; ce culte se termine par un souhait : « Que vive votre cœur à jamais ». Dans la LXX, nous lisons : « leurs cœurs vivront » ; cette traduction s'accorde sans doute mieux avec ce qui précède. Cependant, l'expression du T.M. peut être lue comme une phrase indépendante et donner un tour plus général au souhait, plus loin dans le temps. En effet, tout cela sera raconté.

Deux fois, versets 23 et 31 revient la racine ספר signifiant aussi : compter (comme au v.18 : « je compterai tous mes os ». On peut remarquer ce verbe à cette place. Ce qui vient de se passer n'est pas un fait divers. Il est pris en compte et sera raconté aux générations à venir.

Verset 31 : Il sera raconté /אֲסַפְּרָה au sujet du Seigneur, à la génération (qui vient).
La LXX traduit bien le verbe du v.23 avec **διηγέομαι** / raconter ; au v.31, elle emploie le

verbe **ἀν-αγγέλω** et construit le stique b différemment du T.M. : C'est la génération qui vient qui sera annoncée au Seigneur. De plus, nous voyons que les traducteurs grecs ont lu יָבֹאוּ (v.32a T.M.) au singulier (**ἡ ἐρχομένη**), qu'ils rattachent le verbe à la génération du v.31, et que là où le T.M. parle d'une descendance qui le servira, eux disent : « ma descendance ».

Le psalmiste, que Dieu avait fait descendre à la poussière de la mort (v.16), est lié à « ceux qui descendent poussière », ou selon la LXX, « ceux qui descendent vers la terre ». verset 30. Seulement, la traduction de ce verset est difficile.

Dans certaines traductions, celle de Dhorme par exemple, le T.M. est un peu modifié pour lire le début du verset : אַךְ לוֹ: « vers lui seul » au lieu de אָכְלוּ / « ils ont mangé » ; puis, la lecture : יְשֵׁנֵי / « ceux qui dorment » pour דִּשְׁנֵי / « les gras ». Ce qui donne : « vers lui seul se sont prosternés tous ceux qui dorment dans la terre ».

Nous gardons l'écriture du T.M. car les Alexandrins ont bien lu le verbe « manger » et également « les gras de la terre » lesquels peuvent s'identifier à des opulents, des puissants ou des riches. Cependant, il faut bien reconnaître la difficulté de comprendre le début du verset à partir de la lecture littérale.

Les stiques suivants attirent également l'attention. La mort ne mettrait pas un terme à l'adoration. Ici, tous ceux qui descendent poussière se mettront à genoux devant Dieu. Dans l'Ancien Testament, nous sommes plus habitués à entendre : « dans la mort nul souvenir de toi » comme dans le psaume 6. La LXX, qui traduit « ceux qui descendent **vers** ou **dans** la terre, affaiblit peut-être le sens donné ici dans le T.M. où ceux qui descendent, sont décrits à l'état de poussière.

Nous savons que cette interprétation, où les morts sont invités à adorer Dieu, ne fait pas l'unanimité. De fait, on peut comprendre qu'il s'agit bien de vivants dont la mort est imminente.

Le dernier stique, littéralement, dans le T.M. : « et son âme il ne l'a pas laissée vivre » fait, le plus souvent, l'objet d'une correction pour lire comme la LXX : « et mon âme vit pour lui ».

Là encore, nous suivons le T.M. car la traduction qu'en donne Vigouroux est explicite et satisfaisante : *« et quiconque ne peut conserver sa vie »*. Nous sentons cette interprétation dans la traduction de la N.B.S. : *« ceux qui ne peuvent conserver leur vie »* ; la T.O.B. qui a traduit : *« il ne les a pas laissés vivre »* reste également proche du texte.

L'œuvre de salut, de justice dont nous sommes témoins sera annoncée à un peuple naissant ou qui sera enfanté : verset 32. Et le Dieu saint qui habite les louanges d'Israël (v.4) est Dieu Roi universel : verset 29 ; tous les confins de la terre, toutes les familles des nations, toutes les générations passées et à venir lui rendront hommage et, révélation unique, jusque dans la mort on se prosternera pour adorer Dieu.

Au terme de cette analyse, il apparaît nettement que le psaume se compose de deux parties. Nous avons souligné le « tu m'as répondu » de la fin du verset 22, correspondant au « tu ne réponds pas » du verset 3, pour y voir la charnière entre la lamentation et l'action de grâce.

Revoyons ces deux parties de manière synthétique et modestement.

La lamentation – supplication (v.2-22) qui commence par un cri de désespérance traduit la douleur du psalmiste face à son Dieu qui l'abandonne, et qui ne répond pas. Cette absence est exprimée en termes d'éloignement. Un éloignement qui encadre la supplication v.2-20 ; là, au v.20 avec « hâte-toi », le suppliant est arrivé à l'extrême du supportable.

Ce psalmiste qui expérimente l'abandon et le silence de Dieu a une longue expérience d'intimité avec ce Dieu-là. Depuis le sein de sa mère, il est son Dieu.

Sa lamentation ne comporte pas de discussion ; il n'y a pas d'imprécation contre les ennemis qui sont là autour de lui menaçant. Il s'expose dans la nudité absolue, sans culpabilité.

Au plus profond de l'absence et du silence de Dieu, il y a la parole humaine ; le psalmiste prie et parle.

Jusque descendu à la poussière de la mort, il y a place au « toi ».

Le **Dieu** du psalmiste qui est absent et qui se tait est le Dieu Saint qui a manifesté sa sainteté dans un peuple devenu son peuple ; un peuple qui a loué et fait mémoire des actes de salut dans le cadre du temple.

L'ensemble de l'action de grâce (v.23-32) est encadré par le verbe « raconter » ; Au v.23, c'est à ses frères que le psalmiste racontera le Nom et au milieu de l'assemblée qu'il louera ; tandis qu'au v.31, il sera raconté au sujet du Seigneur à la génération qui vient.

Le psalmiste qui accomplit ou acquitte maintenant ses vœux devant les « craignants - Dieu » rassemble les humbles et tous ceux qui cherchent IHWH pour un acte cultuel où tous seront rassasiés.

Il y a un déplacement du singulier vers un pluriel : dans la lamentation, le cœur du psalmiste fondait comme cire ; maintenant ce sont les cœurs qui vivront à jamais, verset 27.

Délivré de la mort, le psalmiste entraîne ; désormais, depuis le fond du fond de la terre jusqu'aux extrémités des nations, on se prosternera devant la face de Dieu et de partout on annoncera aux générations à venir, au peuple qui sera enfanté, que c'est Dieu qui a œuvré (verset 32).

Dieu qui a répondu n'a pas été rebuté, dégoûté par l'humiliation de l'humilié ou, pour la LXX, n'a pas été indigné par la supplication du pauvre. Il n'a pas caché son visage loin du psalmiste ; il a écouté : v.25.

Il a fait œuvre de justice, c'est-à-dire : œuvre de salut.

Le **Dieu Saint** qui demeure louanges d'Israël, est **Dieu roi** de tout l'univers : v.29.

***

Il faut maintenant poser la question de l'identité de celui qui vient de faire une telle traversée.

Nous ne revenons pas sur le rapprochement qui peut être fait avec Job qui a connu des épreuves semblables. L'homme du psaume s'en distancie au niveau de l'expression : il s'expose ; sans rien de plus. Comme nous le savons, il rappelle aussi la figure du serviteur souffrant d'Ésaïe ch.53 ; seulement, à la différence du quatrième chant du serviteur, le récit qui est fait dans le psaume ne fait pas état de la valeur expiatoire de la souffrance.

La deuxième partie du psaume parle en faveur d'une identité plurielle. L'homme serait la figure de la communauté Israël éprouvée, questionnant Dieu sur le sens de ses épreuves, et rendant grâce.

Mais, pourquoi ne verrait-on pas dans ce suppliant la figure d'un temps, d'une époque, la nôtre ou encore pourquoi ne verrait-on pas : **un homme tout court**.

Et Dieu, alors ? Nous l'avons vu au v.30, Il est dans la mort. Il est dans l'absence. Dieu qui se révèle dans la Parole se révèle ici dans le silence.

Les « toi » successifs que nous avons soulignés parlent en faveur d'une proximité de Dieu là où il y a l'expérience de l'abandon et de l'absence qui n'est cependant pas le vide et le néant.

Une grande intimité avec Dieu, telle que l'exprime le psalmiste, n'éclairerait-elle pas l'épreuve sans nom de l'absence ?

Dieu ! ne révélerait-il pas que la mort est une porte qu'on ne peut passer que dans l'expérience de la solitude et de l'abandon ? Là, dans ce lieu existentiel unique, chacun pourrait renaître comme un « unique ». L'action de grâce qui se termine sur ce que Dieu a fait est là pour éclairer.

Et, pour aller plus loin, il n'y a que le Christ. Dans les récits de sa passion, on réentendra l'homme du psaume 22.

PSAUME 23 (22)

Verset 1

מִזְמוֹר לְדָוִד	***Ψαλμὸς τῷ Δαυιδ.***
יְהוָה רֹעִי	***Κύριος ποιμαίνει με,***
לֹא אֶחְסָר׃	***καὶ οὐδέν με ὑστερήσει.***
Psaume de David.	**Psaume de David.**
IHWH me menant **paître**	**Le Seigneur me** *mène* **paître,**
je **ne** manquerai pas.	*et rien* **ne** *me manquera.*

Verset 2

בִּנְאוֹת דֶּשֶׁא יַרְבִּיצֵנִי	***εἰς τόπον χλόης, ἐκεῖ με κατεσκήνωσεν,***
עַל־מֵי מְנֻחוֹת יְנַהֲלֵנִי׃	***ἐπὶ ὕδατος ἀναπαύσεως ἐξέθρεψέν με,***
Dans des pâturages **d'herbe verte il** me fait coucher	*Sur un lieu* **d'herbe verte**, *là,* **il** *m'a fait planter ma tente,*
près des eaux de **repos il** me conduit.	**près** *de l'eau du* **repos**, **il** *m'a nourri.*

Verset 3

נַפְשִׁי יְשׁוֹבֵב	*τὴν ψυχήν μου ἐπέστρεψεν.*
יַנְחֵנִי בְמַעְגְּלֵי־צֶדֶק	*ὡδήγησέν με ἐπὶ τρίβους δικαιοσύνης*
לְמַעַן שְׁמוֹ׃	*ἕνεκεν τοῦ ὀνόματος αὐτοῦ.*
Mon âme il [la] fait retourner.	**Il** *a fait revenir* **mon âme.**
Il me guide dans **des sentiers de justice**	**Il** *m'a guidé sur* **des sentiers de** *la* **justice**
à cause de son Nom.	**à cause de son Nom.**

Verset 4

גַּם כִּי־אֵלֵךְ בְּגֵיא צַלְמָוֶת	*ἐὰν γὰρ καὶ πορευθῶ ἐν μέσῳ σκιᾶς θανάτου,*
לֹא־אִירָא רָע	*οὐ φοβηθήσομαι κακά,*
כִּי־אַתָּה עִמָּדִי	*ὅτι σὺ μετ'ἐμοῦ εἶ·*
שִׁבְטְךָ וּמִשְׁעַנְתֶּךָ	*ἡ ῥάβδος σου καὶ ἡ βακτηρία σου,*
הֵמָּה יְנַחֲמֻנִי׃	*αὐταί με παρεκάλεσαν.*
Même si je marche dans la vallée **de l'ombre de la mort**	*Car* **même si je marche** *au milieu* **de l'ombre de la mort,**
je ne crains pas **de** mal	**je** *n'aurai pas à craindre* **de** *maux,*
car tu es avec moi	**car tu es avec moi ;**
ton bâton et ta houlette	**ton bâton et ta houlette,**
eux, me réconfortent.	**eux,** *m'ont consolé.*

Verset 5

תַּעֲרֹךְ לְפָנַי ׀ שֻׁלְחָן	*ἡτοίμασας ἐνώπιόν μου τράπεζαν*
נֶגֶד צֹרְרָי	*ἐξ ἐναντίας τῶν θλιβόντων με·*
דִּשַּׁנְתָּ בַשֶּׁמֶן רֹאשִׁי	*ἐλίπανας ἐν ἐλαίῳ τὴν κεφαλήν μου,*
כּוֹסִי רְוָיָה׃	*καὶ τὸ ποτήριόν σου μεθύσκον ὡς κράτιστον.*
Tu prépares **devant moi une table**	**Tu** *as préparé* **devant moi une table**
face à **mes oppresseurs ;**	*en* **face** *de* **mes oppresseurs ;**
tu graisses **avec l'huile, ma tête**	**tu** *as graissé* **ma tête avec l'huile,**
ma **coupe** [est] la surabondance.	*et ta* **coupe** *enivrante comme* [*elle* **est**] *excellente.*

Verset 6

אַךְ ׀ טוֹב וָחֶסֶד יִרְדְּפוּנִי	*καὶ τὸ ἔλεός σου καταδιώξεταί με*
כָּל־יְמֵי חַיָּי	***πάσας τὰς ἡμέρας τῆς ζωῆς μου,***
וְשַׁבְתִּי בְּבֵית־יהוה	***καὶ τὸ κατοικεῖν με ἐν οἴκῳ κυρίου***
לְאֹרֶךְ יָמִים׃	***εἰς μακρότητα ἡμερῶν.***
Ainsi, bon[heur] et amour **me** poursuivront	*et ta miséricorde* **me** *poursuivra*
tous les jours de ma vie	**tous les jours de ma vie,**
et je retournerai **dans la maison de IHWH**	**et** *quant à moi habiter* **dans la maison du Seigneur**
à longueur de jours.	**à longueur de jours.**

Le jour où tout semble aller mal autour de soi et en soi, Dieu, a une parole de réconfort à dire. Dans le psaume 23 (22), il parle du bonheur de vivre. En lui et pour lui, nous avons tous et chacun du prix à ses yeux.

Dès le verset 1, le bonheur est identifié à l'idée de plénitude ou d'abondance : *« je ne manquerai pas ».* Nous le voyons, cette plénitude est exprimée par une phrase verbale négative. Dans le T.M., le verbe אֶחְסָר est à la 1re personne du singulier, tandis que dans la LXX, le verbe **ὑστερέω** est à la 3e personne. La phrase nominale qui précède, avec l'image du Dieu berger, est habituellement traduite : *« IHWH est mon berger ».* Dans notre traduction nous gardons le participe présent רֹעִי qui met en évidence l'action de Dieu dans la durée pour le psalmiste. Une attention divine permanente que la LXX a exprimé avec un présent : *Le Seigneur me mène paître ».*

Ce verset nous rappelle bien sûr les passages de la Bible qui parlent de Dieu comme berger de son peuple Israël auquel il n'a rien manqué au désert. Dans l'Ancien Testament nous avons deux cas où Dieu est le berger d'un homme particulier. Ici, dans le psaume 23 et en Gn 48.15 : Jacob en bénissant Joseph et ses fils parle d'Elohim qui est son berger / הָרֹעֶה אֹתִי depuis qu'il existe jusqu'à ce jour, avec le participe de la racine רעה, tandis que la LXX, pour cette référence de la Genèse, emploie le participe **τρέφων** / nourrir, élever, faire croître.

Au verset 2, le thème du temps de l'Exode est fortement rappelé. Dans le texte de la LXX, nous avons deux verbes intéressants. **Κατασκηνόω** pour l'hébreu יַרְבִּיצֵנִי dont la racine רבץ au Hiphil signifie : « faire se coucher, faire s'étendre ». Puis, à la fin du stique b, c'est le verbe **ἐξέθρεψεν** / m'a nourri qui a été lu pour יְנַהֲלֵנִי, un inaccompli dont la forme Piel donne une intensité au verbe que nous avons traduit par : « me conduit ». Ce verbe hébraïque n'a que dix occurrences dans la Bible. Il est remarquable en Ex. 15.13 où il exprime la conduite de Dieu à l'égard de son peuple : Il l'a conduit, mené / נֵהַלְתָּ avec force.

Dans l'A.T., le verbe **κατασκηνόω** traduit la racine רבץ uniquement dans ce psaume. Quant au verbe **ἐκτρέφω** pour la racine נהל il y a un autre cas en Gn 47.17 : Joseph fournit ou procure (racine נהל) des pains en échange des troupeaux.

Dans le N.T., le verbe **ἐκτρέφω** est employé par Paul deux fois dans l'épître aux Éphésiens : 5.29 avec le sens de « nourrir » sa propre chair comme le Christ le fait pour l'Église ; et 6.4 où l'apôtre, dans la relation enfants et parents, demande aux pères « d'élever » ou de « faire croître » les enfants par l'éducation.

À ces deux verbes caractéristiques de la marche au désert, s'ajoutent des substantifs : les pâturages d'herbe verte et les eaux reposantes. Les traducteurs grecs insistent : c'est bien « là / **ἐκεῖ** » dans cet endroit verdoyant que Dieu a fait camper son psalmiste.

Le début du verset 3 avec les verbes יְשׁוֹבֵב et **ἐπέστρεψεν** / retourner, et retourner l'âme, exprime un retour à la vie, un retour de l'âme. Dieu ramène l'âme, la ranime. La forme verbale Polel du verbe hébreu signifiant le retour, le rétablissement, est très peu employée dans la Bible, et le verbe grec ne traduit cette forme verbale Polel que dans le psaume 23.

Au stique b, nous avons le verbe יַנְחֵנִי / il me guide, pour caractériser la manière dont Dieu se sert pour mener le psalmiste dans le chemin de la justice. Le même sens est exprimé avec le verbe **ὁδηγέω**.

L'intervention de Dieu est bien celle que peut espérer le psalmiste. La fin du verset avec l'expression « à cause de son Nom » souligne combien l'agir divin est sûr ; il est l'expression de son être.

Comme nous avons remarqué une phrase négative au v.1 pour dire une plénitude, au verset 4, nous retrouvons une affirmation de sécurité par la négation : « je ne crains pas » ; la LXX, avec le verbe **φοβέω** à la forme passive montre le psalmiste dégagé de toute frayeur. De plus, la conjonction « car » vient donner du poids à la fois à l'affirmation de n'avoir aucune crainte et à la phrase qui suit : « **car** tu es avec moi ». Et là, voici que nous sortons du discours. Le psalmiste s'exprime à la 2e personne du singulier : « toi, tu ». Depuis qu'il a dépassé « la vallée de l'ombre de la mort » le pèlerin voyageur a acquis une expérience personnelle avec Dieu. Cette expression « ombre de la mort » est différemment interprétée. Notre traduction suit la vocalisation du T.M. pour lire : צַלְמָוֶת / ombre de la mort, qui est la lecture de la LXX dans laquelle nous pouvons remarquer que la vallée d'ombre de la mort (T.M.) en est le milieu : **ἐν μέσῳ** pour les traducteurs grecs. : Là, le psalmiste semble nous parler d'une véritable expérience de « traversée ».

Le réconfort qui vient de la défense et de la protection (le bâton et la houlette) est exprimé avec le verbe יְנַחֲמֻנִי, à la forme intensive Piel ; cette intensité touche le « moi » personnel du psalmiste. Les traducteurs grecs emploient le verbe **παρακαλέω** dans lequel le préverbe « **παρά** » joue ce rôle intensif auprès du psalmiste.

À l'image du Dieu Berger le psaume 23, verset 5, juxtapose celle d'un Dieu qui pratique l'hospitalité. Comme au v.4, le psalmiste parle à Dieu directement : *« tu prépares / tu as préparé une table » « tu graisses / tu as graissé ma tête »*.Nous sommes dans l'abondance exprimée au v.1 et dans l'ambiance d'un banquet.

Le dernier stique du verset : *« ma coupe (est) la surabondance »* a été lu différemment par la LXX. À l'abondance ou surabondance du T.M. elle parle de la coupe divine avec l'adjectif possessif « ta » et ajoute un superlatif pour dire l'excellence de cette coupe. Cette idée valorisante de la coupe peut être sentie dans le T.M. au début du v.6 avec les deux mots qui peuvent faire lien avec la fin du v.5 : אַךְ | טוֹב / Ainsi bonheur...

Le psaume se termine sur les longs jours de bonheur que connaîtra le psalmiste : verset 6.
Nous voyons que la racine hébraïque רדף / poursuivre, habituellement employée pour décrire les ennemis et adversaires qui poursuivent, sert ici à exprimer une grâce et un bonheur qui ne lâcheront jamais le psalmiste.

La traduction de la fin du verset : וְשַׁבְתִּי בְּבֵית־יהוה/ et je retournerai dans la maison de IHWH est discutable grammaticalement ; la LXX a traduit le verbe hébreu avec un infinitif substantivé : **τὸ κατοικεῖν με** / habiter, demeurer. Pour la traduction de l'hébreu, nous gardons l'écriture du T.M. Elle met en évidence le lien entre le retour de l'âme ou le retour à la vie du v.3 et le retour à la maison de Dieu, qui peut être le temple, du verset 6.

Enfin, le nom de IHWH à la fin du verset rappelle le v.1 où le Nom divin était lié à l'image du Berger. Il forme ainsi une inclusion intensifiée par « à cause de son Nom » au v.3.

***

Dans les thèmes, les images, les expressions et les mots du psaume, le lecteur trouve du bonheur et même, si il le veut bien : du bonheur pour tous les jours de sa vie (v.6).
La synthèse qui suit donne des clés de lecture et de méditation qui trouveront leurs prolongements dans des écrits du Nouveau Testament.

v.1 **IHWH** est mon berger
je ne manquerai pas **abondance**

v.2 Il me fait coucher /Il m'a fait camper
Il me conduit / Il m'a nourri

v.3 Il fait ***retourner*** mon âme
Il me guide
à cause de **SON NOM**
v.4 *car* si je marche dans la vallée de l'ombre de la mort
je ne crains pas **sécurité**
car tu es avec moi
ton bâton et ta houlette
eux me réconfortent.
v.5 tu prépares une table
tu graisses ma tête

v.6 bonheur et amour me poursuivront
tous les jours de ma vie.
Je ***retournerai*** dans la maison
de **IHWH**
à longueur de jours.

PSAUME 24 (23)

Verset 1

לְדָוִד מִזְמוֹר
לַיהוה הָאָרֶץ וּמְלוֹאָהּ
תֵּבֵל וְיֹשְׁבֵי בָהּ׃

Ψαλμὸς τῷ Δαυιδ ·
τῆς μιᾶς σαββάτων.
Τοῦ κυρίου ἡ γῆ καὶ τὸ πλήρωμα αὐτῆς,
ἡ οἰκουμένη καὶ πάντες οἱ κατοικοῦντες ἐν αὐτῇ ·

De David. Psaume.

Psaume de David.

pour le 1er [jour] après le sabbat.

À IHWH la terre et ce qui la remplit**,**

le monde **et ceux qui habitent en** lui.

Au Seigneur la terre et *sa plénitude*,

la terre habitée **et** *tous* **ceux qui habitent en** *elle*.

Verset 2

כִּי־הוּא עַל־יַמִּים יְסָדָהּ
וְעַל־נְהָרוֹת יְכוֹנְנֶהָ׃

αὐτὸς ἐπὶ θαλασσῶν ἐθεμελίωσεν αὐτὴν
καὶ ἐπὶ ποταμῶν ἡτοίμασεν αὐτήν.

Car **lui sur les mers il l'a fondée**

et sur les fleuves il l'a affermie.

Lui sur les mers il l'a fondée

et sur les fleuves il l'a *disposée*.

Verset 3

מִי־יַעֲלֶה בְהַר־יְהוָה
וּמִי־יָקוּם בִּמְקוֹם קָדְשׁוֹ׃

τίς ἀναβήσεται εἰς τὸ ὄρος τοῦ κυρίου
καὶ τίς στήσεται ἐν τόπῳ ἁγίῳ αὐτοῦ ;

Qui montera sur la montagne de **IHWH ?**

Et qui se lèvera **dans** le **lieu** de sa sainteté ?

Qui montera sur la montagne *du* **Seigneur**

et qui se *tiendra debout* **dans** *son* **lieu** *saint ?*

Verset 4

נְקִי כַפַּיִם וּבַר־לֵבָב	*ἀθῷος χερσὶν καὶ καθαρὸς τῇ καρδίᾳ,*
אֲשֶׁר ׀ לֹא־נָשָׂא לַשָּׁוְא נַפְשִׁי	*ὃς οὐκ ἔλαβεν ἐπὶ ματαίῳ τὴν ψυχὴν αὐτοῦ*
וְלֹא נִשְׁבַּע לְמִרְמָה׃	*καὶ οὐκ ὤμοσεν ἐπὶ δόλῳ τῷ πλησίον αὐτοῦ.*
L'innocent des paumes **et le pur** de **cœur**	**L'innocent** *dans les mains* **et le pur** *dans le* **cœur**,
qui n'a pas élevé **son âme** vers la vanité	**qui n'a pas** *reçu en vain* **son âme**
et n'a pas juré pour [de] la tromperie.	**et n'a pas** *fait de serment de ruse à son prochain.*

Verset 5

יִשָּׂא בְרָכָה מֵאֵת יְהוָה	*οὗτος λήμψεται εὐλογίαν παρὰ κυρίου*
וּצְדָקָה מֵאֱלֹהֵי יִשְׁעוֹ׃	*καὶ ἐλεημοσύνην παρὰ θεοῦ σωτῆρος αὐτοῦ.*
Il emportera la **bénédiction** de **IHWH**	*Celui-ci recevra* **bénédiction de** *la part du* **Seigneur**
et la justice du **Dieu** de son salut.	**et** *bienfaisance de la part de* **Dieu** *son sauveur.*

Verset 6

זֶה דּוֹר דֹּרְשׁוֹ [דֹּרְשָׁיו] *(qéré) (kétib)*	*αὕτη ἡ γενεὰ ζητούντων αὐτόν,*
מְבַקְשֵׁי פָנֶיךָ יַעֲקֹב	*ζητούντων τὸ πρόσωπον τοῦ θεοῦ Ιακωβ.*
סֶלָה׃	*διάψαλμα.*
C'est la génération de ceux qui le cherchent	**C'est la génération de ceux qui le cherchent,**
de **ceux qui** recherchent ta **face**, [c'est] **Jacob**.	**ceux qui** *cherchent la* **face** *du Dieu de* **Jacob**.
Pause.	*Intermède musical.*

Verset 7

שְׂאוּ שְׁעָרִים ׀ רָֽאשֵׁיכֶם
וְֽהִנָּשְׂאוּ פִּתְחֵי עוֹלָם
וְֽיָבוֹא מֶלֶךְ הַכָּבוֹד׃

ἄρατε πύλας, οἱ ἄρχοντες ὑμῶν,
καὶ ἐπάρθητε, πύλαι αἰώνιοι,
καὶ εἰσελεύσεται ὁ βασιλεὺς τῆς δόξης.

Élevez, **portes**, **vos** têtes
et élevez- vous ouvertures d'éternité
et il entrera le roi de la gloire.

levez les **portes**, **vos** *chefs,*
et *soyez levées hautes, portes éternelles,*
et il entrera le roi de la gloire.

Verset 8

מִי זֶה מֶלֶךְ הַכָּבוֹד
יהוה עִזּוּז וְגִבּוֹר
יהוה גִּבּוֹר מִלְחָמָה׃

τίς ἐστιν οὗτος ὁ βασιλεὺς τῆς δόξης ;
κύριος κραταιὸς καὶ δυνατός,
κύριος δυνατὸς ἐν πολέμῳ.

Qui est-il ce roi de la gloire ?
IHWH un **fort et** un héros
IHWH un héros **au combat.**

Qui est-il ce roi de la gloire ?
le Seigneur fort et *puissant,*
le Seigneur *puissant* **au combat.**

Verset 9

שְׂאוּ שְׁעָרִים ׀ רָֽאשֵׁיכֶם
וּשְׂאוּ פִּתְחֵי עוֹלָם
וְֽיָבֹא מֶלֶךְ הַכָּבוֹד׃

ἄρατε πύλας, οἱ ἄρχοντες ὑμῶν,
καὶ ἐπάρθητε, πύλαι αἰώνιοι,
καὶ εἰσελεύσεται ὁ βασιλεὺς τῆς δόξης.

Élevez, **portes**, **vos** têtes
et élevez- vous ouvertures d'éternité
et il entrera le roi de la gloire.

Levez *les* **portes**, **vos** *chefs,*
et *soyez levées hautes, portes éternelles,*
et il entrera le roi de la gloire.

Verset 10

מִי הוּא זֶה מֶלֶךְ הַכָּבוֹד
יהוה צְבָאוֹת
הוּא מֶלֶךְ הַכָּבוֹד
סֶֽלָה׃

τίς ἐστιν οὗτος ὁ βασιλεὺς τῆς δόξης ;
κύριος τῶν δυνάμεων,
αὐτός ἐστιν ὁ βασιλεὺς τῆς δόξης.

Qui est-il lui, **ce roi de la gloire ?**
IHWH des armées
lui [est] **le roi de la gloire.**
Pause.

Qui est-il ce roi de la gloire ?
Le Seigneur des *puissances,*
lui est le roi de la gloire.

Dans le psaume, il y a de l'éclat, du mystère, comme dans une liturgie.

Au verset 1, la LXX confirme le sens liturgique du psaume et avec précision : « **τής μιᾶς σαββάτῶν** ». Une variante est donnée dans l'apparat critique pour lire « **σαββάτου** » à la place de « **σαββάτων** ». Notre traduction prend en compte les autres traductions possibles : « pour le premier jour de la semaine » ; « pour le lendemain du sabbat » où, d'après la Mishna, on chantait effectivement le psaume.

La liturgie commence par une acclamation émerveillée au Dieu créateur et victorieux des eaux redoutables pour donner une stabilité éternelle à tout l'univers.

Puis, au verset 3, commence un dialogue dans lequel on interroge et on répond. Une question fondamentale est posée sur la personne qui sera digne d'entrer dans le lieu saint. Avec les deux verbes יַעֲלֶה et **ἀναβήσεται** / montera, un mouvement ou une démarche sont sous-entendus.

Les versets 4 et 5 décrivent les qualités requises. Au v.4 du T.M., nous gardons l'écriture כַּפַּיִם / paumes, le plus souvent traduite par « mains ». Il faut comprendre, bien sûr, l'homme aux mains innocentes, un homme qui n'a rien de souillé en lui et dont l'âme n'est pas levée vers le néant de l'idolâtrie. Au stique b, nous suivons des manuscrits hébreux et les versions pour lire נַפְשׁוֹ « son âme » au lieu de « mon âme » du T.M.

Dans le texte grec, le verbe נָשָׂא qui a été traduit **ἔλαβεν** ne présente pas un cas particulier ; en effet si, dans la Bible, la LXX emploie principalement **λαμβάνω** pour la racine לקח, nous trouvons abondamment ce verbe pour **נשׂא**. Notre traduction : *« qui n'a pas reçu en vain son âme »* s'inspire de celle de Vigouroux. Celui-ci l'éclaire par un commentaire de S[t]. Jérôme et d'autres avec lui disant *« que celui-là a reçu son âme en vain qui la souille par le péché, qui ne fait pas de bonnes œuvres et qui met son affection en des choses vaines, périssables, méprisables »*. À la fin du verset, les traducteurs grecs qui ajoutent *« à son tout proche »* ou *« à son prochain »* donnent un sens moral au comportement de l'homme qui ne doit pas jurer faussement.

Donc, à la question de savoir qui pourra monter à la montagne de IHWH, il est répondu que ce sera l'homme dont l'âme ne sera pas levée vers tout ce qui est vanité et faux envers Dieu, plus probablement pour le T.M. et envers son prochain dans la LXX.

La bénédiction qui adviendra à cet homme-là dans le verset 5 appelle un commentaire. Dans le T.M. nous retrouvons la racine **נשׂא** qui, dans le contexte de la phrase, peut prendre le sens d'obtenir. Cette racine dont le sens premier est : lever, soulever, porter, a été traduite par Vesco : « il prélèvera bénédiction » ; une traduction dans laquelle nous sentons le désir de garder l'idée dominante du psaume donnée par cette racine hébraïque. En traduisant *« il emportera la bénédiction »* nous pensons respecter le sens de la racine, et donner du poids à l'origine de cette bénédiction ; elle vient de la part de IHWH, l'homme peut donc la prendre, l'emporter ou la recevoir comme la LXX l'a compris avec le futur du verbe **λαμβάνω**. Cela dit, *« porter la bénédiction de IHWH »* garde tout son sens.

Au stique b, la justice qui s'ajoute à la bénédiction a été lue par la LXX avec le substantif **ἐλεημοσύνην**. La justice dans le T.M. peut amener le lecteur à penser que l'homme qui « emportera » la bénédiction qui vient de IHWH emportera également une justification s'accordant assez bien au mot « salut » qui suit. Avec le substantif **ἐλεημοσύνην** la LXX ajoute une proximité de la part de Dieu avec l'homme fidèle aux exigences de l'alliance en soulignant, peut-être, la fragilité de l'être humain.

Au verset 6, nous remarquons que la LXX emploie, à deux reprises, le participe **ζητούντων** / les « cherchants » ou ceux qui cherchent, là où le T.M. emploie deux verbes de racine différente. Nous avons traduit le premier דֹּרְשָׁיו par « ceux qui le cherchent » et מְבַקְשֵׁי par « ceux qui recherchent ». En effet, la racine בקשׁ qui signifie également « demander » toujours verbalisée à la forme intensive appelle ici une traduction forte et, plus forte que le verbe « chercher » du stique précédent. Puis, le nom de Jacob qui surgit à la fin du verset pose un problème d'interprétation du dernier stique. La mention de la bénédiction au stique a, peut justifier la présence de Jacob, lui qui a reçu une bénédiction particulière. Différentes corrections ont été proposées pour comprendre comme la LXX : « ceux qui recherchent la face du Dieu de Jacob ». D'autres lectures - celle de Dhorme par exemple - gardent le possessif « "ta" face, et ajoute "Dieu" : *« qui recherchent ta face, [Dieu] de Jacob »*. Nous gardons l'écriture du T.M. pour laisser de la souplesse aux différentes interprétations : Dieu de Jacob ; ou : rechercher la face de Dieu en s'associant à l'expérience de Jacob rapportée au ch. 32, v.23 et suivants de la Genèse ; ou encore : en donnant un sens vocatif au mot Jacob pour s'adresser à lui. La génération évoquée dans le verset du psaume est bien la descendance de Jacob.

Des versets 7 à 10, le dialogue reprend sous une forme hymnique. Dieu le roi de gloire arrive.

Dans les versets 7 et 9 du T.M., nous remarquons dans chacun des versets, deux fois la racine נשׂא/ lever, conjuguée la 1re fois, stique a, à l'impératif Qal. Au stique b du v.7, le verbe est à l'impératif Niphal tandis qu'au v.9 b, il est à l'impératif Qal. La LXX traduit les versets 7 et 9 de manière identique. Seulement, à la différence du T.M., elle emploie aux stiques a des deux versets le verbe **αἴρω** à l'impératif aoriste actif et au stique b des deux versets toujours, le verbe **ἐπαίρω** au passif ; ici, le préverbe **ἐπί** intensifie le sens de lever et le verbe peut alors exprimer un mouvement vers la hauteur, une élévation.

Les portes invitées à lever leurs têtes dans le T.M. devant le roi de gloire qui arrive, qui entre, sont personnifiées. Dans la LXX, on peut comprendre que ce sont les chefs du peuple / **οἱ ἄρχοντες** qui sont interpellés pour lever les portes, et elles-mêmes, pour s'élever vers le ciel, car les Alexandrins parlent bien des portes éternelles au stique b. Le T.M., avec le mot פִּתְחֵי/ ouvertures et עוֹלָם / de toujours à toujours, peut amener le lecteur à se tourner vers le passé chargé de promesses, de grâces, et vers l'éternité.

La personnification des portes qui doivent s'ouvrir en s'élevant est un appel à entrer dans le mystère de Dieu qui se rend présent dans le sanctuaire, sans entrer dans le détail de ce qui se passe concrètement du côté des portes.

Aux versets 8 et 10, « le Roi de la gloire » domine. L'expression revient quatre fois. Il y a même une insistance dans le T.M. au verset 10 a avec le pronom personnel « lui ». « Lui », IHWH créateur au v.2 est ce même « lui », IHWH roi de la gloire au v.10. Un Dieu qui fait la guerre au mal !

Pour l'expression יהוה צְבָאוֹת habituellement traduite : « Dieu des armées », nous retenons qu'elle désigne plus que des armées terrestres ; elle englobe toutes les puissances cosmiques, tous les « corps célestes » ; nous empruntons l'expression « corps célestes » à Meschonnic qui traduit le verset en question : « Adonaï des multitudes d'étoiles ». La LXX qui a traduit : « Seigneur des puissances » entend bien donner la même signification que celle du T.M. ; le substantif **δύναμις** au pluriel pouvant désigner les puissances du ciel.

Avec ses exclamations, ses questions et réponses, ses verbes de mouvement, le psaume 24 est vibrant comme des portes.

Il trouve bien sa place dans une célébration liturgique comme dans une prière personnelle.

Au commencement, Dieu était ; Il est présent dans le sanctuaire ; Il reviendra.

Du côté de la terre et du côté du ciel, les portes qui se sont ouvertes s'ouvriront à l'infini quand le roi de la gloire reviendra.

Pour le célébrer et soutenir sa présence, le psalmiste, au v 4, ne manque pas de rappeler les conditions : l'innocence, la pureté du cœur, le refus de l'idolâtrie, et l'absence de fausseté.

PSAUME 25 (24)

Verset 1

לְדָוִד	***Ψαλμὸς τῷ Δαυιδ.***
Alef	
אֵלֶיךָ יהוה נַפְשִׁי אֶשָּׂא׃	***Πρὸς σέ, κύριε, ἦρα τὴν ψυχήν μου, ὁ θεός μου.***
De David.	*Psaume* **de David.**
Vers toi, IHWH j'élève **mon âme**	**Vers toi, Seigneur,** *j'ai élevé* **mon âme,** *ô mon Dieu.*

Verset 2

אֱלֹהַי

Beth

בְּךָ בָטַחְתִּי
אַל־אֵבוֹשָׁה
אַל־יַעַלְצוּ אֹיְבַי לִי׃

ἐπὶ σοὶ πέποιθα ·
μὴ καταισχυνθείην,
μηδὲ καταγελασάτωσάν μου οἱ ἐχθροί μου.

Mon Dieu

en toi j'ai confiance,

que je n'aie pas **honte**,

que ne jubilent pas **mes ennemis** à **moi**.

en toi j'ai confiance *;*

puissé-je ne pas être couvert de **honte**,

que mes ennemis *ne se moquent pas de* **moi**.

Verset 3

Guimel

גַּם כָּל־קֹוֶיךָ לֹא יֵבֹשׁוּ
יֵבֹשׁוּ הַבּוֹגְדִים רֵיקָם׃

καὶ γὰρ πάντες οἱ ὑπομένοντές σε οὐ μὴ καταισχυνθῶσιν ·
αἰσχυνθήτωσαν πάντες οἱ ἀνομοῦντες διὰ κενῆς.

Aussi **tous ceux qui** t'espèrent n'auront pas **honte**

auront honte **ceux qui** trahissent pour rien.

Car **tous ceux qui** *t'attendent ne seront pas couverts de* **honte** *;*

que soient honteux tous **ceux qui** *se comportent sans loi, à vide.*

Verset 4

Daleth

דְּרָכֶיךָ יהוה הוֹדִיעֵנִי
אֹרְחוֹתֶיךָ לַמְּדֵנִי׃

τὰς ὁδούς σου, κύριε, γνώρισόν μοι
καὶ τὰς τρίβους σου δίδαξόν με.

Tes chemins IHWH, fais-moi connaître

tes sentiers apprends-**moi.**

Tes chemins, Seigneur, fais-moi connaître

et **tes sentiers** *enseigne*-**moi.**

Verset 5

Hé

הַדְרִיכֵנִי בַאֲמִתֶּךָ ׀ וְלַמְּדֵנִי
כִּֽי־אַתָּה אֱלֹהֵי יִשְׁעִי

(Waw)

(*) אוֹתְךָ קִוִּיתִי כָּל־הַיּֽוֹם׃

(*) Ici, nous pouvons suivre des manuscrits hébreux pour lire un waw / **et** je t'espère, et retrouver ainsi la lettre initiale du verset ; c'est la leçon de la LXX.

ὁδήγησόν με ἐπὶ τὴν ἀλήθειάν σου
καὶ δίδαξόν με, ὅτι σὺ εἶ ὁ θεὸς ὁ σωτήρ μου,

καὶ σὲ ὑπέμεινα ὅλην τὴν ἡμέραν.

Fais-moi cheminer **dans ta vérité**, **et** apprends-moi	*conduis-moi* **dans ta vérité**
car toi [tu es] **le Dieu** de **mon** salut	**et** *enseigne-moi,* **car toi tu es Dieu mon** *sauveur,*
(et) toi **je** t'espère tout **le jour**.	**et je** *t'ai attendu* **le jour** *entier.*

Verset 6

Zaïn

זְכֹר־רַחֲמֶיךָ יהוה
וַחֲסָדֶיךָ
כִּי מֵעוֹלָם הֵמָּה׃

μνήσθητι τῶν οἰκτιρμῶν σου, κύριε,
καὶ τὰ ἐλέη σου,
ὅτι ἀπὸ τοῦ αἰῶνός εἰσιν.

Souviens-toi de tes tendresses **IHWH**	**Souviens-toi de tes** *compassions,* **Seigneur,**
et de tes marques d'amour	**et de tes** *miséricordes,*
car elles sont de toujours.	**car elles sont** *depuis l'éternité.*

Verset 7

Heth

חַטֹּאות נְעוּרַי ׀
וּפְשָׁעַי אַל־תִּזְכֹּר
כְּחַסְדְּךָ זְכָר־לִי־אַתָּה
לְמַעַן טוּבְךָ יהוה׃

ἁμαρτίας νεότητός μου
καὶ ἀγνοίας μου μὴ μνησθῇς·
κατὰ τὸ ἔλεός σου μνήσθητί μου σὺ
ἕνεκα τῆς χρηστότητός σου, κύριε.

Des péchés **de ma jeunesse**	*Du péché* **de ma jeunesse**
et de mes rébellions **ne te souviens pas**	**et de** *mon ignorance* **ne te souviens pas**
selon ton amour **souviens-toi de moi, toi**	**selon** *ta miséricorde* **souviens-toi de moi, toi**
à cause de ta bonté IHWH.	**à cause de ta bonté, Seigneur.**

Verset 8

Teth

טוֹב־וְיָשָׁר יהוה
עַל־כֵּן יוֹרֶה חַטָּאִים בַּדָּרֶךְ׃

χρηστὸς καὶ εὐθὴς ὁ κύριος ·
διὰ τοῦτο νομοθετήσει ἁμαρτάνοντας ἐν ὁδῷ.

Bon et droit [est] IHWH
c'est pourquoi il enseigne aux pécheurs **le chemin.**

Bon et droit [est] le Seigneur *;*
c'est pourquoi *à ceux qui pèchent* **il** *prescrira une loi sur le* **chemin.**

Verset 9

Yod

יַדְרֵךְ עֲנָוִים בַּמִּשְׁפָּט
וִילַמֵּד עֲנָוִים דַּרְכּוֹ׃

ὁδηγήσει πραεῖς ἐν κρίσει,
διδάξει πραεῖς ὁδοὺς αὐτοῦ.

Il fait cheminer **les** humbles **dans le jugement**
et **il** apprend **aux** humbles son chemin.

Il *conduira* **les** *doux* **dans le jugement,**
il *enseignera* **aux** *doux ses chemins.*

Verset 10

Kaf

כָּל־אָרְחוֹת יהוה
חֶסֶד וֶאֱמֶת
לְנֹצְרֵי בְרִיתוֹ
וְעֵדֹתָיו׃

πᾶσαι αἱ ὁδοὶ κυρίου
ἔλεος καὶ ἀλήθεια
τοῖς ἐκζητοῦσιν τὴν διαθήκην αὐτοῦ
καὶ τὰ μαρτύρια αὐτοῦ.

Tous les sentiers **de IHWH**
[sont] amour **et vérité**
pour ceux qui préservent **son alliance**
et ses témoignages.

Tous les *chemins* **du Seigneur**
[sont] *miséricorde* **et vérité**
pour ceux qui *recherchent* **son alliance**
et ses témoignages.

Verset 11

Lamed

לְמַעַן־שִׁמְךָ יהוה
וְסָלַחְתָּ לַעֲוֹנִי
כִּי רַב־הוּא׃

ἕνεκα τοῦ ὀνόματός σου, κύριε,
καὶ ἱλάσῃ τῇ ἁμαρτίᾳ μου ·
πολλὴ γάρ ἐστιν.

À cause de ton Nom IHWH
et tu pardonneras à ma faute
car elle est abondante.

À cause de ton Nom, Seigneur,
et tu *pardonneras pour mon péché,*
car *il est abondant.*

Verset 12

Mem

מִי־זֶה הָאִישׁ יְרֵא יהוה יוֹרֶנּוּ בְּדֶרֶךְ יִבְחָר׃	***τίς ἐστιν ἄνθρωπος ὁ φοβούμενος τὸν κύριον ;*** ***νομοθετήσει αὐτῷ ἐν ὁδῷ, ᾗ ᾑρετίσατο.***
Qui est cet **homme** craignant **IHWH** ?	*Quel est l'***homme** *qui craint* **le Seigneur** *?*
il l'enseignera **dans le chemin qu'il** choisit.	**il** *lui prescrira une loi* **dans le chemin qu'il** *a choisi.*

Verset 13

Noun

נַפְשׁוֹ בְּטוֹב תָּלִין וְזַרְעוֹ יִירַשׁ אָרֶץ׃	***ἡ ψυχὴ αὐτοῦ ἐν ἀγαθοῖς αὐλισθήσεται,*** ***καὶ τὸ σπέρμα αὐτοῦ κληρονομήσει γῆν.***
Son âme dans le bon[heur] passera **la nuit**	**Son âme** *se reposera* **la nuit dans** *les félicités,*
et sa descendance héritera la terre.	**et sa descendance héritera la terre.**

Verset 14

Samek

סוֹד יהוה לִירֵאָיו	***κραταίωμα κύριος τῶν φοβουμένων αὐτόν,*** ***[καὶ τὸ ὄνομα κυρίου τῶν φοβουμένων αὐτόν,]***
וּבְרִיתוֹ לְהוֹדִיעָם׃	***καὶ ἡ διαθήκη αὐτοῦ τοῦ δηλῶσαι αὐτοῖς.***
Le secret de IHWH [est] **pour ceux qui le craignent**	*Un ferme appui le Seigneur* **pour ceux qui le craignent**,
	[et le Nom du Seigneur pour ceux qui le craignent]
et pour leur faire connaître **son alliance.**	**et pour leur** *montrer* **son alliance.**

Verset 15

Aïn

עֵינַי תָּמִיד אֶל־יְהוָה כִּי הוּא־יוֹצִיא מֵרֶשֶׁת רַגְלָי׃	***οἱ ὀφθαλμοί μου διὰ παντὸς πρὸς τὸν κύριον,*** ***ὅτι αὐτὸς ἐκσπάσει ἐκ παγίδος τοὺς πόδας μου.***
Mes yeux [sont] **continuellement vers IHWH**	**Mes yeux** [sont] **continuellement vers le Seigneur,**
car lui fait sortir **mes pieds hors du filet.**	**car lui** *tirera* **mes pieds hors du filet.**

Verset 16

Pé

פְּנֵה־אֵלַי
וְחָנֵּנִי
כִּי־יָחִיד וְעָנִי אָנִי׃

ἐπίβλεψον ἐπ᾽ἐμὲ
καὶ ἐλέησόν με,
ὅτι μονογενής καὶ πτωχός εἰμι ἐγώ.

Tourne-toi **vers moi**
et fais-moi grâce
car moi [je suis] seul et humilié.

Tourne *ton regard* **vers moi**
et *prends-moi en pitié,*
car moi je suis *un unique et un pauvre.*

Verset 17

Çadé

צָרוֹת לְבָבִי הִרְחִיבוּ
מִמְּצוּקוֹתַי הוֹצִיאֵנִי׃

αἱ θλίψεις τῆς καρδίας μου ἐπλατύνθησαν·
ἐκ τῶν ἀναγκῶν μου ἐξάγαγέ με.

Les oppressions de mon cœur ont **élargi**
hors de mes détresses **fais-moi sortir**.

Les oppressions de mon cœur *se sont* **élargi***es*
hors de mes *contraintes* **fais-moi sortir**.

Verset 18

רְאֵה עָנְיִי וַעֲמָלִי
וְשָׂא לְכָל־חַטֹּאותָי׃

ἰδὲ τὴν ταπείνωσίν μου καὶ τὸν κόπον μου
καὶ ἄφες πάσας τὰς ἁμαρτίας μου.

Vois ma misère **et ma peine**
et lève **tous mes péchés**.

Vois *mon humiliation* **et ma peine**
et *remets* **tous mes péchés**.

Verset 19

Resh

רְאֵה־אוֹיְבַי כִּי־רָבּוּ
וְשִׂנְאַת חָמָס שְׂנֵאוּנִי׃

ἰδὲ τοὺς ἐχθρούς μου, ὅτι ἐπληθύνθησαν
καὶ μῖσος ἄδικον ἐμίσησάν με.

Vois mes ennemis car ils abondent
et d'une haine violente **ils** me haïssent.

Vois mes ennemis, **car ils** *se sont multipliés*
et d'une haine *injuste* **ils** *m'ont haï.*

Verset 20

Shîn

שָׁמְרָה נַפְשִׁי וְהַצִּילֵנִי אַל־אֵבוֹשׁ כִּי־חָסִיתִי בָךְ׃	*φύλαξον τὴν ψυχήν μου καὶ ῥῦσαί με ·* *μὴ καταισχυνθείην, ὅτι ἤλπισα ἐπὶ σέ.*
Garde mon âme et délivre-moi que je n'aie pas **honte car** je me réfugie **en toi.**	**Garde mon âme et délivre-moi,** *puissé-je ne pas être couvert de* **honte**, **car** *j'ai espéré* **en toi**.

Verset 21

Taw

תֹּם־וָיֹשֶׁר יִצְּרוּנִי כִּי קִוִּיתִיךָ׃	*ἄκακοι καὶ εὐθεῖς ἐκολλῶντό μοι,* *ὅτι ὑπέμεινά σε, κύριε.*
Intégrité et droiture me préserveront **car** je t'espère.	*[les gens] innocents et droits s'attachaient à moi,* **car** *je t'ai attendu, Seigneur.*

Verset 22

פְּדֵה אֱלֹהִים אֶת־יִשְׂרָאֵל מִכֹּל צָרוֹתָיו׃	*λύτρωσαι, ὁ θεός, τὸν Ισραηλ* *ἐκ πασῶν τῶν θλίψεων αὐτοῦ.*
Dieu, rends libre **Israël** **de toutes ses oppressions.**	*Rachète, ô* **Dieu**, **Israël** **de toutes ses oppressions.**

Se tenir au plus secret de Dieu : Amour et vérité.

Devant le psaume 25 (24) nous remarquons tout de suite le procédé alphabétique dans lequel apparaissent des irrégularités aux versets 2, 5 et 18 ; tandis que le v.22 lui, est extérieur à la structure alphabétique. Les demandes qui dominent et les thèmes s'entrecroisent tout au long du psaume.

Le psalmiste commence par exprimer sa confiance en Dieu pour ne pas être couvert de honte : versets 2 et 3. Il y reviendra au verset 20 avec le verbe חָסִיתִי de la racine חסה/ se réfugier ou s'abriter que la LXX a traduit avec le verbe **ἐλπίζω**. Dans la Bible grecque nous remarquons davantage ce verbe pour la racine בטח. Dans le T.M. au stique b du v.2, le psalmiste espère que ses ennemis ne jubileront pas ; celui de la LXX espère que ceux-ci ne se moqueront pas de lui avec le verbe **καταγελάω**. Ce verbe est un hapax dans les Psaumes et c'est le seul cas hébreu / grec.

Dans le N.T., **καταγελάω** est employé en Mt 9.24 // Mc 5.40 // Lc 8.53. C'est le récit de la guérison de la fille d'un notable où les joueurs de flûte et la foule se moquent de Jésus.

La finale du v.2 dans le T.M. : לִי attire l'attention du traducteur. Faut-il comprendre ici un intensif des ennemis : *« mes ennemis **à** moi »* ou un complément du verbe : *« que n'exultent pas mes ennemis **à mon sujet / de moi** »*. Nous faisons ici le choix de traduire *« à moi »* avec la réserve que l'autre interprétation se justifie bien.

Au stique b du v.3, ce seront ceux qui trahissent / הַבּוֹגְדִים sans raison qui auront honte. Dans la LXX, ce sont des **ἀνομοῦντες**, des « sans loi ». Avec le verbe « trahir » dans le T.M. ceux qui seront honteux / יֵבֹשׁוּ sont identifiés à des traîtres. Le verbe **ἀνομέω** pour la racine hébraïque בגד est un hapax, et ce verbe grec n'a que trois occurrences dans les Psaumes. Ici, dans le Ps 106 (105).6 et le Ps 119 (118).78 où dans ces deux psaumes, il traduit la racine עוה.

Le verbe **ἀνομέω** est absent du N.T.

À la lecture de ces deux versets, 2 et 3, l'expression « avoir ou ne pas avoir honte » attire l'attention d'autant plus qu'elle réapparaît au v.20. Le psalmiste qui s'est confié et réfugié en Dieu espère bien ne pas être déçu à la face de ceux qui vivent sans loi ou trahissent. Ce sont eux qui perdront la face devant ceux qui espèrent le Seigneur.

À la suite du verbe **ἀνομέω**, nous avons un vocabulaire se rapportant à la loi où le thème du « chemin » domine. Les verbes faisant l'objet d'une demande pour « connaître, apprendre, être enseigné » donnent du poids aux substantifs.

Le verset 4 ouvre le thème sapientiel du psaume. L'homme ne peut connaître et suivre les chemins de Dieu que si Dieu lui-même les lui enseigne.

Au verset 5 et au verset 9, le psalmiste du T.M. demande à Dieu de le faire cheminer / הַדְרִיכֵנִי, racine דרך employée aux v.4, 8, 9, 12 tandis que les traducteurs grecs emploient le verbe **ὁδηγέω** qui, dans la LXX, traduit majoritairement la racine נחה / conduire ou mener. Les occurrences דרך / **ὁδηγέω** sont uniquement dans les Psaumes : deux fois dans celui-ci, une fois dans le psaume 107 (106).7 et une fois dans le psaume 119 (118).35.

Nous pouvons relever l'emploi du verbe « se souvenir » qui revient à trois reprises : versets 6 et 7 car il évoque le souvenir de l'amour, de la tendresse, de la miséricorde de Dieu qui sont de toujours à toujours.

Au v.7 de la LXX nous lisons *« péché »* et *« ignorance »* au génitif singulier pour des pluriels dans le T.M. L'emploi du mot **ἀγνοίας** pour פְּשָׁעַי est un hapax et, ce mot grec est lui-même un hapax dans le Psautier.

Aux versets 8 et 12 stique b, La LXX emploie le verbe **νομοθετέω** pour la racine ירה qui, ici, a le sens d'enseigner. Dieu enseigne une manière de se conduire ; dans la LXX, il donne ou il prescrit des lois. Le verbe **νομοθετέω** traduit toujours la racine ירה.

Dans le N.T., **νομοθετέω** est employé deux fois dans la lettre aux Hébreux 7.11 et 8.6 : la législation du sacerdoce.

Le verset 10 avec le couple « amour et vérité » et le mot « alliance » dit tout sur la révélation de Dieu et sur le chemin enseigné et à suivre.

L'homme qui craint Dieu en suivant le chemin de l'alliance, qui est chemin d'amour et de vérité, trouvera le bonheur et sa semence ou sa descendance héritera la terre : verset 13. Le verbe **αὐλίζομαι** / passer la nuit, est employé ici pour la première fois dans le Psautier, et il n'a que trois autres occurrences dans les Psaumes ; Ps 30 (29).6 ; 55 (54).8 ; 91 (90).1.

Dans le N.T., **αὐλίζομαι** est en Mt 21.17 à la fin de l'épisode des vendeurs chassés du temple. Jésus laisse les grands prêtres et les scribes à leurs réflexions et indignations pour se rendre à Béthanie où il passa la nuit / **ηὐλίσθη ἐκεῖ** ; et en Lc 21.37 : Jésus passait le jour dans le temple à enseigner, sortant la nuit ; il passait la nuit / **ηὐλίζετο** sur le mont des Oliviers.

Au verset 14, cet homme qui craint Dieu, qui se tient dans le chemin de l'alliance connaît une intimité particulière dans le T.M.; il est dans le secret de Dieu / סוֹד יהוה. On peut comprendre qu'il est dans l'intimité du dessein divin. La LXX a interprété le mot hébreu avec **κραταίωμα** / un ferme appui. Un substantif peu employé par la LXX. Il est dans les psaumes 28 (27).8 ; 31 (30).4 ; 43 (42).2 ; et dans le texte Alexandrin de 1 Règnes 2.32 et Jr 31.1. À ceux qui le craignent, le Seigneur donne d'entrer dans la connaissance intime et forte de l'Alliance.

Au verset 21, tandis que l'intégrité et la droiture préserveront le psalmiste dans le T.M., ce sont les ingénus, des gens innocents et les droits qui sont « collés » au psalmiste, autrement dit : qui sont unis à lui. Le couple « intégrité et droiture » du T.M. forme un idéal qui le préservera du péché. Les innocents et les droits s'opposent aux ennemis et aux pécheurs qui le haïssent et qui se sont multipliés : verset 19. Ils représentent une adversité en force pour lui, le psalmiste, seul, pauvre, humilié et pécheur lui-même : *« vois mon humiliation et ma peine et remets tous mes péchés »* : verset 18.

Depuis la révélation au Sinaï, le psalmiste sait que le Dieu de l'Alliance est le Dieu de tendresse et de pardon. Au centre du psaume, le verset 11 rompt le thème du chemin pour rappeler le Nom divin tout tendresse tout amour et tout pardon. La Loi mais aussi le pardon fait l'objet des demandes du psalmiste. Au v.11 la demande de pardon est formulée avec le verbe de la racine סלח que la LXX a traduit avec **ἱλάσκομαι** dont le sens premier est celui d'apaiser, de se montrer favorable.

Ce verbe grec est peu employé dans la LXX. Il est dans quatre psaumes : Ici, où il traduit סלח ; dans les psaumes 65 (64).4 ; 78 (77).38 ; 79 (78).9 où il traduit la racine כפר.

Dans le N.T. **ἱλάσκομαι** a deux occurrences : Lc 18.13 : Au temple, le collecteur d'impôts demande à Dieu d'être favorable / **ἱλάσθητί** au pécheur qu'il est, et dans la lettre aux Hébreux 2.17 : le Christ Grand Prêtre miséricordieux peut effacer, expier / **ἱλάσκεσθαι** les péchés du peuple.

Les deux autres références au pardon du psaume 25 sont exprimées au v.18 avec **נשׂא** et **ἀφίημι** ; et au <u>verset 7</u> avec la négation devant le verbe **תִּזְכֹּר** / ne te souviens pas. Seulement, dans le T.M., le psalmiste demande à Dieu de ne pas se souvenir de ses rébellions ; dans le texte de la LXX, sa demande concerne son ignorance / **ἀγνοίας μου**. Les traducteurs grecs ne manquent pas de nous dire que le thème de la connaissance court tout au long du psaume.

Le <u>verset 22</u>, apparemment extérieur à l'ensemble structuré par le procédé alphabétique conclut bien le psaume. Le suppliant, c'est bien tout le peuple Israël. Le verbe **פָּדָה** traduit par « libère » a son meilleur commentaire dans la traduction de la LXX avec le verbe **λύτρωσαι** : une libération en rachetant que l'hébreu formule par ailleurs avec la racine **גאל** (cf. psaume 19.15 pour l'explication du sens du verbe hébreu). Comme IHWH fit dans le passé pour racheter son peuple Israël de l'esclavage de l'Égypte, qu'Il le rachète encore maintenant de toutes les oppressions.

Méditer le psaume 25 en suivant le psalmiste, et nous aurons envie d'entrer dans le chemin de l'Alliance ; et nous serons étonnés de nous sentir corps et âme en repos devant Dieu plein d'amour et de vérité.

PSAUME 26 (25)

Verset 1

לְדָוִד ׀ שָׁפְטֵנִי יהוה כִּי־אֲנִי בְּתֻמִּי הָלַכְתִּי וּבַיהוה בָּטַחְתִּי לֹא אֶמְעָד׃	*Τοῦ Δαυιδ.* *Κρῖνόν με, κύριε,* *ὅτι ἐγὼ ἐν ἀκακίᾳ μου ἐπορεύθην* *καὶ ἐπὶ τῷ κυρίῳ ἐλπίζων οὐ μὴ ἀσθενήσω.*
De David.	**De David.**
Juge-moi IHWH	**Juge-moi, Seigneur,**
car moi dans mon intégrité **j'ai marché**	**car moi dans mon** *innocence* **j'ai marché**
et en IHWH j'ai confiance, **je ne** fléchirai **pas.**	**et** *espérant* **dans le Seigneur**, *non* **je ne** *faiblirai* **pas.**

Verset 2

בְּחָנֵנִי יהוה וְנַסֵּנִי צרופה [צָרְפָה] כִלְיוֹתַי וְלִבִּי׃ *(qéré)* *(kétib)*	*δοκίμασόν με, κύριε, καὶ πείρασόν με,* *πύρωσον τοὺς νεφρούς μου καὶ τὴν καρδίαν μου.*
Teste-moi IHWH et mets-moi à l'épreuve	**Teste-moi Seigneur, et mets-moi à l'épreuve,**
passe au feu mes reins et mon cœur.	**passe au feu mes reins et mon cœur.**

Verset 3

כִּֽי־חַסְדְּךָ לְנֶגֶד עֵינָ֑י
וְהִתְהַלַּכְתִּי בַּאֲמִתֶּֽךָ׃

Car ton amour [est] **devant mes yeux**
et j'allais et venais **dans ta vérité.**

ὅτι τὸ ἔλεός σου κατέναντι τῶν ὀφθαλμῶν μού ἐστιν,
καὶ εὐηρέστησα ἐν τῇ ἀληθείᾳ σου.

Car *ta miséricorde* **est devant mes yeux,**
et *j'ai mon plaisir* **dans ta vérité.**

Verset 4

לֹֽא־יָשַׁבְתִּי עִם־מְתֵי־שָׁ֑וְא
וְעִם נַעֲלָמִים לֹא אָבֽוֹא׃

Je ne me suis pas assis **avec** les gens du vide
et avec ceux qui se cachent **je n'entrerai pas.**

οὐκ ἐκάθισα μετὰ συνεδρίου ματαιότητος
καὶ μετὰ παρανομούντων οὐ μὴ εἰσέλθω·

Je *n'ai pas siégé* **avec** *un conseil de vanité*
et avec ceux qui *transgressent, non* **je n'entrerai pas.**

Verset 5

שָׂנֵאתִי קְהַל מְרֵעִ֑ים
וְעִם־רְשָׁעִים לֹא אֵשֵֽׁב׃

J'ai haï l'assemblée de ceux qui font le mal
et avec les impies je ne m'assiérai **pas.**

ἐμίσησα ἐκκλησίαν πονηρευομένων
καὶ μετὰ ἀσεβῶν οὐ μὴ καθίσω.

J'ai haï l'assemblée de ceux qui font le mal
et avec les impies, *non* **je ne** *siégerai* **pas.**

Verset 6

אֶרְחַץ בְּנִקָּיוֹן כַּפָּ֑י
וַאֲסֹבְבָה אֶת־מִזְבַּחֲךָ יְהוָֽה׃

Je laverai dans l'innocence **mes** paumes
et je ferai le tour **de ton autel IHWH,**

νίψομαι ἐν ἀθῴοις τὰς χεῖράς μου
καὶ κυκλώσω τὸ θυσιαστήριόν σου, κύριε,

Je laverai mes *mains parmi les innocents*
et je *me tiendrai autour* **de ton autel, Seigneur,**

Verset 7

לַשְׁמִעַ בְּקוֹל תּוֹדָ֑ה
וּלְסַפֵּר כָּל־נִפְלְאוֹתֶֽיךָ׃

pour faire **écouter** la **voix de** la reconnaissance
et pour raconter toutes tes merveilles.

τοῦ ἀκοῦσαι φωνὴν αἰνέσεως
καὶ διηγήσασθαι πάντα τὰ θαυμάσιά σου.

pour écouter *une* **voix de** *louange*
et pour raconter toutes tes merveilles.

Verset 8

יהוה אָהַבְתִּי מְעוֹן בֵּיתֶךָ וּמְקוֹם מִשְׁכַּן כְּבוֹדֶךָ׃	*κύριε, ἠγάπησα εὐπρέπειαν οἴκου σου* *καὶ τόπον σκηνώματος δόξης σου.*
IHWH j'aime le séjour **de ta maison** **et le lieu de la demeure de ta gloire.**	**Seigneur,** *j'ai aimé la beauté* **de ta maison** **et le lieu de la demeure de ta gloire.**

Verset 9

אַל־תֶּאֱסֹף עִם־חַטָּאִים נַפְשִׁי וְעִם־אַנְשֵׁי דָמִים חַיָּי׃	*μὴ συναπολέσῃς μετὰ ἀσεβῶν τὴν ψυχήν μου* *καὶ μετὰ ἀνδρῶν αἱμάτων τὴν ζωήν μου,*
N'emmène pas **avec les** pécheurs **mon âme** **et avec les hommes de sang ma vie**	*Ne laisse pas périr* **avec les** *impies* **mon âme** **et avec les hommes de sang ma vie,**

Verset 10

אֲשֶׁר־בִּידֵיהֶם זִמָּה וִימִינָם מָלְאָה שֹּׁחַד׃	*ὧν ἐν χερσὶν ἀνομίαι,* *ἡ δεξιὰ αὐτῶν ἐπλήσθη δώρων.*
qui ont dans leurs **mains** l'infamie et **leur droite** est **remplie de présents** corrupteurs.	**qui ont dans** *les* **mains** *des iniquités,* **leur droite** *a été* **remplie de présents.**

Verset 11

וַאֲנִי בְּתֻמִּי אֵלֵךְ פְּדֵנִי וְחָנֵּנִי׃	*ἐγὼ δὲ ἐν ἀκακίᾳ μου ἐπορεύθην ·* *λύτρωσαί με καὶ ἐλέησόν με.*
Et moi dans mon intégrité je marcherai rends-moi libre **et** fais-moi grâce.	**Et moi dans mon** *innocence j'ai marché,* *rachète-moi* **et** *prends-moi en pitié.*

Verset 12

רַגְלִי עָמְדָה בְמִישׁוֹר בְּמַקְהֵלִים אֲבָרֵךְ יהוה׃	*ὁ γὰρ πούς μου ἔστη ἐν εὐθύτητι ·* *ἐν ἐκκλησίαις εὐλογήσω σε, κύριε.*
Mon pied s'est tenu dans le droit chemin **dans les assemblées je bénirai IHWH.**	*Car* **mon pied s'est tenu dans** *la droiture,* **dans les assemblées je** *te* **bénirai, Seigneur.**

De manière différente, nous retrouvons « amour et vérité » rencontrés dans le psaume précédent. Ici, le psalmiste contemple de ses yeux l'amour divin et il nous apprend que, dans le passé, il allait et venait dans la vérité de Dieu. Il peut, sans crainte, demander à Dieu de le juger. Son comportement dans le passé lui donne de l'assurance pour le futur.

Verset 1 : notre psalmiste est hardi. Après l'impératif demandant à Dieu de le juger, il se présente comme parfait et il ne fléchira pas / לֹא אֶמְעָד. La LXX, en traduisant avec le verbe **ἀσθενήσω** pour dire que le psalmiste ne s'affaiblira pas, renforce l'affirmation avec l'emploi de **« οὐ μὴ »**. Dans le psaume 18 (17).37 nous avons déjà vu ce verbe grec pour la racine מעד et ce sont les deux seuls cas de correspondance hébreu/grec. Dans la LXX nous trouvons davantage **ἀσθενέω** pour la racine כשל.

C'est bien la confiance en Dieu qui donne au psalmiste son hardiesse.

Au verset 3 b, tandis qu'il « *allait et venait* » dans la vérité de Dieu, celui de la LXX a trouvé son plaisir ou s'est complu dans cette vérité. Le verbe **εὐαρεστέω** est peu employé par la LXX ; il est dans quatre psaumes : celui-ci, et les psaumes 35 (34).14 ; 56 (55).14 ; 116 (114).9 dans lesquels il traduit le même verbe hébreu que dans le psaume 26 (25) ; nous remarquons, que chaque fois, le verbe hébreu est au Hithpael

Dans le N.T., le verbe **εὐαρεστέω** n'est employé que trois fois et dans la lettre aux Hébreux ; 11.5 : Hénoch, avant son enlèvement, avait reçu le témoignage d'avoir été agréable à Dieu / **εὐαρεστηκέναι** ; 11.6 : sans la foi il est impossible d'être agréable / **εὐαρεστῆσαι** à Dieu ; 13.16 : ne pas oublier la bienfaisance et l'entraide communautaire, car dans de tels sacrifices, Dieu prend plaisir / **εὐαρεστεῖται**.

Au verset 4 b, pour le participe Niphal, sens passif, de la racine עלם/ ceux qui se cachent, nous lisons dans la LXX le participe **παρανομούντων**. La Loi et l'infidélité à la Loi sont dans la pensée des traducteurs grecs ; c'est clair et important : le psalmiste ne va pas avec ceux qui s'écartent de la Loi.

Mis à part 4 Macchabées, ce verbe grec se trouve en Jb 34.18 et dans trois autres psaumes : 71 (70).4 pour l'hébreu עול / l'inique, le nuisible ; 75 (74).5 pour הלל / l'insensé, le fou et 119 (118).51 pour ליץ / railler, rire.

Dans le N.T. **παρανομέω** est un hapax dans les Actes des Apôtres 23.3 : Paul devant le Sanhédrin s'adresse au Grand Prêtre Ananias qui transgresse / **παρανομῶν** la loi en ordonnant de frapper Paul.

Les versets 6 et 7 mettent le lecteur dans une ambiance cultuelle. Le psalmiste va se laver les mains – littéralement, les paumes, dans le T.M. – dans l'innocence. Pour les traducteurs grecs, ce rite de purification se fait parmi les innocents. Nous pouvons donc voir, dans ce rituel du lavement des mains, le psalmiste du T.M. insister sur sa conscience pure : dans l'innocence ; et celui de la LXX se situer dans une assemblée : avec les innocents.

L'autel, mentionné au stique b du v.6 évoque le sacrifice et confirme bien que nous sommes dans une assemblée liturgique.

Le début du v.7 est lu différemment. Si nous lisons לַשְׁמִעַ comme un infinitif construit Hiphil il convient de traduire : *« pour faire écouter la voix »* ; l'autre lecture qui prend en compte le בְּ dans le mot suivant et la vocalisation défective du Hiphil suggère de traduire par un infinitif construit Qal : *« pour écouter la voix »* : c'est la lecture de la LXX.

Les traducteurs grecs encore, font dire par le psalmiste au verset 8 : *« Seigneur j'ai aimé la **beauté** de ta maison »* avec le substantif **εὐπρέπειαν** pour מְעוֹן. Ainsi, dans le T.M., le parallélisme des deux stiques est évident : *« le séjour de ta maison » et « le lieu de la demeure de ta gloire »*. Dans la LXX, l'habitation est qualifiée et c'est le couple « amour et beauté » qui est mis en évidence.

Dans le N.T., **εὐπρέπεια** est un hapax dans l'épître de Jacques 1.11 : le riche se flétrira comme la fleur dont la beauté / **εὐπρέπεια** de l'apparence tombera.

Le verbe תֶּאֱסֹף au début du verset 9 peut être compris soit, dans le sens d'assembler, de joindre, d'amasser ; soit, dans celui d'enlever, d'emmener ou d'emporter. La LXX qui a traduit avec le verbe **συναπόλλυμι** se range, bien sûr, dans la seconde catégorie de l'interprétation. Ceux qui, comme Chouraqui et l'interlinéaire hébreu-français, lisent le verbe dans le sens de « réunir » / « ne réunis pas mon âme avec les pécheurs », insistent sur le comportement du psalmiste : il a rompu avec tous les impies depuis le v.4. Notre traduction « n'emmène pas » suit celle de Vesco.

Dans le N.T., le verbe **συναπόλλυμι** est un hapax dans la lettre aux Hébreux 11.31 : *« Par la foi, Rahab la prostituée ne périt pas /* **συναπώλετο** *avec les rebelles, ayant accueilli les espions avec paix ».*

Au verset 10 a, le substantif זִמָּה qui exprime une conduite honteuse a été traduit par le substantif datif pluriel : **ἀνομίαι**. Même si le mot hébreu porte bien l'idée d'un comportement contraire à la Loi, il est plus fort que le grec. Dans la Bible, nous trouvons trois autres cas seulement de cette interprétation grecque pour זִמָּה ; en Os 6.9 ; Ez 23.21 et 23.44.

Dans ce verset stique a, זִמָּה est associé au stique b où la droite des « hommes de sang » est pleine de שֹׁחַד / pots-de-vin : des cadeaux corrupteurs et condamnables.

Le verset 11 rappelle le v.1 ; ces deux versets, où le psalmiste marche dans son intégrité ou dans son innocence, forment une inclusion. Au stique b, la LXX emploie le verbe **λυτρόω** pour la racine פדה comme nous l'avons déjà remarqué dans le psaume précédent (cf. psaume 19.15 pour explication).

Et au verset 12, le psalmiste est en mesure de bénir IHWH dans les assemblées / בְּמַקְהֵלִים:

terme qui n'a que deux occurrences dans la Bible ; ici et dans le psaume 68.27. La LXX fait parler le psalmiste directement à Dieu : *« je te bénirai »*.

***

Le psalmiste du psaume 26 aime le temple, la beauté de la maison de Dieu, et les assemblées liturgiques. Son intégrité est intérieure et extérieure. Ses reins et son cœur peuvent être éprouvés et purifiés ; dans ses mains est l'innocence et son pied se maintient dans *« le droit chemin »*. Nous suivons la traduction de Meschonnic : מִישׁוֹר signifiant d'abord un sol plat, un sol uni. C'est un chemin de vérité. Dans cette vérité, le psalmiste de la LXX a son plaisir.

PSAUME 27 (26)

Verset 1

לְדָוִד ׀	***Τοῦ Δαυιδ · πρὸ τοῦ χρισθῆναι.***
יהוה ׀ אוֹרִי וְיִשְׁעִי	***Κύριος φωτισμός μου καὶ σωτήρ μου ·***
מִמִּי אִירָא	***τίνα φοβηθήσομαι ;***
יהוה מָעוֹז־חַיַּי	***κύριος ὑπερασπιστὴς τῆς ζωῆς μου ·***
מִמִּי אֶפְחָד׃	***ἀπὸ τίνος δειλιάσω ;***
De David.	**De David** ; *avant d'être oint.*
IHWH [est] ma lumière **et mon** salut	**le Seigneur [est]** *mon illumination* **et mon** *sauveur,*
de **qui** aurais-je crainte **?**	**qui** *craindrai-je* **?**
IHWH [est] forteresse **de ma vie**	**le Seigneur [est]** *le défenseur* **de ma vie** *;*
de **qui serais-je effrayé ?**	*devant* **qui serais-je effrayé ?**

Verset 2

בִּקְרֹב עָלַי ׀ מְרֵעִים	***ἐν τῷ ἐγγίζειν ἐπ'ἐμὲ κακοῦντας***
לֶאֱכֹל אֶת־בְּשָׂרִי	***τοῦ φαγεῖν τὰς σάρκας μου***
צָרַי וְאֹיְבַי לִי	***οἱ θλίβοντές με καὶ οἱ ἐχθροί μου***
הֵמָּה כָשְׁלוּ וְנָפָלוּ׃	***αὐτοὶ ἠσθένησαν καὶ ἔπεσαν·***
Quand approchent contre moi des malfaisants	**Quand approchent contre moi des malfaisants**
pour dévorer ma chair	**pour dévorer** *mes chairs*
mes oppresseurs **et mes ennemis** à moi	*ceux qui m'oppressent* **et mes ennemis**
eux ils trébuchent **et ils** tombent.	**eux ils** *ont faibli* **et ils** *sont tombés.*

Verset 3

אִם־תַּחֲנֶה עָלַי ׀ מַחֲנֶה
לֹא־יִירָא לִבִּי
אִם־תָּקוּם עָלַי מִלְחָמָה
בְּזֹאת אֲנִי בוֹטֵחַ׃

ἐὰν παρατάξηται ἐπ᾽ἐμὲ παρεμβολή,
οὐ φοβηθήσεται ἡ καρδία μου ·
ἐὰν ἐπαναστῇ ἐπ᾽ἐμὲ πόλεμος,
ἐν ταύτῃ ἐγὼ ἐλπίζω.

Si campe **contre moi** un campement [armé]
mon cœur ne craindra pas,
si se lève **contre moi une guerre,**
malgré cela **moi** j'ai confiance.

Si *un camp se range en bataille* **contre moi,**
mon cœur *sera sans crainte ;*
si se *soulève* **contre moi, une guerre**
avec celle-ci **moi** *j'espérerai.*

Verset 4

אַחַת ׀ שָׁאַלְתִּי מֵאֵת־יהוה
אוֹתָהּ אֲבַקֵּשׁ
שִׁבְתִּי בְּבֵית־יהוה
כָּל־יְמֵי חַיַּי
לַחֲזוֹת בְּנֹעַם־יהוה
וּלְבַקֵּר בְּהֵיכָלוֹ׃

μίαν ᾐτησάμην παρὰ κυρίου,
ταύτην ἐκζητήσω ·
τοῦ κατοικεῖν με ἐν οἴκῳ κυρίου
πάσας τὰς ἡμέρας τῆς ζωῆς μου,
τοῦ θεωρεῖν με τὴν τερπνότητα τοῦ κυρίου
καὶ ἐπισκέπτεσθαι τὸν ναὸν αὐτοῦ.

Une chose j'ai demandé à **IHWH**
je la **rechercherai :**
habiter dans la maison de IHWH
tous les jours de ma vie,
pour contempler la douceur de IHWH
et pour être en éveil dans **son temple.**

Une [chose] **j'ai demandé** *auprès du* **Seigneur,**
celle-ci **je rechercherai :**
habiter, *moi,* **dans la maison du Seigneur**
tous les jours de ma vie,
pour contempler la douceur du Seigneur
et *fréquenter* **son temple.**

Verset 5

כִּי יִצְפְּנֵנִי ׀ בְּסֻכֹּה
בְּיוֹם רָעָה
יַסְתִּרֵנִי בְּסֵתֶר אָהֳלוֹ
בְּצוּר יְרוֹמְמֵנִי׃

ὅτι ἔκρυψέν με ἐν σκηνῇ
ἐν ἡμέρᾳ κακῶν μου ·
ἐσκέπασέν με ἐν ἀποκρύφῳ τῆς σκηνῆς αὐτοῦ,
ἐν πέτρᾳ ὕψωσέν με ·

Car il me dissimulera dans sa hutte
au jour du malheur,
il me cachera dans une cachette **de sa tente,**
sur un roc il m'élèvera.

Car il *m'a caché dans une tente*
au jour *de mes malheurs ;*
il *m'a protégé dans le secret* **de sa tente,**
sur un roc il *m'a haussé.*

Verset 6

וְעַתָּה יָרוּם רֹאשִׁי עַל אֹיְבַי סְבִיבוֹתַי וְאֶזְבְּחָה בְאָהֳלוֹ זִבְחֵי תְרוּעָה אָשִׁירָה וַאֲזַמְּרָה לַיהוָה׃	***καὶ νῦν ἰδοὺ ὕψωσεν τὴν κεφαλήν μου*** ***ἐπ᾽ἐχθρούς μου ·*** ***ἐκύκλωσα καὶ ἔθυσα ἐν τῇ σκηνῇ αὐτοῦ*** ***θυσίαν ἀλαλαγμοῦ,*** ***ᾄσομαι καὶ ψαλῶ τῷ κυρίῳ.***
Et maintenant s'élève **ma tête** au-dessus de **mes ennemis** autour de moi et je ferai des sacrifices dans sa tente des sacrifices **d'ovation,** **je chanterai et je psalmodierai pour IHWH.**	**Et maintenant** *voici [qu']il a haussé* **ma tête** *contre* **mes ennemis,** *j'ai fait le tour et j'ai offert* **dans sa tente** *un sacrifice* **d'ovation** **je chanterai et psalmodierai pour le Seigneur.**

Verset 7

שְׁמַע־יהוה קוֹלִי אֶקְרָא וְחָנֵּנִי וַעֲנֵנִי׃	***εἰσάκουσον, κύριε, τῆς φωνῆς μου,*** ***ἧς ἐκέκραξα ·*** ***ἐλέησόν με καὶ εἰσάκουσόν μου.***
Écoute **IHWH ma voix**, j'appelle et fais-moi grâce **et** réponds-moi.	*Exauce*, **Seigneur, ma voix**, *par laquelle j'ai crié* ; *prends-moi en pitié* **et** *exauce-moi.*

Verset 8

לְךָ ׀ אָמַר לִבִּי בַּקְּשׁוּ פָנָי אֶת־פָּנֶיךָ יהוה אֲבַקֵּשׁ׃	***σοὶ εἶπεν ἡ καρδία μου*** ***Ἐζήτησεν τὸ πρόσωπόν μου ·*** ***τὸ πρόσωπόν σου, κύριε, ζητήσω.***
Pour **toi mon cœur a dit :** « cherchez **ma face** » **ta face IHWH je chercherai.**	*À* **toi mon cœur a dit :** *« il a cherché* **ma face** *» ;* **ta face, Seigneur, je chercherai.**

Verset 9

אַל־תַּסְתֵּר פָּנֶיךָ ׀ מִמֶּנִּי
אַל־תַּט־בְּאַף עַבְדֶּךָ
עֶזְרָתִי הָיִיתָ
אַל־תִּטְּשֵׁנִי וְאַל־תַּעַזְבֵנִי
אֱלֹהֵי יִשְׁעִי׃

μὴ ἀποστρέψῃς τὸ πρόσωπόν σου ἀπ᾽ἐμοῦ,
μὴ ἐκκλίνῃς ἐν ὀργῇ ἀπὸ τοῦ δούλου σου·
βοηθός μου γενοῦ, μὴ ἀποσκορακίσῃς με
καὶ μὴ ἐγκαταλίπῃς με,
ὁ θεὸς ὁ σωτήρ μου.

Ne cache **pas ta face loin de moi**
n'**écarte pas avec colère ton serviteur**,
tu as été **mon secours**,
ne me laisse pas **et ne m'abandonne pas**
Dieu de **mon** salut.

Ne *retourne* **pas ta face loin de moi**,
*ne t'***écarte pas avec colère** *loin de* **ton serviteur** *;*
sois **mon secours**, **ne me** *rejette pas*
et ne m'abandonne pas
ô **Dieu mon** *sauveur.*

Verset 10

כִּי־אָבִי וְאִמִּי עֲזָבוּנִי
וַיהוה יַאַסְפֵנִי׃

ὅτι ὁ πατήρ μου καὶ ἡ μήτηρ μου ἐγκατέλιπόν με,
ὁ δὲ κύριος προσελάβετό με.

Que **mon père et ma mère** m'abandonnent
et **IHWH** me recueillera.

Car **mon père et ma mère** *m'ont abandonné,*
mais **le Seigneur** *m'a recueilli.*

Verset 11

הוֹרֵנִי יהוה דַּרְכֶּךָ
וּנְחֵנִי בְּאֹרַח מִישׁוֹר
לְמַעַן שׁוֹרְרָי׃

νομοθέτησόν με, κύριε, τῇ ὁδῷ σου
καὶ ὁδήγησόν με ἐν τρίβῳ εὐθείᾳ
ἕνεκα τῶν ἐχθρῶν μου.

Enseigne-moi **IHWH ton chemin**
et conduis-moi dans un sentier de droiture
à cause de ceux qui m'épient.

Prescris-moi une loi, **Seigneur**, *[pour suivre]* **ton chemin**
et conduis-moi dans un sentier *droit*
à cause de *mes ennemis.*

Verset 12

אַל־תִּתְּנֵנִי בְּנֶפֶשׁ צָרָי כִּי קָמוּ־בִי עֵדֵי־שֶׁקֶר וִיפֵחַ חָמָס׃	*μὴ παραδῷς με εἰς ψυχὰς θλιβόντων με,* *ὅτι ἐπανέστησάν μοι μάρτυρες ἄδικοι,* *καὶ ἐψεύσατο ἡ ἀδικία ἑαυτῇ.*
Ne me donne **pas** à l'âme **de** mes oppresseurs **car se sont** levés **contre moi des témoins** de mensonge **et** [un] qui souffle violence.	**Ne me** *livre* **pas** *aux âmes* **de** *ceux qui m'oppressent,* **car des témoins** *injustes* **se sont** *soulevés* **contre moi**, **et** *l'injustice s'est menti à elle-même.*

Verset 13

לוּלֵא הֶאֱמַנְתִּי לִרְאוֹת בְּטוּב־יהוה בְּאֶרֶץ חַיִּים׃	*πιστεύω τοῦ ἰδεῖν τὰ ἀγαθὰ κυρίου* *ἐν γῇ ζώντων.*
[Ah !] si je ne n'étais pas sûr de voir la bonté **de IHWH** **sur la terre des vivants.**	*Je [le] crois je verrai les bontés* **du Seigneur** **sur la terre des vivants.**

Verset 14

קַוֵּה אֶל־יהוה חֲזַק וְיַאֲמֵץ לִבֶּךָ וְקַוֵּה אֶל־יְהוָה׃	*ὑπόμεινον τὸν κύριον·* *ἀνδρίζου, καὶ κραταιούσθω ἡ καρδία σου* *καὶ ὑπόμεινον τὸν κύριον.*
Espère en **IHWH** **sois fort et que s'affermisse ton cœur** **et** espère en **IHWH**.	*Attends* **le Seigneur**, **sois fort et que ton cœur s'affermisse** **et** *attends* **le Seigneur.**

Au titre « De David » du psaume, la LXX ajoute : « avant son onction ». Cette précision peut rappeler au lecteur de nombreux passages bibliques. Du côté de la tradition juive, ce psaume tient une grande place dans la liturgie, il est associé au repentir, particulièrement entre le Nouvel An et le Grand Pardon.

En le lisant à la suite du psaume 26 (25), on remarque que le « temple », dont la beauté séduisait le psalmiste, est la seule chose qui importe pour celui du psaume 27. C'est le lieu où il peut exprimer à Dieu son désir : chercher son visage.

Le <u>verset 1</u> rappelle le début du Ps 23 (22) : Avec le Seigneur, son berger, le psalmiste ne pouvait manquer de rien. Ici, IHWH est sa lumière, il n'a rien à craindre. Les traducteurs grecs attirent l'attention avec l'emploi du mot **φωτισμός** que nous avons traduit « illumination ». Dans la LXX, nous trouvons encore ce substantif dans le livre de Job 3.9 ; et dans les psaumes

44 (43).4 ; 78 (77).14 ; 90 (89).8 ; 139 (138).11. Ici, pour le psalmiste, le Seigneur est aussi son salut, sa forteresse ou le défenseur de sa vie. Nous le voyons, dès le premier verset, en exprimant sa confiance en IHWH, le psalmiste met en évidence des thèmes forts.

Au verset 4, d'une part, l'habitation permanente dans le temple, désigné comme « maison de Dieu », est l'objet unique de la demande et de la recherche du psalmiste. D'autre part, parce que cette recherche va se prolonger dans une contemplation de la douceur de IHWH elle est vraiment la seule chose nécessaire.

Le mot בְּנֹעַם de la racine נעם traduit par « douceur » se trouve aussi dans le Ps 90 (89).17 que la LXX a lu avec le mot **λαμπρότης** / éclat, belle apparence. Ici, nous avons le substantif **τερπνότητα** qui n'a que deux occurrences dans la Bible : ici et dans le psaume 16 (15).11 où il traduit également cette racine hébraïque. Pour garder une harmonie avec la traduction du mot par « délices », dans le psaume 16, nous traduisons ici par « douceur » comme dans le T.M.

Au dernier stique, le verbe infinitif Qal de la racine בקר peut être interprété différemment. Chouraqui par exemple a compris la racine dans le sens de « visiter » qui rejoint l'interprétation de la LXX avec l'infinitif **ἐπισκέπτεσθαι**. Ce verbe hébreu peut également être lu dans le sens de regarder, examiner, réfléchir d'où : méditer ; ou encore à partir de בֹּקֶר / le matin. Dans ce cas, le psalmiste est en éveil ; c'est notre interprétation qui unifie peut-être les différents sens exprimés. Dans le contexte aussi de ce qui précède dans le T.M. comme dans la LXX on pourrait traduire : « et pour admirer son temple ». Dans le texte de la LXX, nous maintenons le sens de « visiter » pour « **ἐπισκέπτεσθαι** ». Seulement, pour éviter l'idée de : visiter comme on visite un musée, nous employons le verbe « fréquenter ». Dans les Psaumes, le verbe **ἐπισκέπτομαι** a huit occurrences : ici, pour cette racine hébraïque et dans les psaumes : 8.5 ; 17 (16).3 ; 59 (58).6 ; 65 (64).10 ; 80 (79).15 ; 89 (88).33 ; 106 (105).4 dans lesquels il traduit la racine פקד.

Au verset 8 et à deux reprises reviennent le verbe « chercher » et le mot « face ». Si l'écriture du dernier stique dit bien que le psalmiste recherchera la face de Dieu, la traduction du début n'est pas facile. Le psalmiste commence à s'exprimer à la 1re personne du singulier : « mon cœur a dit ». Suit le verbe בַּקְּשׁוּ, impératif Piel masculin pluriel : « cherchez ». Cette forme verbale rendant la compréhension difficile fait l'objet de corrections. Dans l'apparat critique est donnée la leçon d'un impératif masculin singulier : בַּקֵּשׁ / cherche.

L'écriture du T.M. est-elle si incompréhensible ? Essayons d'interpréter לְךָ / à toi, ou mieux : pour toi. Intérieurement, le psalmiste peut parler au nom de Dieu et l'impératif pluriel peut se justifier. Nous gardons le T.M. qui souligne un dialogue intérieur du psalmiste tourné vers lui-même, vers Dieu, et vers une interpellation plurielle. Si la fin du verset peut sembler contredire cette interprétation nous la maintenons. Un homme en prière est tout en contraste : il est singulier, il est pluriel, il parle pour lui-même, il parle pour les autres, il parle à Dieu et il parle pour Dieu.

L'écriture de la LXX n'est pas plus facile. Le psalmiste dialogue également intérieurement et une question se pose. Quel est le sujet du verbe **ζητέω** ? Voici quelques traductions :

Giguet : *« J'ai cherché votre visage et je chercherai toujours »*
Vigouroux : *« ma face vous a recherché je rechercherai Seigneur votre face »*
Monastère la Théotokos : *« ma face t'a cherché, Seigneur je rechercherai ta face »*.

Dans la T.O.B., nous lisons en note : « les versions se partagent en général entre deux traductions : *« mon cœur te dit : je cherche ta face »* ou bien *« ma face te cherche »*.

Pour sortir de cette question épineuse, on peut essayer de prier en jouant sur les interprétations possibles.

Au verset 9, nous remarquons que le psalmiste du T.M. demande à Dieu de ne pas lui cacher / תַּסְתֵּר sa face, tandis que dans la LXX, celui-ci s'exprime avec le verbe **ἀποστρέψῃς**. Le T.M. nous rappelle ici le verset 5 c dans lequel Dieu cachera / יַסְתִּרֵנִי son psalmiste dans une cachette de sa tente avec deux fois la racine סתר. La LXX emploie le verbe **ἐσκέπασεν** pour l'hébreu יַסְתִּרֵנִי alors qu'au stique a de ce v.5, elle emploie le verbe **ἔκρυψεν** / il m'a caché, pour יִצְפְּנֵנִי / il me dissimulera dans le T.M.

Puis, dans la suite de ce v.9, le psalmiste de la LXX s'exprime par la défense avec le verbe **ἀποσκορακίζω** : Que le Seigneur ne le rejette pas ; qu'il n'aille pas jusqu'à le mépriser. Dans le T.M. le verbe de la racine נטשׁ est plus faible. Dans la Bible, **ἀποσκορακίζω** n'a que trois occurrences : 1 M 11.55 ; ici et en Es 17.13 pour la racine גער / menacer, réprimer.

Ἀποσκορακίζω est absent du N.T.

Le verset 10 nous apprend que le psalmiste qui a une relation intime avec Dieu est dans une épreuve de solitude : l'abandon de la part de son père et de sa mère. Deux lectures de כִּי sont possibles : « que » ou « car ». Nous lisons avec réserve le verset dans un sens hypothétique : « que » ; mais il est difficile de dire laquelle des deux lectures est la plus exacte. Nous le voyons, la LXX a lu « car » et avec les aoristes qui suivent, les traducteurs grecs disent bien qu'il y a eu « abandon ». Le verbe final יַאַסְפֵנִי de la racine אסף a déjà été commenté dans le v.9 du psaume précédent ; dans le contexte du v.10 de ce psaume nous le traduisons dans le sens compris par la LXX avec le verbe « recueillir ». Nous avons ici le seul cas de correspondance hébreu/grec. Dans les quatre autres occurrences de **προσλαμβάνω** dans l'A.T. nous remarquons que dans les psaumes : 18 (17).17 il traduit la racine משׁה / tirer, retirer ; 65 (64).5 : la racine קרב / s'approcher, rapprocher et 73 (72).24 : la racine לקח / prendre, saisir ; enfin en 1 S (1 Règnes) 12.22 il traduit la racine עשׂה / faire, réaliser. Dans le verset de ce psaume, les deux verbes hébreu et grec laissent bien entendre que Dieu n'abandonnera jamais le psalmiste. Il le recueille et le recueillera toujours si son père et sa mère l'abandonnent ou l'abandonnaient.

L'épreuve la plus difficile à soutenir est bien dans la menace des ennemis. Mentionnés dès le verset 2, ils sont encore là au verset 12 ; qui sont-ils ?

Au verset 2 : ce sont des malfaisants prêts à dévorer ; des oppresseurs et des ennemis. Le T.M. insiste avec la préposition לִי : « mes ennemis à moi ».

Le verset 3 parle d'une armée, d'une guerre qui se lève contre le psalmiste.

Au verset 6, la tête du psalmiste s'élève au-dessus de ses ennemis autour de lui, dans le T.M., tandis que dans la LXX, c'est Dieu qui a élevé ou haussé la tête du psalmiste contre ses ennemis : la victoire est déjà réalisée. Le verbe **ἐκύκλωσα** / j'ai fait le tour, au début du stique suivant, donne une lecture différente de celle du T.M. Rattaché à l'offrande du sacrifice, le verbe suggère que le psalmiste de la LXX fait le tour de l'autel comme dans le psaume 26 (25).6.

Au verset 11, les ennemis dans la LXX sont ceux qui s'identifient à leurs actions, dans le T.M. : ils épient ou ils espionnent.

Et au verset 12 ce sont des oppresseurs, des témoins de mensonge respirant ou soufflant la violence. La LXX traduit ce verset différemment. Ce sont des témoins injustes trompés par leur propre injustice : *« et l'injustice s'est menti à elle-même ».*

Tous ces ennemis n'auront pas le dessus. Le psalmiste a pour lui, son Dieu : la forteresse de sa vie.

Le psaume se termine par un désir et une exhortation.

Le verset 13 du T.M. est difficile à lire. Il commence par une particule conditionnelle avec une ponctuation peu commune : לוּלֵא *« si.... ne.... pas »* suivi d'un accompli Hiphil : avoir foi, être sûr, croire que. On suggère de comprendre la particule conditionnelle dans le sens d'un souhait négatif et de traduire : « Que ne puis-je être sûr de voir » au lieu de la traduction plus littérale : *« si.... je ne ..... crois pas ».* Chouraqui écrit en note du verset : « obscur », et traduit : « *Sinon... J'adhère pour voir le bien de IHWH...* ». Meschonnic commente : « Louleï », cette supposition est si horrible que le mot a été entouré dans le texte de points » ; et il traduit : *« Si je n'avais pas la foi de voir la bienveillance d'Adonaï.... ».* Notre traduction qui garde ce mot initial s'inspire d'une suggestion de Mannati. Nous pensons que le psalmiste habité par le verset 4 se parle à lui-même. Si la plupart des traductions suivent la LXX qui l'a omis, nous remarquons celle de la N.B.S. : *« Oh ! si je ne croyais pas voir la bonté du Seigneur sur la terre des vivants ! ».*

Dans l'exhortation du verset 14 b, la LXX emploie le verbe **ἀνδρίζω** qui n'a que deux occurrences dans les Psaumes. Ici et dans le psaume 31 (30).25 qui reprend cet encouragement. Ces deux psaumes donnent également les deux seuls cas de la racine **אמן** à la forme Hiphil.

Dans le N.T., le verbe **ἀνδρίζω** est un hapax en 1 Co 16.13, les dernières recommandations de Paul : *« soyez des hommes /* **ἀνδρίζεσθε**, *soyez forts /* **κραταιοῦσθε** »

Tout au long du psaume on aura pu remarquer deux vocabulaires opposés. Aux mots et verbes agressifs s'opposent ceux d'une intimité entre Dieu et le psalmiste dont le point culminant est dans la recherche de la face de Dieu dans l'intimité du sanctuaire. Là, le psalmiste chantera et psalmodiera, nous dit le stique c du v.6. Là, dans la lumière, c'est sûr, le psalmiste peut voir la manifestation du salut.

PSAUME 28 (27)

Verset 1

לְדָוִד	*Τοῦ Δαυιδ.*
אֵלֶיךָ יהוה ׀ אֶקְרָא	*Πρὸς σὲ, κύριε, ἐκέκραξα,*
צוּרִי אַל־תֶּחֱרַשׁ מִמֶּנִּי	*ὁ θεός μου, μὴ παρασιωπήσῃς ἀπ' ἐμοῦ,*
פֶּן־תֶּחֱשֶׁה מִמֶּנִּי	*μήποτε παρασιωπήσῃς ἀπ' ἐμοῦ*
וְנִמְשַׁלְתִּי עִם־יוֹרְדֵי בוֹר׃	*καὶ ὁμοιωθήσομαι τοῖς καταβαίνουσιν εἰς λάκκον.*

De David.	**De David.**
Vers toi IHWH j'appelle ;	**Vers toi, Seigneur**, *j'ai crié,*
mon roc ne sois pas sourd **loin de moi**	*ô mon Dieu, ne garde pas le silence* **loin de moi,**
que tu sois muet **loin de moi**	*ne garde jamais le silence* **loin de moi**
et je ressemblerais **à ceux qui descendent au trou.**	**et je** *serais assimilé* **à ceux qui descendent au trou.**

Verset 2

שְׁמַע קוֹל תַּחֲנוּנַי	*εἰσάκουσον τῆς φωνῆς τῆς δεήσεώς μου*
בְּשַׁוְּעִי אֵלֶיךָ	*ἐν τῷ δέεσθαί με πρὸς σέ,*
בְּנָשְׂאִי יָדַי	*ἐν τῷ με αἴρειν χεῖράς μου*
אֶל־דְּבִיר קָדְשֶׁךָ׃	*πρὸς ναὸν ἅγιόν σου.*

Écoute **la voix de** mes appels à la pitié	*Exauce* **la voix de** *ma supplication*
quand je crie **vers toi,**	**quand je** *[tourne] ma supplication* **vers toi,**
quand je lève mes mains	**quand je lève mes mains**
vers le lieu saint de ton sanctuaire.	**vers** *ton temple saint.*

Verset 3

אַל־תִּמְשְׁכֵנִי עִם־רְשָׁעִים	***μὴ συνελκύσῃς μετὰ ἁμαρτωλῶν τὴν ψυχήν μου***
וְעִם־פֹּעֲלֵי אָוֶן	***καὶ μετὰ ἐργαζομένων ἀδικίαν μὴ συναπολέσῃς με***
דֹּבְרֵי שָׁלוֹם עִם־רֵעֵיהֶם	***τῶν λαλούντων εἰρήνην μετὰ τῶν πλησίον αὐτῶν,***
וְרָעָה בִּלְבָבָם׃	***κακὰ δὲ ἐν ταῖς καρδίαις αὐτῶν.***
Ne me tire pas **avec** les impies	*N'associe pas mon âme* **avec** *[celle] des pécheurs*
et avec les **faiseurs** d'iniquité	**et avec** *des* **faiseurs** *d'injustice ne me fais pas périr*
parleurs de **paix avec leurs proches**	*ceux qui parlent* **paix avec leurs proches,**
et le mal [est] **dans leur cœur.**	*mais des maux [sont]* **dans leurs cœurs.**

Verset 4

תֶּן־לָהֶם כְּפָעֳלָם	***δὸς αὐτοῖς κατὰ τὰ ἔργα αὐτῶν***
וּכְרֹעַ מַעַלְלֵיהֶם	***καὶ κατὰ τὴν πονηρίαν τῶν ἐπιτηδευμάτων αὐτῶν·***
כְּמַעֲשֵׂה יְדֵיהֶם תֵּן לָהֶם	***κατὰ τὰ ἔργα τῶν χειρῶν αὐτῶν δὸς αὐτοῖς,***
הָשֵׁב גְּמוּלָם לָהֶם׃	***ἀπόδος τὸ ἀνταπόδομα αὐτῶν αὐτοῖς.***
Donne-leur selon leurs actions	**Donne-leur selon leurs** *œuvres*
et selon le mal **de leurs** hauts faits	**et selon** *la méchanceté* **de leurs** *activités ;*
selon l'œuvre **de leurs mains, donne-leur.**	**selon** *les œuvres* **de leurs mains donne-leur,**
Retourne-leur leur rétribution.	**retourne-leur leur rétribution.**

Verset 5

כִּי לֹא יָבִינוּ אֶל־פְּעֻלֹּת יהוה	***ὅτι οὐ συνῆκαν εἰς τὰ ἔργα κυρίου***
וְאֶל־מַעֲשֵׂה יָדָיו	***καὶ εἰς τὰ ἔργα τῶν χειρῶν αὐτοῦ·***
יֶהֶרְסֵם וְלֹא יִבְנֵם׃	***καθελεῖς αὐτοὺς καὶ οὐ μὴ οἰκοδομήσεις αὐτούς.***
Car ils ne comprennent pas **les** actions **de IHWH**	**Car ils** *n'ont pas compris* **les** *œuvres* **du Seigneur**
et l'œuvre **de ses mains**	**et** *les œuvres* **de ses mains.**
il **les** renversera **et ne les** construira **pas**	*Tu* **les** *renverseras* **et** *tu* **ne les** *construiras* **pas.**

Verset 6

בָּרוּךְ יְהוָה	*εὐλογητὸς κύριος,*
כִּי־שָׁמַע קוֹל תַּחֲנוּנָי׃	*ὅτι εἰσήκουσεν τῆς φωνῆς τῆς δεήσεώς μου.*
béni [est] **IHWH**	**béni** [est] **le Seigneur,**
car il a écouté **la voix de** mes appels à la pitié.	**car il a** *exaucé* **la voix de** *ma supplication.*

Verset 7

יהוה ׀ עֻזִּי וּמָגִנִּי	*κύριος βοηθός μου καὶ ὑπερασπιστής μου·*
בּוֹ בָטַח לִבִּי	*ἐπ᾽αὐτῷ ἤλπισεν ἡ καρδία μου,*
וְנֶעֱזָרְתִּי וַיַּעֲלֹז לִבִּי	*καὶ ἐβοηθήθην, καὶ ἀνέθαλεν ἡ σάρξ μου·*
וּמִשִּׁירִי אֲהוֹדֶנּוּ׃	*καὶ ἐκ θελήματός μου ἐξομολογήσομαι αὐτῷ.*
IHWH ma force **et mon** bouclier	**Le Seigneur** *[est] mon secours* **et mon** *défenseur ;*
en lui mon cœur a confiance	**en lui mon cœur a** *espéré,*
et j'ai été secouru, et mon cœur a exulté,	**et j'ai été secouru, et** *ma chair a refleuri ;*
et de mon chant **je lui rendrai grâce.**	**et de mon** *plein gré* **je lui rendrai grâce.**

Verset 8

יהוה עֹז־לָמוֹ	*κύριος κραταίωμα τοῦ λαοῦ αὐτοῦ*
וּמָעוֹז יְשׁוּעוֹת	*καὶ ὑπερασπιστὴς τῶν σωτηρίων*
מְשִׁיחוֹ הוּא׃	*τοῦ χριστοῦ αὐτοῦ ἐστιν.*
IHWH une force **pour** eux	**Le Seigneur** *[est] un solide appui* **pour** *son peuple*
et une forteresse **des actes de salut**	**et** *un défenseur* **des actes de salut**
pour son messie, lui.	**pour son messie,** *il est.*

Verset 9

הוֹשִׁיעָה ׀ אֶת־עַמֶּךָ	*σῶσον τὸν λαόν σου*
וּבָרֵךְ אֶת־נַחֲלָתֶךָ	*καὶ εὐλόγησον τὴν κληρονομίαν σου*
וּרְעֵם וְנַשְּׂאֵם	*καὶ ποίμανον αὐτοὺς καὶ ἔπαρον αὐτοὺς*
עַד־הָעוֹלָם׃	*ἕως τοῦ αἰῶνος.*
Sauve ton peuple	**Sauve ton peuple**
et bénis ton héritage	**et bénis ton héritage**
et mène-les paître et élève-les	**et mène-les paître et élève-les**
jusqu'à toujours.	**jusqu**e *dans l'éternité.*

Dans ce psaume de neuf versets, il faut patienter jusqu'au v.6 pour voir la supplication du psalmiste exaucée.

Au <u>verset 1</u> l'image du « trou » symbolisant le silence de la mort donne du poids au cri du psalmiste. Son appel vers Dieu qui ouvre sa prière est suivi de demandes négatives. « Ne sois pas sourd ». Le jussif de la racine חרשׁa été lu par la LXX avec le subjonctif **παρασιωπήσῃς** se rapportant plus précisément au silence. Autrement dit, le T.M. fait appel à l'organe de l'ouïe pour que Dieu écoute son appel là où la LXX fait appel, pourrait-on dire, à la parole : que Dieu ne reste pas silencieux. L'intervention de Dieu faisant référence à la parole dans le texte grec dépasserait l'appel plus personnel exprimé dans le T.M. Dans un second temps, nous avons l'emploi du verbe תֶּחֱשֶׁה de la racine חשה signifiant « être muet » ; tandis que la LXX renforce le verbe **παρασιωπήσῃς** en le répétant une seconde fois. Le psalmiste a peur. Si Dieu ne répond pas à son appel il ressemblerait (T.M.), il serait assimilé (LXX) à ceux qui vont droit à la mort.

Nous pouvons noter que, dans l'A.T., le verbe **παρασιωπάω** traduit toujours la racine hébraïque חרשׁ et uniquement dans ce psaume-ci la racine חשה. Le verbe **ὁμοιόω** traduit la racine משׁל ici et dans le psaume 143 (142).7.

Le verbe **παρασιωπάω** est absent du N.T.

Ajoutons, mais sans insister car nous l'avons déjà souligné pour d'autres psaumes, que « mon roc » du T.M. a été traduit par la LXX « mon Dieu ».

Dans le <u>verset 2</u> le psalmiste prie en levant les mains vers le lieu le plus sacré, le plus intérieur du temple ; comme le mot דְּבִיר n'a pas d'autre occurrence dans les Psaumes, il peut attirer l'attention sur l'importance de l'expression priante du psalmiste. Sa prière, en levant les mains vers le plus intime du temple n'est pas à confondre avec les prières, mains levées, des autres religions.

Une nouvelle demande, formulée négativement, débute le <u>verset 3</u> avec les verbes תִּמְשְׁכֵנִי racine משׁך et **συνελκύσῃς**. Le verbe grec composé avec la préposition **σύν** donne à la demande un sens plus fort que celui contenu dans le verbe hébreu. De plus, avec **σύν-ἀπόλυμι** au stique suivant, le lecteur peut sentir l'angoisse du psalmiste de la LXX.

Le verbe **συνέλκω** est ici un hapax pour toute la Bible.

Dans le verset 4, encore des demandes, et se rapportant directement au sort des impies ; deux d'entre elles se répètent : « donne-leur ».

Au dernier stique, la LXX accentue encore l'effet littéraire produit par la répétition des verbes du début en reprenant avec **ἀποδίδωμι** que notre traduction met en évidence. Le psalmiste demande à Dieu de rendre aux impies selon leurs actions, selon leurs œuvres. Les traducteurs grecs ont lu : **ἔργα** / œuvres, les mots פָּעֳלָם et מַעֲשֵׂה ; et ils ont employé le substantif **ἐπιτηδευμάτων** / activités pour מַעַלְלֵיהֶם. Dans ce mot hébreu מַעַל, l'idée de hauteur et d'élévation explique notre traduction « hauts faits ». Elle est inspirée de celle de Vesco.

Au verset 5, le ton change ; brusquement, le psalmiste du T.M. ne s'adresse plus directement à Dieu. Parce que les impies n'ont pas compris l'œuvre des mains de IHWH, celui-ci les renversera. Dans la LXX, le psalmiste continue de s'adresser à Dieu : « tu les renverseras ». Ici, l'œuvre de Dieu et l'œuvre de ses mains sont en opposition avec les actions et œuvres des impies du v.4. Nous pouvons remarquer dans cette opposition une belle composition littéraire.

T.M.	LXX
Donne-leur selon leurs actions	Donne-leur selon **leurs œuvres**
et selon le mal de leurs hauts faits	et selon la méchanceté de leurs activités
selon **l'œuvre *de leurs mains*** donne-leur	selon **les œuvres *de leurs mains*** donne-leur
retourne-leur leur rétribution	rends-leur leur rétribution

car ils ne comprennent pas	car ils n'ont pas compris
les actions **de IHWH**	**les œuvres du Seigneur**
et **l'œuvre *de ses mains.***	et **les œuvres *de ses mains***

Nous arrivons enfin au verset 6. Dieu a écouté les appels à la pitié du psalmiste (v.1) et il est béni.

Au verset 7, le cœur du psalmiste du T.M. est dans l'exultation en opposition avec le mal qui est dans le cœur de l'impie. Le psalmiste de la LXX, lui, il revit ; « sa chair a refleuri ». Les traducteurs grecs continuent leur interprétation en traduisant וּמִשִּׁירִי par **ἐκ θελήματός**. Nous pensons que la traduction « de mon plein gré » reste en harmonie avec le verbe « refleurir ».

Le verbe **ἀναθάλλω** est un hapax dans le Psautier. Il est très peu employé dans la LXX.

Dans le N.T. il est un hapax dans la lettre aux Philippiens 4.10 : Paul se réjouit dans le Seigneur de voir que les frères Philippiens ont fait refleurir /**ἀνεθάλετε** un intérêt ou une pensée à son égard.

Au stique a du verset 8 des traducteurs contournent la difficulté de l'écriture « pour eux » du T.M., forme poétique de לָהֶם, et lisent comme la LXX et aussi comme quelques manuscrits hébreux : « pour son peuple ». En gardant l'écriture du T.M., nous soulignons l'interrogation que provoque la leçon « pour eux » et nous y trouvons un indice d'interprétation progressive jusqu'au stique a du verset 9 où le salut prend toute sa dimension dans le peuple. De plus, le dernier stique de ce v.9 : « mène-**les** » et élève-**les** » peut éclairer la leçon « pour eux ».

Le dernier mot au problème du mal et qui motive la prière du psalmiste est dans l'intervention de Dieu. Le verset 9 dans une expression de prière d'intercession la résume en ouvrant sur un avenir où Dieu lui-même mènera son peuple comme un pasteur. Et, dans la continuité de la bénédiction sur l'homme au jour de la création, Dieu bénira son peuple.

PSAUME 29 (28)

Verset 1

מִזְמוֹר לְדָוִד
הָבוּ לַיהוה בְּנֵי אֵלִים
הָבוּ לַיהוה כָּבוֹד וָעֹז׃

Ψαλμὸς τῷ Δαυιδ · ἐξοδίου σκηνῆς.
Ἐνέγκατε τῷ κυρίῳ, υἱοὶ θεοῦ,
ἐνέγκατε τῷ κυρίῳ υἱοὺς κριῶν,
ἐνέγκατε τῷ κυρίῳ δόξαν καὶ τιμήν,

Psaume de David.
Rendez à **IHWH fils** des dieux,
rendez à **IHWH gloire et** force

Psaume de David. *Pour la sortie de la Tente*
Apportez au **Seigneur**, **fils** *de Dieu,*
apportez au Seigneur fils des béliers,
apportez au **Seigneur gloire et** *honneur,*

Verset 2

הָבוּ לַיהוה כְּבוֹד שְׁמוֹ
הִשְׁתַּחֲווּ לַיהוה בְּהַדְרַת־קֹדֶשׁ׃

ἐνέγκατε τῷ κυρίῳ δόξαν ὀνόματι αὐτοῦ,
προσκυνήσατε τῷ κυρίῳ ἐν αὐλῇ ἁγίᾳ αὐτοῦ.

rendez à **IHWH** la **gloire** de **son nom**
prosternez-vous pour IHWH en majesté sainte

apportez au **Seigneur gloire** *à* **son nom**,
prosternez-vous pour *le* **Seigneur** *dans son saint parvis.*

Verset 3

קוֹל יְהוָה עַל־הַמָּיִם
אֵֽל־הַכָּבוֹד הִרְעִים
יְהוָה עַל־מַיִם רַבִּים׃

φωνὴ κυρίου ἐπὶ τῶν ὑδάτων,
ὁ θεὸς τῆς δόξης ἐβρόντησεν,
κύριος ἐπὶ ὑδάτων πολλῶν.

La voix de IHWH sur les eaux
le Dieu de la gloire a tonné
IHWH sur [les] **eaux abondantes.**

La voix du Seigneur sur les eaux,
le Dieu de la gloire a tonné,
[le] **Seigneur sur** *des* **eaux abondantes.**

Verset 4

קוֹל־יְהוָה בַּכֹּחַ
קוֹל יְהוָה בֶּהָדָר׃

φωνὴ κυρίου ἐν ἰσχύι,
φωνὴ κυρίου ἐν μεγαλοπρεπείᾳ.

La voix de IHWH dans la puissance
La voix de IHWH en majesté.

La voix du Seigneur dans la *force*,
La voix du Seigneur *dans une grande magnificence.*

Verset 5

קוֹל יְהוָה שֹׁבֵר אֲרָזִים
וַיְשַׁבֵּר יְהוָה אֶת־אַרְזֵי הַלְּבָנוֹן׃

φωνὴ κυρίου συντρίβοντος κέδρους,
καὶ συντρίψει κύριος τὰς κέδρους τοῦ Λιβάνου

La voix de IHWH brisant les **cèdres**
et IHWH a brisé **les cèdres du Liban**

La voix du Seigneur brisant *des* **cèdres,**
et *le* **Seigneur brisera les cèdres du Liban**

Verset 6

וַיַּרְקִידֵם כְּמוֹ־עֵגֶל
לְבָנוֹן וְשִׂרְיֹן כְּמוֹ בֶן־רְאֵמִים׃

καὶ λεπτυνεῖ αὐτὰς ὡς τὸν μόσχον τὸν Λίβανον,
καὶ ὁ ἠγαπημένος ὡς υἱὸς μονοκερώτων.

et il les a fait bondir **comme** un **veau**
le Liban et le Siryon comme un fils de buffles.

et il les *broiera* **comme** *le* **veau, le Liban**,
et l'aimé comme un fils de licorne.

Verset 7

קוֹל־יְהוָה חֹצֵב לַהֲבוֹת אֵשׁ׃

φωνὴ κυρίου διακόπτοντος φλόγα πυρός,

La voix de IHWH taillant des flammes **de feu**

la voix du Seigneur *fendant une flamme* **de feu,**

Verset 8

קוֹל יהוה יָחִיל מִדְבָּר
יָחִיל יהוה מִדְבַּר קָדֵשׁ׃

φωνὴ κυρίου συσσείοντος ἔρημον,
καὶ συσσείσει κύριος τήν ἔρημον Καδης.

La voix de IHWH fait trembler **le désert**
IHWH fait trembler **le désert de Qadesh.**

La voix du Seigneur *ébranlant* **le désert,**
et **le Seigneur** *ébranlera* **le désert de Cadès.**

Verset 9

קוֹל יהוה ׀ יְחוֹלֵל אַיָּלוֹת
וַיֶּחֱשֹׂף יְעָרוֹת
וּבְהֵיכָלוֹ כֻּלּוֹ אֹמֵר כָּבוֹד׃

φωνὴ κυρίου καταρτιζομένου ἐλάφους,
καὶ ἀποκαλύψει δρυμούς ·
καὶ ἐν τῷ ναῷ αὐτοῦ πᾶς τις λέγει δόξαν.

La voix de IHWH fait trembler **les biches**
Et elle dénude **les forêts ;**
et dans son temple tout de lui **dit** : **Gloire.**

La voix du Seigneur *préparant* **les biches,**
et *elle découvrira* **les forêts ;**
et dans son temple *tout un chacun* **dit** *[la]* **gloire.**

Verset 10

יהוה לַמַּבּוּל יָשָׁב
וַיֵּשֶׁב יהוה מֶלֶךְ לְעוֹלָם׃

κύριος τὸν κατακλυσμὸν κατοικιεῖ,
καὶ καθίεται κύριος βασιλεὺς εἰς τὸν αἰῶνα.

IHWH au **déluge** demeurait
et il demeurera **IHWH roi pour** toujours.

le Seigneur *établira le* **déluge,**
et *le* **Seigneur roi** *siégera* **pour** *l'éternité.*

Verset 11

יהוה עֹז לְעַמּוֹ יִתֵּן
יהוה ׀ יְבָרֵךְ אֶת־עַמּוֹ בַשָּׁלוֹם׃

κύριος ἰσχὺν τῷ λαῷ αὐτοῦ δώσει,
κύριος εὐλογήσει τὸν λαὸν αὐτοῦ ἐν εἰρήνῃ.

IHWH donnera force à son peuple
IHWH bénira son peuple dans la paix.

Le Seigneur donnera *la* **force à son peuple,**
Le Seigneur bénira son peuple dans la paix.

Dieu va se manifester ! Écoutons sa voix ; elle est dans les airs et sur la terre ; elle est sur les eaux, dans les forêts et dans le désert.

Dès le début, au verset 1 a, la LXX donne un caractère liturgique au psaume : **ἐξοδίου σκηνῆς** comme le Talmud de Babylone. Chanté à la Pentecôte dans la liturgie juive, le psaume évoque la révélation de Dieu au Sinaï. La fête des Tentes comme celle de la Pentecôte sont des fêtes joyeuses. Lisons avec joie même si le mot « joie » proprement dit n'est pas dans le texte.

La seconde caractéristique du psaume est, bien sûr, dans la reprise des mêmes mots tout au long des versets.

Dans les versets 1 et 2, trois fois, reviennent les verbes הָבוּ et ἐνέγκατε. Pour différencier avec la racine נתן employée au v.11, nous avons traduit l'hébreu du v.1 par « rendre ». Dans le Ps 96 (95).7 et 8 nous retrouvons הָבוּ / ἐνέγκατε. Les trois autres cas du verbe φέρω pour cet impératif hébraïque sont en Gn 47.16 : Joseph organise pour faire face à la famine en demandant d'apporter ; Rt 3.15 : Booz demande à Ruth d'apporter son écharpe qu'il va remplir d'orge ; et 2 S (2 R) 16.20 : Absalom demande de tenir un conseil pour résoudre la question des concubines de son père.

L'expression « fils des dieux » est commentée dans les notes de la plupart des Bibles. Les commentateurs sont unanimes pour dire que ce sont des êtres divins. Dans le T.M., l'expression a pu être comprise comme une forme plurielle de « fils de dieu » ; dans ce cas, l'interprétation donnerait un caractère de filiation à l'expression. La leçon de la LXX donne le singulier *« fils de Dieu »* supprimant ainsi l'idée polythéiste contenue dans le T.M. ; puis elle met dans le stique suivant : *« fils des béliers »*.Cette leçon suit des manuscrits hébreux qui ont effectivement lus : fils de béliers / אֵלִים ; le mot « bélier » lu dans un sens métaphorique peut signifier un homme puissant, un gouverneur comme en Ez 17.13.

Ces « fils des dieux » sont interpellés pour rendre à IHWH *« gloire et force »* dans le T.M., *« gloire et honneur »* dans la LXX. Le mot « force » du T.M. fait inclusion avec la force que Dieu donnera à son peuple au v.11. Dans la Bible grecque, nous trouvons deux autres cas où le substantif **τιμή** traduit עֹז : Ps 96 (95).7b qui est la reprise exacte de la fin du v.1 de ce psaume et Ps 99 (98).4 où la force du roi du T.M. est son honneur dans la LXX.

La fin du v.2 בְּהַדְרַת־קֹדֶשׁ /*« majesté sainte »* dans notre traduction peut désigner également des vêtements royaux. Nous choisissons de mettre l'accent sur la reconnaissance de la grandeur et de la sainteté de Dieu. Outre le Ps 96 (95).9 nous pouvons retrouver les termes des v.1et 2 du Ps 29 en 1Ch 16.28-29.

Dans le texte grec, le sens premier de **αὐλῇ** signifie « cour ». Avant la construction du temple, le parvis du Seigneur était une cour avec des colonnes et des rideaux (Ex 27.9-18). La traduction de la LXX localise le Dieu de gloire : *« dans son saint parvis »*.

Au verset 4 b, la voix de IHWH dans le T.M. est en majesté, avec splendeur. Le mot הָדָר rappelle הֲדָרָהdu v.2. La LXX emploie le substantif **μεγαλοπρέπεια** dont les occurrences ne sont que dans les Psaumes. Nous l'avons déjà lu dans les psaumes 8 et 21 (20).

Ce mot grec est absent du N.T.

Au verset 6 la force de IHWH prend de l'ampleur. Dans le T.M., Dieu fait bondir comme un veau et comme fils de buffles les deux grandes montagnes que sont le Liban et le Mont Hermon (Siryon). La LXX donne une lecture différente. Au stique a, elle emploie le verbe **λεπτυνεῖ** / il broiera ; ici, l'action de Dieu est radicale.

Au stique b, les traducteurs grecs continuent leur lecture propre et nous surprennent avec :

ὁ ἠγαπημένος / l'aimé ou le bien-aimé. Une leçon qui rappelle le singulier *« fils de Dieu »* du v.1. Les traducteurs grecs veulent-ils suggérer de comprendre dans ce verset 6 : « L'aimé [sera] comme un fils de licorne » ?

Dans le verset 7 la voix de IHWH taille des flammes de feu avec le participe de la racine חצב. C'est ici le seul cas où l'hébreu est traduit par le verbe **διακόπτω**. Si, dans le T.M. le verbe souligne une brèche, ou une déchirure et dans le texte grec l'idée d'une division ou séparation, de part et d'autre, le résultat est le même. Les éclairs se dispersent dans les airs en des flammes de feu.

À trois reprises, dans les versets 8 et 9 a, le T.M. donne la racine חול ou חיל dont la forme verbale – inaccompli Hiphil (יָחִיל) - au v.8 est un hapax. *« Faire trembler »* traduit au mieux le Hiphil. Au stique a du v.9, la racine qui est au Polel peut exprimer un tremblement pareil aux douleurs d'un enfantement et justifier des traductions comme : *« fait mettre bas les biches »*. L'expression se trouve dans les mêmes termes au ch. 39 v.1 du livre de Job.

Dans la LXX, au v.8 le verbe **συσσείω** employé comme un participe au stique a est au futur au stique b. Hormis Si 16.19 ce verbe n'a que quatre occurrences dans l'A.T. : Jb 4.14 pour l'hébreu פַּחַד : Job lui-même est saisi d'un tremblement et tous ses os tremblent ; dans ce psaume pour חיל ; dans le Ps 60 (59).4 pour רעשׁ : Dieu a fait trembler la terre ; et en Ag 2.7 pour רעשׁ : Dieu fera trembler les nations.

Συσσείω n'est pas dans le N.T.

Au stique a du v.9, les traducteurs grecs, qui emploient le verbe **καταρτίζω** pour dire que la voix du Seigneur prépare ou dispose les biches, suggèrent une interprétation proche de celle émise plus haut pour le T.M. avec le tremblement lié aux douleurs de l'enfantement. Toute la frayeur qu'engendre l'orage pourrait avoir comme conséquence de préparer les biches à mettre bas.

Plusieurs lectures sont données du stique b. Ceux qui lisent la racine חשׂף au Piel : וַיְחַשֵּׂף traduisent dans le sens de « faire accoucher » ; puis ils continuent leur interprétation en lisant יְעָלוֹת / bouquetins ou chèvres sauvages (les noms d'animaux étant communs au mâle et à la femelle), au lieu de יְעָרוֹת / forêts ; ce qui donne : « et elle fait enfanter les chèvres sauvages ». L'interprétation est dans le prolongement de la phrase précédente.

Nous gardons יְעָרוֹת et l'inaccompli Qal waw inversif וַיֶּחֱשֹׂף du T.M. C'est le choix rédactionnel d'Osty.

Tandis que dans le T.M. la force de la foudre dépouille ou dénude les forêts, elle les met à découvert dans la LXX avec le verbe **ἀποκαλύπτω**. Dans la Bible, il y a deux autres cas hébreu חשׂף et grec **ἀποκαλύπτω** ; Es 52.10 : IHWH a découvert le bras de sa sainteté et Jr 13.26 : la nudité sera le symbole du châtiment pour ceux qui partiront en captivité.

La fin du v.9 se termine sur le mot « Gloire ». Cette gloire, localisée ici dans le temple et professée par tous et chacun, rappelle la gloire absolue de IHWH des v.1, 2 et 3. Le lecteur peut également voir dans cette gloire, dans le temple, une manifestation faisant écho à celle du roulement du tonnerre dans les airs et la nature.

La mention du déluge au <u>verset 10</u> rappelle bien sûr la voix de IHWH sur les eaux du v.3, et aussi la victoire de Dieu sur toutes les forces maléfiques dont les eaux sont le symbole. Dans l'A.T. מַבּוּל / déluge ne se trouve qu'en Siracide, dans les chapitres 6, 7, 9, 10 et 11 de la Genèse et dans ce psaume 29.

Le T.M. donne deux fois la racine ישב dans le verset pour dire que IHWH demeurait au déluge (stique a) et qu'il demeurera roi éternellement (stique b).

Avec la LXX qui emploie le verbe **κατοικίζω** et l'accusatif **κατακλυσμὸν** Dieu lui-même nous transporte dans un futur (stique a) et il siégera / **καθίζω** éternellement (stique b).

Le substantif **κατακλυσμός** a quatre occurrences dans le N.T. ; Mt 24.38.39 // Lc 17.27 : au jour de l'avènement du Fils de l'homme ceux qui font ripaille seront comme aux jours de Noé avant le déluge où on se régalait en buvant ; et 2 P 2.5 : l'apôtre rappelle que Dieu, lors du déluge, a préservé Noé qui proclamait la justice.

Au terme de cet orage fulgurant, voici Dieu dans la douceur pour son peuple : <u>verset 11</u>. Le Nom divin identifié à la force, à la gloire de son Nom, à sa majesté dans les v.1 et 2 s'identifie, dans le dernier verset, au don accordé : force, bénédiction et paix.

Nous n'entrons pas ici dans des commentaires sur le rapport de ce psaume dit « du Dieu de l'orage » et le culte au dieu Baal.

Avec le déchaînement phénoménal de la puissance de Dieu dans l'orage tout s'enchaîne comme une symphonie. Au commencement nous sommes en présence de IHWH en gloire, force, honneur et majesté. Sa voix, sept fois mentionnée, descend en plénitude sur la terre. Dans le temple on chante sa gloire : Il est Roi de toujours à toujours. Et sur la terre, paix est donnée aux hommes qui lui rendent gloire : ils sont son peuple.

PSAUME 30 (29)

Verset 1

	Εἰς τὸ τέλος ·
מִזְמוֹר שִׁיר־חֲנֻכַּת הַבַּיִת	*ψαλμὸς ᾠδῆς τοῦ ἐγκαινισμοῦ τοῦ οἴκου ·*
לְדָוִד׃	*τῷ Δαυιδ.*
	Pour la fin.
Psaume. Chant de la dédicace de la maison.	**Psaume. Chant de la dédicace de la maison.**
De David.	**De David.**

Verset 2

אֲרוֹמִמְךָ יהוה כִּי דִלִּיתָנִי וְלֹא־שִׂמַּחְתָּ אֹיְבַי לִי׃	*Ὑψώσω σε, κύριε, ὅτι ὑπέλαβές με* *καὶ οὐκ ηὔφρανας τοὺς ἐχθρούς μου ἐπ᾽ἐμέ.*
Je t'exalte **IHWH car tu m'as** tiré du puits **et tu n'as pas réjoui mes ennemis** pour moi	**Je t'***exalterai*, **Seigneur, car tu m'as** *relevé* **et tu n'as pas réjoui mes ennemis à mon sujet.**

Verset 3

יהוה אֱלֹהָי שִׁוַּעְתִּי אֵלֶיךָ וַתִּרְפָּאֵנִי׃	*κύριε ὁ θεός μου,* *ἐκέκραξα πρὸς σέ, καὶ ἰάσω με ·*
IHWH mon Dieu **j'ai crié vers toi et tu m'as guéri.**	**Seigneur mon Dieu,** **j'ai crié vers toi, et tu m'as guéri.**

Verset 4

יהוה הֶעֱלִיתָ מִן־שְׁאוֹל נַפְשִׁי חִיִּיתַנִי מיורדי־[מִיָּרְדִי]־בוֹר׃ *(qéré)* *(kétib)*	*κύριε, ἀνήγαγες ἐξ ᾅδου τὴν ψυχήν μου,* *ἔσωσάς με ἀπὸ τῶν καταβαινόντων εἰς λάκκον.*
IHWH tu as fait re**monter du séjour des morts mon âme** **tu m'as** fait revivre plutôt que me faire descendre au trou.	**Seigneur, tu as fait monter mon âme du séjour des morts,** **tu m'as** *sauvé de ceux qui descendent à la fosse.*

Verset 5

זַמְּרוּ לַיהוה חֲסִידָיו וְהוֹדוּ לְזֵכֶר קָדְשׁוֹ׃	*ψάλατε τῷ κυρίῳ, οἱ ὅσιοι αὐτοῦ,* *καὶ ἐξομολογεῖσθε τῇ μνήμῃ τῆς ἁγιωσύνης αὐτοῦ ·*
Psalmodiez à IHWH ses fidèles **et rendez grâce à la mémoire de sa sainteté.**	**Psalmodiez au Seigneur, ses fidèles,** **et rendez grâce à la mémoire de sa sainteté.**

Verset 6

כִּי רֶגַע ׀ בְּאַפּוֹ
חַיִּים בִּרְצוֹנוֹ
בָּעֶרֶב יָלִין בֶּכִי
וְלַבֹּקֶר רִנָּה׃

ὅτι ὀργὴ ἐν τῷ θυμῷ αὐτοῦ,
καὶ ζωὴ ἐν τῷ θελήματι αὐτοῦ ·
τὸ ἑσπέρας αὐλισθήσεται κλαυθμὸς
καὶ εἰς τὸ πρωὶ ἀγαλλίασις.

Car un instant dans sa **colère**
une **vie dans sa** faveur
le soir, [toute] **la nuit en pleurs**
et le **matin** cri de joie.

Car *la* **colère** *[est] dans son courroux,*
et la **vie dans sa** *volonté.*
le soir la nuit *se passera* **en pleurs**
et *au* **matin** *allégresse.*

Verset 7

וַאֲנִי אָמַרְתִּי בְשַׁלְוִי
בַּל־אֶמּוֹט לְעוֹלָם׃

ἐγὼ δὲ εἶπα ἐν τῇ εὐθηνίᾳ μου
Οὐ μὴ σαλευθῶ εἰς τὸν αἰῶνα.

Et moi j'ai dit dans ma quiétude :
« **je ne** chancellerai **pas pour** toujours ».

Et moi j'ai dit dans *mon abondance :*
« non **je ne** *serai* **pas** *ébranlé* **pour** *l'éternité ».*

Verset 8

יהוה בִּרְצוֹנְךָ
הֶעֱמַדְתָּה לְהַרְרִי עֹז
הִסְתַּרְתָּ פָנֶיךָ
הָיִיתִי נִבְהָל׃

κύριε, ἐν τῷ θελήματι σου
παρέσχου τῷ κάλλει μου δύναμιν ·
ἀπέστρεψας δὲ τὸ πρόσωπόν σου,
καί ἐγενήθην τεταραγμένος.

IHWH dans **ta** faveur
tu as établi pour ma montagne **une** force.
Tu as caché **ta face,**
je **fus** épouvanté.

Seigneur, *selon* **ta** *volonté*
tu as accordé à ma beauté, **une** *puissance ;*
et **tu as** *retourné* **ta face,**
et j'en **fus** *agité.*

Verset 9

אֵלֶיךָ יהוה אֶקְרָא
וְאֶל־אֲדֹנָי אֶתְחַנָּן׃

πρὸς σέ, κύριε, κεκράξομαι
καί πρὸς τὸν θεόν μου δεηθήσομαι

Vers toi IHWH, j'appelle
et vers mon Seigneur **je** demande grâce.

Vers toi, Seigneur, *je crierai*
et vers mon *Dieu* **je** *supplierai.*

Verset 10

מַה־בֶּצַע בְּדָמִי
בְּרִדְתִּי אֶל־שָׁחַת
הֲיוֹדְךָ עָפָר
הֲיַגִּיד אֲמִתֶּךָ׃

Τίς ὠφέλεια ἐν τῷ αἵματί μου,
ἐν τῷ καταβῆναί με εἰς διαφθοράν ;
μὴ ἐξομολογήσεταί σοι χοῦς
ἢ ἀναγγελεῖ τὴν ἀλήθειάν σου ;

Quel profit dans mon sang
quand je descends vers la fosse ?
Est-ce qu'elle **te** rend **grâce la poussière** ?
Est-ce qu'elle **annoncera ta vérité ?**

Quel profit dans mon sang,
quand je descends vers *une destruction* ?
Est-ce que la poussière te *rendra* **grâce**
ou bien **annoncera-*t-elle* ta vérité ?**

Verset 11

שְׁמַע־יהוה וְחָנֵּנִי
יהוה הֱיֵה־עֹזֵר לִי׃

ἤκουσεν κύριος καὶ ἠλέησέν με,
κύριος ἐγενήθη βοηθός μου.

Écoute **IHWH et** fais-moi grâce
IHWH sois un **secours pour moi.**

Le Seigneur *a écouté* **et** *m'a pris en pitié,*
le Seigneur *se fit* **secours pour moi.**

Verset 12

הָפַכְתָּ מִסְפְּדִי לְמָחוֹל לִי
פִּתַּחְתָּ שַׂקִּי
וַתְּאַזְּרֵנִי שִׂמְחָה׃

ἔστρεψας τὸν κοπετόν μου εἰς χορὸν ἐμοί,
διέρρηξας τὸν σάκκον μου
καὶ περιέζωσάς με εὐφροσύνην,

Tu as tourné pour moi mon deuil **en danse**
tu as ouvert **mon sac**
et tu m'as ceint de joie,

Tu as tourné pour moi *ma lamentation* **en une danse,**
tu as déchiré **mon sac**
et tu m'as ceint de joie,

Verset 13

לְמַעַן ׀ יְזַמֶּרְךָ כָבוֹד
וְלֹא יִדֹּם
יהוה אֱלֹהַי לְעוֹלָם אוֹדֶךָּ׃

ὅπως ἂν ψάλῃ σοι ἡ δόξα μου
καὶ οὐ μὴ κατανυγῶ ·
κύριε ὁ θεός μου, εἰς τὸν αἰῶνα ἐξομολογήσομαί σοι.

afin **que** la **gloire** te **psalmodie**
et qu'elle ne soit plus silence.
IHWH mon Dieu pour toujours **je te rendrai grâce.**

pour **que** *ma* **gloire psalmodie** *pour toi*
et *je ne serai plus affligé.*
Seigneur mon Dieu, pour *l'éternité* **je te rendrai grâce.**

À la faveur de Dieu qui dure toute une vie, le psalmiste du psaume 30 (29) répond par une action de grâce pour toujours.

Le fait que le psaume soit chanté pour la purification du Temple dans la liturgie juive donne raison au titre mentionné dans le T.M. et la LXX : « de la dédicace / de l'inauguration de la Maison ». Cependant, nous constatons qu'aucun verset ne parle explicitement du Temple.

Le premier mot du psalmiste est d'exalter IHWH car il l'a remonté comme on remonte un seau du puits verset 2. La forme verbale Piel de la racine דלה est un hapax. On retrouve ce verbe au sens de puiser en Ex 2.16.19 : Les sept filles du beau-père de Moïse puisent et remplissent les auges ; et Moïse lui-même a puisé pour elles. En Pr 20.5 c'est l'homme de discernement qui puise dans son cœur le conseil.

La LXX qui a traduit le verbe hébreu par **ὑπολαμβάνω** fait imaginer Dieu prenant son psalmiste par-dessous, comme l'entourant de sa protection.

Le verset 4 a vient nous éclairer sur cette remontée du psalmiste. Il était dans une situation mortelle ; Dieu l'a tiré du Shéol ou de l'Hadès. Au stique b il l'a fait revivre dans le T.M., il l'a sauvé dans la LXX. Dans l'A.T., il y a quatre autres cas où la LXX emploie le verbe **σῴζω** / sauver pour la racine hébraïque : חיה/ vivre. En Gn 47.25 : les Égyptiens reconnaissent que Joseph, par sa politique lors de la famine, leur a rendu la vie dans le T.M. ou les a sauvés dans la LXX ; Est. 4.11 : Esther fait savoir à Mardochée que seul peut rester en vie ou être sauvé celui à qui le roi tend son sceptre d'or ; Ez 33.12 : le juste ne pourra pas vivre ou être sauvé par sa justice le jour où il péchera ; Pr 15.27 : celui qui déteste les présents (corrompus) vivra ou sera sauvé. La fin du stique b de ce v.4 présente une difficulté de lecture. Au qéré infinitif construit : « descendre au trou » des massorètes, certains traducteurs ont lu le kétib un participe ; c'est la leçon de la LXX. Nous gardons l'infinitif du T.M. en donnant un tour comparatif à la préposition מִן.

Au verset 5, le psalmiste invite les hommes fidèles, pieux, à psalmodier et à rendre grâce avec deux verbes : זַמְּרוּ / **ψάλατε** et הוֹדוּ / **ἐξομολογεῖσθε** qui forment inclusion avec le verset 13 dont la finale est une promesse de rendre grâce.

Au verset 6, nous pouvons entendre une réflexion de sagesse. Dieu est ainsi : alors que sa colère dure un instant, sa faveur est pour la vie. Les stiques b et c prolongent les deux premiers. Les pleurs qui durent la nuit sont la conséquence de la colère divine, tandis que le cri d'allégresse au matin est l'expression de cette faveur qui peut prendre les noms de : bénédiction, élection, prospérité, délivrance et salut.

La LXX donne une autre lecture. La colère de Dieu est dans son courroux ou son indignation. Elle est ici en rapport avec une mauvaise conduite de la part de l'homme. Et la vie est dans sa volonté, ou dans son bon plaisir.

Nous soulignons la nuance entre la faveur qui peut être liée à l'idée d'alliance et la volonté qui est un bon vouloir, une disposition favorable, un souhait, et un désir. La vie tiendrait de ce bon vouloir divin. Il faut cependant bien noter que la Bible donne d'autres cas où **θέλημα** traduit רָצוֹן. Outre les occurrences dans le livre de Daniel et de Esther 1.8, cette correspondance hébreu/grec ne se trouve que dans les Psaumes. Dans celui-ci, puis 40 (39).9 ; 103 (102).21 ; 143 (142).10 ; et 145 (144).19.

Le dialogue intérieur qui suit : verset 7, présente une différence entre le T.M. qui parle d'une quiétude avec une forme écrite rare : שַׁלְוִי et la LXX qui a traduit par **εὐθηνίᾳ** exprimant un état florissant ou prospère. Dans le Ps 122 (121).7 également, la paix, la tranquillité pour Jérusalem est souhaitée avec **εὐθηνία** pour l'hébreu שַׁלְוָה.

Εὐθηνία est absent du N.T.

La première partie du verset 8 où intervient une nouvelle fois la faveur divine porteuse ici d'une force, donne du poids à la finale du v.7 : le psalmiste ne risque pas de chanceler ; et pourtant, dès que Dieu cache ou détourne sa face, c'est l'épouvante, le désarroi, l'agitation.

La traduction littérale du T.M. : « tu as établi pour ma montagne une force » est difficile à comprendre sans y voir une métaphore. Peut-être que tout le peuple Israël affermi et devenu comme une inébranlable montagne est dans la pensée du psalmiste.

La traduction gracieuse de la LXX avec le verbe **παρέσχου** et le substantif **κάλλει** peut éclairer et commenter celle du T.M.

Dans la deuxième partie du verset, Dieu a caché sa face dans le T.M. ; dans la LXX, il n'y a pas ce « jeu de cache - cache » si l'on peut dire qui suppose une alternance d'apparition et de disparition ; Dieu a retourné ou détourné sa face. Cependant, dans le T.M., il en résulte une terreur avec la racine בהל tandis que le verbe **ταράσσω** de la LXX provoque le trouble, l'agitation, et même pourrait causer une désorientation pour le psalmiste.

La conclusion à tirer de la lecture de ce verset est simple : Dieu seul assure la sécurité.

À deux reprises : versets 9 b et 11 a, le psalmiste du T.M. demande grâce ou pitié avec la racine חנן à l'inaccompli Hithpael pour le v.9 et à l'impératif Qal pour le v.11. La LXX qui emploie le verbe **δέομαι** au v.9 exprime une demande chargée, nous sentons la supplication ; tandis qu'au v.11 Dieu a écouté et pris en pitié ou a fait miséricorde à son psalmiste. C'est fait. Dieu a été son secours.

L'intervention de Dieu est indispensable pour que le psalmiste reste dans l'action de grâce : verset 10. Son angoisse de descendre vers la fosse se dénoue au verset 12.

Dans le T.M. Dieu a changé, tourné en danse, son deuil / מִסְפְּדִי. Le mot hébreu peut se traduire par « lamentation ». Nous maintenons les mots « deuil » pour le T.M. et « lamentation » pour la LXX ; **κοπετόν** est d'abord un coup que l'on se donne et qui, dans le cas présent, est lié à une lamentation. Ce substantif grec est ici un hapax dans le Psautier. Il est également un hapax dans le N.T. en Ac 8.2 : « des hommes pieux ensevelirent Étienne et firent une grande lamentation / **κοπετόν** sur lui ».

Puis, Dieu a ouvert le sac dont s'est couvert le psalmiste en signe de deuil. La forme verbale Piel de la racine פתח pourrait être traduite par le verbe délier. Dans la LXX Dieu a déchiré, rompu le sac avec le verbe **διαρρήγνυμι** ; autrement dit, du côté du T.M., une brèche est ouverte dans le deuil du psalmiste tandis que les traducteurs grecs ont définitivement cassé ce pesant sac de deuil. En dehors de ce psaume, **διαρρήγνυμι** traduit la racine פתח dans les psaumes 105 (104).41 *: c'est* le roc qui est ouvert ou rompu et l'eau a coulé ; 116.16 (115.7) : Dieu a ouvert ou rompu les entraves, les liens de son serviteur et en Es 45.1 *:* Dieu a saisi Cyrus par sa droite pour ouvrir ou rompre la ceinture (les reins, la force) des rois.

Dans le N.T., nous avons cinq fois le verbe **διαρρήγνυμι**. Mt 26.65 // Mc 14.63 : Au moment de la Passion le grand-prêtre déchira ses vêtements ; Lc 5.6 : À la prise d'une multitude de poissons les filets se déchiraient ; 8.29 *:* L'esprit impur brisait les liens du démoniaque vivant au pays des Géraséniens ; et Ac 14.14 : Les apôtres Barnabé et Paul déchirèrent leurs vêtements dans les foules qui les considéraient comme des dieux païens.

Le psaume se termine sur une reprise de l'action de grâce pour toujours : verset 13. La première partie du verset donne deux différences entre le T.M. et la LXX.

– pour que la gloire te psalmodie, et qu'elle ne soit plus au silence, dit le psalmiste du T.M.
– pour que ma gloire psalmodie pour toi, et je ne serai plus affligé, dit celui de la LXX.

Nous faisons une première remarque sur le mot « gloire » qui, en hébreu, peut être interprété comme si toute la grandeur et la majesté rendaient honneur à Dieu. Avec le possessif « ma », la LXX peut amener le lecteur à comprendre que tout le meilleur du psalmiste chante et loue Dieu. Une louange qui se confondrait avec l'être du psalmiste.

La seconde remarque attire l'attention sur les traductions du T.M. : « et qu'elle ne se taise pas ». Pour traduire le verbe יִדֹּם il est possible de se référer à דמם *: être silencieux, être réduit au silence,* ou à : דמה: se taire, être forcé de se taire.

Ici, la psalmodie qui ne se tairait pas peut laisser entendre qu'elle durerait toujours ; celle qui ne comporterait plus de silence le serait par une délivrance d'un silence synonyme d'épreuve. Les traducteurs grecs en écrivant **οὐ μὴ κατανυγῶ**, ont-ils compris l'hébreu dans ce sens ?

Le verbe **κατανύσσω** a quatre occurrences dans les Psaumes. Ici, dans les Ps 4.5 ; 35 (34).15 *;* et 109 (108).16 dans lequel il traduit la racine כאה / briser.

Dans le N.T. ce verbe grec est un hapax dans les Actes des Apôtres ch.2 v.37 : Après le discours de Pierre, les auditeurs furent bouleversés / **κατενύγησαν** au cœur et demandent ce qu'ils doivent faire.

***

Avec le psaume 30, le soir peut revenir :

pour crier vers Dieu, demander pitié, demander secours, pleurer, être désorienté par le sentiment de l'absence ;

pour questionner : À quoi sert le sang qui coule dans la poussière, comment peut-il dire la Vérité ?

Le soir peut revenir,

au matin : allégresse, rire, danse, plaisir, action de grâce :

Dieu fait remonter de la poussière, Dieu écoute, il guérit, il fait revivre, il tourne le deuil en danse, il ceint de joie.

Psalmodiez pour le Seigneur, ses fidèles, rendez-grâce

la vie est dans sa faveur et dans son bon plaisir.

PSAUME 31 (30)

Verset 1

לַמְנַצֵּחַ מִזְמוֹר לְדָוִד׃

Du chef de chœur. **Psaume de David.**

Εἰς τὸ τέλος ·ψαλμὸς τῷ Δαυιδ ·
ἐκστάσεως.

Pour la fin. **Psaume de David.**

[Pendant qu'il est] hors de lui.

Verset 2

בְּךָ יהוה חָסִיתִי
אַל־אֵבוֹשָׁה לְעוֹלָם
בְּצִדְקָתְךָ פַלְּטֵנִי׃

En toi, IHWH, je me réfugie

que je n'aie pas **honte pour** toujours.

Dans ta justice, fais-moi échapper.

Ἐπὶ σοί, κύριε, ἤλπισα,
μὴ καταισχυνθείην εἰς τὸν αἰῶνα ·
ἐν τῇ δικαιοσύνῃ σου ῥῦσαί με καὶ ἐξελοῦ με.

En toi, Seigneur, *j'ai espéré,*

puissé-je ne pas être couvert de **honte pour** *l'éternité ;*

dans ta justice, *délivre-moi, et arrache-moi.*

Verset 3

הַטֵּה אֵלַי ׀ אָזְנְךָ	*κλῖνον πρός με τὸ οὖς σου,*
מְהֵרָה הַצִּילֵנִי	*τάχυνον τοῦ ἐξελέσθαι με*
הֱיֵה לִי ׀ לְצוּר־מָעוֹז	*γενοῦ μοι εἰς θεὸν ὑπερασπιστὴν*
לְבֵית מְצוּדוֹת לְהוֹשִׁיעֵנִי׃	*καί εἰς οἶκον καταφυγῆς τοῦ σῶσαί με.*
Tends **vers moi ton oreille,**	*Incline* **vers moi ton oreille,**
vite, délivre-moi.	*hâte-toi de m'arracher ;*
Sois pour moi un roc forteresse,	**sois pour moi un** *dieu* défenseur
une maison de citadelle **pour me sauver.**	*et* **une maison de** *refuge* **pour me sauver.**

Verset 4

כִּי־סַלְעִי וּמְצוּדָתִי אָתָּה	*ὅτι κραταίωμά μου καὶ καταφυγή μου εἶ σὺ*
וּלְמַעַן שִׁמְךָ	*καί ἕνεκεν τοῦ ὀνόματός σου*
תַּנְחֵנִי וּתְנַהֲלֵנִי׃	*ὁδηγήσεις με καί διαθρέψεις με·*
Car mon rocher et ma citadelle c'est **toi**	**Car toi** *tu es mon ferme appui et mon refuge*
et à cause de ton nom	**et à cause de ton nom**
tu me mèneras **et tu me conduiras.**	**tu me conduiras et** *me nourriras.*

Verset 5

תּוֹצִיאֵנִי מֵרֶשֶׁת	*ἐξάξεις με ἐκ παγίδος ταύτης,*
זוּ טָמְנוּ לִי	*ἧς ἔκρυψάν μοι,*
כִּי־אַתָּה מָעוּזִּי׃	*ὅτι σὺ εἶ ὁ ὑπερασπιστής μου.*
Tu me feras sortir **de ce filet**	**Tu me** *sortiras* **de ce filet,**
qu'ils ont dissimulé **pour moi**	**qu'ils ont** *caché* **pour moi**,
car toi [**tu es**] ma forteresse.	**car toi tu es** *mon défenseur.*

Verset 6

בְּיָדְךָ אַפְקִיד רוּחִי	*εἰς χεῖράς σου παραθήσομαι τὸ πνεῦμά μου ·*
פָּדִיתָה אוֹתִי יהוה אֵל אֱמֶת׃	*ἐλυτρώσω με, κύριε ὁ θεὸς τῆς ἀληθείας.*
Dans ta main **je** confie **mon esprit**	**Dans** *tes mains* **je** *remettrai* **mon esprit ;**
tu m'as rendu libre **IHWH Dieu de vérité.**	**tu m'as** *racheté*, **Seigneur Dieu de** *la* ***vérité.***

Verset 7

שָׂנֵאתִי הַשֹּׁמְרִים הַבְלֵי־שָׁוְא
וַאֲנִי אֶל־יהוה בָּטָחְתִּי׃

Je hais **ceux qui gardent des** buées de vide

et moi en **IHWH j'ai** confiance.

ἐμίσησας τοὺς διαφυλάσσοντας ματαιότητας διὰ κενῆς ·
ἐγὼ δὲ ἐπὶ τῷ κυρίῳ ἤλπισα.

Tu as **haï ceux qui gardent des** *vanités sans rien d'autre ;*

et moi *dans* **le Seigneur j'ai** *espéré.*

Verset 8

אָגִילָה וְאֶשְׂמְחָה בְּחַסְדֶּךָ
אֲשֶׁר רָאִיתָ אֶת־עָנְיִי
יָדַעְתָּ בְּצָרוֹת נַפְשִׁי׃

J'exulterai et je jubilerai dans ton amour

car tu as vu **mon humiliation,**

tu as connu les oppressions de **mon âme**

ἀγαλλιάσομαι καὶ εὐφρανθήσομαι ἐπὶ τῷ ἐλέει σου,
ὅτι ἐπεῖδες τὴν ταπείνωσίν μου,
ἔσωσας ἐκ τῶν ἀναγκῶν τὴν ψυχήν μου

J'exulterai et jubilerai dans *ta miséricorde,*

car tu as *regardé* **mon humiliation,**

tu as *sauvé* **mon âme** *des nécessités contraignantes*

Verset 9

וְלֹא הִסְגַּרְתַּנִי בְּיַד־אוֹיֵב
הֶעֱמַדְתָּ בַמֶּרְחָב רַגְלָי׃

et tu ne m'as pas livré **dans** la main **d'un ennemi,**

tu as fait tenir **mes pieds** au large.

καὶ οὐ συνέκλεισάς με εἰς χεῖρας ἐχθροῦ,
ἔστησας ἐν εὐρυχώρῳ τοὺς πόδας μου.

et tu ne m'as pas *enfermé* **dans** *les mains* **d'un ennemi,**

tu as *posé* **mes pieds** *dans [un lieu] spacieux.*

Verset 10

חָנֵּנִי יהוה כִּי צַר־לִי
עָשְׁשָׁה בְכַעַס עֵינִי
נַפְשִׁי וּבִטְנִי׃

Fais-moi grâce **IHWH car** l'oppression [est] sur moi

rongé **par** le chagrin **mon œil**

ma gorge **et mon ventre.**

ἐλέησόν με, κύριε, ὅτι θλίβομαι ·
ἐταράχθη ἐν θυμῷ ὁ ὀφθαλμός μου,
ἡ ψυχή μου καὶ ἡ γαστήρ μου.

Prends-moi en pitié, **Seigneur, car** *je suis oppressé ;*

ont été agités **par** *le courroux* **mon œil,**

mon âme **et mon ventre.**

Verset 11

כִּי כָלוּ בְיָגוֹן חַיַּי
וּשְׁנוֹתַי בַּאֲנָחָה
כָּשַׁל בַּעֲוֹנִי כֹחִי
וַעֲצָמַי עָשֵׁשׁוּ׃

ὅτι ἐξέλιπεν ἐν ὀδύνῃ ἡ ζωή μου
καὶ τὰ ἔτη μου ἐν στεναγμοῖς·
ἠσθένησεν ἐν πτωχείᾳ ἡ ἰσχύς μου,
καί τὰ ὀστᾶ μου ἐταράχθησαν.

Car s'épuise **dans** l'affliction **ma vie**
et mes années dans le gémissement ;
ma force a trébuché *à cause de* ma faute
et mes os sont rongés.

Car dans *la douleur* **ma vie** *m'a quitté*
et mes années dans les **gémissement**s ;
ma force a *faibli dans la pauvreté,*
et mes os *ont été agités.*

Verset 12

מִכָּל־צֹרְרַי הָיִיתִי חֶרְפָּה
וְלִשְׁכֵנַי ׀ מְאֹד
וּפַחַד לִמְיֻדָּעָי
רֹאַי בַּחוּץ
נָדְדוּ מִמֶּנִּי׃

παρὰ πάντας τοὺς ἐχθρούς μου ἐγενήθην ὄνειδος
καὶ τοῖς γείτοσίν μου σφόδρα
καὶ φόβος τοῖς γνωστοῖς μου,
οἱ θεωροῦντές με ἔξω
ἔφυγον απ᾽ἐμοῦ.

De **tous mes** oppresseurs j'ai été l'**opprobre**
et pour mes voisins extrêmement
et une frayeur **pour ceux qui me sont connus**
ceux qui me voient à l'extérieur
s'enfuient **loin de moi.**

Auprès de **tous mes** *ennemis je suis devenu un* **opprobre**
et pour mes voisins extrêmement
et une *crainte* **pour ceux qui me sont connus,**
ceux qui *m'observent dehors*
se sont enfuis **loin de moi.**

Verset 13

נִשְׁכַּחְתִּי כְּמֵת מִלֵּב
הָיִיתִי כִּכְלִי אֹבֵד׃

ἐπελήσθην ὡσεὶ νεκρὸς ἀπὸ καρδίας,
ἐγενήθην ὡσεὶ σκεῦος ἀπολωλός.

J'ai été oublié, comme un mort, loin du cœur
j'ai été **comme un** objet **qui** disparaît.

J'ai été oublié comme un mort loin du cœur,
je suis devenu **comme un** *vase* **qui** *périt.*

Verset 14

כִּי שָׁמַעְתִּי ׀ דִּבַּת רַבִּים	*ὅτι ἤκουσα ψόγον πολλῶν*
מָגוֹר מִסָּבִיב	*παροικούντων κυκλόθεν ·*
בְּהִוָּסְדָם יַחַד עָלַ֑י	*ἐν τῷ ἐπισυναχθῆναι αὐτοὺς ἅμα ἐπ᾽ἐμὲ*
לָקַחַת נַפְשִׁי זָמָמוּ׃	*τοῦ λαβεῖν τὴν ψυχήν μου ἐβουλεύσαντο.*
Car j'ai écouté la rumeur **d'un grand nombre**	**car j'ai écouté** *le blâme* **d'un grand nombre**
une épouvante **tout autour**	*de ceux qui habitent* **tout autour ;**
quand ils se sont concertés **ensemble contre moi**	**quand** *eux se sont groupés* **ensemble contre moi**
pour prendre **mon âme ils ont** conspiré.	**pour** *saisir* **mon âme ils ont** délibéré.

Verset 15

וַאֲנִי ׀ עָלֶיךָ בָטַחְתִּי יְהוָה	*ἐγὼ δὲ ἐπὶ σὲ ἤλπισα, κύριε ·*
אָמַרְתִּי אֱלֹהַי אָתָּה׃	*εἶπα Σὺ εἶ ὁ θεός μου.*
Et moi, en toi j'ai mis ma confiance **IHWH**	**Et moi en toi j'ai** *espéré,* **Seigneur** *;*
j'ai dit : « mon Dieu c'est toi **».**	**j'ai dit : «** Toi tu es **mon Dieu** ».

Verset 16

בְּיָדְךָ עִתֹּתָ֑י	*ἐν ταῖς χερσίν σου οἱ καιροί μου ·*
הַצִּילֵנִי מִיַּד־אוֹיְבַי	*ῥῦσαί με ἐκ χειρὸς ἐχθρῶν μου*
וּמֵרֹדְפָי׃	*καὶ ἐκ τῶν καταδιωκόντων με.*
Dans ta main **[sont] mes temps**	**Dans** *tes mains* **[sont] mes temps** *;*
délivre-moi de la main de mes ennemis	**délivre-moi de la main de mes ennemis**
et de ceux qui me poursuivent.	**et de ceux qui me poursuivent.**

Verset 17

הָאִירָה פָנֶיךָ עַל־עַבְדֶּ֑ךָ	*ἐπίφανον τὸ πρόσωπόν σου ἐπὶ τὸν δοῦλόν σου,*
הוֹשִׁיעֵנִי בְחַסְדֶּךָ׃	*σῶσόν με ἐν τῷ ἐλέει σου.*
Illumine **ta face sur ton serviteur**	*Fais paraître* **ta face sur ton serviteur,**
sauve-moi dans ton amour.	**sauve-moi dans** *ta miséricorde.*

Verset 18

יהוה אַל־אֵבוֹשָׁה כִּי קְרָאתִיךָ יֵבֹשׁוּ רְשָׁעִים יִדְּמוּ לִשְׁאוֹל׃	***κύριε, μὴ καταισχυνθείην,*** ***ὅτι ἐπεκαλεσάμην σε·*** ***αἰσχυνθείησαν οἱ ἀσεβεῖς*** ***καὶ καταχθείησαν εἰς ᾅδου.***
IHWH que je n'aie pas **honte**	**Seigneur**, *puissé-je ne pas être couvert de* **honte,**
car je t'ai appelé	**car je t'ai** *invoqué*
ils seront honteux **les impies**	**les impies** *puissent-ils avoir honte*
et ils seront silencieux **au séjour des morts.**	**et** *puissent-ils être menés en bas* **au séjour des morts.**

Verset 19

תֵּאָלַמְנָה שִׂפְתֵי שָׁקֶר הַדֹּבְרוֹת עַל־צַדִּיק עָתָק בְּגַאֲוָה וָבוּז׃	***ἄλαλα γενηθήτω τὰ χείλη τὰ δόλια*** ***τὰ λαλοῦντα κατὰ τοῦ δικαίου ἀνομίαν*** ***ἐν ὑπερηφανίᾳ καὶ ἐξουδενώσει.***
Elles seront **muettes les lèvres** de mensonge	*Qu'elles deviennent* **muettes les lèvres** *trompeuses*
celles **qui parlent contre le juste** l'arrogance	**qui parlent contre le juste** *l'iniquité*
avec orgueil et mépris.	**avec orgueil et mépris.**

Verset 20

מָה רַב־טוּבְךָ אֲשֶׁר־צָפַנְתָּ לִּירֵאֶיךָ פָּעַלְתָּ לַחֹסִים בָּךְ נֶגֶד בְּנֵי אָדָם׃	***ὡς πολὺ τὸ πλῆθος τῆς χρηστότητός σου, κύριε,*** ***ἧς ἔκρυψας τοῖς φοβουμένοις σε,*** ***ἐξειργάσω τοῖς ἐλπίζουσιν ἐπὶ σὲ*** ***ἐναντίον τῶν υἱῶν τῶν ἀνθρώπων.***
Que **ta bonté** est **grande**	*comme est* **grande** *l'immensité de* **ta bonté,** *Seigneur,*
que tu as mise en réserve **pour ceux qui te craignent**	**que tu as** *cachée* **pour ceux qui te craignent**
[que] tu as faite **pour ceux qui** se réfugient **en toi**,	**[que] tu as** *mise en œuvre* **pour ceux qui** *espèrent* **en toi**
devant les fils d'humain.	**devant les fils** *des hommes.*

Verset 21

תַּסְתִּירֵם ׀ בְּסֵתֶר פָּנֶיךָ
מֵרֻכְסֵי אִישׁ
תִּצְפְּנֵם בְּסֻכָּה
מֵרִיב לְשֹׁנוֹת׃

κατακρύψεις αὐτοὺς ἐν ἀποκρύφῳ τοῦ προσώπου σου
ἀπὸ ταραχῆς ἀνθρώπων,
σκεπάσεις αὐτοὺς ἐν σκηνῇ
ἀπὸ ἀντιλογίας γλωσσῶν.

Tu les cacheras **dans** la cache **de ta face**
loin des intrigues de l'homme.
Tu les mettras en réserve **dans une** cabane
loin d'une querelle de **langues.**

Tu les *tiendras cachés* **dans** *le secret* **de ta face**
loin *de l'agitation des hommes,*
tu les *abriteras* **dans une** *tente*
loin d'une *contestation des* **langues.**

Verset 22

בָּרוּךְ יהוה
כִּי הִפְלִיא חַסְדּוֹ לִי
בְּעִיר מָצוֹר׃

εὐλογητὸς κύριος,
ὅτι ἐθαυμάστωσεν τὸ ἔλεος αὐτοῦ
ἐν πόλει περιοχῆς.

[Il est] béni IHWH
car Il a rendu merveilleux son amour pour moi
dans une ville de fortification.

[Il est] béni le Seigneur,
car *sa miséricorde a* été admirable
dans une ville de fortification.

Verset 23

וַאֲנִי ׀ אָמַרְתִּי בְחָפְזִי
נִגְרַזְתִּי מִנֶּגֶד עֵינֶיךָ
אָכֵן שָׁמַעְתָּ קוֹל תַּחֲנוּנַי
בְּשַׁוְּעִי אֵלֶיךָ׃

ἐγὼ δὲ εἶπα ἐν τῇ ἐκστάσει μου
Ἀπέρριμμαι ἄρα ἀπὸ προσώπου τῶν ὀφθαλμῶν σου.
διὰ τοῦτο εἰσήκουσας τῆς φωνῆς τῆς δεήσεώς μου
ἐν τῷ κεκραγέναι με πρὸς σέ.

Et moi j'ai dit dans ma précipitation :
« j'ai été retranché de devant **tes yeux »**
pourtant **tu as** écouté **la voix de** mes appels à la pitié
quand j'ai crié vers toi.

Et moi j'ai dit *hors de moi* :
« ainsi **j'ai été** *rejeté loin de la face de* **tes yeux »**.
C'est pourquoi **tu as** *exaucé* **la voix de** *ma supplication*
quand j'ai crié vers toi.

Verset 24

אֶהֱבוּ אֶת־יהוה	***ἀγαπήσατε τὸν κύριον,***
כָּל־חֲסִידָיו	***πάντες οἱ ὅσιοι αὐτοῦ,***
אֱמוּנִים נֹצֵר יְהוָה	***ὅτι ἀληθείας ἐκζητεῖ κύριος***
וּמְשַׁלֵּם עַל־יֶתֶר	***καὶ ἀνταποδίδωσιν τοῖς περισσῶς***
עֹשֵׂה גַאֲוָה׃	***ποιοῦσιν ὑπερηφανίαν.***

Aimez IHWH	**Aimez le Seigneur,**
tous ses fidèles	**tous ses fidèles**,
ceux qui sont vrais IHWH les préserve	*car le Seigneur recherche la vérité*
et il rétribue à l'excès	**et il** *donne en retour à ceux* **qui** *abondamment*
celui **qui** agit **avec orgueil.**	*agissent* **avec orgueil.**

Verset 25

חִזְקוּ וְיַאֲמֵץ לְבַבְכֶם	***ἀνδρίζεσθε, καὶ κραταιούσθω ἡ καρδία ὑμῶν,***
כָּל־הַמְיַחֲלִים לַיהוָה׃	***πάντες οἱ ἐλπίζοντες ἐπὶ κύριον.***

Soyez forts **et que s'affermisse votre cœur**	*Prenez courage,* **et que votre cœur s'affermisse,**
tous ceux qui attendent **IHWH.**	**tous ceux qui** *espèrent dans le* **Seigneur.**

Pour retrouver l'enseignement aux nombreuses facettes de ce psaume, on peut commencer par se confier au Dieu de vérité.

La LXX, en ajoutant **ἐκστάσεως** dans le titre, attire l'attention ; au verset 23, revient le substantif **ἐκστάσει**. Il traduit à cet endroit l'infinitif Qal de la racine חפז signifiant une hâte dans un affolement. Les traducteurs grecs voudraient-ils nous dire dès le début du psaume que le v.23 est signifiant. Là, le psalmiste fait devant nous sa confession sur un manque de confiance *:* *À* un moment il aurait été hors de lui-même ; il se serait senti rejeté, loin de Dieu, et ce serait là, un écart de sa part.

Nous pouvons noter que la même expression se retrouve uniquement et dans les mêmes termes dans le psaume 116.11 (115.2).

Dans notre texte, à cinq reprises *:* versets 2, 7, 15, 20, 25 la LXX emploie le verbe **ἐλπίζω** / espérer pour traduire trois racines hébraïques différentes :

v.2 et 20	racine חסה	se réfugier
v.7 et 15	racine בטח	avoir confiance
v.25	racine : יחל	attendre ou espérer.

Dans le Psautier nous pouvons encore remarquer le verbe **ἐλπίζω** pour ces trois racines hébraïques. En Es 42.4 et 51.5 également, c'est ce verbe qui est employé pour יחל. Si le lecteur de la Bible dans les deux langues n'est pas surpris de voir écrit là le verbe **ἐλπίζω** pour ces racines hébraïques, il sait aussi que le verbe **πείθω** est abondamment employé dans la LXX pour la racine בטח.

Revenons au psaume 31, avec : se réfugier en Dieu, mettre en lui sa confiance, attendre, espérer tout de lui seul.

Au verset 2, le psalmiste professe sa confiance en Dieu : il se réfugie en lui dans le T.M., il n'aura pas à subir la honte.

Au verset 20, Dieu réserve une grande bonté pour ceux qui se réfugient en lui.

Le chemin du psalmiste depuis le v.2 semble être tout tendu vers ce v.20 et les suivants c'est-à-dire vers la grande bonté de Dieu et une intimité avec lui ; bref, un amour merveilleux (v.22). Et au v.25, l'exhortation est adressée à ceux qui attendent ou espèrent Dieu.

Au verset 7 par sa confiance en Dieu, le psalmiste prend ses distances par rapport à ceux qui se confient dans les idoles ; au v.15, après avoir écouté la rumeur contre lui, il se dit à lui-même et à nous, lecteurs, qu'il a mis sa confiance en IHWH.

Nous pouvons faire confiance nous aussi à La LXX qui emploie un seul et même verbe là où l'hébreu en donne trois. Elle peut remettre en question ceux qui avancent l'idée d'un psaume constitué de textes distincts. L'espérance ou la confiance mise en Dieu ne peut décevoir. Celle-ci peut être un fil conducteur pour recevoir ce psaume comme un tout.

Lui, le psalmiste qui s'est réfugié ou qui a espéré en Dieu au v.2 qu'il ne subisse pas la honte. Au verset 18 revient deux fois la racine בוש ; au stique a pour nous dire que le psalmiste qui a appelé n'ait pas honte à l'inverse des impies qui seront honteux et silencieux jusqu'au Shéol. Dans ce v.18 de la LXX nous voyons la reprise de **καταισχύνω** rencontré au v.2 stique a et le verbe plus direct **αἰσχύνω** au stique b. De plus, à la fin du verset 18 la LXX, avec le verbe **κατάγω** à l'optatif, n'est pas douce pour les impies : Qu'ils descendent jusque dans l'Hadès !

Toujours au v.2 la LXX encore, renforce son appel à être délivré en ajoutant « **ἐξελοῦ με** » / « et arrache-moi » du danger. Et au verset 3 elle reprend ce verbe **ἐξαιρέω** pour la racine נצל dans le T.M.

À partir du v.3, le Dieu en qui le psalmiste met sa confiance est son roc, son rocher, sa citadelle, sa forteresse. Pour la LXX, il est Dieu défenseur, son ferme appui, son refuge. Et au verset 25 nous sommes encouragés à la même confiance et espérance en Dieu.

Au verset 4 à cause de son Nom, Dieu, le rocher, la solidité qui mènera et conduira le psalmiste dans le T.M., le conduira et le nourrira dans la LXX. Ce verset rappelle le Ps 23 (22) et la

LXX, avec l'idée de « nourrir » donne encore plus de raison au rapprochement entre les deux psaumes.

Si confiance et force dominent dans le texte, Dieu de vérité au verset 6 ouvre le lecteur sur le danger de la fausse espérance et le combat contre tout ce qui va dans ce sens.

Dans la main de ce Dieu-là, le psalmiste confie son esprit dans le T.M. avec le verbe אַפְקִיד de la racine פקד. La LXX emploie **παρατίθημι** qui est ici un hapax dans le Psautier.

Dans le N.T. Luc, reprend le v.6 de ce psaume avec le verbe **παρατίθημι** au ch. 23 v.46 de son Évangile.

L'idée de rachat est exprimée avec le grec **λυτρόω** ; le T.M. parle avec la racine פדה que nous distinguons de celle plus juridique : גאל.

Sur le stique a du verset 7 *où* le mot הֶבֶל apparaît pour la 1re fois dans les Psaumes, on pourrait écrire des pages *;* et c'est bien ce qu'a fait Chopineau dans sa thèse de doctorat. הֶבֶל est le mot de Qohélet. Comment le traduire ? Nous choisissons le mot « buées » sans nous étendre ici sur les raisons de ce choix. La LXX en donnant le mot **ματαιότητας** / vanités met sur le chemin d'une interprétation de ce mot hébreu difficile à traduire. Dans ce verset, c'est le psalmiste qui a haï ceux qui gardent des buées de vide dans le T.M., tandis que dans la LXX, la haine vient de Dieu avec la 2e personne masculin singulier. Les versets 8 et 9 avec l'emploi du pronom personnel « tu » pourraient donner raison à la LXX et aux autres versions anciennes qui ont lu : *« tu as haï ».*

Jusqu'à la liberté exprimée par les pieds mis au large (v.9c), le psalmiste s'adresse directement à Dieu *:*

- verset 8 *:* tu a vu / רָאִיתָ mon humiliation ; la LXX avec le verbe **ἐπεῖδες** appelle à apporter une nuance au verbe *« voir » ;* ajoutons cependant que celle-ci emploie bien ce verbe pour la racine ראה.
- tu as connu / יָדַעְתָּ les oppressions de mon âme dit le psalmiste du T.M. Pour celui de la LXX, Dieu va plus loin ; Il a sauvé son âme.
- verset 9 *:* tu ne m'as pas livré / הִסְגַּרְתַּנִי dans la main de l'ennemi (T.M.) ; tu ne m'as pas enfermé / **συνέκλεισάς με** (LXX). Le verbe **συγκλείω** que nous avons rencontré dans le psaume 17 (16) est peu employé dans le Psautier. Il est encore dans les psaumes : 35 (34).3 et 78 (77).50.62.

Dans le N.T., **συγκλείω** a trois occurrences. Il est un hapax dans le corpus évangélique en Lc 5.6 : à la pêche miraculeuse les pêcheurs capturèrent / **συνέκλεισαν** une multitude de poissons ; puis, Paul l'emploie deux fois : Rm 11.32 : Dieu a enfermé / **συνέκλεισεν** tous les hommes dans la désobéissance pour faire à tous miséricorde et Ga 3.22 *:* l'Écriture a enfermé ensemble / **συνέκλεισεν** tout ce qui est soumis au péché afin que par la foi en Jésus Christ s'accomplisse la promesse pour les croyants.

Des versets 10 à 19 le psalmiste fait appel à Dieu car il est devenu opprobre, horreur pour tous : ennemis et proches. Aux versets 10 et 11 l'adversité est telle que l'œil, la gorge ou l'âme, le ventre, les os du psalmiste en sont rongés. Le verbe עָשְׁשָׁה de la racine עשש que nous avons déjà lu au v.8 du Ps.6 et dans les mêmes termes aussi bien pour la LXX que pour le T.M. n'a que ces deux occurrences pour tout l'A.T. Dans le cas présent il est diversement traduit à cause de son rapport aux différents organes ; il est bien évident que l'on ne peut qualifier avec les mêmes mots l'œil et les os. Ce qui semble sûr, c'est que tout le corps du psalmiste est usé.

À la fin du v.11 le T.M. laisse entendre que la force du psalmiste a trébuché à cause de son iniquité, d'une faute qu'il aurait commise. La LXX se penche avec compassion sur le suppliant et voit sa force affaiblie à cause de sa misère ou de sa pauvreté. En effet, il se voit comme un objet ou un vase qui périt, perdu, oublié comme un mort : verset 13.

Et au verset 14 il a écouté la rumeur, la calomnie d'un grand nombre ; la LXX précise qu'il s'agit de l'écoute d'un blâme avec le mot **ψόγον** peu employé dans la LXX. C'est un hapax dans le Psautier et le N.T. ne le connaît pas.

Rentrant en lui-même, le psalmiste retrouve et confesse sa confiance verset 15 ; ses temps, son destin, toute son existence sont dans la main de Dieu : verset 16. Puis, verset 17 il ose une demande qui introduit à l'intimité exprimée dans les versets 20 et suivants : *« illumine ta face sur ton serviteur »*. Une demande qui rappelle, bien sûr, la formule de bénédiction au Livre des Nombres ch. 6.25 : *« Que IHWH illumine sa face vers toi »*.

Dans le N.T. **ἐπιφαίνω** est un hapax en Lc 1.79 (le Cantique de Zacharie) pour le corpus évangélique ; puis on le lit dans Ac 27.20 : Pendant le voyage de Paul vers Rome une tempête se lève et a pour conséquence que ni soleil, ni étoiles ne sont apparus / **ἐπιφαινόντων** pendant plusieurs jours ; et dans l'Épître à Tite 2.11 : *la grâce de Dieu source de salut pour tous les hommes a été manifestée /* **ἐπεφάνη**.

L'intimité entre Dieu et son psalmiste commence à s'exprimer par une exclamation sur la bonté de Dieu qui est grande : verset 20. Dans le T.M. Dieu a mis cette bonté en réserve pour ceux qui le craignent avec le verbe צָפַנְתָּ de la racine צפן que nous distinguons pour la traduction de l'autre racine : סתר, employée au verset 21. Quant à la LXX elle traduit bien la racine צפן du v.20 avec le verbe **κρύπτω** / cacher, puis la racine סתר du v.21 a avec ce même verbe. Mais à la fin du v.21, les traducteurs grecs emploient **σκεπάζω** pour la racine hébraïque צפן.

Dans ce v.21 ceux qui craignent Dieu sont mis en réserve ou cachés loin des intrigues / מֵרֻכְסֵי de l'homme dit le T.M. Une racine hébraïque רכס qui n'a que quatre occurrences dans l'A.T. mais dont le sens et l'écriture rencontrés ici sont le seul cas. La LXX qui emploie le substantif **ταραχῆς** / agitation, trouble, au singulier, affaiblit le mot hébreu qui dit plus que de l'agitation.

Au verset 22 la LXX emploie **θαυμαστόω** qui donne à la merveille de la miséricorde ou à l'amour de Dieu un caractère stupéfiant. Nous rappelons que ce verbe grec n'a que huit occurrences dans l'A.T. ; elles sont données dans le commentaire du psaume 4 au v.4.

Le N.T. ne donne que le verbe **θαυμάζω**.

Dans l'exhortation finale des versets 24 -25 la LXX donne son interprétation du v.24 : *« car le Seigneur recherche la vérité »* pour *: « ceux qui sont vrais il les préserve IHWH »* du T.M. La leçon de la LXX est intéressante. En effet, elle rappelle le Dieu de Vérité du v.6.

Cette finale du psaume est pour nous : Comme le psalmiste nous pouvons faire confiance à ce Dieu de Vérité ; nous en serons rendus forts pour notre devenir.

L'exhortation rappelle le v.14 du Ps 27 (26) *;* seulement, elle prend là, une heureuse dimension collective.

Dans ses souhaits aux Corinthiens (1 Co 16.13), Paul s'exprime aussi dans le même sens : *« soyez des hommes, soyez forts »*.

PSAUME 32 (31)

Verset 1

לְדָוִד מַשְׂכִּיל אַשְׁרֵי נְשׂוּי־פֶּשַׁע כְּסוּי חֲטָאָה׃	***Τῷ Δαυιδ · συνέσεως.*** ***Μακάριοι ὧν ἀφέθησαν αἱ ἀνομίαι*** ***καὶ ὧν ἐπεκαλύφθησαν αἱ ἁμαρτίαι ·***
De David. Instruisant.	**De David.** *De l'intelligence.*
Bonheurs de qui est enlevée la rébellion	*Heureux [ceux] dont les iniquités ont été remises*
couvert le péché.	*et dont les péchés ont été couverts.*

Verset 2

אַשְׁרֵי אָדָם לֹא יַחְשֹׁב יהוה לוֹ עָוֺן וְאֵין בְּרוּחוֹ רְמִיָּה׃	***μακάριος ἀνήρ,*** ***οὗ οὐ μὴ λογίσηται κύριος ἁμαρτίαν,*** ***οὐδὲ ἔστιν ἐν τῷ στόματι αὐτοῦ δόλος.***
Bonheurs de l'*être humain*	*Heureux l'homme,*
à qui **IHWH n'impute pas de** faute	**à qui le Seigneur n'impute***ra* **pas de** péché,
et [qui] **n'a** pas dans son esprit **de** tromperie.	**et** *[à* **qui***]* **n'a** *point* **de** *ruse dans sa bouche.*

Verset 3

כִּי־הֶחֱרַשְׁתִּי בָּלוּ עֲצָמָי
בְּשַׁאֲגָתִי כָּל־הַיּוֹם׃

ὅτι ἐσίγησα, ἐπαλαιώθη τὰ ὀστᾶ μου
ἀπὸ τοῦ κράζειν με ὅλην τὴν ἡμέραν ·

Quand je faisais **silence mes os** s'usaient
dans mon rugissement tout **le jour**.

parce que j'ai gardé le **silence**, **mes os** *ont vieilli*
tant j'ai crié **le jour** *entier.*

Verset 4

כִּי ׀ יוֹמָם וָלַיְלָה
תִּכְבַּד עָלַי יָדֶךָ
נֶהְפַּךְ לְשַׁדִּי
בְּחַרְבֹנֵי קַיִץ
סֶלָה׃

ὅτι ἡμέρας καὶ νυκτὸς
ἐβαρύνθη ἐπ' ἐμὲ ἡ χείρ σου,
ἐστράφην εἰς ταλαιπωρίαν
ἐν τῷ ἐμπαγῆναι ἄκανθαν.
διάψαλμα.

Car, jour et nuit
ta main s'appesantissait **sur moi**
ma sève était changée
par les chaleurs sèches d'été.
Pause.

Car jour et nuit
ta main *s'est appesantie* **sur moi,**
je fus tourné dans la peine
pendant que s'enfonçait une épine.
Intermède musical.

Verset 5

חַטָּאתִי אוֹדִיעֲךָ
וַעֲוֺנִי לֹא־כִסִּיתִי
אָמַרְתִּי אוֹדֶה עֲלֵי
פְשָׁעַי לַיהוה
וְאַתָּה נָשָׂאתָ עֲוֺן חַטָּאתִי
סֶלָה׃

τὴν ἁμαρτίαν μου ἐγνώρισα
καὶ τὴν ἀνομίαν μου οὐκ ἐκάλυψα ·
εἶπα Ἐξαγορεύσω κατ' ἐμοῦ
τὴν ἀνομίαν μου τῷ κυρίῳ ·
καὶ σὺ ἀφῆκας τὴν ἀσέβειαν τῆς ἁμαρτίας μου.
διάψαλμα.

Mon péché je te fais **connaître**
et ma faute **je** ne couvre **pas**
J'ai dit : « je confesserai sur
mes rébellions **à IHWH »**
et toi tu as enlevé la faute **de mon péché.**
Pause.

Je *t'ai fait* **connaître mon péché**
et je *n'ai* **pas** *couvert mon iniquité.*
J'ai dit : « je déclarerai *contre moi*
mon iniquité **au Seigneur ».**
Et toi tu as *remis l'impiété* **de mon péché.**
Intermède musical.

Verset 6

עַל־זֹאת יִתְפַּלֵּל כָּל־חָסִיד ׀ אֵלֶיךָ לְעֵת מְצֹא רַק לְשֵׁטֶף מַיִם רַבִּים אֵלָיו לֹא יַגִּיעוּ׃	*ὑπὲρ ταύτης προσεύξεται πᾶς ὅσιος πρὸς σὲ* *ἐν καιρῷ εὐθέτῳ·* *πλὴν ἐν κατακλυσμῷ ὑδάτων πολλῶν* *πρὸς αὐτὸν οὐκ ἐγγιοῦσιν.*
C'est pourquoi **tout fidèle priera vers toi** **au temps** de trouver, sûrement, les **eaux abondantes** en **déluge** **vers lui** n'atteindront **pas**.	*À cause de cela* **tout fidèle priera vers toi** **au temps** *opportun ;* *certainement dans un* **déluge** *des* **eaux abondantes** *n'approcheront* **pas vers lui**.

Verset 7

אַתָּה ׀ סֵתֶר לִי מִצַּר תִּצְּרֵנִי רָנֵּי פַלֵּט תְּסוֹבְבֵנִי סֶלָה׃	*σύ μου εἶ καταφυγὴ* *ἀπὸ θλίψεως τῆς περιεχούσης με ·* *τὸ ἀγαλλίαμά μου, λύτρωσαί με* *ἀπὸ τῶν κυκλωσάντων με.* *διάψαλμα.*
Toi une cache pour moi de l'oppresseur tu me préserves, des cris de libération tu m'entoures. Pause.	**Toi** *tu es mon refuge* *loin de l'oppression qui m'environne ;* *ma joie, rachète-moi* *de ceux qui m'entourent.* *Intermède musical.*

Verset 8

אַשְׂכִּילְךָ וְאוֹרְךָ בְּדֶרֶךְ־זוּ תֵלֵךְ אִיעֲצָה עָלֶיךָ עֵינִי׃	*συνετιῶ σε καὶ συμβιβῶ σε* *ἐν ὁδῷ ταύτῃ, ᾗ πορεύσῃ,* *ἐπιστηριῶ ἐπὶ σὲ τοὺς ὀφθαλμούς μου.*
Je t'instruirai **et je t'enseignerai** **dans** le **chemin** où **tu marcheras** **je** te conseillerai **sur toi** [sera] mon œil.	**Je** *te rendrai intelligent* **et je t'enseignerai** **dans** *ce* **chemin**, *sur lequel* **tu marcheras,** **je** *fixerai* **sur toi** *mes yeux.*

Verset 9

אַל־תִּהְיוּ ׀ כְּסוּס כְּפֶרֶד
אֵין הָבִין
בְּמֶתֶג־וָרֶסֶן עֶדְיוֹ לִבְלוֹם
בַּל קְרֹב אֵלֶיךָ׃

Ne soyez **pas comme un cheval**, comme **un mulet**
sans rien comprendre ;
avec mors et bride ses ornements pour le freiner
pour ne pas approcher vers **toi.**

μὴ γίνεσθε ὡς ἵππος καὶ ἡμίονος,
οἷς οὐκ ἔστιν σύνεσις,
ἐν χαλινῷ καὶ κημῷ τὰς σιαγόνας αὐτῶν ἄγξαι
τῶν μὴ ἐγγιζόντων πρὸς σέ.

Ne devenez **pas comme un cheval** *et* **un mulet**,
auxquels n'est pas d'intelligence,
resserre **avec mors et** *frein leurs mâchoires*
ceux qui ne s'approchent pas de **toi.**

Verset 10

רַבִּים מַכְאוֹבִים לָרָשָׁע
וְהַבּוֹטֵחַ בַּיהוה
חֶסֶד יְסוֹבְבֶנּוּ׃

Nombreuses douleurs pour l'impie
et qui a confiance en **IHWH**
amour **l'**entoure.

πολλαὶ αἱ μάστιγες τοῦ ἁμαρτωλοῦ,
τὸν δὲ ἐλπίζοντα ἐπὶ κύριον
ἔλεος κυκλώσει.

les coups de fouet nombreux pour le pécheur,
mais celui qui espère dans **le Seigneur**
miséricorde **l'***entourera.*

Verset 11

שִׂמְחוּ בַיהוה
וְגִילוּ צַדִּיקִים
וְהַרְנִינוּ כָּל־יִשְׁרֵי־לֵב׃

Réjouissez-vous **en IHWH**
et exultez [les] **justes**
et criez de joie **tous les droits de cœur.**

εὐφράνθητε ἐπὶ κύριον
καὶ ἀγαλλιᾶσθε, δίκαιοι,
καὶ καυχᾶσθε, πάντες οἱ εὐθεῖς τῇ καρδίᾳ.

Soyez joyeux **dans le Seigneur**
et exultez, **justes,**
et *glorifiez-vous,* **tous les droits de cœur.**

Ce psaume habituellement qualifié comme un psaume de pénitence aurait accompagné Saint Augustin malade et mourant. Vesco écrit que Saint Augustin l'avait inscrit sur le mur de sa chambre, près de son lit de malade, avant de mourir. C'est dire que ces versets 1 à 11 qui l'avaient instruit tout au long de sa vie lui étaient nécessaires à ce moment-là pour être dans la vérité devant Dieu. *« Instruction, intelligence »* figurent en effet dans le titre du T.M. et de la LXX. Des mots qui reviendront encore dans les suscriptions des psaumes 42 (41).44 (43).45 (44).52 (51).53 (52).54 (53).55 (54).74 (73).78 (77).88 (87).89 (88).142 (141).

Le participe Hiphil מַשְׂכִּיל peut être interprété différemment. Ceux qui le traduisent par « instruction » donnent au terme le sens d'une sagesse, d'une intelligence. C'est notre interprétation ; nous verrons que le v.8 dans lequel nous avons la même racine peut justifier cette lecture. D'autres y ont vu un terme musical qualifiant un mode de psalmodie. La LXX interprète le T.M. avec **συνέσεως** / de l'intelligence ; une leçon qui peut donner un caractère didactique au psaume.

Puis, suivent deux béatitudes versets 1 et 2 : le pécheur pardonné est bienheureux ! Remarquons dans ces deux versets :

Quatre mots hébreux et trois mots grecs pour caractériser le péché:

פֶּשַׁע / la rébellion	**αἱ ἀνομίαι** / les iniquités
חֲטָאָה/ *le péché*	**αἱ ἁμαρτίαι** / *les péchés*
עָוֺן / *faute*	**ἁμαρτίαν** / *péché*
רְמִיָּה / tromperie	**δόλος** / ruse.

Trois verbes pour exprimer le pardon de Dieu :

נְשׂוּי / enlevée	**ἀφέθησαν** ont été remises
כְּסוּי / **couvert**	**ἐπεκαλύφθησαν** ont été **couverts**.
יַחְשֹׁב / (n')impute pas	**λογίσηται** / (n')imputera pas.

De plus, au v.1 : dans le T.M., la béatitude est pour l'homme pécheur au singulier, tandis que nous sommes sur un registre pluriel dans la LXX.

Au v.2 : dans le T.M., le pécheur qui sera pardonné n'a pas de fourberie ou de tromperie dans son esprit ; celui de la LXX n'a pas de ruse dans sa bouche. Nous soulignons les deux mots différents « esprit » et « bouche ». Nous savons bien que ce qui sort de la bouche vient de l'esprit ou du cœur. La LXX pourrait suggérer que, si le pécheur pour être pardonné, n'aura ni ruse, ni tromperie dans sa bouche de laquelle sortirait le mauvais de son esprit, le mal pourrait en être moindre. Cela dit, ne forçons pas trop la subtilité car ici, les pécheurs de l'un et de l'autre texte, seront pardonnés pareillement.

Allons au verset 5 pour écouter la confession du psalmiste qu'il exprime avec trois verbes : Faire connaître, ne pas couvrir qui rappelle le péché couvert du v.1 et confesser ou déclarer.

חַטָּאתִי אוֹדִיעֲךָ Mon *péché* je te fais connaître	**τὴν ἁμαρτίαν μου ἐγνώρισα** je t'ai fait connaître mon *péché*
וַעֲוֺנִי לֹא־כִסִּיתִי et ma faute je ne couvre pas	**καὶ τὴν ἀνομίαν μου οὐκ ἐκάλυψα** et je n'ai pas couvert mon iniquité
אָמַרְתִּי אוֹדֶה עֲלֵי פְשָׁעַ J'ai dit : « je confesserai sur mes rébellions ».	**εἶπα ἐξαγορεύσω κατ᾽ἐμοῦ τὴν ἀνομίαν** *μου* J'ai dit : « je déclarerai contre moi mon iniquité ».

Nous voyons également revenir les mots : péché, faute et iniquité. La LXX intensifie la confession de son psalmiste avec l'indication *« contre moi »*. Trois verbes différents pour exprimer une confession d'une sincérité entière.

À la fin du verset, le pardon est donné en plénitude avec les verbes : נשא / נָשָׂאתָ et **ἀφῆκας** / **ἀφίημι**. De plus, dans la LXX nous remarquons l'emploi d'un nouveau substantif : **ἀσέβειαν** ; on peut vraiment espérer un pardon pour tout péché quel qu'il soit. Ces verbes et ces substantifs rappellent ceux du verset 1 auxquels est accrochée la béatitude.

Dans ce v.5, relevons **ἐξαγορεύσω** / **ἐξαγορεύω** qui est un hapax dans le Psautier et qui n'est pas dans le N.T.

Quant aux v.1 et 2 nous pouvons les lire en Paul dans sa lettre aux Romains 4.7-8 : indépendamment des œuvres, l'homme peut être justifié par Dieu et ses péchés anéantis.

Des v.1 et 2 nous sommes passés au v.5 qui à eux seuls constituent une unité littéraire porteuse d'un enseignement et d'une révélation. Mais que se passe-t-il aux versets 3 et 4 ?

<u>Verset 3</u> : La racine חרשׁ du verbe הֶחֱרַשְׁתִּי au Hiphil qui signifie à la fois : être sourd ou être réduit au silence exprime au plus fort l'absence totale de communication. Pendant que le psalmiste du T.M. se taisait sur son péché, ses os s'usaient / בָּלוּ, et un rugissement provoqué par le remords le tenaille tout au long du jour.

Si nous lisons le verset dans la LXX, la préposition « **ὅτι** » au début, souligne bien la volonté du psalmiste qui a été de garder le silence. En conséquence, pour lui tous ses os prennent « un coup de vieux » et, il ne fait pas que rugir comme celui du T.M. : il crie et il crie le jour entier avec le verbe à l'infinitif.

<u>Verset 4</u> : La correction divine se manifeste avec la main de Dieu qui fait poids sur l'homme. La fin du verset est un peu difficile à traduire dans le T.M. et la LXX donne sa leçon propre.

Le mot לְשַׁדִּי n'a que deux occurrences dans l'A.T. : Nb 11.8 où il se rapporte à la manne au désert : on faisait des galettes d'un goût de gâteau / לְשַׁד à huile ; et ici au v.4 du psaume. Rapproché du mot « huile » dans le livre des Nombres, ce mot hébreu peut évoquer de la vigueur et de la vitalité d'où la traduction par le mot « sève ». C'est une interprétation qui reste incertaine.

חַרְבוֹן, au pluriel construit dans le psaume, est un hapax et exprime l'idée de sécheresse.

* Dans le T.M., nous pouvons comprendre qu'avec la main divine qui pèse sur le pécheur celui-ci se voit dépérir avec ses os qui s'usent, se consument, et sa sève ou sa vigueur qui se dessèche.

* Dans la LXX, le pécheur fut tourné vers la peine ou la misère. Avec la main divine s'appesantissant sur lui qui précède, on peut évidemment percevoir un lien entre châtiment et peine ou malheur. Les traducteurs grecs continuent en parlant d'une épine qui s'enfonce. Veulent-ils nous dire là que le pécheur prend douloureusement conscience de son péché qu'il taisait ?

Comme le verset 5 le confirme : l'aveu du péché, le pardon de Dieu remettent l'homme dans la grâce de la bénédiction divine.

Dans le N.T. le substantif **ταλαιπωρία** a deux occurrences ; en Rm 3.16 : tous, grecs ou juifs sont sous l'emprise du péché, « ruine et malheur / **ταλαιπωρία** sont sur leurs chemins » (Paul cite Es. 59.7) ; et en Jc 5.1 où un avertissement est adressé aux riches : « pleurez à grand bruit sur les malheurs / **ταλαιπωρίαις** qui vous attendent ».

Dans les versets 6 et 7, le pécheur qui a avoué son péché est maintenant libéré.

Le verset 6 est un peu difficile à traduire ; voyons.

Dans le T.M. לְעֵת מְצֹא רַק, littéralement « au temps de trouver sûrement » », a été lu par certains « au temps de la détresse seulement » moyennant une correction de מְצֹא רַק en מָצוֹק. Cette leçon est donnée dans l'apparat critique de BHS. Dans la lecture littérale, on peut aussi se poser la question de savoir où faire porter רַק : sur « au temps de trouver », sur « les eaux » ou sur le verbe « n'atteindront pas ». De plus, une autre question peut jaillir : « au temps de trouver qui ou quoi ? » ; « qui » pourrait s'identifier à Dieu et « quoi » à la culpabilité du péché.

La LXX en donnant « au temps opportun » ou « favorable » peut amener le lecteur à comprendre que le temps de trouver dans le T.M. est le temps favorable.

En conclusion de ce v.6 différemment traduit, nous pouvons peut-être dire que le pécheur qui prie en reconnaissant et en avouant son péché trouvera Dieu et les eaux du déluge symbolisant le danger ne pourront l'atteindre, ou n'approcheront pas de lui.

Au verset 7, nous remarquons que Dieu est une cache / סֵתֶר pour le psalmiste du T.M. et un refuge / **καταφυγὴ** pour celui de la LXX et que c'est ici le seul cas de tout l'A.T. où les traducteurs grecs emploient ce mot pour la racine סתר. Puis, nous pouvons goûter le jeu de mots מִצַּר / de l'oppresseur et le verbe תִּצְּרֵנִי / tu me préserves que la LXX a traduit avec le participe substantivé **περιεχούσης**. Avec l'emploi de ce verbe grec ici, une insistance est mise en évidence avec l'oppresseur qui environne ou cerne et ceux qui entourent / **κυκλωσάντων** de la fin du verset.

Nous relevons dans l'A.T. un second cas où le verbe **περιέχω** traduit la racine נצר : en Ez 6.12 : « mourra par la famine celui qui aura été préservé / הַנָּצוּר ou celui qui environne, qui entoure / **ὁ περιεχόμενος** ».

La LXX donne encore sa leçon propre à la fin de ce v.7 : « *La joie pour moi* ou *ma joie, rachète-moi de ceux qui m'entourent* ». Dans le T.M. c'est Dieu qui entoure le psalmiste de cris de délivrance ou de libération.

Ce qui est dit et affirmé dans les v.6 et 7 revient aux versets 10 et 11.

Le fidèle qui prie au v.6 est celui qui se confie en IHWH au v.10. Dieu qui entoure ce fidèle de cris de libération (v.7) l'entoure de son amour au v.10. La joie qui peut s'identifier à Dieu au v.7 de la LXX, est débordante, exubérante même, au v.11 des deux textes.

Enchâssés entre les v.6-7 et les v.10-11, les versets 8-9 nous font écouter un oracle divin ou une catéchèse.

Au <u>verset 8</u> remarquons tout de suite les verbes : אַשְׂכִּילְךָ et **συνετιῶ** qui rappellent que l'indication donnée dans le titre peut être une clé de lecture du psaume. Le second verbe grec **συμβιβῶ** est un hapax dans le Psautier.

Au dernier stique du T.M. le conseil (je te conseillerai אִיעֲצָה : un cohortatif que nous traduisons comme un inaccompli) vient compléter l'enseignement donné par les verbes précédents.

Dans la LXX Dieu tiendra ses yeux fixés sur son psalmiste comme nous avons vu que son amour l'entourera. Notre traduction du verbe **ἐπιστηρίζω** se rapproche de celle de Vigouroux qui a traduit : « j'arrêterai sur toi mes yeux ». Le sens premier serait d'affermir ou de fortifier et c'est dans ce sens qu'il est employé quatre fois dans le N.T. par Luc dans les Actes des Apôtres : 14.22 ; 15,32.41 et 18.23.

Quant au <u>verset 9</u>, il est obscur et diverses traductions sont avancées.

Dans le T.M. nous gardons le pluriel אַל־תִּהְיוּ / *Ne soyez pas comme un cheval comme un mulet »*. Les conseils et l'instruction sont pour tous. Nombreux traducteurs suivent deux manuscrits hébreux pour lire un singulier : « Ne sois pas ». Une correction qui s'accorde bien grammaticalement avec le singulier du v.8. Notre traduction suit celle de la LXX : *« Ne devenez pas »*. D'un côté comme de l'autre, T.M. - LXX, il s'agit de ne pas être comme un cheval et comme un mulet « *sans rien comprendre* » avec un infinitif Hiphil ; tandis que la LXX se répète une nouvelle fois avec **συνέσις** : « qui n'ont pas d'intelligence ».

Dans la fin du verset nous relevons l'infinitif בְּלוֹם / freiner de la racine בלם qui est ici un hapax de l'A.T.

La LXX, de son côté, donne l'impératif aoriste **ἀγξαί** de **ἄγχω** / serrer, resserrer. À l'exception de deux occurrences du verbe en 4 Maccabées, nous n'avons **ἄγχω** que dans ce psaume.

Ce verset un peu difficile à comprendre pourrait vouloir nous dire qu'à l'opposé du cheval et du mulet auxquels la bride, le mors et le frein sont nécessaires pour approcher l'homme, le pécheur instruit par l'aveu de son péché et le pardon divin pourra aller, libre, vers son Dieu.

***

Voilà un psaume d'une profonde instruction.

Celui qui se reconnaît pécheur et qui reçoit le pardon de Dieu c'est celui-là qui a l'intelligence. Il est rendu bienheureux. Celui-là trace vraiment le profil d'un homme dans toute sa grandeur humaine et spirituelle.

PSAUME 33 (32)

Verset 1

Τῷ Δαυιδ.

רַנְּנוּ צַדִּיקִים בַּיהוה
לַיְשָׁרִים נָאוָה תְהִלָּה׃

Ἀγαλλιᾶσθε, δίκαιοι, ἐν τῷ κυρίῳ ·
τοῖς εὐθέσι πρέπει αἴνεσις.

De David.

Criez de joie **justes en IHWH**
à [ceux qui sont] **droits convient la louange.**

Exultez, **justes, dans le Seigneur ;**
à [ceux qui sont] **droits convient la louange.**

Verset 2

הוֹדוּ לַיהוה בְּכִנּוֹר
בְּנֵבֶל עָשׂוֹר זַמְּרוּ־לוֹ׃

ἐξομολογεῖσθε τῷ κυρίῳ ἐν κιθάρᾳ,
ἐν ψαλτηρίῳ δεκαχόρδῳ ψάλατε αὐτῷ.

Rendez grâce à IHWH avec la cithare
avec la harpe à dix cordes psalmodiez pour lui.

Rendez grâce au Seigneur avec la cithare,
avec la harpe à dix cordes psalmodiez pour lui.

Verset 3

שִׁירוּ־לוֹ שִׁיר חָדָשׁ
הֵיטִיבוּ נַגֵּן בִּתְרוּעָה׃

ᾄσατε αὐτῷ ᾆσμα καινόν,
καλῶς ψάλατε ἐν ἀλαλαγμῷ.

Chantez pour lui un chant nouveau
excellez pour jouer **dans l'ovation.**

Chantez pour lui un chant nouveau,
psalmodiez bien **dans l'ovation.**

Verset 4

כִּי־יָשָׁר דְּבַר־יהוה
וְכָל־מַעֲשֵׂהוּ בֶּאֱמוּנָה׃

ὅτι εὐθὴς ὁ λόγος τοῦ κυρίου,
καὶ πάντα τὰ ἔργα αὐτοῦ ἐν πίστει ·

Car droite [est] **la parole de IHWH**
et toute son œuvre [est] **dans la fidélité.**

car droite [est] **la parole du Seigneur,**
et *toutes ses œuvres [sont]* **dans la fidélité.**

Verset 5

אֹהֵב צְדָקָה וּמִשְׁפָּט
חֶסֶד יהוה מָלְאָה הָאָרֶץ׃

ἀγαπᾷ ἐλεημοσύνην καὶ κρίσιν,
τοῦ ἐλέους κυρίου πλήρης ἡ γῆ.

Il aime justice **et jugement**

de l'amour **de IHWH la terre est remplie**

Il aime *bienfaisance* **et jugement,**

de *la miséricorde* **du Seigneur la terre est remplie.**

Verset 6

בִּדְבַר יהוה שָׁמַיִם נַעֲשׂוּ
וּבְרוּחַ פִּיו כָּל־צְבָאָם׃

τῷ λόγῳ τοῦ κυρίου οἱ οὐρανοὶ ἐστερεώθησαν
καὶ τῷ πνεύματι τοῦ στόματος αὐτοῦ πᾶσα ἡ δύναμις αὐτῶν ·

Par la parole de IHWH les cieux ont été faits

et par le souffle de sa bouche toute leur armée.

Par la parole du Seigneur les cieux ont été *affermis*

et par le souffle de sa bouche toute leur *puissance*.

Verset 7

כֹּנֵס כַּנֵּד
מֵי הַיָּם
נֹתֵן בְּאֹצָרוֹת תְּהוֹמוֹת׃

συνάγων ὡς ἀσκὸν
ὕδατα θαλάσσης,
τιθεὶς ἐν θησαυροῖς ἀβύσσους.

Il rassemble comme une digue

les eaux de la mer

il met **dans des** réserves **les abîmes.**

Il rassemble comme une *outre*

les eaux de la mer,

il *dépose* **dans des** *écrins* **les abîmes.**

Verset 8

יִירְאוּ מֵיהוה כָּל־הָאָרֶץ
מִמֶּנּוּ יָגוּרוּ
כָּל־יֹשְׁבֵי תֵבֵל׃

φοβηθήτω τὸν κύριον πᾶσα ἡ γῆ,
ἀπ᾽αὐτοῦ δὲ σαλευθήτωσαν
πάντες οἱ κατοικοῦντες τὴν οἰκουμένην ·

Qu'ils aient crainte de **IHWH toute la terre**

que devant lui tremblent

tous les habitants du monde.

Que **toute la terre** *craigne* **le Seigneur,**

et **que devant lui** *soient ébranlés*

tous *ceux qui habitent la terre (habitée).*

Verset 9

כִּי הוּא אָמַר וַיֶּהִי
הוּא־צִוָּה וַיַּעֲמֹד׃

Car lui il a dit et ce fut
lui il a ordonné et cela tient.

ὅτι αὐτὸς εἶπεν, καὶ ἐγενήθησαν,
αὐτὸς ἐνετείλατο, καὶ ἐκτίσθησαν.

Car lui il a dit, *et ils sont advenus,*
lui il a ordonné, et *ils ont été fondés.*

Verset 10

יהוה הֵפִיר עֲצַת־גּוֹיִם
הֵנִיא מַחְשְׁבוֹת עַמִּים׃

IHWH a brisé le plan **des nations**
il a invalidé **les pensées des peuples.**

κύριος διασκεδάζει βουλὰς ἐθνῶν,
ἀθετεῖ δὲ λογισμοὺς λαῶν
καὶ ἀθετεῖ βουλὰς ἀρχόντων·

Le Seigneur disperse les desseins **des nations,**
et il annule **les pensées des peuples**
et annule les desseins des chefs.

Verset 11

עֲצַת יהוה לְעוֹלָם תַּעֲמֹד
מַחְשְׁבוֹת לִבּוֹ לְדֹר וָדֹר׃

Le plan de IHWH pour toujours tiendra
les pensées de son cœur de génération en génération.

ἡ δὲ βουλὴ τοῦ κυρίου εἰς τὸν αἰῶνα μένει,
λογισμοὶ τῆς καρδίας αὐτοῦ εἰς γενεὰν καὶ γενεάν.

Mais le dessein du Seigneur demeure pour l'éternité,
les pensées de son cœur de génération en génération.

Verset 12

אַשְׁרֵי הַגּוֹי אֲשֶׁר־יהוה אֱלֹהָיו
הָעָם ׀ בָּחַר לְנַחֲלָה לוֹ׃

Bonheurs de **la nation dont IHWH est** le **Dieu**
le **peuple qu'il a choisi** en **héritage pour lui.**

μακάριον τὸ ἔθνος, οὗ ἐστιν κύριος ὁ θεὸς αὐτοῦ,
λαός, ὃν ἐξελέξατο εἰς κληρονομίαν ἑαυτῷ.

Heureuse **la nation, dont le Seigneur est** *son* **Dieu,**
peuple, qu'il a choisi *comme* **héritage pour lui**.

Verset 13

מִשָּׁמַיִם הִבִּיט יהוה
רָאָה אֶת־כָּל־בְּנֵי הָאָדָם׃

Des cieux **IHWH a** regardé,
il a vu tous les fils de l'être humain.

ἐξ οὐρανοῦ ἐπέβλεψεν ὁ κύριος,
εἶδεν πάντας τοὺς υἱοὺς τῶν ἀνθρώπων ·

Du ciel **le Seigneur a** *observé,*
il a vu tous les fils *des hommes.*

Verset 14

מִמְּכוֹן־שִׁבְתּוֹ הִשְׁגִּיחַ
אֶל כָּל־יֹשְׁבֵי הָאָרֶץ׃

Du lieu où il habite **il a observé**
vers **tous** les habitants de **la terre**.

ἐξ ἑτοίμου κατοικητηρίου αὐτοῦ
ἐπέβλεψεν ἐπὶ πάντας τοὺς κατοικοῦντας τὴν γῆν,

De son habitation préparée
il a observé tous *ceux qui habitent* **la terre,**

Verset 15

הַיֹּצֵר יַחַד לִבָּם
הַמֵּבִין אֶל־כָּל־מַעֲשֵׂיהֶם׃

Lui qui façonne ensemble leur cœur
lui qui prête attention à **toutes leurs œuvres.**

ὁ πλάσας κατὰ μόνας τὰς καρδίας αὐτῶν,
ὁ συνιεὶς εἰς πάντα τὰ ἔργα αὐτῶν.

Lui qui façonne *un par un leurs cœurs,*
lui *qui comprend* **toutes leurs œuvres.**

Verset 16

אֵין־הַמֶּלֶךְ נוֹשָׁע
בְּרָב־חָיִל
גִּבּוֹר לֹא־יִנָּצֵל
בְּרָב־כֹּחַ׃

Le **roi n'est pas sauvé**
par l'abondance de la **puissance**
un héros n'est pas délivré
par l'abondance de la **force**.

οὐ σῴζεται βασιλεὺς
διὰ πολλὴν δύναμιν,
καὶ γίγας οὐ σωθήσεται
ἐν πλήθει ἰσχύος αὐτοῦ ·

Un **roi n'est pas sauvé**
par *une vaste* **puissance**,
et **un** *géant ne sera pas sauvé*
par *la multiplicité de sa* **force ;**

Verset 17

שֶׁקֶר הַסּוּס לִתְשׁוּעָה וּבְרֹב חֵילוֹ לֹא יְמַלֵּט׃	*ψευδὴς ἵππος εἰς σωθήρίαν,* *ἐν δὲ πλήθει δυνάμεως αὐτοῦ* *οὐ σωθήσεται.*
Mensonge le **cheval pour le salut** **et par** l'abondance **de sa puissance** **il ne** fait pas échapper.	*un* **cheval** *est mensonger* **pour le salut,** **et par** *la multiplicité* **de sa puissance** **il ne** *sera pas sauvé.*

Verset 18

הִנֵּה עֵין יהוה אֶל־יְרֵאָיו לַמְיַחֲלִים לְחַסְדּוֹ׃	*ἰδοὺ οἱ ὀφθαλμοὶ κυρίου* *ἐπὶ τοὺς φοβουμένους αὐτὸν* *τοὺς ἐλπίζοντας ἐπὶ τὸ ἔλεος αὐτοῦ*
Voici l'œil **de IHWH** vers **ceux qui le craignent** pour **ceux qui espèrent en** son amour	**Voici** les yeux **du Seigneur** *sur* **ceux qui le craignent** **ceux qui espèrent en** *sa miséricorde*

Verset 19

לְהַצִּיל מִמָּוֶת נַפְשָׁם וּלְחַיּוֹתָם בָּרָעָב׃	*ῥύσασθαι ἐκ θανάτου τὰς ψυχὰς αὐτῶν* *καὶ διαθρέψαι αὐτοὺς ἐν λιμῷ.*
pour délivrer de la mort leur âme **et** pour **les** faire vivre **pendant la famine.**	**pour délivrer de la mort** *leurs âmes* **et les** *nourrir* **pendant la famine.**

Verset 20

נַפְשֵׁנוּ חִכְּתָה לַיהוה עֶזְרֵנוּ וּמָגִנֵּנוּ הוּא׃	*ἡ ψυχὴ ἡμῶν ὑπομένει τῷ κυρίῳ,* *ὅτι βοηθὸς καὶ ὑπερασπιστὴς ἡμῶν ἐστιν·*
Notre âme attend IHWH **notre secours et** notre bouclier [c'est] lui.	**Notre âme attend** *avec constance* **le Seigneur,** *car il est* **notre secours et** *notre défenseur.*

Verset 21

כִּי־בוֹ יִשְׂמַח לִבֵּנוּ
כִּי בְשֵׁם קָדְשׁוֹ בָטָחְנוּ׃

Car en lui se réjouit notre cœur

car **dans** le **Nom** de sa sainteté **nous avons** confiance.

ὅτι ἐν αὐτῷ εὐφρανθήσεται ἡ καρδία ἡμῶν,
καὶ ἐν τῷ ὀνόματι τῷ ἁγίῳ αὐτοῦ ἠλπίσαμεν.

Car en lui notre cœur *sera réjoui*,

et **dans** *son saint* **Nom nous avons** *espéré*.

Verset 22

יְהִי־חַסְדְּךָ יהוה עָלֵינוּ
כַּאֲשֶׁר יִחַלְנוּ לָךְ׃

Que ton amour **IHWH** soit **sur nous**

autant que nous espérons **en toi**.

γένοιτο τὸ ἔλεός σου, κύριε, ἐφ᾽ ἡμᾶς,
καθάπερ ἠλπίσαμεν ἐπὶ σέ.

Puisse advenir ta miséricorde, **Seigneur, sur nous**,

comme nous avons espéré **en toi**.

Avec ses 22 versets, autant que le nombre de lettres dans l'alphabet hébreu, le psaume 33 sans être alphabétique acrostiche a une parole pleine à dire : « Dieu a dit et ce fut ».

Musique et cris de joie ouvrent le psaume. Le ton de l'hymne est donné dans les trois premiers versets avec sept mots invitant à la louange.

Verset 1 : L'invitation à crier de joie / **רַנְּנוּ** et à être dans l'allégresse, à exulter, /**ἀγαλλιᾶσθε** reçoit une réponse au v.21 avec deux verbes synonymes à ceux-ci : **יִשְׂמַח** et **εὐφρανθήσεται**. Dans ce verset où la joie fait inclusion avec le v.1, le cœur qui attend dans la confiance en Dieu se réjouira en lui.

Nous pouvons aussi voir une inclusion à l'intérieur des v.1 à 3. À la racine **רנן** que nous venons de voir au commencement du psaume nous avons en dernier mot du verset 3 : **תְּרוּעָה** que nous traduisons par « ovation » comme au Ps 27 (26).6. Il s'agit d'une acclamation rituelle constituée d'applaudissements et de manifestations bruyantes avec sonneries de cor (ou de trompettes). Primitivement, la **תְּרוּעָה** était un cri de guerre. Le même sens est exprimé dans le mot **ἀλαλαγμός**. Dans le Psautier, nous avons encore les deux mots hébreu / grec dans les psaumes 47 (46).6 ; 89 (88).16 et 150.5.

Au stique b du v.1 avec le mot « louange » nous avons l'adjectif féminin **נָאוָה**. Il est souvent traduit par « belle ». Notre traduction « la louange convient » se rapproche de celle d'Osty qui met en évidence le verbe **יאה** duquel découle l'adjectif, offrant ainsi une traduction plus littérale : *« aux hommes droits sied la louange ».* C'est aussi la lecture de la LXX avec le verbe **πρέπω**. Un verbe peu employé dans la Bible grecque. À l'exception des occurrences en Siracide et en Maccabées, le verbe est seulement dans trois psaumes. Ps 33 (32),1 ; 93 (92),5 ; et 65 (64).2 dans lequel on le trouve pour le mot hébreu **דֻמִיָּה** / silence.

Au verset 2 l'action de grâce et la psalmodie sont accompagnées de deux instruments de musique que nous avons traduits par : cithare et harpe à dix cordes. Dans le Psautier l'identification des instruments de musique est variée et discutée. Le כִּנּוֹר est mentionné dès Genèse 4.21 où il est associé à עוּגָב / flûte, tandis que dans ce verset de Genèse la LXX associe les deux instruments du Ps 33 (32) : le **ψαλτήριον** et la **κιθάρα**. Selon Gn 4.21 יוּבָל serait l'ancêtre des joueurs de ces deux instruments de musique. Nous savons aussi que le כִּנּוֹר était l'instrument musical des lévites.

Dans ce psaume, il y a donc de la musique. Celle-ci est exprimée par la mention des instruments à cordes appelés dans l'A.T. « instruments de chant ». Le mot « musique » lui-même n'existait pas dans le vocabulaire hébreu biblique.

Le verset 3 a précise que le « chant nouveau » est au cœur de l'invitation à la louange. Au stique b notre traduction de l'impératif Hiphil הֵיטִיבוּ/ Excellez , suit celle de Chouraqui. On pourrait traduire : « Faites bien ». Manifestement, avec l'emploi de ce nouveau verbe, le T.M. appelle à une excellence de louange. Dans ce stique la LXX se répète avec le verbe **ψάλατε** du v.2. Dans le Psautier nous avons un second cas où **ψάλλω** traduit la racine נגן : Ps 68 (67).26.

L'appel à la louange porte donc la densité de sept mots hébreux :

רַנְּנוּ	criez de joie	**Ἀγαλλιᾶσθε**	Exultez
תְּהִלָּה	Louange	**αἴνεσις**	Louange
הוֹדוּ	Rendez grâce	**ἐξομολογεῖσθε**	Rendez grâce
זַמְּרוּ	Psalmodiez	**ψάλατε**	Psalmodiez
שִׁירוּ	Chantez	**ᾄσατε**	Chantez
נַגֵּן	Jouez	**ψάλατε**	Psalmodiez
תְרוּעָה	Ovation	**ἀλαλαγμῷ**	Ovation.

Une louange grandiose pour un Dieu dont le dessein est grandiose.

Le verset 11 nous dit que ce dessein, ce plan ou ce projet subsistera pour toujours et les pensées de son cœur de génération en génération.

La Parole est à l'origine et au terme du dessein divin. Nous le voyons avec les verbes de la même racine : עמדaux versets 9 et 11 :

v.9 Lui, Il a dit et ce fut,

Lui, il a ordonné et cela tient.

v.11 Le plan de IHWH pour toujours tiendra

Dans le T.M. l'emploi du même verbe dans les deux versets fait ressortir l'unité entre la Parole qui ordonne, l'effet qui en résulte et le plan qui s'accomplit avec le même effet.

Quant au texte de la LXX, nous lisons au v.9 le verbe fonder : « Lui il a ordonné et ils furent fondés / **ἐκτίσθησαν** » ; et au v.11 : « le dessein du Seigneur demeure / **μένει** pour l'éternité. Si le verbe **μένω** peut être compris dans le sens de subsister rejoignant le sens du verbe hébreu, avec **κτίζω** la LXX met en évidence l'idée d'un commencement et ce commencement perdurera jusqu'à un « sans fin ». Le dessein de Dieu est une œuvre en mouvement. Les traducteurs grecs ont une expression différenciée et plurielle aussi.

Depuis le verset 4 jusqu'au verset 9 où des passages du Livre de la Genèse viennent à l'esprit, la Parole est à l'œuvre.

Au v.4 a, cette Parole qui est droite est associée à la justice et au jugement exprimés au verset 5 a et à l'amour ou à la miséricorde de IHWH dont la terre est remplie stique b.

Là où le T.M. emploie צְדָקָה / justice, les traducteurs grecs ont employé le mot **ἐλεημοσύνην** ; et la terre sera remplie de miséricorde avec **ἐλέους** au stique suivant. Il nous faut remarquer le choix de ce substantif **ἐλεημοσύνη** plus relevé, mais difficile à rendre en français, que le simple mot **ἔλεος**.

Une parole droite que les justes et les hommes droits du v.1 sont invités à célébrer.

v.4 b, toute l'œuvre de la Parole est dans la fidélité, la foi : בֶּאֱמוּנָה / **πίστει**, datif de **πίστις**. Un substantif qui est ici un hapax dans le Psautier.

Au verset 6, par la Parole de Dieu les cieux ont été faits dans le T.M. ; pour la LXX l'œuvre de création est un peu plus prégnante car les cieux ont été affermis avec une idée de solidité. Nous avons ici un hapax du verbe **στερεόω** pour la racine עשׂה.

Le rassemblement des eaux de la mer et des abîmes verset 7 n'est pas facile pour le traducteur.

כַּנֵּד / comme une digue, a été lu par les versions « comme une outre » moyennant une correction du T.M. : נֵד devenant נֹאד / outre. Chouraqui, par exemple, suit le Targum qui a lu « outre ».

De même, la LXX avec le mot **ἀσκόν**. Nous gardons l'écriture du T.M. qu'Exode 15.8 peut justifier : *« Les courants sont fixés comme une digue /* נֵד.

Les trois occurrences du mot **ἀσκός** dans le N.T. : Mt 9.17 // Mc 2.22 // Lc 5.37-38 se rapportent à la petite parabole du vin nouveau à mettre dans des outres neuves.

Avec le verset 8 la Parole droite, créatrice, appelle toute la terre à craindre Dieu. Le T.M. qui met le verbe « craindre » au pluriel pour un sujet singulier : « toute la terre », n'a pas lieu d'étonner le lecteur ; le sujet « collectif » est compris comme un pluriel.

Le verset 9 vient affirmer l'efficacité en tous points de la Parole, et comme nous l'avons vu avec le verbe hébreu du stique b, il fait l'unité avec les versets suivants.

Dieu, depuis les cieux, regarde sa création : tous les habitants de la terre et leurs œuvres. Son œil est tourné sur ceux qui le craignent.

Au verset 14 Il a observé tous les habitants de la terre depuis son habitation. La LXX avec l'ajout de l'adjectif **ἑτοίμου** précise que cette habitation n'est pas quelconque, c'est une demeure préparée pour Celui qui façonne les cœurs : verset 15. Dans ce verset, remarquons d'abord les participes יֹצֵר et **πλάσας** ; ils nous montrent Dieu façonnant les cœurs dans un perpétuel présent. Ces deux verbes nous ramènent au jardin d'Éden où Dieu forma l'homme : Gn 2.7. Le façonnage des cœurs dans ce verset du psaume 33 est une création d'ensemble dans le T.M. avec יַחַד *« lui qui façonne ensemble leur cœur »*. Dans la LXX avec **κατὰ μόνας**, Dieu façonne en particulier les cœurs : *« un par un »*. Nous retrouvons ce Dieu si attentionné au verset 18 avec « son œil » dans le T.M., « ses yeux » dans la LXX qui se posent sur ceux qui le craignent.

Au verset 19 Il est là, comme Dieu de salut, pour délivrer de la mort et pour faire vivre (T.M.) pendant la famine. La LXX emploie l'infinitif du verbe **διατρέφω** / nourrir pour l'infinitif Piel חַיּוֹתָם. Ici, les traducteurs grecs commentent, en quelque sorte, le sens de l'emploi du verbe hébreu : vivre. Il s'agit bien d'assurer ce qui maintiendra en vie pendant la famine, c'est-à-dire, la nourriture. Dans le Psautier **διατρέφω** / חיה est ici un hapax.

Les deux stiques sont en opposition aux versets 16 et 17 : La force ne sauvera (LXX) ne délivrera (T.M.) ni le roi ni le guerrier ou le héros, et la puissance du cheval est un mensonge pour le salut.

Au cœur des versets 4 à 19 qui constituent le corps du psaume : une béatitude au verset 12.

1re remarque sur ce verset :

Les deux mots « nation » et « peuple » venant en opposition au dessein de Dieu du verset 10 deviennent « nation » et « peuple » choisis par Dieu.

2e remarque :

Le stique b, composé des deux mots : peuple et héritage, affirmant l'appartenance et du verbe : choisir, affirmant l'élection, met le Dieu de l'Alliance au cœur de la joie du Ps.33.

C'est un peuple dans le bonheur et c'est lui qui va s'exprimer avec l'adjectif « notre » et le pronom personnel « nous » dans la conclusion du psaume : versets 20 à 22.

Après l'exposé des versets 4 à 19, le peuple peut répondre à l'appel à la louange des versets 1 à 3.

Regardons ces trois derniers versets dans lesquels sont exprimées avec insistance l'attente et la confiance.

Verset 20 a : *« Notre âme attend / חִכְּתָה IHWH »*. Avec le verbe **ὑπομένει**, la LXX exprime l'attente dans la constance et la durée. Dans le Psautier nous avons seulement un autre cas où **ὑπομένω** est lu pour חכה : dans le Ps 106 (105).13.

C'est avec le verbe espérer que se termine le verset 22 et le psaume lui-même. Ce dernier verset reprend le stique b du verset 18. En effet, dans l'un et l'autre, nous avons la racine יחל qui peut exprimer une attente ferme, une attente dans l'espérance, et le mot חֶסֶד dont la terre est remplie nous dit le v.5.

Au verset 21 nous entendons une profession de foi qui réjouira le cœur du peuple ; elle s'exprime par la confiance / בטח dans le saint Nom de Dieu. Ici, la LXX se répète avec le verbe **ἐλπίζω** comme aux v.18 et 22.

Le Nom divin IHWH revient tout au long du psaume ou bien il est exprimé par des pronoms et des possessifs. L'emploi du pronom personnel « lui » et des participes, participes hymniques dans les versets 5 et 7, donne du poids au Nom de Dieu en lui-même et à son action.

Nous remarquons également qu'à l'exception de l'adjectif possessif « ton» *« ton amour IHWH soit sur nous »* et du pronom personnel « toi » *« autant que nous espérons en toi »* au v.22, la relation à Dieu dans le psaume est exprimée par la 3e personne du singulier. Nous sommes donc au-delà d'une expérience personnelle. Le Dieu qui a formé un à un les cœurs a formé un peuple, heureux, qui peut lui chanter un chant nouveau (v.3).

Le psaume est construit par la reprise des mêmes mots, par des versets qui se répondent ou s'opposent.

Avec l'appel à la joie et à la louange : v.1-3, et les v.4-5 introduisant au corps du texte, nous avons en condensé et le vocabulaire et le contenu du psaume.

La création et le dessein de Dieu reposent sur la Parole droite, et la louange convient aux hommes justes et droits ; IHWH, lui, il aime la justice (T.M.), la bienfaisance, la compassion (LXX). De son amour / חֶסֶד et de sa miséricorde / **ἔλεος** la terre est remplie. Amour, miséricorde, espérance, repris au dernier verset, expriment le désir de l'amour de Dieu.

Cet amour qui remplit la terre est l'œuvre de Dieu aux dimensions d'une totalité. Au début du commentaire nous avons suggéré de recevoir de ce psaume, une Parole pleine, la nation heureuse dont IHWH est le Dieu, le peuple qu'Il a choisi en héritage pour lui peuvent témoigner :

Toute son œuvre est dans la fidélité
Par *la parole* de IHWH les cieux ont été faits,
et par *le souffle de sa bouche* **toute leur armée.**
qu'elle craigne IHWH **toute la terre**
que devant Lui tremblent **tous les habitants du monde**
Des cieux Il a regardé, IHWH,
Il a vu **tous les fils d'Adam**
Du lieu où Il habite Il a observé
tous les habitants de la terre
lui qui prête attention à **toutes leurs œuvres.**

Pour le Dieu Créateur, le Dieu de l'Alliance, le Dieu Sauveur :
que reprenne la musique du chant nouveau - avec la cithare et la harpe à dix cordes - !

PSAUME 34 (33)

Verset 1

לְדָוִד
בְּשַׁנּוֹתוֹ אֶת־טַעְמוֹ לִפְנֵי אֲבִימֶלֶךְ
וַיְגָרְשֵׁהוּ וַיֵּלַךְ׃

De David

quand il changea son bon sens **devant Abimélek**

et il le chassa **et il s'en alla.**

Τῷ Δαυιδ,
ὁπότε ἠλλοίωσεν τὸ πρόσωπον αὐτοῦ ἐναντίον Αβιμελεχ,
καὶ ἀπέλυσεν αὐτόν, καὶ ἀπῆλθεν.

De David,

Quand il changea *sa face* **devant Abimelek,**

et il le renvoya, **et il s'en alla.**

Verset 2

Alef

אֲבָרֲכָה אֶת־יהוה בְּכָל־עֵת
תָּמִיד תְּהִלָּתוֹ בְּפִי׃

Je bénirai IHWH en tout temps

continuellement sa louange en ma bouche.

Εὐλογήσω τὸν κύριον ἐν παντὶ καιρῷ,
διὰ παντὸς ἡ αἴνεσις αὐτοῦ ἐν τῷ στόματί μου.

Je bénirai le Seigneur en tout temps,

continuellement sa louange en ma bouche.

Verset 3

Beth

בַּיהוה תִּתְהַלֵּל נַפְשִׁי
יִשְׁמְעוּ עֲנָוִים וְיִשְׂמָחוּ׃

En **IHWH mon âme se louera**

ils écouteront **les** humbles **et** ils **se** réjouiront.

ἐν τῷ κυρίῳ ἐπαινεσθήσεται ἡ ψυχή μου ·
ἀκουσάτωσαν πραεῖς καὶ εὐφρανθήτωσαν.

Dans ***le*** **Seigneur mon âme se louera** *;*

qu'ils écoutent **les** *doux* **et** *qu'ils* **se** *réjouissent.*

Verset 4

Guimel

גַּדְּלוּ לַיהוה אִתִּי
וּנְרוֹמְמָה שְׁמוֹ יַחְדָּו׃

Magnifiez IHWH avec moi

et exaltons son Nom ensemble.

μεγαλύνατε τὸν κύριον σὺν ἐμοί,
καὶ ὑψώσωμεν τὸ ὄνομα αὐτοῦ ἐπὶ τὸ αὐτό.

Magnifiez le Seigneur avec moi,

et exaltons son Nom ensemble

Verset 5

Daleth

דָּרַשְׁתִּי אֶת־יהוה וְעָנָנִי
וּמִכָּל־מְגוּרוֹתַי הִצִּילָנִי׃

ἐξεζήτησα τὸν κύριον, καὶ ἐπήκουσέν μου
καὶ ἐκ πασῶν τῶν παροικιῶν (*) μου ἐρρύσατό με.

(*) Nous suivons la variante signalée dans l'apparat critique du Codex Alexandrinus : θλιψέων.

J'ai cherché **IHWH et il m'a** *répondu*
et de toutes mes épouvantes **il m'a délivré.**

J'ai *recherché* **le Seigneur, et il m'a** *entendu*
et de toutes mes *oppressions* **il m'a délivré.**

Verset 6

Hé

הִבִּיטוּ אֵלָיו וְנָהָרוּ
וּפְנֵיהֶם אַל־יֶחְפָּרוּ׃

προσέλθατε πρὸς αὐτὸν καὶ φωτίσθητε,
καὶ τὰ πρόσωπα ὑμῶν οὐ μὴ καταισχυνθῇ.

Ils ont regardé **vers lui** et ils ont resplendi
et que leurs **faces ne** soient **pas couvertes de honte.**

Approchez **vers lui** *et soyez illuminés,*
et *vos* **faces ne** *seront* **pas couvertes de honte.**

Verset 7

Zaïn

זֶה עָנִי קָרָא
וַיהוה שָׁמֵעַ
וּמִכָּל־צָרוֹתָיו הוֹשִׁיעוֹ׃

οὗτος ὁ πτωχὸς ἐκέκραξεν,
καὶ ὁ κύριος εἰσήκουσεν αὐτοῦ
καὶ ἐκ πασῶν τῶν θλίψεων αὐτοῦ ἔσωσεν αὐτόν.

L'humble **celui-ci a** appelé
et IHWH a écouté
et de toutes ses oppressions il l'a sauvé.

Le pauvre **celui-ci a** *crié*,
et le Seigneur *l'a exaucé*
et de toutes ses oppressions il l'a sauvé.

Verset 8

Heth

חֹנֶה מַלְאַךְ־יהוה
סָבִיב לִירֵאָיו
וַיְחַלְּצֵם׃

Il campe l'**ange de IHWH**
autour de ceux qui le craignent
et il les libère.

παρεμβαλεῖ ἄγγελος κυρίου
κύκλῳ τῶν φοβουμένων αὐτὸν
καὶ ῥύσεται αὐτούς.

Un **ange du Seigneur** *[se] positionnera*
autour de ceux qui le craignent
et il les *délivrera.*

Verset 9

Teth

טַעֲמוּ וּרְאוּ כִּי־טוֹב יהוה
אַשְׁרֵי הַגֶּבֶר יֶחֱסֶה־בּוֹ׃

Goûtez et voyez qu'il **est bon IHWH**
bonheurs de **l'homme** fort **qui** se réfugie **en lui.**

γεύσασθε καὶ ἴδετε ὅτι χρηστὸς ὁ κύριος ·
μακάριος ἀνήρ, ὅς ἐλπίζει ἐπ᾽αὐτόν.

Goûtez et voyez *que* **le Seigneur est bon :**
heureux **l'homme qui** *espère* **en lui.**

Verset 10

Yod

יְראוּ אֶת־יהוה קְדֹשָׁיו
כִּי־אֵין מַחְסוֹר לִירֵאָיו׃

Craignez IHWH [vous] **ses saints**
car pas de manque pour ceux qui le craignent.

φοβήθητε τὸν κύριον, οἱ ἅγιοι αὐτοῦ,
ὅτι οὐκ ἔστιν ὑστέρημα τοῖς φοβουμένοις αὐτόν.

Craignez le Seigneur, [vous] **ses saints,**
car *il n'y a* **pas de manque pour ceux qui le craignent.**

Verset 11

Kaf

כְּפִירִים רָשׁוּ וְרָעֵבוּ
וְדֹרְשֵׁי יהוה
לֹא־יַחְסְרוּ כָל־טוֹב׃

Des lionceaux sont démunis et affamés
et **ceux qui cherchent IHWH**
ne manqueront **d'aucun bien.**

πλούσιοι ἐπτώχευσαν καὶ ἐπείνασαν,
οἱ δὲ ἐκζητοῦντες τὸν κύριον
οὐκ ἐλαττωθήσονται παντὸς ἀγαθοῦ.
διάψαλμα.

Des *riches ont mendié et ont eu faim,*
mais **ceux qui** *re***cherchent le Seigneur**
ne *seront amoindris* **d'aucun bien.**
Intermède musical.

Verset 12

Lamed

לְכוּ־בָנִים שִׁמְעוּ־לִי
יִרְאַת יהוה אֲלַמֶּדְכֶם׃

Venez fils **écoutez-moi**
la crainte de IHWH je vous apprendrai.

δεῦτε, τέκνα, ἀκούσατέ μου·
φόβον κυρίου διδάξω ὑμᾶς.

Venez, *enfants,* **écoutez-moi** *;*
je vous *enseignerai* **la crainte du Seigneur.**

Verset 13

Mém

מִי־הָאִישׁ הֶחָפֵץ חַיִּים
אֹהֵב יָמִים לִרְאוֹת טוֹב׃

Qui est l'homme qui désire **la vie**
aimant des jours pour **voir** du bon[heur] ?

τίς ἐστιν ἄνθρωπος ὁ θέλων ζωὴν
ἀγαπῶν ἡμέρας ἰδεῖν ἀγαθάς ;

Qui est l'homme qui *veut* **la vie**
aimant voir *de bons jours ?*

Verset 14

Noun

נְצֹר לְשׁוֹנְךָ מֵרָע
וּשְׂפָתֶיךָ מִדַּבֵּר מִרְמָה׃

Préserve **ta langue du mal**
et tes lèvres de **parler de** tromperie.

παῦσον τὴν γλῶσσάν σου ἀπὸ κακοῦ
καὶ χείλη σου τοῦ μὴ λαλῆσαι δόλον.

Arrête **ta langue** *loin* **du mal**
et tes lèvres *pour ne pas* **parler de** *ruse.*

Verset 15

Samek

סוּר מֵרָע וַעֲשֵׂה־טוֹב בַּקֵּשׁ שָׁלוֹם וְרָדְפֵהוּ׃	*ἔκκλινον ἀπὸ κακοῦ καὶ ποίησον ἀγαθόν,* *ζήτησον εἰρήνην καὶ δίωξον αὐτήν.*
Détourne-toi loin du mal et fais du bien re**cherche la paix et poursuis-la.**	**Détourne-toi loin du mal et fais du bien,** **cherche la paix et poursuis-la.**

Verset 16

Aïn

עֵינֵי יהוה אֶל־צַדִּיקִים וְאָזְנָיו אֶל־שַׁוְעָתָם׃	*ὀφθαλμοὶ κυρίου ἐπὶ δικαίους,* *καὶ ὦτα αὐτοῦ εἰς δέησιν αὐτῶν.*
Les yeux de IHWH [sont] vers les **justes** **et ses oreilles vers leur** appel au secours.	**Les yeux du Seigneur** [sont] *sur des* **justes** **et ses oreilles vers leur** *supplication.*

Verset 17

Pé

פְּנֵי יהוה בְּעֹשֵׂי רָע לְהַכְרִית מֵאֶרֶץ זִכְרָם׃	*πρόσωπον δὲ κυρίου ἐπὶ ποιοῦντας κακὰ* *τοῦ ἐξολεθρεῦσαι ἐκ γῆς τὸ μνημόσυνον αὐτῶν.*
La face de IHWH contre **les faiseurs de** mal **pour** retrancher **de la terre leur souvenir.**	*Mais* **la face du Seigneur** *sur* **les faiseurs de** *maux* **pour** *exterminer* **de la terre leur souvenir.**

Verset 18

Çadé

צָעֲקוּ וַיהוה שָׁמֵעַ וּמִכָּל־צָרוֹתָם הִצִּילָם׃	*ἐκέκραξαν οἱ δίκαιοι, καὶ ὁ κύριος εἰσήκουσεν αὐτῶν* *καὶ ἐκ πασῶν τῶν θλίψεων αὐτῶν ἐρρύσατο αὐτούς.*
Ils **ont crié et IHWH** a écouté **et de toutes leurs oppressions il les a délivrés.**	*Les justes* **ont crié, et le Seigneur** *les a exaucés* **et de toutes leurs oppressions il les a délivrés.**

Verset 19

Qof

קָרוֹב יהוה לְנִשְׁבְּרֵי־לֵב
וְאֶת־דַּכְּאֵי־רוּחַ יוֹשִׁיעַ׃

Proche IHWH de ceux qui sont brisés de cœur

et il sauve ceux qui sont écrasés **en** [leur] **esprit.**

ἐγγὺς κύριος τοῖς συντετριμμένοις τὴν καρδίαν
καὶ τοὺς ταπεινοὺς τῷ πνεύματι σώσει.

Proche le Seigneur de ceux qui sont brisés de cœur

et il *sauvera les humbles* **en esprit.**

Verset 20

Resh

רַבּוֹת רָעוֹת צַדִּיק
וּמִכֻּלָּם יַצִּילֶנּוּ יהוה׃

Nombreux **les** maux du juste

et d'eux tous IHWH le délivre.

πολλαὶ αἱ θλίψεις τῶν δικαίων,
καὶ ἐκ πασῶν αὐτῶν ῥύσεται αὐτούς.

Nombreuses **les** *oppressions des justes,*

et *de toutes il les délivrera.*

Verset 21

Shîn

שֹׁמֵר כָּל־עַצְמוֹתָיו
אַחַת מֵהֵנָּה לֹא נִשְׁבָּרָה׃

Gardant **tous** ses **os**

pas un d'entre eux n'a été **brisé.**

κύριος φυλάσσει πάντα τὰ ὀστᾶ αὐτῶν,
ἓν ἐξ αὐτῶν οὐ συντριβήσεται.

Le Seigneur gardera **tous** *leurs* **os**,

pas un *d'eux ne sera* **brisé.**

Verset 22

Taw

תְּמוֹתֵת רָשָׁע רָעָה
וְשֹׂנְאֵי צַדִּיק יֶאְשָׁמוּ׃

Le mal fait mourir l'impie

et ceux qui haïssent le juste seront coupables.

θάνατος ἁμαρτωλῶν πονηρός,
καὶ οἱ μισοῦντες τὸν δίκαιον πλημμελήσουσιν.

La mort des pécheurs est mauvaise,

et ceux qui haïssent le juste *commettront une faute.*

Verset 23

פּוֹדֶה יְהוָה נֶפֶשׁ עֲבָדָיו	*λυτρώσεται κύριος ψυχὰς δούλων αὐτοῦ,*
וְלֹא יֶאְשְׁמוּ	*καὶ οὐ μὴ πλημμελήσωσιν*
כָּל־הַחֹסִים בּוֹ׃	*πάντες οἱ ἐλπίζοντες ἐπ'αὐτόν.*
IHWH rend libre l'âme **de ses serviteurs**	**Le Seigneur** *rachètera les âmes* **de ses serviteurs,**
et ils ne seront pas coupables	**et ils ne** *commettront aucune faute*
tous ceux qui se réfugient **en lui.**	**tous ceux qui** *espèrent* **en lui.**

Le psalmiste qui commence par bénir le Seigneur est un maître de sagesse ; écoutons.

Comme nous le lisons dans les notes des différentes Bibles, le titre renvoie le lecteur au Premier Livre de Samuel ch. 21, v.11 et suivants. Dans l'un et l'autre texte, les mêmes verbes hébreu - grec sont employés pour dire que, dans sa peur, David fit semblant d'être fou devant le roi de Gat qui le chassa. Nous ne faisons pas de commentaire ici sur les noms du roi qui est Akish en Samuel et là, Abimelek.

Puis, dans le psaume, nous remarquons l'absence du « waw » et le v.23 extérieur au procédé alphabétique.

Dès le verset 3, il est demandé aux humbles (T.M.) aux doux (LXX) d'écouter. La LXX traduisant habituellement la racine ענו avec le mot **πραΰς**. Les עֲנָוִים devenant peu à peu synonymes de « doux » ou « humbles ». Avec le verbe suivant invitant à se réjouir, nous voyons que l'écoute est liée à la joie.

Au verset 4 a, le psalmiste invite à dire la grandeur de Dieu avec un impératif ; puis au stique b il s'exprime avec un cohortatif Polel 1re plur. pour une exaltation, ensemble, du Nom de IHWH.

La LXX avec l'emploi du subjonctif aoriste et « **ἐπὶ τὸ αὐτό** », reprend la même exaltation du Nom divin.

Au verset 5, le psalmiste, en s'exprimant avec le pronom personnel sujet d'un verbe à la 1re personne du singulier : *« j'ai cherché IHWH »*, se présente comme l'humble, modèle de ceux qui étaient appelés à écouter au v.3. Sa recherche de IHWH met en lumière la réponse de Dieu qui l'a délivré de toutes ses *« terreurs »* ou *« épouvantes »* dans le T.M. Le mot מְגוּרָה n'a que deux autres occurrences : Es 66.4 et Pr 10.24. La LXX, en traduisant par **παροικιῶν** se réfère à un autre mot hébreu issu d'une autre racine de même forme et de sens différent : גור.

Puis, au verset 6 ce sont les humbles qui ont regardé vers IHWH et qui ont resplendi. Des traducteurs suivent des manuscrits hébreux qui donnent les deux verbes à l'impératif : *« Regardez vers lui et soyez radieux »*. Osty traduit : *« Regardez vers lui : vous serez radieux »*. Que nous lisions l'indicatif ou l'impératif, le T.M. associe le regard vers Dieu au resplendissement qui en découle naturellement ; les visages ne seront pas couverts de honte.

Les traducteurs grecs ont lu l'impératif ; seulement le premier verbe : « regardez » a été traduit *« approchez »*. Un verbe qui exprime un mouvement, une démarche à faire vers Dieu pour être illuminé. Quand on a aussi en mémoire des versets bibliques où s'approcher vers Dieu c'est s'exposer à en mourir, on peut entendre ici une invitation hardie.

Tandis qu'au v.3 il est demandé aux humbles d'écouter, au verset 7 c'est IHWH qui a écouté l'humilié. Le T.M. reprend la racine שׁמע employée au v.3 ; la LXX, qui donne le verbe **εἰσακούω**, attire l'attention du lecteur sur l'emploi d'un verbe différent de celui du v.3. Ici, avec Dieu qui écoute, le pauvre qui appelle est exaucé.

D'une part, « l'écoute », des humbles (v.3) et de Dieu (v.7), forme une inclusion. D'autre part, nous remarquons que ce v.7 fait écho au v.5 où IHWH avait délivré le psalmiste de toutes ses épouvantes ou ses oppressions. L'emploi du singulier dans l'un et l'autre des versets peut confirmer que le psalmiste est : « l'humble ».

Avec le verset 8 qui revient sur l'œuvre de délivrance grâce à un messager, comme ce fut pour David en 1 S 23.27, un autre volet du psaume s'ouvre avec la mention de ceux qui craignent IHWH.

Nous faisons une remarque sur le participe חֹנֶה qui a été traduit par la LXX avec le futur de **παρεμβάλλω**. Le messager ou l'ange s'installe en défense comme un corps militaire autour des craignants-Dieu. Nous sentons là une résonance militaire avec l'ange identifié à un chef d'armée. Le verbe **παρεμβάλλω** est un hapax dans le Psautier.

Dans le N.T. il est également un hapax en Lc 19.43 dans l'annonce de la ruine de Jérusalem ; pour elle des jours viendront où ses ennemis établiront / **παρεμβαλοῦσιν** des palissades contre elle.

Au verset 9 : IHWH est bon ! Deux impératifs invitent à goûter et à voir cette bonté ; à l'expérimenter. Meschonnic a traduit : « sentez et voyez ». Le verbe **γεύομαι** est ici un hapax dans le Psautier.

Nous pouvons remarquer la finale de ce verset : *« bonheur de l'homme fort qui se réfugie en lui » (T.M.), « qui espère en lui » (LXX)*, car le psaume se termine sur *« tous ceux qui se réfugient en lui » ou « qui espèrent en lui »*.

Avec le bonheur, pour qui a son refuge en Dieu, il y a le rassasiement : versets 10 et 11. Au verset 10, il ne manque rien à ceux qui le craignent. La LXX emploie le substantif **ὑστέρημα**. Il est un hapax dans le Psautier, et nous n'avons que cinq autres cas dans la Bible grecque : Jg 18.10 ; 19.19 ; 19.20 ; II Esd 6.9 ; Ec 1.15.

Au verset 11, ce sont ceux qui cherchent IHWH qui ne manqueront d'aucun bien. Le T.M. donne la même racine qu'au v.10 : חסר. Dans la LXX, ceux qui recherchent le Seigneur ne seront amoindris / **ἐλαττωθήσονται** d'aucun bien. Un verbe que nous avons déjà rencontré dans le Ps 8.5 et ce sont les deux seuls cas dans le Psautier. Mais la LXX a lu le début de ce verset 11 différemment du T.M. Des lionceaux, dans lesquels nous pouvons voir des ennemis, sont dépourvus avec l'accompli Qal 3e pluriel de la racine רושׁ. Pour les traducteurs grecs ce sont des riches qui ont mendié avec le verbe **πτωχεύω** ; ainsi, le jeu de mot « richesse – pauvreté » est mis en évidence dans le texte grec. C'est ici le seul cas où **πτωχεύω**, très peu employé par la LXX, traduit la racine רוּשׁ.

Dans le Psautier on ne retrouve **πτωχεύω** que dans le Ps 79 (78).8 pour l'hébreu דָּלַל / être faible, amoindri.

Dans le N.T. **πτωχεύω** est un hapax en 2 Co 8.9 : Le Christ, de riche qu'Il était *« s'est fait pauvre /* **ἐπτώχευσεν** » pour enrichir de sa pauvreté.

<u>Verset 12</u> : Voici notre maître de sagesse : *« Venez, fils, écoutez-moi »*, une formule que l'on trouve dans le Livre des Proverbes. Le psalmiste exhorte à écouter pour apprendre la crainte de IHWH.

Au <u>verset 13</u>, sous forme interrogative, il rend cette crainte désirable. Elle est source de vie et de bonheur pour l'homme. Nous sommes au cœur du psaume.

Alors, notre sage enseigne maintenant sur la manière de se comporter.

<u>Verset 14</u> : Surveiller sa langue. Le T.M. parle de garder ou de préserver sa langue avec le verbe de la racine נצר. Le sage de la LXX est plus exigeant : il demande d'arrêter sa langue, avec le verbe **παῦω**. C'est le seul cas dans la Bible où cette racine hébraïque est traduite par **παῦω**. De plus, ce verbe grec n'a qu'une autre occurrence dans le Psautier : Ps 37 (36).8 pour la racine רפה / laisser aller, négliger, abandonner.

Dans le corpus évangélique, le verbe **παῦω** est employé par Luc 5.4 : la pêche miraculeuse ; quand Jésus eut cessé / **ἐπαύσατο** de parler, il s'adresse à Simon 8.24 : au moment de la tempête Jésus menace le vent et la houle du flot et ils cessèrent / **ἐπαύσαντο** ; et 11.1 : quand Jésus eut cessé / **ἐπαύσατο** de prier un de ses disciples lui demande de leur apprendre à prier.

Les versets suivants décrivent la politique de IHWH : Il est contre ceux qui font le mal et il délivre les justes.

Dans certaines traductions l'ordre alphabétique des versets 16-17 est interverti, le verset 18 trouvant mieux son sens après le v.16. Ces traducteurs, Dhorme et Osty par exemple, se justifient en rappelant l'ordre primitif des lettres פ avant ע.

Le sujet « ils » du verbe crier au <u>verset 18</u> est précisé dans la LXX : ce sont les justes.

Dans ce verset, nous remarquons que IHWH a écouté comme au v.7.

Le <u>verset 19</u> « Il sauve les esprits écrasés » rappelle encore le v.7 où IHWH a sauvé l'humilié de toutes ses oppressions. Le verbe דַּכָּא qui peut exprimer un écrasement jusqu'à en être réduit en poudre a été affaibli dans la LXX avec le mot **ταπεινούς**.

IHWH qui est proche des cœurs brisés garde tous les os du juste : pas un ne sera brisé au <u>verset 21</u> ; ce juste qui rappelle au lecteur l'agneau dont les os n'étaient pas brisés dans la Pâque juive, invite à aller plus loin, et à relire ce verset dans le N.T. en Jn 19.36.

Au verset 22 le mal ou le malheur fait mourir l'impie dans le T.M. ; cela veut dire que le mal que l'impie fait au juste retombe sur lui jusqu'à le faire mourir. Dans La LXX : *« la mort des pécheurs est mauvaise »* nous sommes passés d'une action qui peut se prolonger dans un futur avec le T.M. à un état de fait : les pécheurs sont mauvais, leur mort est mauvaise.

Les verbes : hébreu de la racine **אשׁם** et grec **πλημμελέω** du v.22 se rapportant à ceux qui haïssent reviennent au verset 23 ; là, inversement, ce sont ceux qui se réfugient en IHWH ou qui espèrent en lui qui ne seront coupables d'aucune faute.

Dans le Psautier, on a également **πλημμελέω** dans le Ps 119 (118).67 pour l'hébreu **שׁגג** / s'égarer ; et c'est là le seul cas dans la Bible où **שׁגג** est traduit par ce verbe grec. Il n'a aucune occurrence dans le N.T.

Grâce au v.23, le psaume se termine sur ceux qui se réfugient en IHWH comme au v.9 ; et il rend libre ou rachètera l'âme de ses serviteurs comme il rend libre ou rachète Israël de toutes ses oppressions au v.22 du psaume 25 (24).

***

Dans le psaume, le maître qui enseigne la crainte de Dieu ouvre un chemin. À celui qui le craint, Dieu assure une libération du mal ou du malheur.

À l'impératif qui exhorte à écouter, répond un indicatif déclaratif : Dieu a écouté.

Une crainte, une écoute qui rendent Dieu présent. C'est un chemin de sagesse nous dit le psalmiste sur lequel on pourra trouver : le goût de chercher Dieu, et vie et bonheur.

PSAUME 35 (34)

Verset 1

לְדָוִד רִיבָה יְהוָה אֶת־יְרִיבַי לְחַם אֶת־לֹחֲמָי׃	***Τῷ Δαυιδ.*** ***Δίκασον, κύριε, τοὺς ἀδικοῦντάς με,*** ***πολέμησον τοὺς πολεμοῦντάς με.***
De David.	**De David.**
Accuse **IHWH ceux qui** m'accusent	*Juge,* **Seigneur, ceux qui** *sont injustes avec moi,*
Combats ceux qui me combattent.	**Combats ceux qui me combattent.**

Verset 2

הַחֲזֵק מָגֵן וְצִנָּה וְקוּמָה בְּעֶזְרָתִי׃	*ἐπιλαβοῦ ὅπλου καὶ θυρεοῦ* *καὶ ἀνάστηθι εἰς βοήθειάν μου,*
Saisis bouclier **et pavois**	**Saisis** *arme* **et pavois**
et lève-toi à mon secours	**et lève-toi à mon secours,**

Verset 3

וְהָרֵק חֲנִית וּסְגֹר לִקְרַאת רֹדְפָי אֱמֹר לְנַפְשִׁי יְשֻׁעָתֵךְ אָנִי׃	*ἔκχεον ῥομφαίαν καὶ σύγκλεισον* *ἐξ ἐναντίας τῶν καταδιωκόντων με·* *εἰπὸν τῇ ψυχῇ μου Σωτηρία σου ἐγώ εἰμι.*
et tire lance **et** javelot	*sors le glaive* **et** *serre les rangs*
au **devant de ceux qui me poursuivent.**	**devant ceux qui me poursuivent.**
Dis à mon âme : « ton salut [c'est] **moi ».**	**Dis à mon âme : « moi** je *suis* **ton salut** ».

Verset 4

יֵבֹשׁוּ וְיִכָּלְמוּ מְבַקְשֵׁי נַפְשִׁי יִסֹּגוּ אָחוֹר וְיַחְפְּרוּ חֹשְׁבֵי רָעָתִי׃	*αἰσχυνθήτωσαν καὶ ἐντραπήτωσαν* *οἱ ζητοῦντες τὴν ψυχήν μου,* *ἀποστραφήτωσαν εἰς τὰ ὀπίσω καὶ καταισχυνθήτωσαν* *οἱ λογιζόμενοί μοι κακά.*
Ils auront honte **et** seront déshonorés	*Qu'ils soient honteux* **et** *confondus*
ceux qui recherchent **mon âme**	**ceux qui** *cherchent* **mon âme,**
ils reculeront **en arrière et** ils rougiront	*qu'ils retournent* **en arrière et** *soient couverts de honte*
ceux qui pensent mon malheur.	**ceux qui** *réfléchissent à des malheurs pour moi,*

Verset 5

יִהְיוּ כְּמֹץ לִפְנֵי־רוּחַ וּמַלְאַךְ יְהוָה דּוֹחֶה׃	*γενηθήτωσαν ὡσεὶ χνοῦς κατὰ πρόσωπον ἀνέμου,* *καὶ ἄγγελος κυρίου ἐκθλίβων αὐτούς·*
Ils seront **comme** bale **à la face du vent**	*Qu'ils deviennent* **comme** *poussière* **à la face du vent,**
et [que] l'**ange de IHWH** pousse.	**et** *qu'un* **ange du Seigneur** *les écrase.*

Verset 6

יְהִי־דַרְכָּם חֹשֶׁךְ וַחֲלַקְלַקּוֹת
וּמַלְאַךְ יהוה רֹדְפָם׃

Que leur chemin soit ténèbre et glissades
et [que] l'**ange de IHWH les poursuive.**

γενηθήτω ἡ ὁδὸς αὐτῶν σκότος καὶ ὀλίσθημα,
καὶ ἄγγελος κυρίου καταδιώκων αὐτούς·

Que leur chemin devienne ténèbre et glissade,
et *qu'un* **ange du Seigneur les poursuive !**

Verset 7

כִּי־חִנָּם טָמְנוּ־לִי
שַׁחַת רִשְׁתָּם
חִנָּם חָפְרוּ לְנַפְשִׁי׃

Car, sans raison **ils ont** dissimulé **pour moi**
une fosse**, leur filet,**
sans raison ils ont creusé pour **mon âme.**

ὅτι δωρεὰν ἔκρυψάν μοι
διαφθορὰν παγίδος αὐτῶν,
μάτην ὠνείδισαν τὴν ψυχήν μου.

car *gratuitement* **ils ont** *caché* **pour moi**
leur filet *destructeur,*
sans raison ils ont *outragé* **mon âme.**

Verset 8

תְּבוֹאֵהוּ שׁוֹאָה
לֹא־יֵדָע
וְרִשְׁתּוֹ אֲשֶׁר־טָמַן תִּלְכְּדוֹ
בְּשׁוֹאָה יִפָּל־בָּהּ׃

Que lui vienne la destruction
sans qu'il [la] connaisse
et son filet **qu'**il a dissimulé **qu'il** le prenne !
dans la destruction qu'il y tombe !

ἐλθέτω αὐτοῖς παγίς,
ἣν οὐ γινώσκουσιν,
καὶ ἡ θήρα, ἣν ἔκρυψαν, συλλαβέτω αὐτούς,
καὶ ἐν τῇ παγίδι πεσοῦνται ἐν αὐτῇ.

Que *leur arrive un filet,*
qu'ils ne connaissent pas,
et *le rets de chasse,* **qu'***ils ont caché,* **qu'il** *les saisisse,*
et **dans** *ce filet même ils tomberont.*

Verset 9

וְנַפְשִׁי תָּגִיל בַּיהוה
תָּשִׂישׂ בִּישׁוּעָתוֹ׃

Et mon âme exultera en IHWH
sera en liesse **dans son salut.**

ἡ δὲ ψυχή μου ἀγαλλιάσεται ἐπὶ τῷ κυρίῳ,
τερφθήσεται ἐπὶ τῷ σωτηρίῳ αὐτοῦ ·

Et mon âme exultera dans le Seigneur,
se délectera **dans son salut.**

Verset 10

כָּל עַצְמוֹתַי ׀ תֹּאמַרְנָה
יהוה מִי כָמוֹךָ
מַצִּיל עָנִי מֵחָזָק מִמֶּנּוּ
וְעָנִי וְאֶבְיוֹן מִגֹּזְלוֹ׃

πάντα τὰ ὀστᾶ μου ἐροῦσιν
Κύριε, τίς ὅμοιός σοι ;
ῥυόμενος πτωχὸν ἐκ χειρὸς στερεωτέρων αὐτοῦ
καὶ πτωχὸν καὶ πένητα ἀπὸ τῶν διαρπαζόντων αὐτόν.

Tous mes os dironts
« **IHWH qui est** comme **toi ?**
délivrant l'humilié d'un **plus** fort **que lui**
et l'humilié et le **pauvre de** son voleur ».

Tous mes os diront :
« **Seigneur, qui est** *semblable à* **toi ?**
délivrant *un pauvre de la main de* **plus** *robustes* **que lui**
et *un* **pauvre** *et un indigent* **de** *ceux qui le mette en pièces».*

Verset 11

יְקוּמוּן עֵדֵי חָמָס
אֲשֶׁר לֹא־יָדַעְתִּי יִשְׁאָלוּנִי׃

ἀναστάντες μάρτυρες ἄδικοι
ἃ οὐκ ἐγίνωσκον ἠρώτων με ·

Se lèvent **des témoins** de violence
ils me demandent **ce que je ne** connais **pas.**

Des témoins *injustes s'étant levés*
m'interrogeaient sur **ce que je ne** *connaissais* **pas.**

Verset 12

יְשַׁלְּמוּנִי רָעָה תַּחַת טוֹבָה
שְׁכוֹל לְנַפְשִׁי׃

ἀνταπεδίδοσάν μοι πονηρὰ ἀντὶ καλῶν
καὶ ἀτεκνίαν τῇ ψυχῇ μου.

Ils me rendent le **mal pour** le **bien** :
une privation d'enfant **pour mon âme.**

Ils me *rendaient un* **mal pour** *un* **bien**
et [c'était] **une** *stérilité* **pour mon âme.**

Verset 13

וַאֲנִי ׀ בַּחֲלוֹתָם
לְבוּשִׁי שָׂק
עִנֵּיתִי בַצּוֹם נַפְשִׁי
וּתְפִלָּתִי עַל־חֵיקִי תָשׁוּב׃

ἐγὼ δὲ ἐν τῷ αὐτοὺς παρενοχλεῖν μοι
ἐνεδυόμην σάκκον
καὶ ἐταπείνουν ἐν νηστείᾳ τὴν ψυχήν μου,
καὶ ἡ προσευχή μου εἰς κόλπον μου ἀποστραφήσεται.

Et moi, quand eux étaient malades
mon vêtement [était] **un sac**
j'humiliais dans un jeûne mon âme

Et moi *pendant qu'ils m'inquiétaient*
*je me revêtais d'***un sac**
et **j'humiliais dans un jeûne mon âme,**

et ma prière sur **mon sein** retournait.	**et ma prière** *retournera vers* **mon sein.**

Verset 14

כְּרֵֽעַ־כְּאָ֣ח לִ֭י הִתְהַלָּ֑כְתִּי כַּאֲבֶל־אֵ֝֗ם קֹדֵ֥ר שַׁחֽוֹתִי׃	ὡς πλησίον, ὡς ἀδελφὸν ἡμέτερον, οὕτως εὐηρέστουν · ὡς πενθῶν καὶ σκυθρωπάζων, οὕτως ἐταπεινούμην.
Comme [pour] **un** ami **comme** [pour] mon **frère**	**Comme** [pour] **un** *proche,* **comme** [pour] *notre* **frère,**
j'allais et venais	*ainsi je m'efforçais de plaire*
comme endeuillé d'une mère	**comme endeuillé** *et* **assombri,**
assombri j'étais courbé.	*ainsi je m'humiliais.*

Verset 15

וּבְצַלְעִ֣י שָׂ֭מְחוּ וְֽנֶאֱסָ֑פוּ נֶאֶסְפ֬וּ עָלַ֣י נֵ֭כִים וְלֹ֣א יָדַ֑עְתִּי קָֽרְע֥וּ וְלֹא־דָֽמּוּ׃	καὶ κατ᾽ἐμοῦ ηὐφράνθησαν καὶ συνήχθησαν, συνήχθησαν ἐπ᾽ἐμὲ μάστιγες, καὶ οὐκ ἔγνων, διεσχίσθησαν καὶ οὐ κατενύγησαν.
Et dans ma boiterie **ils se sont réjouis et se sont** amassés	**Et** *contre moi* **ils se sont réjouis et se sont** *rassemblés,*
ils se sont amassés **contre moi,**	**ils se sont** *rassemblés* **contre moi**
m'ont frappé **et je** ne connais **rien**	*[avec] coups de fouet,* **et je** *n'ai* **rien** *connu,*
ils ont déchiré **et n'ont pas** arrêté.	**ils ont** *été divisés* **et n'ont pas** *eu de regret.*

Verset 16

בְּ֭חַנְפֵי לַעֲגֵ֣י מָע֑וֹג חָרֹ֖ק עָלַ֣י שִׁנֵּֽימוֹ׃	ἐπείρασάν με, ἐξεμυκτήρισάν με μυκτηρισμόν, ἔβρυξαν ἐπ᾽ἐμὲ τοὺς ὀδόντας αὐτῶν.
Avec hypocrites, moqueurs grimaçants	*Ils m'ont mis à l'épreuve m'ont raillé de moqueries,*
ils font **grincer contre moi leurs dents.**	**ils** *ont fait* **grincer contre moi leurs dents.**

Verset 17

אֲדֹנָי כַּמָּה תִּרְאֶה
הָשִׁיבָה נַפְשִׁי
מִשֹּׁאֵיהֶם
מִכְּפִירִים יְחִידָתִי׃

κύριε, πότε ἐπόψῃ ;
ἀποκατάστησον τὴν ψυχήν μου
ἀπὸ τῆς κακουργίας αὐτῶν,
ἀπὸ λεόντων τὴν μονογενῆ μου.

Seigneur combien [de temps] verras-tu ?
Fais retourner **mon âme**
loin **de** leurs destructions,
loin **des** lionceaux **mon unique.**

Seigneur, *quand regarderas-tu ?*
Sauvegarde **mon âme**
de *leur malice,*
des *lions* **mon unique.**

Verset 18

אוֹדְךָ בְּקָהָל רָב
בְּעַם עָצוּם אֲהַלְלֶךָּ׃

ἐξομολογήσομαί σοι, κύριε, ἐν ἐκκλησίᾳ πολλῇ,
ἐν λαῷ βαρεῖ αἰνέσω σε.

Je te rendrai grâce dans une nombreuse assemblée
dans un peuple puissant **je te louerai.**

Je te rendrai grâce, *Seigneur,* **dans une assemblée nombreuse,**
dans un peuple *considérable* **je te louerai.**

Verset 19

אַל־יִשְׂמְחוּ־לִי
אֹיְבַי שֶׁקֶר
שֹׂנְאַי חִנָּם
יִקְרְצוּ־עָיִן׃

μὴ ἐπιχαρείησάν μοι
οἱ ἐχθραίνοντές μοι ἀδίκως,
οἱ μισοῦντές με δωρεάν
καὶ διανεύοντες ὀφθαλμοῖς.

Qu'ils ne se réjouissent **pas de moi**
mes ennemis de mensonge
ceux qui me haïssent sans raison
qu'ils ne fassent pas de **clins d'œil.**

Qu'ils ne *rient* **pas de moi**
ceux qui m'ont en inimitié injustement,
ceux qui me haïssent *gratuitement*
et ceux qui font des **clins d'œil.**

Verset 20

כִּי לֹא שָׁלוֹם יְדַבֵּרוּ
וְעַל רִגְעֵי־אֶרֶץ
דִּבְרֵי מִרְמוֹת יַחֲשֹׁבוּן׃

Car ce n'est pas de paix qu'ils parlent

et contre les gens tranquilles de la terre

ils pensent des paroles de tromperie.

ὅτι ἐμοὶ μὲν εἰρηνικὰ ἐλάλουν

καὶ ἐπ' ὀργὴν δόλους διελογίζοντο

Car *à moi certes ils parlaient de manière pacifique*

et dans la colère ils calculaient des ruses

Verset 21

וַיַּרְחִיבוּ עָלַי פִּיהֶם
אָמְרוּ הֶאָח ׀ הֶאָח
רָאֲתָה עֵינֵינוּ׃

Et ils ouvrent **large leur bouche contre moi**

ils disent : « ah ! ah !

Notre œil a **vu ! »**

καὶ ἐπλάτυναν ἐπ' ἐμὲ τὸ στόμα αὐτῶν,

εἶπαν Εὖγε, εὖγε,

εἶδαν οἱ ὀφθαλμοὶ ἡμῶν.

et ils *ont ouvert* **large leur bouche contre moi**,

ils *ont dit* **:** *«bien fait, bien fait,*

nos yeux ont **vu ! »**

Verset 22

רָאִיתָה יהוה אַל־תֶּחֱרַשׁ
אֲדֹנָי אַל־תִּרְחַק מִמֶּנִּי׃

Tu as vu, IHWH, ne sois **pas** sourd

Seigneur ne sois **pas** loin **de moi** !

εἶδες, κύριε, μὴ παρασιωπήσῃς,

κύριε, μὴ ἀποστῇς ἀπ' ἐμοῦ ·

Tu as vu, Seigneur, ne *garde* **pas** *le silence,*

Seigneur, ne *t'écarte* **pas de moi !**

Verset 23

הָעִירָה וְהָקִיצָה לְמִשְׁפָּטִי
אֱלֹהַי וַאדֹנָי לְרִיבִי׃

Éveille-toi et réveille-toi pour **mon jugement**

mon Dieu et mon Seigneur pour mon accusation.

ἐξεγέρθητι, κύριε, καὶ πρόσχες τῇ κρίσει μου,

ὁ θεός μου καὶ ὁ κύριός μου, εἰς τὴν δίκην μου.

Éveille-toi, *Seigneur, sois attentif à* **mon jugement,**

mon Dieu et mon Seigneur, pour *ma justice.*

Verset 24

שָׁפְטֵנִי כְצִדְקְךָ	*κρῖνόν με κατὰ τὴν δικαιοσύνην σου,*
יהוה אֱלֹהָי	*κύριε ὁ θεός μου,*
וְאַל־יִשְׂמְחוּ־לִי׃	*καὶ μὴ ἐπιχαρείησάν μοι ·*
Juge-moi selon ta justice	**Juge-moi selon ta justice**,
IHWH mon Dieu	**Seigneur mon Dieu**,
et qu'ils ne se réjouissent pas à mon sujet.	**et qu'ils ne** *rient plus de moi.*

Verset 25

אַל־יֹאמְרוּ בְלִבָּם	*μὴ εἴπαισαν ἐν καρδίαις αὐτῶν*
הֶאָח נַפְשֵׁנוּ	*Εὖγε εὖγε τῇ ψυχῇ ἡμῶν ·*
אַל־יֹאמְרוּ בִּלַּעֲנוּהוּ׃	*μηδὲ εἴπαισαν Κατεπίομεν αὐτόν.*
Qu'ils ne disent pas **dans leur cœur :**	**Qu'ils ne** *puissent dire* **dans leur cœur :**
« Ah ! **notre âme ! »**	« *bien fait, bien fait pour* **notre âme » !**
Qu'ils ne disent pas **: « Nous l'avons avalé ! »**	*Et qu'ils ne puissent dire :* **« Nous l'avons avalé ! »**

Verset 26

יֵבֹשׁוּ וְיַחְפְּרוּ ׀ יַחְדָּו	*αἰσχυνθείησαν καὶ ἐντραπείησαν ἅμα*
שְׂמֵחֵי רָעָתִי	*οἱ ἐπιχαίροντες τοῖς κακοῖς μου,*
יִלְבְּשׁוּ־בֹשֶׁת וּכְלִמָּה	*ἐνδυσάσθωσαν αἰσχύνην καὶ ἐντροπὴν*
הַמַּגְדִּילִים עָלָי׃	*οἱ μεγαλορρημονοῦντες ἐπ᾽ ἐμέ.*
Qu'ils aient **honte et** qu'ils rougissent **ensemble**	*Puissent-ils avoir* **honte et** *puissent-ils être confondus* **ensemble**
ceux qui se réjouissent **de** mon malheur.	**eux qui** *rient* **de** *mes malheurs,*
Qu'ils soient vêtus **de honte et de** déshonneur	**qu'ils soient** *revêtus* **de honte et de** *confusion*
ceux qui se grandissent **contre moi**.	**eux qui** *parlent avec jactance* **contre moi**.

Verset 27

יָרֹנּוּ וְיִשְׂמְחוּ חֲפֵצֵי צִדְקִי וְיֹאמְרוּ תָמִיד יִגְדַּל יהוה הֶחָפֵץ שְׁלוֹם עַבְדּוֹ׃	***ἀγαλλιάσαιντο καὶ εὐφρανθείησαν*** ***οἱ θέλοντες τὴν δικαιοσύνην μου*** ***καὶ εἰπάτωσαν διὰ παντός*** ***Μεγαλυνθήτω ὁ κύριος,*** ***οἱ θέλοντες τὴν εἰρήνην τοῦ δούλου αὐτοῦ.***
Qu'ils crient de joie **et** se réjouissent **ceux qui** désirent **ma justice** **et qu'ils disent continuellement :** « Il est grand **IHWH**, qui désire **la paix de son serviteur.** »	*Puissent-ils exulter* **et** *jubiler* **ceux qui** *veulent* **ma justice** **et qu'ils disent continuellement :** *« Que* **le Seigneur** *soit magnifié* *ceux qui veulent* **la paix de son serviteur** ».

Verset 28

וּלְשׁוֹנִי תֶּהְגֶּה צִדְקֶךָ כָּל־הַיּוֹם תְּהִלָּתֶךָ׃	***καὶ ἡ γλῶσσά μου μελετήσει τὴν δικαιοσύνην σου,*** ***ὅλην τήν ἡμέραν τὸν ἔπαινόν σου.***
Et ma langue murmurera **ta justice** **tout le jour ta louange.**	**Et ma langue** *méditera* **ta justice**, **tout le jour ta louange.**

Seigneur, personne n'est comme toi.

Le psalmiste du psaume 35 (34) commence par faire des demandes à Dieu avec un vocabulaire vigoureux.

Le verbe ריב, premier mot du psaume que nous avons déjà lu au v.21 du Ps 31 (30) prend là le sens d'une attaque en justice. Le psalmiste demanderait à Dieu d'être son juge. La LXX, avec l'impératif du verbe **δικάζω** s'adresse bien à Dieu pour qu'il fasse justice à ceux qui nuisent au psalmiste. Nous sommes dans le cadre d'un procès doublé d'un combat quasi physique.

Au verset 2 le persécuté demande à Dieu de prendre les armes. Le T.M. emploie les mots מָגֵן et צִנָּה signifiant respectivement : petit et grand bouclier ou pavois. Le grand bouclier / צִנָּה couvrant tout le corps. La LXX traduit צִנָּה avec le génitif **θυρεοῦ**. Dans le Psautier, c'est ici le seul cas où ce substantif grec est utilisé pour l'hébreu צִנָּה. Au Ps 76 (75).4 nous avons le second cas où, dans le Psautier encore, le mot **ὅπλον** traduit מָגֵן.

Dans le N.T. **θυρέος** est un hapax en Ep 6.16 où Paul utilise l'image de l'armure divine pour demander aux chrétiens de mener le combat de la foi : « **ἀναλαβόντες τὸν θυρεὸν τῆς πίστεως** ». Quant à **ὅπλον** c'est un hapax en Jn 18.3 pour le corpus évangélique : Dans le jardin de l'arrestation de Jésus la cohorte romaine et les gardes arrivent avec torches, lampes et armes / **ὅπλων**.

Au verset 3 l'impératif Hiphil הָרֵק de la racine ריק dont le sens premier est celui de « vider » signifie dans le contexte, « tirer ou dégainer la lance ». De même, la LXX avec le verbe **ἐκχέω**. Le mot חֲנִית / lance, a été lu exceptionnellement **ῥομφαίαν** dans la LXX. En effet, nous remarquons qu'à l'exception de 1 Ch 11.11.20 et du v.3 de ce psaume, le substantif **ῥομφαία** traduit l'hébreu חֶרֶב. Avec la lance, le T.M. mentionne le javelot / סְגֹר. Nous lisons le mot comme un substantif ; mais c'est une traduction incertaine puisqu'une autre interprétation est avancée pour lire un verbe à l'impératif Qal signifiant « fermer ». C'est dans ce sens qu'il est traduit dans la T.O.B. Avec le verbe **σύγκλεισον**, nous voyons dans quel sens les traducteurs grecs ont interprété le mot. Dans le contexte, notre traduction « serre les rangs » nous semble bien prendre en compte la leçon de la LXX.

Ces versets 2 et 3 qui peignent Dieu en tenue de guerrier bien armé expriment la puissance du secours que le psalmiste attend : Son salut est à la mesure de ce Dieu puissant ; son salut, c'est Dieu.

Contre ceux qui lui font la guerre, le psalmiste lui-même a ses armes. Comme des flèches il lance des imprécations ; elles sont comme des appels vers Dieu juste juge.

Les verbes du verset 4 qui nous sont connus prennent leur force dans leur répétition. La forme verbale Niphal de סוג que nous avons traduite par le verbe « reculer », a été lue par les traducteurs grecs avec **ἀποστρέφω**. Dans la Bible, sept fois la LXX emploie ce verbe pour סוג : Ici, dans les psaumes 40 (39).15 ; 70 (69).3 ; 78 (77).57 ; 129 (128).5 ; et en Es 42.17 ; Jr 45 (38 T.M.).22.

Le verset 5 rappelle le psaume 1 avec la bale à la face du vent. Ici, comme dans le Ps 1.4 **χνοῦς** traduit le mot מֹץ ; dans le Psautier, nous avons deux autres occurrences de ce substantif grec : Ps 18 (17).42 et 78 (77).27 dans lesquelles **χνοῦς** traduit עָפָר / poussière.

Au stique b de ce verset 5 un ange intervient pour pousser ceux qui trament le mal contre le psalmiste comme la bale ou la poussière chassée par le vent. Le T.M. emploie le participe דוֹחֶה/ poussant, au singulier. La LXX que nous suivons pour lire l'hébreu avec un suffixe pluriel a traduit d'une manière plus virulente ; avec le participe **ἐκθλίβων** le sort de ceux qui s'acharnent contre le psalmiste sera un peu plus que le simple effet du vent dans le T.M.

Puis, au verset 6, sur un chemin de ténèbres et de glissades, que l'ange de IHWH poursuive ceux qui poursuivent au v.3. Le substantif féminin hébreu toujours au pluriel : חֲלַקְלַקּוֹת n'a que trois occurrences : Ici dans le psaume, Jr 23.12 et Dn 11.21.34. Le mot **ὀλίσθημα** qui traduit ces trois occurrences hébraïques est encore employé dans deux psaumes où il traduit l'hébreu דְּחִי / faux pas, chute : 56 (55).14 et 116 (114).8.

Le persécuté est un innocent. À deux reprises dans le verset 7 et également au verset 19 l'adverbe חִנָּם / sans raison, insiste sur cette innocence. La LXX emploie deux adverbes différents. Le premier **δωρέαν** traduit toujours חִנָּם dans la Bible grecque. Quant à **μάτην**, nous remarquons qu'il traduit d'autres mots hébreux comme אָוֶן, évoquant l'iniquité, le malheur mais aussi la tromperie, une absence de valeur ; par exemple : הֶבֶל, שָׁוְא exprime l'inconsistance, le vide, le rien comme de la buée. Comme nous l'avons déjà vu dans d'autres psaumes le mot **διαφθοράν** / destruction ou ruine est employé habituellement pour l'hébreu שַׁחַת / fosse. Enfin, à la fin de ce v.7, tandis que le T.M. fait dire au psalmiste que *« sans raison ils ont creusé pour mon âme »*, dans la LXX, le psalmiste nous dit qu'*« ils ont outragé mon âme »*. Le verbe « creuser » vient assez bien avec l'image de la fosse dans le T.M. Le verbe **ὀνειδίζω** parlerait d'une nuisance verbale, peut-être moins dangereuse physiquement, à l'égard du psalmiste.

Le verset 8 qui formule un souhait de destruction avec deux fois le mot שׁוֹאָה donne un tour conclusif à la machination des persécuteurs exprimée dans les versets précédents : qu'ils tombent dans les filets qu'ils ont eux-mêmes tendus ! Seulement, curieusement, alors que jusqu'à ce verset nous avions affaire à des ennemis pluriels, ce verset 8, dans le T.M., vise un ennemi singulier. Serait-il à interpréter dans un sens collectif ? Nous le gardons en maintenant le point d'interrogation et en notant que nous pouvons lire dans la LXX le pluriel que l'on attendait. Le mot שׁוֹאָה / destruction est traduit deux fois par **παγίς** / filet ; et c'est ici les deux seuls cas dans toute la Bible, comme également l'écriture רִשְׁתּוֹ / **θήρα** est un hapax. Avec l'emploi du mot « filet » la LXX affaiblit le souhait exprimé dans le T.M. avec la « destruction ». Nous reviendrons sur ce mot au v.17.

Le psaume pourrait se terminer sur les versets 9 et 10. Dans le verset 9 le psalmiste exprime son action de grâce : Dieu a déjà fait œuvre de salut. L'inaccompli תָּשִׂישׂ a été lu par la LXX avec le verbe **τέρπω** que l'on peut lire dans le sens d'un rassasiement de bonheur. Dans deux autres psaumes nous voyons ce verbe grec pour שִׂישׂ : 68 (67).4 et 119 (118).14.

L'action de grâce se prolonge dans le verset 10 par une reconnaissance de l'incomparabilité de IHWH. Les os du psalmiste étant le sujet des verbes, le lecteur peut se demander si le suppliant est un malade ?

Ce qui est sûr, la suite du verset le confirme : personne ne peut être comme IHWH qui délivre le pauvre, l'humilié, l'indigent du fort et du voleur dans le T.M. ou de ceux qui le mettent en pièces dans la LXX. Notre traduction de la LXX tend à dire qu'on ne peut que mettre en pièces l'indigent ; il n'a rien, on ne peut donc pas le piller. Dans les quatre psaumes du Psautier où nous avons le verbe **διαρπάζω**, nous remarquons qu'ici il traduit la racine גזל ; dans le Ps 44 (43),11 c'est la racine שסה ; dans le Ps 89 (88).42 : racine שסס et dans le Ps 109 (108).11 il traduit la racine בזז. Mais tout n'est pas fini avec ces v.9 et 10.

Verset 11 Le psalmiste qui demandait à Dieu de se lever à son secours au v.2 voit des témoins de violence se lever contre lui. Le mot חָמָס / violence exprime la concrétisation d'une méchanceté. La LXX qui a traduit avec le mot **ἄδικοι** / injustes rappelle l'aspect juridique, qu'elle donne aux accusations, exprimé dès le premier verset. Elle peut également justifier des traductions comme « témoins de mensonge » ou « faux témoins ». La LXX encore, pourrait donner un juste commentaire de la suite du verset. Le verbe יִשְׁאָלוּנִי / ils me demandent, a été traduit dans la LXX avec l'imparfait **ἠρώτων**. Autrement dit, en suivant les traducteurs grecs nous pouvons imaginer le psalmiste au tribunal, face à un interrogatoire pour des crimes dont il ne sait rien du tout.

La situation est encore plus douloureuse au verset 12. Ces témoins de mensonge, le psalmiste les connaissait ; il leur avait fait du bien qu'ils rendent maintenant par un mal. Sa douleur est si profonde qu'il est comme un vivant privé d'enfant. Une expression qui fait l'objet de compréhensions différentes. Dhorme, par exemple, propose une correction pour lire *« on épie ma vie »* avec la racine שׂכך signifiant : se baisser pour épier. Nous préférons la traduction d'Osty : *« la désolation pour mon âme »* avec la note : *« traduction incertaine »*. Le Targum dit : *« Ils cherchent à rendre stérile mon âme »*. À l'exception de l'apocryphe 4 Maccabées, et de Sg 4.1, le mot **ἀτεκνία** est seulement dans ce psaume et en Es 47.9 pour שְׁכוֹל également. Nous gardons l'écriture du T.M. dans laquelle nous retrouvons la leçon de la LXX. Nous savons ce que représente, dans la Bible, la stérilité ; l'épreuve du psalmiste ressemblerait donc à celle d'une femme sans enfant.

Dans le N.T., nous trouvons une seule fois le mot **ἄτεκνος** en Lc 20.28, dans la question des Sadducéens sur la résurrection quand un homme épouse la veuve de son frère mort sans enfant.

Au verset 13, tandis que le T.M. rappelle la période où ceux qui tourmentent présentement le psalmiste étaient malades / בַּחֲלוֹתָם, la LXX en parle comme de ceux qui l'inquiétaient / **παρενοχλεῖν** au sens de lui créer des difficultés. Ce verbe grec est ici un hapax dans le Psautier. La traduction de la LXX donne un éclairage différent de celui du T.M. pour la suite. Ce serait à cause de ces outrages qu'il subissait que le psalmiste prenait le vêtement de pénitence ; alors que dans le T.M. ce serait l'expression d'une compassion. La fin du verset demande au lecteur de s'arrêter sur la prière du psalmiste qui retournait ou retournera sur son sein. Celui-ci a prié pour ceux qui faisaient le mal pour un bien (LXX) ; Sa prière qui *« retournait sur son sein »* évoquerait-elle une prière de forte intensité accompagnée d'une expression corporelle ? Vigouroux commente l'expression ainsi : *« c'est une coutume assez répandue en Orient, en particulier chez les Arabes, que, quand ils veulent prier très modestement, ils se courbent de manière que leur tête descende jusqu'aux genoux et que, par conséquent, leur bouche se trouve vis-à-vis de leur poitrine »*. On pourrait prolonger le questionnement. En revenant sur son sein, serait-elle une prière restée sans réponse ? Dieu n'exaucerait pas une prière faite pour ceux qui sont installés dans le Mal ; ou encore : serait-elle une prière douloureuse ? Des questions aussi denses que la prière du psalmiste.

Désemparé au verset 14 celui-ci allait et venait comme un homme dans le deuil lourd d'une mère. La LXX fait dire au psalmiste que, comme pour un proche qui serait comme « notre frère » il s'efforçait de plaire / **εὐηρέστουν**. Nous pouvons nous reporter au Ps. 26 (25).3 qui présente le cas הלך / **εὐαρεστέω** et dans lequel il est déjà commenté. Le psalmiste endeuillé et attristé de la LXX s'humiliait / **ἐταπεινούμην** ; celui du T.M. exprime l'humiliation physiquement avec le verbe שַׁחוֹתִי / j'étais courbé. Ces deux verbes hébreu / grec sont ici des hapax dans le Psautier. Les autres occurrences de cette correspondance sont dans le livre d'Ésaïe : 2.11.17 ; 25.12.

C'est sans fin ! Voilà la joie de voir boiter ou chuter l'innocent, et les moqueries.

Verset 15 : Dans le T.M. les ennemis se réjouissaient de la boiterie / צַלְעִי du psalmiste. Notre traduction, au plus près du sens de la racine צלע, suit celle de Meschonnic. Cependant, il s'agit bien d'un sentiment de joie que les ennemis éprouvent devant le trébuchement du psalmiste. La LXX souligne l'opposition, l'affrontement, avec les ennemis qui se sont réjouis contre le psalmiste. Puis, le mot נֵכִים qui signifie « estropié, abattu » n'est pas facile à lire dans la suite du verset, là où il est placé. Différentes lectures sont possibles dans lesquelles le mot est lu soit comme un adjectif, soit comme un substantif. Mannati qui suggère bien : « frappés » pour une lecture littérale du T.M., ajoute qu'on peut aussi lire « des étrangers ». C'est la traduction de Dhorme : *« contre moi se rassemblent aussi des étrangers que je ne connais pas ».* Chouraqui : *« ils rassemblent contre moi des agresseurs ».* Vesco suit un manuscrit de Qumrân pour lire : « des oppresseurs ». Osty : *« ils s'attroupent, s'attroupent contre moi, frappant à l'improviste ».* L'Ancien Testament interlinéaire hébreu – français qui donne : « des infirmes » rejoint la traduction de Meschonnic : « mutilés ». Après avoir pris connaissance de ces traductions possibles et incertaines, le choix reste toujours difficile à faire. Notre propre traduction prend en compte l'interprétation de la LXX qui fait intervenir des coups avec le mot : **μάστιγες**.

Au dernier stique du verset les ennemis du T.M. *« déchiraient et n'arrêtaient pas »* avec des verbes à l'accompli Qal. Le dernier דָמּוּ de la racine דמם signifie à la fois : être silencieux ou cesser de faire ce que l'on fait. Ces deux verbes sont à l'aoriste passif dans la LXX. Le premier, **διεσχίσθησαν** / **διασχίζω** est un hapax pour le Psautier. Traduit ici par « diviser » il peut aussi être compris dans le sens de « déchirer ». Puis, avec **κατανύσσω**, la LXX voit les ennemis, pourtant divisés ou déchirés, non repentis, non touchés par un sentiment de regret.

Dans le N.T. **κατανύσσω** est un hapax en Ac 2.37 : après le discours de Pierre, tous ceux qui ont entendu furent bouleversés / **κατενύγησαν**.

Avec le stique a du verset 16 nous nous retrouvons devant une difficulté à cause de l'expression : לַעֲגֵי מָעוֹג. Le mot מָעֹג n'a que deux occurrences dans la Bible : Ici et en 1 R 17.12 avec deux sens possibles : cercle ou galette ? Pour le v.16 de ce psaume, nous pouvons donc choisir le sens incertain de « cercle ». C'est le choix de Chouraqui. Mannati donne, en note, une traduction littérale : *« parmi des profanes des moqueurs de galettes »* qu'elle commente par ailleurs en se référant à des pratiques pénitentielles d'offrande de gâteaux de farine. Des pratiques pénitentielles qui suscitaient des moqueries. Elle-même a traduit ce stique : *« en profanateurs, ils se moquent des pains de pénitence ».* Notre propre traduction qui s'inspire de l'interprétation de la LXX se rapproche de la traduction et compréhension de Meschonnic.

On aura remarqué, bien sûr, le premier mot du verset : un adjectif substantivé construit masculin pluriel : חַנְפֵי dans lequel nous pouvons y reconnaître ceux qui trahissent, des hypocrites. La LXX qui, à cet endroit, emploie le verbe **πειράζω** insiste sur l'aspect éprouvant des moqueries pour le psalmiste.

Enfin, après ces moqueries ou railleries vient la colère manifestée par le grincement des dents. La mesure est comble ! *« Jusqu'à quand, Seigneur* ? »

Verset 17 : L'entrée en matière de la supplication est vive. La LXX a lu l'impératif Hiphil הָשִׁיבָה avec l'impératif **ἀποκατάστησον**. C'est le seul cas dans le Psautier où nous avons le verbe **ἀπο-καθίστημι** pour שׁוב. Comme au v.8 nous traduisons שֹׁאֵיהֶם par le mot « destruction » que Meschonnic commente ainsi : *« le mot désigne dans la Bible, une dévastation d'origine naturelle, une tempête dévastatrice. Et la dévastation qui en résulte. (...) Il ne s'agit pas d'un mal commis par des hommes. Même si le mot sert de métaphore dans Isaïe ».* Cependant, la LXX a compris le contraire en le traduisant par le substantif **κακουργία**. Et à l'exception de 2 M ce mot grec est ici un hapax dans l'A.T. L'interprétation de la LXX est fondée sur une forme de base non attestée : שׁוא (au lieu de שׁואה) et qui serait un hapax dans ce psaume.

Le mot **κακουργία** n'est pas dans le N.T. Mais nous pouvons lire : **κακοῦργος**, dans le sens de « malfaiteur ». Dans le corpus évangélique, le mot se trouve en Luc au moment de la crucifixion de Jésus avec les deux malfaiteurs : 23.32.33.39. Puis il est dans la deuxième lettre à Timothée 2.9 : Paul souffrant pour l'Évangile jusqu'à être enchaîné comme un malfaiteur.

L'action de grâce qui suit : verset 18 est exprimée au futur. Le psalmiste peut suggérer au lecteur de penser que la reconnaissance et la louange auront le dernier mot de la situation. Ceci, d'autant plus, que ce sera une louange dans une grande assemblée et dans un peuple puissant et considérable. L'adjectif עָצוּם exprime la puissance par le nombre que la LXX a traduit avec l'adjectif **βαρεῖ** et c'est ici le seul cas où elle emploie le mot pour cette racine hébraïque.

Les versets suivants qui semblent arriver là comme une surcharge peuvent être l'indice d'un psaume qui aurait souffert de corrections. Nous ne sommes pas en mesure de développer cette hypothèse et prenons les versets comme tels. Ils pourraient vouloir dire que les ennemis sont arrivés à ce qu'ils tramaient. De fait, ces impies, hypocrites, qui faisaient grincer leurs dents au v.16 pouvaient annoncer un pire.

En réaffirmant son innocence : verset 19 avec les deux adverbes חִנָּם et **δωρέαν** qui rappellent le v.7, le psalmiste réaffirme parallèlement la culpabilité de ses ennemis.

Au stique a de ce v.19 nous remarquons le jussif de la racine שׂמח: *« qu'ils ne se réjouissent pas de moi ».* Déjà, au v.7 le psalmiste parlait de ses ennemis comme des témoins de mensonge qui se réjouissaient de sa chute avec la même racine. Ici, la LXX emploie un nouveau verbe : **ἐπί-χαίρω** ; il apparaît ici pour la première fois dans les Psaumes et nous le relirons aux v.24 et 26. Il nous faut prendre en compte l'emploi de ce nouveau verbe par les traducteurs grecs. Avec les « clins d'œil » que se font les ennemis à la fin du verset, notre psalmiste se trouve enserré dans un complot. Remarquons **διανεύοντες** / **διανεύω**, car à l'exception d'un emploi dans Siracide 27.22, il n'a pas d'autre occurrence dans l'A.T.

Dans le N.T. **διανεύω** est un hapax en Lc 1.22 : Zacharie sortant du sanctuaire, muet, faisait des signes.

Au verset 20 du T.M. les impies ne veulent pas parler de paix ; il est fait mention des *« gens tranquilles de la terre »* qui peuvent être identifiés à des pacifiques. Le psalmiste pourrait être représentatif de tous ceux qui veulent la paix et qui, en retour, reçoivent la haine. L'expression רִגְעֵי־אֶרֶץ est un hapax. La LXX ne parle pas des « gens tranquilles ». Elle fait ressortir l'opposition entre des paroles de paix et la colère qui fait calculer ou projeter des ruses.

Avec la bouche large ouverte et les « Ah ! ah ! » du verset 21 c'est le triomphe verbal des ennemis. Ils ricanent car leurs yeux ont vu ce à quoi la confiance en Dieu a mené le psalmiste. Seulement, au verset 22 ce Dieu-là devient le témoin de ce qui se passe : *« Tu as vu, IHWH »*. Les demandes qui suivent : l'écoute et la proximité formulées en termes négatifs nous rappellent le souffrant du psaume 22 (21).

Dans les versets 23 à 27 des mots font inclusion avec ceux, déjà rencontrés, dans les quatre premiers versets.

Au v.23, nous pouvons remarquer les deux verbes du T.M. : הָעִירָה / éveille-toi et הָקִיצָה / réveille-toi. Le premier traduit par la LXX avec **ἐξεγείρω** nous rappelle le v.6 du Ps 3 où ce verbe traduisait la racine קִיץ. Ici l'idée de « réveil » est exprimée deux fois dans le T.M. La LXX, après avoir employé l'impératif **ἐξεγέρθητι** / עוּר pour demander au Seigneur de se réveiller, lui demande ensuite d'être attentif ou de procéder / **πρόσχες** au jugement. Nous le voyons, les traducteurs grecs insistent sur une intervention de Dieu de caractère juridique. La racine רִיב qui fait inclusion avec le v.1 a souvent été traduite « pour ma cause » au 23.

Le v.25 reprend l'idée de triomphe déjà exprimée au v.21. « Ah ! notre âme » a pu être traduit : « ah ! notre désir » ou « ah ! c'était notre souhait » (Osty). Et c'est bien dans ce sens que nous pouvons interpréter l'expression. En maintenant le mot « âme » comme l'ont également fait les traducteurs grecs, nous mettons en évidence la profondeur des sentiments des ennemis qui seraient arrivés à ce qu'ils méditaient dans leur cœur. Le verbe final **καταπίνω** est employé ici pour la 1re fois dans le Psautier.

Dans le N.T. **καταπίνω** est un hapax dans le corpus évangélique en Mt 23.24 : Jésus est indigné ou douloureux devant l'attitude des pharisiens *« guides aveugles filtrant le moustique avalant /* **καταπίοντες** *le chameau »*.

Le vocabulaire du v.26 reprend celui du v.4 ; cependant, des remarques peuvent être faites sur les mots qui se répètent ; nous les visualisons :

v.4	**ἐντρέπω**	traduit la racine כלם
	καταισχύνω	traduit la racine חפר

v.26 **ἐντρέπω** traduit la racine חפר

ἐντροπή traduit la racine כלם

Dans le Psautier, le verbe **ἐντρέπω** est employé ici pour la première fois. De même, le mot **ἐντροπή** ; et, à l'exception de Job 20.3 qui écoutera la correction de sa **ἐντροπή**, ce substantif a ses six occurrences dans les Psaumes ; Ps 35 (34).26 ; 44 (43).16 ; 69 (68).8.20 ; 71 (70).13 ; 109 (108).29. Le participe Hiphil הַמַּגְדִּילִים *« ceux qui se grandissent contre moi »* a été lu par la LXX avec le participe du verbe **μεγαλορρημονέω** dans lequel à la grandeur **μέγας** vient s'ajouter une expression verbale avec **ῥῆμα**. Ce verbe grec est peu employé dans la LXX. Il est trois fois dans le Psautier : Ps 35 (34).26 ; 38 (37).17 ; 55 (54).13. Les trois autres occurrences sont en Jdt 6.17 ; Ab 1.12 et Ez 35.13.

Dans le N.T. le mot **ἐντροπή** est employé deux fois par Paul : 1 Co 6.5 et 15.34 ; c'est à la honte des Corinthiens que l'apôtre s'exprime sur ceux qui doivent être juges quand ils ont des procès entre eux et c'est aussi à leur honte qu'il remet en place ceux qui sont dans l'ignorance de Dieu à propos de la résurrection. Le verbe **μεγαλορρημονέω** est absent du N.T.

Verset 27, nous sommes arrivés : IHWH désire la paix de son serviteur ; toute une communauté témoin de l'innocence du psalmiste « désirant sa justice » sera dans l'allégresse et ceux qui se sont faits grands au v.26 seront couverts de honte face à tous ceux qui disent maintenant : « Il est grand IHWH ».

Le psaume se termine avec le psalmiste qui s'exercera à méditer ou qui murmurera la justice de Dieu : verset 28. À sa suite, nous pouvons essayer de méditer car c'est un psaume un peu difficile à lire et à entendre. Le contenu, cependant, ne peut surprendre ; le prophète Jérémie (ch.20) fait appel à Dieu Juge dans des termes semblables.

Le texte se présente sous forme de trois fragments où dans chacun d'eux reviennent des demandes, l'exposé de la situation et des imprécations. Un drame se joue autour de trois visages forts : celui de la violence, celui de l'innocence et celui de l'incomparabilité.

Les ennemis eux-mêmes et les demandes exprimées de manière répétitive en termes de souhaits avec impératifs et jussifs, personnalisent le Mal.

Inversement, l'innocence du suppliant est précisée par les adverbes des v.7 et 19 חִנָּם, **δωρεάν – μάτην** / sans raison, en pure perte, inutilement ; par un sentiment d'ignorance avec le verbe à l'indicatif **γινώσκω** précédé d'une négation (v.11 et 15) ; par le qualificatif : « l'humilié » qui en retour d'un bien qu'il a fait reçoit un mal ; enfin, v.27 la justice de l'accusé qui sera un motif d'allégresse est reconnue.

Puis, Dieu bien sûr, est le visage de l'incomparabilité. Ici, l'absolue de cette incomparabilité divine n'est point dans un déploiement de majesté et de sainteté ; elle est dans la considération de l'humilié pour le délivrer d'un plus fort que lui (v.10). Elle est dans le jugement selon la justice divine, un jugement qui est vérité (v.23.24).

Les deux actions de grâce avec des verbes à l'indicatif futur : v.9 et 18 qui ponctuent le texte font pressentir que là sera le dernier mot et c'est effectivement ce qui se passe : versets 27.28

Au v.9 : l'âme du psalmiste se réjouira dans le salut de IHWH. Déjà au v.3 l'accusé était sûr de son Dieu sauveur.

Au v.18 : Comme dans une vision, l'homme comparable à une femme sans enfant, solitaire, se voit rendant grâce au milieu d'une grande assemblée.

La grandeur de IHWH est incomparable. Une incomparabilité qui est dans une force de salut sans voix ni mot : Dieu ne parle pas ; Dieu délivre.

Pour conclure : On pourrait imaginer une pièce de théâtre en trois actes. Dans chacun d'eux, on verrait le profil d'un homme, sans âge, à l'écart.

Acte 1 : Il prie. Un ange, au-dessus de formes cuirassées, fait glisser une lueur jusqu'à lui. - *« Dis à mon âme : ton salut, c'est moi ». « mon âme se délectera dans son salut ».*

Acte 2 : Il prie. - *« Qui est comme toi ».* Au centre de la scène une main dont la grandeur ne finit pas. Elle porte d'autres mains ; elles se ferment. La lumière demeure sur l'homme à l'écart ; se déplace jusqu'à la gauche de son côté. Sa prière revient sur son sein.

Acte 3 : On est attroupé, rien que des bouches ; elles rient : Ah ! Ah ! Il prie. C'est une vision. L'ange fait glisser la lumière sur une assemblée ; on s'embrasse : **שָׁלוֹם**, **εἰρήνη**. Au loin, une voix : « *IHWH qui est comme toi* » ! puis, d'autres voix : « *Il est grand IHWH* ! ». Lui : « *ma langue s'exercera à méditer ta justice* ». La lumière revient sur son sein.

PSAUME 36 (35)

Verset 1

לַמְנַצֵּחַ ׀ לְעֶבֶד־יְהוָה לְדָוִד׃	*Εἰς τὸ τέλος · τῷ δούλῳ κυρίου τῷ Δαυιδ.*
Du chef de chœur. **Du serviteur de IHWH. de David.**	*Pour la fin.* **Du serviteur du Seigneur de David.**

Verset 2

נְאֻם־פֶּשַׁע לָרָשָׁע בְּקֶרֶב לִבִּי אֵין־פַּחַד אֱלֹהִים לְנֶגֶד עֵינָיו׃	*Φησὶν ὁ παράνομος τοῦ ἁμαρτάνειν ἐν ἑαυτῷ, οὐκ ἔστιν φόβος θεοῦ ἀπέναντι τῶν ὀφθαλμῶν αὐτοῦ ·*
Oracle de la rébellion pour l'impie à l'intérieur de mon cœur pas de terreur **de Dieu devant ses yeux.**	*Le transgresseur déclare pécher en lui-même crainte* **de Dieu** *n'est pas* **devant ses yeux.**

Verset 3

כִּי־הֶחֱלִיק אֵלָיו בְּעֵינָיו
לִמְצֹא עֲוֺנוֹ לִשְׂנֹא׃

Car il se flatte lui-même à ses yeux
pour trouver sa faute pour [la] **haïr.**

ὅτι ἐδόλωσεν ἐνώπιον αὐτοῦ
τοῦ εὑρεῖν τὴν ἀνομίαν αὐτοῦ καὶ μισῆσαι.

car il a rusé devant lui
pour trouver *son iniquité et* [la] **haïr.**

Verset 4

דִּבְרֵי־פִיו
אָוֶן וּמִרְמָה
חָדַל לְהַשְׂכִּיל לְהֵיטִיב׃

Les paroles **de sa bouche :**
iniquité et tromperie.
Il a cessé de **comprendre pour** [agir] **bien.**

τὰ ῥήματα τοῦ στόματος αὐτοῦ
ἀνομία καὶ δόλος,
οὐκ ἐβουλήθη συνιέναι τοῦ ἀγαθῦναι·

Les *mots* **de sa bouche :**
iniquité et *ruse,*
il *n'a pas voulu* **comprendre pour** [agir] **bien.**

Verset 5

אָוֶן ׀ יַחְשֹׁב עַל־מִשְׁכָּבוֹ
יִתְיַצֵּב עַל־דֶּרֶךְ לֹא־טוֹב
רָע לֹא יִמְאָס׃

l'iniquité il pense **sur sa couche**
il se tient sur un **chemin** [qui n'est] **pas bon**
le mal, il ne rejette pas.

ἀνομίαν διελογίσατο ἐπὶ τῆς κοίτης αὐτοῦ,
παρέστη πάσῃ ὁδῷ οὐκ ἀγαθῇ,
τῇ δὲ κακίᾳ οὐ προσώχθισεν.

Il *a calculé* **l'iniquité sur sa couche**,
il s'est tenu en tout **chemin** [qui n'est] **pas bon**,
et il ne s'est pas indigné pour **le mal**.

Verset 6

יהוה בְּהַשָּׁמַיִם חַסְדֶּךָ
אֱמוּנָתְךָ עַד־שְׁחָקִים׃

IHWH dans les cieux ton amour
ta fidélité **jusqu'aux nuées.**

κύριε, ἐν τῷ οὐρανῷ τὸ ἔλεός σου,
καὶ ἡ ἀλήθειά σου ἕως τῶν νεφελῶν

Seigneur, dans les cieux *ta miséricorde,*
et **ta** *vérité* **jusqu'aux nuées.**

Verset 7

צִדְקָתְךָ ׀ כְּהַרְרֵי־אֵל
מִשְׁפָּטֶךָ תְּהוֹם רַבָּה
אָדָם־וּבְהֵמָה תוֹשִׁיעַ יהוה׃

Ta justice comme montagnes de Dieu
tes jugements le grand **abîme**
humain **et bête tu** sauves, **IHWH**.

ἡ δικαιοσύνη σου ὡσεὶ ὄρη θεοῦ,
τὰ κρίματά σου ἄβυσσος πολλή·
ἀνθρώπους καὶ κτήνη σώσεις, κύριε.

Ta justice comme *des* **montagnes de Dieu,**
tes jugements *[sont] un immense* **abîme** *;*
tu *sauveras hommes* **et bêtes**, **Seigneur**.

Verset 8

מַה־יָּקָר חַסְדְּךָ אֱלֹהִים
וּבְנֵי אָדָם
בְּצֵל כְּנָפֶיךָ יֶחֱסָיוּן׃

Qu'il est précieux ton amour **Dieu**
et les fils d'humain
à l'ombre de tes ailes se réfugient.

ὡς ἐπλήθυνας τὸ ἔλεός σου, ὁ θεός·
οἱ δὲ υἱοὶ τῶν ἀνθρώπων
ἐν σκέπῃ τῶν πτερύγων σου ἐλπιοῦσιν.

Comme tu as multiplié ta miséricorde, **ô Dieu** *;*
et les fils *des hommes*
à l'ombre de tes ailes *espéreront.*

Verset 9

יִרְוְיֻן מִדֶּשֶׁן בֵּיתֶךָ
וְנַחַל עֲדָנֶיךָ
תַשְׁקֵם׃

Ils s'enivreront **de** la graisse **de ta maison**
et du torrent de tes délices
tu les abreuveras.

μεθυσθήσονται ἀπὸ πιότητος τοῦ οἴκου σου,
καὶ τὸν χειμάρρουν τῆς τρυφῆς σου
ποτιεῖς αὐτούς·

Ils *seront enivrés* **de** *l'opulence* **de ta maison,**
et du torrent de *ton délice,*
tu les abreuveras.

Verset 10

כִּי־עִמְּךָ מְקוֹר חַיִּים
בְּאוֹרְךָ נִרְאֶה־אוֹר׃

Car avec **toi la source de vie**
dans ta lumière nous voyons **la lumière.**

ὅτι παρὰ σοὶ πηγὴ ζωῆς,
ἐν τῷ φωτί σου ὀψόμεθα φῶς.

Car *auprès de* **toi** *[est]* **la source de vie,**
dans ta lumière nous *verrons* **la lumière.**

Verset 11

מְשֹׁךְ חַסְדְּךָ לְיֹדְעֶיךָ וְצִדְקָתְךָ לְיִשְׁרֵי־לֵב׃	***παράτεινον τὸ ἔλεός σου τοῖς γινώσκουσίν σε*** ***καὶ τὴν δικαιοσύνην σου τοῖς εὐθέσι τῇ καρδίᾳ.***
Étends ton amour **à ceux qui te connaissent**	**Étends** *ta miséricorde* **à ceux qui te connaissent**
et ta justice aux droits de cœur.	**et ta justice aux droits de cœur.**

Verset 12

אַל־תְּבוֹאֵנִי רֶגֶל גַּאֲוָה וְיַד־רְשָׁעִים אַל־תְּנִדֵנִי׃	***μὴ ἐλθέτω μοι ποὺς ὑπερηφανίας,*** ***καὶ χεὶρ ἁμαρτωλῶν μὴ σαλεύσαι με.***
Que ne vienne pas sur moi le pied d'orgueil	**Que ne vienne pas sur moi le pied d'orgueil,**
et que la main des impies **ne** me fasse pas errer.	**et que la main des** *pécheurs* **ne** *m'ébranle pas.*

Verset 13

שָׁם נָפְלוּ פֹּעֲלֵי אָוֶן דֹּחוּ וְלֹא־יָכְלוּ קוּם׃	***ἐκεῖ ἔπεσον οἱ ἐργαζόμενοι τὴν ἀνομίαν,*** ***ἐξώσθησαν καὶ οὐ μὴ δύνωνται στῆναι.***
Là sont tombés les faiseurs d'**iniquité**	**Là sont tombés** *ceux qui fabriquent l'***iniquité,**
ils ont été renversés **et ne** peuvent se relever.	**ils ont été** *chassés* **et ne** *pourront tenir debout.*

Le psaume commence par un oracle singulier. En effet, le lecteur, habitué à lire et à entendre : *« Oracle de IHWH »* doit écouter ici un oracle venant de la rébellion en personne et adressé à l'impie verset 2. De plus, cet oracle vient du dedans. Le T.M. l'a situé à l'intérieur du cœur et l'impie n'éprouve même pas de terreur devant Dieu. Prolongeons la remarque sur ce verset.

L'adjectif possessif « mon » de la fin du stique a, questionne. Avec le T.M. qui donne *« à l'intérieur de mon cœur »* on pourrait comprendre que cet oracle « de rébellion à l'impie » habite le cœur même du psalmiste, comme s'il ne pouvait pas se défaire de ce Mal qu'il entend. Des traductions suivent des manuscrits hébreux pour lire l'adjectif possessif 3e singulier : *« à l'intérieur de son cœur »*. Nous gardons cependant l'écriture du T.M.

Si nous regardons le texte de la LXX, nous lisons que le transgresseur déclare, en lui-même, pécher ; c'est clair.

Jusqu'au verset 5 nous sommes face à cette puissance de l'oracle qui donne à l'impie sa ligne de conduite.

Le verset 3 pose un problème de compréhension au traducteur. Qui est le pronom personnel *« il »* ? L'oracle ? l'impie ? Dieu ? Avec l'aide de l'écriture de la LXX, nous comprenons que l'impie qui a rusé devant Dieu ou qui s'est regardé de manière flatteuse n'a pas pu voir, n'a pas pu trouver son iniquité pour la haïr.

L'impie est identifié à l'iniquité, la tromperie ou la ruse et il est fermé au bien : il ne comprend pas verset 4. Le T.M. dit qu'*« il a cessé de comprendre »* avec l'accompli Qal חָדַל tandis que pour les traducteurs grecs cet impie n'a pas voulu / **οὐκ ἐβουλήθη** comprendre pour agir bien. La détermination de ne pas vouloir comprendre rend l'impie encore plus insensé. Et au verset 5 cet insensé de la LXX s'est tenu en *« tout chemin qui n'est pas bon »*. Il ne rejette pas, ne renonce pas au mal dans le T.M. Mais, avec le verbe **προσώχθισεν**, la LXX adoucit le comportement de l'impie par rapport au mal en comparaison du verbe יִמְאָס du T.M. Et c'est le seul cas où la racine hébraïque מאס est traduite avec **προσοχτίζω**.

Dans le N.T. le verbe **προσοχτίζω** est employé deux fois dans la lettre aux Hébreux 3.10.17 qui est un commentaire du v.10 du Ps 95 (94).

En opposition à l'impie des versets 2 à 5 nous avons les cœurs droits qui connaissent Dieu : v.11. Le psalmiste est de ceux-là comme le pronom personnel 1re personne du singulier du verset 12 le souligne. Il ne veut pas être dominé par l'orgueil comme l'impie du v.2 est dominé par l'oracle de la rébellion et demande que la main des pécheurs dans le texte de la LXX ne l'ébranle pas. Le verbe **σαλεύω** traduit le jussif Hiphil de la racine נוד / faire errer, faire fuir. Dans la Bible nous avons un second cas où cette racine hébraïque est traduite avec le verbe **σαλεύω** : 2 Rois (IV Règnes) 21.8 : Dieu ne recommencera plus à faire errer (T.M.) / vaciller (LXX) le pied d'Israël hors du sol qu'il a donné à leurs pères.

Nous pouvons également lire le verset 13 comme un oracle répondant à celui du v.2 : L'impie ou les faiseurs d'iniquité chuteront sans pouvoir se retenir. Le « là » / שָׁם au commencement du stique a été lu par certains dans un sens temporel ; pour d'autres il a un sens spatial. Placé à cet endroit, il donne de la force à la parole du psalmiste qui suit. Au stique b, remarquons l'hapax de la forme verbale accompli Poual de la racine דחה : être poussé ou renversé. C'est aussi le seul cas où cette racine est traduite par la LXX avec le verbe **ἐξώθεω**. La préposition, en préverbe ici, fait que les impies ont vraiment été poussés au-dehors, exclus.

Dans le N.T. nous avons deux fois l'emploi du verbe **ἐξώθεω** dans les Actes des Apôtres : Ac 7.45, dans son discours Étienne rappelle que la Tente du Témoignage fut introduite sous la conduite de Josué dans le pays conquis sur les nations que Dieu repoussa / **ἐξῶσεν** ; et 27.39 au cours du voyage de Paul vers Rome ; sauvés du naufrage, les marins aperçurent une plage vers laquelle ils tentèrent de pousser / **ἐξῶσαι** le bateau.

Avec le v.13, nous voyons que les impies ou les faiseurs d'iniquité, qui ne pourront pas se relever, n'auront pas le dernier mot : l'amour de IHWH est plus fort : versets 6-10.

C'est un amour en mouvement. Il part des cieux verset 6 et s'étend à toute la création : hommes et bêtes. Au stique b du verset la fidélité de IHWH (T.M.) sa vérité (LXX) atteignent les nuées. Même si nous sommes habitués à voir **ἀλήθεια** pour la racine אמן nous traduisons de manière à faire ressortir l'idée intemporelle du mot grec et la fidélité, dans le sens d'une solidité, fermeté, portées par le mot hébreu אֱמוּנָתְךָ.

La justice divine est aussi haute que « montagnes de Dieu » et ses jugements aussi profonds que l'abîme verset 7 ; la comparaison met en évidence un amour divin remplissant tout l'univers. En sauvant hommes et bêtes, Dieu place la création du côté de la vie.

Le temple semble être le lieu privilégié pour goûter cet amour de Dieu et bénéficier de ses bienfaits.

Verset 8 : Les fils d'humain qui s'abritent à l'ombre des ailes divines sont sécurisés dans le temple. Remarquons l'emploi du mot אָדָם, nom commun singulier déjà rencontré au v.7 que la LXX a relu dans un sens pluriel : **ἀνθρώπων**. Dans le T.M. l'amour de Dieu est précieux tandis que Dieu a multiplié sa miséricorde dans la LXX. D'un côté, c'est un amour de grand prix, de l'autre c'est un amour d'abondance.

Le temple est un lieu de bénédiction et de délices : verset 9. La graisse des sacrifices cultuels enivre les fils des hommes et au torrent d'Éden - jardin de délices - ils sont abreuvés. Le substantif **θρυφή** n'est employé que deux fois dans le Psautier ; ici et dans le Ps 139 (138).11. C'est un mot que le N.T. ne connaît pas.

Enfin, le binôme « vie et lumière » verset 10 est lié ici à une intimité entre Dieu et les fils des hommes : « *car **avec toi** est la source de vie* ». Avec Dieu, ceux-ci voient la lumière.

Chaque fois que nous lisons, méditons ou chantons ce psaume nous goûtons les v.6-10 ; cependant, le vocabulaire se rapportant au Mal est lourd à soutenir : rébellion, impie, tromperie, mal, orgueil, faiseurs d'iniquité. Ici, nous n'entendons pas la plainte d'une victime. C'est vraiment le Mal et Dieu. Voir dans la lumière de Dieu peut aussi mettre en lumière le détestable Mal comme l'ivraie qui sera coupée à la moisson eschatologique.

PSAUME 37 (36)

Verset 1

לְדָוִד ׀

Τοῦ Δαυιδ.

Alef

אַל־תִּתְחַר בַּמְּרֵעִים
אַל־תְּקַנֵּא בְּעֹשֵׂי עַוְלָה׃

Μὴ παραζήλου ἐν πονηρευομένοις
μηδὲ ζήλου τοὺς ποιοῦντας τὴν ἀνομίαν ·

De David.

Ne t'enflamme pas contre les malfaisants

ne jalouse pas ceux qui font l'injustice.

De David.

Ne *t'excite pas jalousement avec ceux qui agissent mal*

et **ne jalouse pas ceux qui font** *l'iniquité.*

Verset 2

כִּי כֶחָצִיר מְהֵרָה יִמָּלוּ
וּכְיֶרֶק דֶּשֶׁא יִבּוֹלוּן׃

ὅτι ὡσεὶ χόρτος ταχὺ ἀποξηρανθήσονται
καὶ ὡσεὶ λάχανα χλόης ταχὺ ἀποπεσοῦνται.

Car comme l'herbe vite ils se dessécheront
et comme la verdure des herbages **ils** se flétriront.

Car comme l'herbe vite ils se dessécheront
et comme *des verdures de plante vite* **ils** *tomberont.*

Verset 3

Beth

בְּטַח בַּיהוה וַעֲשֵׂה־טוֹב
שְׁכָן־אֶרֶץ
וּרְעֵה אֱמוּנָה׃

ἔλπισον ἐπὶ κύριον καὶ ποίει χρηστότητα
καὶ κατασκήνου τὴν γῆν,
καὶ ποιμανθήσῃ ἐπὶ τῷ πλούτῳ αὐτῆς ·

Aie confiance **en IHWH et fais** du bien,

demeure [sur] **la terre**

et prends pour pâture la fidélité.

Espère **dans le Seigneur et fais** *[avec] bonté*

et **demeure** [sur] **la terre,**

et *tu te repaîtras dans sa richesse.*

Verset 4

וְהִתְעַנַּג עַל־יהוה
וְיִתֶּן־לְךָ מִשְׁאֲלֹת לִבֶּךָ׃

κατατρύφησον τοῦ κυρίου,
καὶ δώσει σοι τὰ αἰτήματα τῆς καρδίας σου.

Et délecte-toi auprès de **IHWH**

et il te donnera les demandes de ton cœur

Et délecte-toi *du* **Seigneur,**

et il te donnera les demandes de ton cœur.

Verset 5

Guimel

גּוֹל עַל־יְהוָה דַּרְכֶּךָ וּבְטַח עָלָיו וְהוּא יַעֲשֶׂה׃	*ἀποκάλυψον πρὸς κύριον τὴν ὁδόν σου* *καὶ ἔλπισον ἐπ᾽αὐτόν, καὶ αὐτὸς ποιήσει*
Roule sur **IHWH ton chemin**	*Dévoile au* **Seigneur ton chemin**
et aie confiance **en lui et lui,** il **fera.**	**et** *espère* **en lui, et lui fera**

Verset 6

וְהוֹצִיא כָאוֹר צִדְקֶךָ וּמִשְׁפָּטֶךָ כַּצָּהֳרָיִם׃	*καὶ ἐξοίσει ὡς φῶς τὴν δικαιοσύνην σου* *καὶ τὸ κρίμα σου ὡς μεσημβρίαν.*
Et il fera sortir **comme** la **lumière ta justice,**	**et il fera** *éclater* **comme** *une* **lumière ta justice**
et ton jugement comme le midi.	**et ton jugement comme le midi.**

Verset 7

Daleth

דּוֹם ׀ לַיהוָה וְהִתְחוֹלֵל לוֹ אַל־תִּתְחַר בְּמַצְלִיחַ דַּרְכּוֹ בְּאִישׁ עֹשֶׂה מְזִמּוֹת׃	*ὑποτάγηθι τῷ κυρίῳ καὶ ἱκέτευσον αὐτόν ·* *μὴ παραζήλου* *ἐν τῷ κατευοδουμένῳ ἐν τῇ ὁδῷ αὐτοῦ,* *ἐν ἀνθρώπῳ ποιοῦντι παρανομίας.*
Sois silencieux pour **IHWH et** attends après lui	*Soumets-toi au* **Seigneur et** *supplie-le ;*
ne t'enflamme pas	*ne t'excite pas jalousement*
contre **celui qui réussit son chemin**	*avec* **celui qui** *a* **réussi** *dans* **son chemin**,
contre l'**homme** faisant des complots.	*avec un* **homme** *agissant [en marge] de la loi.*

Verset 8

Hé

הֶרֶף מֵאַף	*παῦσαι ἀπὸ ὀργῆς*
וַעֲזֹב חֵמָה	*καὶ ἐγκατάλιπε θυμόν,*
אַל־תִּתְחַר	*μὴ παραζήλου*
אַךְ־לְהָרֵעַ:	*ὥστε πονηρεύεσθαι*
Laisse **la colère**	*Renonce à* **la colère**
et abandonne la fureur	**et abandonne** *le courroux,*
ne t'enflamme pas	*ne t'excite pas jalousement*
seulement pour mal faire.	*de manière à agir mal.*

Verset 9

כִּי־מְרֵעִים יִכָּרֵתוּן	*ὅτι οἱ πονηρευόμενοι ἐξολεθρευθήσονται,*
וְקֹוֵי יהוה	*οἱ δὲ ὑπομένοντες τὸν κύριον*
הֵמָּה יִירְשׁוּ־אָרֶץ:	*αὐτοὶ κληρονομήσουσιν γῆν.*
Car les malfaisants seront tranchés	**Car** *ceux qui agissent mal seront exterminés,*
et ceux qui espèrent **IHWH**	**et ceux qui** *attendent le* **Seigneur**
eux hériteront la terre.	**eux** *ils* **hériteront la terre.**

Verset 10

Waw

וְעוֹד מְעַט וְאֵין רָשָׁע	*καὶ ἔτι ὀλίγον καὶ οὐ μὴ ὑπάρξῃ ὁ ἁμαρτωλός,*
וְהִתְבּוֹנַנְתָּ עַל־מְקוֹמוֹ	*καὶ ζητήσεις τὸν τόπον αὐτοῦ*
וְאֵינֶנּוּ:	*καὶ οὐ μὴ εὕρῃς ·*
Et encore un peu et plus d'impie	**Et encore un peu et** *le pécheur n'existera plus,*
et tu chercheras à comprendre sur **son lieu**	**et tu chercheras son lieu**
et il n'est plus.	**et** *tu ne trouveras pas.*

Verset 11

וַעֲנָוִים יִירְשׁוּ־אָרֶץ
וְהִתְעַנְּגוּ עַל־רֹב שָׁלוֹם׃

οἱ δὲ πραεῖς κληρονομήσουσιν γῆν
καὶ κατατρυφήσουσιν ἐπὶ πλήθει
εἰρήνης.

Et les humbles **hériteront la terre**

et ils se délecteront sur **une immensité de paix.**

Et les *doux* **hériteront la terre**

et ils se délecteront *dans* **une immensité de paix.**

Verset 12

Zaïn

זֹמֵם רָשָׁע לַצַּדִּיק
וְחֹרֵק עָלָיו שִׁנָּיו׃

παρατηρήσεται ὁ ἁμαρτωλὸς τὸν
δίκαιον
καὶ βρύξει ἐπ' αὐτὸν τοὺς ὀδόντας
αὐτοῦ ·

Il complote, l'impie, contre **le juste**

et grince des **dents contre lui**

Le pécheur guettera **le juste**

et fera grincer ses **dents contre lui.**

Verset 13

אֲדֹנָי יִשְׂחַק־לוֹ
כִּי־רָאָה כִּי־יָבֹא יוֹמוֹ׃

ὁ δὲ κύριος ἐκγελάσεται αὐτόν,
ὅτι προβλέπει ὅτι ἥξει ἡ ἡμέρα αὐτοῦ.

Le Seigneur rit **de lui**

car il a vu **que son jour** est arrivé.

Mais **le Seigneur** *rira avec éclat* **de lui,**

car *il voit d'avance* **que son jour** *viendra.*

Verset 14

Heth

חֶרֶב ׀ פָּתְחוּ רְשָׁעִים
וְדָרְכוּ קַשְׁתָּם
לְהַפִּיל עָנִי וְאֶבְיוֹן
לִטְבוֹחַ יִשְׁרֵי־דָרֶךְ׃

ῥομφαίαν ἐσπάσαντο οἱ ἁμαρτωλοί,
ἐνέτειναν τόξον αὐτῶν
τοῦ καταβαλεῖν πτωχὸν καὶ πένητα,
τοῦ σφάξαι τοὺς εὐθεῖς τῇ καρδίᾳ ·

Ils tirent **l'épée**, les impies,

et **ils** bandent **leur arc**

pour faire tomber l'humilié **et le pauvre**

pour égorger ceux qui ont un chemin droit.

Les pécheurs ont tiré **l'épée,**

ils *ont bandé* **leur arc**

pour *abattre* **le pauvre et** *l'indigent*

pour *massacrer les droits de cœur.*

Verset 15

חַרְבָּם תָּבוֹא בְלִבָּם
וְקַשְּׁתוֹתָם תִּשָּׁבַרְנָה׃

ἡ ῥομφαία αὐτῶν εἰσέλθοι εἰς τὴν καρδίαν αὐτῶν,
καὶ τὰ τόξα αὐτῶν συντριβείησαν.

Leur épée arrivera **dans leur cœur**
et leurs arcs seront **brisés**.

Que **leur épée** *puisse entrer* **dans leur cœur**,
et *que* **leurs arcs** *puissent être* **brisés**.

Verset 16

Teth

טוֹב־מְעַט לַצַּדִּיק
מֵהֲמוֹן רְשָׁעִים רַבִּים׃

κρεῖσσον ὀλίγον τῷ δικαίῳ
ὑπὲρ πλοῦτον ἁμαρτωλῶν πολύν·

Mieux le **peu** du **juste**
que la profusion de nombreux impies.

mieux peu *au* **juste**
qu'abondante richesse des pécheurs.

Verset 17

כִּי זְרוֹעוֹת רְשָׁעִים תִּשָּׁבַרְנָה
וְסוֹמֵךְ צַדִּיקִים יהוה׃

ὅτι βραχίονες ἁμαρτωλῶν συντριβήσονται,
ὑποστηρίζει δὲ τοὺς δικαίους κύριος.

Car les bras des impies **seront brisés**
et **IHWH** soutient **les justes**.

Car les bras des *pécheurs* **seront brisés,**
mais **le Seigneur** *fixe solidement* **les justes.**

Verset 18

Yod

יוֹדֵעַ יהוה יְמֵי תְמִימִם
וְנַחֲלָתָם לְעוֹלָם תִּהְיֶה׃

γινώσκει κύριος τὰς ὁδοὺς τῶν ἀμώμων,
καὶ ἡ κληρονομία αὐτῶν εἰς τὸν αἰῶνα ἔσται·

IHWH connaît les jours **des** intègres
et leur patrimoine **sera pour** toujours.

Le Seigneur connaît les *chemins* **des** *irréprochables,*
et leur *héritage* **sera pour** *les siècles.*

Verset 19

לֹא־יֵבֹשׁוּ בְּעֵת רָעָה	***οὐ καταισχυνθήσονται ἐν καιρῷ πονηρῷ***
וּבִימֵי רְעָבוֹן יִשְׂבָּעוּ׃	***καὶ ἐν ἡμέραις λιμοῦ χορτασθήσονται.***
Ils n'auront pas honte **au temps** du malheur	**Ils** *ne seront pas honteux* **au temps** *mauvais*
et dans les **jours de famine ils seront rassasiés.**	**et** *aux* **jours de famine ils seront rassasiés.**

Verset 20

Kaf

כִּי רְשָׁעִים ׀ יֹאבֵדוּ	***ὅτι οἱ ἁμαρτωλοὶ ἀπολοῦνται,***
וְאֹיְבֵי יהוה	***οἱ δὲ ἐχθροὶ τοῦ κυρίου***
כִּיקַר כָּרִים	***ἅμα τῷ δοξασθῆναι αὐτοὺς καὶ ὑψωθῆναι***
כָּלוּ בֶעָשָׁן כָּלוּ׃	***ἐκλιπόντες ὡσεὶ καπνὸς ἐξέλιπον.***
Car les impies **périront**	**Car les** *pécheurs* **périront,**
et les ennemis de IHWH	**et les ennemis du Seigneur**
comme la beauté des prairies	*aussitôt qu'ils seront glorifiés et haussés*
disparaîtront comme fumée, **ils** disparaîtront.	**disparaîtront comme** *une* **fumée il***s auront disparu.*

Verset 21

Lamed

לֹוֶה רָשָׁע וְלֹא יְשַׁלֵּם	***δανείζεται ὁ ἁμαρτωλὸς καὶ οὐκ ἀποτείσει,***
וְצַדִּיק חוֹנֵן וְנוֹתֵן׃	***ὁ δὲ δίκαιος οἰκτίρει καὶ διδοῖ ·***
Il **emprunte** l'impie **et il ne** rembourse **pas**	*Le pécheur* **emprunte et il ne** *paiera pas en retour,*
et le juste fait grâce **et il donne.**	**et le juste** *compatit* **et il donne.**

Verset 22

כִּי מְבֹרָכָיו יִירְשׁוּ אָרֶץ	***ὅτι οἱ εὐλογοῦντες αὐτὸν κληρονομήσουσι γῆν,***
וּמְקֻלָּלָיו יִכָּרֵתוּ׃	***οἱ δὲ καταρώμενοι αὐτὸν ἐξολεθρευθήσονται.***
Car ses bénis **hériteront la terre**	**car** *ceux qui le bénissent* **hériteront la terre,**
et ses maudits **seront** retranchés.	**et** *ceux qui le maudissent* **seront** *exterminés.*

Verset 23

Mem

מֵיְהוָה מִצְעֲדֵי־גֶבֶר כּוֹנָנוּ
וְדַרְכּוֹ יֶחְפָּץ׃

παρὰ κυρίου τὰ διαβήματα ἀνθρώπου κατευθύνεται,
καὶ τὴν ὁδὸν αὐτοῦ θελήσει ·

Par IHWH les pas de l'homme fort **sont** affermis
et son chemin il [le] désire.

Par le Seigneur les pas de l'homme sont *redressés,*
et il *voudra* **son chemin.**

Verset 24

כִּי־יִפֹּל לֹא־יוּטָל
כִּי־יְהוָה סוֹמֵךְ יָדוֹ׃

ὅταν πέσῃ, οὐ καταραχθήσεται,
ὅτι κύριος ἀντιστηρίζει χεῖρα αὐτοῦ.

Quand il tombera il ne sera pas terrassé
car IHWH soutient sa main.

Quand il tombera il ne sera pas *écrasé,*
car le Seigneur soutient sa main.

Verset 25

Noun

נַעַר ׀ הָיִיתִי גַּם־זָקַנְתִּי
וְלֹא־רָאִיתִי צַדִּיק נֶעֱזָב
וְזַרְעוֹ מְבַקֶּשׁ־לָחֶם׃

νεώτερος ἐγενόμην καὶ γὰρ ἐγήρασα
καὶ οὐκ εἶδον δίκαιον ἐγκαταλελειμμένον
οὐδὲ τὸ σπέρμα αὐτοῦ ζητοῦν ἄρτους ·

Jeune j'ai été, j'ai vieilli aussi
et je n'ai pas vu un juste abandonné,
et **sa descendance cherchant** du pain.

j'ai été *tout* **jeune** *et ainsi* **j'ai vieilli**
et je n'ai pas vu un juste abandonné
ni **sa descendance cherchant** *des pains.*

Verset 26

כָּל־הַיּוֹם חוֹנֵן וּמַלְוֶה
וְזַרְעוֹ לִבְרָכָה׃

ὅλην τὴν ἡμέραν ἐλεᾷ καὶ δανείζει,
καὶ τὸ σπέρμα αὐτοῦ εἰς εὐλογίαν ἔσται.

Tout **le jour il fait** grâce **et il prête**
et sa descendance [est] **en bénédiction.**

Il fait *miséricorde* **et il prête le jour** *entier,*
et sa descendance *sera* **en bénédiction.**

Verset 27

Samek

סוּר מֵרָע וַעֲשֵׂה־טוֹב וּשְׁכֹן לְעוֹלָם׃	*ἔκκλινον ἀπὸ κακοῦ καὶ ποίησον ἀγαθὸν* *καὶ κατασκήνου εἰς αἰῶνα αἰῶνος ·*
Détourne-toi loin du mal et fais du **bien** **et demeure pour** toujours.	**Détourne-toi loin du mal et fais** *le* **bien** **et demeure pour** *les siècles des siècles.*

Verset 28

כִּי יהוה ׀ אֹהֵב מִשְׁפָּט וְלֹא־יַעֲזֹב אֶת־חֲסִידָיו (Aïn) לְעוֹלָם נִשְׁמָרוּ וְזֶרַע רְשָׁעִים נִכְרָת׃	*ὅτι κύριος ἀγαπᾷ κρίσιν* *καὶ οὐκ ἐγκαταλείψει τοὺς ὁσίους αὐτοῦ,* *εἰς τὸν αἰῶνα φυλαχθήσονται.* *ἄνομοι δὲ ἐκδιωχθήσονται,* *καὶ σπέρμα ἀσεβῶν ἐξολεθρευθήσεται ·*
Car IHWH aime le jugement **et il n'abandonnera pas ses fidèles** **pour** toujours **ils** sont **gardés** **et la descendance des impies** est retranchée.	**Car le Seigneur aime le jugement** **et il n'abandonnera pas ses fidèles,** **pour** *les siècles* **ils** *seront* **gardés**, *mais ceux qui sont iniques seront poursuivis,* **et la descendance des impies** *sera exterminée.*

Verset 29

צַדִּיקִים יִירְשׁוּ־אָרֶץ וְיִשְׁכְּנוּ לָעַד עָלֶיהָ׃	*δίκαιοι δὲ κληρονομήσουσι γῆν* *καὶ κατασκηνώσουσιν εἰς αἰῶνα* *αἰῶνος ἐπ᾽αὐτῆς.*
Les justes hériteront la terre **et ils demeureront** à jamais **sur elle**	*Mais* **les justes hériteront la terre** **et ils demeureront sur elle** *pour les siècles des siècles.*

Verset 30

Pé

פִּי־צַדִּיק יֶהְגֶּה חָכְמָה וּלְשׁוֹנוֹ תְּדַבֵּר מִשְׁפָּט׃	*στόμα δικαίου μελετήσει σοφίαν,* *καὶ ἡ γλῶσσα αὐτοῦ λαλήσει κρίσιν ·*
La bouche du juste murmure **la sagesse** **et sa langue** dit **le jugement.**	**La bouche du juste** *méditera* **la sagesse,** **et sa langue** *dira* **le jugement.**

Verset 31

תּוֹרַת אֱלֹהָיו בְּלִבּוֹ לֹא תִמְעַד אֲשֻׁרָיו׃	***ὁ νόμος τοῦ θεοῦ αὐτοῦ ἐν καρδίᾳ αὐτοῦ, καὶ οὐχ ὑποσκελισθήσεται τὰ διαβήματα αὐτοῦ.***
L'enseignement **de son Dieu dans son cœur** **ses pas ne trébucheront pas.**	*La Loi* **de son Dieu dans son cœur,** *et* **ses pas ne trébucheront pas.**

Verset 32

Çadé

צוֹפֶה רָשָׁע לַצַּדִּיק וּמְבַקֵּשׁ לַהֲמִיתוֹ׃	***κατανοεῖ ὁ ἁμαρτωλὸς τὸν δίκαιον καὶ ζητεῖ τοῦ θανατῶσαι αὐτόν,***
L'impie guette vers **le juste** **et il** recherche **à le faire mourir.**	*Le pécheur remarque* **le juste** **et il** *cherche* **à le faire mourir.**

Verset 33

יהוה לֹא־יַעַזְבֶנּוּ בְיָדוֹ וְלֹא יַרְשִׁיעֶנּוּ בְּהִשָּׁפְטוֹ׃	***ὁ δὲ κύριος οὐ μὴ ἐγκαταλίπῃ αὐτὸν εἰς τὰς χεῖρας αὐτοῦ οὐδὲ μὴ καταδικάσηται αὐτόν, ὅταν κρίνηται αὐτῷ.***
IHWH ne l'abandonnera pas dans sa main **et il ne le** laissera **pas condamner** **quand il sera jugé.**	*Mais* **le Seigneur ne l'abandonnera pas dans** *ses mains* **et il ne le** *fera* **pas condamner,** **quand il sera jugé.**

Verset 34

Qof

קַוֵּה אֶל־יהוה ׀
וּשְׁמֹר דַּרְכּוֹ
וִירוֹמִמְךָ לָרֶשֶׁת אָרֶץ
בְּהִכָּרֵת רְשָׁעִים תִּרְאֶה׃

ὑπόμεινον τὸν κύριον
καί φύλαξον τὴν ὁδὸν αὐτοῦ,
καὶ ὑψώσει σε τοῦ κατακληρονομῆσαι γῆν·
ἐν τῷ ἐξολεθρεύεσθαι ἁμαρτωλοὺς ὄψῃ.

Espère en **IHWH**
et garde son chemin
et il t'exaltera **pour hériter la terre**,
quand seront retranchés **les** impies **tu verras.**

Attends **le Seigneur**
et garde son chemin,
et il te *haussera* **pour hériter la terre** *;*
quand seront *exterminés* **le***s pécheurs* **tu verras.**

Verset 35

Resh

רָאִיתִי רָשָׁע עָרִיץ
וּמִתְעָרֶה כְּאֶזְרָח רַעֲנָן׃

εἶδον ἀσεβῆ ὑπερυψούμενον
καὶ ἐπαιρόμενον ὡς τὰς κέδρους τοῦ Λιβάνου·

J'ai vu l'impie terrifiant
et s'enracinant **comme** un arbre verdoyant,

J'ai vu l'impie *s'exaltant au plus haut*
et *s'élevant* **comme** *les cèdres du Liban ;*

Verset 36

וַיַּעֲבֹר וְהִנֵּה אֵינֶנּוּ
וָאֲבַקְשֵׁהוּ וְלֹא נִמְצָא׃

καὶ παρῆλθον, καὶ ἰδοὺ οὐκ ἦν,
καὶ ἐζήτησα αὐτόν, καὶ οὐχ εὑρέθη ὁ τόπος αὐτοῦ.

et il est **passé et voici il** n'est **plus**
et je le recherche **et** il **n'a pas été trouvé.**

et *je suis* **passé** *par là,* **et voici il** *n'était* **plus,**
et je *l'ai cherché,* **et** *son lieu* **n'a pas été trouvé.**

Verset 37

Shïn

שְׁמָר־תָּם וּרְאֵה יָשָׁר
כִּי־אַחֲרִית לְאִישׁ שָׁלוֹם׃

φύλασσε ἀκακίαν καὶ ἰδὲ εὐθύτητα,
ὅτι ἔστιν ἐγκατάλειμμα ἀνθρώπῳ εἰρηνικῷ·

Garde qui est intègre **et vois** qui est droit
car il y a un avenir **pour l'homme** de paix.

Garde *l'innocence* **et vois** *la droiture,*
car il y a *un reste* **pour l'homme** *pacifique.*

Verset 38

וּפֹשְׁעִים נִשְׁמְדוּ יַחְדָּו
אַחֲרִית רְשָׁעִים נִכְרָתָה׃

Et les rebelles sont **exterminés ensemble**

l'avenir **des impies** est retranché.

οἱ δὲ παράνομοι ἐξολεθρευθήσονται ἐπὶ τὸ αὐτό,
τὰ ἐγκαταλείμματα τῶν ἀσεβῶν ἐξολεθρευθήσονται.

Et les transgresseurs seront **exterminés ensemble,**

les restes **des impies** *seront exterminés.*

Verset 39

(Taw)

וּתְשׁוּעַת צַדִּיקִים מֵיהוה
מָעוּזָּם בְּעֵת צָרָה׃

Et le salut des justes vient de IHWH

leur forteresse **au temps de l'oppression.**

σωτηρία δὲ τῶν δικαίων παρὰ κυρίου,
καὶ ὑπερασπιστὴς αὐτῶν ἐστιν ἐν καιρῷ θλίψεως.

Et le salut des justes vient du Seigneur,

et il est leur défenseur **au temps de l'oppression.**

Verset 40

וַיַּעְזְרֵם יהוה וַיְפַלְּטֵם
יְפַלְּטֵם מֵרְשָׁעִים
וְיוֹשִׁיעֵם
כִּי־חָסוּ בוֹ׃

Et IHWH est venu **à leur secours et il les** a fait échapper,

il les a fait échapper loin **des** impies

et il les sauvera

car ils se sont réfugiés **en lui.**

καὶ βοηθήσει αὐτοῖς κύριος καί ῥυσεται αὐτοὺς
καὶ ἐξελεῖται αὐτοὺς ἐξ ἁμαρτωλῶν
καὶ σώσει αὐτούς,
ὅτι ἤλπισαν ἐπ'αὐτόν.

Et le Seigneur *viendra* **à leur secours et il les** *délivrera*

et **il les** *arrachera* **des** *pécheurs*

et il les *sauvera,*

car ils *ont espéré* **en lui.**

« Désirez donc mes paroles
aspirez à elles
et vous serez instruits ».
(Sg 6.11)

Le lecteur du psaume 37 est invité à entrer dans une litanie acrostiche pour recevoir une instruction et faire un choix de vie. On aura remarqué que la structure alphabétique n'est pas totalement respectée. Les lettres daleth (v.7), kaf (v.20) et qof (v.34) n'affectent qu'un verset ; la lettre 'aïn - moyennant la suppression du lamed devant 'olam - est placée à l'intérieur du v.28 ; et au v.39 il faut suivre des manuscrits hébreux qui omettent le « et » pour retrouver le taw.

Les premiers mots du psaume *« Ne t'enflamme pas »* ouvrent une série d'exhortations dans lesquelles, à trois reprises, un juste ne doit pas s'enflammer ou se laisser emporter par la jalousie envers ceux qui font le mal : versets 1, 7 et 8 où ici l'invitation à ne pas s'enflammer fait inclusion avec le v.1.

Puis, les malfaisants du v.1, seront retranchés au v.9 a.

Regardons de plus près le contenu de ces v.1 à 9.

Verset 1 a : Le jussif תִּתְחַר de la racine חרה a été lu par la LXX avec l'impératif du verbe **παράζηλόω** qui apparaît pour la première fois dans le Psautier. On le lit encore dans les versets 7 et 8 de ce psaume. C'est un verbe peu employé dans la LXX. Dans le Psautier on le retrouve uniquement dans le Ps 78 (77).58 pour l'hébreu קנא / jalouser, exciter la jalousie. Dans ce stique a, il faut remarquer qu'avec l'emploi des participes hébreu et grec nous avons l'identité et la conduite de ceux qui font et feront sans fin le mal.

Au stique b du verset, nous voyons la racine hébraïque קנא / ne jalouse pas, que la LXX a rendu avec le verbe **ζηλόω**, premier emploi dans les Psaumes. Le second cas est dans le Ps 73 (72).3.

Dans le N.T. **παράζηλόω** n'est employé que par Paul : Rm 10.19 (citation de Deutéronome 32.21) ; 11.11 ; 11.14 et 1 Co 10.22.

Au verset 2 le verbe **ἀποξηραίνω** est un hapax dans le Psautier et c'est le seul cas dans la LXX où il traduit la racine מלל. Dans l'A.T. on le lit dans les Livres de Josué (Jos 4.23 et 5.1) et de Jonas (Jon 4.7) où il traduit la racine יבשׁ.

Le verbe n'est pas dans le N.T.

À l'opposé de ceux qui font le mal, le juste est invité à *« faire le bien », « faire du bon »* : verset 3. Et la terre commence à devenir son bien et il peut s'y repaître de *« fidélité »* (T.M.). Dans la LXX, cette terre est riche ; et c'est dans sa richesse que le juste peut paître et se délecter de IHWH : versets 3 et 4. Cette « délectation » qui sera encore accordée aux humbles du v.11, est une faveur particulière. Dans le Psautier, le Hithpael de la racine ענג ne se trouve que dans ces deux versets, et nous avons également aux versets 4 et 11 les deux seuls cas de **κατατρυφῶ** dans la LXX.

Ce juste est également invité à s'en remettre à Dieu verset 5 : Roule / גּוֹל sur IHWH ton chemin. Nous avons déjà lu cette expression dans le Ps 22 (21).9. La LXX exhorte plutôt dans le sens d'une transparence : Dévoile / **ἀποκάλυψον** au Seigneur ton chemin. Puis, avec le dernier verbe du verset, nous voyons Dieu lui-même à l'œuvre : il fera.

Il fera sortir comme lumière la justice de celui qui se confie à Lui : verset 6. Dans la LXX, notre traduction de **ἐξοίσει** / **ἐκφέρω** est discutable. Ce verbe n'a que deux occurrences dans les Psaumes : ici et dans le psaume 69 (68).32 dans un sens différent avec la racine קרן qui lui correspond.

Pour ne pas s'enflammer, se mettre en colère, autrement dit pour ne pas mal faire, à l'exemple de ceux qui font le mal, le juste doit garder le silence : versets 7 et 8. Les traducteurs grecs lui font demander de se soumettre au Seigneur et de le supplier. Le verbe **ἱκετεύω** / supplier, faire des demandes, est un hapax dans le Psautier. Les Alexandrins qui l'emploient entendent exprimer une démarche moins passive que celle du T.M. : « *attends après lui* ».

Le N.T. ne connaît pas le verbe **ἱκετεύω**.

L'homme qui fait le mal est aussi celui qui, à la fin du v.7, fait des intrigues, des complots / מְזִמּוֹת ou de l'illégalité / **παρανομίας** qui est un hapax dans le Psautier et qui est le premier cas dans la LXX. Du côté du T.M., le juste ne doit pas s'enflammer contre celui qui fait des complots, autrement dit : qui a de mauvais desseins en tête et qui, apparemment, a réussi. Tandis que du côté de la LXX celui qui fait de la **παρανομία** serait transgresseur de la Loi, c'est-à-dire d'un enseignement venant de Dieu.

Au v.8, l'impératif **παῦσαι** du verbe **παύω** traduit par « renoncer » est le deuxième emploi dans le Psautier après le Ps 34 (33).14 où dans ce cas il est à l' impératif actif. Au v.8 du Ps 37 nous avons le seul cas où il traduit la racine רפה.

Dans les Évangiles, seul Luc emploie le verbe **παύω** : Lc 5.4 : Quand Jésus eut cessé / **ἐπαύσατο** de parler, il dit à Simon d'avancer en eau profonde et de jeter les filets ; 8.24 lors de la tempête, après avoir été menacé par Jésus, le vent et les vagues cessèrent / **ἐπαύσαντο** ; et 11.1 : quand Jésus eut cessé / **ἐπαύσατο** de prier, un de ses disciples lui demande de leur apprendre à prier.

Enfin, le verset 9 donne déjà la clé de la leçon à recevoir du psaume : ceux qui font le mal seront retranchés, exterminés, et ceux qui espèrent tout de IHWH hériteront la terre.

Nous le voyons, les versets 1 à 9 forment bien une unité. Par l'emploi d'impératifs au long de ces versets, se dégagent les trois portraits qui vont revenir dans les strophes suivantes : ceux qui font le mal, le juste et IHWH. En opposition à ceux qui font le mal, le juste est exhorté à faire le bien et Dieu lui-même fera. Il fera sortir la lumière du juste.

Le vocabulaire et le thème du psaume sont déjà dans cet ensemble. Continuons.

Les versets 10 et 11 prolongent l'opposition qui vient d'être exprimée. Ils attirent l'attention par la mention de l'impie caractérisant ceux qui font le mal ; et celle des humbles caractérisant le juste. Le Hithpolel הִתְבּוֹנַנְתָּ de la racine בין qui suppose un acte de réflexion (v.10) n'a pas été interprété dans le même sens par les traducteurs grecs qui emploient le verbe **ζητέω** suivi de l'accusatif ; c'est d'ailleurs le seul cas où la racine hébraïque est traduite par ce verbe grec. De plus au stique a, tandis qu'il n'y a plus d'impie dans le T.M., le pécheur de la LXX sera retiré de l'existence et à la fin du verset, **εὑρίσκω** renforce les deux verbes **ὑπάρχω** / exister et **ζητέω** / chercher.

Au v.11 les humbles du T.M. qui sont bien les doux de la LXX seront les « bénis » du Seigneur au v.22 : ils hériteront la terre : Une béatitude que l'on connaît bien. (cf. Mt 5.5 ou 5.4 dans la T.O.B.).

Dans les versets qui suivent, le contraste entre les impies et les justes est exprimé encore d'une manière plus vigoureuse. Nous remarquons d'abord la disparition des impératifs qui caractérisaient les premiers versets. En revanche, des participes vont exprimer l'agir des impies, du juste et de IHWH.

Au verset 12, dans le T.M. avec les deux participes, nous sommes fixés sur le comportement continuel de l'impie : il complote et complotera ; il grince et grincera des dents. Nous avons ici la même racine qu'au v.7 où le juste était exhorté à ne pas s'enflammer contre l'homme qui fait des complots. La LXX donne les deux verbes au futur ; et, son pécheur guettera ou épiera le juste. Les « complots » du T.M. peuvent souligner davantage le mauvais dessein de l'impie. À l'exception du Livre de Daniel, le verbe **παράτηρέω** n'a que deux occurrences dans la LXX : Ici et dans le Ps 130 (129).3.

Le Seigneur rira / יִשְׂחַק de lui au verset 13 car il a vu que son jour viendra ou selon des manuscrits : « qu'il est venu, qu'il est arrivé ». Les traducteurs grecs emploient le verbe **ἐκγελάω** que nous avons lu au v.4 du Ps 2. Au v.9 du Ps 59 (58), nous avons le troisième emploi de ce verbe dans le Psautier. Au stique b de notre verset, il faut remarquer le verbe **προβλέπει** car là, le Seigneur verra à l'avance ; de plus, **προβλέπω** est un hapax dans la LXX.

C'est également un hapax dans le N.T. (à la forme moyenne) dans la lettre aux Hébreux au dernier verset du ch.11 : Dieu ayant prévu / **προβλεψαμένου** que ceux qui nous ont précédés ne parviennent pas sans nous à l'accomplissement.

Au verset 14, le juste, c'est : l'humilié, l'indigent et ceux qui ont un chemin droit. La LXX définit bien ceux dont le chemin est la droiture : ce sont les *« droits de cœur »*.

Tandis que dans le T.M. du verset 16, la construction de la phrase laisse entendre que le peu du juste vaut mieux que la profusion des nombreux impies qui sont en masse, dans la LXX, **πολύν** qualifie **πλοῦτον** / richesse. Autrement dit, le grand nombre des impies du T.M. correspond à l'abondante richesse des pécheurs dans la LXX.

Dans le verset 18 les justes sont maintenant des « intègres », des « irréprochables » et IHWH connaît toute la vie / les jours de ceux-ci. Les traducteurs grecs, eux, nous disent que le Seigneur connaît leur chemin, c'est-à-dire, leur manière de vivre. Au stique b, l'héritage / **κληρονομία** des intègres sera pour les siècles ; dans le T.M. nous relevons l'emploi d'une nouvelle racine hébraïque pour parler de l'héritage : נחל / patrimoine.

Au verset 20, les impies qui périront sont « les ennemis de IHWH », et leur disparition est compliquée pour le traducteur. L'hébreu כַּר a deux sens possibles : bélier et pâturage. Nous le voyons : On pourrait comprendre que les ennemis de IHWH sont comparés aux gras béliers qui disparaîtront après égorgement pour avoir eux-mêmes égorgé ceux dont le chemin est droit au v.14. Dans ce cas, le mot « fumée » qui apparaît dans le verset pourrait amener le lecteur à penser à un rituel sacrificiel. Notre traduction suit le deuxième sens du mot כַּר. Dans ce cas, la disparition des ennemis de IHWH comparée à la fugacité de la beauté des prairies renvoie au v.2 où ceux qui font le mal se dessécheront comme l'herbe. De son côté, la LXX apporte sa propre leçon. Aussitôt qu'ils auront été glorifiés et exaltés, les ennemis de IHWH disparaissent et disparaîtront (il faut remarquer le participe au début du stique). Ici, peut venir à l'esprit du lecteur le v.7 dans lequel est évoquée la réussite de l'impie. Celle-ci ne saurait durer.

« À l'image de Dieu » est le juste du v.21. Comme Dieu, il a pitié, il compatit et il donne. Sa bienfaisance est rappelée au verset 26 a où il est dit qu'il la met en pratique tout au long du jour. Les traducteurs grecs de ce v.26 emploient le verbe **ἐλεέω** pour **οἰκτείρω** du v.21.

L'héritage de la terre pour ceux qui espèrent IHWH (v.9), pour les humbles (v.11) est pour ceux qui sont bénis par IHWH au verset 22 du T.M - l'action verbale est à la voix passive au Poual -. C'est un héritage qui vient d'une bénédiction divine. Dans la LXX, c'est tout autre car ce sont ceux qui bénissent le Seigneur qui hériteront la terre.

Inversement, ceux qui sont maudits par IHWH seront retranchés et ceux qui le maudissent seront exterminés. Le verbe **καταράομαι** est le premier emploi dans le Psautier. Il est encore dans les Ps 62 (61).5 et 109 (108).28.

Le juste du T.M. est un homme fort, un vaillant, au verset 23. Par IHWH ses pas sont fermes tandis que dans la LXX les pas de l'homme sont guidés, sont redressés pour suivre un chemin droit. Nous sommes habitués à voir la racine כון traduite avec le verbe **κατευθύνω** dans la LXX. À la fin du verset, le sujet « il » du verbe « désirer » peut être Dieu ou l'homme. Dans les traductions, nous trouvons les deux interprétations. Soit : Dieu prendrait plaisir au chemin droit de l'homme ; Osty, par exemple, traduit : *« IHWH conduit les pas de l'homme, ils sont fermes et sa marche lui plaît ».* C'est également l'interprétation de Vigouroux. Ou bien, dans l'autre lecture : l'homme éprouve du plaisir pour le chemin de IHWH ; il le désire, il le veut. Cette lecture est moins suivie que la précédente. C'est celle de Vesco ; c'est celle de la traduction liturgique orthodoxe, version de la LXX, de la moniale Anastasia (Delphine Weulersse). Il est évident que nous ne sommes pas en mesure de dire laquelle des deux interprétations est la plus vraisemblable. Cependant, le verset suivant 24 pourrait justifier cette seconde interprétation. L'homme désirerait se tenir sur le chemin de son Dieu car il peut tomber, il peut être éprouvé, mais amoureux des chemins divins il ne sera pas terrassé car IHWH le soutient de sa main. La LXX donne le verbe **καταραχθήσεται / καταράσσω**. C'est ici le premier emploi dans la LXX et c'est le seul cas où il traduit la racine טול. Nous laissons au verbe grec son sens de ne pas être brisé ou de ne pas être écrasé, qui est plus fort que : de ne pas être terrassé dans le T.M.

Dans le N.T., nous n'avons pas le verbe **καταράσσω**.

On aimerait bien que le sage du verset 25 qui a eu son expérience de jeunesse et qui a maintenant celle de la vieillesse nous en dise un peu plus du juste qui n'aurait jamais été abandonné. Quoi qu'il en soit, on peut y croire dans ce psaume car, verset 28 : *« IHWH n'abandonnera pas ses fidèles »* et verset 33, IHWH n'abandonnera pas le juste dans la main de l'impie. Tandis qu'en finale, verset 38, nous voyons les rebelles qui seront exterminés ensemble et la descendance des impies qui sera retranchée.

Verset 27, de nouveau, un impératif divin. Se tenir loin du mal, faire le bien sont comme une promesse d'éternité : demeure pour toujours.

Au verset 28, nous lisons les mots « **ἄνομοι δὲ ἐκδιωχθήσονται** » qui sont absents du T.M. Cependant, selon Vigouroux qui se réfère au procédé alphabétique, ils auraient fait partie du texte hébreu primitif. Nous ne pouvons en dire plus.

Le verset 29 est caractérisé par l'emploi simultané des deux verbes : **hériter** la terre et **demeurer** pour toujours sur elle.

Murmurer la sagesse dans sa bouche, se servir de sa langue pour avoir la parole qui a force de jugement, garder la Loi dans son cœur, tracent le portrait et la conduite du juste : versets 30-31.

Au v.24, le juste ne pouvait être ni terrassé, ni brisé. Ici, au stique b du v.31, ses pas ne trébucheront pas. En allant voir le v.13 du psaume 17 (16) nous lirons une autre traduction du verbe **ὑποσκελίζω** et trouverons dans le commentaire les occurrences.

L'impie peut bien aller jusqu'à guetter le juste pour le faire mourir verset 32, IHWH ne l'abandonnera pas : verset 33. La LXX emploie le verbe **κατανοέω** pour **צוֹפֶה**. C'est le seul cas dans la LXX où la racine **צפה** est traduite avec ce verbe grec.

L'héritage de la terre qui revient au verset 34 est lié ici à une élévation, une exaltation du juste de la part de IHWH. En d'autres termes, le juste qui espère en IHWH et garde son chemin recevrait la faveur d'être exalté au point d'avoir la terre en héritage. Dans la LXX nous lisons le verbe **κατακληρονομέω** qui est le premier emploi dans le Psautier.

Dans le N.T., **κατακληρονομέω** est un hapax en Ac 13.19 : Paul, dans la synagogue d'Antioche de Pisidie rappelle aux juifs le séjour du peuple au désert où après l'extermination de sept nations dans la terre de Canaan Dieu attribua en héritage / **κατεκληρονόμησεν** leur terre.

Dans les versets 35-36, un peu difficiles pour le traducteur, le juste parle à la 1re personne comme le sage du v.25 disant ne pas avoir vu un juste abandonné. Au v.35 le juste a vu l'impie terrifiant ou s'exaltant dans la LXX. Celle-ci emploie le verbe **ὑπερυψόω** qui, à l'exception des occurrences dans le Livre de Daniel, ne se trouve que dans deux psaumes : celui-ci et 97 (96).9.

On peut noter aussi qu'il est un hapax dans le N.T. dans la lettre aux Philippiens 2.9.

L'impie terrifiant du T.M. s'enracine / **וּמִתְעָרֶה** (participe Hithpael : une forme verbale employée ici et en Lm 4.21), comme un arbre qui n'est pas transplanté / **אֶזְרָח** (dont le sens premier est « indigène » ; donc, un arbre qui pousse sur place), verdoyant / רַעֲנָן. Nous avons gardé la leçon du T.M. mais dans certaines traductions : Dhorme, Osty, par exemple, c'est celle de la LXX qui a été retenue : *« j'ai vu l'impie s'exaltant et s'élevant comme les cèdres du Liban ».* Le mot אֶזְרָח aurait été lu אֶרֶז / cèdre. Sur ce v.35, nous avons lu de Vigouroux : *« Le texte original ne mentionne pas le cèdre mais un arbuste verdoyant qui n'a pas été transplanté et qui, d'après quelques-uns, serait le laurier ».* En conclusion sur ce verset nous donnons la traduction de Chouraqui : *« J'ai vu un criminel terrifiant s'implanter comme un genêt luxuriant ».*

Au v.36, l'apparat critique de BHS signale les versions qui ont lu le début du verset à la 1re personne du singulier ; c'est la leçon de la LXX : « je suis passé » au lieu de : « il est passé » ; une lecture qui s'accorde mieux avec le stique b pour former un parallélisme. La LXX, encore, ajoute au stique b : c'est son lieu / **ὁ τόπος αὐτοῦ** qui n'a pas été trouvé.

Dans le verset 37, le juste du T.M. est exhorté à observer : garder qui est intègre et regarder qui est droit. Celui de la LXX doit garder l'innocence et voir la droiture ; le verbe « voir » pourrait être compris dans le sens d'observer la droiture, c'est-à-dire de la mettre en pratique. Les occurrences du substantif **ἀκακία** sont uniquement dans le Livre de Job et dans les Psaumes (nous l'avons lu dans les psaumes 7,9 et 26 (25).1.11) et il traduit toujours la racine תם.

Pour ce juste identifié à un homme de paix il y a la promesse d'un avenir, d'un après, d'une postérité : stique b. On peut donner au mot אַחֲרִית un sens métaphorique qui rejoint l'interprétation de la LXX parlant d'un « reste » / **ἐγκατάλειμμα** pour l'homme pacifique. C'est ici le premier emploi du mot grec dans le Psautier. Hormis le second cas au verset 38 b du psaume, nous le retrouvons uniquement dans le Ps 76 (75).11. En opposition à l'homme de paix pour lequel il y a un avenir / un reste, pour les impies du v.38 b il y a une fin dramatique. Au stique a ils sont identifiés à des rebelles qui ont été exterminés ; puis, stique suivant, leur avenir, leur descendance a été retranchée à jamais. Au stique b de la LXX, nous remarquons le substantif grec au pluriel : **τὰ ἐγκαταλείμματα** / les restes des impies, autrement dit : ceux qu'un homme laisse après lui, et la répétition du verbe employé au stique précédent : **ἐξολεθρευθήσονται**. Avec l'emploi d'un verbe différent du stique a, le T.M. attire l'attention sur le sort définitif des impies.

Enfin, versets 39-40, Dieu sauve et sauvera les justes. Au stique b du v.39, IHWH, la forteresse / מָעוּזָּם des justes est le défenseur ou le protecteur / **ὑπερασπιστὴς** dans la LXX. Il n'y a là rien d'étonnant car nous savons que ce mot hébreu est volontiers traduit ainsi dans la LXX. Par contre, au v.40 nous remarquons les deux emplois de la racine פלט à l'inaccompli Piel, tandis que les traducteurs grecs emploient deux verbes différents dont **ἐξαιρέω** qui donne à l'action du Seigneur un caractère plus tranché.

En conclusion de ce commentaire déjà long nous proposons une photographie d'ensemble du psaume qui montre en contraste : le ou les justes et ceux qui s'y identifient ; l'impie ou les impies et ceux qui leur ressemblent ; il en découle un comportement, puis ce qu'il en adviendra pour les uns et pour les autres.

C'est un psaume qui donne envie de se laisser sauver par Dieu (v.39-40) pour espérer aux heures difficiles de notre époque. En douceur, murmurer la sagesse, entretenir le goût du bien dans son cœur pour devenir l'être humain qui recevra la terre en héritage.

Le Juste ou les justes : v.12, 16, 17, 21, 25, 29, 32, 39 : ce sont des humbles / des doux v.11, 14 ; ce sont les bénis de IHWH (T.M.) v.22 ou ceux qui le bénissent (LXX) ; des indigents v.14 ; des intègres v.18, 37 ; c'est un homme fort v.23 ; ce sont des fidèles v.28 ; des hommes droits v.37 ; c'est un homme de paix v.37.

L'impie ou les impies : v.10, 12, 14, 16, 17, 20, 21, 28, 32, 34, 35, 38, 40 : ce sont ceux qui font le mal v.1, 9 ; ceux qui sont maudits (T.M.) v.22 ou ceux qui le maudissent (LXX) ; les ennemis de IHWH v.20 ; les rebelles v.38 ; ceux qui transgressent la loi v.38.

Exhortation : à ne pas s'enflammer v.1, 7 ; à se taire / à se soumettre v.7 ; à la confiance v.3, 5, 34 ; à faire le bien v.3, 27 ; à se détourner du mal pour faire le bien v. 27 ; à garder qui est intègre, / l'innocence ; à voir qui est droit / la droiture (LXX) v.37.

Le comportement des uns et des autres qui est déjà contenu dans leur désignation est amplifié par des agissements concrets.

Le juste ou les justes	L'injuste ou les injustes
sa bouche murmure la Sagesse v.30	
la Loi de son Dieu est dans son cœur v.31	
	ils font l'injustice v.1
	il fait des complots v.7. 12 Il grince des dents
	ils font tomber l'humble v.14
il désire le chemin de IHWH v.23	pour égorger ceux dont le chemin est droit v.14
	LXX : pour égorger les droits de cœur
il prend pitié et il donne v.21, 26	il emprunte et ne rend pas v.21
	il guette le juste v.32
	terrifiant il s'enracine comme un arbre v.35
	ils se dessécheront, se flétriront v.2
	ils se perdront, ils disparaîtront v.20
	ils seront retranchés v.22, 34
il se délectera auprès de IHWH v.4	
et dans une grande paix v.11	
il demeure sur la terre v.3, 27, 29	
il héritera la terre v.9, 11, 22, 29, 34	

il y aura un avenir	leur descendance est retranchée v.28
pour l'homme de paix v.37	ils seront exterminés et
	leur avenir sera retranché v.38.

PSAUME 38 (37)

Verset 1

מִזְמוֹר לְדָוִד לְהַזְכִּיר׃

Psaume de David. Pour commémorer.

Ψαλμὸς τῷ Δαυιδ · εἰς ἀνάμνησιν περὶ σαββάτου.

Psaume de David. *En mémoire pour le Sabbat.*

Verset 2

יהוה אַל־בְּקֶצְפְּךָ תוֹכִיחֵנִי
וּבַחֲמָתְךָ תְיַסְּרֵנִי׃

IHWH dans ton courroux ne me punis **pas**

et dans ta fureur **ne me corrige pas.**

Κύριε, μὴ τῷ θυμῷ σου ἐλέγξῃς με
μηδὲ τῇ ὀργῇ σου παιδεύσῃς με.

Seigneur dans ton courroux ne me *reprend* **pas**

et dans ta *colère* **ne me corrige pas.**

Verset 3

כִּי־חִצֶּיךָ נִחֲתוּ בִי
וַתִּנְחַת עָלַי יָדֶךָ׃

Car tes flèches se sont enfoncées en moi

et ta main a foncé **sur moi.**

ὅτι τὰ βέλη σου ἐνεπάγησάν μοι,
καὶ ἐπεστήρισας ἐπ'ἐμὲ τὴν χεῖρά σου ·

Car tes flèches se sont enfoncées en moi,

et *tu as fais peser* **sur moi ta main.**

Verset 4

אֵין־מְתֹם בִּבְשָׂרִי
מִפְּנֵי זַעְמֶךָ
אֵין־שָׁלוֹם בַּעֲצָמַי
מִפְּנֵי חַטָּאתִי׃

Rien d'intact **dans ma chair**

face à ton exaspération

rien en **paix dans mes os**

face à mon péché.

οὐκ ἔστιν ἴασις ἐν τῇ σαρκί μου
ἀπὸ προσώπου τῆς ὀργῆς σου,
οὐκ ἔστιν εἰρήνη τοῖς ὀστέοις μου
ἀπὸ προσώπου τῶν ἁμαρτιῶν μου.

Il n'y a pas de guérison **dans ma chair**

en **face** *de ta colère,*

il n'y a pas de **paix dans mes os**

en **face** *de mes péchés.*

Verset 5

כִּי עֲוֺנֹתַי עָבְרוּ רֹאשִׁי
כְּמַשָּׂא כָבֵד
יִכְבְּדוּ מִמֶּנִּי׃

ὅτι αἱ ἀνομίαι μου ὑπερῆραν τὴν κεφαλήν μου,
ὡσεὶ φορτίον βαρὺ
ἐβαρύνθησαν ἐπ' ἐμέ.

Car mes faute**s ont passé ma tête**	**Car mes** *iniquités* **ont passé** *par-dessus* **ma tête,**
comme un fardeau pesant	**comme un fardeau pesant**
elles pèsent trop **sur moi.**	**elles** *se sont appesanties* **sur moi.**

Verset 6

הִבְאִישׁוּ נָמַקּוּ חַבּוּרֹתָי
מִפְּנֵי אִוַּלְתִּי׃

προσώζεσαν καὶ ἐσάπησαν οἱ μώλωπές μου
ἀπὸ προσώπου τῆς ἀφροσύνης μου ·

Elles puent, **elles sont pourries** mes blessures	*Mes meurtrissures ont exhalé l'infect et* **elles sont pourries**
face à **ma** folie.	*en* **face** *de* **ma** *déraison.*

Verset 7

נַעֲוֵיתִי שַׁחֹתִי
עַד־מְאֹד
כָּל־הַיּוֹם קֹדֵר הִלָּכְתִּי׃

ἐταλαιπώρησα καὶ κατεκάμφθην
ἕως τέλους,
ὅλην τὴν ἡμέραν σκυθρωπάζων ἐπορευόμην.

Je suis tordu, **je suis courbé**	*J'ai souffert et* **je suis** *devenu* **courbé**
jusqu'à l'extrême ;	**jusqu'à l'extrême,**
tout le jour **assombri je** vais je viens.	*le jour entier* **assombri je** *marchais.*

Verset 8

כִּי־כְסָלַי מָלְאוּ נִקְלֶה
וְאֵין מְתֹם בִּבְשָׂרִי׃

ὅτι αἱ ψύαι μου ἐπλήσθησαν ἐμπαιγμῶν,
καὶ οὐκ ἔστιν ἴασις ἐν τῇ σαρκί μου ·

Car mes reins sont **remplis** d'inflammation	**Car mes reins** *ont été* **remplis** *de dérisions,*
et rien d'intact **dans ma chair.**	**et** *il n'y a pas de guérison* **dans ma chair.**

Verset 9

נְפוּגוֹתִי וְנִדְכֵּיתִי עַד־מְאֹד
שָׁאַגְתִּי מִנַּהֲמַת לִבִּי׃

ἐκακώθην καὶ ἐταπεινώθην ἕως σφόδρα,
ὠρυόμην ἀπὸ στεναγμοῦ τῆς καρδίας μου.

Je suis engourdi **et** broyé **jusqu**'à l'extrême
je rugis du grondement **de mon cœur.**

J'ai été maltraité **et** *humilié* **jusqu**'*au plus fort,*
je *rugissais* **du** *gémissement* **de mon cœur.**

Verset 10

אֲדֹנָי נֶגְדְּךָ כָל־תַּאֲוָתִי
וְאַנְחָתִי מִמְּךָ לֹא־נִסְתָּרָה׃

κύριε, ἐναντίον σου πᾶσα ἡ ἐπιθυμία μου,
καὶ ὁ στεναγμός μου ἀπὸ σοῦ οὐκ ἐκρύβη.

Seigneur devant toi tout mon désir
et mon gémissement de toi n'est pas **caché**.

Seigneur, **devant toi tout mon désir,**
et mon gémissement de toi *n'a pas été* **caché**.

Verset 11

לִבִּי סְחַרְחַר
עֲזָבַנִי כֹחִי
וְאוֹר־עֵינַי
גַּם־הֵם אֵין אִתִּי׃

ἡ καρδία μου ἐταράχθη,
ἐγκατέλιπέν με ἡ ἰσχύς μου,
καὶ τὸ φῶς τῶν ὀφθαλμῶν μου
καὶ αὐτὸ οὐκ ἔστιν μετ᾽ἐμοῦ.

Mon cœur palpite
ma force m'a abandonné
et la lumière de mes yeux,
eux aussi, **[n'est] plus avec moi.**

Mon cœur *a été agité,*
ma force m'a abandonné,
et la lumière de mes yeux
même elle **n'est plus avec moi.**

Verset 12

אֹהֲבַי ׀ וְרֵעַי
מִנֶּגֶד נִגְעִי יַעֲמֹדוּ
וּקְרוֹבַי מֵרָחֹק עָמָדוּ׃

οἱ φίλοι μου καὶ οἱ πλησίον μου
ἐξ ἐναντίας μου ἤγγισαν καὶ ἔστησαν,
καὶ οἱ ἔγγιστά μου ἀπὸ μακρόθεν ἔστησαν·

Ceux qui m'aiment **et mes** compagnons
loin de devant ma plaie **se sont tenus**
et mes **proches** de loin **se** tenaient.

Mes amis **et mes** *voisins*
ont approché contre moi et **se sont tenus,**
et *les plus* **proches** *de moi à distance* **se** *sont tenus.*

Verset 13

וַיְנַקְשׁוּ ׀
מְבַקְשֵׁי נַפְשִׁי
וְדֹרְשֵׁי רָעָתִי
דִּבְּרוּ הַוּוֹת
וּמִרְמוֹת כָּל־הַיּוֹם יֶהְגּוּ׃

καὶ ἐξεβιάσαντο
οἱ ζητοῦντες τὴν ψυχήν μου,
καὶ οἱ ζητοῦντες τὰ κακά μοι
ἐλάλησαν ματαιότητας
καὶ δολιότητας ὅλην τὴν ἡμέραν ἐμελέτησαν.

Et ils ont tendu des pièges
ceux qui recherchent **mon âme**
et ceux qui cherchent mon malheur
ont parlé désolations
et **tromperies**, tout le jour ils murmurent.

et ils ont *usé de violence*
ceux qui *cherchent* **mon âme,**
et ceux qui cherchent *mes maux*
ont parlé *de vanités*
et ont médité le jour entier des **tromperies.**

Verset 14

וַאֲנִי כְחֵרֵשׁ לֹא אֶשְׁמָע
וּכְאִלֵּם לֹא יִפְתַּח־פִּיו׃

ἐγὼ δὲ ὡσεὶ κωφὸς οὐκ ἤκουον
καὶ ὡσεὶ ἄλαλος οὐκ ἀνοίγων τὸ στόμα αὐτοῦ

Et moi comme un sourd je n'entends **pas**
et comme un muet [qui] n'ouvre **pas sa bouche**

Et moi comme un sourd je *n'entendais* **pas**
et comme un muet *n'ouvrant* **pas sa bouche**

Verset 15

וָאֱהִי כְּאִישׁ אֲשֶׁר לֹא־שֹׁמֵעַ
וְאֵין בְּפִיו תּוֹכָחוֹת׃

καὶ ἐγενόμην ὡσεὶ ἄνθρωπος οὐκ ἀκούων
καὶ οὐκ ἔχων ἐν τῷ στόματι αὐτοῦ ἐλεγμούς.

et je suis comme un homme qui n'entend **pas**
et rien **dans sa bouche** [en] remontrances.

et je suis *devenu* **comme un homme** *n'entendant* **pas**
et *n'ayant pas de réfutations* **dans sa bouche.**

Verset 16

כִּי־לְךָ יהוה הוֹחָלְתִּי
אַתָּה תַעֲנֶה אֲדֹנָי אֱלֹהָי׃

ὅτι ἐπὶ σοί, κύριε, ἤλπισα ·
σὺ εἰσακούσῃ, κύριε ὁ θεός μου.

Car, après **toi, IHWH** j'attends
toi tu répondras **Seigneur, mon Dieu.**

Car *en* **toi, Seigneur**, *j'ai espéré,*
toi tu *exauceras,* **Seigneur mon Dieu.**

Verset 17

כִּי־אָמַרְתִּי פֶּן־יִשְׂמְחוּ־לִי
בְּמוֹט רַגְלִי
עָלַי הִגְדִּילוּ׃

ὅτι εἶπα Μήποτε ἐπιχαρῶσίν μοι οἱ ἐχθροί μου ·
καὶ ἐν τῷ σαλευθῆναι πόδας μου
ἐπ᾽ἐμὲ ἐμεγαλορρημόνησαν.

Car j'ai dit : « qu'ils **ne se** réjouissent pas **de moi** »
quand chancelle mon pied
contre moi ils se grandissent.

Car j'ai dit : *« Que jamais mes ennemis* **ne se** *rient* **de moi** *»,*
et **quand** *ont été ébranlés mes pieds*
contre moi *ils ont parlé avec jactance.*

Verset 18

כִּי־אֲנִי לְצֶלַע נָכוֹן
וּמַכְאוֹבִי נֶגְדִּי תָמִיד׃

ὅτι ἐγὼ εἰς μάστιγας ἕτοιμος,
καὶ ἡ ἀλγηδών μου ἐνώπιόν μου διὰ παντός.

Car moi je suis préparé **pour** la boiterie
et ma douleur [est] **devant moi continuellement.**

Car moi je suis *prêt* **pour** *les coups,*
et ma douleur [est] **devant moi continuellement.**

Verset 19

כִּי־עֲוֺנִי אַגִּיד
אֶדְאַג מֵחַטָּאתִי׃

ὅτι τὴν ἀνομίαν μου ἐγὼ ἀναγγελῶ
καὶ μεριμνήσω ὑπὲρ τῆς ἁμαρτίας μου.

Car ma faute **je** [l']**annoncerai**
je serai inquiet de mon péché.

Car *moi* **j'annoncerai** *mon iniquité*
et **je serai inquiet** *au sujet* **de mon péché.**

Verset 20

וְאֹיְבַי חַיִּים עָצֵמוּ
וְרַבּוּ שֹׂנְאַי שָׁקֶר׃

οἱ δὲ ἐχθροί μου ζῶσιν καὶ κεκραταίωνται ὑπὲρ ἐμέ,
καὶ ἐπληθύνθησαν οἱ μισοῦντές με ἀδίκως ·

Et mes ennemis vivants sont puissants
et nombreux **ceux qui me haïssent** en mensonge.

Et mes ennemis *vivent et se sont affermis contre moi,*
et *se sont multipliés* **ceux qui me haïssent** *injustement*

Verset 21

וּמְשַׁלְּמֵי רָעָה תַּחַת טוֹבָה
יִשְׂטְנוּנִי
תַּחַת רדופי [רָֽדְפִי]־טֽוֹב׃
(qéré) (kétib)

οἱ ἀνταποδιδόντες κακὰ ἀντὶ ἀγαθῶν
ἐνδιέβαλλόν με,
ἐπεὶ κατεδίωκον δικαιοσύνην,

[καὶ ἀπέρριψάν με τὸν ἀγαπητὸν ὡσεὶ νεκρὸν ἐβδελυγμένον.]

Et **ceux qui rendent** le mal **pour** la bonté
m'accuseront
pour ma poursuite du bien.

Ceux qui rendent *des maux* **pour** *des bontés*
me calomniaient
car je poursuivais [la] justice,
[et ils m'ont rejeté [moi] le bien aimé comme un cadavre affreux].

Verset 22

אַל־תַּעַזְבֵנִי יהוה
אֱלֹהַי אַל־תִּרְחַק מִמֶּנִּי׃

μὴ ἐγκαταλίπῃς με, κύριε ·
ὁ θεός μου, μὴ ἀποστῇς ἀπ᾽ἐμοῦ ·

Ne m'abandonne pas IHWH
mon Dieu ne sois pas **loin de moi.**

Ne m'abandonne pas Seigneur,
mon Dieu *ne t'écarte pas* **loin de moi.**

Verset 23

חוּשָׁה לְעֶזְרָתִי
אֲדֹנָי תְּשׁוּעָתִי׃

πρόσχες εἰς τὴν βοήθειάν μου,
κύριε τῆς σωτηρίας μου.

Hâte-toi, **à mon secours**
Seigneur, **mon salut.**

Sois attentif **à mon secours,**
Seigneur *de* **mon salut.**

Dans le titre du psaume 38 (37) nous avons l'indication *« pour commémorer »* à laquelle la LXX ajoute *« sur* ou *pour le Sabbat »*. Nous pouvons interpréter ces mots soit : comme une indication d'un rituel pénitentiel pour obtenir guérison et pardon ; soit comme une demande du psalmiste adressée à Dieu pour qu'il se souvienne de lui. En effet, le psalmiste ne va pas du tout.

Dès le verset 2, qui rappelle le v.2 du Ps.6 formulé à peu près dans les mêmes termes dans le T.M. et exactement avec les mêmes mots dans la LXX, le psalmiste exprime, avec l'emploi d'une négation, une demande qui laisse entendre qu'il a commis un péché. Tous les versets qui suivent sont encadrés par cette demande initiale et celle des v.22-23 a. De ce v.2 jusqu'au v.4 le psalmiste nous met devant son péché et l'exaspération divine.

Au verset 3, l'exaspération de Dieu est concrétisée par la répétition de deux verbes dans le T.M. Au stique a ce sont les flèches qui se sont enfoncées / נִחֲתוּ; la forme Niphal est ici un hapax ; et au stique b la punition de IHWH s'exprime avec sa main qui s'enfonce sur le psalmiste. Dans la LXX, avec l'emploi de deux verbes différents : **ἐμπήγνυμι** au stique a et **ἐπιστηρίζω** au stique b, et à l'aoriste actif, les traducteurs grecs entendent nuancer entre l'action des flèches et celle de la main du Seigneur ; ils attirent ainsi l'attention du lecteur sur l'importance de la punition divine.

Et au verset 4, face à l'exaspération de Dieu et de son péché, le psalmiste en est arrivé à l'extrême du supportable. Jusqu'au verset 9 il se débat avec lui-même. Le début du v.4 : *« rien d'intact dans ma chair »* fait inclusion avec le stique b du v.8. Dans la LXX nous lisons *« il n'est pas de guérison dans ma chair »*. Le mot **ἴασις** est un hapax dans les Psaumes. Puis, tandis que le psalmiste est affronté à l'exaspération / זַעַם de Dieu dans le T.M. nous le voyons face à la colère divine dans la LXX. Dans la traduction nous nous attachons à différencier זַעַם et **ὀργή** / אַף, mais dans les deux mots il s'agit bien de colère.

Au verset 5, les fautes, les iniquités du psalmiste qui ont passé / עָבְרוּ sa tête, elles ont passé par-dessus / **ὑπερῆραν** sa tête dans la LXX. On peut comprendre qu'elles ont pris le dessus. Ce verbe grec est peu employé dans la Bible. Il n'a que deux occurrences dans le Psautier : Ici et dans le Ps 72 (71).16

Les versets qui suivent donnent une description dramatique de son état.

Verset 6 : Il y a ses blessures qui puent, sont en putréfaction, et sa folie ou déraison. Dans la LXX la conjonction « et » figure entre les deux verbes du stique a. Le verbe **προσόζω** est un hapax dans la Bible ; et **σήπω** est un hapax dans le Psautier. De même, le substantif **μωλωπές** (de **μώλωψ**) est un hapax dans les Psaumes.

Dans le N.T. il n'y a pas **προσόζω** et **σήπω** est un hapax dans la lettre de Jacques (au parfait) 5.2 : la richesse des riches est pourrie. Le mot **μώλωπι** / meurtrissure, est un hapax dans la 1re lettre de Pierre 2.24 qui est une citation du 4e Chant du Serviteur d'Ésaïe 53.5.

Au verset 7, tandis que notre psalmiste du T.M. est tordu, courbé jusqu'à l'extrême, dans la LXX il est souffrant, douloureux, malheureux avec le verbe **ταλαιπωρέω** qui est la 2e occurrence dans le Psautier après le Ps 17 (16).9.

Alors que ses reins sont pleins d'inflammation au verset 8 du T.M. ils ont été remplis de dérisions / **ἐμπαιγμῶν** dans la LXX. Les traducteurs grecs commencent à nous faire sentir une présence extérieure de raillerie. Le mot grec est un hapax dans les Psaumes.

Dans le N.T. **ἐμπαιγμός** est un hapax dans la lettre aux Hébreux 11.36 dans l'énumération des souffrances endurées par les anciens en vertu de leur foi.

Enfin au verset 9 voici le malheureux comme paralysé, broyé et le cœur qui ressemble à la mer en furie. La forme verbale Niphal נְפוּגוֹתִי de la racine פוג est ici un hapax. Le psalmiste est complètement sans force au stique a, tandis qu'au stique b, il rugit d'un rugissement qui nous rappelle le psaume 22 (21). Dans la LXX, il a été maltraité / **ἐκακώθην** et humilié.

À partir du verset 10, le psalmiste sort de lui-même pour se remettre face à Dieu car il va se trouver également face à des ennemis qui auparavant étaient des amis. Il commence par s'adresser à son Seigneur comme il finira, au v.23, devant Lui qui le sauve. Les deux mots תַּאֲוָתִי et **ἐπιθυμία** expriment un sentiment proche d'une convoitise : le psalmiste est habité d'une aspiration très forte. Une même intensité se fait entendre dans le verset 11 où c'est son cœur qui palpite / סְחַרְחַר. Cette forme verbale Pealal, qui fait partie des quelques cas de conjugaison rare, est un hapax. Nous n'avons pas cette forte émotion du cœur dans la LXX avec le verbe **ἐταράχθη** / troublé, agité. L'affaiblissement que l'on peut deviner avec le cœur qui bat vite est signe d'une mort imminente ; sa force l'a abandonné et la lumière de ses yeux commence à le quitter.

Des versets 12 à 15, nous voyons ses amis qui ont pris de la distance, et qui murmurent comme le font des ennemis. Il va leur faire face en gardant le silence.

Dans le T.M. du verset 12, les amis devenus ennemis se sont tenus à distance devant la plaie du psalmiste. Dans la LXX, au contraire, ils ont approché contre lui et lui ont fait face.

De nouveau au verset 13 la LXX donne sa leçon. Ceux qui cherchent son âme - il faut comprendre : ceux qui veulent sa mort - lui ont tendu un piège, ils ont parlé de désolations ou de calamités dans le T.M. L'image du piège donne un caractère sournois à l'action des ennemis. Pour les traducteurs grecs, ils lui ont fait violence et ils ont parlé de choses sans consistance : de vanités. Remarquons le verbe **ἐκβιάζω**. Il est très peu employé dans la LXX et il est un hapax dans les Psaumes. Ici, les ennemis qui parlent pour ne rien dire ressemblent à des « verbeux ».

Aux versets 14 et 15 nous est donné le comportement prégnant du psalmiste. Il fait le sourd et garde le silence, comme s'il voulait se défendre de ces paroles qui ne peuvent que l'enfoncer un peu plus. Et le verset 16 vient éclairer son « mutisme-surdité ». Lui, ne peut pas répondre car c'est IHWH, son Seigneur et son Dieu en qui il espère qui répondra : *« toi tu répondras Seigneur mon Dieu ».* En d'autres termes, il ne veut pas écouter le parler de ces faux amis. Seulement, la culpabilité reprend le dessus et les ennemis ressurgissent.

Verset 17 : Il souhaite que ceux-ci ne se moquent pas quand il chancelle car contre lui ils se grandissent. Les traducteurs grecs leur font tenir des propos orgueilleux contre lui. Il est vraiment dans les conditions pour chuter : verset 18. La racine צלע qui évoque le fait de boiter nous montre le psalmiste exposé à la chute. La LXX donne une autre leçon du premier stique du v.18 : son psalmiste est prêt, préparé pour les coups. Avec cette lecture, nous sentons l'obsession de son péché.

Verset 19 : car il en est si inquiet qu'il lui faut reconnaître sa faute ou son iniquité ; et il va la dire dans les termes forts d'une annonce : « *car mon iniquité je l'annoncerai* ».

Chacun de ces versets, 16-19, sont introduits par les conjonctions כִּי / **ὅτι** : car. Au v.16, « car » sert à exprimer l'absolu de la confiance du psalmiste ; au v.17 non ! il ne souhaite pas que ses ennemis profitent de son état pour s'enorgueillir ; v.18 car il est tellement au bord de chuter qu'il en serait constamment douloureux ; v.19 la conjonction sert à nous émouvoir : le psalmiste nous confie son inquiétude et la reconnaissance de son péché.

Dans les versets 20-21 on peut penser que les ennemis jalousent le comportement du psalmiste dans sa poursuite du bien.

Le v.20 n'est pas facile à lire. L'apparat critique BHS propose : חִנָּם / sans raison, au lieu de חַיִּים / vivants. Cette proposition qui suit un manuscrit de Qumran présente une meilleure harmonie avec le contexte et le stique b du verset. C'est la lecture qui a été retenue dans de nombreuses traductions. Nous prenons appui sur celles de Meschonnic, Chouraqui et l'interlinéaire hébreu-français pour garder l'écriture du T.M. Mais là encore, nous avons différentes interprétations de חַיִּים. A : « *Mes ennemis vivants sont puissants* » Meschonnic oppose une traduction qui serait plus littérale : « *ils ont fortifié leur vie* ». Notre traduction : « *mes ennemis vivants* » suit celle de Chouraqui et de l'interlinéaire hébreu-français. Les traducteurs grecs nous disent que les ennemis du psalmiste vivent ; cependant, leur puissance est exprimée différemment : Ceux-ci se sont affermis avec la précision supplémentaire : contre le psalmiste. De plus, au stique b, le mensonge / שָׁקֶר dans le T.M. a été compris dans les termes d'une injustice / **ἀδίκως** dans la LXX.

Au v.21 tandis que ceux qui rendent le mal pour le bien seront les accusateurs du psalmiste pour sa poursuite du bien dans le T.M., ceux-ci le calomniaient car il poursuivait la justice dans la LXX. À l'exception de Nb 22.22 le verbe **ἐνδιαβάλλω** n'est employé que dans les Psaumes. Ici, et dans les Ps 71 (70).13 et 109 (108).4.20,29. Il traduit toujours la racine שׂטן. Ceux qui accuseront / יִשְׂטְנוּנִי dans le T.M. et qui s'opposent au bien prennent le visage de l'adversaire et de l'ennemi.

Le N.T. ne connaît pas le verbe **ἐνδιαβάλλω**.

L'addition : « *et ils m'ont rejeté moi le bien-aimé comme un cadavre affreux* » dans la LXX oriente bien sûr vers une lecture chrétienne du psaume. Comme nous pouvons le lire dans des notes bibliques la version copte ajoute encore : « *ils ont cloué ma chair* ». Des mots qui rappellent Es. 14.19.

Les versets 22-23 qui forment la demande finale peuvent donner une orientation possible de conclusion. Dans ce psaume, tout commence et finit par une prière de demande comme si Dieu n'avait entendu, ni la désespérance, ni la confiance qui lui était faite, du psalmiste. Tout au long des versets nous sommes témoins de son état extrême physiquement et moralement qui n'a reçu ni écoute ni regard divins. C'est pourquoi, cet homme est un modèle. Il incarne le priant – qui prie sans se lasser – et qui ne reçoit aucun signe de Dieu. Et puis, il nous questionne : avons-nous fait nous-mêmes le deuil d'interpréter les maux physiques ou les calamités naturelles qui arrivent comme une punition divine en conséquence d'une mauvaise conduite ? Sommes-nous guéris de la culpabilité ?

O admirable orant de la nuit obscure !

PSAUME 39 (38)

Verset 1

לַמְנַצֵּחַ לידיתון [לִידוּתוּן]	*Εἰς τὸ τέλος, τῷ Ιδιθουν ·*
(qéré) *(kétib)*	
מִזְמוֹר לְדָוִד׃	*ᾠδὴ τῷ Δαυιδ.*
Du chef de chœur. De Yedoutoun.	*Pour la fin, à Idithoun.*
Psaume **de David.**	*Cantique* **de David.**

Verset 2

אָמַרְתִּי אֶשְׁמְרָה דְרָכַי	*Εἶπα Φυλάξω τὰς ὁδούς μου*
מֵחֲטוֹא בִלְשׁוֹנִי	*τοῦ μὴ ἁμαρτάνειν ἐν γλώσσῃ μου ·*
אֶשְׁמְרָה לְפִי מַחְסוֹם	*ἐθέμην τῷ στόματί μου φυλακὴν*
בְּעֹד רָשָׁע לְנֶגְדִּי׃	*ἐν τῷ συστῆναι τὸν ἁμαρτωλὸν ἐναντίον μου.*
J'ai dit : **« je garderai mes chemins**	**J'ai dit** *:* **« je garderai mes chemins**
loin de **pécher avec ma langue,**	*pour ne pas* **pécher avec ma langue ;**
je garderai **à ma bouche** un bâillon	*j'ai posé* **à ma bouche** *une garde*
tant que l'impie [est] **devant moi** ».	**tant que** *le pécheur s'est tenu* **devant moi** *».*

Verset 3

נֶאֱלַמְתִּי דוּמִיָּה	*ἐκωφώθην καὶ ἐταπεινώθην*
הֶחֱשֵׁיתִי מִטּוֹב	*καὶ ἐσίγησα ἐξ ἀγαθῶν,*
וּכְאֵבִי נֶעְכָּר׃	*καὶ τὸ ἄλγημά μου ἀνεκαινίσθη.*
J'étais **muet**, en silence	*J'ai été* **muet** *et j'ai été humilié*
je me taisais **loin** du bon[heur]	*et j'ai gardé le silence* **loin** *des choses bonnes,*
et ma douleur s'est exaspérée.	**et ma douleur** *s'en est renouvelée.*

Verset 4

חַם־לִבִּי ׀ בְּקִרְבִּי בַּהֲגִיגִי תִבְעַר־אֵשׁ דִּבַּרְתִּי בִּלְשׁוֹנִי׃	*ἐθερμάνθη ἡ καρδία μου ἐντός μου,* *καὶ ἐν τῇ μελέτῃ μου ἐκκαυθήσεται πῦρ.* *ἐλάλησα ἐν γλώσσῃ μου*
S'enfiévrait **mon cœur à l'intérieur de moi** **dans** mon aspiration brûlait **un feu** **j'ai parlé avec ma langue**	**Mon cœur** *s'est enfiévré* **à l'intérieur de moi**, *et* **dans** *ma méditation* u**n feu** *s'est embrasé.* **J'ai parlé avec ma langue**

Verset 5

הוֹדִיעֵנִי יהוה ׀ קִצִּי וּמִדַּת יָמַי מַה־הִיא אֵדְעָה מֶה־חָדֵל אָנִי׃	*Γνώρισόν μοι, κύριε, τὸ πέρας μου* *καὶ τὸν ἀριθμὸν τῶν ἡμερῶν μου, τίς ἐστιν,* *ἵνα γνῶ τί ὑστερῶ ἐγώ.*
Fais-moi connaître IHWH ma fin **et** la mesure **de mes jours** quelle est-elle ? **que je connaisse** combien je suis éphémère.	**Fais-moi connaître, Seigneur, ma fin** **et** *le nombre* **de mes jours** *quel est-il,* *afin* **que je connaisse** *ce qui me manque.*

Verset 6

הִנֵּה טְפָחוֹת ׀ נָתַתָּה יָמַי וְחֶלְדִּי כְאַיִן נֶגְדֶּךָ אַךְ כָּל־הֶבֶל כָּל־אָדָם נִצָּב סֶלָה׃	*ἰδοὺ παλαιστὰς ἔθου τὰς ἡμέρας μου,* *καὶ ἡ ὑπόστασίς μου ὡσεὶ οὐθὲν ἐνώπιόν σου ·* *πλὴν τὰ σύμπαντα ματαιότης,* *πᾶς ἄνθρωπος ζῶν.* *διάψαλμα.*
Voici des largeurs **de mains tu as** donné à **mes jours** **et** ma durée **[est] comme rien devant toi ;** vraiment tout [est] buée **tout** être humain se tenant debout. Pause.	**Voici tu as** *posé* **mes jours** *[comme] paumes* **de mains**, **et** *mon être* **[est] comme rien devant toi ;** *seulement vanité tout l'ensemble,* **tout** *homme vivant.* *Intermède musical.*

Verset 7

אַךְ־בְּצֶלֶם ׀ יִתְהַלֶּךְ־אִישׁ	***μέντοιγε ἐν εἰκόνι διαπορεύεται ἄνθρωπος,***
אַךְ־הֶבֶל יֶהֱמָיוּן	***πλὴν μάτην ταράσσονται ·***
יִצְבֹּר וְלֹא־יֵדַע מִי־אֹסְפָם׃	***θησαυρίζει καὶ οὐ γινώσκει τίνι συνάξει αὐτά.***
Vraiment en ombre va et vient l'homme	*En vérité un homme passe [comme] en image*
vraiment buée **ils** se remuent	*seulement en vain* **ils** *s'agitent ;*
il entasse **et ne connaît pas** qui ramassera.	**il** *thésaurise* **et ne connaît pas** *pour qui il amassera [ses thésaurisations].*

Verset 8

וְעַתָּה מַה־קִּוִּיתִי אֲדֹנָי	***καί νῦν τίς ἡ ὑπομονή μου ;***
	οὐχὶ ὁ κύριος ;
תּוֹחַלְתִּי לְךָ הִיא׃	***καί ἡ ὑπόστασίς μου παρὰ σοῦ ἐστιν.***
Et maintenant que puis-je espérer Seigneur	**Et maintenant** *quelle est mon attente ?*
	n'est-ce pas le Seigneur ?
mon attente elle est vers **toi**.	*et mon être est d'auprès de* **toi.**

Verset 9

מִכָּל־פְּשָׁעַי הַצִּילֵנִי	***ἀπὸ πασῶν τῶν ἀνομιῶν μου ῥῦσαί με,***
חֶרְפַּת נָבָל אַל־תְּשִׂימֵנִי׃	***ὄνειδος ἄφρονι ἔδωκάς με.***
De toutes mes rébellions **délivre-moi**	**De toutes mes** *iniquités* **délivre-moi,**
ne m'expose pas **insulte** de **l'insensé**.	*tu m'as donné* **insulte** *pour* **l'insensé**.

Verset 10

נֶאֱלַמְתִּי לֹא אֶפְתַּח־פִּי	***ἐκωφώθην καὶ οὐκ ἤνοιξα τὸ στόμα μου,***
כִּי אַתָּה עָשִׂיתָ׃	***ὅτι σὺ εἶ ὁ ποιήσας με.***
J'étais **muet** ; je n'ouvrirai pas **ma bouche**	*J'ai été* **muet** *et n'ai pas ouvert* **ma bouche,**
car toi tu as **fait**.	**car toi tu** *es celui qui m'a* **fait**.

Verset 11

הָסֵר מֵעָלַי נִגְעֶךָ
מִתִּגְרַת יָדְךָ אֲנִי כָלִיתִי׃

ἀπόστησον ἀπ'ἐμοῦ τὰς μάστιγάς σου ·
ἀπὸ τῆς ἰσχύος τῆς χειρός σου ἐγὼ ἐξέλιπον.

Détourne de dessus moi ta plaie
sous l'hostilité **de ta main moi** je succombe.

Détourne *de moi tes coups,*
à cause de la force **de ta main moi** *j'ai succombé.*

Verset 12

בְּתוֹכָחוֹת עַל־עָוֺן ׀
יִסַּרְתָּ אִישׁ
וַתֶּמֶס כָּעָשׁ חֲמוּדוֹ
אַךְ הֶבֶל כָּל־אָדָם
סֶלָה׃

ἐν ἐλεγμοῖς ὑπὲρ ἀνομίας
ἐπαίδευσας ἄνθρωπον
καὶ ἐξέτηξας ὡς ἀράχνην τὴν ψυχὴν αὐτοῦ ·
πλὴν μάτην ταράσσεται πᾶς ἄνθρωπος.
διάψαλμα.

Par des remontrances contre la faute
tu corriges **l'homme**
et tu fais fondre **comme** teigne l'objet de son désir.
Vraiment buée **tout** être humain.
Pause.

Par des *réfutations sur l'iniquité*
tu *as corrigé* **l'homme**
et tu *as desséché* **comme** *une araignée son âme ;*
seulement en vain **tout** *homme s'agite.*
Intermède musical.

Verset 13

שִׁמְעָה־תְפִלָּתִי ׀ יהוה
וְשַׁוְעָתִי ׀ הַאֲזִינָה
אֶל־דִּמְעָתִי אַל־תֶּחֱרַשׁ
כִּי גֵר אָנֹכִי עִמָּךְ
תּוֹשָׁב כְּכָל־אֲבוֹתָי׃

εἰσάκουσον τῆς προσευχῆς μου, κύριε,
καὶ τῆς δεήσεώς μου ἐνώτισαι ·
τῶν δακρύων μου μὴ παρασιωπήσῃς,
ὅτι πάροικος ἐγώ εἰμι παρὰ σοὶ
καὶ παρεπίδημος καθὼς πάντες οἱ πατέρες μου.

Écoute **ma prière IHWH**
et à mon cri, **prête l'oreille,**
à mon sanglot **ne** sois **pas** sourd
car je suis immigré moi avec **toi**
un hôte **comme tous mes pères.**

Exauce **ma prière, Seigneur,**
et à *ma supplication,* **prête l'oreille** *;*
à *mes larmes* **ne** *garde* **pas** *le silence,*
car *moi* **je suis** *un étranger auprès de* **toi**
et **un** *passager* **comme tous mes pères.**

Verset 14

הָשַׁע מִמֶּנִּי וְאַבְלִיגָה	***ἄνες μοι, ἵνα ἀναψύξω***
בְּטֶרֶם אֵלֵךְ	***πρὸ τοῦ με ἀπελθεῖν***
וְאֵינֶנִּי׃	***καὶ οὐκέτι μὴ ὑπάρξω.***
Regarde loin **de moi** et je serai serein,	*Relâche-toi* **de moi,** *afin que je respire*
avant que je m'en aille	**avant que je m'en aille,**
et plus de moi.	**et** *que je ne sois plus rien du tout.*

Le psalmiste du psaume 39 (38) a quelque chose à dire à l'homme noué dans un combat existentiel.

L'indication *« Yedoutoun / Idithoun »* se retrouve également dans les titres des psaumes 62 (61) et 77 (76). 1 Ch 9.16 cite Yedoutoun comme lévite ; les lévites étaient chargés d'une fonction liturgique et Yedoutoun précisément fut chargé par David de l'organisation de la musique du temple (cf. 1 Ch 16.38.41 ; 25.1.3 ; 2 Ch 5.12).

Dans les versets 2 à 4, le psalmiste se fait connaître : il est douloureux.

« J'ai dit » verset 2 fait inclusion avec *« j'ai parlé avec ma langue »* de la fin du verset 4.
Le psalmiste du T.M., v.2, garde un bâillon à sa bouche comme il a gardé ses chemins pour ne pas pécher avec sa langue. Dans la LXX, il a bien gardé ses chemins mais il a placé ou posé une garde à sa bouche, comme s'il n'était pas en mesure de garder sa bouche par lui-même. Le substantif **φυλακή** qui évoque un corps de garde apparaît ici pour la première fois dans le Psautier. Tandis que מַחְסוֹם employé dans le sens de bâillon ou de muselière est ici un hapax.

Face à l'impie, loin du bonheur, le psalmiste est muet - silencieux - il se tait : verset 3. Dans la LXX, il a été muet, humilié et il a gardé le silence. Le verbe **κωφόω** qui revient au v.10 n'est employé qu'ici dans la Bible. Là où le T.M. insiste sur le mutisme du psalmiste, les traducteurs grecs nous font connaître l'humiliation de son silence. Dès la fin du v.3, il n'y tient plus et, du tourment intérieur qui le rend muet, il va passer à la parole.

Nous remarquons sa douleur exaspérée / נֶעְכָּר participe Niphal de la racine עכר pour une douleur qui s'est renouvelée dans la LXX. La forme verbale Niphal de la racine hébraïque n'est employée que deux fois dans la Bible ; ici, et en Pr 15.6. Avec **ἀνεκαινίσθη**, la douleur du psalmiste est ressentie à nouveau. À l'exception de 2 Ch 15.8 où Asa rénova l'autel du Seigneur / וַיְחַדֵּשׁ אֶת־מִזְבַּח יהוה / **καὶ ἐνεκαίνισεν τὸ θυσιαστήριον κυρίου**, le verbe **ἀνακαινίζω** est cité ici pour la première fois et c'est le seul cas où il traduit la racine עכר.

Dans le N.T. **ἀνακαινίζω** est un hapax dans la lettre aux Hébreux. L'auteur met en garde ; il parle d'une impossibilité, une fois tombé, de retrouver le renouveau en vue de la conversion :

Hb 6.6 **καὶ παραπεσόντας, πάλιν ἀνακαινίζειν εἰς μετάνοιαν**. Nous ne commentons pas ici cette phrase à situer dans l'ensemble du sermon qui est fait.

Au v.4 l'aspiration / הֲגִיגִי du psalmiste est exactement la même que celle exprimée dans le psaume 5.2. Ce sont les deux seuls cas de cette forme d'écriture dans la Bible. Et du côté de la LXX, le v.4 de ce psaume est le seul cas où **μελέτη** traduit הָגִיג.

Le substantif **μελέτη** est absent du N.T.

<u>Verset 5</u> : Nous sommes au cœur de l'angoisse du psalmiste et c'est à IHWH qu'il en parle. *« Fais-moi connaître ma fin, et la mesure de mes jours quelle est-elle ? ».*

Le mot מִדָּה / mesure qui évoque une dimension, une grandeur mesurable a été compris par la LXX dans un sens arithmétique plus précis : *« quel est le nombre ».* C'est le premier emploi du mot **ἀριθμός** dans le Psautier et c'est le seul cas pour la racine מִדָּה. Dans ce verset, le verbe « connaître » fait inclusion. Au dernier stique tandis que le psalmiste du T.M. voudrait bien apprendre de Dieu lui-même le sens de sa vie qui dure si peu : *« que je connaisse combien je suis éphémère »*, celui de la LXX semble vouloir connaître le temps qui lui reste à vivre : *« que je connaisse ce qui me manque ».*

Dans les versets 6 et 7, on croirait entendre Qohélet. *« Vraiment tout est buée ».*

<u>Verset 6</u>, devant Dieu la durée de la vie du psalmiste est comme rien. IHWH ne lui a donné que quelques largeurs de mains, une petite mesure correspondant à 7,5 cm environ. Dans la LXX, nous gardons l'écriture **παλαιστάς** ; l'apparat critique signale la lecture **παλαιας** et c'est ceci qu'a retenu la concordance de la LXX. De toutes manières, le mot est un hapax dans le Psautier. Pour le psalmiste des traducteurs grecs, c'est sa substance, son être, son existence / **ὑπόστασις** qui est comme rien. Le mot grec apparaît pour la première fois dans les Psaumes ; pour l'hébreu חֶלֶד, **ὑπόστασις** est employé seulement une seconde fois au verset 48 du psaume 89 (88). À la fin du verset 6, l'homme qui se tient debout, un vivant dit explicitement la LXX, est vanité. Il est inconsistant, comme une ombre : <u>verset 7</u> ; il va, il vient. L'adverbe **μέντοιγε** n'a pas d'autre occurrence dans la Bible ; et le mot **εἰκόνι** du nominatif **εἰκών** n'est employé que dans deux psaumes : ici, et dans le Ps 73 (72).20. Le pluriel des deux verbes : *« ils se remuent »* (T.M.), *« ils s'agitent »* (LXX) interroge le lecteur - traducteur. Des propositions sont faites pour lire un singulier qui se justifie grammaticalement ; mais la logique grammaticale singulier / pluriel est beaucoup plus souple en hébreu et en grec biblique qu'en français. Nous gardons la forme verbale plurielle que l'on pourrait traduire par exemple dans un sens collectif : *« on se remue, on s'agite ».*

L'homme du psaume - que nous sommes - entasse sans connaître qui ramassera ou rassemblera. Le verbe **θησαυρίζω** est ici le seul emploi dans le Psautier.

<u>Verset 8</u> : Tout cela étant dit, rappelons-nous les premiers mots du psalmiste : *« j'ai dit »* du v.2. *« Et maintenant »* ? À deux reprises le psalmiste du T.M. parle de son espérance avec

deux mots différents. Le stique b : *« mon attente elle est vers toi »* éclaire l'interrogation du stique a qui pourrait être interprétée négativement comme : « je n'ai rien à espérer ». Mais le psalmiste espère bien car son attente elle est tendue vers Dieu. L'insistance sur l'espérance dans le T.M. n'est pas prise en compte de la même façon par la LXX. Au stique a, son attente est bien le Seigneur ; au stique b, avec le mot **ὑπόστασις** la leçon de la LXX, qui fait référence à l'être ou à l'existence, donne de la consistance au stique a.

Fort de son espérance, le psalmiste en devient un suppliant.

Au verset 9, tandis que dans le texte massorétique il demande de ne pas être exposé à l'insulte de l'insensé, dans la LXX, au contraire, il dit à Dieu en quelque sorte, qu'il l'a rendu objet d'insulte de la part de l'insensé.

S'il reste encore muet, n'ouvrant pas la bouche verset 10, c'est qu'il sait que son Dieu agit. Les versets suivants laissent bien entendre que notre psalmiste n'est pas au bout de l'épreuve de purification et son silence n'y tient pas, une seconde fois.

Le verset 11 parle d'une correction de Dieu avec la main : *« sous l'hostilité / מִתִּגְרַת de ta main moi je succombe ».* Dans la Bible, le mot תִּגְרָה n'est employé que dans le Ps. 39 ; et dans la LXX nous le voyons traduit avec le substantif **ἰσχύος** qui ne peut donner la même résonance que le mot hébreu qui est un hapax.

Au verset 12, Dieu ferait fondre comme teigne ou mite ce que l'homme désire. Et que peut bien désirer l'homme du psaume 39 ? De longs jours, une vie qui ne finit pas ; en d'autres termes, il ne désirerait pas connaître la mort. Mais ce désir-là qu'il ne peut atteindre, Dieu le ferait-il fondre car il serait « buée » comme la finale du verset dans le T.M., *« vraiment buée tout être humain »,* pourrait le suggérer ? Les traducteurs grecs eux, donnent l'image de l'araignée : *« tu as desséché comme une araignée son âme ».* Le mot **ἀράχνη** est peu employé dans la Bible. Il est aussi dans le psaume 90 (89).9 ; en Jb 8.14 ; 27.18 et Es 59.5. Et le verbe **ἐκτήκω** est employé ici pour la première fois dans le Psautier. Le cas de l'homme, dans la LXX, peut être plus angoissant que celui du T.M. puisque c'est son âme, ou toute sa personne qui est desséchée, et à la fin du verset avec le verbe **ταράσσω** le trouble de l'agitation ne lui servira à rien. Tout être humain est « buée » (T.M.). Cette finale du v.12 rappelle les v.6 et 7.

Muet, fragilisé, le psalmiste se définit immigré, et hôte comme ses pères : verset 13.

Dans l'A.T. le mot **πάροικος** est employé ici pour la première fois dans le Psautier et n'a que deux autres occurrences dans les psaumes : 105 (104).12 et 119 (118).19 ; quant à **παρεπίδημος** (le voyageur de passage) il n'est employé que deux fois : ici et en Gn 23.4 : Au moment de demander une propriété pour ensevelir Sara, Abraham se présente comme **πάροικος** et **παρεπίδημος**. À la différence du גֵּר / immigré qui est un résident et qui peut bénéficier de droits de la part de la communauté qui l'accueille, le תּוֹשָׁב / hôte, ne fait que passer.

Dans le N.T., on ne trouve pas les deux mots grecs **πάροικος**, **παρεπίδημος** dans les Évangiles. Les occurrences sont : **παρεπίδημος** Hb 11.13 ; 1 P 1.1 et **2.11**
πάροικος 1 P **2.11** ; Ac 7.6.29 ; Ep 2.19

Il est intéressant d'aller voir l'emploi des deux mots dans les textes cités du N.T. On y remarque un autre substantif, le **ξένος**, pour parler de l'étranger : de celui qui vient de l'extérieur
Notre psalmiste, certes, dit bien qu'il est un « passant » sur cette terre ; cependant, après : *« je suis moi »* de ce v.13, le *« avec toi »* est la signature de sa conviction : Dieu lui est présent.

Sans son Dieu, le psalmiste n'est rien et ne serait plus rien. Au dernier verset il fait une supplication qui impressionne. Avant de n'être plus rien, il demande à Dieu de ne pas le regarder pour connaître un moment de paix. L'impératif Hiphil הָשַׁע a été traduit dans la LXX par le verbe **ἀνίημι** qui est un hapax dans le Psautier, et il en est de même pour **ἀναψύχω**. Notre traduction de ce stique a dans le T.M. suit celle de Vesco. Dans le texte de la LXX, avec les deux verbes **ἄνες** et **ἀναψύξω**, nous sentons déjà l'oppression qui précède la mort. Le dernier verbe du psaume : **ὑπάρχω** précédé de **οὐκέτι μή** pourrait être traduit par un futur. Nous rappelons ici, mais sans insister parce que c'est déjà signalé dans les notes des Bibles et les différents commentaires, que les mots du psalmiste sont ceux formulés par Job (cf. par exemple Jb 9.27 ; 10.21).

***

L'expérience du psalmiste dans son désarroi face à la mort peut venir au secours de tout homme. Il y a lumière dès qu'un humain ose une parole vers Dieu : Tout est vanité mais mon attente est vers toi, car toi tu es à l'œuvre ; regarde loin de moi : ne me regarde pas avec mon poids de péché pour qu'à l'heure de ma mort j'ai la sérénité de l'humble passager sur cette terre.

Revenir au silence car *« il est bon d'attendre en silence le salut de IHWH »* (Lm 3.26).

J'ai dit, j'ai parlé à Dieu ; et maintenant : *« Mort où est ton aiguillon ? »*

PSAUME 40 (39)

Verset 1

לַמְנַצֵּחַ לְדָוִד מִזְמוֹר׃	*Εἰς τὸ τέλος · τῷ Δαυιδ ψαλμός.*
Du chef de chœur. **De David. Psaume.**	*Pour la fin.* **Psaume de David.**

Verset 2

קַוֹּה קִוִּיתִי יהוה	*Ὑπομένων ὑπέμεινα τὸν κύριον,*
וַיֵּט אֵלַי	*καί προσέσχεν μοι*
וַיִּשְׁמַע שַׁוְעָתִֽי׃	*καὶ εἰσήκουσεν τῆς δεήσεώς μου*

Espérer j'ai espéré **IHWH**	*Attendant j'ai attendu* **le Seigneur**,
et il s'est penché vers **moi**	**et il** *a été attentif à* **moi**
et il a écouté mon cri.	**et il a** *exaucé ma supplication.*

Verset 3

וַיַּעֲלֵנִי ׀ מִבּוֹר שָׁאוֹן	*καὶ ἀνήγαγέν με ἐκ λάκκου ταλαιπωρίας*
מִטִּיט הַיָּוֵן	*καὶ ἀπὸ πηλοῦ ἰλύος*
וַיָּקֶם עַל־סֶלַע רַגְלָי	*καὶ ἔστησεν ἐπὶ πέτραν τοὺς πόδας μου*
כּוֹנֵן אֲשֻׁרָֽי׃	*καὶ κατηύθυνεν τὰ διαβήματά μου*

Et il m'a fait remonter d'un trou de mugissement	**Et il m'a fait** *monter hors d'une fosse de misère*
de la **boue** du bourbier	*et* **d'un trou** *de* **boue**
et il a dressé mes pieds sur un rocher	**et il a dressé mes pieds sur un rocher**
il a affermi **mes pas.**	*et* **il a** *redressé* **mes pas.**

Verset 4

וַיִּתֵּן בְּפִי ׀ שִׁיר חָדָשׁ	*καὶ ἐνέβαλεν εἰς τὸ στόμα μου ᾆσμα καινόν,*
תְּהִלָּה לֵאלֹהֵינוּ	*ὕμνον τῷ θεῷ ἡμῶν ·*
יִרְאוּ רַבִּים וְיִירָאוּ	*ὄψονται πολλοὶ καὶ φοβηθήσονται*
וְיִבְטְחוּ בַּיהוה׃	*καὶ ἐλπιοῦσιν ἐπὶ κύριον.*

Et il a donné **dans ma bouche un chant nouveau**	**et il a** *mis* **dans ma bouche un chant nouveau,**
une louange **à notre Dieu ;**	*un hymne* **à notre Dieu ;**
nombreux ils verront et ils **craindront**	**nombreux ils verront et craindront**
et ils auront confiance **en IHWH.**	**et** *espéreront* **dans le Seigneur.**

Verset 5

אַשְׁרֵי הַגֶּבֶר
אֲשֶׁר־שָׂם יהוה מִבְטַחוֹ
וְלֹא־פָנָה אֶל־רְהָבִים
וְשָׂטֵי כָזָב׃

μακάριος ἀνήρ,
οὗ ἐστιν τὸ ὄνομα κυρίου ἐλπὶς αὐτοῦ
καί οὐκ ἐνέβλεψεν εἰς ματαιότητας
καὶ μανίας ψευδεῖς.

Bonheurs de **l'homme** fort
qui a fait **de IHWH** sa confiance
et ne s'est pas tourné **vers** les arrogants
et les dévieurs de mensonge.

Heureux **l'homme**,
dont le nom **du Seigneur** *est son espérance*
et *qui n'a pas regardé* **vers** *des vanités*
et *des folies mensongères.*

Verset 6

רַבּוֹת עָשִׂיתָ ׀ אַתָּה ׀
יהוה אֱלֹהַי נִפְלְאֹתֶיךָ
וּמַחְשְׁבֹתֶיךָ אֵלֵינוּ
אֵין ׀ עֲרֹךְ אֵלֶיךָ
אַגִּידָה וַאֲדַבֵּרָה
עָצְמוּ מִסַּפֵּר׃

πολλὰ ἐποίησας σύ,
κύριε ὁ θεός μου, τὰ θαυμάσιά σου,
καὶ τοῖς διαλογισμοῖς σου
οὐκ ἔστιν τίς ὁμοιωθήσεταί σοι ·
ἀπήγγειλα καὶ ἐλάλησα,
ἐπληθύνθησαν ὑπὲρ ἀριθμόν.

En grand nombre tu as fait toi
IHWH mon Dieu tes merveilles
et tes pensées envers nous
personne n'est à comparer **à toi**
je veux raconter **et** je veux parler
elles sont considérables trop pour compter.

En grand nombre tu as fait toi,
Seigneur mon Dieu, tes *[actions] admirables,*
et *à* **tes** *raisonnements*
il n'est rien qui soit comparable **à toi** *;*
j'ai rapporté la nouvelle **et** *j'ai parlé,*
elles *ont été multipliées au-delà d'un calcul.*

Verset 7

זֶבַח וּמִנְחָה ׀ לֹא־חָפַצְתָּ
אָזְנַיִם כָּרִיתָ לִּי
עוֹלָה וַחֲטָאָה לֹא שָׁאָלְתָּ׃

θυσίαν καὶ προσφορὰν οὐκ ἠθέλησας,
ὠτία δὲ κατηρτίσω μοι ·
ὁλοκαύτωμα καὶ περὶ ἁμαρτίας οὐκ ᾔτησας.

Sacrifice et offrande **tu n'as pas** désiré
les oreilles tu as creusées pour moi
holocauste et expiation **tu n'as pas demandé**.

Tu n'as pas *voulu de* **sacrifice et** *d'***offrande**,
mais tu m'as bien disposé **les oreilles** *;*
et **tu n'as pas demandé** *d'***holocauste** *pour le péché.*

Verset 8

אָז אָמַרְתִּי הִנֵּה־בָאתִי
בִּמְגִלַּת־סֵפֶר כָּתוּב עָלָי׃

Alors j'ai dit : « voici je suis venu »
dans le rouleau **du livre il est écrit** sur **moi.**

τότε εἶπον Ἰδοὺ ἥκω,
ἐν κεφαλίδι βιβλίου γέγραπται περὶ ἐμοῦ ·

Alors j'ai dit : « voici je *viens* **»,**
en tête **du livre il est écrit** *de* **moi** :

Verset 9

לַעֲשׂוֹת־רְצוֹנְךָ אֱלֹהַי חָפָצְתִּי
וְתוֹרָתְךָ בְּתוֹךְ מֵעָי׃

Faire ta volonté mon Dieu je désire
et ton enseignement **[est] au milieu de** mes entrailles.

τοῦ ποιῆσαι τὸ θέλημά σου, ὁ θεός μου, ἐβουλήθην
καὶ τὸν νόμον σου ἐν μέσῳ τῆς κοιλίας μου.

Faire ta volonté, mon Dieu, *j'ai décidé*
et *ta loi* **[est] au milieu de** *mon ventre.*

Verset 10

בִּשַּׂרְתִּי צֶדֶק ׀ בְּקָהָל רָב
הִנֵּה שְׂפָתַי לֹא אֶכְלָא
יהוה אַתָּה יָדָעְתָּ׃

J'ai annoncé la **justice dans une assemblée** nombreuse
voici je ne fermerai **pas mes lèvres**
IHWH toi tu connais.

εὐηγγελισάμην δικαιοσύνην ἐν ἐκκλησίᾳ μεγάλῃ ·
ἰδοὺ τὰ χείλη μου οὐ μὴ κωλύσω ·
κύριε, σὺ ἔγνως.

J'ai annoncé *une* **justice dans une** *grande* **assemblée ;**
voici je ne *retiendrai* **pas mes lèvres,**
Seigneur, toi tu connais.

Verset 11

צִדְקָתְךָ לֹא־כִסִּיתִי ׀ בְּתוֹךְ לִבִּי
אֱמוּנָתְךָ וּתְשׁוּעָתְךָ אָמָרְתִּי
לֹא־כִחַדְתִּי חַסְדְּךָ וַאֲמִתְּךָ
לְקָהָל רָב׃

Je n'ai pas recouvert **ta justice** au milieu de **mon cœur**
j'ai dit ta fidélité **et ton salut**
je n'ai pas dissimulé ton amour **et ta vérité**
à une assemblée nombreuse.

τὴν δικαιοσύνην σου οὐκ ἔκρυψα ἐν τῇ καρδίᾳ μου,
τὴν ἀλήθειάν σου καὶ τὸ σωτήριόν σου εἶπα,
οὐκ ἔκρυψα τὸ ἔλεός σου καὶ τὴν ἀλήθειάν σου
ἀπὸ συναγωγῆς πολλῆς.

Je n'ai pas *caché* **ta justice** *dans* **mon cœur,**
j'ai dit *ta vérité* **et ton salut,**
je n'ai pas *caché ta miséricorde* **et ta vérité**
à une assemblée nombreuse.

Verset 12

אַתָּה יהוה לֹא־תִכְלָא	*σὺ δέ, κύριε, μὴ μακρύνῃς*
רַחֲמֶיךָ מִמֶּנִּי	*τοὺς οἰκτιρμούς σου ἀπ᾽ἐμοῦ ·*
חַסְדְּךָ וַאֲמִתְּךָ	*τὸ ἔλεός σου καί ἡ ἀλήθειά σου*
תָּמִיד יִצְּרוּנִי׃	*διὰ παντὸς ἀντελάβοντό μου.*
Toi IHWH tu ne fermeras pas	*Mais* **toi**, **Seigneur**, *n'éloigne pas*
tes tendresses loin **de moi**	**tes** *compassions* **de moi** *;*
ton amour **et ta vérité**	*ta miséricorde* **et ta vérité**
continuellement me préserveront.	**continuellement** *m'ont soutenu.*

Verset 13

כִּי אָפְפוּ־עָלַי ׀ רָעוֹת	*ὅτι περιέσχον με κακά,*
עַד־אֵין מִסְפָּר	*ὧν οὐκ ἔστιν ἀριθμός,*
הִשִּׂיגוּנִי עֲוֺנֹתַי	*κατέλαβόν με αἱ ἀνομίαι μου,*
וְלֹא־יָכֹלְתִּי לִרְאוֹת	*καὶ οὐκ ἠδυνήθην τοῦ βλέπειν ·*
עָצְמוּ מִשַּׂעֲרוֹת רֹאשִׁי	*ἐπληθύνθησαν ὑπὲρ τὰς τρίχας τῆς κεφαλῆς μου,*
וְלִבִּי עֲזָבָנִי׃	*καὶ ἡ καρδία μου ἐγκατέλιπέν με.*
Car des maux m'ont enveloppé	**Car des maux m'ont** *environné,*
au point qu'il n'y a **pas de compte**	*dont il n'est* **pas de compte**
mes fautes **m'ont** atteint	**mes** *iniquités* **m'ont** *assailli,*
et je n'ai pas pu voir	**et je n'ai pas pu voir** *;*
elles sont considérables **plus que les cheveux de ma tête**	**elles** *ont été multipliées* **plus que les cheveux de ma tête**,
et mon cœur m'a abandonné.	**et mon cœur m'a abandonné.**

Verset 14

רְצֵה יהוה לְהַצִּילֵנִי	*εὐδόκησον, κύριε, τοῦ ῥύσασθαί με ·*
יהוה לְעֶזְרָתִי חוּשָׁה׃	*κύριε, εἰς τὸ βοηθῆσαί μοι πρόσχες.*
Veuille **IHWH me délivrer**,	*Qu'il te plaise*, **Seigneur**, *de* **me délivrer** *;*
IHWH à mon secours hâte-toi.	**Seigneur**, *sois attentif à me secourir.*

Verset 15

יֵבֹשׁוּ וְיַחְפְּרוּ ׀ יַחַד	***καταισχυνθείησαν καὶ ἐντραπείησαν ἅμα***
מְבַקְשֵׁי נַפְשִׁי לִסְפּוֹתָהּ	***οἱ ζητοῦντες τὴν ψυχήν μου τοῦ ἐξᾶραι αὐτήν,***
יִסֹּגוּ אָחוֹר וְיִכָּלְמוּ	***ἀποστραφείησαν εἰς τὰ ὀπίσω καὶ ἐντραπείησαν***
חֲפֵצֵי רָעָתִי׃	***οἱ θέλοντές μοι κακά,***
Qu’ils soient **honteux et** rougissent **ensemble**	*Puissent-ils être* **honteux et** *confondus* **ensemble**
ceux qui recherchent **mon âme pour la** supprimer	**ceux qui** *cherchent* **mon âme pour la** *ravir,*
qu’ils reculent **en arrière et** soient déshonorés	*puissent-ils être retournés* **en arrière et** *confondus*
ceux qui désirent mon malheur.	**ceux qui** *me veulent des maux,*

Verset 16

יָשֹׁמּוּ עַל־עֵקֶב בָּשְׁתָּם	***κομισάσθωσαν παραχρῆμα αἰσχύνην αὐτῶν***
הָאֹמְרִים לִי הֶאָח ׀ הֶאָח׃	***οἱ λέγοντές μοι Εὖγε εὖγε.***
Qu’ils soient dévastés en conséquence de **leur honte**	*Qu’ils emportent sur-le-champ* **leur honte**
ceux qui me disent : « ah ! ah ! »	**ceux qui me disent :** *« bien fait, bien fait ! »*

Verset 17

יָשִׂישׂוּ וְיִשְׂמְחוּ ׀ בְּךָ	***ἀγαλλιάσαιντο καὶ εὐφρανθείησαν ἐπὶ σοὶ***
כָּל־מְבַקְשֶׁיךָ	***πάντες οἱ ζητοῦντές σε, κύριε,***
יֹאמְרוּ תָמִיד	***καὶ εἰπάτωσαν διὰ παντός***
יִגְדַּל יהוה	***Μεγαλυνθήτω ὁ κύριος,***
אֹהֲבֵי תְּשׁוּעָתֶךָ׃	***οἱ ἀγαπῶντες τὸ σωτήριόν σου.***
Qu’ils soient en allégresse **et se réjouissent** en toi	**Qu’ils** *exultent* **et se réjouissent** *à cause de toi*
tous ceux qui te recherchent	**tous ceux qui te** *cherchent, Seigneur,*
qu’ils disent continuellement :	*et* **qu’ils disent continuellement :**
« il est grand **IHWH** »	*« que* **le Seigneur** *soit exalté »,*
ceux qui aiment ton salut.	**ceux qui aiment ton salut.**

Verset 18

וַאֲנִי ׀ עָנִי וְאֶבְיוֹן
אֲדֹנָי יַחֲשָׁב לִי
עֶזְרָתִי וּמְפַלְטִי אַתָּה
אֱלֹהַי אַל־תְּאַחַר׃

ἐγὼ δὲ πτωχός εἰμι καὶ πένης ·
κύριος φροντιεῖ μου.
βοηθός μου καὶ ὑπερασπιστής μου σὺ εἶ ·
ὁ θεός μου, μὴ χρονίσῃς.

Et moi humilié **et pauvre**
le Seigneur pense à **moi**
mon secours et mon libérateur [c'est] **toi**
mon Dieu ne tarde pas !

Et moi *je suis* **pauvre et** *indigent :*
le Seigneur *prendra soin de* **moi.**
Toi *tu es* **mon secours et mon** *défenseur :*
mon Dieu, ne tarde pas !

Il est bienheureux l'humilié et l'indigent du psaume 40 (39) ; il n'a offert ni sacrifice, ni offrande mais la Loi est au milieu de ses entrailles, et il a mis sa confiance en IHWH.

Dans le T.M. le psaume commence par un infinitif absolu Piel : le psalmiste a espéré, espéré. Une intensité que l'on retrouve bien exprimée dans la LXX et dans un sens duratif avec le participe présent **ὑπομένων**. Au stique b de ce verset 2 : et Dieu s'est penché / וַיֵּט. Dans la LXX il a été attentif avec le verbe **προσέσχεν**. Si nous ne sommes pas étonnés de voir Dieu dans une attitude corporelle dans le T.M. et de lire qu'il a été attentif, qu'il s'est préoccupé dans la LXX, nous le relevons cependant car, plus loin, au verset 14 nous retrouvons l'impératif **πρόσχες** ; le psalmiste de la LXX demandant au Seigneur d'être attentif à lui venir en aide là où le T.M. lui demande de faire vite : « hâte-toi ».

Dans la Bible nous avons encore quatre cas où la racine נטה a été traduite avec le verbe **προσέχω** : Es 55.3 dans la dernière exhortation à se convertir pour participer aux biens de la nouvelle Jérusalem הַטּוּ / Penchez ou tendez votre oreille tandis que la LXX met l'accent sur une attention des oreilles / **προσέχετε** pour suivre les chemins de IHWH. Jr 7.24.26 : le culte véritable exige d'écouter IHWH, de prêter l'oreille ; 25.4 : Une des conséquences du danger imminent annoncé par Jérémie vient du peuple qui n'a pas écouté ni prêté l'oreille à la parole des serviteurs, les prophètes ; et dans la prière de Daniel demandant à son Dieu de tendre l'oreille : Dn 9.18.

À la fin du v.2 de notre psaume nous notons que Dieu a écouté, d'un côté, le cri (T.M.) et de l'autre la supplication (LXX).

Le verset 3 nous renseigne sur ce qui s'est passé. D'abord, Dieu a fait remonter le psalmiste d'un trou de mugissement / שָׁאוֹן. C'est un trou aussi redoutable que le שְׁאוֹל. Le mugissement peut ressembler au grondement des eaux et l'image du bourbier qui suit peut même faire imaginer notre psalmiste s'enfonçant dans la boue. Le mot יָוֵן / bourbier ne se retrouve que dans le Ps 69.3. L'issue mortelle évoquée dans le T.M. est moins spectaculaire dans la

LXX qui a traduit le « mugissement » par le mot « misère ». Puis, du trou évoquant l'insécurité, nous passons à la solidité du rocher sur lequel Dieu a dressé les pieds du psalmiste et où il a affermi / כּוֹנֵן ses pas. La LXX qui emploie le verbe **κατηύθυνεν** amène le lecteur à penser le psalmiste engagé dans un chemin de rectitude, de vérité. Nous remarquons que, à l'exception du psaume 5, le verbe **κατευθύνω** est employé pour la racine כון pour tous les autres emplois dans le Psautier.

Debout sur le rocher, maintenant le psalmiste peut entonner un chant nouveau verset 4 comme au v.3 du Ps 33 (32). C'est une louange à Dieu au nom de son peuple. Ceux qui sont témoins de la nouveauté de la louange verront et craindront car c'est bien de l'événement de la délivrance énoncé au v.3 qu'ils sont les témoins. Désormais ils se confieront en IHWH.

Au verset 5 a le psalmiste déclare « bienheureux » l'homme dont IHWH est la confiance. Les traducteurs grecs qui font du « Nom du Seigneur » l'espérance pour l'homme soulignent la puissance du Nom divin dans l'œuvre de délivrance. Au stique suivant du verset, cet homme ne s'est pas tourné vers les arrogants et les dévieurs de mensonge (T.M.). Le pluriel רְהָבִים de la racine רהב est ici un hapax. רַהַב c'est le monstre par excellence symbolisant l'orgueil. De même שָׂטֵי, participe pluriel construit de la racine שׂוט est un hapax. Dans la LXX nous n'avons pas la personnalisation rencontrée dans le T.M. L'homme bienheureux n'a pas regardé vers des vanités, vers des choses inconsistantes et la déraison du mensonge. Le substantif **μανία** est ici le seul cas dans le Psautier.

Dans le N.T. ce mot grec est également un hapax en Ac 26.24 : Festus interrompt Paul dans son discours pour lui dire qu'avec ses études il tourne à la folie / **μανίαν**.

Puis le psalmiste nous fait considérer le passé du peuple d'Israël et les merveilles de son Dieu pour annoncer, parler, raconter : verset 6. Remarquons à la fin du verset l'accompli Qal עָצְמוּet l'aoriste passif **ἐπληθύνθησαν** car là, ce sont les merveilles de Dieu qui sont considérables et se sont multipliées tandis qu'au verset 13 le psalmiste rappelle la multiplicité des iniquités qui l'accablaient dans les mêmes termes. Dans la LXX le verbe **πληθύνω** traduit le plus souvent la racine רבה. Les trois autres cas **πληθύνω** / עצם sont en Jérémie : 15.8 : ce sont les veuves qui se multiplient ; et 30.14.15 (ch. 37 dans la LXX) : ce sont les péchés.

Toutes ces merveilles et pensées ou desseins de Dieu pour Israël - « **envers nous** » - dit le T.M. font que personne n'est comparable à IHWH. Dans la LXX nous comprenons que c'est pour ses raisonnements, purement et simplement, que personne ne peut lui être comparable.

L'action de grâce du psalmiste sans offrande, sans sacrifice selon le désir de Dieu verset 7 ouvre maintenant sur la nouvelle alliance avec l'intériorisation de la loi et une écoute de la voix de IHWH. Pour exprimer cette écoute attentive, le psalmiste parle d'un creusement des oreilles avec l'accompli Qal כָּרִיתָ de la racine כרה. Une expression que l'on peut rapprocher de celles que l'on trouve dans les chants du Serviteur d'Ésaïe : Le matin le Seigneur éveille l'oreille de son serviteur pour qu'il entende (Es. 50.4) ; Il lui a ouvert l'oreille (50.5). En lui creusant les oreilles Dieu ne donnerait-il pas à son psalmiste l'intelligence pour comprendre que l'intériorisation de la Loi met la priorité sur la miséricorde plus importante que tous les holocaustes, les offrandes et les sacrifices. Quant aux traducteurs grecs, ils emploient le verbe **καταρτίζω**. Cependant, des manuscrits grecs donnant le substantif **σῶμα** pour « oreilles » expliquent la forme sous laquelle nous pouvons parfois trouver la traduction : « tu m'as formé un corps ». Ce serait l'écriture du texte au IVème siècle. La concordance de la LXX a retenu cette forme-là. Mais aussi l'auteur de la Lettre aux Hébreux 10.5 qui cite les versets de ce psaume. Notre traduction ne prend pas en compte ces manuscrits grecs cités dans l'apparat critique.

« Voici, je suis venu ; voici je viens » : le psalmiste s'offre lui-même verset 8 et fait allusion au rouleau du Livre où il est écrit à son sujet. L'auteur de la Lettre aux Hébreux qui commente ces versets (He 10.5-10) suggère de voir écrit dans ce Livre : la volonté de Dieu. Dans la LXX, nous lisons : *« En tête du Livre il est écrit »*. Le substantif **κεφαλίδι** (**κεφαλίς**) est un hapax dans le Psautier. Il l'est également dans le N.T. dans le v.7 de ce ch. 10 de la lettre aux Hébreux.

Tandis qu'au v.6 Dieu a mis en œuvre ses merveilles et ses desseins pour son peuple, c'est maintenant le psalmiste qui met en œuvre le bon plaisir de Dieu verset 9. Il a désiré (T.M.) ; il a décidé / **ἐβουλήθην** (LXX : qui emploie ici un nouveau verbe contrairement au T.M. gardant la même racine qu'au v.7).

Avec la Loi au milieu de ses entrailles, le psalmiste proclame, annonce, parle : versets 10-12. Dans ces versets le verbe « fermer » fait inclusion. Au v.10, *« je ne fermerai pas /* לֹא אֶכְלָא *mes lèvres »* dit le psalmiste ; au v.12 il demande à IHWH de ne pas fermer ses tendresses / לֹא־תִכְלָא. Tant que Dieu ne fermera pas sa miséricorde à l'égard de son psalmiste, les lèvres de celui-ci ne cesseront de proclamer au sein d'une grande assemblée. La LXX commence par l'emploi du verbe **κωλύω**. Son psalmiste ne retiendra pas le débordement de ses lèvres, en quelque sorte, pour proclamer. Ce verbe grec n'a qu'une autre occurrence dans le Psautier : Ps 119 (118).101 où il traduit la même racine hébraïque qu'ici mais ce sont ses pieds que le psalmiste retient du chemin mauvais pour garder la Parole.

Puis, au v.12 de notre psaume les traducteurs grecs font dire au psalmiste : *« Seigneur, n'éloigne pas /* **μὴ μακρύνῃς** *de moi tes compassions /* **τοὺς οἰκτιρμούς** *»*. On pourrait commenter sur l'emploi respectif de ces verbes où la mobilité est exprimée différemment ; T.M. : Ne ferme pas tes tendresses / LXX : N'éloigne pas tes compassions.

À deux reprises revient le couple חסד /אמת– **ἔλεος** / **ἀλήθεια**. L'amour et la vérité qui ne peuvent rester cachés verset 11 garderont constamment le psalmiste. À la fin du v.12 cette présence d'amour et de vérité qui l'entoure est exprimée avec les verbes יִצְּרוּנִי / נצר et **ἀντιλαμβάνομαι**. L'aoriste ponctuel *« m'ont soutenu »* traduit l'inaccompli du T.M. *« me préserveront »*. D'un côté l'on sent une aide, un soutien. De l'autre, le psalmiste sera gardé.

Enfin, dans les versets 10 et 11, le lecteur peut remarquer les deux mots : **ἐκκλησία** et **συναγωγή** / assemblée pour l'hébreu קָהָל.

Le verset 13 qui vient dans le prolongement des v.2-3 décrit les malheurs et les iniquités qui l'atteignaient et qui vont le faire supplier dans les versets suivants.

Nous ne revenons pas sur le stique b du verset 14 déjà commenté au v.2. Le verbe **εὐδοκέω** : « Prendre plaisir, consentir » apparaît ici pour la 1re fois dans les Psaumes.

Ceux qui recherchent l'âme du psalmiste pour la supprimer / לִסְפּוֹתָהּ au verset 15 du T.M. le feront pour la ravir / **ἐξᾶραι** dans la LXX. Ce verbe grec est un hapax dans le Psautier.

Il est également un hapax dans le N.T. en 1 Co 5.13 citant Dt 17.7 sur le règlement des cas d'inconduite : *« Enlevez / **ἐξάρατε** le méchant du milieu de vous-mêmes ».*

Dans la dernière imprécation verset 16 ceux qui désirent le malheur du psalmiste seront dévastés en conséquence / יָשֹׁמּוּ de leur honte. Pour la LXX, que ceux-ci emportent en vitesse leur honte. Le verbe **κομίζω** et l'adverbe **παραχρῆμα** sont ici, l'un et l'autre, des hapax dans le Psautier.

Dans le N.T. outre les deux occurrences : Mt 21.19.20, **παραχρῆμα** n'est employé que par Luc.

Au verset 18 le psalmiste demande à Dieu de penser à lui יַחֲשָׁב לִי : avec la racine חשב que nous avons déjà rencontrée au v.6 dans lequel le psalmiste associait les pensées de Dieu / וּמַחְשְׁבֹתֶיךָ à ses merveilles envers son peuple. Quant aux traducteurs grecs qui associent le mot **διαλογισμοῖς** à **θαυμάσια** au v.6 ils emploient au v.18 le verbe **φροντίζω**, un hapax dans le Psautier.

Ce verbe grec est également un hapax dans le N.T. dans la lettre à Tite 3.8 : Paul demande que tous ceux qui ont mis leur foi en Dieu s'occupent ou s'appliquent / **φροντίζωσιν** à prati–quer les bonnes œuvres.

Le verset 2 du psaume avec la répétition du verbe « espérer » peut offrir au lecteur une clé pour méditer.

C'est un psaume intéressant pour celui qui sait goûter les correspondances de vocabulaire repérables à l'intérieur des deux parties (2-13 ; 14-18) comme d'autres en font l'unité.

On peut approfondir le verset 4 : *« et il a donné dans ma bouche un chant nouveau »* car les versets 7-9, donnent poids et lumière sur ce chant nouveau ; d'autant plus si nous allons les voir commentés par l'auteur de la lettre aux Hébreux.

Enfin, aux amateurs de comparaisons, nous proposons un aperçu des v.14-18 dans le Psaume 70 (69).2-6.

Psaume 40 T.M.	Psaume 70 T.M.	Psaume 39 LXX	Psaume 69 LXX
v.14 רְצֵה יהוה לְהַצִּילֵנִי יהוה לְעֶזְרָתִי חוּשָׁה׃ Veuille IHWH me délivrer IHWH à mon secours hâte-toi.	v.2 אֱלֹהִים לְהַצִּילֵנִי יהוה לְעֶזְרָתִי חוּשָׁה׃ Dieu pour me délivrer IHWH à mon secours hâte-toi.	v.14 **εὐδόκησον, κύριε,** **τοῦ ῥυσασθαί με ·** **κύριε, εἰς τὸ** **βοηθῆσαι μοι** **πρόσχες.** *Qu'il te plaise, Seigneur,* *de me délivrer.* *Seigneur, sois attentif à* *me secourir.*	v.2 **εἰς τό σῶσαι με** **κύριον.** **ὁ θεός, εἰς τὴν** **βοήθειάν μου** **πρόσχες.** *pour me sauver Seigneur.* *O Dieu, à mon secours* *sois attentif.*
v.15 יֵבֹשׁוּ וְיַחְפְּרוּ ׀ יַחַד מְבַקְשֵׁי נַפְשִׁי לִסְפּוֹתָהּ יִסֹּגוּ אָחוֹר וְיִכָּלְמוּ חֲפֵצֵי רָעָתִי׃ Qu'ils soient honteux et rougissent ensemble ceux qui recherchent mon âme pour la supprimer qu'ils reculent en arrière et soient déshonorés ceux qui désirent mon malheur	v.3 יֵבֹשׁוּ וְיַחְפְּרוּ מְבַקְשֵׁי נַפְשִׁי יִסֹּגוּ אָחוֹר וְיִכָּלְמוּ חֲפֵצֵי רָעָתִי׃ Qu'ils soient honteux et rougissent ceux qui recherchent mon âme qu'ils reculent en arrière et soient déshonorés ceux qui désirent mon malheur	v.15 **καταισχυνθείησαν καὶ** **ἐντραπείησαν ἅμα** **οἱ ζητοῦντες τὴν** **ψυχήν μου** **τοῦ ἐξᾶραι αὐτήν,** **ἀποστραφείησαν εἰς** **ὀπίσω** **καὶ ἐντραπείησαν** **οἱ θέλοντές μοι κακά,** *Puissent-ils être honteux et confondus ensemble* *ceux qui cherchent mon âme* *pour la ravir* *puissent-ils être retournés en arrière et confondus* *ceux qui me veulent des maux,*	v.3 **αἰσχυνθείησαν καὶ** **ἐντραπείησαν** **οἱ ζητοῦντές μου τὴν** **ψυχήν,** **ἀποστραφείησαν εἰς** **τά ὀπισω** **καὶ καταισχυνθείησαν** **οἱ βουλόμενοι μοι** **κακά,** *Puissent-ils être couverts de honte et confondus* *ceux qui cherchent mon âme* *puissent-ils être retournés en arrière et honteux* *ceux qui ont décidé pour moi des maux,*
v.16 יָשֹׁמּוּ עַל־עֵקֶב בָּשְׁתָּם הָאֹמְרִים לִי הֶאָח הֶאָח׃ Qu'ils soient dévastés en conséquence de leur honte ceux qui me disent « ah !ah ! ».	v.4 יָשׁוּבוּ עַל־עֵקֶב בָּשְׁתָּם הָאֹמְרִים הֶאָח הֶאָח׃ Qu'ils s'en retournent en conséquence de leur honte ceux qui disent : « ah ! ah ! ».	v.16 **κομισάσθωσαν** **παραχρῆμα** **αἰσχύνην αὐτῶν** **οἱ λέγοντές μοι Εὖγε** **εὖγε.** *qu'ils emportent* *sur-le-champ* *leur honte* *ceux qui me disent :* *« bien fait ! bien fait ! »*	v.4 **ἀποστραφείησαν** **παραυτίκα** **αἰσχυνόμενοι** **οἱ λέγοντές μοι Εὖγε** **εὖγε.** *puissent-ils s'en retourner* *tout de suite* *ceux qui ont honte* *ceux qui me disent :* *« bien fait ! bien fait ! ».*

v.17	v.5	v.17	v.5
יָשִׂישׂוּ וְיִשְׂמְחוּ ׀ בְּךָ כָּל־מְבַקְשֶׁיךָ (..........) Qu'ils soient en allégresse et se réjouissent en toi tous ceux qui te recherchent (..........)	יָשִׂישׂוּ וְיִשְׂמְחוּ ׀ בְּךָ כָּל־מְבַקְשֶׁיךָ (..........) Qu'ils soient en allégresse et se réjouissent en toi tous ceux qui te recherchent (..........)	**ἀγαλλιάσαιντο** **καὶ εὐφρανθείησαν** **ἐπὶ σοὶ** **πάντες οἱ ζητοῦντές σε, κύριε,** (..........) *Qu'ils exultent* *et se réjouissent à cause de toi* *tous ceux qui te cherchent, Seigneur,* (..........)	**ἀγαλλιάσθωσαν** **καὶ εὐφρανθήτωσαν** **ἐπὶ σοὶ** **πάντες οἱ ζητοῦντές σε,** (..........) *Qu'ils exultent* *et se réjouissent à cause de toi* *tous ceux qui te cherchent,* (..........)
v.18	v.6	v.18	v.6
וַאֲנִי ׀ עָנִי וְאֶבְיוֹן אֲדֹנָי יַחֲשָׁב לִי עֶזְרָתִי וּמְפַלְטִי אַתָּה אֱלֹהַי אַל־תְּאַחַר׃ Et moi humilié et pauvre Seigneur, pense à moi mon secours et mon libérateur [c'est] toi mon Dieu, ne tarde pas !	וַאֲנִי ׀ עָנִי וְאֶבְיוֹן אֱלֹהִים חוּשָׁה־לִּי עֶזְרִי וּמְפַלְטִי אַתָּה יהוה אַל־תְּאַחַר׃ Et moi humilié et pauvre Dieu hâte-toi pour moi mon secours et mon libérateur [c'est] toi IHWH, ne tarde pas !	**ἐγὼ δὲ πτωχός εἰμι καὶ πένης ·** **κύριος φροντιεῖ μου** **βοηθός μου** **καὶ ὑπερασπιστής μου σὺ εἶ ·** **ὁ θεός μου, μὴ χρονίσῃς.** *Et moi je suis pauvre et indigent :* *Le Seigneur prendra soin de moi* *toi tu es mon secours* *et mon défenseur* mon Dieu, ne tarde pas !	**ἐγὼ δὲ πτωχὸς καὶ πένης ·** **ὁ θεός, βοήθησόν μοι.** **βοηθός μου** **καὶ ῥύστης μου εἶ σύ ·** **κύριε, μὴ χρονίσῃς.** *Et moi pauvre et indigent :* *O Dieu, viens à mon secours.* *Toi tu es mon secours* *et mon libérateur* Seigneur, ne tarde pas !

PSAUME 41 (40)

Verset 1

לַמְנַצֵּחַ מִזְמוֹר לְדָוִד׃

Εἰς τὸ τέλος · ψαλμὸς τῷ Δαυιδ.

Du chef de chœur. **Psaume de David.**

Pour la fin. **Psaume de David.**

Verset 2

אַשְׁרֵי מַשְׂכִּיל אֶל־דָּל
בְּיוֹם רָעָה יְמַלְּטֵהוּ יהוה׃

Μακάριος ὁ συνίων ἐπὶ πτωχὸν καὶ πένητα ·
ἐν ἡμέρᾳ πονηρᾷ ῥύσεται αὐτὸν ὁ κύριος.

Bonheurs de **qui** prête attention au faible
au jour du malheur **IHWH le** fera échapper.

Heureux celui **qui** *comprend le pauvre et l'indigent ;*
au jour *mauvais* **le Seigneur le** *délivrera.*

Verset 3

יהוה ׀ יִשְׁמְרֵהוּ
וִיחַיֵּהוּ יאשר [וְאֻשַּׁר] בָּאָרֶץ
(qéré) (kétib)
וְאַל־תִּתְּנֵהוּ בְּנֶפֶשׁ אֹיְבָיו׃

κύριος διαφυλάξαι αὐτὸν
καὶ ζήσαι αὐτὸν καὶ μακαρίσαι αὐτὸν ἐν τῇ γῇ
καὶ μὴ παραδῴη αὐτὸν εἰς χεῖρας ἐχθροῦ αὐτοῦ.

IHWH le gardera
et le fera vivre il sera estimé **heureux sur la terre**
et que tu **ne** le donnes pas à l'âme **de** ses ennemis.

Puisse **le Seigneur le** *garder*
et le *faire vivre et l'estimer* **heureux sur la terre**
et ne *pas le livrer aux mains* **de** *son ennemi.*

Verset 4

יהוה יִסְעָדֶנּוּ עַל־עֶרֶשׂ דְּוָי
כָּל־מִשְׁכָּבוֹ הָפַכְתָּ בְחָלְיוֹ׃

κύριος βοηθήσαι αὐτῷ ἐπὶ κλίνης ὀδύνης αὐτοῦ ·
ὅλην τὴν κοίτην αὐτοῦ ἔστρεψας ἐν τῇ ἀρρωστίᾳ αὐτοῦ.

IHWH le soutiendra sur le **lit de douleur**
tu as retourné toute sa couche pendant sa maladie.

Puisse **le Seigneur** *lui porter secours sur son* **lit de douleur** *;*
tu as retourné toute sa couche pendant sa maladie.

Verset 5

אֲנִי־אָמַרְתִּי יהוה חָנֵּנִי
רְפָאָה נַפְשִׁי כִּי־חָטָאתִי לָךְ׃

ἐγὼ εἶπα Κύριε, ἐλέησόν με ·
ἴασαι τὴν ψυχήν μου, ὅτι ἥμαρτόν σοι.

Moi j'ai dit : « IHWH fais-moi grâce !
Guéris mon âme car j'ai péché contre toi ».

Moi j'ai dit : « Seigneur, *prends-moi en pitié ;*
guéris mon âme, car j'ai péché contre toi ».

Verset 6

אוֹיְבַי יֹאמְרוּ רַע לִי
מָתַי יָמוּת וְאָבַד שְׁמוֹ׃

Mes ennemis disent du mal **de moi** :
« Quand mourra-t-il et se perdra **son nom ? »**

οἱ ἐχθροί μου εἶπαν κακά μοι
Πότε ἀποθανεῖται, καὶ ἀπολεῖται τὸ ὄνομα αὐτοῦ ;

Mes ennemis *ont dit des choses mauvaises* **de moi**
« Quand mourra-t-il, et *périra* **son nom ? »**

Verset 7

וְאִם־בָּא לִרְאוֹת ׀
שָׁוְא יְדַבֵּר לִבּוֹ
יִקְבָּץ־אָוֶן לוֹ
יֵצֵא לַחוּץ יְדַבֵּר׃

Et s'il vient **pour voir,**
de vide son cœur parle
il rassemble **l'iniquité** pour lui
il sort au **dehors il** parle.

καὶ εἰ εἰσεπορεύετο τοῦ ἰδεῖν,
μάτην ἐλάλει ·
ἡ καρδία αὐτοῦ συνήγαγεν ἀνομίαν ἑαυτῷ,
ἐξεπορεύετο ἔξω καὶ ἐλάλει.

Et *si l'on entrait* **pour voir,**
vainement il parlait ;
son cœur a rassemblé **l'iniquité** *en lui-même,*
il *sortait* **dehors** *et* **il** *parlait.*

Verset 8

יַחַד עָלַי יִתְלַחֲשׁוּ
כָּל־שֹׂנְאָי
עָלַי ׀ יַחְשְׁבוּ רָעָה לִי׃

Ensemble contre moi ils chuchotent
tous ceux qui me haïssent
contre moi ils projettent un malheur **pour moi.**

ἐπὶ τὸ αὐτὸ κατ᾽ἐμοῦ ἐψιθύριζον
πάντες οἱ ἐχθροί μου,
κατ᾽ἐμοῦ ἐλογίζοντο κακά μοι,

Ensemble ils *chuchotaient* **contre moi**
tous *mes ennemis,*
contre moi ils *calculaient des choses mauvaises* **pour moi,**

Verset 9

דְּבַר בְּלִיַּעַל יָצוּק בּוֹ
וַאֲשֶׁר שָׁכַב
לֹא־יוֹסִיף לָקוּם׃

Une chose de Bélial est déversée en lui
et **celui qui** est couché
ne pourra plus se relever.

λόγον παράνομον κατέθεντο κατ᾽ἐμοῦ
Μὴ ὁ κοιμώμενος
οὐχὶ προσθήσει τοῦ ἀναστῆναι ;

ils ont déposé une parole inique contre moi :
N'est-ce pas que **celui qui** *s'est endormi*
ne *se relèvera plus ?*

Verset 10

גַּם־אִישׁ שְׁלוֹמִי ׀
אֲשֶׁר־בָּטַחְתִּי בוֹ
אוֹכֵל לַחְמִי
הִגְדִּיל עָלַי עָקֵב׃

Même l'homme de ma paix
en qui j'avais confiance
mangeant mon pain
a grandi **contre moi** le talon.

καὶ γὰρ ὁ ἄνθρωπος τῆς εἰρήνης μου,
ἐφ' ὃν ἤλπισα,
ὁ ἐσθίων ἄρτους μου,
ἐμεγάλυνεν ἐπ' ἐμὲ πτερνισμόν ·

Et **même l'homme de ma paix,**
dans lequel j'ai espéré,
celui qui mangeait mes pains,
a *amplifié* **contre moi** *un croc-en-jambe.*

Verset 11

וְאַתָּה יהוה
חָנֵּנִי וַהֲקִימֵנִי
וַאֲשַׁלְּמָה לָהֶם׃

Et **toi IHWH**
fais-moi grâce **et relève-moi**
et je leur rendrai.

σὺ δέ, κύριε,
ἐλέησόν με καὶ ἀνάστησόν με,
καὶ ἀνταποδώσω αὐτοῖς.

Mais **toi, Seigneur,**
prends-moi en pitié **et relève-moi,**
et je leur rendrai.

Verset 12

בְּזֹאת יָדַעְתִּי כִּי־חָפַצְתָּ בִּי
כִּי לֹא־יָרִיעַ אֹיְבִי עָלָי׃

En ceci je connais **que tu m'as** désiré
que mon ennemi ne criera **pas** de triomphe **sur moi.**

ἐν τούτῳ ἔγνων ὅτι τεθέληκάς με,
ὅτι οὐ μὴ ἐπιχαρῇ ὁ ἐχθρός μου ἐπ' ἐμέ.

En ceci *j'ai connu* **que tu m'as** *bien voulu,*
que mon ennemi ne *rira* **pas sur moi.**

Verset 13

וַאֲנִי בְּתֻמִּי תָּמַכְתָּ בִּי
וַתַּצִּיבֵנִי לְפָנֶיךָ לְעוֹלָם׃

Et moi dans mon intégrité **tu m'as** maintenu
et tu m'as établis **devant** ta face **pour** toujours.

ἐμοῦ δὲ διὰ τὴν ἀκακίαν ἀντελάβου,
καὶ ἐβεβαίωσάς με ἐνώπιόν σου εἰς τὸν αἰῶνα.

Et tu m'as *soutenu à cause de mon innocence,*
et tu m'as *affermi* **devant** *toi* **pour** *les siècles.*

Verset 14

בָּרוּךְ יהוה ׀ אֱלֹהֵי יִשְׂרָאֵל מֵהָעוֹלָם וְעַד הָעוֹלָם אָמֵן ׀ וְאָמֵן׃	***Εὐλογητὸς κύριος ὁ θεὸς Ισραηλ ἀπὸ τοῦ αἰῶνος καὶ εἰς τὸν αἰῶνα. γένοιτο γένοιτο.***
Béni IHWH Dieu d'Israël	**béni le Seigneur Dieu d'Israël**
de toujours **et jusqu'**à toujours.	*depuis les siècles* **et jusqu'***aux siècles.*
Amen et amen.	*Qu'il en soit ainsi, qu'il en soit ainsi.*

Relever le pauvre et l'on sera soi-même relevé.

Après le titre du verset 1, le psaume commence par la 1re lettre de l'alphabet hébreu et par une béatitude inhabituelle : verset 2. En effet, nous sommes plus habitués à entendre une proclamation de bonheur pour celui qui agit bien envers Dieu. Ici, la béatitude est pour celui qui prête attention / מַשְׂכִּיל au faible / דָּל. La traduction du participe Hiphil de la racine שׂכל peut être comprise dans un sens sapientiel. Autrement dit, la promesse de bonheur est pour celui qui a assez d'intelligence pour prendre en considération le faible. Une interprétation que l'on retrouve dans la leçon de la LXX avec le verbe **συνίημι**. Au faible du T.M. les traducteurs grecs ont ajouté le **πένητα** / l'indigent. De plus, dès ce verset 2 avec le mot « malheur » ou « mauvais » au stique suivant, le lecteur peut déjà imaginer que le bonheur va rencontrer le malheur. Dans les versets qui suivent nous pourrons reconnaître le psalmiste dans le faible, le pauvre et l'indigent.

Nous signalons que dans le livre des Proverbes 14.21 b il y a également du bonheur pour celui qui a pitié des pauvres.

Au verset 3, nous remarquons d'abord des futurs dans le T.M. et des optatifs aoristes actifs dans la LXX. Au stique b, après l'inaccompli Piel du verbe vivre / חיה nous lisons *« il sera estimé heureux »* en gardant l'écriture du verbe à la forme Poual de sens passif. Les traducteurs grecs suivent ceux qui ont lu la forme Piel du verbe. Cependant, à la fin du verset, le pronom personnel de la 2e personne du singulier « tu », vient troubler le traducteur qui pouvait attendre ici le pronom 3e personne : « il ». C'est la leçon de la LXX. Quoi qu'il en soit du pronom personnel c'est bien IHWH qui est l'acteur. Du côté du T.M. en ne donnant pas le faible à l'âme de ses ennemis nous pouvons comprendre que IHWH ne l'abandonnera pas au désir mauvais qui prend racine dans l'âme. La LXX parle de l'ennemi au singulier et concrétise l'action malfaisante en faisant intervenir les mains de l'ennemi. C'est comme si, de la mauvaise intention exprimée dans le T.M. nous passions à l'action qui ferait appel aux mains dans la LXX.

Enfin, au verset 4 la racine סעד / soutenir, a été lue avec le verbe **βοηθέω** / porter secours par les traducteurs grecs. Dans la Bible, nous avons trois autres cas où l'hébreu est traduit avec ce verbe : Ps 94 (93).18 ; Ps 119 (118).117 et Esd. 5.2 (LXX : II Esd.). Le verbe **βοηθέω** peut donner au soutien / סעד divin une expression un peu plus concrète. Les substantifs דְּוָי / douleur et

חָלְיוֹ / maladie, sont des mots rares. Le premier n'a qu'une autre occurrence en Jb 6.7 et חָלְיוֹ est un hapax dans le Psautier. Dans la LXX nous avons ici le seul cas où **ὀδύνη** traduit דְּוָי; quant à **ἀρρωστίᾳ** il est un hapax dans le Psautier. Là encore on pourrait attendre le pronom personnel « il », à la place de celui de la 2e personne : « tu ». Notre psalmiste en est donc arrivé à ce jour « mauvais » ou de « malheur » que l'on pouvait pressentir au v.2 et dans un lit de douleur et de maladie. C'est alors que IHWH, son soutien, a retourné toute sa couche où il se tient agonisant. Le verbe fort : « retourner » est employé dans le T.M. et dans la LXX. Le grand malade a retrouvé son état physique antérieur.

Le verset 5 qui ouvre une supplication : *« IHWH, prends-moi en pitié / fais-moi grâce »* fait inclusion avec le v.11 où à la même demande est ajouté : *« et relève-moi »*.

Des versets 6 à 10 les manigances des ennemis se concrétisent en paroles hostiles jusqu'à un acte énigmatique au verset 10.

Par le verset 6 nous sentons combien les paroles des ennemis du malade lui sont comme un poison mortel : ceux-ci veulent sa mort et avec elle que se perde son nom, autrement dit, sa postérité.

Le verset 7 souligne le vide qui habite le cœur de l'ennemi qui parle et parle à tout vent et qui entasse du néant ou de l'iniquité. Le verset 9 vient donner du poids au contenu vide de la parole des ennemis : *« une parole de Bélial est déversée en lui »*. Au psaume 18.5 c'était l'épouvante des torrents de Bélial. Ici, c'est un quelque chose de méchant ou qui ne vaut rien ; associé au mot דָּבָר qui peut signifier « chose » ou « parole », le sens reste vague. Les traducteurs grecs ont interprété dans le sens d'une parole contre l'équité, une parole inique. Avec le verbe יָצוּק cette « parole » déversée dans le malade ressemble à une malédiction proférée sur lui. Dans la LXX les ennemis ont déposé / **κατέθεντο** une parole inique. Le verbe **κατατίθημι** est un hapax dans les Psaumes. De plus, nous avons un aoriste moyen pour un Poual / passif, dans le T.M. La fin du verset sous forme interrogative dans le texte grec accentue le recours à ce qui pourrait ressembler à une formule de magicien sur celui qui est couché, plus explicitement, sur celui qui s'est endormi, à la limite, dans la mort. Il ne se relèvera plus. La traduction de la fin de ce verset dans le texte grec n'est pas facile ; celle qui est donnée reste discutable.

Dans le verset 8 nous remarquons le chuchotement des ennemis. Hormis les citations en Si 12.18 et 21.28, le verbe **ψιθυρίζω** n'est employé que deux fois dans la Bible : ici et en 2 Règnes (2 Samuel) 12.19 : Les serviteurs de David chuchotant pour amener le roi à discerner que son fils né de Bethsabée, la femme d'Urie, est mort. De même, la forme verbale Hitpael, de la racine לחשׁ, ne se trouve que dans ce psaume et en 2 S.

Dans le N.T., nous n'avons que les deux substantifs : **ψιθυρισμός** et **ψιθυριστής**. Le premier en 2 Co 12.20 ; le second en Rm 1.29.

Le verset 10 attire l'attention du lecteur. D'abord par la mention d'un ennemi particulier. Jusqu'à cet instant, celui-ci était un intime habité par la paix, un privilégié qui mangeait le pain de celui qu'il trahit maintenant. De plus, il se situe et agit seul. L'expression de sa violence : *« a fait grandir contre moi le talon »* n'est pas aisée à comprendre. La racine עקב portant l'idée de tromper, de supplanter, pourrait amener le lecteur à faire un rapprochement avec Genèse 27.36 : Jacob supplantant son frère. Mais peut-être n'y-a-t-il, dans cette expression, qu'une manière de décrire la douloureuse offense de cet ex-ami. Meschonnic a traduit :

« L'homme de ma paix lui aussi en qui j'ai eu confiance qui mange mon pain
S'est grandi sur moi d'un talon ».

Et dans la note de ce verset, il écrit : *« L'ennemi se grandit, prend de grands airs, mais ne l'attaque pas à coups de talon.... ».*

Quant aux traducteurs grecs, ils emploient le mot **πτερνισμόν** pour עָקֵב. Un mot rare puisqu'il n'a que deux occurrences dans la LXX. Ici et en 4 Règnes (2 Rois) 10.19 : Le roi Jéhu agit avec ruse / **ἐν πτερνισμῷ** pour faire périr les serviteurs de Baal. Or, pour parler du « talon » proprement dit, nous savons que le grec dispose du substantif **πτέρνα**. La question qui se pose donc est celle de savoir comment traduire **πτερνισμόν**. Notre traduction qui suit au plus près le texte tend à exprimer que l'ami devenu ennemi déploie au maximum sa manière de donner un méchant coup de traître à celui qui est déjà bien affligé.

Comme nous le savons, ce v.10 du psaume est cité dans l'Évangile de Jean 13.18. Mais justement, c'est le mot **πτέρνα** qui est employé et qui est un hapax dans le N.T. D'autre part nous avons l'aoriste actif du verbe **ἐπαίρω** / lever : *« **ὁ τρώγων μου τὸν ἄρτον ἐπῆρεν ἐπ'ἐμὲ τὴν πτέρναν αὐτοῦ** ».* Nous pouvons traduire ainsi cette citation : *« Celui qui mange de mon pain a levé contre moi son talon ».* Comme dans le psaume 41 ce verset de Jean est appliqué à un ami devenu un traître : Judas.

Nous l'avons déjà signalé, la demande de prendre en pitié du verset 11 rappelle le v.5. En ajoutant « relève-moi » le malheureux commence à regarder de haut la parole de Bélial qui le voyait couché à tout jamais sans espoir de relèvement au v.9. Et il va même oser, en justicier, souhaiter à ses ennemis le mal dont ils l'ont accablé. Cependant le lecteur doit voir plus loin que ce réflexe de vengeance. Les versets 12 et 13 nous montrent le psalmiste dans la faveur du désir de Dieu, comme s'ils ne faisaient qu'un pour que le triomphe soit du côté du relèvement des affligés dont il fait partie et non de celui de ceux qui prédisent le malheur.

Au v.12, le verbe **ἐπιχαίρω** est ici le seul cas où il traduit רוּעַ. C'est aussi le dernier emploi de ce verbe dans le Psautier.

Au v.13 nous retrouvons le psalmiste dans son intégrité grâce à Dieu qui l'a maintenu. Avec la précision qu'il est établi **devant la face de Dieu** nous sommes sûrs que notre psalmiste est affermi pour toujours. Dans la LXX, nous lisons le stique a du verset un peu différemment du T.M. en raison de la préposition **διά** devant l'accusatif **ἀκακίαν**. Au stique b, le verbe **βεβαιόω** est à remarquer. Il n'est employé que deux fois dans la LXX. Ici pour la racine **נצב** et dans le Ps 119 (118).28 pour la racine **קום**.

La doxologie finale verset 14 avec l'emploi du mot « *Amen* » à deux reprises, est solennelle. Tout ce qui vient d'être dit est vrai et est solide comme le signifie la racine hébraïque **אמן**. Avec **γένοιτο**, les traducteurs grecs confirment que le lecteur peut entrer dans une exclamation dépassant le temps présent : une exclamation à la dimension d'éternité. Oui, heureux, bienheureux ! Celui qui prête attention au faible, ou qui comprend le pauvre et l'indigent ! Une béatitude qui, d'une part, peut renvoyer le lecteur au psaume 1 et, d'autre part, être entendue à la lumière de textes évangéliques qui ouvrent sur un comportement favorable à l'égard des petits et des pauvres.

À chacun de trouver son sentier tantôt clair, tantôt obscur qui le mènera jusqu'au chemin unique et vrai : le seul chemin de vie et de bonheur.

Cette doxologie est aussi considérée comme la conclusion d'une première série de psaumes habituellement désignée : Premier Livre.

AIDE A LA LECTURE DU TEXTE GREC

PSAUME 1

v.1

Μακάριος : Adj. Nom. masc. sg. Heureux, bienheureux, fortuné, digne d'envie, riche.

ἀνήρ : Subst. Nom. masc. sg. Celui qui engendre. L'homme par opposition à la femme ; le mari, l'homme de cœur, l'homme avec des qualités viriles : guerrier.

ἐπορεύθη : Ind. Ao, Pass. 3e sg. de πορεύομαι. Marcher, aller, se rendre à, faire route, passer, traverser.

βουλῇ : Subst. Dat. fém. sg. Conseil (donné ou demandé), avis, dessein, projet, résolution, décision, réflexion, volonté, délibération, consultation, assemblée délibérante. « La βουλή est à Athènes un conseil de cinq cents citoyens (cinquante pour chacune des dix tribus d'Athènes) tirés au sort chaque année, qui assiste l'Assemblée du peuple dans la direction des affaires. Elle prépare les projets de lois, assure l'administration, et a également des attributions judiciaires ». (Jean-Victor Vernhes dans 'Initiation au grec ancien')

ἀσεβῶν : Adj. Gén. masc. plur. Impies.

ὁδῷ : Subst. Dat. fém. sg. Chemin, route, voie, marche, trajet.

ἁμαρτωλῶν : Adj. ou Subst. Gén. masc. plur. Qui fait fausse route, qui se trompe, qui est en faute, pécheur, endurci dans le péché, coupable.

ἔστη : Ind. Ao 2 Act. 3e sg. de ἵστημι. Sens intr. Se placer, se tenir debout, se dresser, se maintenir, tenir ferme.

καθέδραν : Subst. Acc. fém. sg. Siège, chaise, chaire ; mais aussi : Résidence, fondement.

λοιμῶν : Subst. ou adj. Gén. masc. plur. Peste, maladie pestilentielle, contagion, fléau, pernicieux, funeste, pestilent, pesteux.

ἐκάθισεν : Ind. Ao Act. 3e sg. de καθίζω. Faire asseoir, installer, sens intr. S'asseoir.

v.2

ἀλλ᾽ ἢ : Après un premier membre négatif ou de sens négatif, ἀλλά combiné avec ἤ signifie : rien d'autre que, si ce n'est, sinon, sauf, excepté.

νόμῳ : Subst. Dat. masc. sg. Ce qui est attribué en partage d'où ce qu'on possède ou fait usage ; d'où usages, coutume ayant force de loi, Loi.

κυρίου : Subst. Gén. masc. sg. Qui a autorité sur, seigneur, maître.

θέλημα : Subst. Nom. neutre sg. Volonté exprimée, chose voulue.

μελετήσει : Ind. Fut. Act. 3e sg. de μελετάω. Prendre soin de, s'occuper, s'exercer à, se préparer par l'étude, étudier, étudier la pratique ou l'exercice d'un art, méditer.

ἡμέρας : Subst. Gén. fém. sg. Jour.

νυκτός : Subst. Gén. fém. sg. Nuit.

v.3

ἔσται : Ind. Fut. Moyen 3e sg. de εἰμί. Être, exister.

ξύλον : Subst. Nom. neutre sg. Bois, bois mort, souche, bois de construction, bois sur pied : tronc d'arbre, arbre. Tout objet en bois.

πεφυτευμένον : Part. substantivé Parf. Pass. Nom. neutre sg. de φυτεύω. Planter. Planter des arbres, des vignes.

διεξόδους : Subst. Acc. fém. plur. Chemin pour passer d'un lieu dans un autre, passage, issue, sortie, point où l'on sort d'un pays, d'une ville.

ὑδάτων : Subst. Gén. neutre plur. Eau. Eau de mer, de fleuve, de rivière, eau de pluie.

καρπόν : Subst. Acc. masc. sg. Fruit, fruit de la terre ou des plantes.

δώσει : Ind. Fut. Act. 3ème sg de δίδωμι. Donner (dans tous les sens possibles) remettre, rendre, présenter, livrer, transmettre, produire.

καιρῷ : Subst. Dat. masc. sg. Temps opportun, occasion favorable, en temps utile, à propos.

φύλλον : Subst. Nom. neutre sg. Feuille, feuillage d'arbre ou de plante.

ἀπορρυήσεται : Ind. Fut. Moyen 3e sg. de ἀπορρέω. S'écouler, découler de. S'en aller, s'échapper, disparaître, se détacher de, glisser, tomber.

ὅσα : joint à la particule ἂν et précédé de πάντα : aussi grand que, autant que.

ποιῇ : Subj. Présent Actif 3e sg de ποιέω. Faire, achever, réaliser, accomplir. Précédé de ἂν exprime une idée générale, indéfinie.

κατευοδωθήσεται : Ind. Fut. Pass. 3e sg. de κατευοδόω. Mettre en bon chemin, faire réussir, faire prospérer.

v.4

οὕτως : Adv. Ainsi, de cette façon.

ἀσεβεῖς : Adj. Substantivé Nom. masc. plur. Impies

χνοῦς : Subst. Nom. masc. sg. (forme contractée particulière du Nom. ; la forme habituelle étant χνόος). Écume de la mer, poussière, cendre, efflorescence. Duvet (des fruits, de la barbe).

ἐκριπτεῖ : Ind. Prés. Act. 3e sg. de ἐκρίπτω (ou ἐκριπτέω). Jeter hors de, rejeter, expulser.

ἄνεμος : Subst. Nom. masc. sg. Souffle, vent.

προσώπου : Subst. Gén. neutre sg. Face, visage, figure.

γῆς : Subst. Gén. fém. sg. Terre : comme corps dans l'espace, comme habitation de l'homme, ensemble de la terre, monde, univers.

v.5

διὰ τοῦτο : C'est pourquoi, pour cela, pour cette raison, à cause de cela.

ἀναστήσονται : Ind. Fut. Moyen 3e plur. de ἀνίστημι. Se lever, se relever, se dresser, revenir des enfers d'où : ressusciter en parlant des morts.

κρίσει : Subst. Dat. fém. sg. Faculté de distinguer, action de choisir, de trier, de décider, d'où : décision, jugement.

δικαίων : Adj. ; ou Subst. (τὸ δίκαιον cf. Bailly) Gén. plur. Observateur de la règle ; en parlant d'action : juste, honnête, convenable, conforme au droit. Le droit, la justice.

v.6

γινώσκει : Ind. Prés. Act. 3e sg. de γινώσκω. Connaître, apprendre à connaître, reconnaître, savoir, comprendre.

ὁδόν : Subst. Acc. fém. sg.

ὁδός : Subst. Nom. fém. sg.

ἀπολεῖται : Ind. Fut. Moyen. 3e sg. de ἀπολλύω / ἀπόλλυμι. Se perdre, périr par l'intermédiaire de qqn, marcher à sa perte.

PSAUME 2

v. 1

Ἵνα τί : Pourquoi, en vue de quoi ?

ἐφρύαξαν : Ind. Ao. Act. 3e plur. de φρυάσσω. Frémir, hennir, piaffer, faire du vacarme, avoir une attitude d'arrogance envers l'homme.

ἔθνη : Subst. Nom. neutre plur. Ensemble d'hommes ayant les mêmes habitudes, les mêmes mœurs : Race, nation, peuple, tribu. Peut désigner les nations païennes.

λαοί : Subst. Nom. masc. plur. Peuple, peuple en tant que nation particulière, foule, masse. Plus tard dans la LXX : la foule des hommes en opposition aux femmes ou le peuple en opposition aux prêtres et aux lévites.

ἐμελέτησαν : Ind. Ao Act. 3e plur. de μελετάω. Prendre soin de, s'occuper, s'exercer à, méditer.

κενά : Adj. Acc. neutre plur. Vide, sans contenu, vain, sans fondement, frivole, futile.

v.2

παρέστησαν : Ind. Ao. Act. 3e plur. de παρίστημι. Établir, mettre, placer devant, auprès de, s'avancer auprès, s'approcher de.

βασιλεῖς : Subst. Nom. masc. plur. Roi, chef souverain, prince, le Grand Roi.

γῆς : Subst. Gén. fém. sg. Terre.

ἄρχοντες : Subst. Nom. masc. plur. Chef, magistrat, l'un des neuf premiers magistrats à Athènes.

συνήχθησαν : Ind. Ao. Pass. 3e plur. de συνάγω. Conduire ensemble, assembler, rassembler, réunir.

αὐτό : Neutre Nom. sg. de αὐτός. Τὸ αὐτό : le même.

κατά : Prép. + gén. sens directionnel. Envers, contre quelqu'un ou quelque chose.

κυρίου : Gén. de κύριος. Seigneur, Maître.

χριστοῦ : Gén. de χριστός. Oint, messie, Christ.

διάψαλμα : Subst. Nom. neutre sg. Intervalle dans le récitatif d'un chant ou changement de ton. (de διαψάλλω : jouer d'un instrument à cordes). Ici, il sera traduit : intermède musical.

v.3

Διαρρήξωμεν : Subj. Ao Act. 1re plur. de διαρρήγνυμι (dialecte ionien : διαρρήσσω). Mettre en pièces, faire éclater, briser, rompre, déchirer, fracturer.

δεσμούς : Subst. Acc. masc. plur. Lien, chaîne, attache.

ἀπορρίψωμεν : Subj. Ao Act. 1re plur. de ἀπορρίπτω (forme poétique : ἀπορίπτω). Jeter loin de soi, rejeter, renoncer à, mépriser, lancer, proférer.
ζυγόν : Subst. Acc. masc. sg. Joug.

v.4
κατοικῶν : Part. substantivé Act. Nom. masc. sg. de κατοικέω. Habiter, s'être établi, fixer sa résidence.
οὐρανοῖς : Subst. Dat. masc. plur. Ciel, la voûte du ciel par opp. à la terre, demeure des dieux.
ἐκγελάσεται : Ind. Fut. Moyen 3e sg. de ἐκγελάω. Éclater de rire, rire bruyamment
ἐκμυκτηριεῖ : Ind. Fut. Act. 3e sg. de ἐκμυκτηρίζω. (En attique classique, certains verbes en ίζω ont un futur contracte en ιῶ, dans lequel le σ intervocalique a disparu). Tourner en dérision, railler, se moquer, mépriser.

v.5
τότε : Adv. de temps ; suivi du futur : alors.
λαλήσει : Ind. Fut. Act. 3e sg. de λαλέω. Émettre des sons, bavarder, crier, parler, dire, converser avec qqn.
ὀργῇ : Subst. Dat. fém. sg. Agitation intérieure qui gonfle l'âme, irritation, colère.
θυμῷ : Subst. Dat. masc. sg. Force vitale : âme, cœur, sentiment. Emportement du cœur, s'irriter dans son cœur ; joint à ὀργή : grande colère, colère violente, aiguë, fureur, courroux, accès de rage.
ταράξει : Ind. Fut. Act. 3e sg. de ταράσσω. Remuer, agiter, bouleverser, troubler.

v.6
κατεστάθην : Ind. Ao Pass. 1re sg. de καθίστημι. Installer, constituer, établir.
βασιλεύς : Subst. Nom. masc. sg.
Σίων : Indécl. Sion, montagne sur laquelle est située Jérusalem.
ὄρος : Subst. Nom. neutre. sg. Montagne, colline, hauteur.
ἅγιον : Adj. Nom. neutre sg. Saint, sacré

v.7
διαγγέλλων : Part. Prés. Act. Nom. masc. sg. de διαγγέλλω. Transmettre une nouvelle par un messager, publier, faire savoir, divulguer, proclamer, annoncer.
πρόσταγμα : Subst. Acc. neutre sg. Ordre, commandement, prescription.
εἶπεν : Ind. Ao 2 Actif 3e sg. du système λέγω. Dire, parler, et parler au sens d'interroger.
σήμερον : Adv. de temps. Aujourd'hui. Cet adverbe a gardé le σ initial qui est tombé du substantif ἡμερα et qui a été remplacé par l'esprit rude.
γεγέννηκα : Ind. Parf. Act. 1re sg. de γεννάω. Engendrer, enfanter.

v.8
αἴτησαι : Impér. Ao Moyen 2e sg. de αἰτέω. Demander.
δώσω : Ind. Fut. Act. 1re sg. de δίδωμι. Donner (plus : cf. Ps 1,3).

κληρονομίαν : Subst. Acc. fém. sg. Participation à un héritage, droit d'hérédité, possession, héritage.

κατάσχεσιν : Subst. Acc. fém. sg. Occupation d'un lieu, possession, jouissance.

πέρατα : Subst. Acc. neutre plur. Fin, limite, extrémité, terme extrême.

v.9

ποιμανεῖς : Ind. Fut. Act. 2e sg. de ποιμαίνω. Faire paître, mener paître, conduire, diriger, garder un troupeau.

ῥάβδῳ : Subst. Dat. fém. sg. Baguette, branche, sarment, verge pour frapper, bâton de commandement, sceptre, houlette de berger.

σιδηρᾷ : Adj. Dat. fém. sg. de fer, dur comme le fer

σκεῦος : Subst. Nom. neutre sg. Vase, ustensile, tout objet d'équipement.

κεραμέως : Subst. Gén. masc. sg. Potier

συντρίψεις : Ind. Fut. Act. 2e sg. de συντρίβω. Frotter ensemble, l'un contre l'autre, briser en morceaux, écraser, broyer, fracasser, rouer de coups.

v.10

νῦν : Adv. avec idée de temps. Maintenant.

σύνετε : Impér. Ao 2 Act. 2e plur. de συνίημι. Rapprocher par la pensée, saisir (par les sens ou la réflexion), comprendre, savoir.

παιδεύθητε : Impér. Ao Pass. 2e plur. de παιδεύω. Élever, éduquer, instruire, former, apprendre, enseigner et aussi : redresser, réprimander, corriger, châtier.

κρίνοντες : Part. substantivé Prés. Act. Nom. mas. plur. de κρίνω. Séparer, trier, trancher, décider, juger.

v.11

δουλεύσατε : Impér. Ao Act. 2e plur. de δουλεύω. Être esclave, se plier aux circonstances, faire un travail de mercenaire, servir, obéir.

φόβῳ : Subst. Dat. masc. sg. Action de faire fuir en effarouchant, crainte, effroi.

ἀγαλλιᾶσθε : Impér. Prés. Moyen 2e plur. de ἀγαλλιάομαι. Se réjouir, être transporté de joie, jubiler, être rempli d'allégresse.

τρόμῳ : Subst. Dat. masc. sg. Tremblement, frisson, tremblement de frayeur.

v.12

δράξασθε : Impér. Ao Moyen 2e plur. de δράσσομαι. Prendre à poignée ou à pleine main, saisir, se saisir de quelqu'un ou de quelque chose.

παιδείας : Subst. Gén. Fém. Sg. Éducation, instruction.

ὀργισθῇ : Subj. Ao Pass. 3e sg. de ὀργίζω.Se mettre en colère, s'irriter, se fâcher contre qqn.

ἀπολεῖσθε : Ind. Fut. Moyen 2e plur. de ἀπόλλυμι. Perdre, faire périr. Au moyen, se perdre, périr.

ὁδοῦ : Subst. Gén. fém. sg. Chemin.

δικαίας : Adj. Gén. fém. sg. Le droit, la justice, selon la justice.

ὅταν : Conj. Quand, lorsque, aussi souvent que, autant que.

ἐκκαυθῇ : Subj. Ao Pass. 3e sg. de ἐκκαίω. Brûler, dessécher par la chaleur, allumer, enflammer, exciter. Au Passif : s'enflammer.

τάχει : Subst. Dat. neutre sg. Vitesse, rapidité, promptitude.

θυμός : Subst. Nom. masc. sg.

μακάριοι : Adj. Nom. masc. plur. Heureux.

πεποιθότες : Part. Parf. Act. Nom. masc. plur. de πείθω. Engager par la persuasion, d'où : persuader, convaincre.

PSAUME 3

v.1

Ψαλμός : Subst. Nom. masc. sg. Action de tendre puis de lâcher, action de faire vibrer les cordes d'un instrument. Air joué sur le psaltérion d'où : psaume.

ὁπότε : Conj. avec idée de circonstances précises, de faits passés. Quand, lorsque.

ἀπεδίδρασκεν : Ind. Imparf. Act. 3e sg. de ἀποδιδράσκω. Déserter, s'évader, s'échapper secrètement, s'enfuir.

προσώπου : Subst. Dat. neutre sg. Face, figure.

υἱοῦ : Subst. Gén. masc. sg. Fils.

v.2

ἐπληθύνθησαν : Ind. Ao Pass. 3e plur. de πληθύνω. Augmenter, accroître, se multiplier, devenir nombreux, être abondant.

θλίβοντες : Part. substantivé Prés. Act. Nom. masc. plur. de θλίβω. Serrer, presser, resserrer, comprimer, pressurer, accabler, opprimer, oppresser.

πολλοί : Adj. Nom. masc. plur. Nombreux, plusieurs, grande quantité.

ἐπανίστανται : Ind. Prés. Pass. 3e plur. de ἐπανίστημι. Relever, faire lever, faire se lever contre, soulever, se soulever, se porter contre.

v.3

λέγουσιν : Ind. Prés. Act. 3e plur. de λέγω. Dire, parler.

ψυχῇ : Subst. Dat. fém. sg. Souffle de vie, âme comme principe de vie ; une personne, un être vivant.

ἔστιν : Ind. Prés. Act. 3e sg. de εἰμί. Être, exister.

σωτηρία : Subst. Nom. fém. sg. Salut (apporter le salut à quelqu'un), sauvetage, libération. Préservation des personnes.

θεῷ : Subst. Dat. masc. sg. Dieu, la divinité ; une divinité particulière.

v.4

ἀντιλήμπτωρ : Subst. Nom. masc. sg. Protecteur.

δόξα : Subst. Nom. fém. sg. Opinion, bonne ou mauvaise opinion sur quelqu'un ; réputation, gloire, honneur. Attente.

ὑψῶν : Part. Prés. Act. Nom. masc. sg. du verbe ὑψόω. Élever, relever, hausser, exalter.
κεφαλήν : Subst. Acc. fém. sg. Tête.

v.5

φωνῇ : Subst. Dat. fém. sg. Son clair et fort, bruit, voix, voix dans le chant, son des instruments.
ἐκέκραξα : Ind. Ao Act. 1re sg. de κράζω. Pousser un cri rauque ou guttural, crier fortement, vociférer, demander à grands cris. (On peut remarquer l'écriture de l'aoriste).
ἐπήκουσεν : Ind. Ao Act. 3e sg. de ἐπακούω. Entendre, prêter l'oreille, obéir, exaucer.
ὄρους : Subst. Gén. neutre sg. Montagne, colline, hauteur.

v.6

ἐκοιμήθην : Ind. Ao Pass. 1re sg. de κοιμάω. Se mettre au lit, se coucher pour dormir, s'endormir. Et aussi, s'endormir dans la mort.
ὕπνωσα : Ind. Ao Act. 1re sg. de ὑπνόω. Endormir, dormir, s'endormir.
ἐξηγέρθην : Ind. Ao Pass. 1re sg. de ἐξεγείρω. Être réveillé, se réveiller, s'éveiller,
ἀντιλήμψεται : Ind. Fut. Moyen 3e sg. de ἀντιλαμβάνομαι. Se saisir de, s'emparer de, prendre, prendre sous sa protection, s'attacher à ; venir en aide, défendre, soutenir.

v.7

φοβηθήσομαι : Ind. Fut. Pass. 1re sg. de φοβέω. S'enfuir de peur, être saisi de crainte, avoir peur, être effrayé, s'effrayer.
μυριάδων : Subst. Gén. fém. plur. Myriade, nombre de dix mille, nombre infini.
λαοῦ : Subst. Gén. mas. sg. Peuple.
κύκλῳ : Adv. ou Subst. Dat. masc. sg. En cercle, tout autour, en rond autour.
συνεπιτιθεμένων : Part. Prés. Moyen Gén. plur. de σύνεπιτίθημι. Mettre sur, ajouter à une charge, augmenter de plus en plus une charge. Au moyen, se mettre ensemble, fondre ensemble sur, assaillir, attaquer ensemble, en même temps.

v.8

ἀνάστα : Impér. Ao 2 Act. 2e sg. de ἀνίστημι. Faire se lever, se dresser, relever, rétablir, ressusciter.
σῶσον : Impér. Ao Act. 2e sg. de σῴζω. Sauver.
ἐπάταξας : Ind. Ao Act. 2e sg. de πατάσσω. Frapper en entrechoquant deux corps, battre avec bruit.
πάντας : Adj. Acc. masc. plur. Tous.
ἐχθραίνοντας : Part. Prés. Act. Acc. masc. plur. de ἐχθραίνω. Haïr, avoir de l'inimitié pour quelqu'un, nuire, être hostile, odieux.
ματαίως : Adv. Vainement, inutilement, pour rien.
ὀδόντας : Subst. Acc. masc. plur. Dents. (Nom sg.: ὀδούς).
ἁμαρτωλῶν : Adj. ou Subst. Gén. masc. plur. Qui fait fausse route, qui se trompe, pécheur.
συνέτριψας : Ind. Ao Act. 2e sg. de συντρίβω. Briser.

v.9

εὐλογία : Subst. Nom. fém. sg. Bon langage, langage agréable, langage bienveillant. Ici, bénédiction. C'est plus qu'une parole ; c'est un acte par lequel est transmis un don.

PSAUME 4

v.1

Εἰς τὸ τέλος : Pour la fin. Peut être une indication pour l'utilisation liturgique.

ᾠδὴ : Subst. Nom. fém. sg. Poésie chantée, ode, chant, cantique.

v.2

ἐπικαλεῖσθαι : Inf. Prés. Moyen de ἐπικαλέω. Invoquer, appeler au secours, faire appel, supplier, conjurer de.

εἰσήκουσεν : Ind. Ao Act. 3e sg. de εἰσακούω. Tendre l'oreille vers, prêter l'oreille, entendre, exaucer.

δικαιοσύνης : Subst. Gén. fém. sg. Justice, sentiments de justice, pratique de la justice.

θλίψει : Subst. Dat. fém. sg. Pression, compression, oppression, tribulation.

ἐπλάτυνας : Ind. Ao Act. 2e sg. de πλατύνω. Élargir, ouvrir largement, dilater, mettre au large.

οἰκτίρησον : Impér. Ao Act. 2e sg. de οἰκτίρω (écriture att. de οἰκτείρω). Plaindre, avoir compassion, avoir pitié.

εἰσάκουσον : Impér. Ao Act. 2e sg. de εἰσακούω.

προσευχῆς : Subst. Gén. fém. sg. Prière, lieu de prière.

v.3

υἱοί : Subst. Vocatif. masc. plur. fils

ἀνθρώπων : Subst. Gén. masc. plur. L'homme en général, l'être humain en opp. à ἀνήρ.

ἕως πότε : Conj. + Adv. Jusques à quand / jusqu'à quand.

βαρυκάρδιοι : (βαρύς-καρδία) Adj. Nom. masc. plur. Qui a le cœur lourd, pesant, endurci, insensible.

ἵνα τί : Adv. + Pron. Interr. Pourquoi, en vue de quoi.

ἀγαπᾶτε : Impér. Prés. Act. 2e plur. de ἀγαπάω. Accueillir avec amitié, traiter avec affection, avec tendresse, aimer, chérir.

ματαιότητα : Subst. Acc. fém. sg. Vanité, chose vaine ou frivole, vide.

ζητεῖτε : Impér. Prés. Act. 2e plur. de ζητέω. Chercher. S'occuper de recherches sur les choses divines.

ψεῦδος : Subst. Acc. neutre sg. Mensonge, fausseté.

v.4

γνῶτε : Impér. Ao 2 Act. 2e plur. de γινώσκω. Apprendre à connaître, connaître, reconnaître, apprendre, savoir.

ἐθαυμάστωσεν : Ind. Ao Act. 3e sg. de θαυμαστόω. Rendre étonnant, admirable, magnifier. Être un objet ou une personne d'étonnement, d'admiration.

ὅσιον : Adj. substantivé Acc. masc. sg. en parlant des personnes : pieux, religieux, vertueux, fidèle, saint, consacré.

εἰσακούσεται : Ind. Fut. Moyen 3e sg. de εἰσακούω.

κεκραγέναι : Inf. Parf. Act. de κράζω. Pousser un cri rauque ou guttural, crier fortement, vociférer, pousser des cris.

v.5

ὀργίζεσθε : Impér. Prés. Moyen 2e plur. ou Ind. Prés. Moyen 2e plur. de ὀργίζω. Irriter, (se) mettre en colère, se fâcher.

ἁμαρτάνετε : Impér. Prés. Act. 2e plur. de ἁμαρτάνω. Manquer le but d'où, dévier, se tromper, s'égarer, commettre une faute, faillir, pécher : être infidèle à l'Alliance.

λέγετε : Impér. Prés. Act. 2e plur. de λέγω. Dire dans tous les sens du mot), parler, raconter, vanter, chanter. Et aussi, penser d'où : réfléchir.

καρδίαις : Subst. Dat. fém. plur. Cœur : comme organe du corps ou comme siège des passions et des facultés de l'âme.

κοίταις : Subst. Dat. fém. plur. Couche, lit, lit nuptial, coucherie.

κατανύγητε : Impér. Ao 2 Pass. 2e plur. de κατανύσσω. Être pénétré de douleur, de remords, être repentant, touché de componction, être transpercé.

v.6

θύσατε : Impér. Ao Act. 2e plur. de θύω. Offrir un sacrifice, sacrifier, immoler.

θυσίαν : Subst. Acc. fém. sg. Sacrifice ; cérémonie d'un sacrifice.

ἐλπίσατε : Impér. Ao Act. 2e plur. de ἐλπίζω. Espérer, attendre.

v.7

λέγουσιν : Ind. Prés. Act. 3e plur. de λέγω.

Τίς : Pron. Interr. Nom. masc. sg. Qui.

δείξει : Ind. Fut. Act. 3e sg. de δεικνύω / δείκνυμι. Montrer, faire voir, faire apparaître, offrir aux regards, indiquer.

ἀγαθά : Adj. (ou Subst.) Nom. / Acc. neutre plur. Bon, de bonne qualité, ce qui convient, utile, bien, prospérité.

ἐσημειώθη : Ind. Ao Pass. 3e sg. de σημειόω. Marquer d'un signe, marquer d'un sceau, sceller.

φώς : Subst. Nom. / Acc. neutre sg. Lumière.

v.8

ἔδωκας : Ind. Ao Act. 2e sg. de δίδωμι. Donner (dans tous les sens du mot), confier, remettre, rendre, produire.

εὐφροσύνην : Subst. Acc. fém. sg. Joie, gaieté.

καιροῦ : Subst. Gén. masc. sg. Moment convenable, opportun ou décisif, temps. (ἀπό καιροῦ / ἐκ καιροῦ à contretemps).

σίτου : Subst. Gén. masc. sg. Blé, froment, blé moulu, farine, pain.

οἴνου : Subst. Gén. masc. sg. Vin, liqueur fermentée.

ἐλαίου : Subst. Gén. neutre sg. Huile, huile d'olive, huile aromatique, graisse.

ἐπληθύνθησαν : Ind. Ao Pass. 3e plur. de πληθύνω. Multiplier, se multiplier, accroître, augmenter, remplir, combler.

v.9

εἰρήνῃ : Subst. Dat. fém. sg. Paix, concorde.

κοιμηθήσομαι : Ind. Fut. Pass. 1re sg. de κοιμάω. Se mettre au lit, s'endormir mais aussi mourir.

ὑπνώσω : Ind. Fut. Act. 1re sg. de **ὑπνόω**. Endormir, s'endormir, dormir.

κατά μόνας : Par soi-même, à soi seul, séparément, sans le secours des autres, seul.

ἐλπίδι : Subst. Dat. fém. sg. Espoir, espérance, attente.

κατῴκισας : Ind. Ao Act. 2e sg. de κατοικίζω. Faire habiter, établir, conduire dans une résidence, ramener ou rétablir dans sa demeure.

PSAUME 5

v. 1

κληρονομούσης : Part. substantivé Prés. Act. Gn. fém. sg. de κληρονομέω. Recevoir en héritage, hériter. ὑπέρ τῆς κληρονομούση : Pour l'héritière

v. 2

ῥήματα : Subst. Acc. neutre plur. Tout ce qu'on dit : mot, parole, langage, discours.

ἐνώτισαι : Impér. Ao Moyen 2e sg. de ἐνωτίζομαι. Litt. : Se mettre dans l'oreille ; d'où, prêter l'oreille, ouvrir l'oreille, écouter, entendre.

σύνες : Impér. Ao 2 Act. 2e sg. de συνίημι. Rapprocher par la pensée, faire attention à, comprendre, saisir par les sens ou la réflexion.

κραυγῆς : Subst. Gén. fém. sg. Cri

v.3

πρόσχες : Impér. Ao 2 Act. 2e sg. de προσέχω. Tenir près de, approcher, appliquer son esprit à quelque chose, s'appliquer, observer, être attentif, prêter attention à, se préoccuper.

φωνῇ : Subst. Dat. fém. sg. Son, bruit, voix de qqn.

δήσεώς : Subst. Gén. fém. sg. Besoin, demande, demande instante, supplication, prière.

βασιλεύς : Subst. Nom. masc. sg. Roi, chef, souverain.

προσεύξομαι : Ind. Fut. Moyen 1re sg. de προσεύχομαι. Prier, adresser une prière, demander par une prière.

v.4

πρωί : Adv. Au matin, le matin, tôt le matin, dès le point du jour.

εἰσακούσῃ : Ind. Fut. Moyen 2e sg. de εἰσακούω. Entendre, écouter, d'où exaucer.

παραστήσομαι : Ind. Fut. Moyen 1re sg. de παρίστημι. Établir auprès de, mettre ou placer à côté de soi, auprès de, amener devant, faire asseoir.

ἐπόψομαι : Ind. Fut. Moyen 1re sg. de ἐφοράω. Avoir les yeux sur, surveiller, observer, examiner, jeter les yeux sur, voir, regarder.

v.5

οὐχὶ : Adv. de négation. Ne pas, non, nullement.

θέλων : Part. Prés. Act. Nom. masc. sg. de θέλω. Vouloir, vouloir bien, consentir à, se plaire à, désirer.

ἀνομίαν : Subst. Acc. fém. sg. Violation de la Loi, illégalité, iniquité, injustice, impiété.

παροικήσει : Ind. Fut. Act. 3e sg. de παροικέω. Être situé près de, habiter le long ou auprès de ; résider dans un pays comme étranger, séjourner.

πονηρευόμενος : Part. Prés. Moyen Nom. masc. sg. de πονηρεύομαι. Être en mauvais état, mal agir, être pervers, méchant.

v.6

διαμενοῦσιν : Ind. Fut. Act. 3e plur. de διαμένω. Durer, rester jusqu'au bout, persister, demeurer.

παράνομοι : Adj. Nom. masc. plur. Contraire aux lois, à l'ordre ou aux usages reçus ; illégal, par extension : injuste, violent, cruel.

κατέναντι : Adv. En face de, devant.

ὀφθαλμῶν : Subst. Gén. masc. plur. Œil.

ἐμίσησας : Ind. Ao Act. 2e sg. de μισέω. Haïr, détester, avoir horreur.

ἐργαζομένους : Part. substantivé Prés. Moyen Acc. masc. plur. de ἐργάζομαι. Travailler, œuvrer, faire en travaillant, produire par son travail.

v. 7

ἀπολεῖς : Ind. Fut. Act. 2e sg. de ἀπόλλυμι. Perdre, faire périr.

λαλοῦντας : Part. substantivé Prés. Act. Acc. masc. plur. de λαλέω. Prononcer des sons inarticulés, babiller, bavarder, parler, dire quelque chose à quelqu'un.

ψεῦδος : Subst. Nom. neutre sg. Mensonge, fausseté.

ἄνδρα : Subst. Acc. masc. sg. Homme, mari. (plus : cf. Ps. 1,1).

αἱμάτων : Subst. Gén. neutre plur. Sang, liquide sanguin, être du même sang que.

δόλιον : Adj. Acc. neutre sg. Trompeur, fraudeur, fourbe, artificieux, rusé.

βδελύσσεται : Ind. Prés. Moyen 3e sg. de βδελύσσω. Avoir en abomination, en dégoût, inspirer de l'horreur, détester.

v. 8

ἐγώ : Pron. pers. 1re sg. Moi.

πλήθει : Subst. Dat. neutre sg. Très grand nombre, multitude, multiplicité, abondance, foule, grande quantité, masse.

ἐλέους : Subst. Gén. neutre sg. Miséricorde, compassion.

εἰσελεύσομαι : Ind. Fut. 1re sg. de εἰσέρχομαι. Entrer dans, pénétrer, aller, venir vers.

οἶκον : Subst. Acc. masc. sg. Maison, habitation.

προσκυνήσω : Ind. Fut. Act. 1re sg. de προσκυνέω. Se prosterner, adorer.

ναόν : Subst. Acc. masc. sg. Habitation d'un dieu : Temple. Partie intérieure du temple où était la statue du dieu par opposition au πρόναος ou vestibule.

ἅγιον : Adj. Acc. masc. sg. Saint.

φόβῳ : Subst. Dat. masc. sg. Action de faire fuir en effarouchant d'où effrayer ; crainte, frayeur, effroi.

v.9

ὁδήγησον : Impér. Ao Act. 2e sg. de ὁδηγέω. Guider, conduire sur le chemin, diriger, frayer un chemin.

δικαιοσύνῃ : Subst. Dat. fém. sg. Justice, sentiments de justice, pratique de la justice.

ἕνεκα : Prép. Avec le génitif : À cause de, en vue de, en raison de.

ἐχθρῶν : Subst. Gén. masc. plur. Ennemi de quelqu'un.

κατεύθυνον : Impér. Ao Act. 2e sg. de κατευθύνω. Diriger en droite ligne, gouverner avec rectitude, régler, d'où : diriger en droit chemin, redresser.

ἐνώπιον : Adv. Devant, en présence, en face de.

ὁδόν : Subst. Acc. fém. sg. Chemin.

v.10

ἔστιν : Ind. Prés. Act. 3e sg. de εἰμί. Être, exister.

στόματι : Subst. Dat. neutre sg. Bouche comme organe de l'alimentation, comme organe de la parole. Ouverture.

ἀλήθεια : Subst. Nom. fém. sg. Vérité, réalité.

καρδία : Subst. Nom. fém. sg. Cœur.

ματαία : Adj. Nom. fém. sg. Vain, inutile, frivole, vide.

τάφος : Subst. Nom. masc. sg. Sépulcre, tombeau, sépulture.

ἀνεῳγμένος : Part. Parf. Pass. Nom. masc. sg. de ἀνοίγω. Ouvrir.

λάρυγξ : Subst. Nom. masc. sg. Larynx, gorge, gosier.

γλώσσαις : Subst. Dat. fém. plur. Langue.

ἐδολιοῦσαν : Ind. Imparf.. Act. 3e plur. de δολιόω. Tromper, duper, être fourbe, être rusé. (Remarquer la forme de l'imparfait tardif).

v.11

κρῖνον : Impér. Ao Act. 2e sg. de κρίνω. Juger.

ἀποπεσάτωσαν : Impér. Ao Act. 3e plur. de ἀποπίπτω. Tomber, être précipité à terre, manquer le but.

διαβουλίων : Subst. Gén. fém. plur. Projet délibéré, dessein.

πλῆθος : Subst. Nom. neutre sg. Multitude, grande quantité, immensité, foule.

ἀσεβειῶν : Subst. Gén. fém. plur. Impiété, acte d'impiété.

ἔξωσον : Impér. Ao Act. 2e sg. de **ἐξωθέω**. Pousser dehors, extraire, ôter, repousser, exclure, bannir, chasser, faire sortir avec violence.

παρεπίκραναν : Ind. Ao Act. 3e plur. de παραπικραίνω. Aigrir, exaspérer, irriter.

v.12

εὐφρανθήτωσαν : Impér. Ao Pass. 3e plur. de εὐφραίνω. Éprouver de la joie, se réjouir, charmer.

ἐλπίζοντες : Part. substantivé Prés. Act. Nom. masc. plur. de ἐλπὶζω. Espérer.

αἰῶνα : Subst. Acc. masc. sg. Long espace de temps indéterminé. Philos. et religieux : éternité, pour l'éternité tout entière, pour les siècles des siècles, pour toujours, à tout jamais.

ἀγαλλιάσονται : Ind. Fut. Moyen 3e plur. de ἀγαλλιάω. Être transporté de joie, jubiler, être rempli d'allégresse.

κατασκηνώσεις : Ind. Fut. Act. 2e sg. de κατασκηνόω : dresser sa tente, camper, d'où : habiter en qq. endroit, s'établir, résider, demeurer, séjourner.

καυχήσονται : Ind. Fut. Moyen 3e plur. de καυχάομαι. Se glorifier, se vanter, prôner, triompher.

ἀγαπῶντες : Part. substantivé. Prés. Act. Nom. masc. plur. de ἀγαπάω. Aimer, chérir,

ὄνομα : Subst. neutre sg. Nom.

v.13

εὐλογήσεις : Ind. Fut. Act. 2e sg. de εὐλογέω. Parler avec bienveillance, dire du bien, louer, célébrer, témoigner de la considération à, honorer. Ici : bénir.

δίκαιον : Adj. Acc. masc. sg. Qui remplit ses devoirs, honnête, juste, humain, civilisé.

ὅπλῳ : Subst. Dat. neutre sg. Instrument, outillage, armes et armes défensives, pesantes : casque, cuirasse, bouclier.

εὐδοκίας : Subst. Gén. fém. sg. Bienveillance, bonne volonté, bonne grâce, bon plaisir.

ἐστεφάνωσας : Ind. Ao Act. 2e sg. de στεφανόω. Couronner, honorer d'une couronne, ceindre, entourer.

PSAUME 6

v.1

ὕμνοις : Subst. Dat. masc. plur. Hymne.

ὀγδόης : huitième, d'où octave.

v.2

θυμῷ : Subst. Dat. masc. sg. Fureur, colère, courroux.

ἐλέγξῃς : Subj. Ao. Act. 2e sg. de ἐλέγχω. Déshonorer, faire honte, reprocher, réprouver, reprendre, réfuter, confondre quelqu'un, donner la preuve ; peut exprimer une correction voulue de Dieu.

μηδέ : Particule négative. Et non, et ne pas, ni, ne pas.

ὀργῇ : Subst. Dat. fém. sg. Colère.

παιδεύσῃς : Subj. Ao Act. 2e sg. de παιδεύω. Élever, instruire, éduquer un enfant. Former, dresser. Châtier, corriger.

v.3

ἐλέησον : Impér. Ao Act. 2e sg. de ἐλεέω. Avoir pitié, plaindre quelqu'un, faire miséricorde.

ἀσθενής : Adj. Nom. sg. Faible, malade, sans force, impuissant..

εἰμί : Ind. Prés. Act. 1re sg. de εἰμί. Être, exister.

ἴασαι : Impér. Ao Moyen 2e sg. de ἰάομαι. Soigner, guérir.

ἐταράχθη : Ind. Ao Pass. 3e sg. de ταράσσω. Troubler, agiter, remuer, bouleverser, mettre en désordre.

ὀστᾶ : Subst. Nom. neutre plur. Os, ossements. (Sg. ὀσ-τ-έον).

v.4

σφόδρα : Adv. Fortement, très, tout à fait, complètement, beaucoup, extrêmement.

πότε : Adv. de temps interrogatif. Quand, avec ἕως : jusqu'à quand ?

v.5

ἐπίστρεψον : Impér. Ao Act. 2e sg. de ἐπιστρέφω. Revenir, tourner vers, faire tourner, attirer sur soi, faire retourner, détourner, retourner, rebrousser chemin,.

ῥῦσαι : Impér. Ao Moyen 2e sg. de ῥυομαι. Tirer à soi, tirer d'un danger, arracher au danger, délivrer, sauver, garder, protéger.

σῶσον : Impér. Ao Act. 2e sg. de σῴζω. Sauver.

ἕνεκεν : Prép. + Gén. À cause de, en raison de, en vue de.

ἐλέους : Subst. Gén. neutre sg. pitié, miséricorde, compassion

v.6

ἔστιν : Ind. Prés. Act. 3e sg. de εἰμί.

θανάτῳ : Subst. Dat. masc. sg. La mort physique, biologique, et aussi au sens figuré.

μνημονεύων : Part. substantivé Prés. Act. Nom. masc. sg. de μνημονεύω. Se souvenir de, se rappeler.

ᾅδῃ : Subst. Dat. masc. sg. L'Hadès, le séjour des morts, le monde souterrain.

ἐξομολογήσεται : Ind. Fut. Moyen 3e sg. de ἐξομολογέω. Consentir à, promettre, avouer, confesser d'où : être pénitent. Rendre grâce à, remercier, dire l'action de grâce, louer, célébrer.

v.7

ἐκοπίασα : Ind. Ao Act. 1re sg. de κοπιάω. Être las, fatigué ou dégoûté, peiner, faire un travail pénible.

στεναγμῷ : Subst. Dat. masc. sg. Soupir, gémissement.

λούσω : Ind. Fut. Act. 1re sg. de λούω. Laver, baigner.

καθ᾽ἑκάστην : Chaque, dans chaque, selon chaque.

νύκτα : Subst. Acc. fém. sg. Nuit. (Nom. νύξ).

κλίνην : Subst. Acc. fém. sg. Lit, couche, lit de repos, lit funéraire, lit de table.

δάκρυσιν : Subst. Dat. neutre plur. Larmes.

στρωμνήν : Subst. Acc. fém. sg. Lit étendu, couche, couverture de lit, literie.

βρέξω : Ind. Fut. Act. 1re sg. de βρέχω. Mouiller, tremper, arroser, inonder, faire pleuvoir.

v.8
θυμοῦ : Subst. Gén. masc. sg.
ὀφθαλμός : Subst. Nom. masc. sg. œil.
ἐπαλαιώθην : Ind. Ao Pass. 1re sg. de παλαιόω. Devenir vieux, user, vieillir.
πᾶσιν : Adj. Dat. masc. plur. Tout, tout dans un sens collectif, tous.
ἐχθροῖς : Subst. Dat. masc. sg. Ennemi.

v.9
ἀπόστητε : Impér. Ao 2 Act. 2e plur. de ἀφίστημι. Éloigner, écarter, placer à part, séparer.
ἐργαζόμενοι : Part. substantivé Prés. Moyen Nom. masc. plur. de ἐργάζομαι. Faire, fabriquer, effectuer, exécuter, œuvrer.
ἀνομίαν : Subst. Acc. fém. sg. Iniquité, sans loi.
εἰσήκουσεν : Ind. Ao Act. 3e sg. de εἰσακούω. Écouter, prêter l'oreille, exaucer, répondre.
φωνῆς : Subst. Gén. fém. sg. Son, bruit, voix, cri.
κλαυθμοῦ : Subst. Gén. masc. sg. Lamentation, gémissement, pleurs, vagissement.

v.10
δεήσεως : Subst. Gén. fém. sg. Demande instante, besoin, supplication, prière.
προσευχήν : Subst. Acc. fém. sg. Prière.
προσεδέξατο : Ind. Ao Moyen 3e sg. de προσδέχομαι. Accueillir quelqu'un ou quelque chose, recevoir, attendre.

v.11
αἰσχυνθείησαν : Optatif Ao Pass. 3e plur. de αἰσχύνω. Enlaidir, défigurer, déshonorer, souiller, outrager ; rougir, avoir honte. (Remarquer la désinence active σαν à la 3e plur. introduite dans la langue post-classique et parfois chez les auteurs attiques).
ταραχθείησαν : Optatif Ao Pass. 3e plur. de ταράσσω.
ἀποστραφείησαν : Optatif Ao 2 Pass. 3e plur. de ἀποστρέφω. Tourner d'un autre côté, contourner, détourner, faire retourner, faire revenir, ramener, remettre, rapporter. (Avec mouvement d'éloignement).
καταισχυθείησαν : Optatif Ao Pass. 3e plur. de καταισχύνω. Déshonorer, couvrir de honte, confondre, flétrir, souiller.
τάχους : Gén. neutre sg. + Prép. διά. Promptement, rapidement.

PSAUME 7

v.1
ᾖσεν : Ind. Ao Act. 3e sg. de ᾄδω, contraction. att. de ἀείδω. Chanter.
λόγων : Subst. Gén. masc. plur. Parole

Χουσι υἱοῦ Ιεμενι : personnage inconnu.

v.2

ἤλπισα : Ind. Ao Act. 1re sg. de ἐλπίζω. Espérer.

σῶσον : Impér. Ao Act. 2e sg. de σῴζω. Sauver.

διωκόντων : Part. substantivé Prés. Act. Gén. masc. plur. de διώκω. Poursuivre, courir après quelqu'un ou quelque chose, mettre en fuite, chasser ; persécuter.

ῥῦσαι : Impér. Ao Moyen 2e sg. de ῥύομαι. Délivrer, arracher, libérer.

v.3

μήποτε : Adv. Avec un subj. : De peur que.

ἁρπάσῃ : Subj. Ao Act. 3e sg. de ἁράζω. Saisir avec violence, ravir, enlever de force, s'emparer vivement.

λέων : Subst. Nom. masc. sg. Lion.

ὄντος : Part. Prés. Act. Gén. masc. sg. de εἰμί. Étant.

λυτρουμένου : Part. Prés. Moyen Gén. masc. sg. de λυτρόω. Délivrer moyennant rançon, racheter, payer rançon.

σῴζοντος : Part. Prés. Act. Gén. masc. sg. de σῴζω.

v.4

ἐποίησα : Ind. Ao Act. 1re sg. de ποιέω. Faire, réaliser, créer, exécuter, achever, accomplir.

τοῦτο : Démonstr. Acc. neutre sg. Cela.

ἀδικία : Subst. Nom. fém. sg. Injustice, tort, faute.

χερσίν : Subst. Dat. fém. plur. Main. (Nom. sg. χείρ).

v.5

ἀνταπέδωκα : Ind. Ao Act. 1re sg. de ἀνταποδίδωμι. Action de rendre, rendre à son tour ou en échange ; rendre la pareille, rendre outrage pour outrage, services pour services.

ἀνταποδιδοῦσιν : Part. substantivé Prés. Act. Dat. masc. plur. de ἀνταποδίδωμι.

κακά : Adj. ou Subst. Acc. neutre plur. Mauvais, mal, méchant, nuisible, dangereux.

ἀποπέσοιν : Optatif Ao 2 Act. 1re sg. de ἀποπίπτω. Tomber. (autre écriture de cet optatif : ἀποπέσοιμι).

ἄρα : Particule de conséquence. Ainsi, donc, alors.

κενός : Adj. Nom. masc. sg. Vide, vain, sans fondement, frivole, futile.

v.6

καταδιώξαι : Optatif Ao Act. 3e sg. de καταδιώκω. Poursuivre.

καταλάβοι : Optatif Ao 2 Act. 3e sg. de καταλαμβάνω. Prendre, saisir, s'emparer.

καταπατήσαι : Optatif Ao Act. 3e sg. de καταπατέω. Fouler aux pieds, bafouer, mépriser.

χοῦν : Subst. Acc. masc. sg. Amas de terre, terre enlevée d'une excavation et amoncelée, terre amoncelée pour une sépulture, alluvion, terre ou poussière qui s'attache aux pieds ou dont est faite une créature.

κατασκηνώσαι : Optatif Ao Act. 3e sg. de κατασκηνόω. Dresser sa tente, camper, d'où habiter, résider, loger en qq. endroit.

v.7

νάστηθι : Impér. Ao 2 Act. 2e sg. de ἀνίστημι. Faire se lever, relever, rétablir, réveiller, dresser.

ὑψώθητι : Impér. Ao Pass. 2e sg. de ὑψόω. Élever, hausser, exalter.

πέρασι : Subst. Dat. neutre plur. Limites, confins, frontières.

ἐξεγέρθητι : Impér. Ao Pass. 2e sg. de ἐξεγείρω. Réveiller, faire exister, ranimer, ressusciter, faire apparaître, susciter.

προστάγματι : Subst. Dat. neutre sg. Injonction, ordre, décret, commandement.

ἐνετείλω : Ind. Ao moyen 2e sg. de ἐντέλλω ou ἐντέλλομαι. Enjoindre, commander, ordonner, prescrire.

v.8

συναγωγή : Subst. Nom. fém. sg. Lieu de rassemblement, synagogue, assemblée, assemblée religieuse chez les juifs.

κυκλώσει : Ind. Fut. Act. 3e sg. de κυκλόω. Courber en cercle, arrondir, faire cercle autour, mouvoir en cercle, environner, entourer, faire le tour, investir.

ὕψος : Subst. Nom. neutre sg. Hauteur.

ἐπίστρεψον : Impér. Ao Act. 2e sg. de ἐπιστρέφω. Tourner vers ou faire retourner, se retourner, revenir.

v.9

κρινεῖ : Ind. Fut. Act. 3e sg. de κρίνω. Trier, séparer, distinguer, juger, porter un jugement, décider, prononcer, peser, estimer, condamner.

κρῖνον : Impér. Ao Act. 2e sg. de κρίνω.

δικαιοσύνην : Subst. Acc. fém. sg. Justice, probité, vertu de justice.

ἀκακίαν : Subst. Acc. fém. sg. Innocence, simplicité, candeur, sans mal.

v.10

συντελεσθήτω : Impér. Ao Pass. 3e sg. de σύντελέω. Faire complètement, achever, mener à sa fin, accomplir, épuiser, manquer.

δή : particule démonstrative renforçant une affirmation, précise une indication. Donc, évidemment, bien sûr.

πονηρία : Subst. Nom. fém. sg. Méchanceté.

ἁμαρτωλῶν : Pécheur.

κατευθυνεῖς : Ind. Fut. Act. 2e sg. de κατευθύνω. Conduire, diriger, gouverner, régler, redresser, corriger, mettre droit.

ἐτάζων : Part. Prés. Act. Nom. masc. sg. de ἐτάζω. Examiner, vérifier.

νεφρούς : Subst. Acc. masc plur. Rein. Au figuré : pensées secrètes ou intimes.

v.11

βοήθεια : Subst. Nom. fém. sg. Aide, secours, assistance.

εὐθεῖς : Adj. substantivé Acc. masc. plur. Droit, sans détours, ouvert, franc, sincère.

v.12

κριτής : Subst. Nom. masc. sg. Juge, celui qui discerne et décide.

ἰσχυρός : Adj. Nom. masc. sg. Fort, robuste, solide, puissant, vigoureux.

μακρόθυμος : Adj. Nom. masc. sg. Longanime, patient.

ἐπάγων : Part. Prés. Act. Nom. masc. sg. de ἐπάγω. Amener, conduire, apporter en quelque lieu, appliquer, intenter un procès, exciter à.

ἑκάστην : Adj. Acc. fém. sg. Chacun, chaque. καθ᾽ἑκάστην : Chaque chose en particulier. Chaque [jour].

ἡμέραν : Subst. Acc. fém. sg. Jour.

v.13

ἐπιστραφῆτε : Subj. Ao 2 Pass. 2e plur. de ἐπιστρέφω.

ῥομφαίαν : Subst. Acc. fém. sg. Épée large, sabre, glaive.

στιλβώσει : Ind. Fut. Act. 3e sg. de στιλβόω. Rendre brillant, faire briller, polir.

τόξον : Subst. Acc. neutre sg. Arc.

ἐνέτεινεν : Ind. Ao Act. 3e sg. de ἐντείνω. Tendre, étendre, raidir, bander un arc.

ἡτοίμασεν : Ind. Ao Act. 3e sg. de ἑτοιμάζω. Préparer, apprêter, tenir prêt.

v.14

σκεύη : Subst. Acc. neutre plur. Tout objet d'équipement : meuble, outil, instrument, arme, agrès, harnais, bagages. Au pluriel : matériel de guerre, équipages de guerre, armes. Terme technique dont l'étymologie est ambiguë.

θανάτου : Subst. Gén. masc. sg. Mort physique, biologique ; employé également dans un sens figuré et théologique.

βέλη : Subst. Acc. neutre plur. Toute espèce de projectile : trait, flèche, dard, pierre, javelot ; toute chose lancée ou qui atteint en tombant. Matériel balistique, artillerie, arme qu'on brandit ou que darde un animal.

καιομένοις : Part. substantivé Prés. Moyen Dat. plur. de καίω. Allumer, mettre le feu, embraser, faire brûler et consumer par le feu, enflammer, attiser un brandon.

ἐξειργάσατο : Ind. Ao Moyen 3e sg. de ἐξεργάζομαι. Effectuer, exécuter, faire, fabriquer, accomplir, travailler, s'occuper de ; d'où mettre au point, adapter.

v.15

ἰδού : Interj. : Voici.

ὠδίνησεν : Ind. Ao Act. 3e sg. de ὠδίνω. Éprouver les douleurs de l'enfantement, violentes douleurs.

συνέλαβεν : Ind. Ao 2 Act. 3e sg. de συλλαμβάνω. Saisir, prendre, capturer, concevoir.

πόνον : Subst. Acc. masc. sg. Peine, travail pénible, toute œuvre difficile, douleur, souffrance

physique ou morale.
ἔτεκεν : Ind. Ao 2 Act. 3e sg. de τίκτω. Mettre au monde, enfanter, créer, produire.

v.16
λάκκον : Subst. Acc. masc. sg. Cavité, trou, fosse, fossé, citerne, réservoir, sorte de cellier pour garder le vin ou l'huile.
ὤρυξεν : Ind. Ao Act. 3e sg. de ὀρύσσω. Creuser, fouiller, extraire, percer, traverser, crever, faire sortir en creusant, enterrer.
ἀνέσκαψεν : Ind. Ao Act. 3e sg. de ἀνασκάπτω. Creuser, détruire de fond en comble, fouiller le sol, ouvrir des tranchées.
ἐμπεσεῖται : Ind. Fut. 3e sg. de ἐμπίπτω. Tomber dans ou sur.
βόθρον : Subst. Acc. masc. sg. Trou naturel ou dans le sol, fosse, gouffre, puits, lavoir.
εἰργάσατο : Ind. Ao Moyen 3e sg. de ἐργάζομαι.

v.17
ἐπιστρέψει : Ind. Fut. Act. 3e sg. de ἐπιστρέφω.
κεφαλήν : Subst. Acc. fém. sg. Tête.
κορυφήν : Subst. Acc. fém. sg. Sommet du crâne, haut de la tête, et aussi, sommet d'une montagne, point culminant, ce qu'il y a de plus élevé, de plus noble, de meilleur.
καταβήσεται : Ind. Fut. 3e sg. de καταβαίνω. Descendre.

v.18
ἐξομολογήσομαι : Ind. Fut. Moyen 1re sg. de ἐξομολογέω. Consentir à, promettre, avouer, confesser. Rendre grâce, remercier, louer, célébrer, dire l'action de grâce.
ψαλῶ : Ind. Fut. Act. 1re sg. de ψάλλω. Jouer d'un instrument, jouer ou dire un hymne de louange. Psalmodier.
ὑψίστου : Adj. substantivé. Gén. masc. sg. Très-Haut.

PSAUME 8

v.1
ληνῶν : Subst. Gén. fém. pl. Cavité, objet creux, cuve de pressoir, d'où : pressoir.

v.2
ὡς : Adv. exclamatif.
θαυμαστόν : Adj. Nom. neutre sg. Merveilleux, étonnant, admirable.
ὄνομα : Subst. Nom. neutre sg. Nom.
πάσῃ : Adj. Dat. fém. sg. Toute.
ἐπήρθη : Ind. Ao Pass. 3e sg. de ἐπαίρω. Être élevé, être relevé.
μεγαλοπρέπεια : Subst. Nom. fém. sg. Magnificence, générosité.
ὑπεράνω : Adv.+ Gén. Au-dessus de.

v.3

στόματος : Subst. Gén. neutre sg. Ouverture, bouche. (gueule pour un animal).

νηπίων : Adj. Gén. plur. Petit enfant qui ne parle pas encore, qui est en bas âge, tout-petit, (νη : privatif).

θηλαζόντων : Part. Prés. Act. Gén. plur. de θηλάζω. Donner à téter, allaiter, nourrir avec du lait, adoucir.

κατηρτίσω : Ind. Ao Moyen 2e sg. de καταρτίζω. Mettre en ordre, mettre en place, remettre en état d'où perfectionner, former en un tout d'où réunir, réconcilier, créer.

αἶνον : Subst. Acc. masc. sg. Louange, éloge ; le sens premier est : récit, conte, histoire, sentence.

ἕνεκα : Prép. À cause de, en raison de, pour.

καταλῦσαι : Inf. Ao Act. de καταλύω. Détruire, anéantir, dissoudre, renverser, rompre, cesser, mettre fin, annuler, délier, détacher, dételer.

ἐκδικητήν : Subst. Acc. masc. sg. Vengeur, celui qui poursuit en justice, qui punit.

v.4

ὄψομαι : Ind. Fut. Moyen 1re sg. du verbe ὁράω. Voir, avoir l'usage de la vue, voir pour inspecter, fixer les yeux, surveiller, regarder, observer, remarquer.

δακτύλων : Subst. Gén. masc. plur. Doigt.

σελήνην : Subst. Acc. fém. sg. Lune.

ἀστέρας : Subst. Acc. masc. plur. Étoile, astre.

ἐθεμελίωσας : Ind. Ao Act. 2e sg. de θεμελιόω. Bâtir, fonder, donner un fondement.

v.5

τί : Pron. Interr. neutre, sg. Qui, que, quoi, qu'est-ce.

μιμνῄσκῃ : Ind. Prés. Moyen 2e sg. de μιμνῄσκομαι. Se souvenir, se rappeler.

ἐπισκέπτῃ : Ind. Prés. Moyen 2e sg. de ἐπισκέπτομαι : Examiner, considérer avec soin, arrêter ses regards sur qq. chose, rechercher, inspecter ; visiter en parlant de Dieu pour secourir ou châtier.

v.6

ἠλάττωσας : Ind. Ao Act. 2e sg de ἐλαττόω. Abaisser, amoindrir, diminuer.

βραχύ τι : Locution. Un peu, quelque peu, à une petite distance.

τιμῇ : Subst. Dat. fém. sg. Honneur, marque d'honneur, estime, considération.

ἐστεφάνωσας : Ind. Ao Act. 2e sg. de στεφανόω. Entourer, environner, ceindre, couronner.

v.7

κατέστησας : Ind. Ao Act. 2e sg. de καθίστημι. Mettre, placer devant, présenter, établir, constituer, instituer.

ὑπέταξας : Ind. Ao Act. 2e sg. de ὑποτάσσω. Ranger, placer sous, soumettre, subordonner, placer après ou derrière.

ὑποκάτω : Adv. / Prép. En dessous, sous, au-dessous, en bas ; (ὑπό-κάτω).

ποδῶν : Subst. Gén. masc. plur. Pied. (Nom. sg. πούς).

v.8

πρόβατα : Subst. Acc. neutre plur. Brebis, mouton ; par extension, troupeaux de moutons. (En avant avec πρό ; πρό-βατον : la brebis marche devant le berger).

βόας : Subst. Acc. masc. ou fém. plur. Bœuf, vache ; (subst. Nom. sg. : βοῦς).

ἔτι : Adv. Encore.

κτήνη : Subst. Acc. neutre plur. Bétail, bêtes de somme, richesse en bestiaux.

πεδίου : Subst. Gén. neutre sg. Terrain plat, plaine.

v.9

πετεινα : Adj. substantivé. Acc. neutre plur. Qui peut voler, oiseau.

ἰχθύας : Subst. Acc. masc. plur. Poisson.

θαλάσσης : Subst. Gén. fém. sg. Mer.

διαπορευόμενα : Part. Substantivé Prés. Moyen neutre plur. de διαπορεύομαι. Faire passer, passer à travers, traverser, parcourir pas à pas, voyager.

τρίβους : Subst. Acc. fém./ masc. plur. Chemin fréquenté, usé par les allées et venues, route battue, sentier, chemin.

PSAUME 9

v.1

κρυφίων : Adj. substantivé Gén. plur. Secret, caché, clandestin.

v.2

Ἐξομολογήσομαι : Ind. Fut. Moyen 1re sg. de ἐξομολογέω. Avouer, confesser, rendre grâce, dire l'action de grâce, remercier.

διηγήσομαι : Ind. Fut. Moyen 1re sg. de διηγέομαι. Exposer en détail, raconter, décrire.

ὅλῃ : Adj. Dat. fém. sg. Qui forme un tout, tout, tout entier.

θαυμάσια : Adj. Substantivé Acc. neutre plur. Étonnant, admirable, merveilleux.

v.3

εὐφρανθήσομαι : Ind. Fut. Pass. 1re sg. de εὐφραίνω. Éprouver de la joie, se réjouir.

ἀγαλλιάσομαι : Ind. Fut. Moyen 1re sg. de ἀγαλλίαομαι. Se réjouir, être transporté de joie, jubiler, exulter, être rempli d'allégresse.

ψαλῶ : Ind. Fut. Act. 1re sg. de ψάλλω. Faire vibrer la corde d'un instrument de musique, jouer d'un instrument, dire un hymne, psalmodier.

ὀνόματι : Subst. Dat. neutre sg. Nom pour désigner une personne ou une chose. Le Nom : Dieu.

ὕψιστε : Adj. Superlatif Vocatif masc. sg. Très Haut, très élevé.

v.4

ἀποστραφῆναι : Inf. Ao 2 Pass. de ἀποστρέφω. Détourner, repousser, retourner, s'en retourner.

ἐχθρόν : Adj. substantivé ou Subst. sg. Celui qui hait, qui déteste, l'ennemi.

ὀπίσω : Adv. avec article et avec idée de lieu. En arrière, derrière.

ἀσθενήσουσιν : Ind. Fut. Act. 3e plur. de ἀσθενέω. Être faible, sans force, impuissant, malade.

ἀπολοῦνται : Ind. Fut. Moyen 3e plur. de ἀπολλύω / ἀπόλλυμι. Perdre, faire périr, détruire.

προσώπου : Subst. Gén. neutre sg. Face, figure, visage.

v.5

ἐποίησας : Ind. Ao Act. 2e sg. de ποιέω. Faire, fabriquer, exécuter.

κρίσιν : Subst. Acc. fém. sg. Action de décider, d'où : décision, jugement, décision judiciaire, jugement, condamnation.

δίκην : Subst. Acc. fém. sg. Action de décider, action judiciaire, décision judiciaire, jugement, justice, procès, condamnation.

ἐκάθισας : Ind. Ao Act. 2e sg. de καθίζω. Asseoir, faire asseoir, siéger, placer.

θρόνου : Subst. Gén. masc. sg. Siège élevé, trône.

δικαιοσύνην : Subst. Acc. fém. sg. Justice, sentiments de justice, pratique de la justice, justification, fonction de juge.

v.6

ἐπετίμησας : Ind. Ao Act. 2e sg. de ἐπιτιμάω. Infliger un blâme, adresser des reproches, reprendre, menacer, rabrouer.

ἔθνεσιν : Subst. Dat. neutre plur. Race, peuple, nation, « les gentils » par rapport aux hébreux, païen.

ἀπώλετο : Ind. Ao 2 Moyen 3e sg. de ἀπόλλυμι.

ἀσεβής : Adj. substantivé Nom. sg. Impie.

ἐξήλειψας : Ind. Ao Act. 2e sg. de ἐξαλείφω. Essuyer, ôter en frottant, effacer, abolir, détruire.

v.7

ἐξέλιπον : Ind. Ao 2 Act. 3e plur. (ou 1re sg.) de ἐκλείπω. Laisser de côté, délaisser, abandonner, quitter, d'où cesser, terminer.

ῥομφαῖαι : Subst. Nom. fém. plur. Large sabre à deux tranchants, épée.

τέλος : Subst. Acc. neutre sg. Achèvement, accomplissement, réalisation, fin, terme.

πόλεις : Subst. Nom. / Acc. .fém. plur. Ville, cité.

καθεῖλες : Ind. Ao 2 Act. 2e sg. de καθαιρέω. Faire descendre, baisser, abaisser, abattre, renverser, détruire, anéantir.

μνημόσυνον : Subst. Nom. ou Acc. neutre sg. Ce qui rappelle un souvenir, souvenir, mémoire.

ἤχους : Subst. Gén. neutre sg. Son, éclat, bruit, rumeur, renommée.

v.8

μένει : Ind. Prés. Act. 3e sg. de μένω. Demeurer, rester, être fixe, stable.

ἡτοίμασεν : Ind. Ao. Act. 3e sg. de ἑτοιμάζω. Préparer, disposer.
κρίσει : Subst. Dat. fém. sg.

v.9
κρινεῖ : Ind. Fut. Act. 3e sg. de κρίνω. Séparer, distinguer, décider, trancher, juger
οἰκουμένην : Subst. Acc. fém. sg. Terre habitée ou cultivée, toute la terre.
εὐθύτητι : Subst. Dat. fém. sg. Direction en ligne droite, droiture.

v.10
ἐγένετο : Ind. Ao 2 Moyen 3e sg. de γίνομαι. Devenir, naître, se produire, avoir lieu.
καταφυγή : Subst. Nom. fém. sg. Refuge, lieu de refuge, asile, recours.
πένητι : Subst. Dat. masc. sg. Pauvre, indigent, celui qui peine pour vivre, qui gagne sa vie par son travail.
βοηθός : Subst. Nom. masc. sg. Défenseur, Qui vient au secours de.
εὐκαιρίαις : Subst. Dat. fém. plur. Occasion, opportunité, bon moment, situation favorable.
θλίψει : Subst. Dat. fém. sg. Pression, compression, oppression, tribulation,

v.11
ἐλπισάτωσαν : Impér. Ao Act. 3e plur. de ἐλπίζω. Espérer, attendre.
γινώσκοντες : Part. substantivé Prés. Act. Nom. masc. plur. de γινώσκω. Connaître, apprendre à connaître, savoir.
ἐγκατέλιπες : Ind. Ao 2 Act. 2e sg. de ἐγκαταλείπω. Laisser derrière soi, laisser subsister, laisser, délaisser, abandonner.
ἐκζητοῦντας : Part. substantivé Prés. Act. Acc. masc. plur. de ἐκζητέω. Chercher, rechercher, réclamer.

v.12
ψάλατε : Impér. Ao Act. 2e plur. de ψάλλω. Faire vibrer la corde d'un instrument de musique, psalmodier, chanter.
κατοικοῦντι : Part. substantivé Prés. Act. Dat. masc. sg. de κατοικέω. Habiter dans un lieu.
ἀναγγείλατε : Impér. Ao Act. 2e plur. de ἀναγγέλλω. Annoncer, redire, rapporter.
ἐπιτηδεύματα : Subst. Acc. neutre plur. Chose dont on s'occupe : occupation, genre de vie, pratique d'une chose, intention, règle de conduite, habitudes de vie, coutumes.

v. 13
ἐκζητῶν : Part. Prés. Act. Nom. masc. sg. de ἐκζητέω.
αἵματα : Subst. Acc. neutre plur. Sang.
ἐμνήσθη : Ind. Ao Pass. 3e sg. de μιμνήσκομαι. Se souvenir de, se rappeler.
ἐπελάθετο : Ind. Ao 2 Moyen 3e sg. de ἐπιλανθάνω. Oublier, omettre, ne pas se soucier.
κραυγῆς : Subst. Gén. fém. sg. Cri, clameur.

v.14

ἐλέησόν : Impér. Ao Act. 2e sg. de ἐλεέω. S'apitoyer, avoir pitié.

ἰδέ : Impér. Ao 2 Act. 2e sg. de ὁράω. Voir, regarder, observer, remarquer.

ταπείνωσιν : Subst. Acc. fém. sg. Humilité, humiliation, abaissement.

ὑψῶν : Part. substantivé Prés. Act. Nom. masc. sg. de ὑψόω. Hausser, élever, relever, exalter.

πυλῶν : Subst. Gén. fém. plur. Sens premier : Battant de porte ; d'où : porte, grande porte, portail ; au plur. : porte de ville, porte de pays par opposition à θύρα de sens plus restreint comme la porte d'une maison.

θανάτου : Subst. Gén. masc. sg. Mort.

v.15

ὅπως : Conj. avec idée de but. Afin que, pour que.

ἐξαγγείλω : Subj. Ao Act. 1re sg. de ἐξαγγέλλω. Aller annoncer, porter une nouvelle, proclamer d'un endroit à un autre.

πάσας : Adj. Acc. fém. plur. Toutes

αἰνέσεις : Subst. Acc. fém. plur. Louange, approbation.

πύλαις : Subst. Dat. fém. plur.

θυγατρός : Subst. Gén. fém. sg. Fille.

σωτηρίῳ : Subst. Dat. neutre. sg. Le salut, la délivrance.

v.16

ἐνεπάγησαν : Ind. Ao 2 Pass. 3e plur. de ἐμπήγνυμι. Enfoncer, ficher.

διαφθορᾷ : Subst. Dat. fém. sg. Perte, ruine, destruction, corruption.

ἐποίησαν : Ind. Ao. Act. 3e plur. de ποιέω.

παγίδι : Subst. Dat. fém. sg. Filet (de chasse), ce qui arrête ou retient, piège.

ἔκρυψαν : Ind. Ao Act. 3e plur. de κρύπτω. Couvrir, cacher.

συνελήμφθη : Ind. Ao Pass. 3e sg. de συλλαμβάνω. Saisir, prendre, prendre avec, prendre ensemble, arrêter, capturer.

ποὺς : Subst. Nom. masc. sg. Pied.

v.17

γινώσκεται : Ind. Prés. Moyen 3e sg. de γινώσκω.

κρίματα : Subst. Acc. neutre plur. Procès, jugement, décision judiciaire, sentence, peine, condamnation.

ποιῶν : Part. Prés. Act. Nom. masc. sg. de ποιέω.

ἔργοις : Subst. Dat. neutre plur. Œuvre, action, ouvrage, travail.

χειρῶν : Subst. Gén. fém. plur. Main.

ἁμαρτωλός : Adj. ou Subst. Nom. masc. sg. Pécheur.

ᾠδή : Subst. Nom. fém. sg. (contraction pour **ἀοιδή**). Poésie chantée, ode, chant, hymne, cantique

v.18

ἀποστραφήτωσαν : Impér. Ao 2 Pass. 3e plur. de ἀποστρέφω.

ᾅδην : Subst. Acc. masc. sg. Hadès, séjour des morts, enfers.

ἐπιλανθανόμενα : Part. substantivé Prés. Moyen Acc. neutre plur. de ἐπιλανθάνω / ἐπιλανθάνομαι.

v.19

ἐπιλησθήσεται : Ind. Fut. Pass. 3e sg. de ἐπιλανθάνω / ἐπιλανθάνομαι ;

ὑπομονή : Subst. Nom. fém. sg. Constance à supporter, résistance, patience, persistance à faire ou à dire quelque chose.

ἀπολεῖται : Ind. Fut. Moyen 3e sg. de ἀπολλύω / ἀπόλλυμι.

v.20

ἀνάστηθι : Impér. Ao 2 Act. 2e sg. de ἀνίστημι.

κραταιούσθω : Impér. Prés. Pass. 3e sg. de κραταιόω. Rendre fort, robuste, affermir.

κριθήτωσαν : Impér. Ao Pass. 3e plur. de κρίνω.

v.21

κατάστησον : Impér. Ao Act. 2e sg. de καθίστημι. Installer, établir, constituer.

νομοθέτην : Subst. Acc. masc. sg. Législateur.

γνώτωσαν : Impér. Ao 2 Act. 3e plur. de γινώσκω.

εἰσιν : Ind. Prés. Actif 3e plur. de εἰμί. Être, exister.

v.22

ἀφέστηκας : Ind. Parf. Act. 2e sg. de ἀφίστημι. Eloigner, écarter, placer à part, séparer.

μακρόθεν : Adv. À distance, de loin.

ὑπερορᾷς : Ind. Prés. Act. 2e sg. de ὑπεροράω. Voir d'en haut, regarder par-dessus d'où : voir avec indifférence, ne pas faire attention, ne pas considérer, fermer les yeux.

v.23

ὑπερηφανεύεσθαι : Inf. Prés. Moyen de ὑπερηφανεύομαι. Se montrer arrogant, hautain, être fier, orgueilleux, dédaigneux.

ἐμπυρίζεται : Ind. Prés. Moyen 3e sg. de ἐμπυρίζω. Mettre en feu, prendre feu, brûler, enflammer, exciter.

συλλαμβάνονται : Ind. Prés. Moyen. 3e plur. de συλλαμβάνω. Prendre en main, prendre ensemble, saisir, appréhender, arrêter.

διαβουλίοις : Subst. Dat. neutre plur. Délibération, projet, résolution.

διαλογίζονται : Ind. Prés. Moyen 3e plur. de διαλογίζομαι. Compter, calculer, réfléchir, discuter, discerner.

v.24

ἐπαινεῖται : Ind. Prés. Moyen 3e sg. de ἐπαινέω. Faire l'éloge, louer, approuver.

ἐπιθυμίαις : Subst. Dat. fém. plur. Désir, passion, convoitise.

ἀδικῶν : Part. substantivé Prés. Actif Nom. masc. sg. de ἀδικέω. Être injuste, commettre une injustice.

ἐνευλογεῖται : Ind. Prés. Moyen 3e sg. de ἐνευλογέω. Bénir.

v.25

παρώξυνεν : Ind. Ao Act. 3e sg. de παροξύνω. Exciter, irriter, exaspérer.

ἐκζητήσει : Ind. Fut. Act. 3e sg. de ἐκζητέω.

v.26

βεβηλοῦνται : Ind. Prés. Moyen/ Pass. 3e plur. de βεβηλόω. Profaner, violer, souiller.

καιρῷ : Subst. Dat. masc. sg. Temps, instant, moment présent, moment convenable. ἀνταναιρεῖται : Ind. Prés. Moyen 3e sg. de ἀνταναιρέω. Enlever, faire disparaître.

κατακυριεύσει : Ind. Fut. Act. 3e sg. de κατακυριεύω. Se rendre maître de, réduire en son pouvoir, commander, dominer.

v.27

σαλευθῶ : Subj. Ao Pass. 1re sg. de σαλεύω. Agiter, secouer, ébranler.

ἄνευ : Prép. + Gén. Sans, loin de.

v.28

ἀρᾶς : Subst. Gén. fém. sg. Prière, souhait. Malédiction, imprécation.

γέμει : Ind. Prés. Act. 3e sg. de γέμω. Être rempli, être plein, être chargé.

πικρίας : Subst. Gén. fém. sg. Amertume, aigreur.

δόλου : Subst. Gén. masc. sg. Ruse, tromperie.

γλῶσσαν : Subst. Acc. fém. sg. Langue.

κόπος : Subst. Nom. masc. sg. Coup, peine, fatigue, tracas, lassitude.

πόνος : Subst. Nom. masc. sg. Travail pénible, peine, fatigue, souffrance physique ou morale, douleur.

v.29

ἐγκάθηται : Ind. Prés. Moyen 3e sg. de ἐγκάθημαι. Être assis, posté, établi dans ; et aussi, être en embuscade, tendre des embuscades.

ἐνέδρᾳ : Subst. Dat. fém. sg. Action de se poster d'où : embuscade, embûche, piège, guet-apens, endroit où l'on s'accroupit pour surprendre.

ἀποκρύφοις : Adj. Dat. plur. Soustrait aux regards, caché, secret, mystérieux.

ἀποκτεῖναι : Inf. Ao Act. de ἀποκτείνω. Tuer, faire périr, mettre à mort, exécuter.

ἀθῷον : Adj. Acc. masc. sg., qui est sans faute, qui ne mérite pas d'être puni, innocent.

ἀποβλέπουσιν : Ind. Prés. Act. 3e plur. de ἀποβλέπω. Regarder à distance, tourner les yeux sur ou vers, avoir les yeux fixés sur, considérer, observer,

v.30

ἐνεδρεύει : Ind. Prés. Act. 3e sg. de ἐνεδρεύω. Être en embuscade, dresser une embuscade, mettre en embuscade, tendre un piège.

ἐν ἀποκρύφῳ : en cachette, en un lieu caché, en secret.

λέων : Subst. Nom. masc. sg. Lion.

μάνδρᾳ : Subst. Dat. fém. sg. Espace clos, parc, étable, d'où : caverne, antre.

ἁρπάσαι : Inf. Ao Act. de ἁρπάζω. Ravir, enlever de force, s'emparer, saisir.

ἑλκύσαι : Inf. Ao Act. de ἑλκύω/ ἕλκω. Tirer, traîner, entraîner, avec idée de violence.

v.31

ταπεινώσει : Ind. Fut. Act. 3e sg. de ταπεινόω. Abaisser, rabaisser, humilier.

κύψει : Ind. Fut. Act. 3e sg. de κύπτω. Se baisser en avant, se courber, se pencher en avant.

πεσεῖται : Ind. Fut. Moyen 3e sg. de πίπτω. Tomber.

κατακυριεῦσαι : Inf. Ao Act. de κατακυριεύω

v.32

εἶπεν : Ind. Ao 2 Act. 3e sg. de εἰπον / λεγω. Dire.

Ἐπιλέλησται : Ind. Parf. Moyen 3e sg. de ἐπιλανθάωομαι.

βλέπειν : Inf. Prés. Act. de βλέπω. Voir, regarder.

v.33

ὑψωθήτω : Impér. Ao Pass. 3e sg. de ὑψόω.

ἐπιλάθῃ : Subj. A 2 Moyen 2e sg. de ἐπιλανθάνομαι.

v.34

ἕνεκεν : Prép. Pourquoi, à cause de quoi.

v.35

βλέπεις : Ind. Prés. Act. 2e sg de βλέπω.

κατανοεῖς : Ind. Prés. Act. 2e sg. de κατανοέω. Observer, remarquer, examiner, comprendre.

παραδοῦναι : Inf. Ao 2 Act. de παραδίδωμι. Transmettre, remettre entre les mains, confier, livrer.

ἐγκαταλέλειπται : Ind. Parf. Pass. 3e sg. de ἐγκαταλείπω.

ὀρφανῷ : Adj. Dat. masc. sg. Privé de son père ou de sa mère, orphelin. En général : dénué, dépourvu, privé de.

ἦσθα : Ind. Imparf. Act. 2e sg. de εἰμί.

v.36

σύντριψον : Impér. Ao Act. 2e sg. de συντρίβω. Briser, écraser, broyer, d'où ruiner, abattre, détruire.

βραχίονα : Subst. Acc. masc. sg. Bras.

ζητηθήσεται : Ind. Fut. Pass. 3e sg. de ζητέω.

εὑρεθῇ : Subj. Ao Pass. 3e sg. de εὑρίσκω. Trouver (par hasard ou en cherchant), trouver après réflexion, découvrir, rencontrer, trouver un moyen.

v.37

βασιλεύσει : Ind. Fut. Act. 3e sg. de βασιλεύω. Régner, être roi, gouverner.

ἀπολεῖσθε : Ind. Fut. Moyen 2e plur. de ἀπόλλυμι.

v.38

εἰσήκουσεν : Ind. Ao Act. 3e sg. de εἰσακούω. Tendre l'oreille, prêter l'oreille, entendre, obéir, exaucer.

ἑτοιμασίαν : Subst. Acc. fém. sg. Préparation, apprêt, empressement, zèle.

προσέσχεν : Ind. Ao 2 Act. 3e sg. de προσέχω. Tenir près de, diriger vers, approcher, prêter son attention, appliquer son esprit, être attentif, prendre garde à.

v.39

κρῖναι : Inf. Ao Act. de κρίνω.

προσθῇ : Subj. Ao 2 Act. 3e sg. de προστίθημι. Infliger un déshonneur à quelqu'un, imposer des épreuves à quelqu'un, ajouter un nouveau mal à un autre, adjoindre, augmenter.

μεγαλαυχεῖν : Inf. Prés. Act. de μεγαλαυχέω. Être orgueilleux, se vanter, s'exalter.

PSAUME 10

v.1

πέποιθα : Ind. Parf. Act. 1re sg. de πείθω. Avoir confiance, se fier à, compter sur, être persuadé, convaincu.

πῶς : Adv. interr. Comment, de quelle manière, par quel moyen ?

ἐρεῖτε : Ind. Fut. Act. 2e plur. du système λέγω. Dire, parler.

μεταναστεύου : Impér. Prés. Moyen 2e sg. de μεταναστεύω. Changer de résidence, émigrer.

ὄρη : Subst. Acc. neutre plur. Montagne.

στρουθίον : Subst. neutre sg. Petit moineau.

v.2

ἁμαρτωλοί : Adj. substantivé Nom. masc. plur. Qui fait fausse route, qui est en faute, coupable, pécheur.

ἐνέτειναν : Ind. Ao Act. 3e plur. de ἐντείνω. Tendre, bander, raidir.

τόξον : Subst. Acc. neutre. sg. Arc.

ἡτοίμασαν : Ind. Ao Act. 3e plur. de ἑτοιμάζω. Préparer, disposer.

βέλη : Subst. Nom. neutre plur. Toute arme de trait ou de jet, projectile, javelot, flèche.

φαρέτραν : Subst. Acc. fém. sg. Carquois.

κατατοξεῦσαι : Inf. Ao Act. de κατατοξεύω. Abattre, percer de flèches, tuer à coups de flèches.

σκοτομήνῃ : Subst. Dat. fém. sg. « qui est sans lune ». Nuit sans lune, nuit obscure.

καρδίᾳ : Subst. Dat. fém. sg. Cœur : organe du corps et comme siège des passions et des facultés de l'âme d'où : intelligence.

v.3

κατηρτίσω : Ind. Ao Moyen 2e sg. de καταρτίζω. Mettre en ordre, arranger, d'où : organiser, compléter, faire un tout, former.

καθεῖλον : Ind. Ao 2 Act. 3e plur. de καθαιρέω. Tirer de haut en bas, faire descendre, abaisser, détruire, abattre.

δίκαιος : Adj. substantivé ou Subst. Nom. masc. sg. Conforme aux convenances, au droit, observateur de la règle, juste, honnête.

ἐποίησεν : Ind. Ao Act. 3e sg. de ποιέω. Faire, fabriquer, exécuter, réaliser, achever.

v.4

ναῷ : Subst. Dat. masc. sg. Habitation d'un dieu, temple.

ἁγίῳ : Adj. Dat. masc. sg. Saint, sacré.

θρόνος : Subst. Nom. masc. sg. Siège élevé, trône pour les rois ou les dieux.

πένητα : Subst. Acc. masc. sg. Pauvre, indigent.

ἀποβλέπουσιν : Ind. Prés. Act. 3e plur. de ἀποβλέπω. Regarder à distance d'où tourner les yeux sur, regarder vers, considérer, concentrer son attention.

βλέφαρα : Subst. Nom. neutre plur. Paupières.

ἐξετάζει : Ind. Prés. Act. 3e sg. de ἐξετάζω. Rechercher avec soin, s'enquérir exactement, examiner à fond, scruter.

v.5

ἀγαπῶν : Part. substantivé Prés. Act. Nom. masc. sg. de ἀγαπάω. Accueillir avec amitié, aimer, chérir, avoir du goût pour.

ἀδικίαν : Subst. Acc. Fém. sg. Injustice, tort, faute.

μισεῖ : Ind. Prés. Act. 3e sg. de μισέω. Haïr, détester.

v.6

ἐπιβρέξει : Ind. Fut. Act. 3e sg. de ἐπιβρέχω. Mouiller, arroser, verser de l'eau sur, d'où : faire pleuvoir.

παγίδας : Subst. Acc. fém. plur. Filet, piège.

θεῖον : Subst. Acc. neutre sg. Soufre.

καταιγίδος : Subst. Gén. fém. sg. Ouragan, tempête, vent impétueux.

μερὶς : Subst. Nom. fém. sg. Part, partie, portion.

ποτηρίου : Subst. Gén. neutre sg. Coupe, vase à boire.

v.7

δικαιοσύνας : Subst. Acc. fém. plur. Probité, justice, vertu de justice, sentiments de justice.

ἠγάπησεν : Ind. Ao Act. 3e sg. de ἀγαπάω.

εὐθύτητα : Subst. Acc. fém. sg. Direction en ligne droite. Droiture.

εἶδεν : Ind. Ao 2 Act. 3e sg. de ὁράω. Voir, regarder, observer.

PSAUME 11

v.2

Σῶσον : Impér. Ao Act. 2e sg. de σῴζω. Sauver.

ἐκλέλοιπεν : Ind. Parf. Act. 3e sg. de ἐκλείπω. Laisser, délaisser, quitter, abandonner, manquer, faire défaut, cesser, disparaître.

ὅσιος : Adj. Nom. masc. sg. Pieux, religieux, vertueux, fidèle, saint, juste.

ὠλιγώθησαν : Ind. Ao Pass. 3e plur. de ὀλιγόω. Amoindrir, diminuer, rapetisser. Avoir une défaillance, une faiblesse.

v.3

μάταια : Adj. neutre plur. Vanité, vain, inutile, sans effet, vide.

ἐλάλησεν : Ind. Ao Act. 3e sg. de λαλέω. Parler, parler sans ordre, sans choix, gazouiller.

ἕκαστος : Adj. Nom. masc. sg. Chaque, chacun, chacun l'un après l'autre.

πλησίον : Adverbe avec article Acc. Celui qui est proche, le voisin, autrui, le prochain.

χείλη : Subst. Acc. neutre plur. Lèvres.

δόλια : Adj. Acc. neutre plur. Trompeur, fourbe, rusé.

v.4

ἐξολεθρεύσαι : Optatif Ao Act. 3e sg. de ἐξὀλεθρεύω ou ἐξὀλοθρεύω. Arracher pour faire périr, anéantir, exterminer.

μεγαλορήμονα : Adj. Acc. fém. sg. Jactance, emphase, grandiloquence. (Μέγας, ῥῆμα).

v.5

εἰπόντας : Part. substantivé Ao. 2 Act. masc. plur. du verbe λέγω. Dire. (plus cf. Ps 2.7).

μεγαλυνοῦμεν : Ind. Fut. second Act. 1re plur. de μεγαλύνω. Rendre grand, agrandir, augmenter, exalter, magnifier, hausser, rehausser.

v.6

ταλαιπωρίας : Subst. Gén. fém. sg. Travail pénible, fatigue, peine, épreuve, malheur, affliction.

στεναγμοῦ : Subst. Gén. masc. sg. Soupir, gémissement.

ἀναστήσομαι : Ind. Fut. Moyen 1re sg. de ἀνίστημι. Se lever, se dresser.

θήσομαι : Ind. Fut. Moyen 1re sg. de τίθημι. Mettre, mettre à soi, sur soi, pour soi, prendre pour garantie ; placer, établir, poser, fixer, décider.

παρρησιάσομαι : Ind. Fut. Moyen 1re sg. de παρρησιάζομαι. Parler librement, avec franchise, hardiesse, déclarer avec assurance.

v.7

λόγια : Subst. Nom. neutre plur. Prédiction, oracle, parole révélée, enseignements divins.

ἁγνά : Adj. neutre Nom. plur. Pur.
ἀργύριον : Subst. Nom. neutre sg. Argent, pièces d'argent.
πεπυρωμένον : Part. Parf. Pass. Nom. neutre. sg. de πυρόω. Brûler, enflammer, devenir du feu.
δοκίμιον : (ou δοκιμεῖον). Subst. Nom. neutre sg. Moyen d'éprouver, épreuve, mise à l'épreuve, la valeur éprouvée, vérifiée.
κεκαθαρισμένον : Part. Parf. Pass. Nom. neutre sg. de καθαρίζω. Purifier.
ἑπταπλασίως : Adv. Au septuple. sept fois autant.

v.8
φυλάξεις : Ind. Fut. Act. 2e sg. de φυλάσσω. Veiller, faire la garde, garder, être en sentinelle, préserver, défendre, protéger.
διατηρήσεις : Ind. Fut. Act. 2e sg. de διατηρέω. Conserver avec soin, garder fidèlement.

v.9
κύκλῳ : En cercle, en rond, autour. (cf. Ps 3,7).
περιπατοῦσιν : Ind. Prés. Act. 3e plur. de περιπατέω. Circuler, aller et venir, marcher, se promener.
ὕψος : Subst. Nom. neutre sg. Hauteur, élévation.
ἐπολυώρησας : Ind. Ao Act. 2e sg. de πολυωρέω. Prendre grand soin, multiplier de soins, entourer d'attentions, honorer, estimer, entourer.

PSAUME 12

v. 2
Ἕως πότε : Interrogation. Jusques à quand. Jusqu'à quand.
ἐπιλήσῃ : Ind. Fut. Moyen 2e sg. de ἐπιλανθάνω. Oublier, omettre, négliger.
τέλος : Subst. Acc. neutre sg. Achèvement, fin, terme.
ἀποστρέψεις : Ind. Fut. Act. 2e sg. de ἀποστρέφω. Détourner, tourner d'un autre côté, faire retourner, faire revenir.

v.3
ἕως τίνος : Interrogation. Jusqu'à quoi.
θήσομαι : Ind. Fut. Moyen 1re sg. de τίθημι. Poser, placer, mettre.
βουλάς : Subst. Acc. fém. plur. Conseil, dessein, projet, assemblée. (cf. Ps 1).
ὀδύνας : Subst. Acc. fém. plur. Douleur, souffrance, peine, affliction.
ὑψωθήσεται : Ind. Fut. Pass. 3e sg. de ὑψόω. Élever, hausser ; exalter.

v.4
ἐπίβλεψον : Impér. Ao Act. 2e sg. de ἐπιβλέπω. Poser le regard sur, jeter les yeux sur, regarder.
εἰσάκουσον : Impér. Ao Act. 2e sg. de εἰσακούω. Entendre, prêter l'oreille, exaucer, obéir.
φώτισον : Impér. Ao Act. 2e sg. de φωτίζω. Éclairer, donner de la lumière, briller, mettre en lumière.

ὑπνώσω : Subj. Ao Act. 1re sg. de ὑπνόω. Endormir, s'endormir.
θάνατον : Subst. Acc. masc. sg. Mort physique, biologique.

v. 5
εἴπῃ : Subj. Ao 2 Act. 3e sg. du système verbal λέγω. Dire, parler.
Ἴσχυσα : Ind. Ao Act. 1re sg. de ἰσχύω. Être fort, être puissant. Prévaloir contre ou sur.
ἀγαλλιάσονται : Ind. Fut. Moyen 3e plur. de ἀγαλλιάω / ἀγαλλιάομαι. Se réjouir, être transporté de joie.
σαλευθῶ : Subj. Ao Pass. 1re sg. de σαλεύω. Agiter, secouer, ébranler, chanceler.

v.6
ἐλέει : Subst. Dat. neutre sg. Pitié, compassion, miséricorde.
ἤλπισα : Ind. Ao Act. 1re sg. de ἐλπίζω. Espérer, attendre.
ἀγαλλιάσεται : Ind. Fut. Moyen 3e sg. de ἀγαλλιάομαι.
ᾄσω : Ind. Fut. Act. 1re sg. de ᾄδω. Chanter.
εὐεργετήσαντι : Part. substantivé Ao Act. Dat. sg. de εὐεργετέω. Faire du bien à quelqu'un, rendre service.

PSAUME 13

v. 1
ἄφρων : Subst. (ou Adj.) Nom. masc. sg. Privé de raison, insensé, fou, brute.
διέφθειραν : Ind. Ao Act. 3e plur. de διαφθείρω. Perdre, détruire, altérer, corrompre.
ἐβδελύχθησαν : Ind. Ao Pass. 3e plur. de βδελύσσω. Avoir, être en abomination, être un objet d'horreur, de dégoût.
ἐπιτηδεύμασιν : Subst. Dat. neutre plur. Ce à quoi l'on s'attache : occupations, étude, règles de conduite, habitudes de vie, principes, mœurs.
χρηστότητα : Subst. Acc. fém. sg. Bonté de cœur, honnête, honnêteté, bonne qualité, vertu, bien moral.

v.2
διέκυψεν : Ind. Ao Act. 3e sg. de διακύπτω. Passer la tête, se pencher par une ouverture pour regarder, se courber.
ἰδεῖν : Inf. Ao 2 Act. de ὁράω. Voir, regarder, observer, remarquer.
συνίων : Part. Prés. Act. Nom. masc. sg. de συνίημι. Rapprocher par la pensée, comprendre, saisir, se rendre compte.
ἐκζητῶν : Part. Prés. Act. Nom. masc. sg. de ἐκζητέω. Chercher, rechercher.

v.3
ἐξέκλιναν : Ind. Ao Act. 3e plur. de ἐκκλίνω. Faire fléchir, décliner, éviter, avoir de l'aversion pour, s'écarter, dévier.

ἅμα : Adv. En même temps, ensemble, tout à la fois.
ἠχρεώθησαν : Ind. Ao Pass. 3e plur. de ἀχρειόω. N'être bon à rien, devenir inutile, être rejeté, mis au rebut.
τάφος : Subst. Nom. masc. sg. Sépulture, enterrement, tombe, tombeau.
ἀνεῳγμένος : Part. Parf. Pass. Nom. masc. sg. de ἀνοίγω. Ouvrir, être ouvert.
λάρυγξ : Subst. Nom. masc. sg. Larynx, gorge, gosier.
ἐδολιοῦσαν : Ind. Imparf. Act. 3e plur. de δολιόω. Tromper, duper, user de ruse.
ἰός : Subst. Nom. masc. sg. Venin.
ἀσπίδων : Subst. Gén. fém. plur. Aspic, serpent dont la morsure est mortelle.
ἀρᾶς : Subst. Gén. fém. sg. Malédiction, prière de malédiction, imprécation.
πικρίας : Subst. Gén. fém. sg. Amertume, goût amer.
γέμει : Ind. Prés. Act. 3e sg. de γέμω. Être plein, être chargé, être rempli jusqu'au dégoût.
ὀξεῖς : Adj. Nom. masc. plur. Aigu, tranchant, vif, rapide.
ἐκχέαι : Inf. Ao Act. de ἐκχέω. Verser, répandre.
σύντριμμα : Subst. Nom. neutre sg. Fracture, destruction, ruine.
ταλαιπωρία : Subst. Nom. fém. sg. Peine, fatigue, épreuve, malheur, misère.
γνωσαν : Ind. Ao 2 Act. 3e plur. de γινώσκω. Connaître, apprendre à connaître.
ἀπέναντι : Adv. (ἀπ-ἐναντι). En face de, à l'encontre de, devant.

v.4

γνώσονται : Ind. Fut. Moyen 3e plur. de γινώσκω.
ἐργαζόμενοι : Part. substantivé Prés. Moyen Nom. masc. plur. de ἐργάζομαι. Travailler, œuvrer, s'occuper, fabriquer, pratiquer, exécuter.
κατεσθίοντες : Part. Prés. Act. Nom. masc. plur. de κατεσθίω. Manger entièrement, dévorer.
βρώσει : Subst. Dat. fém. sg. Nourriture solide, action de manger, consommation.
ἐπεκαλέσαντο : Ind. Ao Moyen 3e plur. de ἐπικαλέω. Appeler à soi, invoquer faire appel, surnommer, donner un nom.

v.5

ἐκεῖ : Adv. avec idée de lieu : là, là-bas. Avec idée de temps : alors.
ἐδειλίασαν : Ind. Ao Act. 3e plur. de δειλιάω. Être effrayé, peureux, timide, lâche.

v.6

κατῃσχύνατε : Ind. Ao Act. 2e plur. de καταισχύνω. Déshonorer, couvrir de honte ou d'opprobre, souiller, outrager, confondre. Au moyen : éprouver un sentiment de crainte, rougir.

v.7

ἐπιστρέψαι : Inf. Ao Act. de ἐπιστρέφω. Revenir, faire revenir, retourner.
αἰχμαλωσίαν : Subst. Acc. fém. sg. Captivité.
ἀγαλλιάσθω : Impér. Prés. Pass. 3e sg. de ἀγαλλιάω. Être transporté de joie, être dans l'allégresse.
εὐφρανθήτω : Impér. Ao Pass. 3e sg. de εὐφραίνω. Se réjouir, être charmé.

PSAUME 14

v.1

παροικήσει : Ind. Fut. Act. 3e sg. de παροικέω. Habiter le long de, habiter ou vivre auprès de, être voisin, aller habiter quelque part en qualité d'étranger, séjourner, résider comme étranger, en passant.

σκηνώματι : Subst. Dat. neutre sg. Tente, habitation, demeure.

κατασκηνώσει : Ind. Fut. Act. 3e sg. de κατασκηνόω. Dresser sa tente, camper, habiter, loger, abriter.

v.2

πορευόμενος : Part. Prés. Moyen Nom. masc. sg. de πορεύομαι. Aller en avant, marcher, faire route, se mettre en route.

ἄμωμος : Adj. Nom. masc. sg. Irréprochable, irrépréhensible.

ἐργαζόμενος : Part. Prés. Moyen Nom. masc. sg. de ἐργάζομαι. Travailler, œuvrer, s'occuper, produire par son travail.

λαλῶν : Part. Prés. Act. Nom. masc. sg. de λαλέω. Parler, parler sans ordre, dire, prononcer des sons inarticulés.

v.3

ἐδόλωσεν : Ind. Ao Act. 3e sg. de δολόω. Frauder, tromper, prendre par la ruse, falsifier.

πλησίον : Adverbe substantivé. Celui qui est proche, le prochain, le voisin.

ὀνειδισμόν : Subst. Acc. masc. sg. injure, outrage, reproche, blâme.

ἔλαβεν : Ind. Ao 2 Act. 3e sg. de λαμβάνω. Prendre, prendre avec les mains, saisir, recevoir, accueillir, recueillir.

ἔγγιστα : superlatif de l'adv. ἐγγύς. Près, auprès de.

v.4

ἐξουδένωται : Subj. Prés. Pass. 3e sg. de ἐξουδενόω ou ἐξουδενίζω. Mépriser, considérer comme rien.

πονηρευόμενος : Part. Prés. Moyen Nom. masc. sg. de πονηρεύομαι. Être en mauvais état, être atteint d'un mal. Mal agir, être pervers.

φοβουμένους : Part. Prés. Moyen Acc. masc. plur. de φοβέω. Fuir de peur, avoir peur, craindre, redouter.

δοξαζει : Ind. Prés. Act. 3e sg. de δοξάζω. Croire, estimer, rendre célèbre, glorifier

ὀμνύων : Part. Prés. Act. Nom. masc. sg. de ὀμνύω ou ὄμνυμι. Affirmer par serment, faire un serment à quelqu'un, jurer.

ἀθετῶν : Part. Prés. Act. Nom. masc. sg. de ἀθετέω. Abroger, annuler, regarder comme nul, rejeter, violer un traité ou un serment.

v.5

ἀργύριον : Subst. Nom. / Acc. neutre sg. Pièce d'argent, argent monnayé.

ἔδωκεν : Ind. Ao Act. 3e sg. de δίδωμι. Donner, dans tous les sens possibles.

τόκῳ : Subst. Dat. masc. sg. Ce qui est enfanté, produit : rejeton, fruits, revenu, intérêt d'un capital, usure.

δῶρα : Subst. Acc. neutre plur. Don.

ἀθῴοις : Adj. Dat. plur. Impuni, qui ne porte pas la peine. Qui ne mérite pas d'être puni, qui est sans faute, innocent.

σαλευθήσεται : Ind. Fut. Pass. 3e sg. de σαλεύω. Agiter, secouer, ébranler.

PSAUME 15

v.1

Στηλογραφία : Subst. Nom. fém. sg. Inscription gravée sur un cippe. Action d'inscrire sur ou comme sur une colonne.

Φύλαξον : Impér. Ao Act. 2e sg. de φυλάσσω. Veiller, monter la garde, garder quelqu'un, surveiller, défendre, protéger.

ἤλπισα : Ind. Ao Act. 1re sg. de ἐλπίζω. Espérer.

v.2

εἶπα : Ind. Ao Act. 1re sg. du système λέγω. Dire.

ἀγαθῶν : Adj. substantivé ou Subst. Gén. Neutre plur. Bon, de bonne qualité, bien, bienfait, utilité, avantage.

χρείαν : Subst. Acc. fém. sg. Besoin, nécessité, utilité.

ἔχεις : Ind. Prés. Act. 2e sg. de ἔχω. Avoir, posséder.

v.3

ἐθαυμάστωσεν : Ind. Ao Act. 3e sg. de θαυμαστόω. Rendre étonnant, admirable.

θελήματα : Subst. Acc. neutre plur. Volonté, chose voulue.

v.4

ἐπληθύνθησαν : Ind. Ao Pass. 3e plur. de πληθύνω. Se multiplier, augmenter.

ἀσθένειαι : Subst. Nom. fém. plur. Faiblesse, impuissance, maladie.

ἐτάχυναν : Ind. Ao Act. 3e plur. de ταχύνω. Faire promptement, se hâter, se presser, accélérer.

συναγάγω : Subj. Ao 2 Actif 1re sg. de συνάγω. Amener ensemble, conduire ensemble, d'où réunir, rassembler, regrouper.

μνησθῶ : Subj. Ao Pass. 1re sg. de μιμνῄσκομαι. Se souvenir de, se rappeler.

χειλέων : Subst. Gén. neutre plur. Lèvres.

v.5

μερίς : Subst. Nom. fém. sg. Part, portion, partie.

κληρονομίας : Subst. Gén. fém. sg. Participation à un héritage, possession, héritage, droit d'hérédité.

ποτηρίου : Subst. Gén. neutre sg. Vase à boire, coupe.

ἀποκαθιστῶν : Part. substantivé Prés. Act. Nom. masc. sg. de ἀποκαθιστάω ou ἀποκαθίστημι. Rétablir, remettre dans son premier état, restaurer, restituer, rendre, guérir.

v.6

σχοινία : Subst. Nom. neutre plur. Corde, corde de jonc, cordage, cordeau.

ἐπέπεσαν : Ind. Ao Act. 3e plur. de ἐπιπίπτω. Tomber sur, se jeter sur, se pencher sur, survenir, se présenter.

κρατίστοις : Adj. Superlatif Dat. masc. plur. (de κράτος) Le plus fort, le plus puissant, le meilleur, le plus important. (cf. κρείσσων).

v.7

εὐλογήσω : Ind. Fut. Act. 1re sg. de εὐλογέω. Louer, célébrer, bénir.

συνετίσαντα : Part. substantivé Ao Actif Acc. masc. sg. de συνετὶζω. Instruire, faire comprendre.

ἐπαίδευσαν : Ind. Ao Act. 3e plur. de παιδεύω. Élever, éduquer, former, apprendre, enseigner, instruire.

νεφροί : Subst. Nom. masc. plur. Rein.

v.8

προωρώμην : Ind. Imparf. Moyen 1re sg. de προοράω. Voir auparavant, voir en avant, voir devant soi, voir d'avance, prévoir, deviner.

δεξιῶν : Adj. Gén. plur. Qui est à droite : ἐκ δεξιῶν.

σαλευθῶ : Subj. Ao Pass. 1re sg. de σαλεύω. Agiter, secouer, ébranler.

v.9

ηὐφράνθη : Ind. Ao Pass. 3e sg. de εὐφραίνω. Se réjouir, être réjoui.

ἠγαλλιάσατο : Ind. Ao Moyen 3e sg. de ἀγαλλιάομαι. Se réjouir, exulter, être rempli d'allégresse, être transporté de joie.

γλῶσσα : Subst. Nom. fém. sg. Langue.

σάρξ : Subst. Nom. fém. sg. Chair, Chair par opposition à esprit.

κατασκηνώσει : Ind. Fut. Act. 3e sg. de κατασκηνόω. Dresser, planter sa tente, camper, loger, habiter, demeurer.

v.10

ἐγκαταλείψεις : Ind. Fut. Act. 2e sg. de ἐγκαταλείπω. Laisser dans, laisser derrière soi, laisser, abandonner, délaisser, déserter.

ᾅδην : Subst. Acc. masc. sg. Hadès, séjour des morts, les Enfers.

δώσεις : Ind. Fut. Act. 2e sg. de δίδωμι. Donner (dans tous les sens possibles du terme), confier, remettre, rendre, produire.

ἰδεὶν : Inf. Ao 2 Act. de ὁράω. Fixer les yeux sur, voir, regarder, observer, remarquer.

διαφθοράν : Subst. Acc. fém. sg. Destruction, perte, ruine, corruption.

v.11

ἐγνώρισας : Ind. Ao Act. 2e sg. de γνωρίζω. Faire connaître, faire savoir à quelqu'un, montrer, expliquer, indiquer.

πληρώσεις : Ind. Fut. Act. 2e sg. de πληρόω. Emplir, remplir, rassasier, satisfaire, accomplir, achever.

εὐφροσύνης : Subst. Gén. fém. sg. Joie, gaieté.

τερπνότητες : Subst. Nom. fém. plur. Charme, agrément, délice.

δεξιᾷ : Adj. Substantivé Dat. fém. sg. Droite.

τέλος : Subst. Acc. neutre sg. Fin, achèvement, but.

PSAUME 16

v.1

Εἰσάκουσον : Impér. Ao Act. 2e sg. de εἰσακούω. Entendre, écouter, prêter l'oreille, obéir, exaucer.

πρόσχες : Impér. Ao 2 Act. 2e sg. de προσέχω. Être attentif à, appliquer son esprit, écouter attentivement, s'occuper.

δεήσει : Subst. Dat. fém. sg. Demande, demande instante, prière, supplication.

ἐνώτισαι : Impér. Ao Moyen 2e sg. de ἐνωτίζομαι. Se mettre dans l'oreille, ouvrir l'oreille, prêter l'oreille, écouter.

χείλεσιν : Subst. Dat. neutre. plur. Lèvres.

δολίοις : Adj. Dat. neutre plur. Fourbe, rusé, trompeur.

v.2

ἐξέλθοι : Optatif Ao 2 Act. 3e sg. de ἐξέρχομαι. Aller hors de, sortir, partir, venir.

ἰδέτωσαν : Impér. Ao 2 Act. 3e plur. de ὁράω. Voir, regarder, fixer les yeux, porter ses regards, observer.

εὐθύτητας : Subst. Acc. fém. plur. Droiture, équité.

v.3

ἐδοκίμασας : Ind. Ao Act. 2e sg. de δοκιμάζω. Mettre à l'épreuve, éprouver, apprécier.

ἐπεσκέψω : Ind. Ao Moyen 2e sg. de ἐπισκέπτομαι. Inspecter, aller examiner ou visiter, d'où porter secours ; examiner, observer, passer en revue, dénombrer, recenser.

ἐπύρωσας : Ind. Ao Act. 2e sg. de πυρόω. Mettre en feu, brûler, embraser, enflammer, consumer par le feu, les passions.

εὑρέθη : Ind. Ao Pass. 3e sg. de εὑρίσκω. Trouver, rencontrer, trouver par hasard, trouver en cherchant, découvrir.

ἀδικία : Subst. Nom. fém. sg. Injustice, tort, faute.

v.4

ὅπως : Conjonction de subord. Afin que, de façon que, pour que.

λαλήσῃ : Subj. Ao Act. 3e sg. de λαλέω. Émettre des sons, crier, faire du bruit, babiller, bavarder, parler.

ἔργα : Subst. Acc. neutre plur. Œuvre, travail, action.

ἐφύλαξα : Ind. Ao Act. 1re sg. de ουλάσσω. Monter des gardes de nuit, être de faction, garder quelqu'un, surveiller, observer, défendre, se garder de.

σκληράς : Adj. Acc. fém. plur. Dur, rigide, sec, rigoureux, pénible, difficile.

v.5

κατάρτισαι : Impér. Ao Moyen 2e sg. de καταρτίζω : mettre en ordre, arranger, compléter, faire un tout, préparer, réparer, redresser ; d'où organiser, créer.

διαβήματα : Subst. Acc. neutre plur. Pas, passage, trajet,

τρίβοις : Subst. Dat. fém. plur. Chemin fréquenté, usé par des allées et venues, route battue, grande route, sentier.

σαλευθῶσιν : Subj. Ao Pass. 3e plur. de σαλεύω. Agiter, secouer, ébranler, chanceler.

v.6

ἐκέκραξα : Ind. Ao Act. 1re sg. de κράζω. Pousser des cris, crier.

ἐπήκουσας : Ind. Ao Act. 2e sg. de ἐπακούω. Prêter l'oreille à quelqu'un, obéir, écouter, entendre.

κλῖνον : Impér. Ao Act. 2e sg. de κλίνω. Faire pencher, incliner.

ῥημάτων : Subst. Gén. Neutre plur. Tout ce qu'on dit : Mot, parole.

v.7

θαυμάστωσον : Impér. Ao Act 2e sg. de θαυμαστόω. Rendre étonnant, admirable, magnifier, exalter.

ἐλέη : Subst. Acc. neutre (masc. grec classique) plur. Miséricorde, pitié, compassion.

ἐλπίζοντας : Part. substantivé Prés. Act. Acc. masc. plur. de ἐλπίζω. Espérer.

ἀνθεστηκότων : Part. substantivé Parf. Act. Gén. masc. plur. de ἀνθίστημι. Placer vis-à-vis, mettre en face, contredire, s'opposer, résister.

v.8

φύλαξον : Impér. Ao Act. 2e sg. de φυλάσσω.

κόραν : Subst. Acc. fém. sg. Emploi particulier du mot pour désigner la pupille de l'œil dans laquelle se reflète une petite image. Le sens premier du substantif κόρη est : jeune fille ou poupée.

σκέπῃ : Subst. Dat. fém. sg. Ce qui recouvre, couverture, enveloppe, toit, abri. Au fig. protection, être à l'abri.

πτερύγων : Subst. Gén. fém. plur. (Nom. πτέρυξ). Aile (d'oiseau).

σκεπάσεις : Ind. Fut. Act. 2e sg. de σκεπάζω. Abriter, protéger, couvrir.

v.9

ταλαιπωρησάντων : Part. substantivé Ao Act. Gén. masc. plur. de ταλαιπωρέω. Être malheureux, sentir sa misère, être éprouvé, peiner, souffrir.

περιέσχον : Ind. Ao 2 Act. 3e plur. de περιέχω. Environner, entourer, étreindre, ceindre, saisir, s'emparer.

v.10

στέαρ : Subst. Nom. neutre sg. Graisse compacte, lard, suif.

συνέκλεισαν : Ind. Ao Act. 3e plur. de συγκλείω. Enfermer ensemble, lier étroitement ensemble, prendre dans un filet.

ὑπερηφανίαν : Subst. Acc. fém. sg. Orgueil, fierté, dédain, mépris, arrogance.

v.11

ἐκβάλλοντες : Part. Prés. Act. Nom. masc. plur. de ἐκβάλλω. Jeter hors, chasser, bannir, exclure.

περιεκύκλωσαν : Ind. Ao Act. 3e plur. de περικυκλόω. Entourer, encercler, aller autour, investir, envelopper.

ἔθεντο : Ind. Ao 2 Moyen 3e plur. de τίθημι. Poser, placer, mettre, fixer.

ἐκκλῖναι : Inf. Ao Act. de ἐκκλίνω. Faire fléchir, faire dévier, décliner, éviter, se détourner, s'écarter, incliner, pencher.

v.12

ὑπέλαβον : Ind. Ao 2 Act. 3e plur de ὑπολαμβάνω. Prendre par-dessous, soustraire, dérober, prendre au passage, prendre sur son dos, surprendre, saisir.

ἕτοιμος : Adj. Nom. masc. sg. Qui est sous la main, à portée, prêt, préparé.

θήραν : Subst. Acc. fém. sg. Chasse, filet de chasse ; gibier, proie.

σκύμνος : Subst. Nom. masc. sg. Lionceau ; mais aussi petit d'un animal quelconque (de l'ours, du loup, de l'éléphant).

οἰκῶν : Part. Prés. Act. Nom. masc. sg de οἰκέω. Vivre dans sa maison, habiter, demeurer, résider.

v.13

ἀνάστηθι : Impér. Ao 2 Act. 2e sg. de ἀνίστημι. Faire lever, relever, rétablir, réveiller, ressusciter, dresser, ériger.

πρόφθασον : Impér. Ao Act. 2e sg. de προφθάνω. Devancer, faire quelque chose avant quelqu'un, prévenir.

ὑποσκέλισον : Impér. Ao Act. 2e sg. de ὑποσκελίζω. Renverser par un croc-en-jambe, faire tomber.

ῥῦσαι : Impér. Ao Moyen 2e sg. de ῥύομαι. Tirer à soi, arracher au danger, au malheur, sauver quelqu'un d'un malheur, d'où : délivrer, garder, défendre.

ῥοθφαίαν : Subst. Acc. fém. sg. Épée, glaive, large sabre.

v.14

διαμέρισον : Impér. Ao Act. 2e sg. de διαμερίζω. Partager, répartir, diviser, séparer.

κεκρυμμενῶν : Part. substantivé Parf. Pass. Gén. masc. plur. de κρύπτω. Couvrir, cacher, couvrir pour protéger. Caché, secret.

ἐπλήσθη : Ind. Ao Pass. 3e sg. de πίμπλημι. Être rempli, rassasié.

ἐχορτάσθησαν : Ind. Ao Pass. 3e plur. de χορτάζω. Engraisser, bourrer, rassasier, nourrir.

ἀφῆκαν : Ind. Ao Act. 3e plur. de ἀφίημι. Laisser aller, lâcher, renvoyer, remettre, pardonner, laisser, laisser quelque chose à quelqu'un.

κατάλοιπα : Adj. substantivé Acc. neutre plur. Ce qui reste, le reste.

v.15

δικαιοσύνῃ : Subst. Dat. fém. sg. Justice, sentiments de justice, pratique de la jusrice.

ὀφθήσομαι : Ind. Fut. Pass. 1re sg. de ὁράω. Au passif : devenir visible, apparaître.

χορτασθήσομαι : Ind. Fut. Pass ; 1re sg. de χορτάζω.

ὀφθῆναι : Inf. Ao Pass. de ὁράω.

PSAUME 17

v. 1

παιδί : Subst. Dat. masc. sg. Enfant, jeune garçon, serviteur, jeune esclave.

ἐλάλησεν : Ind. Ao Act. 3e sg. de λαλέω. Prononcer des sons inarticulés, babiller, bavarder, parler.

ἐρρύσατο : Ind. Ao Moyen 3e sg. de ῥύομαι. Arracher d'un danger, tirer à soi, délivrer, libérer.

v.2

Ἀγαπήσω : Ind. Fut. Act. 1re sg. de ἀγαπάω. Traiter avec amitié, avec affection, aimer, chérir.

ἰσχύς : Subst. Nom. fém. sg. Force, puissance.

v.3

στερέωμα : Subst. Nom. neutre sg. Toute construction solide, corps solide, fondement, base, ferme, ferme appui.

καταφυγή : Subst. Nom. fém. sg. Refuge, lieu de refuge, asile, recours.

ῥύστης : Subst. Nom. masc. sg. Celui qui délivre, libérateur.

βοηθός : Subst. Nom. masc. sg. Courir au cri d'appel d'où secourir, celui qui vient au secours, qui apporte aide.

ἐλπιῶ : Ind. Fut. Act. 1re sg. de ἐλπίζω. Attendre, s'attendre à, espérer.

ὑπερασπιστής : Subst. Nom. masc. sg. Protecteur, défenseur.

ἀντιλήμπτωρ : Subst. Nom. masc. sg. Protecteur, qui prend en défense.

v.4

αἰνῶν : Part. Prés. Act. Nom. masc. sg. de αἰνέω. Louer, chanter la louange, approuver.

ἐπικαλέσομαι : Ind. Fut. Moyen 1re sg. de ἐπικαλέω. Appeler à soi, nommer, invoquer.
σωθήσομαι : Ind. Fut. Pass. 1re sg. de σῴζω. Sauver.

v.5
περιέσχον : Ind. Ao 2 Act. 3e plur. de περιέχω. Environner, entourer, ceindre, bloquer, cerner, s'emparer, enfermer.
ὠδῖνες : Subst. Nom. fém. plur. Douleurs, douleurs violentes de l'enfantement.
χείμαρροι : Subst. Nom. masc. plur. Torrents.
ἐξετάραξαν : Ind. Ao Act. 3e plur. de ἐκταράσσω. Troubler profondément, agiter, émouvoir fortement.

v.6
ᾅδου : Subst. Gén. masc. sg. Hadès, séjour des morts, enfer.
περιεκύκλωσαν : Ind. Ao Act. 3e plur. de περικυκλόω. Entourer, encercler, faire cercle autour, envelopper.
προέφθασαν : Ind. Ao Act. 3e plur. de προφθάνω. Devancer, faire quelque chose avant, prévenir.
παγίδες : Subst. Nom. fém. plur. Rets, filet (de chasse).

v.7
θλίβεσθαι : Inf. Prés. Moyen de θλίβω. Presser, écraser, serrer, resserrer, comprimer, oppresser, opprimer accabler.
ἐπεκαλεσάμην : Ind. Ao Moyen 1re sg. de ἐπικαλέω.
ἐκέκραξα : Ind. Ao Act. 1re sg. de κράζω. Crier, pousser des cris.
κραυγή : Subst. Nom. fém. sg. Cri.
εἰσελεύσεται : Ind. Fut. Moyen 3e sg. de εἰσέρχομαι. Entrer dans, pénétrer, aller trouver quelqu'un.

v.8
ἐσαλεύθη : Ind. Ao Pass. 3e sg. de σαλεύω. Ébranler, agiter, secouer.
ἔντρομος : Adj. Nom. fém. sg. Tout tremblant.
ἐγενήθη : Ind. Ao Pass. 3e sg. de γίνομαι. Naître, venir à l'existence, arriver, devenir.
θεμέλια : Subst. Nom. neutre plur. Fondement, fondation.
ὀρέων : Subst. Gén. neutre plur. Montagne, colline, hauteur.
ἐταράχθησαν : Ind. Ao Pass. 3e plur. de ταράσσω. Remuer, agiter, troubler.
ἐσαλεύθησαν : Ind. Ao Pass. 3e plur. de σαλεύω.
ὠργίσθη : Ind. Ao Pass. 3e sg. de ὀργίζω. Mettre en colère, se mettre en colère, être irrité contre, être fâché.

v.9
ἀνέβη : Ind. Ao 2 Act. 3e sg. de ἀναβαίνω. Monter, monter vers le ciel, élever.
καπνός : Subst. Nom. masc. sg. Vapeur, fumée.
κατεφλόγισεν : Ind. Ao Act. 3e sg. de καταφλογίζω. Brûler, consumer, enflammer.

ἄνθρακες : Subst. Nom. masc. plur. Charbon.
ἀνήφθησαν : Ind. Ao Pass. 3e plur. de ἀνάπτω. Allumer, être allumé en haut.

v.10
ἔκλινεν : Ind. Ao Act. 3e sg. de κλίνω. Faire pencher, incliner.
κατέβη : Ind. Ao 2 Act. 3e sg. de καταβαίνω. Descendre.
γνόφος : Subst. Nom. masc. sg. (cf. δνόφος) Obscurité, ténèbres, sombre nuée.

v.11
ἐπέβη : Ind. Ao 2 Act. 3e sg. de ἐπιβαίνω. Monter sur, monter vers.
ἐπετάσθη : Ind. Ao Pass. 3e sg. de πετάννυμι. Étendre, déployer, ouvrir.
πτερύγων : Subst. Gén. fém. plur. Ailes (d'oiseau).
ἀνέμων : Subst. Gén. masc. plur. Vent, courant de vent.

v.12
ἔθετο : Ind. Ao 2 Moyen 3e sg. de τίθημι. Mettre, placer, poser, déposer.
ἀποκρυφήν : Subst. Acc. fém. sg. Cachette, retraite, action de cacher.
σκηνή : Subst. Nom. fém. sg. Tente, hutte, cabane, tabernacle.
σκοτεινόν : Adj. neutre sg. Ténébreux, sombre, obscur.
νεφέλαις : Subst. Dat. fém. plur. Nuage, nuée.
ἀέρων : Subst. Gén. masc. plur. (2 genres fém. et masc.) Air, l'air que nous respirons, atmosphère, vapeur.

v.13
τηλαυγήσεως : Subst. Gén. fém. sg. Éclat qui se répand de loin en loin, splendeur.
διῆλθον : Ind. Ao 2 Act. 3e plur. de διέρχομαι. Passer par, traverser, passer au milieu, parcourir jusqu'au bout.
χάλαζα : Subst. Nom. fém. sg. Grêle.

v.14
ἐβρόντησεν : Ind. Ao Act. 3e sg. de βροντάω. Tonner, faire gronder le tonnerre.
ἔδωκεν : Ind. Ao Act. 3e sg. de δίδωμι. Donner dans tous les sens possibles.

v.15
ἐξαπέστειλεν : Ind. Ao Act. 3e sg. de ἐξαποστέλλω. Envoyer, faire partir, renvoyer.
βέλη : Subst. Acc. neutre plur. Toute espèce de projectile : trait, flèche, dard, pierre.
ἐσκόρπισεν : Ind. Ao Act. 3e sg. de σκορπίζω. Disperser, disséminer, dissiper, distribuer, répandre.
ἀστραπάς : Subst. Acc. fém. plur. Éclair.
ἐπλήθυνεν : Ind. Ao Act. 3e sg. de πληθύνω. Multiplier, accroître, augmenter.
συνετάραξεν : Ind. Ao Act. 3e sg. de συνταράσσω. Mettre en désordre, troubler extrêmement, bouleverser.

v.16

ὤφθησαν : Ind. Ao Pass. 3e plur. de ὁράω. Voir, regarder, observer, devenir visible, apparaître.

πηγαι : Subst. Nom. fém. plur. Source.

ἀνεκαλύφθη : Ind. Ao Pass. 3e sg. de ἀνακαλύπτω. Dévoiler, lever le voile.

οἰκουμένης : Terre habitée.

ἐπιτιμήσεως : Subst. Gén. fém. sg. Renchérissement, châtiment, reproche, menace, blâme, censure, punition.

ἐμπνεύσεως : Subst. Gén. fém. sg. Souffle, inspiration.

πνεύματος : Subst. Gén. neutre sg. Souffle, souffle du vent.

v.17

ἔλαβεν : Ind. Ao 2 Act. 3e sg. de λαμβάνω. Prendre, saisir,

προσελάβετο : Ind. Ao 2 Moyen 3e sg. de προσλαμβάνω. Prendre en outre, prendre en attirant à soi, prendre avec soi, accueillir.

v.18

ῥύσεται: Ind. Fut. Moyen 3e sg. de ῥύομαι.

μισούντων : Part. substantivé Prés. Act. Gén. masc. plur. de μισέω. Haïr, détester quelqu'un ou quelque chose.

ἐστερεώθησαν : Ind. Ao Pass. 3e plur. de στερεόω. Rendre ferme, vigoureux, consolider.

v.19

κακώσεως : Subst. Gén. fém. sg. Vie misérable, corruption, souffrance, malheur.

ἀντιστήριγμα : Subst. Acc. neutre sg. Étai, appui, support, soutien.

v.20

ἐξήγαγεν : Ind. Ao 2 Act. 3e sg. de ἐξάγω. Faire sortir, emmener dehors.

πλατυσμόν : Subst. Acc. masc. sg. Élargissement, extension, dilatation, gonflement.

ἠθέλησεν : Ind. Ao 3e sg. de θέλω / ἐθέλω. Vouloir, vouloir bien, être disposé à, se plaire à, consentir.

v.21

ἀνταποδώσει : Ind. Fut. Act. 3e sg. de ἀνταποδίδωμι. Action de rendre en retour, en échange, faire correspondre, faire passer de soi à un autre, transmettre ; d'où le sens défavorable : rendre outrage pour outrage, rendre la pareille, répliquer.

καθαριότητα : Subst. Acc. fém. sg. Pureté, propreté, netteté.

v.22

ἐφύλαξα : Ind. Ao Act. 1re sg. de φυλάσσω. Veiller, monter la garde, garder, surveiller.

ἠσέβησα : Ind. Ao Act. 1re sg. de ἀσεβέω. Être impie, commettre une impiété, un sacrilège, avoir du tort envers Dieu et envers les hommes.

v.23

κρίματα : Subst. Nom. neutre plur. Contestation, jugement décision judiciaire, condamnation.

δικαιώματα : Subst. Acc. Neutre plur. Action de justice, décision de justice, ordre, prescription.

ἀπέστησα : Ind. Ao Act. 1re sg. de ἀφίστημι. Éloigner, écarter.

v.24

ἔσομαι : Ind. Fut. Act. 1re sg. de εἰμί. Être, exister.

ἄμωμος : Adj. Nom. masc. sg. Irréprochable.

φυλάξομαι : Ind. Fut. Moyen 1re sg. de φυλάσσω.

ἀνομίας : Subst. Gén. fém. sg. Sans loi, d'où violation de la loi, iniquité, injustice, impiété, désordre, anarchie.

v.26

ὁσίου : Adj. Gén. sg. Celui qui accomplit un devoir religieux, pieux, religieux.

ὁσιωθήσῃ : Ind. Fut. Pass. 2e sg. de ὁσιόω. Sanctifier, consacrer, purifier par un sacrifice.

ἀθῷος : Adj. Nom. masc. sg. Qui ne mérite pas d'être puni, innocent, non concerné.

ἔσῃ : Ind. Fut. Moyen 2e sg. de εἰμί.

v.27

ἐκλεκτός : Adj. Nom. masc. sg. Choisi de Dieu, élu.

στρεβλοῦ : Adj. Gén. masc. sg. Tordu, tortu, pervers, fourbe, astucieux.

διαστρέψεις : Ind. Fut. Act. 2e sg. de διαστρέφω. Tourner de travers, tordre, détourner, contourner.

v.28

σώσεις : Ind. Fut. Act. 2e sg. de σῴζω. Sauver.

ὑπερηφάνων : Adj. Gén. masc. plur. Fier, orgueilleux, arrogant, hautain, méprisant.

ταπεινώσεις : Ind. Fut. Act. 2e sg. de ταπεινόω. Abaisser, humilier, amoindrir.

v.29

φωτιεῖς : Ind. Fut. Attique Act. 2e sg. de φωτίζω. Éclairer, donner de la lumière, illuminer.

λύχνον : Subst. Acc. masc. sg. Lampe, flambeau.

v.30

ῥυσθήσομαι : Ind. Fut. Pass. 1re sg. de ῥύομαι.

πειρατηρίου : Subst. Gén. neutre sg. Essai, expérience, épreuve, tentative.

ὑπερβήσομαι : Ind. Fut. Moyen 1re sg. de ὑπερβαίνω. Passer outre, passer par-dessus, franchir la muraille, le seuil.

τεῖχος : Subst. Acc. neutre sg. Mur, muraille, rempart.

v.31

πεπυρωμένα : Part. Parf. Passif Nom. neutre plur. de πυρόω. Mettre en feu, brûler, enflammer.

ὑπερασπιστής : Subst. Nom. masc. sg. Protecteur, défenseur.
ἐλπιζόντων : Part. Prés. Act. Gén. masc. plur. de ἐλπίζω. Espérer

v.32
πλήν : Conjonction. Mais, seulement, toutefois, si ce n'est. Prép. + Gén. : excepté, en dehors de.

v.33
περιζωννύων : Part. substantivé Prés. Act. Nom. masc. sg. de περιζώννυμι. Ceindre.
δύναμιν : Subst. Acc. fém. sg. Puissance, pouvoir.

v.34
καταρτιζόμενος : Part. substantivé Prés. Moyen Nom. masc. sg. de καταρτίζω. Mettre en ordre, arranger, compléter, préparer, former d'où : organiser, créer.
ἐλάφου : Subst. Gén. masc. / fém. sg. Biche, cerf.
ἱστῶν : Part. Prés. Act. Nom. masc. sg. de ἵστημι. Mettre debout, placer, établir, dresser.

v.35
διδάσκων : Part. Prés. Act. Nom. masc. sg. de διδάσκω. Instruire, enseigner.
πόλεμον : Subst. Acc. masc. sg. Choc, tumulte de combat, combat, guerre, bataille.
ἔθου : Ind. Ao 2 Moyen 2e sg. de τίθημι.
χαλκοῦν : Adj. neutre. sg. (indique la matière) Airain, bronze.
βραχίονας : Subst. Acc. masc. plur. Bras.

v.36
ἔδωκάς : Ind. Ao Act. 2e sg. de δίδωμι.
ὑπερασπισμόν : Subst. Acc. masc. sg. Protection.
σωτηρίας : Subst. Gén. fém. sg. Salut, libération, sauvetage.
ἀντελάβετο : Ind. Ao 2 Moyen 3e sg. de ἀντιλαμβάνομαι. Prendre ou recevoir en échange, se saisir, s'emparer.
ἀνώρθωσεν : Ind. Ao Act. 3e sg. de ἀνορθόω. Mettre droit, dresser, redresser, corriger, relever.
διδάξει : Ind. Fut. Act. 3e sg. de διδάσκω.

v.37
ἐπλάτυνας : Ind. Ao Act. 2e sg. de πλατύνω. Ouvrir largement, élargir, amplifier.
διαβήματα : Subst. Acc. neutre plur. Pas, passage, trajet.
ὑποκάτω : Adv. En dessous, au-dessous de, sous.
ἠσθένησαν : Ind. Ao Act. 3e plur. de ἀσθενέω. Être faible, être malade.
ἴχνη : Subst. Nom. neutre plur. Marque du pied, trace de pas, empreinte des pas de l'homme ou des animaux, pied.

v.38
καταδιώξω : Ind. Fut. Act. 1re sg. de καταδιώκω. Poursuivre.

καταλήμψομαι : Ind. Fut. Moyen 1re sg. de καταλαμβάνω. Saisir au moment opportun, saisir tout à coup.

ἀποστραφήσομαι : Ind. Fut. Pass. 1re sg. de ἀποστρέφω. Détourner, retourner d'un autre côté, ramener, revenir.

ἐκλίπωσιν : Subj. Ao 2 Act. 3e plur. de ἐκλείπω. Laisser, quitter, d'où cesser, terminer, mourir.

v.39

ἐκθλίψω : Ind. Fut. Act. 1re sg. de ἐκθλίβω. Extraire en pressant, pressurer, écraser.

δύνωνται : Subj. Prés. Moyen 3e plur. de δύναμαι. Pouvoir, être capable de.

στῆναι : Inf. Ao 2 Act. de ἵστημι.

πεσοῦνται : Ind. Fut. Moyen 3e plur. de πίπτω. Tomber.

v.40

περιέζωσας : Ind. Ao Act. 2e sg. de περιζώννυμι.

συνεπόδισας : Ind. Ao Act. 2e sg. de συμποδίζω. lier les pieds ensemble, entraver, empêtrer, embarrasser, lier, enchaîner, prendre à un piège.

ἐπανισταμένους : Part. substantivé Prés. Moyen Acc. masc. plur. de ἐπανισταμαι / ἐπανίστημι. Se lever, se soulever, se porter contre, s'élever au-dessus de.

v.41

νῶτον : Subst. Acc. masc. sg. Dos.

μισοῦντας : Part. substantivé Prés. Act. Acc. masc. plur. de μισέω.

ἐξωλέθρευσας : Ind. Ao Act. 2e sg. de ἐξολεθρεύω. Anéantir, exterminer.

v.42

ἐκέκραξαν : Ind. Ao Act. 3e plur. de κράζω.

v.43

λεπτυνῶ : Ind. Fut. Act. 1re sg. de λεπτύνω. Amincir, atténuer, diminuer, broyer, triturer.

πηλόν : Subst. Acc. masc. sg. Argile, terre, limon, boue.

πλατειῶν : Adj. Gén. plur. Large, étendu, qui occupe un grand espace : pâturages, plaine ; chemins, rues.

λεανῶ : Ind. Fut. Act. 1re sg. de λεαίνω. Polir, lisser, aplanir, rendre uni. Broyer, pulvériser pour niveler.

v.44

ῥύσῃ : Ind. Fut. Moyen 2e sg. de ῥύομαι.

ἀντιλογιῶν : Subst. Gén. fém. plur. Contestation, opposition.

καταστήσεις : Ind. Fut. Act. 2e sg. de καθίστημι.

ἔγνων : Ind. Ao 2 1re sg. de γινώσκω. Connaître.

ἐδούλευσεν : Ind. Ao Act. 3e sg. de δουλεύω. Être esclave, servir, se plier aux circonstances.

v.45

ἀκοήν : Subst. Acc. fém. sg. Ouïe, oreille, audition, écoute de la parole, rumeur.

ὠτίου : Subst. Gén. Neutre sg. Oreille.

ὑπήκουσεν : Ind. Ao Act. 3e sg. de ὑπακούω. Écouter en baissant la tête, baisser la tête pour écouter, obéir, répondre.

ἀλλότριοι : Adj./Subst. Nom. masc. plur. Qui concerne autrui, qui appartient à autrui, étranger, qui ne concerne pas.

ἐψεύσαντο : Ind. Ao Moyen 3e plur. de ψεύδομαι. Mentir, tromper, abuser quelqu'un.

v.46

ἐπαλαιώθησαν : Ind. Ao Pass. 3e plur. de παλαιόω. Rendre vieux, périmé, mettre hors d'usage.

ἐχώλαναν : Ind. Ao Act. 3e plur. de χωλαίνω. Boiter, rendre boiteux.

τρίβων : Subst. Gén. fém. (ou masc.) plur. Sens premier : Frottement, usage habituel ; par extension : Route battue, grande route, chemin, sentier.

v.47

ζῇ : Ind. Prés. Act. 3e sg. de ζάω. Vivre, être en vie.

ὑψωθήτω : Impér. Ao Pass. 3e sg. de ὑψόω. Élever, hausser, exalter, vanter, glorifier.

v.48

διδούς : Part. substantivé Prés. Act. Nom. masc. sg. de δίδωμι.

ἐκδικήσεις : Subst. Acc. fém. plur. Poursuite, vengeance, punition, châtiment.

ὑποτάξας : Part. Ao Act. Nom. masc. sg. de ὑποτάσσω. Ranger sous, subordonner, soumettre.

v.49

ὀργίλων : Adj. Gén. plur. Coléreux, prompt à s'emporter, irascible.

ἐπανιστανομένων : Part. substantivé Prés. Moyen Gén. masc. plur. de ἐπανίστημι.

v.50

ἐξομολογήσομαι : Ind. Fut. Moyen 1re sg. de ἐξομολογέομαι. Avouer, confesser, rendre grâce, remercier, exprimer sa reconnaissance.

ψαλῶ : Ind. Fut. Act. 1re sg. de ψάλλω. Jouer d'un instrument, psalmodier.

v.51

μεγαλύνων : Part. Prés. Act. Nom. masc. sg. de μεγαλύνω. Rendre grand, agrandir, magnifier, exalter.

χριστῷ : Oint, qui a reçu l'onction, messie.

σπέρματι : Subst. Dat. neutre sg. Semence, germe, descendance, postérité.

PSAUME 18

v.2

διηγοῦνται : Ind. Prés. Moyen 3e plur. de διηγέομαι. Raconter, décrire, exposer en détail.

ποίησιν : Subst. Acc. fém. sg. Action de faire, confection, fabrication, création, composition d'une œuvre.

ἀναγγέλλει : Ind. Prés. Act. 3e sg. de ἀναγγέλλω. Annoncer, faire savoir, communiquer, rapporter.

στερέωμα : Subst. Nom. neutre sg. Corps solide, toute construction solide, appui, fondement, base. LXX : firmament, voûte céleste.

v.3

ἐρεύγεται : Ind. Prés. Moyen 3e sg. de ἐρεύγομαι. Faire un bruit ronflant, mugir, rugir, crier du plus profond de la poitrine, donner de la voix, parler d'une voix forte, proclamer, publier. S'élancer en mugissant.

νύξ : Subst. Nom. fém. sg. Nuit.

νυκτί : Subst. Dat. fém. sg.

γνῶσιν : Subst. Acc. fém. sg. Connaissance, notion, science en général.

v.4

εἰσίν : Ind. Prés. Prés. Act. 3e plur. de εἰμί.

λαλιαί : Subst. Nom. fém. plur. Babillage, bavardage, conversation, discussion.

ἀκούονται : Ind. Prés. Pass. 3e plur. de ἀκούω. Écouter, prêter l'oreille, entendre.

φωναί : Subst. Nom. fém. plur. Voix, son, parole.

v.5

ἐξῆλθεν : Ind. Ao 2 Act. 3e sg de ἐξέρχομαι. Sortir, s'en aller, partir.

φθόγγος : Subst. Nom. masc. sg. Bruit, son différent de la voix, son articulé.

οἰκουμένης : Subst. Gén. fém. sg. Terre habitée.

ῥήματα : Subst. Nom. neutre plur. Tout ce qu'on dit : mot, parole, langage, discours.

ἡλίῳ : Subst. Dat. masc. sg. Le soleil.

ἔθετο : Ind. Ao 2 Moyen 3e sg. de τίθημι. Poser, placer, mettre.

σκήνωμα : Subst. Acc. neutre sg. Habitation, maison, tente.

v.6

νυμφίος : Subst. Nom. masc. sg. Jeune époux.

ἐκπορευόμενος : Part. Prés. Moyen Nom. masc. sg. de ἐκπορεύομαι. Faire sortir, faire partir, emmener.

ἀγαλλιάσεται : Ind. Fut. Moyen 3e sg. de ἀγαλλιάομαι. Se réjouir, exulter de joie, être transporté d'allégresse.

γὶγας : Subst. Nom. masc. sg. Géant.
δραμεῖν : Inf. Ao 2 Act. de τρέχω. Courir, aller vite, se hâter.

v.7

ἄκρου : Adj. ou Subst. Gén. neutre sg. Extrême, le plus haut, extrémité, pointe, promontoire, faîte.
ἔξοδος : Subst. Nom. fém. sg. Sortie, départ, issue, expédition.
κατάντημα : Subst. Nom. neutre sg. Issue, point où l'on aboutit, terme, dénouement.
ἀποκρυβήσεται : Ind. Fut. Pass. 3e sg. de ἀποκρύπτω. Cacher, mettre en lieu sûr, soustraire, dissimuler, obscurcir, enfouir, ensevelir.
θέρμην : Subst. Acc. fém. sg. Chaleur.

v.8

ἄμωμος : Adj. Nom. masc. sg. Irréprochable.
ἐπιστρέφων : Part. Prés Act. Nom. masc. sg. de ἐπιστρέφω. Tourner, retourner, revenir.
πιστή : Adj. Nom. fém. sg. Digne de confiance, sur qui l'on peut faire foi, sûr, fidèle, croyable, certain.
σοφίζουσα : Part. Prés. Act. Nom. fém. sg. de σοφίζω. Rendre sage, habile, savant.

v.9

εὐφραίνοντα : Part. Prés. Act. Nom. neutre plur. de εὐφραίνω. Se réjouir.
ἐντολή : Subst. Nom. fém. sg. Ordre, commandement, précepte.
τηλαυγής : Adj. Nom. fém. sg. Qui brille au loin, qui se voit au loin, distinct. Clarté.
φωτίζουσα : Part. Prés. Act. Nom. fém. sg. de φωτίζω. Éclairer, donner de la lumière, briller, transmettre la lumière, mettre en lumière.

v.10

ἁγνός : Adj. Nom. masc. sg. Pur, chaste, sacré.
διαμένων : Part. Prés. Act. Nom. masc. sg. de διαμένω. Durer, rester jusqu'au bout, demeurer, persister, subsister.
κρίματα : Subst. Nom. neutre plur. Jugement, décision judiciaire.
ἀληθινά : Adj. Nom. neutre plur. Véridique, franc, loyal, véritable.
δεδικαιωμένα : Part. Parf. Pass. Nom. neutre plur. de δικαιόω. Trouver juste, déclarer juste, rendre juste, établir comme juste, justifier, juger à propos.

v.11

ἐπιθυμητά : Adj. Nom. neutre plur. Désiré, désirable.
χρυσίον : Subst. neutre sg. Or, or monnayé, pièce d'or, tout objet en or.
λίθον : Subst. Acc. masc. sg. Pierre, pierre de taille.
τίμιον : Adj. Acc. masc. sg. De grande valeur, de grand prix, coûteux, cher, précieux.
πολύν : Adj. Acc. mas. sg. Grande quantité, nombreux, intense, beaucoup, abondant, vaste, à haut prix, très précieux, très estimable.
γλυκύτερα : Adj. comparatif Nom. neutre pluriel. Doux, délicieux, agréable.

μέλι : Subst. neutre sg. Miel, chose douce, douce éloquence.
κηρίον : Subst. Nom. neutre sg. Rayon de miel, gâteau de cire.

v.12
φυλάσσει : Ind. Prés. Act. 3e sg. de φυλάσσω. Veiller, monter la garde, garder, surveiller.
φυλάσσειν : Inf. Prés. Act. de φυλάσσω.
ἀνταπόδοσις : Subst. Nom. fém. sg. Action d'échanger mutuellement, action de rendre, de payer en retour, rétribution, salaire, récompense.
πολλή : Adj. Nom. fém. sg. Abondant, grande quantité.

v.13
παραπτώματα : Subst. Nom. / Acc. neutre plur. Faute, erreur, échec, péché.
συνήσει : Ind. Fut. Act. 3e sg. de συνίημι. Rapprocher, mettre ensemble les choses pour en voir les rapports, saisir par les sens ou la réflexion, comprendre.
καθάρισον : Impér. Ao Act. 2e sg. de καθαρίζω. Purger, nettoyer, laver, purifier.

v.14
ἀλλοτρίων : Adj. Gén. plur. Qui appartient à un autre, étranger.
φεῖσαι : Impér. Ao Moyen 2e sg. de φείδομαι. Épargner, s'abstenir, user avec épargne ou réserve, éviter.
κατακυριεύσωσιν : Subj. Ao Act. 3e plur. de κατακυριεύω. Être maître ou se rendre maître, dominer.
ἔσομαι : Ind. Fut. Moyen. 1re sg. de εἰμί.
καθαρισθήσομαι : Ind. Fut. Pass. 1re sg. de καθαρίζω.

v.15
ἔσονται : Ind. Fut. Moyen 3e plur. de εἰμί.
μελέτη : Subst. Nom. fém. sg. Soin, occupation, étude, exercice, surtout exercice littéraire, méditation.
βοηθέ : Subst. Vocatif masc. sg. Qui vient au secours, auxiliaire, appui, défenseur.
λυτρωτά : Subst. Vocatif masc. sg. Celui qui rachète, rédempteur.

PSAUME 19

v.2
Ἐπακούσαι : Opt. Ao Act. 3e sg. de ἐπακούω. Prêter l'oreille, écouter, entendre, obéir.
θλίψεως : Subst. Gén. fém. sg. Oppression, tribulation, détresse, difficultés en tous genres.
ὑπερασπίσαι : Opt. Ao Act. 3e sg. de ὑπερασπίζω. Couvrir de son bouclier, protéger, défendre.

v.3
ἐξαποστείλαι : Opt. Ao Act. 3e sg. de ἐξαποστέλλω. Envoyer, faire partir, renvoyer.

βοήθειαν : Subst. Acc. fém. sg. Aide, secours, assistance.
ἀντιλάβοιτο : Opt. Ao 2 Moyen 3e sg. de ἀντιλαμβάνομαι. Prendre, saisir, soutenir.

v.4
μνησθείη : Opt. Ao Pass. 3e sg. de μιμνῄσκομαι. Se souvenir, se rappeler, songer à.
θυσίας : Subst. Gén. fém. sg. Sacrifice, fête célébrée par des sacrifices, victime.
ὁλοκαύτωμα : Subst. Acc. neutre sg. Holocauste.
πιανάτω : Impér. Ao Act. 3e sg. de πιαίνω. Engraisser, rendre gras, grossir, développer, augmenter.

v.5
δῴη : Opt. Ao 2 Act. 3e sg. de δίδωμι.
πληρώσαι : Opt. Ao Act. 3e sg. de πληρόω. Remplir, emplir, rassasier, satisfaire, contenter, accomplir, achever, réaliser, compléter, mettre au complet.

v.6
ἀγαλλιασόμεθα : Ind. Fut. Moyen 1re plur. de ἀγαλλιάομαι. Se réjouir, être dans l'allégresse, être transporté de joie, exulter.
μεγαλυνθησόμεθα : Ind. Fut. Pass. 1re plur. de μεγαλύνω. Rendre grand, grandir, agrandir, croître, grossir, magnifier, exalter, rendre honneur, rendre gloire.
αἰτήματα : Subst. Acc. neutre plur. Demande, demande instante, supplication, prière.

v.7
ἔγνων : Ind. Ao 2 Actif 1re sg. de γινώσκω. Connaître, reconnaître, s'apercevoir, comprendre, savoir.
ἔσωσεν : Ind. Ao Act. 3e sg. de σῴζω. Sauver.
χριστόν : Subst. Acc. masc. sg. Messie, Oint, Christ.
ἐπακούσεται : Ind. Fut. Moyen 3e sg. de ἐπακούω.
δυναστείαις : Subst. Dat. fém. plur. Domination, puissance, autorité.

v.8
ἅρμασιν : Subst. Dat. neutre plur. Char de course ou de guerre à deux roues.
ἵπποις : Subst. Dat. masc. plur. Cheval, coursier. Cheval marin.

v.9
συνεποδίσθησαν : Ind. Ao Pass. 3e plur. de συμποδίζω. Lier les pieds ensemble, entraver, empêtrer, prendre à un piège, embarrasser.
ἔπεσαν : Ind. Ao Act. 3e plur. de πίπτω. Tomber.
ἀνέστημεν : Ind. Ao 2 Act. 1re plur. de ἀνίστημι.
ἀνωρθώθημεν : Ind. Ao Pass. 1re plur. de ἀνορθόω. Tenir droit, dresser, soutenir, élever, construire, rétablir.

v.10
σῶσον : Impér. Ao Act. 2e sg. de σῴζω.

ἐπάκουσον : Impér. Ao Act. 2e sg. de ἐπακούω.
ἐπικαλεσώμεθα : Subj. Ao Moyen 1re plur. de ἐπικαλέω. Appeler à soi, invoquer.

PSAUME 20

v. 2
δυνάμει : Subst. Dat. fém. sg. Puissance, faculté de pouvoir.
εὐφρανθήσεται : Ind. Fut. Pass. 3e sg. de εὐφραίνω. Se réjouir.
ἀγαλλιάσεται : Ind. Fut. Moyen 3e sg. de ἀγαλλιάομαι. Être transporté de joie, être dans l'allégresse, exulter.
σφόδρα : Adv. Très fort, beaucoup, extrêmement.

v.3
ἐπιθυμίαν : Subst. Acc. fém. sg. Désir, envie, passion, convoitise.
ἔδωκας : Ind. Ao Act. 2e sg. de δίδωμι. Donner.
θέλησιν : Subst. Acc. fém. sg. Volonté, action de vouloir, bon vouloir.
ἐστέρησας : Ind. Ao Act. 2e sg. de στερέω. Dépouiller, priver, enlever, repousser.

v.4
προέφθασας : Ind. Ao Act. 2e sg. de προφθάνω. Prévenir, devancer.
εὐλογίαις : Subst. Dat. fém. plur. Louange, éloge, bénédiction, bienfait.
χρηστότητος : Subst. Gén. fém. sg. Bonté, bonté de cœur, bonne qualité, honnêteté, utilité, bien moral.
ἔθηκας : Ind. Ao Act. 2e sg. de τίθημι. Mettre, placer, poser.
στέφανον : Subst. Acc. masc. sg. Tout ce qui entoure, cercle, enceinte d'une ville, couronne de feuillage, couronne nuptiale.
τιμίου : Adj. Gén. masc. sg. De grande valeur, cher, précieux.

v.5
ζωήν : Subst. Acc. fém. sg. Vie, existence.
ᾐτήσατο: Ind. Ao Moyen 3e sg. de αἰτέω. Demander, réclamer.
μακρότητα : Subst. Acc. fém. sg. Longueur.

v.6
μεγαλοπρέπειαν : Subst. Acc. fém. sg. Magnificence, générosité.
ἐπιθήσεις : Ind. Fut. Act. 2e sg. de ἐπτίθημι. Poser, placer, mettre, appliquer.

v.7
δώσεις : Ind. Fut. Act. 2e sg. de δίδωμι. Donner dans tous les sens possibles.
εὐλογίαν : Subst. Acc. fém. sg.
εὐφρανεῖς : Ind. Fut. Act. 2e sg. de εὐφραίνω.

χαρᾷ : Subst. Dat. fém. sg. Joie, plaisir.

v.8

ἐλπίζει : Ind. Prés. Act. 3e sg. de ἐλπίζω. Espérer.

ἐλέει : Subst. Dat. neutre sg. Pitié, miséricorde, compassion.

ὑψίστου : Adj. substantivé superlatif Gén. sg. Très haut, très élevé.

σαλευθῇ : Subj. Ao Pass. 3e sg. de σαλεύω. Agiter, secouer, ébranler, chanceler.

v.9

εὑρεθείη : Opt. Ao Pass. 3e sg. de εὑρίσκω. Trouver, rencontrer, trouver par hasard, trouver en cherchant, trouver après réflexion.

δεξιά : Subst. ou Adj. substantivé. Nom. fém. sg. Droite. Main droite.

εὕροι : Opt. Ao 2 Act. 3e sg. de εὑρίσκω.

μισοῦντας : Participe substantivé Prés. Act. Acc. masc. plur. de μισέω. Haïr.

v.10

θήσεις : Ind. Fut. Act. 2e sg. de τίθημι.

κλίβανον : Subst. Acc. masc. sg. Four, four de campagne, tourtière.

πυρός : Subst. Gén. neutre. Neutre sg. Feu.

συνταράξει : Ind. Fut. Act. 3e sg. de συνταράσσω. Mettre en désordre, troubler entièrement, bouleverser, épouvanter, exciter en troublant, en agitant.

καταφάγεται : Ind. Fut. Moyen 3e sg. de κατεσσθίω. Manger entièrement, dévorer.

v.11

καρπόν : Subst. Acc. masc. sg. Fruit.

ἀπολεῖς : Inf. Fut. Act. 2e sg. de ἀπόλλυμι. Perdre, faire périr, détruire.

σπέρμα : Subst. Acc. neutre sg. Semence en parlant des plantes ; et aussi en parlant des personnes : semence ou germe d'un être doué de raison.

v. 12

ἔκλιναν : Ind. Ao. Act. 3e plur. de κλίνω. Faire pencher, incliner, baisser, faire plier.

διελογίσαντο : Ind. Ao Moyen 3e plur. de διαλογίζομαι. Compter, calculer, raisonner, réfléchir.

δύνωνται : Subj. Prés. Moyen 3e plur. de δύναμαι.

στῆσαι : Inf. Ao Act. de ἵστημι. Tenir.

v.13

νῶτον : Subst. Acc. masc. ou neutre sg. Dos en parlant des hommes.

περιλοίποις : Adj. substantivé Dat. plur. Qui reste, qui survit.

ἑτοιμάσεις : Ind. Fut. Act. 2e sg. de ἑτοιμάζω. Préparer, disposer.

v.14

ὑψώθητι : Impér. Ao Pass. 2e sg. de ὑψόω. Hausser, élever, dresser, relever, exalter.

ᾄσομεν : Ind. Fut. Act. 1re plur. de ᾄδω. Chanter.
ψαλοῦμεν : Ind. Fut. Act. 1re plur. de ψάλλω. Faire vibrer la corde d'un instrument de musique, jouer sur un instrument de musique à cordes, psalmodier.
δυναστείας : Subst. Acc. fém. plur. Domination, puissance, pouvoir, autorité, empire.

PSAUME 21

v. 1
ἀντιλήμψεως : Subst. Gén. fém. sg. Action de protéger, aide, secours, soutien, défense.
ἑωθινῆς : Subst. Gén. fém. sg. Matin.

v.2
πρόσχες : Impér. Ao 2 Act. 2e sg. de προσέχω. Prêter son attention, écouter attentivement, appliquer son esprit à, se préoccuper de.
ἐγκατέλιπες : Ind. Ao 2 Act. 2e sg. de ἐγκαταλείπω. Laisser derrière soi, laisser subsister, quitter, abandonner, délaisser, déserter.
μακράν : Adverbe. Loin, à distance.
σωτηρίας : Subst. Gén. fém. sg. Qui sauve : salut, préservation.
παραπτωμάτων : Subst. Gén. neutre plur. Faute, erreur, échec.

v.3
κεκράξομαι : Ind. Fut. Act. 1re sg. de κράζω. Autre écriture du futur : κράξω. Crier.
εἰσακούσῃ : Ind. Fut. Moyen 2e sg. de εἰσακούω. Tendre l'oreille, entendre, exaucer.
ἄνοιαν : Subst. Acc. fém. sg. Ignorance, sottise, déraison, folie.

v.4
κατοικεῖς : Ind. Prés. Act. 2e sg. de κατοικέω. Habiter dans un lieu, fixer sa résidence, s'établir dans un lieu.
ἔπαινος : Subst. Nom. masc. sg. Louange, éloge.

v.5
ἤλπισαν : Ind. Ao Act. 3e plur. de ἐλπίζω. Espérer.
ἐρρύσω : Ind. Ao Moyen 2e sg. de ῥύομαι. Tirer d'un danger, arracher, délivrer.

v.6
ἐκέκραξαν : Ind. Ao Act. 3e plur. de κράζω.
ἐσώθησαν : Ind. Ao Pass. 3e plur. de σῴζω. Tirer d'un danger, sauver, être sauvé.
κατησχύνθησαν : Ind. Ao Pass. 3e plur. de καταισχύνω. Déshonorer, couvrir de honte, outrager, rougir à la vue.

v.7

σκώληξ : Subst. Nom. masc. sg. Ver, ver de terre.

ὄνειδος : Subst. Nom. / Acc. neutre sg. Blâme, reproche, injure, insulte, outrage,

ἐξουδένημα : Subst. Nom. / Acc. neutre sg. Marque, objet de mépris. (voir : ἐξουδένωμα et ἐξουθένημα).

v.8

θεωροῦντες : Part. substantivé Prés. Act. Nom. masc. plur. de θεωρέω. Être spectateur, observer, examiner, contempler.

ἐξεμυκτήρισαν : Ind. Ao Act. 3e plur. de ἐκμυκτηρίζω. Tourner en dérision, railler, se moquer.

ἐλάλησαν : Ind. Ao Act. 3e plur. de λαλέω. Babiller, bavarder, parler.

χείλεσιν : Subst. Dat. neutre plur. Lèvre.

ἐκίνησαν : Ind. Ao Act. 3e plur. de κινέω. Remuer, faire mouvoir, secouer, hocher la tête.

v.9

ῥυσάσθω : Impér. Ao Moyen 3e sg. de ῥύομαι.

σωσάτω : Impér. Ao Act. 3e sg. de σῴζω.

θέλει : Ind. Prés. Act. 3e sg. de θέλω / ἐθέλω. Vouloir, vouloir bien, consentir.

v.10

ἐκσπάσας : Part. substantivé Ao Act. Nom. masc. sg. de ἐκσπάω. Arracher, retirer.

γαστρός : Subst. Gén. fém. sg. Ventre, ventre de la femme, giron, estomac.

μαστῶν : Subst. Gén. masc. plur. Mamelle, sein.

μητρός : Subst. Gén. fém. sg. Mère.

v.11

ἐπερρίφην : Ind. Ao 2 Pass. 1re sg. de ἐπιρρίπτω : jeter sur ou contre.

μήτρας : Subst. Gén. fém. sg. Matrice, utérus, sein de la mère.

κοιλίας : Subst. Gén. fém. sg. Creux, cavité, abdomen, ventre, contenu du ventre.

v.12

ἀποστῇς : Subj. Ao 2 Act. 2e sg. de ἀφίστημι. Éloigner, écarter.

θλῖψις : Subst. Nom. fém. sg. Pression, compression, oppression.

ἐγγύς : Adv. Près, proche, auprès.

βοηθῶν : Part. substantivé Prés. Act. Nom. masc. sg. de βοηθέω. Courir au secours, venir au secours, aider.

v.13

περιεκύκλωσαν : Ind. Ao Act. 3e plur. de περικυκλόω. Faire cercle autour, entourer, envelopper.

μόσχοι : Subst. Nom. masc. plur. Petit d'un animal, jeune taureau.

ταῦροι : Subst. Nom. masc. plur. Taureau.
πίονες : Adj. Nom. masc. plur. Gras, fertile, opulent.
περιέσχον : Ind. Ao 2 Act. 3e plur. de περιέχω. Tenir autour, entourer, envelopper, entourer pour protéger ou avec idée d'hostilité, cerner, bloquer.

v.14
ἤνοιξαν : Ind. Ao Act. 3e plur. de ἀνοίγω. Ouvrir.
στόμα : Subst. Acc. neutre sg. Bouche, gueule d'animal.
λέων : Subst. Nom. masc. sg. Lion.
ἁρπάζων : Part. substantivé Prés. Act. Nom. masc. sg. de ἁρπάζω. Enlever de force, ravir, s'emparer vivement.
ὠρυόμενος : Part. Prés. Moyen Nom. masc. sg. de ὠρύομαι. Hurler, rugir.

v.15
ὡσεί : Adv. Comme, de même.
ἐξεχύθην : Ind. Ao Pass. 1re sg. de ἐκχέω. Se répandre, s'épancher, s'écouler.
διεσκορπίσθη : Ind. Ao Pass. 3e sg. de διασκορπίζω. Disperser, dissiper, dilapider.
ὀστᾶ : Subst. Nom. neutre plur. Os, ossement.
ἐγενήθη : Ind. Ao Pass. 3e sg. de γίνομαι. Naître, devenir, venir à l'existence, se produire en parlant des choses ou des événements.
κηρός : Subst. Nom. masc. sg. Cire.
τηκόμενος : Part. Prés. Pass. Nom. masc. sg. de τήκω. Fondre, liquéfier, dissoudre.

v.16
ἐξηράνθη : Ind. Ao Pass. 3e sg. de ξηραίνω. Sécher, Se dessécher, être sec, desséché.
ὄστρακον : Subst. neutre sg. Terre cuite, vase de terre cuite, brique, argile, tesson.
κεκόλληται : Ind. Parf. Pass. 3e sg. de κολλάω. Coller à, souder, unir fortement.
λάρυγγι : Subst. Dat. masc. sg. Larynx, gorge, gosier.
χοῦν : Subst. Acc. masc. (et fém.) sg. Poussière ou amas de terre.
κατήγαγες : Ind. Ao 2 Act. 2e sg. de κατάγω. Conduire en bas, faire descendre.

v.17
κύνες : Subst. Nom. masc. (ou fém.) plur. Chiens.
συναγωγή : Subst. Nom. fém. sg. Réunion, assemblée, lieu de rassemblement, synagogue.
πονηρευομένων : Part. Prés. Moyen Gén. masc. plur. de πονηρεύομαι. Être en mauvais état, être atteint d'un mal, mal agir, être pervers, méditer criminellement.
ὤρυξαν : Ind. Ao Act. 3e plur. de ὀρύσσω. Creuser, enterrer, fouiller, percer, trouer, traverser, crever.

v.18
ἐξηρίθμησα : Ind. Ao Act. 1re sg. de ἐξαριθμέω. Compter, dénombrer, énumérer, passer en revue.

κατενόησαν : Ind. Ao Act. 3e plur. de κατανοέω. Se mettre dans l'esprit, comprendre, observer, remarquer, examiner, veiller à, considérer, réfléchir.
ἐπεῖδον : Ind. Ao 2 Act. 3e plur. de ἐφοράω. Jeter le regard, les yeux sur, avoir l'œil sur, examiner, surveiller, voir, regarder.

v.19
διεμερίσαντο : Ind. Ao Moyen 3e plur. de διαμερίζω. Partager entre soi, se partager, répartir, distribuer.
ἱμάτια : Subst. Acc. neutre plur. Vêtement de dessus, manteau, toge.
ἱματισμόν : Subst. Acc. masc. sg. Habillement complet, garde-robe.
ἔβαλον : Ind. Ao 2 Act. 3e plur. de βάλλω. Jeter, lancer, laisser tomber, placer, mettre,
κλῆρον : Subst. Acc. masc. sg. Tout objet qui sert de marque pour tirer au sort, tirage au sort, scrutin.

v.20
μακρύνῃς : Subj. Ao. Act. 2e sg. de μακρύνω. Étendre, allonger, écarter, repousser à distance, repousser à un temps lointain, éloigner.
βοήθειαν : Subst. Acc. fém. sg.
ἀντίλημψιν : Subst. Acc. fém. sg.

v.21
ῥῦσαι : Impér. Ao Moyen 2e sg. de ῥύομαι.
ῥομφαίας : Subst. Gén. fém. sg. Large sabre, glaive, épée.
μονογενῆ : Adj. substantivé Acc. fém. sg. Unique, engendré seul.

v.22
σῶσον : Impér. Ao Act. 2e sg. de σῴζω.
κεράτων : Subst. Gén. neutre plur. Corne.
μονοκερώτων : Subst. Gén. masc. plur. Qui n'a qu'une corne, licorne.
ταπείνωσιν : Subst. Acc. fém. sg. Bassesse, amoindrissement, abaissement, humilité.

v.23
διηγήσομαι : Ind. Fut. Moyen 1re sg. de διηγέομαι. Raconter, décrire, exposer en détail.
ὑμνήσω : Ind. Fut. Act. 1re sg. de ὑμνέω. Chanter un hymne, célébrer dans un chant louer.

v.24
φοβούμενοι : Part. substantivé Prés. Moyen Nom. masc. plur. de φοβέω. Craindre, être saisi de crainte, avoir peur, être effrayé.
αἰνέσατε : Impér. Ao Act. 2e plur. de αἰνέω. Louer, approuver.
δοξάσατε : Impér. Ao Act. 2e plur. de δοξάζω. Glorifier, honorer, célébrer.
φοβηθήτωσαν : Impér. Ao Pass. 3e plur. de φοβέω.

v.25

ἐξουδένωσεν : Ind. Ao Act. 3e sg. de ἐξουδενέω/ ἐξουδενόω/ ἐξουθενέω. Mépriser, tenir pour rien, considérer comme rien.

προσώχθισεν : Ind. Ao Act. 3e sg. de προσοχθίζω. Être mécontent, affligé ou indigné de, avoir en dégoût.

δεήσει : Subst. Dat. fém. sg. Demande, prière, besoin, nécessité.

ἀπέστρεψεν : Ind. Ao Act. de ἀποστρέφω.

κεκραγέναι : Inf. Parf. Act. de κράζω. Crier, vociférer, pousser des cris.

v.26

ἔπαινός : Subst. Nom. masc. sg. Louange.

εὐχάς : Subst. Acc. fém. plur. Prière, supplication, vœu.

ἀποδώσω : Ind. Fut. Act. de ἀποδίδωμι. Rendre, restituer, remettre, verser, rendre en échange, accorder en retour, payer.

v.27

φάγονται : Ind. Fut. Moyen 3e plur. de ἐσθίω. Manger, dévorer.

ἐμπλησθήσονται : Ind. Fut. Pass. 3e plur. de ἐμπίπλημι. Remplir, rassasier, combler.

αἰνέσουσιν : Ind. Fut. Act. 3e plur. de αἰνέω.

ἐκζητοῦντες : Part. Prés. Act. Nom. masc. plur. de ἐκζητέω. Chercher, rechercher.

ζήσονται : Ind. Fut. 3e plur. de ζάω. Vivre, subsister.

v.28

μνησθήσονται : Ind. Fut. Pass. 3e plur. de μιμνῄσκω. Se souvenir, se rappeler.

ἐπιστραφήσονται : Ind. Fut. Pass. 3e plur. de ἐπιστρέφω.

προσκυνήσουσιν : Ind. Fut. Act. 3e plur. de προσκυνέω. Se prosterner, adorer.

πατριαὶ : Subst. Nom. fém. plur. Famille (au sens large), race, peuple.

v.29

βασιλεία : Subst. Nom. fém. sg. Royauté, dignité royale.

δεσπόζει : Ind. Prés. Act. 3e sg. de δεσπόζω. Être le maître, commander, régner sur, gouverner.

v.30

ἔφαγον : Ind. Ao 2 Act. 3e plur. de ἐσθίω. Manger, dévorer.

προσεκύνησαν : Ind. Ao Act. 3e plur. de προσκυνέω.

προπεσοῦνται : Ind. Fut. Moyen 3e plur. de προπίπτω. Tomber en avant, se pencher en avant.

καταβαίνοντες : Part. Prés. Act. Nom. masc. plur. de καταβαίνω. Descendre.

ζῇ : Ind. Prés. Act. 3e sg. ou Subj. Prés. de ζάω. Vivre.

v.31

δουλεύσει : Ind. Fut. 3e sg. de δουλεύω. Être esclave, servir quelqu'un.

ἀναγγελήσεται : Ind. Fut. Pass. 3e sg. de ἀν-αγγέλω. Annoncer, faire savoir, communiquer, rapporter.

ἐρχομένη : Part. Prés. Moyen Nom. fém. sg. de ἔρχομαι. Venir, arriver.

v.32

ἀναγγελοῦσιν : Ind. Fut. Act. 3e plur. de ἀν-αγγέλω.

τεχθησομένῳ : Part. Fut. Pass. Dat. masc. sg. de τίκτω. Mettre au monde, engendrer, enfanter d'où créer, produire.

ἐποίησεν : Ind. Ao Act. 3e sg. de ποιέω. Faire, achever, réaliser, exécuter, créer.

PSAUME 22

v.1

ποιμαίνει : Ind. Prés. Act. 3e sg. de ποιμαίνω. Faire paître, mener paître, garder un troupeau ; d'où, conduire, guider.

ὑστερήσει : Ind. Fut. Act. 3e sg. de ὑστερέω. Arriver après, être en retard, être en arrière, manquer, faire défaut, être privé.

v.2

χλόης : Subst. Gén. fém. sg. Verdure : herbe verte, herbe naissante, vert feuillage.

ἐκεῖ : Adv. de lieu : là, là même.

κατεσκήνωσεν : Ind. Ao Act. 3e sg. de κατασκηνόω. Poser, dresser sa tente, camper d'où, habiter en quelque endroit, loger, abriter.

ἀναπαύσεως : Subst. Gén. fém. sg. Cessation, repos, répit, délassement, lieu de repos.

ἐξέθρεψεν : Ind. Ao Act. 3e sg. de ἐκτρέφω. Nourrir, élever, faire croître.

v.3

ἐπέστρεψεν : Ind. Ao Act. 3e sg. de ἐπιστρέφω. Tourner vers, diriger sur, détourner, retourner, revenir, revenir sur ses pas.

ὡδήγησεν : Ind. Ao Act. 3e sg. de ὁδηγέω. Guider, conduire sur la route, diriger.

δικαιοσύνης : Subst. Gén. fém. sg. Justice, sentiments de justice, pratique de la justice.

ἕνεκεν : préposition avec Gén., à cause de, en vue de, pour.

v.4

πορευθῶ : Subj. Ao. Pass. 1re sg. de πορεύομαι. Aller en avant, marcher, faire route, traverser.

σκιᾶς : Subst. Gén. fém. sg. Ombre. Ombre d'une personne, d'une chose ; ombre des morts.

φοβηθήσομαι : Ind. Fut. Pass. 1re sg. de φοβέω. Être saisi de crainte, avoir peur, être effrayé.

ῥαβδος : Subst. Nom. fém. sg. Verge, baguette, bâton.

βακτηρία : Subst. Nom. fém. sg. Bâton pour s'appuyer, pour la marche ; et bâton insigne de juge et d'officier.

παρεκάλεσαν : Ind. Ao Act. 3e plur. de παρακαλέω. Appeler auprès de soi, faire venir, inviter, convier ; exhorter, encourager, consoler.

v.5

ἡτοίμασας : Ind. Ao. Act. 2e sg. de ἑτοιμάζω. Préparer, apprêter, tenir prêt.

τράπεζαν : Subst. Acc. fém. sg. Table, table à quatre pieds, table à manger, table de l'hospitalité, table des marchands, table où l'on déposait les offrandes faites aux dieux.

ἐξ ἐναντίας : avec le Gén. en face de, vis-à-vis.

ἐλίπανας : Ind. Ao. Act. 2e sg. de λιπαίνω. Graisser, oindre, engraisser.

ἐλαίῳ : Subst. Dat. neutre sg. Huile, huile d'olive. Huile sainte pour l'onction des prêtres et des rois.

μεθύσκον : Part. Prés. Act. Nom. neutre sg. de μεθύσκω. Enivrer (au propre et au figuré).

κράτιστον : Adj. superlatif Nom neutre sg. Le plus fort, le plus puissant, le plus vaillant, le plus important, le meilleur, l'excellent.

v.6

καταδιώξεται : Ind. Fut. Moyen 3e sg. de καταδιώκω. Poursuivre.

κατοικεῖν : Inf. substantité Prés. Act. de κατοικέω. Habiter dans un lieu, demeurer, s'établir.

μακρότητα : Subst. Acc. fém. sg. Longueur.

PSAUME 23

v.1

μιᾶς σαββάτων : pour le 1er jour après le sabbat ; ou : pour le lendemain du sabbat ; ou : pour le 1er jour de la semaine.

πλήρωμα : Subst. Nom. neutre sg. Tout ce qui remplit, la plénitude, ce qui rend complet, ce qui accomplit, le contenu, la terre et ce qu'elle contient.

οἰκουμένη : Subst. Nom. fém. sg. Terre habitée, terre cultivée, toute la terre, l'humanité.

κατοικοῦντες : Part. substantivé Prés. Act. Nom. masc. plur. de κατοικέω. Habiter dans un lieu, s'établir, résider.

v.2

θαλασσῶν : Subst. Gén. fém. plur. Mer.

ἐθεμελίωσεν : Ind. Ao Act. 3e sg. de θεμελιόω. Fonder, donner un fondement, asseoir sur des fondements, bâtir.

ποταμῶν : Subst. Gén. masc. plur. Fleuve, rivière, cours d'eau.

ἡτοίμασεν : Ind. Ao Act. 3e sg de ἑτοιμάζω. Préparer, apprêter, disposer, tenir prêt ; affermir, consolider.

v.3

τίς : Pron. Interrogatif, Nom. Qui, lequel.

ἀναβήσεται : Ind. Fut. Moyen. 3a sg. de ἀναβαίνω. Monter.

στήσεται : Ind. Fut. Moyen 3e sg. de ἵστημι. Mettre debout, se tenir debout, placer, présenter, établir, ériger, instituer, soutenir, tenir ferme.

τόπῳ : Subst. Dat. masc. sg. Lieudit, lieu particulier, place, endroit, région, contrée.
ἁγίῳ : Adj. Dat. masc. sg. Saint, sacré, lieu saint.

v.4
ἀθῷος : Adj. Nom. masc. sg. Impuni, absous, acquitté, qui est sans faute, innocent.
χερσίν : Subst. Dat. fém. plur. Main.
καθαρός : Adj. Nom. masc. sg. Pur, sans tache, sans souillure.
ἔλαβεν : Ind. Ao 2 Act. 3ᵉ sg. de λαμβάνω. Prendre, prendre dans ses mains, saisir, s'emparer, recevoir, choisir.
ματαίῳ : Adj. Dat. neutre sg. Vain, vanité, sans effet, inutile.
ὤμοσεν : Ind. Ao Act. 3ᵉ sg. de ὄμνυμι ou ὀμνύω. Jurer, faire serment, promettre par serment.
δόλῳ : Subst. Dat. masc. sg. Appât, amorce, tout objet servant à tromper, d'où ruse, tromperie, artifice, stratagème.
πλησίον : Adverbe employé comme subst. neutre sg. Celui qui est proche, tout près, le prochain, le voisin.

v.5
λήμψεται : Ind. Fut. Moyen 3ᵉ sg. de λαμβάνω.
εὐλογίαν : Subst. Acc. fém. sg. Ici : Bénédiction.
ἐλεημοσύνην : Subst. Acc. fém. sg. Compassion, pitié, miséricorde, aumône, don charitable.
σωτῆρος : Subst. Gén. masc. sg. Sauveur.

v.6
αὕτη : Pron. démonstratif Nom. fém. sg. Celle-ci, ceci.
γενεά : Subst. Nom. fém. sg. Génération, tranche d'âge.
ζητούντων : Part. Prés. Act. Gén. masc. plur. de ζητέω. Chercher quelque chose ou quelqu'un, réclamer.

v.7
ἄρατε : Impér. Ao Act. 2ᵉ plur. de αἴρω. Lever, soulever, porter.
πύλας : Subst. Acc. fém. plur. Porte, grande porte, portail.
ἄρχοντες : Subst. Nom. masc. plur. Chef, magistrat, l'un des neuf premiers magistrats à Athènes.
ἐπάρθητε : Impér. Ao Pass. 2ᵉ plur. de ἐπαίρω. Être élevé, relevé, être excité, exalté, traité avec hauteur.
εἰσελεύσεται : Ind. Fut. Moyen 3ᵉ sg. de εἰσέρχομαι. Entrer dans, pénétrer.

v.8
κραταιός : Adj. Nom. masc. sg. Puissant, fort, robuste.
πολέμῳ : Subst. Dat. masc. sg. Choc, tumulte dans un combat, une guerre, une bataille.

v.10
δυνάμεων : Subst. Gén. fém. plur. Puissance, pouvoir.

PSAUME 24

v.1

ἦρα : Ind. Ao Act. 1re sg. de αἴρω. Lever, élever.

v.2

πέποιθα : Ind. Parf. Act. 1re sg. de πείθω. Persuader, convaincre, avoir confiance en quelqu'un, avoir l'assurance, être persuadé.

καταισχυνθείην : Optatif Ao Pass. 1re sg. de καταισχύνω. Déshonorer, couvrir de honte ou d'opprobre, confondre, rendre confus, flétrir, souiller, outrager.

καταγελασάτωσαν : Impér. Ao Act. 3e plur. de καταγελάω. Rire de, se moquer de, railler.

v.3

ὑπομένοντες : Part. substantivé Prés. Act. Nom. masc. plur. de ὑπομένω. Rester en place, ne pas bouger, tenir bon, tenir ferme, supporter, endurer, attendre de pied ferme.

καταισχυνθῶσιν : Subj. Ao Pass. 3e plur. de καταισχύνω. (Subj. Ao précédé de οὐ μή).

αἰσχυνθήτωσαν : Impér. Ao Pass. 3e plur. de αἰσχύνω. Enlaidir, défigurer, déshonorer, outrager. Au passif, être honteux, confus.

ἀνομοῦντες : Part. substantivé Prés. Act. Nom. masc. plur. de ἀνομέω. Vivre ou agir illégalement, transgresser les lois, agir contre la justice.

κενῆς : vain, vide. διὰ κενῆς : à vide.

v.4

ὁδούς : Subst. Acc. fém. plur. Voie, route, chemin.

γνώρισον : Impér. Ao Act. 2e sg. de γνωρίζω. Faire connaître, montrer, indiquer, expliquer, faire découvrir quelque chose à quelqu'un.

τρίβους : Subst. Acc. fém. plur. (qq. fois masc.) Chemin usé par des allées et venues, chemin fréquenté, route battue, sentier, grande route.

δίδαξον : Impér. Ao Act. 2e sg. de διδάσκω. Enseigner, instruire, apprendre.

v.5

ὁδήγησον : Impér. Ao Act. 2e sg. de ὁδηγέω. Guider, conduire, diriger.

ἀλήθειαν : Subst. Acc. fém. sg. La vérité (opposé au mensonge et à l'erreur), vérité de Dieu, vérité absolue, authenticité.

σωτήρ : Subst. Nom. masc. sg. Qui sauve, qui protège, sauveur, libérateur.

ὑπέμεινα : Ind. Ao Act. 1re sg. de ὑπομένω.

ὅλην : Adj. Acc. fém. sg. Entier, tout entier, intact, complet..

v.6

μνήσθητι : Impér. Ao Pass. 2e sg. de μιμνῄσκω et μιμνῄσκομαι Faire souvenir, se souvenir, se rappeler, songer à.

οἰκτιρμῶν : Subst. Gén. masc. plur. Compassion, pitié.

ἐλέη : Subst. Acc. neutre plur. Miséricorde, pitié, compassion.

εἰσιν : Ind. Prés. Act. 3e plur. de εἰμί. Être, exister.

v.7

ἁμαρτίας : Subst. Gén. fém. sg. plur. Erreur, faute, péché.

νεότητος : Subst. Gén. fém. sg. Jeunesse.

ἀγνοίας : Subst. Gén. fém. sg. Ignorance, sans connaissance, inadvertance.

μνησθῇς : Subj. Ao Pass. 2e sg. de μιμνῄσκω.

ἔλεός : Subst. Nom. neutre sg.

ἕνεκα : Prép. À cause de, en vue de.

χρηστότητος : Subst. Gén. fém. sg. Bonne qualité, bonté, bonté de cœur.

v.8

χρηστός : Adj. Nom. masc. sg. Utile, dont on peut se servir, bon pour l'usage, de bonne qualité, vertueux, doué de bonté, honnête, honorable.

εὐθής : Adj. Nom. masc. sg. écriture de forme alexandrine, même sens que εὐθυς. Droit, direct, sans détour.

διά τοῦτο : C'est pourquoi, pour cela, pour cette raison, à cause de cela.

νομοθετήσει : Ind. Fut. Act. 3e sg. de νομοθετέω. Doter de lois, établir ou donner des lois, ordonner par une loi, prescrire.

ἁμαρτάνοντας : Part. Prés. Act. Acc. masc. plur. de ἁμαρτάνω. Manquer, ne pas atteindre le but, errer, d'où se tromper, se tromper de route, commettre une faute, un péché.

v.9

πραεῖς : Adj. Acc. masc. plur. Doux, facile, indulgent, clément.

κρίσει : Subst. Dat. fém. sg. Action ou faculté de distinguer, de trier, action juridique ; choix, décision, jugement..

διδάξει : Ind. Fut. Act. 3e sg. de διδάσκω.

v.10

ἐκζητοῦσιν : Part. substantivé Prés. Act. Dat. masc. plur. de ἐκζητέω. Rechercher, chercher.

διαθήκην : Subst. Acc. fém. sg. Disposition légale, disposition testamentaire, testament, pacte, alliance.

μαρτύρια : Subst. Acc. neutre plur. Action de rendre témoignage, de déposer son témoignage, témoignage, preuve.

v.11

ἱλάσῃ : Ind. Fut. Moyen 2e sg. de ἱλάσκομαι. Apaiser, se rendre propice ou favorable, pardonner, se concilier, offrir en hommage, expier ; et aussi se montrer bienveillant, aimable.

v.12

τίς : Pron. Interr. Nom. masc. sg. Qui, quel, lequel.

ἐστιν : Ind. Prés. Act. 3e sg. de εἰμί. Être.

φοβούμενος : Part. substantivé Prés. Moyen Nom. masc. sg. de φοβέω. Être saisi de crainte, craindre, avoir peur, être effrayé.

ᾗ : Pron. Relatif Dat. fém. sg. Qui, lequel, laquelle.

ᾑρετίσατο : Ind. Ao Moyen 3e sg. de αἱρετίζω. Choisir, préférer, élire, s'attacher à.

v.13

ἀγαθοῖς : Adj. Dat. masc. / neutre plur. Bon, les biens, les richesses, la prospérité, le bonheur, la possession, la félicité.

αὐλισθήσεται : Ind. Fut. Pass. 3e sg. de αὐλίζω / αὐλίζομαι. Coucher au gîte dans la cour, passer la nuit en plein air, vivre en plein air, habiter, vivre, faire halte, camper.

σπέρμα : Subst. Nom. neutre sg. Semence, germe, descendance, postérité.

κληρονομήσει : Ind. Fut. Act. 3e sg. de κληρονομέω. Recevoir en héritage, hériter.

v.14

κραταίωμα : Subst. Nom. neutre sg. Ferme appui, appui solide.

δηλῶσαι : Inf. Ao Act. de δηλόω. Montrer, rendre évident, rendre visible, faire voir, faire connaître, exposer, prouver, déclarer.

v.15

διὰ παντός : Entièrement, complètement, toujours, continuellement, sans cesse.

ἐκσπάσει : Ind. Fut. Act. 3e sg. de ἐκσπάω. Arracher, tirer, retirer.

παγίδος : Subst. Gén. fém. sg. Filet, rets.

v.16

ἐπίβλεψον : Impér. Ao Act. 2e sg. de ἐπιβλέπω. Jeter les yeux sur, regarder tout autour, tourner, fixer ses regards, son attention vers ou sur.

ἐλέησο : Impér. Ao Act. 2e sg. de ἐλεέω. Avoir pitié de, s'apitoyer, plaindre quelqu'un.

μονογενής : Adj. Nom. masc. sg. Engendré seul, unique, (fils unique).

v.17

θλίψεις : Subst. Nom. fém. plur. Oppression, tribulation, détresse, difficulté, souffrance. Action de presser, d'écraser, de comprimer.

ἐπλατύνθησαν : Ind. Ao Pass. 3e plur. de πλατύνω. Élargir, s'élargir, dilater, ouvrir, ouvrir largement, s'ouvrir, étendre, agrandir, d'où : se gonfler d'orgueil.

ἀναγκῶν : Subst. Gén. fém. plur. Nécessité, contrainte, loi fatale, immuable, obligation, situation critique ; douleur physique, souffrance, supplice, torture.

ἐξάγαγε : Impér. Ao 2 Act. 2e sg. de ἐξάγω. Mener hors, faire sortir, emmener dehors.

v.18

ἰδέ : Impér. Ao 2 Act. 2e sg. de ὁράω. Voir, regarder, observer, avoir une vision.

ταπείνωσιν : Subst. Acc. fém. sg. Humiliation, abaissement, abattement.

κόπον : Subst. Acc. masc. sg. Coup (qu'on se donne en signe de douleur) fatigue, lassitude, peine, tracas, travail pénible, souffrance.

ἄφες : Impér. Ao 2 Act. 2e sg. de ἀφίημι. Faire sortir ou partir, renvoyer, congédier, lâcher, laisser aller, laisser de côté, négliger, omettre ; remettre une dette, les péchés, pardonner, quitter, abandonner.

v.19

ἐπληθύνθησαν : Ind. Ao Pass. 3e plur. de πληθύνω. Se multiplier, s'accroître, devenir nombreux, abonder, augmenter.

μῖσος : Subst. Nom. neutre sg. Haine, objet de haine, aversion.

ἄδικον : Adj. Nom. neutre sg. Injuste, qui ne fait pas ce qu'il doit, sans jugement, méchant.

ἐμίσησαν : Ind. Ao Act. 3e plur. de μισέω. Haïr, détester.

v.20

φύλαξον : Impér. Ao Act. 2e sg. de φυλάσσω. Garder, surveiller, monter des gardes de nuit, observer, épier, guetter, défendre, protéger.

ῥῦσαι : Impér. Ao Moyen 2e sg. de ῥύομαι. Tirer à soi, arracher, délivrer, libérer.

ἤλπισα : Ind. Ao Act. 1re sg. de ἐλπίζω. Espérer, attendre.

v.21

ἄκακοι : Adj. Nom. masc. plur. Sans méchanceté, sans malice, ingénu, simple.

εὐθεῖς : Adj. Nom. masc. plur. Droit, direct, sans détour, ouvert, franc, sincère.

ἐκολλῶντο : Ind. Imparf. Moyen 3e plur. de κολλάω. Coller, souder joindre solidement, unir fortement.

v.22

λύτρωσαι : Impér. Ao Moyen 2e sg. de λυτρόω. Délivrer moyennant une rançon, payer une rançon, racheter.

θλίψεων : Subst. Gén. fém. plur.

PSAUME 25

v.1

Κρῖνον : Impér. Ao Act. 2e sg. de κρίνω. Juger (cf. Ps 7,9).

ἀκακίᾳ : Subst. Dat. fém. sg. Innocence, simplicité, candeur.

ἐπορεύθην : Ind. Ao Pass. 1re sg. de πορεύομαι. Aller en avant, marcher, faire route, se rendre à, s'en aller.

ἐλπίζων : Part. Prés. Act. Nom. masc. sg. de ἐλπίζω. Espérer.

οὐ μὴ : négation renforcée.

ἀσθενήσω : Subj. Ao Act. 1re sg. de ἀσθενέω. (avec double négation = futur renforcé). Être faible, être malade, sans force, impuissant.

v.2

δοκίμασον : Impér. Ao Act. 2e sg. de δοκιμάζω. Mettre à l'épreuve, éprouver, essayer, apprécier, examiner.

πείρασον : Impér. Ao Act. 2e sg. de πειράζω. Essayer, éprouver, tenter (au sens de tentative).

πύρωσον : Impér. Ao Act. 2e sg. de πυρόω. Mettre le feu, brûler, enflammer, incendier, purifier, éprouver par le feu.

νεφρούς : Subst. Acc. masc. plur. Rein ; au figuré : les pensées secrètes, intimes.

καρδίαν : Subst. Acc. fém. sg. Cœur (le siège de la vie, des sentiments, des passions, de l'intelligence et la capacité de faire des choix).

v.3

ἔλεος : Subst. Nom. masc. ou neutre sg. Pitié, compassion, miséricorde.

κατέναντι : Adverbe. En face de, vis-à-vis, devant, en présence.

ὀφθαλμῶν : Subst. Gén. masc. plur. Œil.

εὐηρέστησα : Ind. Ao Act. 1re sg. de εὐαρεστέω. Plaire, être agréable, être satisfait, être content.

ἀληθείᾳ : Subst. Dat. fém. sg. Vérité, en opposition à l'erreur et au mensonge.

v.4

ἐκάθισα : Ind. Ao Act. 1re sg. de καθίζω. Asseoir, faire asseoir, siéger, installer,

συνεδρίου : Subst. Gén. neutre sg. Assemblée siégeant, conseil, lieu ou salle des séances, réunion. Sénat chez les Romains, Sanhédrin chez les Juifs.

ματαιότητος : Subst. Gén. fém. sg. Vanité, inutilité, chose vaine, frivole, vide.

παρανομούντων : Part. Prés. Act. Gén. masc. plur. de παρανομέω. Transgresser la loi, agir illégalement, violer la justice, les usages.

εἰσέλθω : Subj. Ao 2 1re sg. de εἰσέρχομαι. Entrer dans, pénétrer.

v.5

ἐμίσησα : Ind. Ao Act. 1re sg. de μισέω. Détester, haïr.

ἐκκλησίαν : Subst. Acc. fém. sg. Assemblée par convocation, assemblée du peuple ; postérieurement : assemblée de fidèles.

πονηρευομένων : Part. Prés. Moyen Gén. masc. plur. de πονηρεύομαι. Être en mauvais état, être atteint d'un mal, souffrir, mal agir, être pervers.

ἀσεβῶν : Adj. Gén. plur. Impies.

καθίσω : Subj. Ao Act. 1re sg. de κατίζω.

v.6

νίψομαι : Ind. Fut. Moyen 1re sg. de νίπτω. Laver sur soi, pour soi, se laver les mains, se purifier.

κυκλώσω : Ind. Fut. Act. 1re sg. de κυκλόω. Courber en cercle, arrondir, faire cercle autour, entourer, faire le tour, environner, envelopper, investir.

θυσιαστήριον : Subst. Acc. neutre sg. Autel, autel pour le sacrifice.

v.7

ἀκοῦσαι : Inf. Ao Act. de ἀκούω. Entendre la voix, le son, prêter l'oreille, écouter quelqu'un.

φωνήν : Subst. Acc. fém. sg. Son, bruit, voix, voix claire, langage.

αἰνέσεως : Subst. Gén. fém. sg. La louange, l'approbation.

διηγήσασθαι : Inf. Ao Moyen de διηγέομαι. Raconter, décrire, exposer en détail.

θαυμάσια : Adj. Acc. neutre plur. Admirable, étonnant, merveilleux

v. 8

ἠγάπησα : Ind. Ao. Act. 1re sg. de ἀγαπάω. Accueillir avec amitié, aimer, chérir, amour de l'homme pour quelqu'un, amour de Dieu.

εὐπρέπειαν : Subst. Acc. fém. sg. Prestance, beauté, belle apparence, dignité.

οἴκου : Subst. Gén. masc. sg. Maison, habitation.

τόπον : Subst. Acc. masc. sg. Lieu, lieudit, place, lieu particulier pour une chose, endroit.

σκηνώματος : Subst. Gén. neutre sg. Tente, habitation, demeure, sanctuaire.

δόξης : Subst. Gén. fém. sg. Honneur, gloire, estime, réputation, opinion,

v.9

συναπολέσῃς : Subj. Ao Act. 2e sg. de συναπόλλυμι. Périr, faire périr, perdre, détruire.

ἀνδρῶν : Subst. Gén. masc. plur. Celui qui engendre, mâle, homme adulte, mari.

αἱμάτων : Subst. Gén. neutre plur. Sang, effusion de sang.

ζωήν : Subst. Acc. fém. sg. Vie, existence.

v.10

ὧν : Pronom relatif Gén. plur.

χερσίν : Subst. Dat. fém. plur. Main.

ἀνομίαι : Subst. Nom. fém. plur. Violation de la loi, transgression, illégalité, iniquité, injustice, sans loi.

δεξιά : Subst. Nom. fém. sg. Droite. (main droite).

ἐπλήσθη : Ind. Ao Pass. 3e sg. de πίμπλημι. Remplir, être rempli, rassasier, être rassasié.

δώρων : Subst. Gén. neutre plur. Don, présent, offrande.

v.11

λύτρωσαι : Impér. Ao Moyen 2e sg. de λυτρόω. Payer une rançon, racheter, délivrer.

ἐλέησον Impér. Ao Act. 2e sg. de ἐλεέω Avoir pitié, s'apitoyer, faire miséricorde.

v.12

πούς : Subst. Nom. masc. sg. Pied.

ἔστη : Ind. Ao 2 Act. 3e sg. de ἵστημι. Mettre debout, placer, présenter, établir, soutenir, se tenir, tenir ferme sur, se maintenir.

εὐθύτητι : Subst. Dat. fém. sg. Direction en ligne droite, droiture, équité.

εὐλογήσω : Ind. Fut. Act. 1re sg. de εὐλογέω. Parler avec bienveillance, dire du bien, louer, célébrer, rendre grâces, bénir.

PSAUME 26

v.1

χρισθῆναι : Inf. Ao Pass. de χρίω. Oindre, enduire, parfumer, consacrer par une onction. (πρὸ τοῦ + inf. = avant de).

φωτισμός : Subst. Nom. masc. sg. Action d'éclairer ; lumière, illumination.

σωτήρ : Subst. Nom. masc. sg. Celui qui sauve, sauveur, celui qui délivre, qui préserve, libérateur.

φοβηθήσομαι : Ind. Fut. Pass. 1re sg. de φοβέω. Craindre, être chassé par la crainte, être effrayé, être mise en fuite.

ὑπερασπιστής : Subst. Nom. masc. sg. Protecteur, défenseur. (également : ὑπερασπιστήρ).

δειλιάσω : Ind. Fut. Act. 1re sg. de δειλιάω. Être effrayé, être épouvanté.

v.2

ἐγγίζειν : Inf. Prés. Act. de ἐγγίζω. Approcher, s'approcher, être proche de.

κακοῦντας : Part. Prés. Act. Acc. masc. plur. de κακόω. Mettre en mauvais état, maltraiter, agir mal, agir méchamment. Mauvais, méchant, nuisible, dangereux.

φαγεῖν : Inf. Ao 2 Act. de ἐσθίω. Manger, dévorer.

σάρκας : Subst. Acc. fém. plur. Chair.

θλίβοντες : Part. subst antivé Prés. Act. Nom. masc. plur. de θλίβω. Serrer, presser, oppresser, comprimer.

ἠσθένησαν : Ind. Ao Act. 3e plur. de ἀσθενέω. Être faible, être malade.

ἔπεσαν : Ind. Ao Act. 3e plur. de πίπτω. Tomber.

v.3

ἐάν : Conjonction. Si.

παρατάξηται : Subj. Ao. Moyen 3e sg. de παρατάσσω. Mettre en ligne, ranger en bataille, se ranger, lutter contre, résister à, se mesurer contre deux armées.

παρεμβολή : Subst. Nom. fém. sg. Insertion furtive ou faite hors de propos, action de renforcer un corps de troupes en plaçant les hommes dans les intervalles, campement, camp, forteresse.

φοβηθήσεται : Ind. Fut. Pass. 3e sg. de φοβέω.

καρδία : Subst. Nom. fém. sg. Cœur.

ἐπαναστῇ : Subj. Ao 2 Act. 3e sg. de ἐπανίστημι. Relever, faire se lever contre, soulever contre, se dresser contre, lancer (des assaillants).

πόλεμος : Subst. Nom. masc. sg. Guerre, combat, bataille.

ταύτῃ : Pron. Démonstr. Dat. fém. sg. Celle-ci, celle-là, cette.

ἐλπίζω : Ind. Prés. Act. 1re sg. de ἐλπίζω. Espérer.

v.4

μίαν : Adj. Numéral Acc. fém. sg. Une.

ᾐτησάμην : Ind. Ao Moyen 1re sg. de αἰτέω. Demander, réclamer.

ἐκζητήσω : Ind. Fut. Act. 1re sg. de ἐκζητέω. Chercher, rechercher, réclamer.

κατοικεῖν : Inf. Prés. Act. de κατοικέω. Habiter dans un lieu, venir habiter.

οἴκῳ : Subst. Dat. masc. sg. Maison, habitation.

ἡμέρας : Subst. Acc. fém. plur. Jour.

θεωρεῖν : Inf. Prés. Act. de θεωρέω. Regarder, observer, examiner, contempler.

τερπνότητα : Subst. Acc. fém. sg. Réjouissant, agréable, charmant, gai, joyeux.

ἐπισκέπτεσθαι : Inf. Prés. Moyen de ἐπισκέπτομαι. Aller examiner, visiter, observer. Rechercher, considérer.

ναόν : Subst. Acc. masc. sg. Temple, intérieur ou nef d'un temple.

v.5

ἔκρυψεν : Ind. Ao Act. 3e sg. de κρύπτω. Cacher, couvrir, faire mystère.

σκηνῇ : Subst. Dat. fém. sg. Tente, hutte, tabernacle.

ἐσκέπασεν : Ind. Ao Act. 3e sg. de σκεπάζω. Couvrir, abriter, protéger.

ἀποκρύφῳ : Adj. Dat. sg. L'expression « ἐν ἀποκρύφῳ » = en secret.

πέτρᾳ : Subst. Dat. fém. sg. Pierre, roche, rocher, roc, grotte dans un rocher.

ὕψωσεν : Ind. Ao Act. 3e sg. de ὑψόω. Élever, hausser, exalter.

v.6

νῦν : Adv. de temps. Maintenant, à présent, actuellement, justement, il y a un instant, désormais.

ἰδού : Interjection. Voici, voilà.

κεφαλήν : Subst. Acc. fém. sg. Tête, chef.

ἐκύκλωσα : Ind. Ao Act. 1re sg. de κυκλόω. Faire cercle autour, entourer, faire le tour.

ἔθυσα : Ind. Ao Act. 1re sg. de θύω. Brûler de l'encens, brûler les prémices offertes aux dieux, sacrifier, immoler, célébrer par des sacrifices.

θυσίαν : Subst. Acc. fém. sg. Action de sacrifier, sacrifice, faire, offrir un sacrifice, fête célébrée par des sacrifices.

ἀλαλαγμοῦ : Subst. Gén. masc. sg. Bruit retentissant, cri de joie, cri de guerre, chant de victoire.

ᾄσομαι : Ind. Fut. Moyen 1re sg. de ᾄδω. Chanter, chanter avec accompagnement.

ψαλῶ : Ind. Fut. Act. 1re sg. de ψάλλω. Tirer, faire vibrer la corde d'un arc ou d'un instrument de musique, jouer, chanter accompagné d'un instrument à cordes, psalmodier.

v.7

εἰσάκουσον : Impér. Ao Act. 2e sg. de εἰσακούω. Tendre l'oreille, prêter l'oreille, entendre, exaucer, obéir.

ἐκέκραξα : Ind. Ao Act. 1re sg. de κράζω. Pousser un cri rauque, crier.

ἐλέησον : Impér. Ao Act. 2e sg. de ἐλέεω. S'apitoyer, avoir pitié.

v.8

σοί : Pron. Pers. Dat. 2e pers. sg. À toi.

εἶπεν : Ind. Ao 2 Act. 3e sg. de λέγω. Dire (au sens le plus étendu).

᾿Εζήτησεν : Ind. Ao Act. 3e sg. de ζητέω. Chercher quelqu'un ou quelque chose, réclamer.

πρόσωπον : Subst. Acc. neutre sg. Face, visage.

ζητήσω : Ind. Fut. Act. 1re sg. de ζητέω.

v.9

ἀποστρέψῃς : Subj. Ao Act. 2e sg. de ἀποστρέφω. Retourner, détourner, se détourner, ramener, remettre.

ἐκκλίνῃς : Subj. Ao Act. 2e sg. de ἐκκλίνω. Faire fléchir, faire dévier, éviter, s'écarter, se détourner.

δούλου : Subst. Gén. masc. sg. Esclave, serviteur.

βοηθός : Subst. Nom masc. sg. Qui secourt, apporte aide, appui. Défenseur.

γενοῦ : Impér. Ao 2 Moyen 2e sg. de γίνομαι. Naître, devenir, arriver, parvenir, être : dans le sens le plus étendu.

ἀποσκορακίσῃς : Subj. Ao Act. 2e sg. de ἀποσκορακίζω. Envoyer aux corbeaux, rejeter bien loin, chasser avec colère, mépriser.

ἐγκαταλίπῃς : Subj. Ao 2 Act. 2e sg. de ἐγκαταλείπω. Laisser derrière soi, laisser subsister, laisser, abandonner, délaisser, déserter.

v.10

ἐγκατέλιπον : Ind. Ao 2 3e plur. de ἐγκαταλείπω.

προσελάβετο : Ind. Ao 2 Moyen 3e sg. de προσλαμβάνω. Prendre dans le sens le plus étendu ; prendre avec soi, pour soi, prendre sous sa protection, aider, assister, accueillir, recueillir, recevoir, saisir.

v.11

νομοθέτησον : Impér. Ao Act. 2e sg. de νομοθετέω. Doter de lois, établir des lois, être législateur.

ὁδῷ : Subst. Dat. fém. sg. Voie, route, chemin.

ὁδήγησον : Impér. Ao Act. 2e sg. de ὁδηγέω. Conduire, diriger, guider sur une route, un chemin, frayer un chemin.

τρίβῳ : Subst. Dat. fém. sg. Chemin fréquenté, usé par des allées et venues, sentier.

εὐθείᾳ : Adj. Dat. fém. sg. Droit, direct.

ἕνεκα : Prép. + Gén. À cause de, en vue de.

v.12

παραδῷς : Subj. Ao 2 Act. 2e sg. de παραδίδωμι. Transmettre, livrer, remettre, communiquer.

ψυχάς : Subst. Acc. fém. plur. Souffle, âme. Une personne, un être vivant.

θλιβόντων : Part. Prés. Act. Gén. masc. plur. de θλίβω.

ἐπανέστησαν : Ind. Ao Act. 3e plur. de ἐπανίστημι.

μοι : Pron. Pers. Dat. 1re sg. À moi.

μάρτυρες : Subst. Nom. masc. plur. Témoin, martyr.

ἄδικοι : Adj. Nom. masc. plur. Injuste, méchant.

ἐψεύσατο : Ind. Ao Moyen 3e sg. de ψεύδομαι. Mentir, tromper, abuser.

ἀδικία : Subst. Nom. fém. sg. Injustice, tort, faute.

ἑαυτῇ : Pron. Réfléchi Dat. 3e pers. fém. sg. À elle-même.

v.13

πιστεύω : Ind. Prés. Act. 1re sg. de πιστεύω. Croire, avoir foi, se fier à, avoir confiance.

ἰδεῖν : Inf. Ao 2 Act. de ὁράω. Voir, regarder.

ζώντων : Part. Prés. Act. Gén. masc. plur. de ζάω. Vivre.

v.14

ὑπόμεινον : Impér. Ao Act. 2e sg. de ὑπομένω. Rester en place, ne pas bouger, demeurer, tenir bon, attendre.

ἀνδρίζου : Impér. Prés. Pass. 2e sg. de ἀνδρίζομαι. Être un homme, rendre fort comme un homme, rendre viril, courageux, robuste, se conduire en homme, atteindre l'âge viril.

κραταιούσθω : Impér. Prés. Pass. 3e pers. sg. de κραταιόω. Rendre fort, se fortifier, devenir fort.

PSAUME 27

v.1 :

ἐκέκραξα : Ind. Ao Act. 1re sg. de κράζω. Crier.

παρασιωπήσῃς : Subj. Ao Act. 2e sg. de παρασιωπάω. Être silencieux, passer sous silence, ne pas faire mention de.

μήποτε : Adverbe. Jamais.

ὁμοιωθήσομαι : Ind. Fut. Pass. 1re sg. de ὁμοιόω. Rendre semblable, s'assimiler, se comparer, devenir semblable.

καταβαίνουσιν : Part. substantivé Prés. Act. Dat. masc. plur. de καταβαίνω. Descendre, faire descendre, amener en bas, abaisser.

λάκκον Subst. Acc. masc. sg. Cavité, trou, fosse, citerne, fossé, abîme.

v.2

εἰσάκουσον : Impér. Ao Act. 2e sg. de εἰσακούω. Écouter, entendre, exaucer.

δεήσεώς : Subst. Gén. fém. sg. Besoin, demande instante, prière.

δέεσθαι : Inf. Prés. Moyen de δέομαι. Avoir besoin, manquer d'où : demander, prier, solliciter.
αἴρειν : Inf. Prés. Act. de αἴρω. Lever, soulever, porter.
ναόν : Subst. Acc. masc. sg. Temple, intérieur ou nef d'un temple.

v.3
συνελκύσῃς : Subj. Ao Act. 2e sg. de συνέλκω. Tirer ensemble dans un même endroit, resserrer, contracter, rassembler, réunir.
ἐργαζομένων : Part. Prés. Moyen Gén. plur. de ἐργάζομαι. Travailler à quelque chose, faire, exécuter, œuvrer, produire.
συναπολέσῃς : Subj. Ao Act. 2e sg. de συναπόλλυμι. Faire périr, perdre ou détruire.
πλησίον : Adverbe avec article au génitif. (cf. Ps 11,3).

v.4
δὸς : Impér. Ao 2 Act. 2e sg. de δίδωμι. Donner.
ἐπιτηδευμάτων : Subst. Gén. neutre plur. Ce à quoi l'on s'attache, chose dont on s'occupe : occupation, étude, profession. Règle de conduite, principe, mœurs.
ἀπόδος : Impér. Ao 2 Act. 2e sg. de ἀποδίδωμι. Rendre, restituer, donner en échange, payer, acquitter ce qui est dû, livrer, remettre.
ἀνταπόδομα : Subst. Acc. / Nom. neutre sg. Ce qui revient en échange, équivalent, rétribution, récompense.

v.5
συνῆκαν : Ind. Ao Act. 3e plur. de συνίημι. Rapprocher, mettre aux prises ; saisir par les sens et la réflexion, comprendre.
καθελεῖς : Ind. Fut. Second Act. 2e sg. de καθαιρέω. Tirer de haut en bas, abaisser, faire descendre. Abattre, renverser, ruiner, détruire, dompter, subjuguer.
οἰκοδομήσεις : Ind. Fut. Act. 2e sg. de οἰκοδομέω. Bâtir une maison, construire, édifier.

v.6
εὐλογητός : Adj. Nom. masc. sg. Béni.

v.7
ὑπερασπιστής : Subst. Nom. masc. sg. Protecteur, défenseur.
ἐβοηθήθην : Ind. Ao Pass. 1re sg. de βοηθέω. Être secouru, soulagé.
ἀνέθαλεν : Ind. Ao 2 Act. 3e sg. de ἀναθάλλω. Reverdir, refleurir ; ou faire pousser, faire refleurir.
ἐξομολογήσομαι : Ind. Fut. Moyen 1re sg. de ἐξομολογέομαι. Consentir à, promettre, avouer, confesser, rendre grâce, remercier.

v.8
κραταίωμα : Subst. Nom. neutre sg. Appui solide, force.

v.9

ποίμανον : Impér. Ao Act. 2e sg. de ποιμαίνω. Faire paître, mener paître, diriger,

ἔπαρον : Impér. Ao Act. 2e sg. de ἐπαίρω. Lever, élever, soulever.

PSAUME 28

v.1

ἐξοδίου : Subst. Neutre masc. sg. Dénouement, épilogue, sortie, départ. Fête des Juifs en souvenir de la sortie d'Égypte.

ἐνέγκατε : Impér. Ao Act. 2e plur. de φέρω. Porter, porter à, porter vers, apporter, rapporter, porter en avant, transporter, remporter, supporter, présenter.

τιμήν : Subst. Acc. fém. sg. Honneur, estime, considération, charge, dignité.

v.2

προσκυνήσατε : Impér. Ao Act. 2e plur. de προσκυνέω. Saluer en se prosternant, se prosterner devant un dieu, adorer.

αὐλῇ : Subst. Dat. fém. sg. gîte des animaux, tout espace à l'air libre, cour d'une maison ou devant la maison, cour impériale, palais d'un prince, résidence, demeure. Esplanade qui entoure le sanctuaire à l'intérieur du Temple.

v.3

ὑδάτων : Subst. Gén. neutre plur. Eau, eau de mer, eau de fleuve, de rivière, eau de pluie.

ἐβρόντησεν : Ind. Ao Act. 3e sg. de βροντάω. Tonner, faire gronder le tonnerre.

v.4

ἰσχύι : Subst. Dat. fém. sg. Force physique ou matérielle, vigueur, puissance.

μεγαλοπρεπείᾳ : Subst. Dat. fém. sg. Magnificence, grande magnificence.

v.5

συντρίβοντος : Part. Prés. Act. Gén. masc. sg. de συντρίβω. Frotter ensemble l'un contre l'autre, briser en morceaux, broyer, fracasser, écraser, rouer de coups.

κέδρους : Subst. Acc. fém. plur. Cèdre, arbre d'un bois odorant.

συντρίψει : Ind. Fut. Act. 3e sg. de συντρίβω.

Λιβάνου : Subst. Gén. masc. sg. (Nom propre) Liban (montagne de Syrie).

v.6

λεπτυνεῖ : Ind. Fut. Act. 3e sg. de λεπτύνω. Amincir, amaigrir, atténuer, diminuer l'épaisseur, diviser en menues parcelles d'où broyer, triturer la nourriture.

μόσχον : Subst. masc. (fém. quelquefois) Acc. sg. Veau, génisse, jeune animal.
ἠγαπημένος : Part. substantivé Parf. Moyen / Pass. Nom. masc. sg. de ἀγαπάω. Accueillir avec amitié, traiter avec affection, aimer, chérir.
μονοκερώτων : Subst. Gén. masc. plur. Qui n'a qu'une corne ; licorne.

v.7
διακόπτοντος : Part. Prés. Act. Gén. masc. sg. de διακόπτω. Trancher, fendre, couper, briser, rompre.
φλόγα : Subst. Acc. fém. sg. flamme.

v.8
συσσείοντος : Part. Prés. Act. Gén. masc. sg. de συσσείω. Ébranler fortement, secouer, faire trembler.
συσσείσει : Ind. Fut. Act. 3e sg. de συσσείω.
ἔρημον : Adj. substantivé Acc. fém. sg. Désert, solitaire, solitude. (Étymologie incertaine).

v.9
καταρτιζομένου : Part. Prés. Moyen Gén. masc. sg. de καταρτίζω. Remettre en place, en ordre ou en état, disposer, préparer, réparer, redresser, réunir, réconcilier, pourvoir, parfaire, perfectionner.
ἐλάφους : Subst. Acc. masc. et fém. plur. Cerf, biche.
ἀποκαλύψει : Ind. Fut. Act. 3e sg. de ἀποκαλύπτω. Découvrir, dévoiler.
δρυμούς : Subst. Acc. masc. plur. Forêt, forêt de chênes, bois.

v.10
κατακλυσμὸν : Subst. Acc. masc. sg. Débordement, déluge.
κατοικιεῖ : Ind. Fut. Act. 3e sg. (forme attique) de κατοικίζω. Faire habiter, établir, fonder.
καθίεται : Graphie de καθιεῖται que l'on trouve dans plusieurs manuscrits. Ind. Fut. 3e sg. de καθίζω. S'asseoir, prendre place, siéger.

v.11
ἰσχύν : Subst. Acc. fém. sg.
δώσει : Ind. Fut. Act. 3e sg. de δίδωμι. Donner (dans tous les sens possibles).
εὐλογήσει : Ind. Fut. Act. 3e sg. de εὐλογέω. Parler avec bienveillance, bénir, louer.
εἰρήνῃ : Subst. Dat. fém. sg. Paix.

PSAUME 29

v.1
ἐγκαινισμοῦ : Subst. Gén. masc. sg. Consécration, inauguration, renouvellement, dédicace régénération.

v.2

Ὑψώσω : Ind. Fut. Act. 1re sg. de ὑψόω. Élever, hausser, exalter.

ὑπέλαβες : Ind. Ao 2 Act. 2e sg. de ὑπολαμβάνω. Prendre par-dessous, prendre sur son dos, prendre sous sa protection, recueillir, admettre, saisir.

ηὔφρανας : Ind. Ao Act. 2e sg. de εὐφραίνω. Réjouir, remplir de joie.

v.3

ἐκέκραξα : Ind. Ao Act. 1re sg. de κράζω. Pousser un cri rauque, crier fortement.

ἰάσω : Ind. Ao Moyen 2e sg. de ἰάομαι. Guérir.

v.4

ἀνήγαγες : Ind. Ao 2 Act. 2e sg. de ἀνάγω. Conduire de bas en haut. Faire monter, faire avancer, conduire, amener, ramener.

ᾅδου : Subst. Gén. masc. sg. Hadès, monde souterrain, le séjour des morts.

ἔσωσας : Ind. Ao. Act. 2e sg. de σῴζω. Sauver.

καταβαινόντων : Part. substantivé Prés. Act. Gén. masc. plur. de καταβαίνω. Descendre, amener en bas.

λάκκον : Subst. Acc. masc. sg. Trou, fosse, abîme, citerne.

v.5

ψάλατε : Impér. Ao Act. 2e plur. de ψάλλω. Jouer d'un instrument à cordes, chanter en s'accompagnant sur un instrument à cordes, psalmodier.

ὅσιοι : Adj. substantivé Nom. masc. plur. Celui qui plaît à Dieu, pieux, religieux, fidèle, saint.

ἐξομολογεῖσθε : Impér. Prés. Moyen 2e plur. de ἐξομολογέω. Avouer, confesser, glorifier, rendre grâce.

μνήμῃ : Subst. Dat. fém. sg. Faculté de se souvenir, mémoire.

ἁγιωσύνης : Subst. Gén. fém. sg. Sainteté.

v.6

θυμῷ : Subst. Dat. masc. sg. Colère, fureur, courroux, indignation, irritation, emportement du cœur.

θελήματι : Subst. Dat. neutre sg. Volonté, vouloir, désir.

ἑσπέρας : Subst. Gén. fém. sg. Soir.

αὐλισθήσεται : Ind. Fut. Pass. 3e sg. de αὐλίζομαι. Vivre en plein air, séjourner en plein air, camper, passer la nuit en plein air.

κλαυθμός : Subst. Nom. masc. sg. Lamentation, gémissement, pleurs, larmes.

πρωί : Adv. le matin, dès le matin, au point du jour.

ἀγαλλίασις : Subst. Nom. fém. sg. Allégresse, jubilation.

v.7

εἶπα : Ind. Ao 1re sg. Act. du système λέγω. Parler, dire.

εὐθηνίᾳ : Subst. Dat. fém. sg. Abondance, plénitude.

σαλευθῶ : Subj. Ao Pass. 1re sg. de σαλεύω. Agiter, secouer, ébranler.

v.8

παρέσχου : Ind. Ao 2 Moyen 2e sg. de παρέχω. Fournir, procurer, accorder, permettre, concéder, promettre.

κάλλει : Subst. Dat. neutre sg. Beauté.

δύναμιν : Subst. Acc. fém. Sg. Pouvoir, capacité, force, puissance.

ἀπέστρεψας : Ind. Ao Act. 2e sg. de ἀποστρέφω. Retourner, détourner, tourner d'un autre côté, faire retourner, faire revenir.

ἐγενήθην : Ind. Ao Pass. 1re sg. de γίνομαι. Devenir, être, arriver à, parvenir.

τεταραγμένος : Part. Parf. Pass. Nom. masc. sg. de ταράσσω. Être agité, troublé, déconcerté, être en désordre, confondu, brouillé, bouleversé.

v.9

κεκράξομαι : Ind. Fut. Parf. Sens actif 1re sg. de κράζω.

δεηθήσομαι : Ind. Fut. Pass. 1re sg. de δέομαι. Avoir besoin, manquer d'où : demander avec intensité, solliciter, supplier, prier.

v.10

ὠφέλεια : Subst. Nom. fém. sg. Utilité, avantage, profit.

αἵματι : Subst. Dat. neutre sg. Sang.

καταβῆναι : Inf. Ao 2 Act. de καταβαίνω.

διαφθοράν : Subst. Acc. fém. sg. Corruption, destruction.

ἐξομολογήσεται : Ind. Fut. Moyen 3e sg. de ἐξομολογέω.

χοῦς : Subst. Nom. masc. sg. Amas de terre, terre, poussière.

ἀναγγελεῖ : Ind. Fut. 3e sg. de ἀναγγέλλω. Annoncer, rapporter, redire.

v.11

ἠλέησεν : Ind. Ao Act. 3e sg. de ἐλεέω. Avoir pitié, s'apitoyer.

v.12

κοπετόν : Subst. Acc. masc. sg. Coup dont on se frappe en signe de douleur ; par extension : lamentation.

χορόν : Subst. Acc. masc. sg. Danse en chœur ou en rond, danse accompagnée de chant ; place où l'on danse ; chœur ou troupe de danseurs et de chanteurs.

διέρρηξας : Ind. Ao Act. 2e sg. de διαρρήγνυμι ou διαρρηγνύω ou διαρρήσσω. Briser, déchirer, mettre en pièces, rompre.

σάκκον : Subst. Acc. masc. sg. Grosse étoffe grossière de poil de chèvre, d'où : sac, bissac ; vêtement grossier, casaque.

περιέζωσας : Ind. Ao Act. 2e sg. de περιζώννυμι ou περιζωννύω. Ceindre le corps, l'entourer d'une ceinture.

εὐφροσύνην : Subst. Acc. fém. sg. Gaieté, joie, joie qui éclate dans une fête, jubilation.

v.13

ψάλῃ : Subj. Ao. Act. 3e sg. de ψάλλω.

κατανυγῶ : Subj. Ao 2 Pass. 1re sg. de κατανύσσω. Pénétrer de douleur, piquer au vif, percer, être transpercé, être pénétré de remords, affliger, tourmenter.

ἐξομολογήσομαι : Ind. Fut. Moyen 1re sg. de ἐξομολογέω.

PSAUME 30

v.1

ἐκστάσεως : Subst. Gén. fém. sg. Déplacement, changement d'état, de nature, être hors de soi, égarement, stupeur, trouble d'esprit, ravissement d'esprit, extase.

v.2

καταισχυνθείην : Opt. Ao Pass. 1re sg. de καταισχύνω. Déshonorer, couvrir de honte ou d'opprobre, flétrir, outrager, corrompre, rougir.

δικαιοσύνῃ : Subst. Dat. fém. sg. Justice, sentiments de justice.

ῥῦσαι : Impér. Ao Moyen 2e sg. de ῥύομαι.Tirer à soi, arracher au danger, délivrer, libérer, sauver.

ἐξελοῦ : Impér. Ao 2 Moyen 2e sg. de ἐξαιρέω. Au moyen : Extraire, ôter, enlever, secourir, arracher des dangers, prendre pour soi, mettre de côté, exclure.

v.3

κλῖνον : Impér. Ao Act. 2e sg. de κλίνω. Faire pencher, incliner, baisser.

τάχυνον : Impér. Ao. Act. 2e sg. de ταχύνω. Faire promptement, se hâter, se presser.

ἐξελέσθαι : Inf.. Ao 2 Moyen de ἐξαιρέω.

γενοῦ : Impér. Ao 2 Moyen 2e sg. de γίνομαι. Naître, venir à l'existence, arriver, devenir.

καταφυγῆς : Subst. Gén. fém. sg. Refuge, lieu de refuge.

σῶσαι : Inf. Ao Act. de σῴζω. Sauver.

v.4

κραταίωμα : Subst. Nom. neutre sg. Ferme appui, appui solide.

ἕνεκεν : Prép. À cause de, en vue de quoi.

ὁδηγήσεις : Ind. Fut. Act. 2e sg. de ὁδηγέω. Guider, conduire, diriger.

διαθρέψεις : Ind. Fut. Act. 2e sg. de διατρέφω. Nourrir, alimenter.

v.5

ἐξάξεις : Ind. Fut. Act. 2e sg. de ἐξάγω. Mener hors, faire sortir, tirer hors.

ἔκρυψαν : Ind. Ao Act. 3e plur. de κρύπτω. Couvrir, cacher.

v.6

χεῖρας : Subst. Acc. fém. plur. Main.

παραθήσομαι : Ind. Fut. Moyen 1re sg. de παρατίθημι. Mettre ou placer près de soi, devant soi.

ἐλυτρώσω : Ind. Ao Moyen 2e sg. de λυτρόω. Payer une rançon, racheter, délivrer.

v.7

ἐμίσησας : Ind. Ao Act. 2e sg. de μισέω. Haïr, détester.

διαφυλάσσοντας : Part. Prés. Act. Acc. masc. plur. de διαφυλάσσω. Conserver, garder, observer, préserver.

ματαιότητας : Subst. Acc. fém. plur. Vanité, inutilité.

διὰ κενῆς : Vainement, d'une façon absolument vaine, sans rien, sans rien faire, à vide.

v.8

ἐπεῖδες : Ind. Ao 2 Act. 2e sg. de ἐπιδεῖν / ἐφοράω. Avoir l'œil sur, regarder, observer, surveiller.

ἀναγκῶν : Subst. Gén. fém. plur. Nécessité, obligation, contrainte, exigence naturelle, situation critique, douleur physique, souffrance, supplice, torture.

v.9

συνέκλεισας : Ind. Ao Act. 2e sg. de συγκλείω. Enfermer ensemble, fermer, clore, réunir, joindre ensemble, mettre à l'étroit, réduire.

ἔστησας : Ind. Ao Act. 2e sg. de ἵστημι. Placer, établir, mettre, poser.

εὐρυχώρῳ : Adj. Dat. sg. Large, étendu, vaste, spacieux.

v.10

θλίβομαι : Ind. Prés. Pass. 1re sg. de θλίβω. Presser, écraser, opprimer, oppresser, resserrer, affliger, maltraiter.

ἐταράχθη : Ind. Ao Pass. 3e sg. de ταράσσω. Troubler, agiter, mettre en désordre, déconcerter, brouiller.

θυμῷ : Subst. Dat. masc. sg. Colère, fureur.

γαστήρ : Subst. Nom. fém. sg. Ventre, estomac ; (et aussi : ventre de la femme, giron).

v.11

ἐξέλιπεν : Ind. Ao 2 Act. 3e sg. de ἐκλείπω. Quitter, laisser, abandonner.

ὀδύνῃ : Subst. Dat. fém. sg. Douleur, souffrance.

ἔτη : Subst. Nom. neutre plur. An, année.

στεναγμοῖς : Subst. Dat. masc. plur. Gémissement, soupir.

πτωχείᾳ : Subst. Dat. fém. sg. Mendicité, misère, pauvreté.

ἐταράχθησαν : Ind. Ao Pass. 3e plur. de ταράσσω.

v.12

ὄνειδος : Subst. Nom. neutre sg. Opprobre, honte.

γείτοσιν : Subst. Dat. masc. ou fém. plur. Voisin.

γνωστοῖς : Adj. subst. Dat. masc. plur. Qu'on peut connaître, comprendre, connu, reconnu.

θεωροῦντες : Part. Prés. Act. Nom. masc. plur. de θεωρέω. Être spectateur, regarder, observer, contempler.

ἔξω : Adv. de lieu, dehors.
ἔφυγον : Ind. Ao 2 Act. 3e plur. de φεύγω. Prendre la fuite, fuir, échapper, s'enfuir.

v.13
ἐπελήσθην : Ind. Ao Passif 1re sg. de ἐπιλανθάνω. Être oublié, omis, négligé.
σκεῦος Subst. Nom. neutre sg. Vase, ustensile.
ἀπολωλός : Part. Parf. 2 Act. Nom. neutre sg. de ἀπόλλυμι.

v.14
ψόγον : Subst. Acc. masc. sg. Blâme, reproche, censure.
παροικούντων : Part. Prés. Act. Gén. masc. plur. de παροικέω. Habiter le long de, auprès de, habiter quelque part.
κυκλόθεν : Adv. Autour, tout autour.
ἐπισυναχθῆναι : Inf. Ao Pass. de ἐπισυνάγω. Rassembler en outre, réunir, condenser.
ἅμα : Adv. Ensemble, tout à la fois, en même temps.
λαβεῖν : Inf. Ao 2 Act. de λαμβάνω. Prendre, saisir, s'emparer.
ἐβουλεύσαντο : Ind. Ao Moyen 3e plur. de βουλεύω. Délibérer, tenir conseil, projeter, décider.

v.16
καιροί : Subst. Nom. masc. plur. Moment convenable, opportun, temps favorable.
καταδιωκόντων : Part. Prés. Act. Gén. masc. plur. de καταδιώκω. Poursuivre, rechercher.

v.17
ἐπίφανον : Impér. Ao Act. 2e sg. de ἐπιφαίνω. Faire voir, apparaître, paraître, se montrer à l'improviste.

v.18
ἐπεκαλεσάμην : Ind. Ao Moyen 1re sg. de ἐπικαλέω. Appeler à soi, à son secours, invoquer.
αἰσχυνθείησαν : Opt. Ao Pass. 3e plur. de αἰσχύνω. Être honteux, être confus, rougir.
καταχθείσαν : Opt. Ao Pass. 3e plur. de κατάγω. Faire descendre, mener à terre, conduire en bas.

v.19
ἄλαλα : Adj. Nom. neutre plur. Qui ne parle pas, muet.
γενηθήτω : Impér. Ao Pass. 3e sg. de γίνομαι.
χείλη : Subst. Nom. neutre plur. Lèvres.
δόλια : Adj. Nom. neutre plur. Rusé, trompeur, fourbe.
λαλοῦντα : Part. Prés. Act. Nom. neutre plur. de λαλέω. Babiller, bavarder, parler.
ὑπερηφανίᾳ : Subst. Dat. fém. sg. Fierté, arrogance, orgueil.
ἐξουδενώσει : Subst. Dat. fém. sg. Mépris.

v.20
πολύ : Adj. neutre sg. de sens adverbial. Beaucoup, en quantité.

πλῆθος : Subst. Nom. neutre sg. Grande quantité, grand nombre, foule, multitude.
χρηστότητος : Subst. Gén. fém. sg. Bonté, honnêteté, bien moral, utilité, obligeance.
ἔκρυψας : Ind. Ao Act. 2e sg. de κρύπτω. Couvrir, couvrir pour protéger, cacher.
φοβουμένοις : Part. Prés. Moyen Dat. masc. plur. de φοβέω. Craindre.
ἐξειργάσω : Ind. Ao Moyen 2e sg. de ἐξεργάζομαι. Effectuer, exécuter, réaliser, mener à terme, achever, faire, travailler avec soin.
ἐλπίζουσιν ; Part. Prés. Act. Dat. masc. plur. de ἐλπίζω. Espérer.
ἐναντίον : Adv. En face de, devant.

v.21
κατακρύψεις : Ind. Fut. Act. 2e sg. de κατακρύπτω. Déposer en cachant, cacher entièrement, dissimuler, couvrir.
ἀποκρύφῳ : Adj. Datif sg. Soustrait aux regards, caché, secret, mystérieux.
σκεπάσεις : Ind. Fut. Act. 2e sg. de σκεπάζω. Couvrir, abriter, protéger.
ἀντιλογίας : Subst. Gén. fém. sg. Réplique, contestation, contradiction, controverse.

v.22
εὐλογητός : Adj. Nom. masc. sg. Béni.
ἐθαυμάστωσεν : Ind. Ao Act. 3e sg. de θαυμαστόω. Rendre étonnant, admirable, magnifier, exalter.
περιοχῆς : Subst. Gén. fém. sg. Ce qui entoure : enveloppe d'un corps ; pourtour, ce qui est entouré d'où : étendue, développement. Alentour ou environ d'un lieu, fortification.

v.23
ἐκστάσει : Subst. Dat. fém. sg.
ἀπέρριμμαι : Ind. Parf. Pass. 1re sg. de ἀπορρίπτω. Jeter, rejeter, expulser, bannir.
κεκραγέναι : Inf. Parf. Act. de κράζω. Croasser, crier, vociférer, demander à grands cris.

v.24
ἀγαπήσατε : Impér. Ao Act. 2e plur. de ἀγαπάω. Accueillir avec amitié, aimer, chérir.
ἐκζητεῖ : Ind. Prés. Act. 3e sg. de ἐκζητέω. Chercher, rechercher, réclamer.
ἀνταποδίδωσιν : Ind. Prés. Act. 3e sg. de ἀνταποδίδωμι. Rendre à son tour, ou en échange, renvoyer, répercuter, faire passer de soi à un autre, répondre, répliquer.
περισσῶς : Adv. Au-delà de la mesure, supérieurement, éminemment, singulièrement, beaucoup.
ὑπερηφανίαν : Subst. Acc. fém. sg.

v.25
ἀνδρίζεσθε : Impér. Prés. Pass. 2e plur. de ἀνδρίζομαι. Rendre fort comme un homme, se conduire en homme, agir en homme : de manière virile.
κραταιούσθω : Impér. Prés. Pass. 3e sg. de κραταιόω. Fortifier, affermir.

PSAUME 31

v.1

συνέσεως : Subst. Gén. fém. sg. Rencontre, jonction ; intelligence, compréhension, entendement, sagacité.

Μακάριοι : Adj. Nom. masc. plur. Heureux, bienheureux.

ἀφέθησαν : Ind. Ao Pass. 3e plur. de ἀφίημι. Envoyer, mettre hors, faire sortir, lâcher, laisser aller, décharger quelqu'un d'une accusation, absoudre, acquitter, remettre, faire grâce, pardonner.

ἐπεκαλύφθησαν : Ind. Ao Pass. 3e plur. de ἐπικαλύπτω. Couvrir, cacher, fermer, clore, voiler.

ἁμαρτίαι : Subst. Nom. fém. plur. Péché, erreur, faute.

v.2

λογίσηται : Subj. Ao Moyen 3e sg. de λογίζομαι. Compter, calculer, mettre au compte de quelqu'un d'où : imputer, attribuer.

δόλος : Subst. Nom. masc. sg. Ruse, tromperie, fraude.

v.3

ἐσίγησα : Ind. Ao Act. 1re sg. de σιγάω. Se taire, garder le silence, rester silencieux, ne faire aucun bruit.

ὀστᾶ : Subst. Nom. neutre plur. Os, ossement.

ἐπαλαιώθη : Ind. Ao Pass. 3e sg. de παλαιόω. Rendre vieux, devenir vieux, vieillir, tomber en désuétude, passer, être périmé.

κράζειν : Inf. Prés. Act. de κράζω. Crier.

v.4

ἐβαρύνθη : Ind. Ao Pass. 3e sg. de βαρύνω. Charger d'un fardeau, appesantir, alourdir, accabler, incommoder, mécontenter.

ἐστράφην : Ind. Ao 2 Pass. 1re sg. de στρέφω. Tourner, retourner.

ταλαιπωρίαν : Subst. Acc. fém. sg. Peine, épreuve, fatigue, misère.

ἐμπαγῆναι : Inf. Ao 2 Pass. de ἐμπήγνυμι. Planter, enfoncer, percer.

ἄκανθαν : Subst. Acc. fém. sg. Épine, ronce, chardon d'où : aiguillon, difficulté.

v.5

ἐγνώρισα : Ind. Ao Act. 1re sg. de γνωρίζω. Faire connaître, montrer, indiquer, expliquer, faire découvrir.

ἐκάλυψα : Ind. Ao Act. 1re sg. de κάλυπτω.

ἐξαγορεύσω : Ind. Fut. Act. 1re sg. de ἐξαγορεύω. Énoncer, déclarer, faire connaître ses péchés, révéler, confesser.

ἀφῆκας : Ind. Ao Act. 2e sg. de ἀφίημι.

ἀσέβειαν : Subst. Acc. fém. sg. Impiété.

v.6

προσεύξεται : Ind. Fut. Moyen 3e sg. de προσεύχομαι. Prier, adresser des prières à, appeler par ses vœux, demander par une prière.

καιρῷ : Subst. Dat. masc. sg. Moment convenable ou opportun, temps favorable, occasion.

εὐθέτῳ : Adj. Dat. masc. sg. Bien disposé, bien arrangé, convenable, approprié.

κατακλυσμῷ : Subst. Dat. masc. sg. Inondation, déluge.

ἐγγιοῦσιν : Ind. Fut. (att.) Act. 3e sg. de ἐγγίζω. Approcher, s'approcher, faire avancer, accélérer.

v.7

καταφυγή : Subst. Nom. fém. sg. Refuge, lieu de refuge, asile.

περιεχούσης : Part. substantivé Prés. Act. Gén. fém. sg. de περιέχω. Entourer, envelopper, cerner, ceindre, investir.

ἀγαλλίαμα : Subst. Nom. neutre sg. Allégresse, joie, transport de joie.

λύτρωσαι : Impér. Ao Moyen 2e sg. de λυτρόω. Délivrer moyennant rançon, racheter.

κυκλωσάντων : Part. substantivé Ao Act. Gén. masc. plur. de κυκλόω. Arrondir en cercle, courber de manière à former un cercle, envelopper, cerner.

v.8

συνετιῶ : Ind. Fut. Act. 1re sg de συνετίζω. Faire comprendre, instruire.

συμβιβῶ : Ind. Fut. Act. 1re sg. de συβιβάζω. Sens premier : Ajuster ensemble, assembler, renforcer la cohésion. Faire convenir quelqu'un de quelque chose d'où : convaincre, instruire.

πορεύσῃ : Ind. Fut. Moyen 2e sg. de πορεύομαι. Marcher, faire route, aller, se rendre.

ἐπιστηριῶ Ind. Fut. Act. 1re sg. de ἐπιστηρίζω. Appuyer, appuyer une chose sur une autre, fixer solidement, s'appuyer, s'affermir, se fortifier.

v.9

γίνεσθε : Impér. Prés. Moyen 2e plur. de γίνομαι. Devenir.

ἵππος : Subst. Nom. masc. sg. Cheval, coursier.

ἡμίονος : Subst. Nom. masc. (quelquefois fém.) sg. Mule, mulet.

χαλινῷ : Subst. Dat. masc. sg. Frein, mors ou bride.

κημῷ : Subst. Dat. masc. sg. Muselière.

σιαγόνας : Subst. Acc. fém. plur. Mâchoire.

ἄγξαι : Impér. Ao Moyen 2e sg. de ἄγχω. Serrer, presser, étreindre, étouffer, étrangler.

ἐγγιζόντων : Part. Prés. Act. Gén. masc. plur. de ἐγγίζω.

v.10

μάστιγες : Subst. Nom. fém. plur. Lanière de cuir, fouet.

ἐλπίζοντα : Part. Prés. Act. Acc. masc. sg. de ἐλπίζω. Espérer.

v.11

εὐφράνθητε : Impér. Ao Pass. 2e plur. de εὐφραίνω. Se réjouir, jubiler.

ἀγαλλιᾶσθε : Impér. Prés. Moyen 2e plur. de ἀγαλλιάω. Exulter, jubiler, être dans l'allégresse, se réjouir.

καυχᾶσθε : Impér. Prés. Moyen 2e plur. de καυχάομαι. Se vanter, se glorifier

PSAUME 32

v.1

Ἀγαλλιᾶσθε : Impér. Prés. Moyen 2e sg. de ἀγαλλιάω / ἀγαλλιάομαι. Exulter, jubiler, être dans l'allégresse se réjouir.

δίκαιοι : Adj. Nom. masc. plur. Juste, honnête.

εὐθέσι : Adj. substantivé Dat. masc. plur. Droit.

πρέπει : Ind. Prés. Act. 3e sg. de πρέπω. Dans le contexte : qui convient, s'accorde, est conforme à.

αἴνεσις : Subst. Nom. fém. sg. Louange.

v.2

ἐξομολογεῖσθε : Impér. Prés. Moyen 2e sg. de ἐξομολογέω. Rendre grâce, dire l'action de grâce, remercier, célébrer.

κιθάρᾳ : Subst. Dat. fém. sg. Cithare, instrument à cordes, semblable au kinor.

ψαλτηρίῳ : Subst. Dat. neutre sg. Psaltérion, instrument à cordes en usage chez les Hébreux et les Grecs ; harpe.

δεκαχόρδῳ : Adj. Dat. neutre sg. Qui a dix cordes.

v.3

ᾄσατε : Impér. Ao Act. 2e plur. de ᾄδω. Chanter.

ᾆσμα : Subst. Nom. neutre sg. Chant, chanson, air, cantique.

καινόν : Adj. Nom. neutre sg. Nouveau, neuf.

καλῶς : Adv. D'une belle manière, bellement, bien comme il faut, heureusement.

ἀλαλαγμῷ : Subst. Dat. masc. sg. Cri de guerre, cri de joie, chant de victoire, bruit joyeux des chants, des flûtes.

v.4

ἔργα : Subst. Nom. neutre plur. Ouvrage, œuvre.

πίστει : Subst. Dat. fém. sg. masc. Qu'on peut croire, foi, digne de foi, ce qui fait foi, sûr, croyable, confiance, fidélité.

v.5

ἀγαπᾷ : Ind. Prés. Act. 3e sg. de ἀγαπάω. Accueillir avec amitié, traiter amicalement, aimer, chérir.

ἐλεημοσύνην : Subst. Acc. fém. sg. Compassion, pitié, don charitable, aumône.
κρίσιν : Subst. Acc. fém. sg. Faculté de choisir, action de séparer, action de décider d'où : décision, jugement,
πλήρης : Adj. Nom. fém. sg. Plein, rempli, comblé.

v.6
ἐστερεώθησαν : Ind. Ao Pass. 3e plur. de στερεόω. Rendre ferme, vigoureux, consolider, fortifier.
πνεύματι : Subst. Dat. neutre sg. Souffle.

v.7
συνάγων : Part. Prés. Act. Nom. masc. sg. de συνάγω. Amener ensemble, conduire ensemble, rassembler, joindre, réunir, recueillir.
ἀσκόν : Subst. Acc. masc. sg. Peau de bête écorchée, cuir, sac de peau ou de cuir, outre.
τιθείς : Part. Prés. Act. Nom. masc. sg. de τίθημι. Poser, placer, mettre, déposer, enterrer, fixer, établir.
θησαυροῖς : Subst. Dat. masc. plur. Dépôt d'argent, trésor, dépôt de choses précieuses, objet de valeur, endroit où l'on met des choses précieuses, coffret, écrin.
ἀβύσσους : Subst. Acc. fém. plur. Qui est sans fond, gouffre, abîme.

v.8
φοβηθήτω : Impér. Ao Pass. 3e sg. de φοβέω. Effrayer, chasser par la crainte.
σαλευθήτωσαν : Impér. Ao Pass. 3e plur. de σαλεύω. Ébranler, secouer, agiter.

v.9
ἐγενήθησαν : Ind. Ao Pass. 3e plur. de γίνομαι. Devenir, naître, arriver.
ἐνετείλατο : Ind. Ao Moyen 3e sg. de ἐντέλλομαι. Enjoindre, commander, ordonner, donner ordre.
ἐκτίσθησαν : Ind. Ao Pass. 3e plur. de κτίζω. Bâtir, fonder, inventer, créer, faire.

v.10
διασκεδάζει : Ind. Prés. Act. 3e sg. de διασκεδάζω (autre forme pour διασκεδάννυμι). Dissiper, disperser de côté et d'autre, détruire, ruiner, répandre.
ἀθετεῖ : Ind. Prés. Act. 3e sg. de ἀθετέω. Violer un traité, une loi, abroger, annuler, regarder comme nul et non avenu, refuser son assentiment, rejeter.
λογισμούς : Subst. Acc. masc. plur. Compte, calcul, raisonnement, pensée, réflexion.
ἀρχόντων : Subst. Gén. masc. plur. Chef, magistrat

v.12
μακάριον : Adj. Nom. neutre sg. Heureux, bienheureux.
ἐξελέξατο : Ind. Ao Moyen 3e sg. de ἐκλέγω. Choisir, faire un choix, élire.

κληρονομίαν : Subst. Acc. fém. sg. Participation à un héritage, droit d'hérédité, possession.

v.13

ἐπέβλεψεν : Ind. Ao Act. 3e sg. de ἐπιβλέπω.Tourner ses regards, son attention, ses yeux sur, observer.

εἶδεν : Ind. Ao 2 Act. 3e sg. de ὁράω. Voir, regarder, observer, remarquer.

v.14

ἑτοίμου : Adj. Gén. neutre. sg. Qui est sur le point d'être réalisé, prêt, préparé, qui est sous la main, à portée, d'où : facile, aisé ; disposé, empressé.

κατοικητηρίου : Subst. Gén. neutre sg. lieu d'habitation, habitation, maison, domicile, séjour, résidence.

κατοικοῦντας : Part. substantivé Prés. Act. Acc. masc. plur. de κατοικέω. Habiter, s'être établi.

v.15

πλάσας : Part. substantivé Ao Act. Nom. masc. sg. de πλάσσω. Modeler, former, façonner, pétrir de l'argile, modeler avec de l'argile.

συνιείς : Part. substantivé Prés. Act. Nom. masc. sg. de συνίημι. Saisir par les sens ou la réflexion, entendre, reconnaître, comprendre.

v.16

σῴζεται : Ind. Prés. Pass. 3e sg. de σῴζω. Sauver.

γίγας : Subst. Nom. masc. sg. Géant.

σωθήσεται : Ind. Fut. Pass. 3e sg. de σῴζω.

πλήθει : Subst. Dat. neutre sg. Grande quantité, grand nombre, foule, multitude, multiplicité.

v.17

ψευδής : Adj. Nom. masc. sg. Qui ment, qui trompe, mensonger, menteur.

ἵππος : Subst. Nom. masc. sg. Cheval, cheval de trait, cheval de course.

v.19

ῥύσασθαι : Inf. Ao Moyen de ῥύομαι. Tirer d'un danger, arracher, délivrer.

διαθρέψαι : Inf. Ao Act. de διατρέφω. Nourrir, alimenter jusqu'au bout.

λιμῷ : Subst. Dat. masc. sg. (quelquefois : fém.) Faim, famine, besoin de manger.

v.20

ὑπομένει : Ind. Prés. Act. de ὑπομένω. Rester en place, ne pas bouger, demeurer, rester de pied ferme, tenir bon, attendre avec fermeté, avec constance.

ὑπερασπιστής : Subst. Gén. masc. sg. Protecteur, défenseur.

v.21

εὐφρανθήσεται : Ind. Fut. Pass. 3e sg. de εὐφραίνω. Se réjouir, être dans la joie.

ἠλπίσαμεν : Ind. Ao Act. 1re sg. de ἐλπίζω. Espérer

v.22

γένοιτο : Opt. Ao 2 Moyen 3e sg. de γίνομαι.

καθάπερ : Adv. Conj. Comme, ainsi que, de même que.

PSAUME 33

v.1

ἠλλοίωσεν : Ind. Ao Act. 3e sg. de ἀλλοιόω. Rendre différent, changer, subir un changement, une altération, modifier ; devenir aliéné.

ἐναντίον : Adv. Vis-à-vis, en face de, devant.

ἀπέλυσεν : Ind. Ao Act. 3e sg. de ἀπολύω. Délier, détacher, délivrer, renvoyer.

ἀπῆλθεν : Ind. Ao 2 Act. 3e sg. de ἀπέρχομαι. S'en aller, s'éloigner, partir.

v.2

εὐλογήσω : Ind. Fut. Act. 1re sg. de εὐλογέω. Louer, célébrer, bénir.

καιρῷ : Subst. Dat. masc. sg. Moment convenable ou opportun, temps, temps favorable.

αἴνεσις : Subst. Nom. fém. sg. Louange, approbation.

v.3

ἐπαινεσθήσεται : Ind. Fut. Pass. 3e sg. de ἐπαινέω. Donner son assentiment, approuver, faire l'éloge, louer, remercier, rendre grâce.

ἀκουσάτωσαν : Impér. Ao Act. 3e plur. de ἀκούω. Écouter, prêter l'oreille, entendre.

πραεῖς : Adj. Nom. plur. Doux, indulgent clément.

εὐφρανθήτωσαν : Impér. Ao Pass. 3e plur. de εὐφραίνω. Se réjouir, être dans la joie.

v.4

μεγαλύνατε : Impér. Ao Act. 2e plur. de μεγαλύνω. Rendre grand ou puissant, magnifier, fortifier, vanter, glorifier.

ὑψώσωμεν : Subj. Ao Act. 1re plur. de ὑψόω. Hausser, élever, exalter, glorifier.

v.5

ἐξεζήτησα : Ind. Ao Act. 1re sg. de ἐκζητέω. Chercher, rechercher, réclamer.

ἐπήκουσεν : Ind. Ao Act. 3e sg. de ἐπακούω. Prêter l'oreille, écouter ou entendre, obéir, exaucer.

παροικιῶν : Le mot a été traduit par θλιψέων : oppressions.

ἐρρύσατο : Ind. Ao Moyen 3e sg. de ῥύομαι. Tirer à soi, tirer d'un danger, arracher, délivrer, libérer, sauver.

v.6

προσέλθατε : Impér. Ao Act. 2e plur. de προσέρχομαι. S'avancer vers, s'approcher de, avancer.

φωτίσθητε : Impér. Ao Pass. 2e plur. de φωτίζω. Éclairer, donner de la lumière, briller, illuminer.
καταισχυνθῇ : Subj. Ao Pass. 3e sg. de καταισχύνω. Déshonorer, couvrir de honte, ou d'opprobre.

v.7
ἐκέκραξεν : Ind. Ao Act. 3e sg. de κράζω. Pousser un cri rauque, crier fortement.
θλίψεων : Subst. Gén. fém. plur. Pression, compression, oppression.

v.8
παρεμβαλεῖ : Ind. Fut. Act. 3e sg. de παρεμβάλλω. Faire entrer, introduire, intercaler, insérer à côté ou dans l'intervalle ; ranger en ordre de bataille, se mettre en ligne, asseoir son camp.
ἄγγελος : Subst. Nom. masc. sg. Qui apporte une nouvelle, messager, messager de Dieu, ange.
κύκλῳ : Adv. En cercle, en rond, autour.
φοβουμένων : Part. substantivé Prés. Moyen Gén. masc. plur. de φοβέω. Craindre.
ῥύσεται : Ind. Fut. Moyen 3e sg. de ῥύομαι.

v.9
γεύσασθε : Impér. Ao Moyen 2e plur. de γεύω. Goûter.
ἴδετε : Impér. Ao 2 Act. 2e plur. de ὁράω. Voir, regarder, fixer les yeux sur.
χρηστός : Adj. Nom. masc. sg. Avantageux, de bonne qualité, utile ; bon, doué de bonté, dévoué, bienfaisant.

v.10
φοβήθητε : Impér. Ao Pass. 2e plur. de φοβέω.
ἅγιοι : Adj. substantivé Nom. masc. plur. Saint.
ὑστέρημα : Subst. Nom. neutre sg. Ce qui manque, pénurie, indigence, disette, besoin.

v.11
πλούσιοι : Adj. Nom. masc. plur. Riche, opulent.
ἐπτώχευσαν : Ind. Ao Act. 3e plur. de πτωχεύω. Mendier, demander, solliciter, être dans la pauvreté.
ἐπείνασαν : Ind. Ao Act. 3e plur. de πεινάω. Avoir faim de, être affamé, être avide, désirer.
ἐκζητοῦντες : Part. substantivé Prés. Act. Nom. masc. plur. de ἐκζητέω. Rechercher.
ἐλαττωθήσονται : Ind. Fut. Pass. 3e plur. de ἐλαττόω ou ἐλασσόω. Rendre moindre, amoindrir, diminuer, léser.

v.12
δεῦτε : Interj. Ici !, venez !, allons !
τέκνα : Subst. Nom. neutre plur. Enfant.
ἀκούσατε : Impér. Ao Act. 2e plur. de ἀκούω.
διδάξω : Ind. Fut. Act. 1re sg. de διδάσκω. Enseigner, instruire, apprendre.

v.13

θέλων : Part. substantivé Prés. Act. Nom. masc. sg. de θέλω. Vouloir, vouloir bien, consentir.

ἰδεῖν : Inf. Ao 2 Act. de ὁράω.

ἀγαθάς : Adj. Acc. fém. plur. Bon, de bonne qualité, bien.

v.14

παῦσον : Impér. Ao Act. 2e sg. de παύω. Calmer, cesser, arrêter, mettre fin.

λαλῆσαι : Inf. Ao Act. de λαλέω. Babiller, bavarder, parler.

v.15

ἔκκλινον : Impér. Ao Act. 2e sg. de ἐκκλίνω. Faire fléchir, faire dévier, décliner, éviter, détourner, incliner, pencher.

ποίησον : Impér. Ao Act. 2e sg. de ποιέω. Faire, agir.

ζήτησον : Impér. Ao Act. 2e sg. de ζητέω. Chercher, rechercher.

δίωξον : Impér. Ao Act. 2e sg. de διώκω. Mettre en mouvement, pousser, faire avancer ; chasser, exiler, poursuivre, chercher à atteindre.

v. 16

ὦτα : Subst. Nom. neutre plur. Oreilles.

δέησιν : Subst. Acc. fém. sg. Demande, demande instante, prière, supplication.

v.17

ἐξολεθρεῦσαι : Inf. Ao Act. de ἐξολεθρεύω ou ἐξολοθρεύω. Exterminer, anéantir.

μνημόσυνον : Subst. Acc. neutre sg. Mémoire, souvenir, tout ce qui rappelle un souvenir, monument, tombeau.

v.19

ἐγγύς : Adv. Près, auprès de, proche.

συντετριμμένοις : Part. substantivé Parf. Pass. Dat. plur. de συντρίβω. Brisé, broyé, fracassé, abattu, découragé.

v.21

φυλάσσει : Ind. Prés. Act. 3e sg. de φύλασσω. Veiller, monter la garde, garder, surveiller.

ὀστᾶ : Subst. Acc. neutre plur. Os, ossement.

συντριβήσεται : Ind. Fut. Pass. 3e sg. de συντρίβω.

v.22

μισοῦντες : Part. substantivé Prés. Act. Nom. masc. plur. de μισέω. Haïr, détester.

πλημμελήσουσιν : Ind. Fut. Act. 3e plur. de πλημμελέω. Faire une fausse note contre les lois de la mélodie, commettre une faute, une erreur, un péché à l'égard de la justice.

v.23

λυτρώσεται : Ind. Fut. Moyen 3e sg. de λυτρόω. Payer une rançon, racheter.

πλημμελήσωσιν : Subj. Ao Act. 3e plur. de πλημμελέω.

PSAUME 34

v.1

δίκασον : Impér. Ao Act. 2e sg. de δικάζω. Être juge, juger, statuer, décider.

ἀδικοῦντας : Part. substantivé Prés. Act. Acc. masc. plur. de ἀδικέω. Être injuste, agir injustement, léser, faire du tort ou nuire à quelqu'un.

πολέμησον : Impér. Ao Act. 2e sg. de πολεμέω. Être en guerre, faire la guerre, combattre, attaquer par la guerre.

πολεμοῦντας : Part. substantivé Prés. Act. Acc. masc. plur. de πολεμέω.

v.2

ἐπιλαβοῦ : Impér. Ao 2 Moyen 2e sg. de ἐπιλαμβάνω. Se saisir de, s'emparer de.

ὅπλου : Subst. Gén. neutre sg. Outil de toute espèce, instrument, arme et particulièrement arme offensive.

θυρεοῦ : Subst. Gén. masc. sg. Sens premier : grosse pierre tenant lieu de porte. Bouclier carré long, pavois.

ἀνάστηθι : Impér. Ao 2 Act. 2e sg. de ἀνίστημι. Faire se lever, faire lever, lever, élever ériger.

v.3

ἔκχεον : Impér. Ao Act. 2e sg. de ἐκχέω. Verser, répandre hors de ; laisser aller. Ici, emploi métaphorique : sortir, tirer ou dégainer le glaive hors de.

ῥομφαίαν : Subst. Acc. fém. sg. Large sabre, épée, glaive.

σύγκλεισον : Impér. Ao Act. 2e sg. de σύγκλείω. Enfermer ensemble ; fermer le passage, fermer une ligne de bataille, n'y laisser aucun vide, serrer les rangs.

ἐξ ἐναντίας + Gén. : en face avec idée d'hostilité ; en face d'adversaires.

καταδιωκόντων : Part. substantivé Prés. Act. Gén. plur. de καταδιώκω. Poursuivre.

v.4

αἰσχυνθήτωσαν : Impér. Ao Pass. 3e plur. de αἰσχύνω. Avoir honte, rougir, être déshonoré.

ἐντραπήτωσαν : Impér. Ao 2 Pass. 3e plur. de ἐντρέπω. Faire honte, faire rougir, éprouver un sentiment de honte.

ζητοῦντες : Part. substantivé Prés. Act. Nom. masc. plur. de ζητέω. Chercher, rechercher.

ἀποστραφήτωσαν : Impér. Ao 2 Pass. 3e plur. de ἀποστρέφω. Détourner, tourner d'un autre côté, retourner.

καταισχυνθήτωσαν : Impér. Ao Pass. 3e plur. de καταισχύνω. Couvrir de honte, rougir à la vue de.

λογιζόμενοι : Part. substantivé Moyen Nom. masc. plur. de λογίζομαι. Compter, calculer, considérer, réfléchir, raisonner, résoudre, décider.

v.5

γενηθήτωσαν : Impér. Ao Pass. 3e plur. de γίνομαι. Devenir, naître, se produire, avoir lieu.

χνοῦς : Subst. Nom. masc. sg. Poussière, cendre.

ἀνέμου : Subst. Gén. masc. sg. Vent

ἐκθλίβων : Part. Prés. Act. Nom. masc. sg. de ἐκθλίβω. Extraire en pressant ; pressurer, écraser.

v.6

γενηθήτω : Impér. Ao Pass. 3e sg. de γίνομαι.

σκότος : Subst. Nom. neutre ou masc. sg. Obscurité, effet produit par l'ombre, ténèbres.

ὀλίσθημα : Subst. Nom. neutre sg. Chute, glissade.

v.7

δωρεάν : Adv. : en pur don, gratis, gratuitement, en pure perte, en vain.

ἔκρυψαν : Ind. Ao Act. 3e plur. de κρύπτω. Couvrir, cacher.

διαφθοράν : Subst. Acc. fém. sg. Perte, ruine, destruction. Altération, corruption.

παγίδος : Subst. Gén. fém. sg. Filet, rets.

μάτην : Adv. En vain, sans raison, inutilement. Au hasard, sans raison, sans fondement, à tort. En insensé.

ὠνείδισαν : Ind. Ao Act. 3e plur. de ὀνειδίζω. Injurier, insulter, outrager, faire des reproches.

v.8

ἐλθέτω : Impér. Ao 2 Act. 3e sg. de ἔρχομαι. Venir, aller, marcher, arriver.

γινώσκουσιν : Ind. Prés. Act. 3e plur. de γινώσκω. Connaître.

θήρα : Subst. Nom. fém. sg. Chasse. Poursuite, recherche, poursuivre l'ennemi. Gibier, proie.

συλλαβέτω : Impér. Ao 2 Act. 3e sg. de συλλαμβάνω. Prendre, saisir avec la main, arrêter. Prendre avec, prendre ensemble.

πεσοῦνται : Ind. Fut. Moyen 3e plur. de πίπτω. Tomber, choir.

v.9

ἀγαλλιάσεται : Ind. Fut. Moyen 3e sg. de ἀγαλλιάω / ἀγαλλιάομαι. Se réjouir, être dans l'allégresse, être transporté de joie, exulter.

τερφθήσεται : Ind. Fut. Pass. 3e sg. de τέρπω. Se délecter, se rassasier, se réjouir.

v.10

ἐροῦσιν : Ind. Fut. Act. 3e plur. du système λέγω. Dire.

ὅμοιος : Adj. Nom. masc. sg. Semblable, pareil à.

ῥυόμενος : Part. Prés. Moyen Nom. masc. sg. de ῥύομαι. Tirer à soi, arracher, délivrer.

στερεωτέρων : Adj. comparatif Gén. masc. plur. Solide, ferme, robuste.
διαρπαζόντων : Part. Prés. Act. Gén. masc. plur. de διαρπάζω. Déchirer, mettre en pièce, piller, dévaster.

v.11
ἀναστάντες : Part. Ao 2 Act. Nom. masc. plur. de ἀνίστημι.
μάρτυρες : Subst. Nom. masc. plur. Témoin.
ἐγίνωσκον : Ind. Imparf. Act. 1re sg. de γινώσκω.
ἠρώτων : Ind. Imparf. Act. 3e plur. de ἐρωτάω. Demander, interroger.

v.12
ἀνταπεδίδοσαν : Ind. Imparf. Act. 3e plur. de ἀνταποδίδωμι. Rendre en échange.
ἀτεκνίαν : Subst. Acc. fém. sg. Privation d'enfants, stérilité.

v.13
παρενοχλεῖν : Inf. Prés. Act. de παρενοχλέω. Troubler, inquiéter, importuner, gêner. Susciter des ennuis, des difficultés, tourmenter.
ἐνεδυόμην : Ind. Imparf. Pass. 1re sg. de ἐνδύω. Se vêtir, se revêtir, se couvrir.
ἐταπείνουν : Ind. Imparf. Act. 1re sg. de ταπεινόω. Humilier, abaisser, amoindrir.
νηστείᾳ : Subst. Dat. fém. sg. Jeûne.
προσευχή : Subst. Nom. fém. sg. Prière.
κόλπον : Subst. Acc. masc. sg. Sein, giron. Pli, sinuosité du vêtement. Replis ou profondeur.
ἀποστραφήσεται : Ind. Fut. Pass. 3e sg. de ἀποστρέφω.

v.14
εὐηρέστουν : Ind. Imparf. Act. 1re sg. de εὐαρεστέω. Plaire à, être agréable, être satisfait, se plaire à.
σκυθρωπάζων : Part. Prés. Act. Nom. masc. sg. de σκυθρωπάζω. Avoir l'air triste, sombre, maussade. Prendre un visage refrogné. Aller la tête basse.
ἐταπεινούμην : Ind. Imparf. Moyen 1re sg. de ταπεινόω.

v.15
ηὐφράνθησαν : Ind. Ao Pass. 3e plur. de εὐφραίνω. Se réjouir. Être dans la joie.
συνήχθησαν : Ind. Ao Pass. 3e plur. de συνάγω. Rassembler, assembler.
μάστιγες : Subst. Nom. fém. plur. Lanière de cuir, fouet.
ἔγνων : Ind. Ao 2 Act. 1re sg. de γινώσκω.
διεσχίσθησαν : Ind. Ao Pass. 3e plur. de διασχίζω. Fendre, partager, déchirer, diviser.
κατενύγησαν : Ind. Ao 2 Pass. 3e plur. de κατανύσσω. Être repentant, être pénétré de regret, être transpercé de douleur.

v.16

ἐπείρασαν : Ind. Ao Act. 3e plur. de πειράζω. Essayer, éprouver, mettre à l'épreuve. Faire une tentative, tenter.

ἐξεμυκτήρισαν : Ind. Ao Act. 3e plur. de ἐκμυκτηρίζω. Tourner en dérision, railler, se moquer, mépriser.

μυκτηρισμόν : Subst. Acc. masc. sg. Moquerie, raillerie.

ἔβρυξαν : Ind. Ao Act. 3e plur. de βρύχω. Frémir, mugir, rugir, grincer des dents.

ὀδόντας : Subst. Acc. masc. plur. Dent.

v.17

ἐπόψῃ : Ind. Fut. Moyen 2e sg. de ἐφοράω. Avoir l'œil sur, observer, examiner, surveiller. Inspecter, passer en revue. Apercevoir au loin, entrevoir de loin.

ἀποκατάστησον : Impér. Ao Act. 2e sg. de ἀποκαθίστημι. Rétablir, remettre dans son premier état, guérir, restituer. Se reposer, se calmer en parlant de maladies, de mouvements.

κακουργίας : Subst. Gén. fém. sg. Malice, méfait, dommage, tort fait à autrui.

v.18

ἐξομολογήσομαι : Ind. Fut. Moyen 1re sg. de ἐξομολογέω / ἐξομολογέομαι. Avouer, confesser. Rendre grâce, remercier.

βαρεῖ : Adj. Dat. masc. sg. Pesant, lourd, accablant, imposant, pénible, redoutable, important, considérable.

αἰνέσω : Ind. Fut. Act. 1re sg. de αἰνέω. Louer, approuver, trouver bon.

v.19

ἐπιχαρείησαν : Opt. Ao 2 Pass. 3e plur. de ἐπιχαίρω. Se réjouir du malheur d'autrui, se rire de.

ἐχθραίνοντες : Part. substantivé Prés. Act. Nom. masc. plur. de ἐχθραίνω. Haïr, avoir de l'inimitié, être odieux, hostile.

ἀδίκως : Adv. Injustement, sans droit, sans raison.

διανεύοντες : Part. Prés. Act. Nom. masc. plur. de διανεύω. Faire signe de la tête ou des yeux.

v.20

εἰρηνικά : Adj. Acc. neutre plur. Qui concerne la paix, pacifique, porteur de paix.

ἐλάλουν : Ind. Imparf. Act. 3e plur. de λαλέω. Prononcer des sons inarticulés, babiller, bavarder, parler.

διελογίζοντο : Ind. Imparf. Moyen 3e plur. de διαλογίζομαι. Compter, calculer, réfléchir, méditer, discuter, raisonner.

v.21

ἐπλάτυναν : Ind. Ao Act. 3e plur. de πλατύνω. Rendre large, élargir, dilater, agrandir, étendre.

εὖγε : Interj. Bien ! c'est bien ! Bravo ! bien fait. Quelquefois dans un sens ironique.

v.22

εἶδες : Ind. Ao 2 Act. 2e sg. de ὁράω. Voir, fixer les yeux sur, porter ses regards sur.

παρασιωπήσῃς : Subj. Ao Act. 2e sg. de παρασιωπάω. Être silencieux, passer sous silence, ne pas faire mention.

ἀποστῇς : Subj. Ao Act. 2e sg. de ἀφίστημι. Éloigner, écarter.

v.23

ἐξεγέρθητι : Impér. Ao Pass. 2e sg. de ἐξεγείρω. Se réveiller, se ranimer, se lever.

πρόσχες : Impér. Ao 2 Act. 2e sg. de προσέχω. S'appliquer à, être attentif, se préoccuper.

κρίσει : Subst. Dat. fém. sg. Action de séparer, de choisir, manière de voir, jugement. Action juridique, mise en jugement.

δίκην : Subst. Acc. fém. sg. Règle, manière d'agir, droit, justice, équité. Action en justice, procès. Décision d'une affaire.

v.24

δικαιοσύνην : Subst. Acc. fém. sg. Justice, probité. Sentiments de justice, pratique de la justice.

v.25

εἴπαισαν : Opt. Ao Act. 3e plur. du système λέγω. Dire, parler.

κατεπίομεν : Ind. Ao 2 Act. 1re plur. de καταπίνω. Avaler, engloutir, absorber, gober. Consumer.

v.26

αἰσχυνθείησαν : Opt. Ao Pass. 3e plur. de αἰσχύνω.

ἐντραπείησαν : Opt. Ao 2 Pass. 3e plur. de ἐντρέπω.

ἐπιχαίροντες : Part. Prés. Act. Nom. masc. plur. de ἐπιχαίρω.

ἐνδυσάσθωσαν : Impér. Ao Pass. 3e plur. de ἐνδύω ou ἐνδύνω.

αἰσχύνην : Subst. Acc. fém. sg. Honte, déshonneur, cause de honte, opprobre.

ἐντροπήν : Subst. Acc. fém. sg. Changement d'opinion, de sentiments. Retour sur soi-même, pudeur, honte, confusion.

μεγαλορρημονοῦντες : Part. Prés. Act. Nom. masc. plur. de μεγαλορρημονέω. Parler avec jactance, avec emphase.

v.27

ἀγαλλιάσαιντο : Opt. Ao Moyen 3e plur. de ἀγαλλιάω / ἀγαλλάομαι. Être transporté de joie, être dans l'allégresse, exulter.

εὐφρανθείησαν : Opt. Ao Pass. 3e plur. de εὐφραίνω.

θέλοντες : Part. substantivé Prés. Act. Nom. masc. plur. de θέλω. Vouloir, vouloir bien, consentir.

εἰπάτωσαν : Impér. Ao Act. 3e plur. du système λέγω.

μεγαλυνθήτω : Impér. Ao Pass. 3e sg. de μεγαλύνω. Rendre grand ou puissant, vanter, célébrer.

v.28

μελετήσει : Ind. Fut. Act. 3e sg. de μελετάω. Prendre soin, s'occuper, s'exercer à, méditer.

ἔπαινόν : Subst. Acc. masc. sg. Louange.

PSAUME 35

v.2

Φησίν : Ind. Prés. Act. 3e sg. de φημί. Déclarer, énoncer, émettre un avis, dire, rapporter, raconter, affirmer.

παράνομος : Adj. substantivé. Nom. masc. sg. Contraire aux lois, à l'ordre, illégal, illicite.

ἁμαρτάνειν : Inf. Prés. Act. de ἁμαρτάνω. Manquer, ne pas atteindre le but ; se tromper, ne pas réussir, commettre une erreur, une faute, un péché, faillir.

ἀπέναντι : Adv. Devant, en face ; en opposition, contre.

v.3

ἐδόλωσεν : Ind. Ao Act. 3e sg. de δολόω. Tromper, prendre par la ruse ; altérer, falsifier.

ἐνώπιον : Adv. En face, devant.

εὑρεῖν : Inf. Ao 2 Act. de εὑρίσκω. Trouver. Trouver par hasard, trouver en cherchant.

μισῆσαι : Inf. Ao Act. de μισέω. Haïr, détester.

v.4

ῥήματα : Subst. Nom. neutre plur. Tout ce qu'on dit. Mot, parole, langage, discours.

δόλος : Subst. Nom. masc. sg. Ruse, artifice, fourberie.

ἐβουλήθη : Ind. Ao Pass. 3e sg. de βούλομαι. Vouloir (en général). Peut être compris dans le sens de : désirer, souhaiter. .

συνιέναι : Inf. Prés. Act. de συνίημι. Saisir par les sens ou la réflexion. Entendre, comprendre, reconnaître, savoir.

ἀγαθῦναι : Inf. Ao Act. de ἀγαθύνω. Rendre bon, faire bien, faire du bien ;

v.5

διελογίσατο : Ind. Ao Moyen 3e sg. de διαλογίζομαι. Compter, calculer, réfléchir, discuter, discerner.

κοίτης : Subst. Gén. fém. sg. La couche, le lit.

παρέστη : Ind. Ao 2 Act. 3e sg. de παρίστημι. Placer, mettre auprès de, établir, amener, faire avancer, tenir ferme.

προσώχθισεν : Ind. Ao Act. 3e sg. de προσοχθίζω. S'irriter contre, en vouloir à, être mécontent, affligé ou indigné.

v.6

ἔλεος : Subst. Nom. neutre sg. Pitié, compassion, miséricorde.

ἀλήθεια : Subst. Nom. fém. sg. Vérité, réalité.

νεφελῶν : Subst. Gén. fém. plur. Nue, nuée, nuage.

v.7

δικαιοσύνη : Subst. Nom. fém. sg. Justice, sentiments de justice, pratique de la justice.
κρίματα : Subst. Nom. neutre plur. Objet d'une contestation, contestation, d'où : jugement, décision.
ἄβυσσος : Subst. Nom. fém. sg. Sans fond, d'une profondeur immense, abîme sans fond.
κτήνη : Subst. Acc. neutre plur. Bétail, bête brute, possession en bestiaux, troupeaux.

v.8

ἐπλήθυνας : Ind. Ao Act. 2e sg. de πληθύνω. Multiplier, augmenter.
σκέπῃ : Subst. Dat. fém. sg. Couvert, toit, abri, enveloppe ; protection, être à l'abri de.
πτερύγων : Subst. Gén. fém. plur. Aile d'oiseau
ἐλπιοῦσιν : Ind. Fut. attique. Act. 3e plur. de ἐλπίζω. Espérer.

v.9

μεθυσθήσονται : Ind. Fut. Pass. 3e plur. de μεθύω / μεθύσκω. S'enivrer, s'imprégner de, se laisser enivrer par. Faire bonne chère.
πιότητος : Subst. Gén. fém. sg. Graisse. Opulence, abondance
χειμάρρουν : Subst. Acc. masc. sg. Grossi par des pluies d'orage. Torrent.
τρυφῆς : Subst. Gén. fém. sg. Mollesse, sensualité, luxe ; délices, plaisirs, jouissances.
ποτιεῖς : Ind. Fut. attique Act. 2e sg. de ποτίζω. Donner à boire, abreuver.

v.10

πηγή : Subst. Nom. fém. sg. Source ; le principe, l'origine de la source.
φωτί : Subst. Dat. neutre sg. Lumière.
ὀψόμεθα : Ind. Fut. Moyen 1re plur. de ὁράω. Voir, regarder.

v.11

παράτεινον : Impér. Ao Act. 2e sg. de παρατείνω. Étendre, allonger, prolonger, durer.
γινώσκουσιν : Part. substantivé Prés. Act. Dat. masc. plur. de γινώσκω. Apprendre à connaître, connaître, avoir une opinion.

v.12

ἐλθέτω : Impér. Ao 2 Act. 3e sg. de ἔρχομαι. Venir, aller.
ὑπερηφανίας : Subst. Gén. fém. sg. Fierté, orgueil, dédain.
σαλεύσαι : Opt. Ao Act. 3e sg. de σαλεύω. Agiter, secouer, ébranler.

v.13

ἔπεσον : Ind. Ao 2 Act. 3e plur. de πίπτω. Tomber.
ἐργαζόμενοι : Part. substantivé Prés. Moyen Nom. masc. plur. de ἐργάζομαι. Travailler, façonner par un travail, pratiquer un art, un métier, œuvrer.

ἐξώσθησαν : Ind. Ao Pass. 3e plur. de ἐξωθέω. Pousser dehors, repousser, exclure, chasser, bannir.

δύνωνται : Subj. Prés. Moyen 3e plur. de δύναμαι. Pouvoir, avoir la faculté de, être capable de, avoir de la puissance, du crédit.

στῆναι : Inf. Ao 2 Act. de ἵστημι. Placer debout, lever, dresser.

PSAUME 36

v. 1

παραζήλου : Impér. Prés. Act. 2e sg. de παραζηλόω. Exciter à la jalousie, rendre jaloux ou envieux. Avec ἐν et datif peut signifier : Être ennuyé.

πονηρευομένοις : Part. Prés. Moyen Dat. masc. plur. de πονηρεύομαι. Mal agir, être pervers, méditer criminellement. Être en mauvais état, être atteint d'un mal.

ζήλου : Impér. Prés. Act. / Moyen 2e sg. de ζηλόω. Rivaliser, chercher à égaler, ambitionner, jalouser, envier, avoir du zèle, avoir de l'ardeur.

ποιοῦντας : Part. substantivé Prés. Act. Acc. masc. plur. de ποιέω. Faire, fabriquer, exécuter, agir.

v.2

χόρτος : Subst. Nom. masc. sg. Lieu entouré d'arbres et de haies, parc, pâturage, herbe, foin, fourrage.

ταχύ : Adv. Rapidement, vite, promptement.

ἀποξηρανθήσονται : Ind. Fut. Pass. 3e plur. de ἀποξηραίνω. Se dessécher, devenir sec, être à sec.

λάχανα : Subst. Nom. neutre plur. Légume, herbe potagère, verdure des plantes.

χλόης : Subst. Gén. fém. sg. Verdure nouvelle, herbe naissante, herbe verte, vert feuillage.

ἀποπεσοῦνται : Ind. Fut. Moyen 3e plur. de ἀποπίπτω. Tomber, tomber à terre.

v.3

ἔλπισον : Impér. Ao Act. 2e sg. de ἐλπίζω. Espérer, attendre.

ποίει : Impér. Prés. Act. 2e sg. de ποιέω.

χρηστότητα : Subst. Acc. fém. sg. Bonne qualité, bonté.

κατασκήνου : Impér. Prés. Act. 2e sg. de κατασκηνόω. Dresser sa tente, camper, s'établir, demeurer, résider.

ποιμανθήσῃ : Ind. Fut. Pass. 2e sg. de ποιμαίνω. Faire paître, mener paître, être conduit au pâturage.

πλούτῳ : Subst. Dat. masc. sg. R chesse. Riche en, (en amis, en abondance).

v.4

κατατρύφησον : Impér. Ao Act. 2e sg. de κατατρυφάω/ῶ. S'étendre avec complaisance sur un sujet, se complaire, se livrer aux plaisirs, se délecter.

δώσει : Ind. Fut. Act. 3e sg. de δίδωμι. Donner.

αἰτήματα : Subst. Acc. neutre plur. Chose demandée, demande, requête.

v.5

ἀποκάλυψον : Impér. Ao Act. 2e sg. de ἀποκαλύπτω. Découvrir, dévoiler, révéler. ποιήσει : Ind. Fut. Act. 3e sg. de ποιέω.

v.6

ἐξοίσει : Ind. Fut. Act. 3e sg. de ἐκφέρω. Porter hors de, porter dehors, emporter, transporter. Produire au dehors, manifester, déclarer. Faire éclater une puissance.

δικαιοσύνην : Subst. Acc. fém. sg. Justice, sentiments de justice, pratique de la justice.

μεσημβρίαν : Subst. Acc. fém. sg. Milieu du jour, midi. Sud : le Midi.

v.7

ὑποτάγηθι : Impér. Ao 2 Pass. 2e sg. de ὑποτάσσω. Ranger sous, placer sous. Subordonner, soumettre, mettre dans la dépendance.

ἱκέτευσον : Impér. Ao Act. 2e sg. de ἱκετεύω. Aller supplier, implorer.

κατευοδουμένῳ : Part. substantivé Prés. Pass. Dat. masc. sg. de κατευοδόω. Mettre en bon chemin, faire réussir, faire prospérer.

ποιοῦντι : Part. Prés. Act. Dat. masc. sg. de ποιέω.

παρανομίας : Subst. Gén. fém. sg. Violation, transgression des lois, mépris de l'ordre, illégalité, dérèglement.

v.8

παῦσαι : Impér. Ao Moyen 2e sg. de παύω. Faire cesser, mettre fin à d'où : apaiser calmer. Arrêter, empêcher, faire renoncer à.

ἐγκατάλιπε : Impér. Ao 2 Act. 2e sg. de ἐγκαταλείπω. Laisser, laisser derrière soi, abandonner, quitter.

πονηρεύεσθαι : Inf. Prés. moyen de πονηρεύομαι.

v.9

ἐξολεθρευθήσονται : Ind. Fut. Pass. 3e plur. de ἐξολεθρεύω. Être arraché pour périr, être exterminé, anéanti.

ὑπομένοντες : Part. substantivé Prés. Act. Nom. masc. plur. de ὑπομένω. Rester en place, ne pas bouger, demeurer, rester en arrière. Tenir bon, persister, supporter, endurer. Attendre de pied ferme.

κληρονομήσουσιν : Ind. Fut. Act. 3e plur. de κληρονομέω. Recevoir une part d'héritage, hériter de, acquérir, obtenir.

v.10

ἔτι : Adv. Encore (en parlant du présent ou de l'avenir).

ὀλιγον : Employé dans un sens adverbial, neutre. Peu, un peu.

ὑπάρξῃ : Subj. Ao Act. 3e sg. de ὑπάρχω. Commencer, faire une chose le premier, prendre l'ini-

tiative. Être là, être à la disposition, se présenter, existe antérieurement. Employé dans un sens impersonnel : il est permis, il est loisible, il arrive que.
ζητήσεις : Ind. Fut. Act. 2e sg. de ζητέω. Chercher qqch. ou qqu'un, rechercher.
εὕρῃς : Subj. Ao Act. 2e sg. de εὑρίσκω. Trouver, trouver par hasard ou en cherchant, trouver après réflexion, découvrir.

v.11
πραεῖς : Nom. masc. plur. Doux, facile.
κατατρυφήσουσιν : Ind. Fut. Act. 3e plur. de κατατρυφάω.

v.12
παρατηρήσεται : Ind. Fut. Moyen 3e sg. de παρατηρέω. Observer avec soin en se tenant auprès, surveiller, épier, guetter.
βρύξει : Ind. Fut. Act. 3e sg. de βρύχω. Frémir, mugir, rugir, grincer des dents.
ὀδόντας : Subst. Acc. masc. plur. Dent.

v.13
ἐκγελάσεται : Ind. Fut. Moyen 3e sg. de ἐκγελάω. Éclater de rire d'où : éclater, paraître au dehors.
προβλέπει : Ind. Prés. Act. 3e sg. de προβλέπω. Regarder en avant, voir à l'avance, prévoir.
ἥξει : Ind. Fut. Act. 3e sg. de ἥκω. Venir, arriver, être arrivé, en arriver à, aboutir à.

v.14
ῥομφαίαν : Subst. Acc. fém. sg. Large sabre à deux tranchants, sabre, épée.
ἐσπάσαντο : Ind. Ao Moyen 3e plur. de σπάω. Tirer, arracher ; tirer un glaive du fourreau.
ἐνέτειναν : Ind. Ao. Act. 3e plur. de ἐντείνω. Tendre, étendre, raidir, bander un arc.
καταβαλεῖν : Inf. Ao 2 Act. de καταβάλλω. Jeter de haut en bas, abattre, renverser, laisser tomber, baisser, abaisser, déposer.
σφάξαι : Inf. Ao Act. de σφάζω. Égorger, immoler, sacrifier, massacrer.

v.15
εἰσέλθοι : Opt. Ao 2 Act. 3e sg. de εἰσέρχομαι. Entrer dans, pénétrer.
τόξα : Subst. Nom. neutre plur. Arc.
συντριβείησαν : Opt. Ao 2 Pass. 3e plur. de συντρίβω. Être brisé, fracassé, abattu, écrasé, broyé.

v.16
κρεῖσσον : Adj. comparatif neutre sg. Plus avantageux, meilleur, mieux.
πλοῦτον : Subst. Acc. masc. sg.

v.17
βραχίονες : Subst. Nom. masc. plur. Bras exprimant la force, la puissance.
συντριβήσονται : Ind. Fut. Pass. 3e plur. de συντρίβω.

ὑποστηρίζει : Ind. Prés. Act. 3e sg. de ὑποστηρίζω. Étayer, soutenir, appuyer.

v.18

γινώσκει : Ind. Prés. Act. 3e sg. de γινώσκω. Connaître, avoir une opinion.

ἀμώμων : Adj. substantivé Gén. plur. Irréprochable.

ἔσται : Ind. Fut. 3e sg. de εἰμί. Être, exister.

v.19

καταισχυνθήσονται : Ind. Fut. Pass. 3e plur. de καταισχύνω. Déshonorer, souiller.

λιμοῦ : Subst. Gén. masc. sg. Faim, besoin de manger, famine.

χορτασθήσονται : Ind. Fut. Pass. 3e plur. de χορτάζω. Nourrir, engraisser de foin ou d'herbe, repaître, rassasier.

v.20

ἀπολοῦνται : Ind. Fut. Moyen 3e plur. de ἀπόλλυμι. Perdre, faire périr.

δοξασθῆναι : Inf. Ao Pass. de δοξάζω. Avoir une opinion sur quelque chose ou quelqu'un, glorifier, célébrer.

ὑψωθῆναι : Inf. Ao Pass. de ὑψόω. Élever, dresser, hausser, exalter, glorifier.

ἐκλιπόντες : Part. Ao 2 Act. Nom. masc. plur. de ἐκλείπω. Délaisser, quitter, abandonner.

καπνός : Subst. Nom. masc. sg. Vapeur, fumée, ombre de fumée, choses sans consistance.

ἐξέλιπον : Ind. Ao 2 Act. 3e plur. de ἐκλείπω.

v.21

δανείζεται : Ind. Prés. Moyen 3e sg. de δανείζω. Prêter de l'argent à intérêts, emprunter, emprunter de l'argent, se faire prêter.

ἀποτείσει : Ind. Fut. Act. 3e sg. de ἀποτίνω. Payer en retour, acquitter sa dette, payer en échange, expier.

οἰκτίρει : Ind. Prés. Act. 3e sg. de οἰκτίρω (écriture att. de οἰκτείρω). Avoir pitié de, avoir compassion, plaindre.

διδοῖ : Ind. Prés. Act. 3e sg. (forme ionienne) de δίδωμι.

v.22

εὐλογοῦντες : Part. substantivé Prés. Act. Nom. masc. plur. de εὐλογέω. Dire du bien, louer, célébrer, bénir.

καταρώμενοι : Part. substantivé Prés. Moyen Nom. masc. plur. de καταράομαι. Faire des vœux contre, faire des imprécations contre quelqu'un, souhaiter du mal, maudire.

v.23

διαβήματα : Subst. Nom. neutre plur. Pas, d'où : Passage, trajet.

κατευθύνεται : Ind. Prés. Pass. 3e sg. de κατευθύνω. Conduire, diriger en droite ligne, guider, gouverner avec rectitude, diriger dans le droit chemin, redresser, corriger.

θελήσει : Ind. Fut. Act. 3e sg. de θέλω. Vouloir, vouloir bien, consentir à, désirer.

v.24

πέσῃ : Subj. Ao 2 Act. 3e sg. de πίπτω. Tomber.

καταραχθήσεται : Ind. Fut. Pass. 3e sg de καταράσσω. Jeter contre terre, briser en morceaux, briser contre terre, pousser, rejeter violemment, frapper, précipiter.

ἀντιστηρίζει : Ind. Prés. Act. 3e sg. de ἀντιστηρίζω. Soutenir, supporter, résister.

v.25

νεώτερος : Adj. Comparatif. Nom. masc. sg. Nouveau, jeune. Plus jeune, trop jeune.

ἐγενόμην : Ind. Ao 2 Moyen 1re sg. de γίνομαι. Naître, devenir, venir, arriver.

ἐγήρασα : Ind. Ao Act. 1re sg. de γηράω / γηράσκω. Devenir vieux, vieillir.

εἶδον : Ind. Ao 2 Act. 1re sg. de ὁράω. Voir.

ἐγκαταλελειμμένον : Part. Parf. Pass. Acc. masc. sg. de ἐγκαταλείπω.

ζητοῦν : Part. Prés. Act. Nom. neutre sg. de ζητέω.

v.26

ὅλην : Adj. Acc. fém. sg. Entier, entièrement, intact, complet.

ἐλεᾷ : Ind. Prés. Act. 3e sg de ἐλεάω / ἐλεέω. Avoir pitié, avoir de la compassion, éprouver de la miséricorde

δανείζει : Ind. Prés. Act. 3e sg. de δανείζω.

v.27

ἔκκλινον : Impér. Ao Act. 2e sg. de ἐκκλίνω. Décliner, faire fléchir, faire dévier, éviter, se détourner.

ποίησον : Impér. Ao Act. 2e sg. de ποιέω.

κατασκήνου : Impér. Prés. Act. 2e sg. de κατασκηνόω. Dresser sa tente, camper, s'établir, habiter, demeurer.

v.28

ἀγαπᾷ : Ind. Prés. Act. 3e sg. de ἀγαπάω. Accueillir avec amitié, traiter avec affection, aimer, chérir.

ἐγκαταλείψει : Ind. Fut. Act. 3e sg. de ἐγκαταλείπω.

φυλαχθήσονται : Ind. Fut. Pass. 3e plur. de φυλάσσω. Veiller, monter la garde, être de garde, être placé en faction, être gardé, être protégé.

ἐκδιωχθήσονται : Ind. Fut. Pass. 3e plur. de ἐκδιώκω. Expulser, chasser, exiler, poursuivre.

ἐξολεθρευθήσεται : Ind. Fut. Pass. 3e sg. de ἐξολεθρεύω.

v.29

κατασκηνώσουσι(ν) : Ind. Fut. Act. 3e plur. de κατασκηνόω.

v.30

μελετήσει : Ind. Fut. Act. 3e sg. de μελετάω. Avoir soin, prendre soin de, s'occuper de, s'exercer à, se préparer par l'étude, méciter.

λαλήσει : Ind. Fut. Act. 3e sg. de λαλέω. Prononcer des sons inarticulés, babiller, bavarder, parler.

v.31

ὑποσκελισθήσεται : Ind. Fut. Pass. 3e sg. de ὑποσκελίζω. Renverser par un croc-en-jambe, déséquilibrer, faire trébucher, faire tomber. Supplanter, duper.

v.32

κατανοεῖ : Ind. Prés. Act. 3e sg. de κατανοέω. Remarquer, observer, s'apercevoir.
θανατῶσαι : Inf. Ao Act. de θανατόω. Faire mourir, condamner à mort, mortifier.

v.33

ἐγκαταλίπῃ : Subj. Ao 2 Act. 3e sg. de ἐγκαταλείπω.
καταδικάσηται : Subj. Ao Moyen 3e sg. de καταδικάζω. Prononcer un jugement contre, condamner quelqu'un à mourir, faire condamner.
κρίνηται : Subj. Ao Moyen 3e sg. de κρίνω. Décider, trancher, juger.

v.34

ὑπόμεινον : Impér. Ao Act. 2e sg. de ὑπομένω.
φύλαξον : Impér. Ao Act. 2e sg. de φυλάσσω.
ὑψώσει : Ind. Fut. Act. 3e sg. de ὑψόω.
κατακληρονομῆσαι : Inf. Ao Act. de κατακληρονομέω. Posséder à titre d'héritage, hériter.
ἐξολεθρεύεσθαι : Inf. Prés. Pass. de ἐξολετρεύω.
ὄψῃ : Ind. Fut. Moyen 2e sg. de ὁράω.

v.35

ὑπερυψούμενον : Part. Prés. Moyen / Pass. Nom. sg. de ὑπερυψόω. Élever outre mesure, exalter.
ἐπαιρόμενον : Part. Prés. Moyen / Pass. Nom. sg. de ἐπαίρω. Lever, élever, soulever.
κέδρους : Subst. Acc. fém. plur. Cèdre.

v.36

παρῆλθον : Ind. Ao 2 Act. 1re sg. de παρέρχομαι. Passer près de ou le long de.
ἰδού : Interjection. Voici, voilà, voilà que.
ἦν : Ind. Imparf. Act 3e sg. de εἰμί.
ἐζήτησα : Ind. Ao Act. 1re sg. de ζητέω.
εὑρέθη : Ind. Ao Pass. 3e sg. de εὑρίσκω.

v.37

φύλασσε : Impér. Prés. Act. 2e sg. de φυλάσσω.
ἀκακίαν : Subst. Acc. fém. sg. Innocence, simplicité, candeur.
ἰδέ : Impér. Ao 2 Act. 2e sg. de ὁράω.
εὐθύτητα : Subst. Acc. fém. sg. Direction en ligne droite, droiture, équité.

ἐγκατάλειμμα : Subst. Nom. neutre sg. Un reste.
εἰρηνικῷ : Adj. Datif masc. sg. Concernant la paix, pacifique, paisible.

v.39
ὑπερασπιστής : Subst. Nom. masc. sg. Protecteur, défenseur.
καιρῷ : Subst. Dat. masc. sg. Temps précis, moment opportun, occasion.
θλίψεως : Subst. Gén. fém. sg. Oppression, tribulation, détresse.

v.40
βοηθήσει : Ind. Fut. Act. 3e sg. de βοηθέω. Aller au secours de, envoyer du secours, secourir, assister.
ῥύσεται : Ind. Fut. Moyen 3e sg. de ῥύομαι. Arracher au danger, au malheur, sauver, défendre, délivrer, libérer.
ἐξελεῖται : Ind. Fut. Moyen 3e sg. de ἐξαιρέω. Extraire, retrancher, enlever, ôter, éloigner, exclure, éliminer, détruire, dévaster.
σώσει : Ind. Fut. Act. 3e sg. de σῴζω. Sauver.
ἤλπισαν : Ind. Ao Act. 3e plur. de ἐλπίζω.

PSAUME 37

v.1
ἀνάμνησιν : Subst. Acc. fém. sg. Réminiscence, rappel à la mémoire, souvenir, mention, rappel.

v.2
ἐλέγξῃς : Subj. Ao Act. 2e sg. de ἐλέγχω. Traiter avec mépris, convaincre d'une erreur, d'une faute, réfuter, réprimander, blâmer, reprendre, accuser.
παιδεύσῃς : Subj. Ao Act. 2e sg. de παιδεύω. Élever, instruire, former, corriger.

v.3
βέλη : Subst. Nom. neutre plur. Toute espèce de projectile : trait, flèche, dard, pierre.
ἐνεπάγησαν : Ind. Ao 2 Pass. 3e plur. de ἐμπήγνυμι. Ficher dans, enfoncer dans.
ἐπεστήρισας : Ind. Ao Act. 2e sg. de ἐπιστηρίζω. Appuyer, consolider, affermir, fortifier, appesantir.

v.4
ἴασις : Subst. Nom. fém. sg. Guérison, traitement.
σαρκί : Subst. Dat. fém. sg. Chair de l'homme, chair des animaux.
ὀστέοις : Subst. Dat. neutre. plur. Os, ossement.
ἁμαρτιῶν : Subst. Gén. fém. plur. Erreur, faute, péché.

v.5

ὑπερῆραν : Ind. Ao Act. 3e plur. de ὑπεραίρω. Lever, élever au-dessus, passer par-dessus, au-delà, dépasser, surpasser.

φορτίον : Subst. Nom. neutre sg. Fardeau, charge, cargaison, chargement d'un navire.

βαρύ : Adj. Nom. neutre sg. Lourd, pesant, pénible, appesanti, difficile à porter.

ἐβαρύνθησαν : Ind. Ao Pass. 3e plur. de βαρύνω. Alourdir, appesantir, charger, accabler.

v.6

προσώζεσαν : Ind. Ao Act. 3e plur. de προσόζω. Exhaler l'odeur, avoir une odeur bonne ou mauvaise, sentir mauvais.

ἐσάπησαν : Ind. Ao 2 Pass. 3e plur. de σήπω. Être pourri, corrompu, gâté, se gangrener.

μώλωπες : Subst. Nom. masc. plur. Marque de coups, meurtrissure, contusion.

ἀφροσύνης : Subst. Gén. fém. sg. Déraison, démence, folie, sottise.

v.7

ἐταλαιπώρησα : Ind. Ao Act. 1re sg. de ταλαιπωρέω. Être malheureux, souffrir, peiner, se fatiguer.

κατεκάμφθην : Ind. Ao Pass. 1re sg. de κατακάμπτω. Courber, ployer, plier, voûter, infléchir.

τέλους : Subst. Gén. neutre sg. Fin, achèvement, accomplissement, terme, limite, extrémité.

σκυθρωπάζων : Part. Prés. Act. Nom. masc. sg. de σκυθρωπάζω. Avoir l'air triste, sombre, maussade, aller la tête basse.

ἐπορευόμην : Ind. Imparf. Moyen 1re sg. de πορεύομαι. Aller en avant, marcher, se mettre en route, faire un trajet.

v.8

ψύαι : Subst. Nom. fém. plur. Reins, lombes, muscles lombaires.

ἐπλήσθησαν : Ind. Ao Pass. 3e plur. de πίμπλημι. Être plein, être rempli, gorgé, rassasié.

ἐμπαιγμῶν : Subst. Gén. masc. plur. Dérision, moquerie, raillerie.

v.9

ἐκακώθην : Ind. Ao Pass. 1re sg. de κακόω. Mettre à mal, faire du tort, maltraiter, endommager, opprimer.

ἐταπεινώθην : Ind. Ao Pass. 1re sg. de ταπεινόω. Abaisser, humilier, diminuer, amoindrir.

ὠρυόμην : Ind. Imparf. Moyen 1re sg. de ὠρύομαι. Hurler, rugir, gémir, pousser des cris de douleur.

στεναγμοῦ : Subst. Gén. masc. sg. Gémissement, soupir.

v.10

ἐπιθυμία : Subst. Nom. fém. sg. Désir, envie, passion, convoitise.

ἐκρύβη : Ind. Ao 2 Pass. 3e sg. de κρύπτω. Couvrir, cacher.

v.11

ἐταράχθη : Ind. Ao Pass. 3e sg. de ταράσσω. Troubler, agiter, mettre en désordre, brouiller, bouleverser.

ἐγκατέλιπεν : Ind. Ao 2 Act. 3e sg. de ἐγκαταλείπω. Laisser, laisser après soi, abandonner, délaisser.

ἰσχύς : Subst. Nom. fém. sg. Force, force de résistance, vigueur.

v.12

φίλοι : Adj. substantivé Nom. masc. plur. Ami.

οἱ πλησίον : Adv. + article. Les proches, les voisins.

ἐξ ἐναντίας : En face de, contre, vis-à-vis, à l'opposé.

ἤγγισαν : Ind. Ao Act. 3e plur. de ἐγγίζω. Approcher, s'approcher, avancer.

ἔστησαν : Ind. Ao Act. 3e plur. de ἵστημι. Placer, établir, mettre droit, mettre debout, dresser.

ἔγγιστα : Adv. + article. Superlatif de ἐγγύς. Les plus proches, les plus près.

μακρόθεν : Adv. de loin, à distance.

v.13

ἐξεβιάσαντο : Ind. Ao Moyen 3e plur. de ἐκβιάζω.User de violence, contraindre, chasser de vive force, faire sortir par la force, arracher par la force.

ζητοῦντες : Part. substantivé Prés. Act. Nom. masc. plur. de ζητέω. Chercher.

ἐλάλησαν : Ind. Ao Act. 3e plur. de λαλέω. Prononcer des sons inarticulés, babiller, bavarder, converser, parler.

ματαιότητας : Subst. Acc. fém. plur. Vanité, chose vaine, frivole.

δολιότητας : Subst. Acc. fém. plur. Ruse, fourberie.

ἐμελέτησαν : Ind. Ao Act. de μελετάω. S'occuper avec soin, s'exercer à, méditer.

v.14

κωφός : Adj. Nom. masc. sg. Émoussé, obtus, hébété, stupide, sourd qui n'entend pas, muet.

ἤκουον : Ind. Imparf. Act. 1re sg. de ἀκούω. Écouter, entendre.

ἄλαλος : Adj. Nom. masc. sg. Qui ne parle pas, muet.

ἀνοίγων : Part. Prés. Act. Nom. masc. sg. de ἀνοίγω. Ouvrir.

v.15

ἐγενόμην : Ind. Ao 2 Moyen 1re sg. de γίνομαι. Devenir, naître, arriver.

ἀκούων : Part. Prés. Act. Nom. masc. sg. de ἀκούω.

ἔχων : Part. Prés. Act. Nom. masc. sg. de ἔχω. Porter, avoir, avoir en soi, posséder.

ἐλεγμούς : Subst. Acc. masc. plur. Démonstration, réfutation, reproche.

v.16

ἤλπισα : Ind. Ao Act. 1re sg. de ἐλπίζω. Espérer.

εἰσακούσῃ : Ind. Fut. Moyen 2e sg. de εἰσακούω. Tendre l'oreille vers, exaucer.

v.17

εἶπα : Ind. Ao Act. 1re sg. de λέγω. Dire, parler.

μήποτε : Adv. nég. Ne pas, jamais.

ἐπιχαρῶσιν : Subj. Ao 2 Pass. 3e plur. de ἐπιχαίρω. Se réjouir, prendre plaisir, se réjouir aux dépens de, rire du malheur d'autrui.

σαλευθῆναι : Inf. Ao Pass. de σαλεύω. Agiter, ébranler, secouer.

ἐμεγαλορρημόνησαν : Ind. Ao Act. 3e plur. de μεγαλορρημονέω. Parler avec jactance, grandiloquence.

v.18

μάστιγας : Subst. Acc. fém. plur. Lanière de cuir, fouet, coups de fouet.

ἕτοιμος : Adj. Nom. masc. sg. Prêt, préparé, disposé, résolu.

ἀλγηδών : Subst. Nom. fém. sg. Douleur physique ou morale, chagrin, souffrance.

διά παντός : Continuellement, pendant tout le temps, absolument.

v.19

ἀναγγελῶ : Ind. Fut. Act. 1re sg. de ἀναγγέλλω. Annoncer, faire savoir, rapporter.

μεριμνήσω : Ind. Fut. Act. 1re sg. de μεριμνάω. Être soucieux, inquiet, préoccupé.

v.20

ζῶσιν : Ind. Prés. Act. 3e plur. de ζάω. Vivre, être en vie, faire vivre.

κεκραταίωνται : Ind. Parf. Pass. 3e plur. de κραταιόω. Fortifier, devenir fort, affermir, assurer.

ἐπληθύνθησαν : Ind. Ao Pass. 3e plur. de πληθύνω. Se multiplier, augmenter, abonder.

μισοῦντες : Part. Prés. Act. Nom. masc. plur. de μισέω. Haïr, détester.

ἀδίκως : Adv. Injustement, sans droit, sans raison.

v.21

ἀνταποδιδόντες : Part. substantivé Prés. Act. Nom. masc. plur. de ἀνταποδίδωμι. Rendre à son tour ou en échange ; rendre la pareille, se montrer généreux en retour.

ἐνδιέβαλλον : Ind. Imparf. Act. 3e plur. de ἐνδιαβάλλω. Calomnier, accuser.

ἐπεί : Conj. avec idée de conséquence. Puisque, attendu que, car.

κατεδίωκον : Ind. Imparf. Act. 1re sg. de καταδιώκω. Poursuivre, aller à la recherche de.

ἀπέρριψαν : Ind. Ao Act. 3e plur. de ἀπορρίπτω. Jeter loin de soi, rejeter, mépriser.

ἀγαπητόν : Adj. Substantivé. Acc. masc. sg. Aimé, chéri, cher, désirable,

νεκρόν : Adj. neutre sg. Cadavre, corps mort, mort.

ἐβδελυγμένον : Part. Parf. Moyen. Acc. masc. sg. de βδελύσσω. Dégoûter, inspirer du dégoût ; être un objet d'horreur, être abominable, affreux, sentir mauvais.

v.22

ἐγκαταλίπῃς : Subj. Ao 2 Act. 2e sg. de ἐγκαταλείπω.

ἀποστῇς : Subj. Ao 2 Act. 2e sg. de ἀφίστημι. Placer à part, séparer, écarter, éloigner, détourner, détacher.

v.23

πρόσχες : Impér. Ao 2 Act. 2e sg de προσέχω Appliquer son esprit, prêter son attention à, observer, écouter attentivement, se préoccuper, penser à, s'attacher à, adhérer fortement.

βοήθειαν : Subst. Acc. fém. sg. Aide, secours, assistance.

PSAUME 38

v.1

Ιδιθουν : Nom propre. Peut-être un lévite ? La référence à une personne ne fait pas l'unanimité. Le mot pourrait se rapporter à un the ou à un instrument de musique.

ᾠδή : Subst. Nom. fém. sg. Poésie chantée, ode, chant, cantique.

v.2

Εἶπα : Ind. Ao 2 Act. 1re sg. du système λέγω. Dire.

φυλάξω : Ind. Fut. Act. 1re sg. de φυλάσσω. Veiller, faire la garde, être de garde, garder, observer, défendre.

ἁμαρτάνειν : Inf. Prés. Act. de ἁμαρτάνω. Manquer, ne pas atteindre le but, dévier, s'égarer, se tromper, pécher, faillir, commettre une faute.

ἐθέμην : Ind. Ao 2 Moyen 1re sg. de τίθημι. Poser, placer, mettre.

συστῆναι : Inf. Ao 2 Act. de συνίστημι. Placer debout avec, ou en même temps, ou ensemble, tenir bon, se tenir, se placer.

v.3

ἐκωφώθην : Ind. Ao Pass. 1re sg. de κωφόω. Rendre sourd, devenir sourd, muet.

ἐταπεινώθην : Ind. Ao Pass. 1re sg de ταπεινόω. Abaisser, amoindrir, diminuer, humilier, rabaisser.

ἐσίγησα : Ind. Ao Act. 1re sg. de σιγάω. Se taire, garder le silence, cesser de parler.

ἄλγημα : Subst. Nom. neutre sg. Douleur, cause ou sujet de douleur.

ἀνεκαινίσθη : Ind. Ao Pass. 3e sg. de ἀνακαινίζω. Renouveler, se renouveler.

v.4

ἐθερμάνθη : Ind. Ao Pass. 3e sg. de θερμαίνω. S'échauffer, avoir chaud, avoir la fièvre.

ἐντός : Adv. À l'intérieur, en dedans.

μελέτη : Subst. Dat. fém. sg. Soin, occupation, étude, exercice littéraire, méditation.

ἐκκαυθήσεται : Ind. Fut. Pass. 3e sg. de ἐκκαίω. Brûler, allumer, enflammer ; au passif : s'enflammer, s'embraser.

πῦρ : Subst. Nom. neutre sg. Feu.

ἐλάλησα : Ind. Ao Act. 1re sg. de λαλέω. Prononcer des sons inarticulés, babiller, bavarder, converser, parler.

v.5

γνώρισον : Impér. Ao Act. 2e sg. de γνωρίζω. Faire connaître.

πέρας : Subst. Acc. neutre sg. Fin, extrémité, terme ; but, objet vers lequel on tend.

ἀριθμόν : Subst. Acc. masc. sg. Nombre, compte, calcul, quantité.

γνῶ : Subj. Ao 2 Act. 1re sg. de γινώσκω. Apprendre à connaître, avoir une opinion, se rendre compte.

ὑστερῶ : Ind. Prés. Act. 1re sg. de ὑστερέω. Être en retard, en retrait, en arrière, manquer, être privé de.

v.6

παλαιστάς : Subst. Acc. fém. plur. Creux de la main, paume de la main, palme grec, mesure (1/4 du pied). Nous nous référons au nominatif παλαιστή.

ἔθου : Ind. Ao 2 Moyen 2e sg de τίθημι.

ὑπόστασις : Subst. Nom. fém. sg. Substance, réalité, l'être, l'existence, ce qui est au fond de l'âme. Assurance, fermeté, constance.

πλήν : Adv. Excepté, seulement, sauf, au reste, mais, toutefois, d'ailleurs.

σύμπαντα : Adj. Nom. Neutre plur. Tout à la fois, tout entier, tout ensemble.

ματαιότης : Subst. Nom. fém. sg. Vanité, chose vaine, inutilité, frivole.

ζῶν : Part. Prés. Act. Nom. masc. sg. de ζάω. Vivre, être en vie, être vivant.

v.7

μέντοιγε : Particule. Adv. Même pourtant, seulement à la vérité, véritablement, sans aucun doute, assurément, donc, en effet.

εἰκόνι : Subst. Dat. fém. sg. Image, ressemblance, similitude, représentation.

διαπορεύεται : Ind. Prés. Moyen 3e sg. de διαπορεύομαι. Traverser, passer à travers, parcourir pas à pas.

μάτην : Adv. En vain, inutilement, sans raison, sans fondement, en insensé.

ταράσσονται : Ind. Prés. Moyen 3e plur. de ταράσσω. Troubler, agiter, mettre en désordre, confondre, brouiller.

θησαυρίζει : Ind. Prés. Act. 3e sg. de θησαυρίζω. Mettre en réserve, amasser un trésor, thésauriser, conserver avec soin, amasser, entasser pour soi.

γινώσκει : Ind. Prés. Act. 3e sg. de γινώσκω.

συνάξει : Ind. Fut. Act. 3e sg. de συνάγω. Amener ensemble, réunir, rassembler, recueillir, amasser, réaliser, transformer en argent.

v.8

ὑπομονή : Subst. Nom. fém. sg. Action de rester en arrière, de rester là, constance à supporter, résistance, patience, attente, persévérance, persistance.

οὐχι : Négation renforcée introduisant une interrogation dont la réponse est affirmative.

v.9

πασῶν : Adj. Gén. fém. plur. Toutes.

ῥῦσαι : Impér. Ao Moyen 2e sg. de ῥύομαι. Tirer à soi, tirer d'un danger, arracher au danger, délivrer, sauver, d'où : défendre, protéger.

ὄνειδος : Subst. Nom. neutre sg. Insulte, opprobre, outrage, reproche, blâme.
ἄφρονι : Adj. Dat. sg. Qui a perdu la raison, insensé, déraisonnable, fou.
ἔδωκας : Ind. Ao Act. 2e sg. de δίδωμι. Donner (dans tous les sens possibles).

v.10
ἤνοιξα : Ind. Ao Act. 1re sg. de ἀνοίγω. Ouvrir, ouvrir la bouche, les yeux.
ποιήσας : Part. Ao. Act. Nom. masc. sg. de ποιέω. Faire, fabriquer, exécuter.

v.11
ἀπόστησον : Impér. Ao Act. 2e sg. de ἀφίστημι. Placer à part, placer hors de, séparer, écarter, éloigner, détourner.
μάστιγας : Subst. Acc. fém. plur. Lanière de cuir, fouet.
ἰσχύος : Subst. Gén. fém. sg. Force, puissance, force de résistance.
ἐξέλιπον : Ind. Ao 2 Act. 1re sing. de ἐκλείπω. Délaisser, laisser, quitter, abandonner, manquer, faire défaut, disparaître.

v.12
ἐλεγμοῖς : Subst. Dat. masc. plur. Action de convaincre, de réfuter, réfutation ; démonstration.
ἐπαίδευσας : Ind. Ao Act. 2e sg. de παιδεύω. Élever, instruire, apprendre, enseigner, former, éduquer, corriger, réprimander, châtier.
ἐξέτηξας : Ind. Ao Act. 2e sg. de ἐκτήκω. Faire fondre, fondre, dissoudre, exténuer, consumer.
ἀράχνην : Subst. Acc. fém. sg. Araignée. Toile d'araignée.
ταράσσεται : Ind. Prés. Moyen 3e sg. de ταράσσω.

v.13
εἰσάκουσον : Impér. Ao Act. 2e sg. de εἰσακούω. Tendre l'oreille vers, entendre, exaucer.
προσευχῆς : Subst. Gén. fém. sg. Prière.
δεήσεως : Subst. Gén. fém. sg. Demande instante, prière, supplication
ἐνώτισαι : Impér. Ao Moyen 2e sg. de ἐνωτίζομαι. Écouter, se mettre dans l'oreille, prêter l'oreille, ouvrir l'oreille à.
δακρύων : Subst. Gén. neutre plur. Larme.
παρασιωπήσῃς : Subj. Ao Act. 2e sg. de παρασιωπάω. Être silencieux, garder le silence, passer sous silence, ne pas faire mention.
πάροικος : Adj. ou Subst. Nom. masc. sg. Qui habite à côté de, voisin de ; qui est en séjour, un domicilié opposé à citoyen, un hôte, un étranger.
παρεπίδημος : Adj. Nom. masc. sg. Qui séjourne ou est de passage en pays étranger.
πατέρες : Subst. Nom. masc. plur. Père.

v.14
ἄνες : Impér. Ao 2 Act. 2e sg. de ἀνίημι. Pousser en haut, faire monter, faire naître, produire ; laisser aller, lâcher, relâcher, délier, délivrer, laisser libre de faire.

ἀναψύξω : Subj. Ao Act. 1re sg. de ἀναψύχω. Ranimer par un air frais, rafraîchir, reposer, réconforter, soulager, respirer, reprendre haleine.

ἀπελθεῖν : Inf. Ao 2 Act.de ἀπέρχομαι. S'en aller, partir, s'en retourner, disparaître.

οὐκέτι : Adv. Plus du tout.

ὑπάρξω : Subj. Ao Act. 1re sg. de ὑπάρχω. Commencer, faire une chose le premier. Être, exister, être là sous la main, être à la disposition, s'offrir, se présenter, subsister.

PSAUME 39

v.2

Ὑπομένων : Part. Prés. Act. Nom. masc. sg. de ὑπομένω. Rester en place, ne pas bouger, demeurer, rester de pied ferme, persister, attendre de pied ferme, tenir tête à, supporter, endurer.

ὑπέμεινα : Ind. Ao Act. 1re sg. de ὑπομένω.

προσέσχεν : Ind. Ao 2 Act. 3e sg de προσέχω. Attacher son esprit à, s'appliquer à, penser à, faire attention à, prêter son attention, être attentif, se préoccuper

εἰσήκουσεν : Ind. Ao Act. 3e sg. de εἰσακούω. Tendre l'oreille vers, écouter, entendre, exaucer.

v.3

ἀνήγαγεν : Ind. Ao 2 Act. 3e sg. de ἀνάγω. Conduire de bas en haut, faire monter, élever, faire avancer, conduire, amener, ramener, tirer hors de.

λάκκου : Subst. Gén. masc. sg. Trou, fosse, fossé, cavité, abîme, citerne.

ταλαιπωρίας : Subst. Gén. fém. sg. Travail pénible, fatigue, peine, souffrance physique, affliction, misère, détresse.

πηλοῦ : Subst. Gén. masc. sg. Terre à potier, argile, boue, vase, limon.

ἰλύος : Subst. Nom. masc. sg. Trou (d'un reptile, d'un serpent).

ἔστησεν : Ind. Ao Act. 3e sg. de ἵστημι. Placer, établir, mettre droit, mettre debout, dresser, soulever.

πέτραν : Subst. Acc. fém. sg. Roche, rocher, pierre,

κατηύθυνεν : Ind. Ao. Act. 3e sg de κατευθύνω. Conduire, diriger en droite ligne, gouverner avec rectitude, redresser, corriger.

διαβήματα : Subst. Acc. neutre plur. Passage, trajet, pas.

v.4

ἐνέβαλεν : Ind. Ao 2 Act. 3e sg. de ἐμβάλλω. Jeter, mettre dans ou sur, faire entrer dans, placer dans, faire irruption, susciter, inspirer.

ᾆσμα : Subst. Acc. neutre sg. Chant, air, chanson, cantique.

καινόν : Adj. Acc. neutre sg. Nouveau, récent, neuf.

ὕμνον : Subst. Acc. masc. sg. Chant, mélodie, hymne de louange, chant de fête en l'honneur des dieux ou des héros.

ὄψονται : Ind. Fut. Moyen 3e plur. de ὁράω. Voir, avoir en vue, regarder, observer, remarquer.

φοβηθήσονται : Ind. Fut. Pass. 3e plur. de φοβέω. Fuir de peur, s'effrayer, avoir peur, craindre.

ἐλπιοῦσιν : Ind. Fut. (attique) Act. 3e plur. de ἐλπίζω. Espérer.

v.5

ἀνηρ : Subst. Nom. masc. sg. Homme, homme adulte, mari, époux, homme viril, guerrier.

ἐνέβλεψεν : Ind. Ao Act. 3e sg. de ἐμβλέπω. Regarder en face, fixer les yeux sur, regarder attentivement,.

ματαιότητας : Subst. Acc. fém. plur. Vanité, chose vaine ou frivole, inutilité.

μανίας : Subst. Acc. fém. plur. Démence, délire, folie, fureur.

ψευδεῖς : Adj. Acc. fém. plur. Faux, erroné, mensonger, trompeur.

v.6

ἐποίησας : Ind. Ao Act. 2e sg. de ποιέω. Faire, fabriquer, exécuter.

θαυμάσια : Adj. Acc. neutre plur. Étonnant, admirable, prodigieux, merveilleux.

διαλογισμοῖς : Subst. Dat. masc. plur. Compte, calcul, raisonnement, réflexion, pensée.

ὁμοιωθήσεται : Ind. Fut. Pass. 3e sg. de ὁμοιόω. Devenir semblable, se comparer, s'assimiler.

ἀπήγγειλα : Ind. Ao Act. 1re sg. de ἀπαγγέλλω. Rendre compte d'une mission, rapporter une nouvelle, annoncer, faire savoir, raconter, exposer.

ἐλάλησα : Ind. Ao Act. 1re sg. de λαλέω. Prononcer des sons inarticulés, babiller, bavarder, converser, parler.

ἐπληθύνθησαν : Ind. Ao Pass. 3e plur. de πληθύνω. Devenir nombreux, abondant, se répandre, se multiplier.

ἀριθμόν : Subst. Acc. masc. sg. Nombre, compte, calcul, quantité de choses qui ne comptent pas, nombre entier, total, grand nombre, partie d'un tout.

v.7

θυσίαν : Subst. Acc. fém. sg. Action de sacrifier, sacrifice, victime, offrir un sacrifice.

προσφοράν : Subst. Acc. fém. sg. Action d'apporter, d'approcher ; action de présenter, d'offrir ; offrande.

ἠθέλησας : Ind. Ao Act. 2e sg. de θέλω ou ἐθέλω. Vouloir, vouloir bien, être disposé à, consentir, souhaiter.

ὠτία : Subst. Acc. neutre plur. Petite oreille, oreille.

κατηρτίσω : Ind. Ao Moyen 2e sg. de καταρτίζω. Remettre en place ou en état, disposer, réparer, redresser, réunir, réconcilier, équiper, parfaire, perfectionner.

ὁλοκαύτωμα : Subst. neutre sg. Holocauste.

ἁμαρτίας : Subst. Gén. fém. sg. Erreur, faute, péché.

ᾔτησας : Ind. Ao Act. 2e sg. de αἰτέω. Demander quelque chose, réclamer,

v.8

τότε : Adv. de temps. Alors, à ce moment.

εἶπον : Ind. Ao 2 Act. 1re sg. de λέγω. Dire.

ἥκω : Ind. Prés. Act. 1re sg. de ἥκω. Venir, arriver, être présent, aboutir.

κεφαλίδι : Subst. Dat. fém. sg. Tête, partie supérieure ou commencement d'une chose, division d'un livre, chapitre, livre en rouleau.

βιβλίου : Subst. Gén. neutre sg. Livre, papier ou papyrus, tablettes pour écrire ; au pluriel : les livres saints, la Bible.

γέγραπται : Ind. Parf. Pass. 3e sg. de γράφω. Inciser, déchirer, tracer, dessiner, peindre, décrire, écrire. L'expression : γέγραπται, « il est écrit », ou « il a été écrit ».

v.9

ποιῆσαι : Inf. Ao Act. de ποιέω.

θέλημα : Subst. Acc. neutre sg. Volonté, vouloir.

ἐβουλήθην : Ind. Ao Pass. de βούλομαι. Vouloir, souhaiter, désirer, décider.

ἐν μέσῳ : Au milieu.

κοιλίας : Subst. Gén. fém. sg. Cavité, creux de l'abdomen, ventre, entrailles.

v.10

εὐηγγελισάμην : Ind. Ao Moyen 1re sg. de εὐαγγελίζομαι. Porter une bonne nouvelle, annoncer comme une heureuse nouvelle.

ἐκκλησίσᾳ : Subst. Dat. fém. sg. Assemblée, assemblée par convocation.

χείλη : Subst. neutre plur. Lèvres.

κωλύσω : Ind. Fut. Act. 1re sg. de κωλύω. Empêcher, retenir, d'où : éloigner, détourner, dissuader.

ἔγνως : Ind. Ao 2 Act. 2e sg. de γινώσκω. Connaître, savoir.

v.11

ἔκρυψα : Ind. Ao Act. 1re sg. de κρύπτω. Couvrir, cacher.

ἀλήθειαν : Subst. Acc. fém. sg. Vérité, réalité, sincérité.

σωτήριον : Subst. Acc. neutre sg. τὸ σωτήριον : le salut.

εἶπα : Ind. Ao Act. 1re sg. de λέγω.

συναγωγῆς : Subst. Gén. fém. sg. Action de rassembler, de réunir, d'où : Assemblée, réunion, lieu de rassemblement, synagogue (assemblée religieuse chez les juifs).

v.12

μακρύνῃς : Subj. Prés. Act. 2e sg. de μακρύνω. Prolonger, allonger, étendre. Éloigner, repousser à distance.

οἰκτιρμούς : Subst. Acc. masc. plur. Pitié, compassion.

ἀντελάβοντο : Ind. Ao 2 Moyen. 3e plur. de ἀντιλαμβάνομαι. Prendre ou recevoir en échange. Saisir, percevoir, comprendre. Se saisir de, s'attacher à, prendre en main, prendre part. Soutenir, assister, défendre, venir en aide.

v.13

περιέσχον : Ind. Ao 2 Act. 3e plur de περιέχω. Environner, entourer, envelopper, ceindre, investir.

κατέλαβον : Ind. Ao 2 Act. 3e plur. de καταλαμβάνω. Prendre, saisir avec la main, s'emparer, s'occuper, saisir par la pensée, assaillir, contenir, retenir.

ἠδυνήθην : Ind. Ao Pass. 1re sg. de δύναμαι. Pouvoir, être capable de, avoir de la puissance, du crédit.

βλέπειν : Inf. Prés. Act. de βλέπω. Regarder, voir, jeter les yeux sur, remarquer, observer.

τρίχας : Subst. Acc. fém. plur. Cheveux de l'homme, poil des animaux, soie du porc, laine ou toison des brebis. (Nom. fém. sg. : θρίξ).

ἐγκατέλιπεν : Ind. Ao 2 Act. 3e sg. de ἐγκαταλείπω. Laisser en s'en allant, délaisser, quitter, abandonner.

v.14

εὐδόκησον : Impér. Ao Act. 2e sg. de εὐδοκέω. Être content, heureux, satisfait de, approuver, trouver bon, juger bon, prendre son plaisir, se plaire à.

ῥύσασθαι: Inf. Ao Moyen de ῥύομαι. Tirer d'un danger, arracher, délivrer.

βοηθῆσαι : Inf. Ao Act. de βοηθέω. Courir en criant, courir au secours de, envoyer du secours à, secourir.

πρόσχες : Impér. Ao 2 Act. 2e sg. de προσέχω.

v.15

καταισχυνθείησαν : Opt. Ao Pass. 3e plur. de καταισχύνω. Déshonorer, souiller, éprouver un sentiment de honte.

ἐντραπείησαν Opt. Ao 2 Pass. 3e plur. de ἐντρέπω. Tourner, retourner, amener à d'autres sentiments, rentrer en soi-même, faire honte, faire rougir. Avoir honte.

ζητοῦντες : Part. substantivé Prés. Act. Nom. masc. plur. de ζητέω. Chercher, rechercher.

ἐξᾶραι : Inf. Ao Act. de ἐξαίρω. Lever, tenir levé, enlever de force, emmener quelqu'un de force, ôter, ravir, retrancher.

ἀποστραφείησαν : Opt. Ao 2 Pass. 3e plur. de ἀποστρέφω. Tourner en sens contraire, détourner, retourner, revenir.

v.16

κομισάσθωσαν : Impér. Ao Moyen 3e plur. de κομίζω. Emporter, emmener dans un lieu sûr. S'occuper activement, prendre soin de, soigner.

παραχρῆμα : Adv. Sur-le-champ, à l'instant même, tout d'un coup.

αἰσχύνην : Subst. Acc. fém. sg. Honte, objet ou cause de honte, déshonneur.

v.17

ἀγαλλιάσαιντο : Opt. Ao Moyen 3e plur. de ἀγαλλιάω. Être transporté de joie, exulter, être dans l'allégresse.

εὐφρανθείησαν : Opt. Ao Pass. 3e plur. de εὐφραίνω. Se réjouir.

εἰπάτωσαν : Impér. Ao Act. 3e plur. de λέγω.

μεγαλυνθήτω : Impér. Ao Pass. 3e sg. de μεγαλύνω. Rendre grand ou puissant, fortifier, vanter, célébrer, glorifier.

ἀγαπῶντες : Part. Prés. Subst. Nom. masc. plur. de ἀγαπάω. Traiter avec affection, aimer, chérir.

v.18

φροντιεῖ : Ind. Fut. Att. Act. 3e sg. de φροντίζω. Penser mûrement, réfléchir, examiner à fond, méditer, s'occuper de, avoir souci de, se mettre en peine de.

χρονίσῃς : Subj. Ao Act. 2e sg. de χρονίζω. Rester ou s'arrêter longtemps, durer, se prolonger, tarder, être lent, différer.

PSAUME 40

v.2

συνίων : Part. substantivé. Prés. Act. Nom. masc. sg. de συνίημι. Saisir par les sens ou par la réflexion. Comprendre, se rendre compte, reconnaître, s'apercevoir.

πονηρᾷ : Adj. Dat. fém. sg. Qui est dans la peine, qui souffre, malheureux, mauvais.

ῥύσεται : Ind. Fut. Moyen 3e sg. de ῥύομαι. Tirer à soi, arracher, délivrer, libérer.

v.3

διαφυλάξαι : Opt. Ao Act. 3e sg. de **διαφυλάσσω**. Conserver, garder avec soin, observer avec soin, veiller sur.

ζήσαι : Opt. Ao Act. 3e sg. de ζάω. Vivre, faire vivre, être en vie, subsister.

μακαρίσαι : Opt. Ao Act. 3e sg. de μακαρίζω. Estimer heureux, féliciter, vanter, louer, célébrer.

παραδῴη : Opt. Ao 2 Act. 3e sg. de παραδίδωμι. Faire passer de soi à un autre, remettre entre les mains ou en la possession, livrer, confier, transmettre, accorder, permettre.

χεῖρας : Subst. Acc. fém. plur. Main.

v.4

βοηθήσαι : Opt. Ao Act. 3e sg. de βοηθέω. Porter secours, venir au secours, envoyer du secours, aider.

κλίνης : Subst. Gén. fém. sg. Lit, couche.

ὀδύνης : Subst. Gén. fém. sg. Douleur, douleur physique ou morale, souffrance.

ὅλην : Adj. Acc. fém. sg. Qui forme un tout, entier, tout entier, intact, complet.

κοίτην : Subst. Acc. fém. sg. Couche, lit, lit nuptial.

ἔστρεψας : Ind. Ao Act. 2e sg. de στρέφω. Tourner, retourner.

ἀρρωστίᾳ : Subst. Dat. fém. sg. Maladie, faiblesse, langueur, fatigue, épuisement.

v.5

ἐλέησον : Impér. Ao Act. 2e sg. de ἐλεέω. Avoir pitié, prendre en pitié, s'apitoyer.

ἴασαι : Impér. Ao Moyen 2e sg. de ἰάομαι. Guérir, soigner.

ἥμαρτον : Ind. Ao 2 Act. 1re sg. de ἁμαρτάνω. Manquer, ne pas atteindre le but, se tromper, ne pas réussir, commettre une erreur, une faute, faillir, pécher.

v.6

πότε : Adv. avec idée de temps interrogatif. Quand.

ἀποθανεῖται : Ind. Fut. Moyen 3e sg. de ἀποθνῄσκω. Mourir, périr.

ἀπολεῖται : Ind. Fut. Moyen 3e sg. de ἀπολλυμι. Périr, détruire, marcher à sa perte, se perdre.

v.7

εἰ : Conjonction. Si.

εἰσεπορεύετο : Ind. Imparf. Moyen 3e sg. de εἰσπορεύομαι. Introduire, entrer, parvenir, arriver.

ἰδεῖν : Inf. Ao 2 Act. de ὁράω. Voir, regarder.

μάτην : Adv. En vain, inutilement, au hasard, sans raison.

ἐλάλει : Ind. Imparf. Act. 3e sg. de λαλέω. Parler, babiller, bavarder, converser.

συνήγαγεν : Ind. Ao 2 Act. 3e sg. de συνάγω. Amener ensemble, d'où : réunir, rassembler, recueillir, amasser, grouper.

ἀνομίαν : Subst. Acc. fém. sg. Suspension des lois, violation ou mépris des lois, iniquité, péché.

ἐξεπορεύετο : Ind. Imparf. Moyen 3e sg. de ἐκπορεύομαι. Sortir, s'en aller.

ἔξω : Adv. de lieu. Dehors, au dehors.

v.8

ἐψιθύριζον : Ind. Imparf. Act. 3e plur. de ψιθυρίζω. Chuchoter, parler bas, dire à l'oreille, murmurer.

ἐλογίζοντο : Ind. Imparf. Moyen 3e plur. de λογίζομαι. Calculer, compter, tenir compte, estimer, considérer, raisonner, réfléchir, décider.

v.9

παράνομον : Adj. Acc. neutre sg. Décret contraire aux lois, à l'ordre, aux usages ; violation de la loi, illégal, inique.

κατέθεντο : Ind. Ao 2 Moyen 3e plur. de κατατίθημι. Déposer, placer, établir, se débarrasser, mettre de côté, en réserve, acquérir.

κοιμώμενος : Part. substantivé Prés. Pass. Nom. masc. sg. de κοιμάομαι. Se mettre au lit, se coucher, dormir, s'endormir profondément du sommeil de la mort.

προσθήσει : Ind. Fut. Act. 3e sg. de προστίθημι. Placer auprès ou contre, apposer, se mettre du parti de quelqu'un, ajouter, augmenter.

ἀναστῆναι : Inf. Ao 2 Act. de ἀνίστημι. Faire lever, relever, rétablir, réveiller.

v.10

ὅν : Pron. relatif Acc. masc. sg.

ἤλπισα : Ind. Ao Act. 1re sg. de ἐλπίζω. Espérer, attendre.

ἐσθίων : Part. substantivé Prés. Act. Nom. masc. sg. de ἐσθίω. Manger, dévorer.

ἐμεγάλυνεν : Ind. Ao Act. 3e sg. de μεγαλύνω. Agrandir, augmenter, grossir, amplifier.

πτερνισμόν : Subst. Acc. masc. sg. Action de supplanter, de duper, supercherie. Verbe πτερνίζω : « donner un croc-en-jambe », frapper avec le talon.

v.11

ἀνάστησον : Impér. Ao Act. 2e sg. de ἀνίστημι.

ἀνταποδώσω : Ind. Fut. Act. 1re sg. de ἀνταποδίδωμι. Rendre à son tour ou en échange, rendre service pour service, renvoyer, faire passer de soi à un autre.

v.12

ἔγνων : Ind. Ao 2 Act. 1re sg. de γινώσκω. Connaître, apprendre à connaître.

τεθέληκας : Ind. Parf. Act. 2e sg. de θέλω. Vouloir, vouloir bien, se plaire à, aimer.

ἐπιχαρῇ : Subj. Ao 2 Pass. 3e sg. de ἐπιχαίρω. Se réjouir aux dépens de, rire, du malheur d'autrui.

v.13

ἀντελάβου : Ind. Ao 2 Moyen 2e sg. de ἀντιλαμβάνω. Prendre, recevoir, recevoir en échange, saisir, prendre parti pour, d'où : soutenir, assister, défendre.

ἐβεβαίωσας : Ind. Ao Act. 2e sg. de βεβαιόω. Rendre ferme, affermir, consolider, confirmer, assurer, garantir.

v.14

εὐλογητός : Adj. Nom. masc. sg. Béni.

γένοιτο : Opt. Ao 2 Moyen 3e sg. de γίνομαι. Devenir, advenir, venir, arriver, avoir lieu, s'accomplir, réussir.

INDICATIONS BIBLIOGRAPHIQUES

BIBLES

BHS. Biblia Hebraica Stuttgartensia. Stuttgart : Deutsche Bibelgesellschaft, éditio quinta emendate, 1977/1997.

LXX. Septuaginta edidit Alfred Rahlfs. Stuttgart : Bibelgesellschaft, 2006.

VIGOUROUX F. La Sainte Bible Polyglotte. Paris : A.Roger et F. Chernoviz, 1900/1903.

GIGUET P. La Sainte Bible d'après les Septante. Paris : Poussielgue Frères, 1872.

DHORME É. La Bible. Ancien Testament (2 volumes). Paris : Bibliothèque de la Pléiade, Gallimard, 1956/1959.

T.O.B. Traduction œcuménique de la Bible. Ancien et Nouveau Testament. Paris : Éditions du Cerf et Société Biblique Française, 2010.

N.B.S. Nouvelle Bible Segond. Édition d'étude. Villiers-le-Bel : Société Biblique Française, 2002.

La Bible de Jérusalem (B.J.) Traduction en français sous la direction de l'École Biblique de Jérusalem. Paris : Éditions du Cerf, 1977.

La Bible traduite et présentée André Chouraqui. Paris : Desclée de Brouwer, 2007.

L'Ancien Testament interlinéaire Hébreu-Français. Paris : Alliance Biblique Universelle, 2007.

DOGNIEZ C. et HARL M. Le Pentateuque. La Bible d'Alexandrie. Paris : Gallimard, 2001.

PSAUMES

MANNATI M. et DE SOLMS E. Les Psaumes. Traduction et Commentaire Cahiers de la Pierre-qui-Vire. Paris : Desclée de Brouwer, 1966/1968.

OSTY E. Les Psaumes. Traduction avec introduction et notes. Paris : Éditions St-Paul, 1964.

MESCHONNIC H. Gloires. Traduction des Psaumes. Paris : Desclée de Brouwer, 1964.

VESCO J.-L. Le Psautier de David traduit et commenté. Paris : Éditions du Cerf, 2011.

CALAME P., LALOU F. Les Psaumes. Nouvelle traduction bilingue et interlinéaire. Paris : Albin Michel, 2001.

NICOLE É., JOHNSTON P., BLANCHARD T. Les Psaumes. Aide à la lecture cursive du texte hébreu. Villeurbanne : Éditions Clé, 1995.

WÉNIN A. Psaumes censurés. Quand la prière a des accents violents. Lire la Bible 192. Paris : Éditions du Cerf, 2017.

WEULERSSE D., Moniale Anastasia. Psautier liturgique orthodoxe version de la Septante. Paris : Éditions du Cerf, 2007.

Monastère de la Théotokos et St-Martin, Domaine de Cantauque. Psautier liturgique selon la version grecque des Septante. Traduction en référence aux travaux de Monsieur le Chanoine A. Rose.

DICTIONNAIRES

REYMOND P. Dictionnaire d'hébreu et d'araméen bibliques. Paris : Éditions du Cerf – Société Biblique Française, Nouvelle édition 2017.

SANDER N. Ph., I. Trenel . Dictionnaire hébreu-français. Genève : Slatkine Reprints, 2005.

BAILLY A. Dictionnaire Grec-Français. Paris : Hachette, 2000.

PESSONNEAUX É. Dictionnaire Grec-Français. Paris : Librairie Classique Eugène Belin, 1935.
CHANTRAINE P. Dictionnaire Étymologique de la langue grecque. Paris : Éditions Klincksieck, Nouvelle Édition 2009.

MIQUEL P. , EGRON A. , PICARD P. Les mots-clés de la Bible. Les Classiques Bibliques. Collection dirigée par Jean Margain. Paris : Beauchesne, 1996.
BROWN F., DRIVER S.R., BRIGGS C.A., Hebrew and English Lexicon of the Old Testament. Oxford : Clarendon Press, 1951.
LUST J., EYNIKEL E., HAUSPIE K., A Greek-English Lexicon of the Septuagint (2 vol.). Stuttgart : Deutsche Bibelgesellschaft, 1992.

GRAMMAIRES

JOÜON P. Grammaire de l'hébreu biblique. Rome : Institut Biblique Pontifical, 1996. Et nouvelle édition revue (2 tomes) JOÜON P., MURAOKA T. A Grammar of Biblical Hebrew. Rome : Editrice Pontificio Istituto Biblico, 2000.
LETTINGA J. P. Grammaire de l'Hébreu biblique. Leiden : E.J. Brill, Nouvelle édition, 1999.
RAGON E. Grammaire Grecque entièrement refondue par A. Dain. J. de Gigord. Paris : Nathan 2008.
BERTRAND J. Nouvelle Grammaire grecque. Paris : Ellipses, 2010.
HUMBERT J. Syntaxe grecque. 3e édition revue et corrigée. Paris : Éditions Klincksieck, série linguistique, 1972.
THACKERAY H. A Grammar of the Old Testament in Greek. Hildesheim, Zürich, New York : Georg Olms, 1987.

CONCORDANCES

HATCH E., REDPATH H. A. A Concordance to the Septuagint. Greek Versions of the Old Testament. 2 volumes. Athens : Benefial Book Publishers, 1993.
MORRISH G. A Concordance to the Septuagint, Grand Rapid, Michigan : Zondervan, 1976.
Concordance de la traduction œcuménique de la Bible. Paris : Éditions du Cerf – Société Biblique Française, 2002.

AUTRES

LÉONAS A. L'aube des traducteurs. De l'hébreu au grec : traducteurs et lecteurs de la Bible des Septante IIIe s. av. J.-C. – IVe s. apr. J.-C. Paris : Éditions du Cerf, 2007.
DE LA MAISONNEUVE D. « La Tora vient des cieux ». Introduction au sens du langage biblique. Paris : École Cathédrale, Parole et Silence, 2010.
NIEUVIARTS J. & BILLON G. Traduire la Bible en français. Cahiers Évangile n° 157. Paris : Éditions du Cerf, 2011.
LACOQUE A., RICŒUR P. Penser la Bible. Paris : Éditions du Seuil, 2003.

Achevé d'imprimer en mai 2022
sur les presses de la Nouvelle Imprimerie Laballery
58500 Clamecy
Dépôt légal : mai 2022
N° d'impression : 204327

Imprimé en France

La Nouvelle Imprimerie Laballery est titulaire de la marque Imprim'Vert®